日本民法正解　全

神崎東藏校閲
宮川大壽著

日本民法正解　全

明治二十三年出版

日本立法資料全集　別巻
1433

信山社

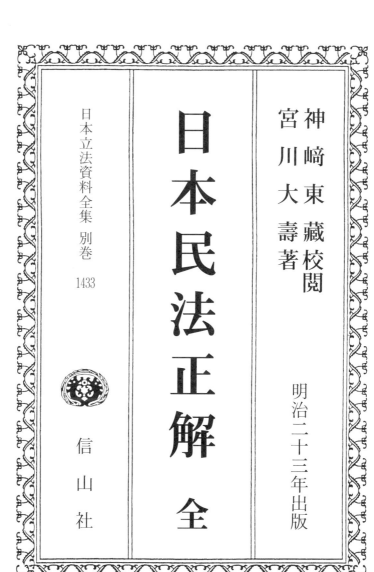

博文館叢書

第六囘

日本民法正解

法學士神崎東藏校閲
宮川大壽著

東京博文館藏版

東京國文社活版部印行

法學士神﨑東藏校閲
宮川大壽著

日本民法正解 全

東京 博文館藏版

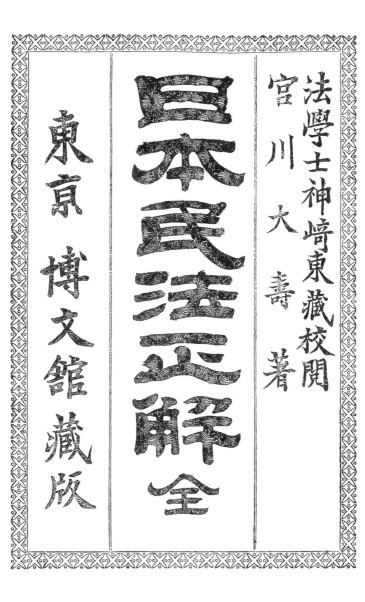

財産編

朕《ちん》民《みん》法《はふ》中《ちう》財《ざい》産《さん》編《へん》財《ざい》産《さん》取《しゆ》得《とく》編《へん》債《さい》權《けん》擔《てん》保《はう》編《へん》證《しやう》據《こ》編《へん》ヲ裁《さい》可《か》シ之《これ》ヲ公《こう》布《ふ》セシム此《この》法《はふ》律《りつ》ハ明治二十六年一月一日ヨリ施《し》行《かう》スヘキコトヲ命《めい》ス

御名　御璽

明治二十三年三月二十七日

内閣總理大臣兼内務大臣　伯爵　山縣有朋
海軍大臣　伯爵　西鄕從道
司法大臣　伯爵　山田顯義
大藏大臣　伯爵　松方正義
陸軍大臣　伯爵　大山巖
文部大臣　子爵　榎本武揚
遞信大臣　伯爵　後藤象二郎
外務大臣　子爵　青木周藏
農商務大臣　岩村通俊

民法《みんはふ》財産《ざいさん》編《へん》目録《もくろく》（法律第二十八號）

日本民法正解

法學士　神崎東藏　校閲
宮川大壽　著

緒言

法律ヲ大別《たいべつ》スルトキハ二種《しゆ》トナル公法《こうはふ》及私法《しはふ》是レナリ公法ハ國家ト一己人《いつこじん》トノ關係《くわんけい》ヲ規定《きてい》シタルモノニシテ憲法行政法刑法刑事訴訟法乃チ治罪法ノ類ナリ私法トハ一己人ト一己人ノ關係《くわんけい》ヲ規定《きてい》シタルモノニシテ民法《みんはう》商法《せうはう》民事《みんじ》訴訟法《そしやうはふ》ノ類ナリ而《しか》シテ公法及私法中ニモ主法《しゆはう》ト助法《じよはう》トノ別アリ主法トハ直《たゞ》チニ其ノ關係ヲ規定《きてい》スル所ノ原《げん》則《そく》ヲ定ムルモノニシテ助法トハ其原則ヲ定ムル所ノ法律《はうりつ》ヲ適用《てきよう》スル所ノ方法ヲ定ムルモノナリ故ニ刑法《けいはふ》ハ主法《しゆはふ》ニシテ治罪法《ちざいはふ》ハ助法ナリ民法商法ハ主法ニシテ民事訴訟法ハ助法ナリ何《なん》トナレハ治罪法

民事訴訟法ハ公私《こうし》權利《けんり》義務《ぎむ》ノ關係《くわんけい》ヲ規定《きてい》スルニアラスメ其關係《そのくわんけい》ノ規定《きてい》ヲ實際《じつさい》ニ効力《こうりよく》アラシムル所ノモノナレハナリ然《しか》レ𪜈民法中《みんはうちう》ニモ主法アリ助法アリ乃ハチ證據篇《しようこへん》ハ全《まつた》ク權義ノ關係《くわんけい》ヲ規定《きてい》スルニアラスメ其關係《そのくわんけい》ノ規定ヲ幇助《はうじよ》スル所ノ法律《はふりつ》ナレハナリ故ニ之ヲ民法中ニ附《ふ》スルハ稍《や》ヤ失當《しつとう》ノ非難《ひなん》ヲ免《まぬか》レサル可《べ》シ然レ𪜈是レ我國民法ハ主《しゆ》トメ佛國法律大博士《ふつこくはふりつだいはかせ》ボアソナード氏ノ起艸《きそう》ニ成リ專《もつぱ》ラ佛國民法ニ摸倣《もはう》セルモノナルカ故ニ亦止《やむ》ヲ得サル所ナランカ而シテ佛國民法ノ順序《じゆんぢよ》ニヨル𪜈ハ前加《せんか》篇人事《へんじんじ》篇財產《へんざいさん》篇財產所得篇《へんざいさんしよとくへん》ト爲シ而メ我證據篇《しようこへん》トセル所ハ佛法財產所得篇中ノ第三卷第六章義務《ぎむ》ノ證《しよう》及義務《ぎむ》ヲ盡《つ》クシタル證ノ規定《きてい》及ヒ其第二十卷期滿得免《きまんとくめん》ノ權《けん》ノ規定ニ做《なら》ヘルモノニメ其擔保篇《たんはうへん》ハ財產所得篇中第十七卷質物《しちもつ》ノ事《こと》第十八卷債主《さいしゆ》ノ特權《とくけん》及書入質《かきいれしち》ノ權《けん》第十九卷義務《ぎむ》ヲ得《う》可キ者之ヲ行フ可キ者ノ不動產《ふどうさん》ヲ抵當《ていとう》トシテ奪《うば》フ事《こと》及ヒ義務ヲ得ヘキモノヽ順序《じゆんぢよ》

ト云ヘル規定《きてい》等ニ従《したが》ヘルナリ故ニ我カ國ノ民法中茲《こゝ》ニ規定セルハ未タ全備《ぜんび》ノモノニアラスシテ別《べつ》ニ人事《じんじ》篇《へん》及ヒ此等《これら》各篇《かくへん》ヲ通ジテ規定スル所ノ民法總則《みんほうそうそく》トモ名《なづ》クベキア者リテ始《はじ》メテ完備《くわんび》ヲ告《つぐ》ルモノニメ此ノ二篇モ早晩《さうばん》必《かな》ラズ發布《はつぷ》セラルベキモノトス故ニ其公布文《そのこうふぶん》中《ちう》ニモ「民法中財産編財産所得編擔保編證據編ヲ裁可《さいか》シ之ヲ公布《こうふ》セシム」トアリテ以テ民法全部《みんぽふぜんぶ》ニハアラザルコヲ明言《めいげん》シ給《たま》ヘリ

財産編

（解）　財産《ざいさん》トハ何人ヲ問《と》ハス其ノ有《ゆう》スル所ノ身代《しんだい》ノ謂《い》ニシテ或ル人ハ之ヲ有形無形《いうけいむけい》ニ別《わ》カチ或ル人ハ之ヲ動産不動産《どうさんふどうさん》ニ別《わか》チ亦或ル人ハ之ヲ人産實産《じんさんじつさん》ニ別カチ又或ル人ハ之ヲ一ノ權利《けんり》ト爲シテ而メ其權利ヲ物權《ぶつけん》及ヒ人權ニ別ツ我カ此法律ニ於《おい》テハ實《じつ》ニ財産ヲ以テ各人又ハ法人ノ資産《しさん》ヲ組成《そせい》スル權利《けんり》ニメ之ヲ物權人權《ぶつけんじんけん》ヲ別カツノ主義《しゆぎ》ヲ採《と》リタルモノナリ

(公ノ法人)トハ市町村ノ如キヲ謂ヒ私ノ法人トハ銀行鐵道會社ノ類ナリ

(權利)トハ法律ノ保護ヲ得テ他人ニ或ルコトヲ爲サシメ又ハ或ルコトヲ爲ス

總則 財産及ヒ物ノ區別

(解) 財産ノ何物《なにもの》タルヲ明《あきら》カニスルハ財産篇《ざいさんへん》ノ根本《こんぽん》ナリ故ニ茲《こゝ》ニ先《ま》ヅ全篇《へん》二部九章ニ通《つう》シテ適用《てきよう》セラルヘキ全般ノ原則《げんそく》ヲ定《さだ》ム而メ此ノ原則《げんそく》ハ實ニ財産ト物トノ區別《くべつ》如何《いかん》財産トハ何ヲ謂《い》ヒ物《もの》トハ何ヲ指《さ》スカヲ明《あきら》カニス則ハチ物トハ天地間ニ存在《そんざい》スル萬物全体《ぜんたい》ニ就《つ》キ皆之ヲ指スモノニシテ財産《ざいさん》トハ人ノ之ヲ所有《しよゆう》スル者ヲ謂フナリ故ニ水又ハ空氣《くうき》モ物《もの》ナレモ人ノ之ヲ所有《しよゆう》セザレハ財産《ざいさん》ニアラズ

第一條　財産ハ各人《かくじん》又ハ公私《こうし》ノ法《はう》人ノ資産《しさん》ヲ組成《そせい》スル權利《けんり》ナリ

此權利ニ二種《にしゆ》アリ物權《よつけん》及ヒ人權是《じんけんこれ》ナリ

第二條　物權ハ直《たゞ》チニ物ノ上《うへ》ニ行《おこな》ハレ且總《かつすべ》テノ人ニ對抗《たいこう》スルコトヲ得《う》ヘキモノニシテ主《しゆ》タル有リ從《じう》タル有リ

主タル物權ハ之ヲ左ニ揭《かゝ》ク

第一　完全《くわんぜん》又ハ虧缺《けつ》ノ所有權

第二　用益權《ようえきけん》、使用權《しようけん》及ヒ住居權《じゆうきよけん》
第三　賃借權《ちんしやくけん》、永借權《えいしやくけん》及ヒ地上權《ちじやうけん》
第四　占有權《せんいうけん》

從《じう》タル物權《ぶつけん》ハ之ヲ左ニ掲ク

第一　地役權《ちえきけん》
第二　留置權《りうちけん》
第三　動産質權《どうさんしちけん》
第四　不動産質權《ふどうさんしちけん》
第五　先取特權《せんしゆとくけん》
第六　抵當權《ていとうけん》

右地役權ハ所有權《しよゆうけん》ノ從《じう》タル物權《ぶつけん》ニシテ留置權《りうちけん》以下ハ人權《じんけん》ノ擔保《たんぽ》ヲ爲《な》ス從タル物權ナリ

第三條　人權《じんけん》即チ債權《さいけん》ハ定《さだ》マリタル人ニ對《たい》シ法律ノ認《みと》ムル原因《げんいん》ニ由《よ》

ヲ禁スルノ能力ヲ謂フ
(所有權)ハ財産權第一部第一章ニ定メ用益權等ハ第二章賃借權等ハ第三章占有權ハ第四章ニ詳カニ規定セリ
(地役權)ハ財産篇第一部第五章ニ規定シ留置權以下抵當權マデハ債權擔保篇第二部中ニ詳カニ規定ス
(人權)トハ他人ニ對シ或ル事ヲ爲サシムルノ權例之ハ

リテ其《その》負《ふ》擔《たん》スル作爲《さくゐ》又ハ不作爲《ふさくゐ》ノ義務《ぎむ》ヲ盡《つく》サシムル爲《た》メ行《おこな》ハルヽモノニシテ亦主《またしゆ》タル有リ從《じう》タル有リ

從タル人權ハ債權ノ擔保ヲ爲ス保證《はしやう》及ヒ連帶《れんたい》ノ如シ

第四條 著述者《ちよじゆつしや》ノ著書《ちよしよ》ノ發行《はつかう》、技術者《ぎじゆつしや》ノ技術物ノ製出《せいしゆつ》又ハ發明者《はつめいしや》ノ發明ノ施用《しよう》ニ付テノ權利《けんり》ハ特別法《とくべつはう》ヲ以テ之ヲ規定《きてい》ス

第五條 權利ハ物權ト人權トヲ問《と》ハス目的物《もくてきぶつ》ノ種々《しゆじゆ》ノ區別《くべつ》ニ從ヒテ其樣《そのさま》ヲ變《へん》ス此區別《このくべつ》ハ物ノ性質、人ノ意思《いし》又ハ法律ノ規定《きてい》ヨリ生《しやう》ス即《すなは》チ下ニ掲《かゝ》クル如シ

第六條 物ニ有體《いうたい》ナル有リ無體《むたい》ナル有リ

有體物トハ人ノ感官《かんくわん》ニ觸《ふ》ルヽモノヲ謂《い》フ即チ地所《ちしよ》、建物《たてもの》、動物《どうぶつ》、器具《きぐ》ノ如シ

無體物トハ智能《ちのう》ノミヲ以テ理會《りくわい》スルモノヲ謂フ即チ左ノ如シ

第一 物權《ぶつけん》及ヒ人權《じんけん》

貸金ノ返濟ノ如キ類及ヒ或ルヿヲ爲サシメザル權例之ハ自己ノ專賣權ヲ有スル物件ヲ賣ラシメザルノ類ヲ云フ

（擔保）トハ義務ノ履行ヲ受ケ合フヿヲ云フ

（人ノ感官）トハ眼耳鼻舌觸ノ五感ノ官能ヲ云フ之ニ觸ルヽヲ得ルモノハ有體物ニシテ然ラサル者ハ無體物ナリ

（動產）トハ普通ニ

ハ動カスヿノ容易ナルモノヲ謂ヒ不動産トハ動カスヿノ難キモノヲ云フ

(性質ニ因ル不動産)トハ其性質上容易ニ動カシ難キモノヲ謂フ家屋ノ如キハ全ク動カス能ハザルニアラス唯ダ動カスヿノ困難ナルモノナレドモ之ヲ不動産トナスナリ

(用方ニ因ル不動産)トハ其性質上ヨリスレバ動産ナ

第二　著述者《ちよじゆつしや》、技術者《ぎじゆつしや》及ヒ發明者《はつめいしや》ノ權利《けんり》

第三　解散《かいさん》シタル會社《くわいしや》又ハ精算中《せいさんちう》ナル共通《きやうつう》ニ屬《ぞく》スル財産《ざいさん》及ヒ債務《さいむ》ノ包括《はうくわ》

第七條　物《もの》ハ其性質ニ因《よ》リ又ハ所有者《しよゆうしや》ノ用方ニ因リ遷移《せんい》スルコトヲ得《う》ルト否《いな》トニ從ヒテ動産《どうさん》タリ不動産タリ此他法律ノ規定《きてい》ニ因リテ動産タリ不動産タル物アリ

第八條　性質《せいしつ》ニ因《よ》ル不動産《ふどうさん》ハ左《さ》ノ如《ごと》シ

第一　耕地《かうち》、宅地《たくち》其他土地《とち》ノ部分《ぶぶん》

第二　池沼、溜井、溝渠、堀割、泉源

第三　土手、棧橋其他此類ノ工作物《こうさくぶつ》

第四　土地ニ定着《ていちやく》シタル浴場《よくぢやう》、水車《すいしや》、風車《ふうしや》又ハ水力《すゐりよく》、蒸氣《じやうき》ノ機械《きかい》

第五　樹林《じゆりん》、竹木其他《たけぼくそのた》ノ植物《しよくぶつ》但第十二條ニ記載《きさい》シタルモノハ此《この》限《かぎり》ニ在ラス

ルモ之ヲ用ユル場
合ニヨリテ不動產
ト爲ルモノヲ云フ

第六　果實《くわじつ》及ヒ收穫物《しうくわくぶつ》ノ未タ土地ヨリ離《はな》レサルモノ但第十二條
ニ記載シタルモノハ此限ニ在ラス
第七　鑛物《くわうぶつ》、坑石《こうせき》、泥炭《でいたん》及ヒ肥料土ノ未タ土地ヨリ離レサルモノ
第八　建物《たてもの》及ヒ其外部《ぐわいぶ》ノ戸扉但第十二條ニ記載シタルモノハ此
限ニ在ラス
第九　墻《かき》、籬《まがき》、柵《さく》
第十　水ノ出入又ハ瓦斯《がす》、温氣《をんき》ノ引入ノ爲メ土地又ハ建物ニ附《ふ》
着《ちやく》シタル筒管《とうくわん》
第十一　土地又ハ建物ニ附着シタル電氣機器《でんききき》、
此他總《すべ》テ性質ニ因リテ移動《いどう》ス可キモノト雖《いへど》モ建物ニ必要《ひつよう》ナル附屬《ふぞく》
物《ぶつ》

第九條　動產《どうさん》ノ所有者《しよゆうしや》カ其土地又ハ建物ノ利用便益《りようべんえき》若クハ粧飾《そうしよく》ノ爲
メニ永遠《えいゑん》又ハ不定《ふてい》ノ時間《じかん》其土地又ハ建物ニ備附《そなへつけ》ケタル動產ハ性質

（反對ノ証據）トハ此所ニテハ不動産ニアラズト云フ証據ヲ云フ

（機械）トハ人ノ勞力ニ代リテ働ラク物ヲ云フ

（器具）トハ人ノ働ラクトキニ用ユル物ナリ

ノ何タルヲ問ハス用方ニ因ル不動産タリ即チ左ノ如シ但反對《はんたい》ノ證《しやう》據《こ》アルトキハ此限ニ在ラス

第一　土地ノ耕作、利用又ハ肥料ノ爲メニ備《そな》ヘタル獸畜《じうちく》

第二　耕作用《かうさくよう》ニ備ヘタル器具《きぐ》、種子、藁草《かうさう》及ヒ肥料《ひれう》

第三　養蠶場《やうさんじやう》ニ備ヘタル蠶種《さんしゆ》

第四　樹木《じゆもく》ノ支持ニ備ヘタル棚架《はうか》及ヒ杭柱《かうちう》

第五　土地ニ生スル物品ノ化製《くわせい》ニ備ヘタル器具《きぐ》

第六　工業場《こうげふぢやう》ニ備ヘタル機械《きかい》及ヒ器具

第七　不動産の常用《じやうよう》ニ備ヘタル小舟《こぶね》但其水流《すゐりう》カ公有《こういう》ニ係《かゝ》リ又ハ他人《たにん》ニ屬《ぞく》スルトキモ亦同シ

第八　園庭《ゑんてい》ニ裝置《そうち》シタル石燈籠《いしどうろう》、水鉢《みづはち》及ヒ岩石《がんせき》

第九　建物《たてもの》ニ備ヘタル疊《たゝみ》、建具《たてぐ》其他ノ補足物《ほそくぶつ》及ヒ毀損《きそん》スルニ非サレハ取離《とりはな》スコトヲ得サル匾額《へんがく》、玻璃鏡《はりきやう》、彫刻物《てうこくぶつ》其他各種《かくしゆ》ノ

(性質上)ニモ(用方上)ニモ別ニ有體ノ物件アルニ非ルモ法律ヲ以テ無形ノ權利ヲ不動產トナスヿアリ

(自力ニテ遷移)スルハ禽獸ノ類ナリ(他力ニテ遷移)スルハ衣服器具ノ類ナリ

粧飾物《そうしよくぶつ》

第十　修繕中《しうぜんちう》ノ建物ヨリ取離シテ再ヒ之ニ用ユ可キ材料《ざいれう》

第十條　法律ノ規定ニ因ル不動產ハ左ノ如シ

第一　上ニ列記《れつき》シタル不動產ノ上ニ存《そん》スル物權《ぶつけん》

第二　不動產ノ上ニ存スル物權ヲ取得《しゆとく》セントシ又ハ取回《しゆくわい》セントスル人權

第三　建築師《けんちくし》ノ材料《ざいれう》ヲ以テ建物ヲ築造《ちくぞう》セシムル債權《さいけん》

第四　動產債權ニシテ法律カ不動產ト爲シ又ハ各人カ法律ノ規定ニ依リテ不動產ト爲シタルモノ

第十一條　自力《じりよく》又ハ他力《たりよく》ニ因リテ遷移《せんい》スルコトヲ得ル物ハ性質ニ因ル動產タリ但第八條及ヒ第九條ニ記載シタルモノハ此限ニ在ラス

第十二條　假《かり》ニ土地ニ定着セシメタル物ハ用方ニ因ル動產タリ即チ左ノ如シ

(性質上ノ不動産)モ一時假リニ設ケタル物ハ用法上ノ動産ナリ

(無形ノ權利)ハ法律ヲ以テ動産又ハ不動産ト定ムルコトアリ

(法人タル會社)トハ會社ノ名義ヲ以

第一　建築ノ足場《あしば》及ヒ支柱《しちう》
第二　建築ヲ爲ス間《あひだ》其用ニ備《そな》ヘタル小屋《こや》
第三　植木師《うゑきし》及ヒ園丁《ゑんてい》カ賣《う》ル爲メニ培養《ばいやう》シ又ハ保存《ほぞん》シタル草木
第四　取毀《とりこぼ》ツ爲メニ讓渡《ゆづりわた》シタル建物《たてもの》其他ノ工作物《こうさくぶつ》又ハ收去《しうきよ》スル爲メニ讓渡シタル樹木及ヒ收獲物《しうくわくぶつ》

第十三條　法律ノ規定《きてい》ニ因ル動産ハ左ノ如シ
第一　上ニ指定《してい》シタル動産ノ上ニ存スル物權
第二　有體動産《いうたいどうさん》ヲ取得シ又ハ取回セントスル債權《さいけん》但不動産ヲ以テ其擔保ニ充ツルトキモ亦同シ
第三　所爲《しよゐ》ヲ成就《じやうじゆ》セシメ又ハ權利《けんり》ノ行使《かうし》ヲ止メシムル債權《さいけん》縱令《たとひ》其權利カ不動産タルトキモ亦同シ
第四　法人《ほうじん》タル會社存立《くわいしやそんりつ》ノ間社員《しいん》カ其會社ニ對《たい》シテ有スル權利縱令不動産カ會社ニ屬《ぞく》スルトキモ亦同シ

テ取引スルヿヲ得ル會社ヲ云フ

(擇一債權) トハ二種ノ内撰取只一ノミヲ撰ブヲ得ル權利ナリ

(地役) トハ他ノ土地ニ對シテ負フ所ノ役務ヲ云フ

(物) ノ類別

第五　著述者《ちよじゆつしや》、技術者《ぎじゆつしや》及ヒ發明者《はつめいしや》ノ權利

第十四條　解散《かいさん》シタル會社又ハ精算中《せいさんちう》ナル共通《きようつう》ニ屬スル財産ノ一分ニ付テ有スル權利ノ動産タリ不動産タル性質ハ分割《ぶんかつ》ニ於テ各《おの〳〵》利《り》害關係人《がいくわんけいにん》ノ受クル財産ノ性質ニ因リテ定マル

當事者《たうじしや》ノ一方ノ選擇《せんたく》ニ任スル動産又ハ不動産ヲ目的《もくてき》トスル擇一《たくいち》又ハ任意《にんい》債權《さいけん》ノ性質モ亦其辨濟《べんさい》ニ付キ選擇シタル物ノ性質ニ因リテ定マル

第十五條　物ハ他ニ附屬《ふぞく》セスシテ完全《くわんぜん》ナル効用《かうよう》ヲ爲スト否トニ從ヒテ主タル有リ從タル有リ

用方ニ因ル不動産ハ性質ニ因ル不動産ノ從ナリ地役《ちえき》ハ要役地ノ從ナリ債權ノ擔保ハ債權ノ從ナリ

第十六條　物ハ左ノ如ク之ヲ視《み》ルコトヲ得

第一　特定物《とくていぶつ》即チ某家、某田、某獸ノ如キ殊別《しゆべつ》ナル物

第二　定量物《ていりやうぶつ》即チ金幾圓、米幾石、布幾反ノ如キ數量尺度ヲ以テ算フル物

第三　聚合物《しゆうごうぶつ》即チ群畜《ぐんちく》、書庫《しよこ》ノ書籍、店舗《てんほ》ノ商品《しやうひん》ノ如キ增減《ぞうげん》シ得ヘキ多少類似《るいじ》ナル物

第四　包括《はうくわつ》財產即チ相續《さうぞく》ノ總動產若クハ總不動產又ハ相續ノ全部若クハ一分ノ如キ資產《しさん》ノ全部又ハ一分ヲ組成《そせい》スル物

第十七條　物ハ其性質ニ因リ一回《いつくわい》ノ使用ニテ消費《せうし》スルト否トニ從ヒテ消費物タリ不消費物タリ

第十八條　物ハ當事者《たうじしや》ノ意思《いし》又ハ法律ノ規定《きてい》ニ因リ同種《どうしゆ》ノ物ヲ以テ代《か》フルコトヲ得ルト否トニ從ヒテ代替物《だいたいぶつ》タリ不代替物タリ

定量物《ていりやうぶつ》及ヒ一回ノ使用ニテ消費スル物ハ概《がい》シテ之ヲ當事者ノ意思ニ因ル代替物ト看做《みな》ス

第十九條　物ハ其性質、當事者ノ意思又ハ法律規定ニ因リ形體《けいたい》上又

（消費物）トハ飲食ノ類（不消費物）トハ衣服ノ類ナリ

（代替物）トハ金錢穀物ノ類（不代替物）傳來ノ寶器物ノ如キ類ヲ云フ

一舛ノ米ノ如キハ(可分物)ニシテ一疋ノ牛ノ如キハ(不可分物)ナリ

人ノ身代ノ一部分ハ皆所有ニ屬ス

(公ノ法人)トハ國府、縣、市町村ノ如キ無形人ヲ云フ

ハ智能上分割《ちのうじやうぶんかつ》スルコトヲ得ルト否トニ從ヒテ可分物《かぶんぶつ》タリ不可分物タリ

或《ある》ル地役《ちえき》及ヒ或ル作爲《さくゐ》又ハ不作爲ノ義務《ぎむ》ハ性質《せいしつ》ニ因ル不可分物ナリ

物ノ一分ノ供與《きようよ》ヲ以テ合意ノ目的《もくてき》タル便益《べんえき》ヲ與《あた》フルコト能《あた》ハサルトキハ其物ハ當事者ノ意思ニ因ル不可分物ナリ

抵當《ていとう》及ヒ債權《さいけん》ノ物上擔保《たんぽ》ハ法律ノ規定ニ因ル不可分物ナリ

第二十條　物ハ所有ニ屬《ぞく》スルモノ有リ所有ニ屬《ぞく》セサルモノ有リ

所有ニ屬スル物トハ公私《こうし》ノ資産ノ部分ヲ爲スモノヲ謂フ

所有ニ屬セサル物トハ無主《むしう》又ハ公共ノモノヲ謂フ

第二十一條　公ノ法人《はふじん》ニ屬スル物ニ公有及ヒ私有ノ二種アリ

第二十二條　公ノ法人ニ屬シ國用《こくよう》ニ供《きよう》シタル物ハ公有ノ部分《ぶぶん》ヲ爲ス

即チ左ノ如シ

（公有財産）トハ公法人ノ資格ヲ以テ有スル資産ヲ組成スル權利ナリ

（私有財産）トハ一已人ノ資格ヲ以テ有スル財産ナリ

（無主物）トハ所有者ナキモノ

第一　國領《こくれう》ノ海及ヒ海濱《かいひん》但海濱ハ春分秋分最高潮《しゆんぶんしうぶんさいかうてう》ノ到《いた》ル處ヲ以テ限ト爲ス

第二　道路《どうろ》、舟《ふね》若クハ筏《いかだ》ノ通ス可キ川又ハ堀割《ほりわり》及ヒ其床地《しやうち》

第三　城砦《じやうさい》、壘壁《るいへき》其他陸海防禦《ばうぎよ》ノ工作物

第四　軍用ノ工廠《こうしやう》、船艦《せんかん》、兵器《へいき》、機械《きかい》其他ノ物品《よつぴん》

第五　官廳ノ建物

第二十三條　公ノ法人カ各人ト同一ノ名義《めいぎ》ニテ所有スル物ニシテ金錢ニ見積《みつも》ルコトヲ得ル收入ヲ生ス可キモノハ其私有ノ部分ヲ爲ス即チ國《くに》、府《ふ》縣《けん》、市町村有《しちやうそんいう》ノ海潟、樹林《じゆりん》、牧場《ぼくぢやう》ノ如シ

所有者ナキ不動産及ヒ相續人ナクシテ死亡《しばう》シタル者ノ遺産《いさん》ハ當然《たうぜん》國《こく》ニ屬ス

第二十四條　無主物トハ何人ニモ屬セスト雖モ所有權ノ目的ト爲ルコトヲ得ルモノヲ謂フ即チ遺棄《いき》ノ物品、山野《さんや》ノ鳥獸《てうじう》、河海《かかい》ノ魚介《ぎよかい》ノ

（公共物）トハ何人モ之ヲ有スルコトヲ得ズシテ使用シ得ルモノヲ云フ

（融通物及不融通物）トハ讓與シ得ルモノ及ビ得サルモノ

如シ

第二十五條　公共物《こうきようぶつ》トハ何人《なんびと》ノ所有ニモ屬スルコトヲ得スシテ總《すべ》テノ人ノ使用スルコトヲ得ルモノヲ謂フ即チ空氣《くうき》、光線《こうせん》、流水《りうすい》、太洋《たいやう》ノ如シ

第二十六條　物ハ私ノ所有權又ハ債權ノ目的ト爲ルコトヲ得ルト否トニ從ヒテ融通物《ゆうつうぶつ》タリ不融通物タリ

公ノ秩序《ちつじよ》ノ爲メ法律ニ於テ處分ヲ禁《きん》シタル物及ヒ公有ノ財産ハ不融通物ナリ

第二十七條　物ハ讓渡《ゆづりわた》スコトヲ得ルモノ有リ讓渡スコトヲ得サルモノ有リ

所有權ヨリ支分《しぶん》シタル使用權《しようけん》又ハ住居權《ちゆうきよけん》、要役地《えうえきち》ヨリ分離《ぶんり》セルモノト看做《みな》シタル地役《ちえき》及ヒ政府《せいふ》ノ與《あた》ヘタル開坑《かいこう》ノ特許《とくきよ》其他ノ特權ハ概《がい》シテ融通物ナリト雖モ讓渡スコトヲ得サルモノナリ

第二十八條　物ハ法律ニ定メタル條件《でうけん》ヲ具備《ぐび》スル占有《せんいう》ニ附着《ふちやく》セル取得ノ推定《すゐてい》ヲ受クルト否トニ從ヒテ時効《じかう》ニ罹《かゝ》ルコトヲ得ルモノ有リ時効ニ罹ルコトヲ得サルモノ有リ

第二十九條　物ハ其所有者ノ債權者カ强制賣却《きやうせいばいきやく》ヲ請求《せいきう》スルコトヲ得ルト否トニ從ヒテ差押《さしおさ》フルコトヲ得ルモノ有リ差押フルコトヲ得サルモノ有リ

不融通物、讓渡スコトヲ得サル物其他法律ノ規定又ハ人ノ處分《しよぶん》ニテ差押ヲ禁シタル物ハ差押フルコトヲ得サルモノナリ即チ無償《むしやう》ニテ設定《せつてい》シタル終身年金權《しうしんねんきんけん》ノ如シ

第一部　物權

（解）　第一部トハ此民法財産篇《このみんはふざいさんへん》ヲ物權《ぶつけん》及ヒ人權《じんけん》ニ大別《たいべつ》シタルガ故ニ其各部《かくぶ》ニ第一第二トセルノミ佛國民法ノ何篇《なにへん》又ハ何卷《なんくわん》ト云フト

(使用)トハ之ヲ使用スルヿ收益トハ其物ヨリ生スル利益ヲ收ムルヿ處分

同一意義《いき》ナリ而シテ前《まへ》ニ說《と》クガ如ク總《すべ》テ人ノ有スル財產權《ざいさんけん》ハ之ヲ人權及物權ニ別《わ》カチ人權トハ人ニ對《たい》スル權ニ乄物權トハ直チニ物品ノ上ニ人ノ行ヒ得ル所ノ權利《けんり》ナリ之ヲ別《わか》チテ所有權《しよゆうけん》用益權使《ようえきけんし》用《よう》權住居權賃貸權永借權《けんちうきよけんちんたいけんえいしやくけん》及地上權占有權地《ちじやうけんせんゆうけんち》役權《えきけん》トナス總ベテ此等《これら》ノ權ハ皆先ヅ物件《ぶつけん》アツテ始《はじ》メテ生ズ即チ物件ナケレバ所有《しよゆう》スルヿ能ハズ使用《しよう》スルヿ能ハズ利益ヲ收《をさ》ムルヿモ能ハザルナリ英法ニ所謂ル對世權則チ是レナリ

第一章　所有權

(解)　所有權《しよゆうけん》トハ物權中最《もつ》トモ優等ナルモノニシテ即《すな》ハチ彼ノ用《よう》益權使《えきけんし》用權住居權處分權《ようけんちゆきよけんしよぶんけん》永借權等一切《さい》ノ權利ヲ悉《ことごと》ク包含《はうがん》スルモノナリ

第三十條　所有權トハ自由《じゆう》ニ物ノ使用收益《しようしうえき》及ヒ處分ヲ爲ス權利ヲ謂フ

トハ賣買贈與等ノ所爲ニシテ最後ノ使用ヲ爲ス權ヲ云フ

（徵發）トハ戰時ハ財產買上（徵求）トハ非常ノ災害ノ日ノ買上ナリ

此權利ハ法律又ハ合意《がうい》又ハ遺言《いごん》ヲ以テスルニ非サレハ之ヲ制限スルコトヲ得ス

第三十一條　不動產ノ所有者ハ適法《てきはふ》ニ認《みと》メ及ヒ宣言《せんげん》シタル公益《こうえき》ニ因《いん》由《ゆう》シ且公用徵收法《かつこうようちようしうはふ》ニ從ヒテ定メタル償金ノ拂渡《はらひわたし》ヲ豫《あらかじ》メ受クルニ非サレハ其所有權ノ讓渡ヲ强要《きやうよう》セラルヽコト無シ

動產ノ公用徵收ハ毎回《まいくわい》定ムル特別法ニ依ルニ非サレハ之ヲ行フコトヲ得ス

國又ハ官廳《くわんてう》ニ屬スル先買權《せんばいけん》及ヒ徵發令《ちようはつれい》ヲ以テ定メタル物ノ徵發又ハ凶災《きやうさい》ノ時ニ行フ物ノ徵求《ちようきう》ニ付テハ本條ノ例ヲ用ヰス

第三十二條　所有者ハ償金ヲ得ルニ於テハ公益工事ノ便利ノ爲メ所有物ノ一時ノ占據《せんきよ》ヲ强要セラルルコト有リ

第三十三條　物料ノ採掘《さいくつ》、道路《どうろ》ノ劃線《くわくせん》、樹木ノ採伐《さいばつ》、水其他ノ物ノ收取ニ付キ一般又ハ一地方ノ公益ノ爲メ設ケタル地役ハ行政法《ぎやうせいはふ》ヲ

以テ之ヲ規定ス

第三十四條　土地ノ所有者ハ其地上ニ一切ノ築造《ちくざう》、栽植《さいしよく》ヲ爲シ又ハ之ヲ廢スルコトヲ得

又其地下ニ一切《いつさい》ノ開鑿《かいさく》及ヒ採掘《さいくつ》ヲ爲スコトヲ得

右孰《いづ》レノ塲合《ばあひ》ニ於テモ公益ノ爲メ行政法ヲ以テ定メタル規則及ヒ制限ニ從フコトヲ要ス

此他相隣地《りんち》ノ利益ノ爲メ所有權ノ行使ニ付シタル制限《せいげん》及ヒ條件《でうけん》ハ地役ノ章ニ於テ之ヲ規定ス

第三十五條　鑛物《くわうぶつ》ノ所有權及ビ其試掘《しくつ》若クハ開坑《かいかう》ハ特別法ヲ以テ之ヲ規定ス

第三十六條　所有者其物ノ占有ヲ妨《さまた》ケラレ又ハ奪《うば》ハレタルトキハ所持者ニ對《たい》シ本權訴權《ほんけんそけん》ヲ行フコトヲ得但動產及ヒ不動產ノ時效《じかう》ニ關《くわん》シ證據編《しやうこへん》ニ記載シタルモノハ此限ニ在ラス

(開鑿)トハ地下ニ穴ヲ掘ルヿ(採掘)トハ地下ニアルモノヲ掘リ採ルヿ

(鑛物)トハ金銀銅鉄ノ類又ハ石炭ノ如キ類ナリ

(時効)トハ歲月ノ經過ニヨリ權利ノ得喪ヲ生ズル作用

ヲ云フ

(共有物)トハ一物ヲ數人ニテ所有スルヲ謂フ

又所有者ハ第百九十九條乃至《ないし》第二百十二條ニ定メタル規則ニ從ヒ占有ニ關スル訴權《そけん》ヲ行フコトヲ得

第三十七條　數人一物《すうにんいちぶつ》ヲ共有《きやうゆう》スルトキハ持分ノ均不均《きんふきん》ニ拘《かゝは》ラス各共有者其物ノ全部《ぜんぶ》ヲ使用スルコトヲ得但其用方ニ從ヒ且他ノ共有者ノ使用ヲ妨ケサルコトヲ要ス

各共有者ノ持分ハ之ヲ相均《あひひと》シキモノト推定《すいてい》ス但反對《はんたい》ノ證據《しようこ》アルトキハ此限ニ在ラス

天然《てんねん》又ハ法定ノ果實《くわじつ》及ヒ產出物《さんしゆつぶつ》ハ各共有者ノ權利《けんり》ノ限度《げんど》ニ應《おう》シ定期《ていき》ニ於テ之ヲ分割ス

各共有者ハ其物ノ保存ニ必要ナル管理《くわんり》其他ノ行爲《かうゐ》ヲ爲スコトヲ得

各共有者ハ其持分ニ應シテ諸般ノ負擔《ふたん》ニ任ス

右規定ハ使用《しよう》、收益《しうえき》又ハ管理《くわんり》ヲ格別《かくべつ》ニ定ムル合意ヲ妨ケス

第三十八條　處分權《しよぶんけん》ニ付テハ各共有者ハ他ノ共有者ノ承諾《しやうだく》アルニ非

（持分外ニ物ヲ付スル）トハ已レノ有スル部分ヲ超エテ何人ニモ對抗シ得ル所ノ所謂ル直チニ物ノ上ニ人ノ行ヒ得ル權利ヲ設クル能ハズト云フニアルナリ

サレハ其物ノ形様《けいやう》ヲ變《へん》スルコトヲ得ス又自己《じこ》ノ持分外ニ物權ヲ付スルコトヲ得ス

共有者ノ一人其持分ヲ讓渡シタルトキハ讓受人《ゆづりうけにん》ハ他ノ共有者ニ對《たい》シ讓渡人《ゆづりわたしにん》ニ代ハリ其他位ヲ有ス

第三十九條　各共有者ハ如何《いか》ナル合意アルモ常ニ共有物ノ分割ヲ請《せい》求《きう》スルコトヲ得

然レトモ共有者ハ五个年ヲ超《こ》エサル定期《ていき》ノ時間分割セサルヲ約《やく》スルコトヲ得

此合意ハ何時ニテモ之ヲ更新《かうしん》スルコトヲ得但其時間《じかん》ハ亦五个年ヲ超ユルコトヲ得ス

右規定《きてい》ハ數箇《すうか》ノ所有地ニ共通ナル通路《つうろ》、井戸《ゐど》、籬壁《りへき》、溝渠《こうきよ》ノ互有ヨリ生スル共有權ニ之ヲ適用《てきよう》セス

第四十條　數人ニテ一家屋《いつかおく》ヲ區分シ各其一部分ヲ所有《しよゆう》スルトキハ相

互ノ權利及ヒ義務《ぎむ》ハ左ノ如ク之ヲ規定《きてい》ス

各所有者ハ離隔《りかく》セル所有物ノ如クニ自已《じこ》ノ分持ヲ處分スルコトヲ得

諸般ノ租稅《そぜい》及ヒ建物《たてもの》並ニ其附屬物《ふぞくぶつ》ノ共用ノ部分ニ係ル大小修繕《しうぜん》ハ各自《かくじ》ノ持分ノ價格《かかく》ニ應《おう》シテ之ヲ負擔《ふたん》ス

各自ハ已レニ屬スル部分ニ係ル費用《ひやう》ヲ一人ニテ負擔《ふたん》ス

第四十一條　所有權ハ當事者《とうじしや》ノ間ニ於ケルモ第三者ニ對スルモ本編《ほんへん》及ヒ財產取得編《ざいさんしゆとくへん》ニ記載シタル原因《げんいん》及ヒ方法《はうはふ》ニ依リ之ヲ取得シ保存《ほぞん》シ及ヒ轉付《てんふ》ス

主タル物ノ處分ハ從タル物ノ處分ヲ帶《お》フ但反對ノ證據《しやうこ》アルトキハ此限ニ在ラス

第四十二條　所有權ハ左ノ諸件《しよけん》ニ因リテ消滅《せうめつ》ス

第一　任意《にんい》又ハ强要《きやうよう》ノ讓渡《ゆづりわたし》

第二　他人ノ物ニ自已ノ物ノ添附《てんぷ》

第三　法律ニ依リテ宣告《せんこく》シタル沒收《もつしう》

第四　取得ノ解除《かいぢよ》、銷除《せうぢよ》又ハ廢罷《はいひ》

第五　物ヲ處分スル能力《のうりよく》アル所有者ノ任意ノ遺棄《いき》

第六　物ノ全部《ぜんぶ》ノ毀滅《きめつ》

第四十三條　動産及ヒ不動産ノ所有權《しよゆうけん》ノ取得及ヒ消滅《せうめつ》ニ關スル時効《じかう》ノ性質及ヒ効力ニ付テハ證據編ノ規定ニ從フ

第二章　用益權、使用權及ビ住居權

(解)　第一章ニ規定《きてい》スル所有權《しよゆうけん》ハ乃《すなは》チ完全《くわんぜん》ナル權利《けんり》ナリ本章以下ハ不完全《ふくわんぜん》ナル權利《けんり》ナリ乃ハチ用益權《ようゑきけん》トハ他人ノ財産《ざいさん》ヨリ生ズル利《り》益《えき》ノミヲ得《う》ル權《けん》ニシテ人若シ他人《たにん》ノ家屋又ハ土地ニ之ヲ使用《しよう》シ及ビ其地代《そのちだい》等ヲ自已《じこ》ニ得ルノ權《けん》アレバ用益權ヲ有《ゆう》スト云フ使用權《しようけん》トハ唯《た》ダ之ヲ使用《しよう》スル權ヲ有《ゆう》スルノミ乃《すなは》チ他ヨリ借受《かりうけ》テ使用《しよう》スナリ

（元質本体ヲ變スルコトナク）トハ如何ニ使用シテモ舊ノ儘ニテ存在スルヲ云フ

（人意ニ因ル）トハ人ノ隨意ニ爲スナリ

住居權《ぢうきよけん》トハ家屋《かをく》ヲ借《か》リテ之ニ住居《ぢうきよ》スルノ權《けん》ナリ

第一節　用益權《ようえきけん》

第四十四條　用益權トハ所有權《しよゆうけん》ノ他人ニ屬《ぞく》スル物ニ付キ其用方ニ從ヒ其元質本體《げんしつほんたい》ヲ變スルコト無ク有期《いうき》ニテ使用及ヒ收益《しうえき》ヲ爲スノ權《けん》利《り》ヲ謂フ

第一款　用益權《ようえきけん》ノ設定《せつてい》

第四十五條　用益權ハ法律又ハ人意《じんい》ニ因リテ設定《せつてい》スルモノトス

法律ニ因ル用益權《ようえきけん》ノ設定《せつてい》ハ別ニ定ムル法律ノ規定《きてい》ニ從フ

人意ニ因ル用益權ノ設定ハ所有權ノ取得及ヒ移轉《いてん》ニ關スル規則ニ從フ

又用益權ハ有償《ゆうしやう》又ハ無償《むしやう》ニテ讓渡《ゆづりわた》シタル財產ノ上ニ之ヲ留存《りうそん》シテ設定スルコトヲ得

時効《じかう》ヲ以テ用益權ノ取得《しゆとく》ヲ證スル條件ハ時効ヲ以テ完全《くわんせん》ノ所有權

（包括權原）トハ包括財産即チ相續ノ總不動産總動産ト云フガ如キ全部ヲ包括スル財産ノ權利ヲ生スル根原ヲ云フ例之ハ相續又ハ賣買又ハ寄托ノ如キ皆財産權ヲ生スル根原ナリ

（終身ヲ期シテ設定）トハ或ル人ノ畢生間丈ケ權利ヲ附與スルナリ

ノ取得ヲ證スル條件《じやうけん》ニ同シ

第四十六條　用益權ハ動産《どうさん》ト不動産ト有體物ト無體物《むたいぶつ》トヲ問ハス一切ノ融通物《ゆうづうぶつ》ノ上ニ之ヲ設定《せつてい》スルコトヲ得

又用益權ハ他ノ用益權ノ上、終身年金權《しうしんねんきんけん》ノ上又ハ包括權原《はうくわつけんげん》ニテ資《し》産《さん》ノ上ニ之ヲ設定スルコトヲ得

第四十七條　用益權ハ始時若《しじもし》クハ終時《しうじ》ヲ定メ又ハ期限《きげん》ヲ定メスシテ之ヲ設定《せつてい》スルコトヲ得

又用益權《ようえきけん》ハ其始時又ハ終時《しうじ》ヲ未必條件ノ成就《じやうじゆ》ニ繋《か》ケテ之ヲ設定スルコトヲ得

右孰レノ場合《ばあい》ニ於テモ其期間《きかん》ハ用益者ノ終身ヲ超《と》ユルコトヲ得ス

第四十八條　用益權《ようえきけん》ハ一人又ハ數人ノ終身ヲ期シテ之ヲ設定《せつてい》スルコトヲ得數人ノ終身ヲ期《き》シテ設定シタルトキハ數人同時ニ又ハ順次ニ之ヲ行フ

(虛有者)トハ用益權ヲ他ニ附與シテ唯ダ收益ナキ財產權ヲ有スル者ヲ云フ

右孰レノ場合ニ於テモ用益權ハ其權利《けんり》發開《はつかい》ノ時既ニ出生シ又ハ胎《たい》內《ない》ニ在ル者ノ爲メニスルニ非サレハ之ヲ設定《せつてい》スルコトヲ得ス

第二欵　用益者ノ權利

第四十九條　用益者ハ其權利ノ發開シタルトキ若シ始時《しじ》ノ定アラハ其期限ノ到來《とうらい》シタルトキハ次欵《じくわん》ニ定メタル不《ふ》動產形狀書《どうさんけいじやうしよ》、動產目《もく》錄《ろく》ヲ作リ及ヒ保證《ほしやう》ヲ立ツル義務《ぎむ》ヲ履行《りこう》シタル後其用益權ノ存スル物ノ占有《せんいう》ヲ要求《えうきう》スルコトヲ得

用益者ハ用益物ヲ其現狀《げんじやう》ニテ受取ル可シ修繕《しうぜん》又ハ恰好《かつこう》ヲ求ムルコトヲ得ス但權利發開ノ後設定者《せつていしや》若クハ其相續人ノ過失《くわしつ》ニ因リ又ハ發開《はつかい》ノ前ト雖モ其惡意《あくい》ニ因リテ用益物ヲ毀損《きそん》シタルトキハ此限ニ在ラス

第五十條　用益者カ收益《しうえき》ヲ始ムルコトヲ得ルヨリ以後ニ虛有者《きよいうしや》ノ收取シタル果實《くわじつ》ハ用益者ニ屬ス縱令《たとひ》用益者カ自ラ其收用ヲ遲延《ちえん》シタ

（果實）トハ其財產ヨリ生スル收益ヲ云フ故ニ家屋ノ賃貸金モ亦果實ナリ
（天然ノ果實）ハ艸木ノ果實ノ類ニシテ（法定ノ果實）ハ地代屋賃ノ類ナリ

ルモ亦同シ但其果實《くわじつ》ノ收取《しうしゆ》及ヒ保存ノ費用ヲ虛有者ニ償還《しやうくわん》スルコトヲ要ス
用益者ハ收益《しうえき》ヲ始ムル時根枝《こんし》ニ由リテ土地ニ附着《ふちやく》スル果實ヲ其成《せい》熟《じゆく》ニ至リ收取スル權利ヲ有ス但耕耘《かううん》、種子《しゆし》、栽培《さいばい》ノ費用ヲ虛有者《きよゆうしや》ニ償還《しやうくわん》スルコトヲ要セス

第五十一條　用益者ハ其權利ノ繼續間用益物《けいぞくかんようえきぶつ》ヨリ生スル天然《てんねん》及ヒ法定ノ一切ノ果實《くわじつ》ニ付キ所有者ニ同シキ權利《けんり》ヲ有ス

第五十二條　天然ノ果實《くわじつ》ハ自然ニ生シタルト栽培《さいばい》ニ因リテ得タルトヲ問ハス土地ヨリ之ヲ離《はな》シタル時直《たゞ》チニ用益者ニ屬ス縱令事變《じへん》又ハ盜奪《とうだつ》ニ因リテ離レタルモ亦同シ
然レトモ果實《くわじつ》カ其成熟《せいじゆく》前ニ土地ヨリ離レ且用益權カ通常《つうじやう》ノ收取季《しうしゆき》節前《せつせん》ニ消滅《しやうめつ》シタルトキハ其利益ハ虛有者《きよいうしや》ニ歸《き》ス

第五十三條　獸畜《じうちく》ノ子ハ其產出ノ時ヨリ用益者《ようえきしや》ニ屬ス乳汁《にうじう》、肥料及

(用益者)ハ消費物ヲ消費スルコトヲ得ルモ原時ト同樣ナル物品ヲ返サヽル可ラズ

ヒ剪毛《せんもう》季節ニ剪取《せんしゆ》シタル羢毛《じうもう》モ亦同シ

第五十四條　法定《はふてい》ノ果實ハ其拂渡時期《はらひわたしじき》ノ如何ヲ問ハス收益《しうえき》ヲ始ムルコトヲ得ル時ヨリ用益權ノ消滅《しようめつ》スルマテ用益者日割ヲ以テ之ヲ取《しゆ》得《とく》ス

法定ノ果實《くわじつ》ハ用益物ニ付キ第三者ヨリ金錢ヲ以テ拂《はら》フ可キ納額《のうかく》即チ土地、建物ノ借賃《しやくちん》、借入金ノ利息《りそく》、會社ノ配當金《はいたう》、年金權ノ年金、石坑《せきかう》ノ借料ノ類ナリ

第五十五條　用益物中ニ金穀《きんこく》其他日用品ノ如キ消費《せうひ》スルニ非サレハ使用《しよう》シ及ヒ收益《しうえき》スルコトヲ得サル動產アルトキハ用益者ハ之ヲ消費《ひ》シ又ハ讓渡《ゆづりわたし》スルコトヲ得但用益權消滅《ようえきけんしやうめつ》ノ時同數量《そうりやう》、同品質ノ物ヲ返還《へんくわん》シ又ハ收益《しうえき》ヲ始ムル以前ニ評價《へうか》ヲ爲シタルニ於テハ其代價ヲ返還《へんくわん》スルコトヲ要ス

右規定《きてい》ハ用益權ヲ設定《せつてい》シタル商業資產《しさん》ヲ組成《そせい》スル商品ト其他ノ代《だい》

(年金權者)トハ官吏恩給金又ハ退隱料等トノ年々若干ノ收入ヲ得ル權アル者ヲ云フ

替物《たいぶつ》トニ之ヲ適用ス

第五十六條　住居用《じうきよよう》ノ器具《きぐ》其他使用ニ因リテ毀損《きそん》ス可キ用益物ニ付テハ用益者ハ其用方《もちゐかた》ニ從ヒテ之ヲ使用シ且用益權消滅《ようえきけんしやうめつ》ノ時其現狀《げんじやう》ニテ之ヲ返還《へんくわん》スルコトヲ得但用益者ノ過失《くわしつ》又ハ懈怠《かいたい》ニ因リテ重大《ぢうだい》ノ毀損《きそん》ヲ致《いた》シタルトキハ此限ニ在ラス

又賃貸《ちんかし》スルコトヲ得ヘキ性質《せいしつ》ノ用益物ニ非サレハ用益者《ようえきしや》ハ自己ノ責任《せきにん》ヲ以テ之ヲ賃貸《ちんかし》スルコトヲ得ス

第五十七條　終身年金權《しうしんねんきんけん》ノ用益者ハ年金權者ト同シク其年金ヲ收取《しうしゆ》スルノ權利ヲ有ス但反對《はんたい》ノ條件アルトキハ此限ニ在ラス

既ニ設定《せつてい》シタル用益權ニ付キ更ニ用益權《ようえきけん》ヲ得タル者ハ原用益者《げんようえきしや》ニ屬スル一切ノ權利ヲ行フ

第五十八條　種類及ヒ員數ノミヲ以テ定メタル畜群《ちくぐん》ノ用益者ハ保存《はぞん》ヲ要セサル部分ヲ毎年處分《しよぶん》スルコトヲ得但其子ヲ以テ全數ヲ保持《はじ》

(豫告)トハ前以テ通知スルヲ云フ

柴山炭山ノ如キハ(定時採伐)シ老杉古松ノ如キハ(定時採伐)セズ

(定期産出物)トハ年々生スル筍蕈ノ類ナリ

スルコトヲ要ス

第五十九條　用益者ハ大小木ノ樹林《じゆりん》及ヒ竹林ニ付テハ從來《じうらい》ノ所有者ノ慣習《くわんしう》及ヒ採伐《さいばつ》方ニ從ヒ定期ノ採伐《さいばつ》ヲ爲シテ收益ス

採伐《さいばつ》方ノ未タ確《たしか》ニ定マラサルトキハ用益者ハ近傍ノ重モナル所有者又ハ國、府縣、市町村ニ屬スル樹林《じゆりん》ノ慣習ニ從フ但採伐《さいばつ》スル一個月前ニ虚有者《きよいうしや》ニ豫告《よこく》スルコトヲ要ス

第六十條　從來ノ所有者ノ定期《ていき》採伐《さいばつ》ヲ爲ササリシ保存《ほそん》木及ヒ大樹木ニ付テハ用益者ハ其樹木ノ定期産出物《ていきさんしゆつぶつ》ノミヲ得ル權利《けんり》ヲ有ス

然レトモ用益權ノ存スル建物《たてもの》ノ大修繕《しゆぜん》ヲ要スルトキハ用益者《ようえきしや》ハ枯《か》レ又ハ倒《たふ》レタル大樹木ヲ之ニ用ユルコトヲ得若シ生木ヲ要スルトキハ虚有者立會《たちあひ》ニテ其必要《ひつやう》ヲ證セシ後之ヲ採伐《さいばつ》スルコトヲ得

第六十一條　用益者ハ用益樹木《ようえきじゆもく》ヲ支持《しじ》スルニ必要ナル棚架《はうか》、支柱《しちう》又ハ杭杙《かうよく》ニ用ユル竹木ヲ何時《いつ》ニテモ其用益地ノ樹林《じゆりん》及ヒ竹林ヨリ採《さい》

(植續キ)トハ採リタル代リニ植ルナリ(植增)トハ前ニ在ルモノニ增加スルナリ

(採堀)トハ石炭鑛物類ヲ土中ヨリ堀リ採ルヿ

取《しゆ》スルコトヲ得

第六十二條　用益者ハ用益樹木ヲ植續《うえつ》キ又ハ植增《うえま》ス爲メ其用益地ノ苗床《べうしやう》ヨリ苗木《なへぎ》ヲ採取《さいしゆ》スルコトヲ得

又用益者ハ其苗床《なへとこ》ノ苗木ヲ定期ニ賣ルコトヲ得但從來此用方アルトキ又ハ其生殖《せいしよく》カ用益地ノ需用《じゆよう》ニ餘ルトキニ限ル

右孰レノ場合ニ於テモ用益者ハ苗芽《めうが》又ハ種子ヲ以テ苗床《めうしやく》ヲ保持スルコトヲ要ス

第六十三條　用益地ニ既ニ採掘《さいくつ》ヲ始メ且特別法《とくべつはふ》ニ從フヲ要セサル石《いし》類《るい》、石灰類《せつかいるい》其他ノ物ノ石坑《せきかう》アルトキハ用益者ハ從來《じうらい》ノ所有者ノ如ク其收益《しうえき》ヲ爲ス

右石坑ヲ未タ採掘《さいくつ》セス又ハ其採掘ヲ廢止《はいし》シタルトキハ用益者ハ其用益物《ようえきぶつ》中ノ建物、牆壁《しやうへき》其他ノ部分ノ大小修繕《しうぜん》ニ必要ナル材料《ざいれう》ノミヲ採取スルコトヲ得但其土地ヲ損傷《そんしやう》セス且第六十條ニ記載《きさい》シタル

如ク豫《あらかじ》メ其必要ヲ證スルコトヲ要ス
又用益者ハ前二項ノ區別《くべつ》ニ從ヒ其用益地ノ泥炭《でいたん》及ヒ肥料土《ひれうど》ニ付キ收益《しうえき》スルコトヲ得

第六十四條　用益者ハ用益不《ようえきふ》動産《どうさん》ニ於テ第三者ノ發見《はつけん》シタル埋藏物《まいざうぶつ》ニ付キ權利ヲ有セス

第六十五條　用益者ハ用益地ニ於テ狩獵《しうれふ》及ヒ捕漁《ほぎよ》ヲ爲ス權利《けんり》ヲ有ス

第六十六條　用益者ハ用益不動産ニ屬スル一切ノ地役權ヲ行フ若シ不使用ニ因リテ之ヲ消滅《しやうめつ》セシメタルトキハ虛有者《きよいうしや》ニ對《たい》シテ其責《せめ》ニ任《にん》ス

第六十七條　用益者ハ虛有者及ヒ第三者ニ對シ直接《ちよくせつ》ニ其收益權ニ關スル占有《せんゆう》及ヒ本權ノ物上訴權《ぶつじやうそけん》ヲ行フコトヲ得
又用益者ハ用益不動産ノ働方又ハ受方ノ地役《ちえき》ニ付キ自己ノ權利ノ範圍《はんゐ》內《ない》ニ於テ占有《せんいう》ニ係ルト本權《ほんけん》ニ係ルトヲ問ハス要請《えうせい》又ハ拒却《きよきやく》ノ

(埋藏物)トハ土中ニ埋レタル刀劔ノ類
(狩獵)ハ鳥獸(捕漁)ハ魚貝ヲ捕ルコトナリ
(地役權)トハ久シク行ハザレバ消滅ス
(働方ノ地役)トハ地役ノ權ヲ有スル方(受方ノ地役)トハ地役義務ヲ供スル方ナリ權利ノ方

ナ一ニ要役地ト云ヒ義務ノ方ナ一ニ承役地ト云フ

(用益者)ハ自己ノ有スルヨリ多キ權ナ人ニ讓ルヿナ得ズ

(改良ナ加ヘテ價格ナ增ス)トハ土地ナ能ク耕作シテ前ニ二百圓ノ價ア

訴權ナ行フコトナ得

右孰レノ塲合ニ於テモ第九十八條ノ規定《きてい》ナ適用《てきよう》ス

第六十八條　用益者ハ有償又ハ無償ニテ其用益權ヲ讓渡シ賃貸《ちんかし》シ又ハ用益ニ付スルコトナ得且用益物カ抵當《ていたう》ト爲ル可キモノナルトキハ其權利《けんり》ナ抵當《ていとう》ト爲スコトナ得

如何ナル塲合ニ於テモ用益者ノ付與《ふよ》シタル權利ハ其用益權ト同シキ期間《きかん》、制限《せいげん》及ヒ條件《でうけん》ニ從フ但賃貸借《ちんたいしやく》ノ期間及ヒ其更新《かうしん》ニ付テハ第百十九條乃至第百二十二條ノ規定《きてい》ヲ適用ス

第六十九條　用益者ハ用益權消滅《せうめつ》ノ時猶ホ土地ニ附着《ふちやく》シテ其收取セサリシ果實《くわじつ》及ヒ產出物《さんしゆつぶつ》ノ爲メ償金《しやうきん》ナ求ムル權利ヲ有セス

又用益物ニ改良《かいりやう》ナ加ヘテ價格《かかく》ナ增《ま》シタルトキト雖モ其改良ノ爲メ虛有者《きよゆうしや》ニ對シテ償金《しやうきん》ナ求ムルコトナ得ス

用益者ハ自己《じこ》ノ設ケタル建物《たてもの》、樹木《じゆもく》、粧飾物《さうしよくぶつ》其他ノ附加物《ふかぶつ》ナ收去《しうきよ》

ル田地ヲ三百圓ニナラシムルノ類

(先買)トハ他人ヨリ先キニ買ヒ取ルヿ

(收去)トハ取リ除クヿナリ

スルコトヲ得但其用益物ヲ舊狀《きうじやう》ニ復《ふく》スルコトヲ要ス

第七十條　用益權消滅《せうめつ》ノ時用益者又ハ其相續人《さうぞくにん》カ前條ニ從ヒテ收去スルコトヲ得ヘキ建物及ヒ樹木等《じゆもくとう》ヲ賣ラントスルトキハ虛有者ハ鑑定人《かんていにん》ノ評價《へうか》シタル現時ノ代價ヲ以テ先買《せんばい》スルコトヲ得

用益者ハ虛有者ニ右先買權《せんばいけん》ヲ行フヤ否ヤヲ述《の》フ可キノ催告《さいこく》ヲ爲シ其後十日內ニ虛有者カ先買ノ陳述《ちんじゆつ》ヲ爲サス又ハ之ヲ拒絕《きよぜつ》シタルトキニ非サレハ其收去ニ着手《ちやくしゆ》スルコトヲ得ス

虛有者カ先買ノ陳述《ちんじゆつ》ヲ爲シタリト雖モ鑑定ノ後裁判所《さいばんしよ》ノ處決《しよけつ》ノ確《かく》定《てい》シタル時ヨリ一个月內ニ其代金ヲ辨濟《べんさい》セサルトキハ先買權ヲ失フ但損害《そんがい》アルトキハ賠償《ばいしやう》ノ責ニ任ス

用益者又ハ其相續人《さうぞくにん》ハ代金ノ辨濟《べんさい》ヲ受クルマテ建物ヲ占有《せんゆう》スルコトヲ得

第三款　用益者ノ義務《ぎむ》

第七十一條　用益者ハ用益物ノ占有《せんゆう》ヲ始ムル前ニ虛有者ト立會《たちあ》ヒ又ハ合式ニ之ヲ召喚《せうくわん》シ完全精確《くわんぜんせいかく》ニ動産ノ目錄、不動産ノ形狀書《けいじやうしよ》ヲ作ルコトヲ要ス

第七十二條　當事者カ雙方《さうはう》出會シ共ニ能力アルトキ又ハ有效《いうこう》ニ代理セラレタルトキハ目錄及ヒ形狀書ハ私署《ししよ》ヲ以テ作ルコトヲ得反對ノ場合ニ於テハ公吏《こうり》之ヲ作ル

第七十三條　目錄ニ記シタル代替物ノ評價《へうか》ハ賣買《ばいく》ニ同シキ效力《かうりよく》ヲ有ス但反對ノ明言アルトキハ此限ニ在ラス不代替物ノ評價《へうか》ハ賣買ニ同シキ效力ヲ有スルコトヲ目錄ニ明示《めいし》スルニ非サレハ其效力《かうりよく》ヲ有セス

有償ニテ用益權ヲ設定《せつてい》シタルトキハ目錄及ヒ評價《へうか》ノ費用ハ用益者、虛有者各其半額ヲ負擔《ふたん》シ無償ノ場合ニ於テハ用益者之ヲ負擔ス

第七十四條　用益權設定《ようえきけんせつてい》ノ時用益者ノ目錄又ハ形狀書《けいじやうしよ》ヲ作ル義務ヲ

（用益者ノ義務）トハ其利益ヲ得ル者ノ爲サヂバナラヌコトヲ云フ

（形狀書）トハ其現在ノ有樣ヲ記錄セルモノヲ云フ

（有償ノ用益權）トハ賃金ヲ拂フテ借リタルモノ

（無償ノ用益權）トハ無賃ニテ借リヌルモノヲ云フ

（完好ナル形狀）トハ完全無缺ナル有樣ナリ

（擔保）トハ義務ノ履行ヲ保証スル受合ナリ

（當事者）トハ契約

免除《めんぢよ》シタリト雖モ虛有者《きよいうしや》ハ常ニ用益者ト立會ヒ又ハ合式《かうしき》ニ之ヲ召《せう》喚《くわん》シ自費ヲ以テ目錄又ハ形狀書《けいじやうしよ》ヲ作ルコトヲ得但此事ニ付キ虛有《きよいう》者《しや》ハ十一日以上收益ヲ妨《さまた》クルコトヲ得ス

第七十二條及ヒ第七十三條第一項ハ右ノ塲合ニ之ヲ適用《てきよう》ス

第七十五條　用益者ハ目錄又ハ形狀書《けいじやうしよ》ヲ作ル義務ヲ履《り》行《かう》セスシテ收《しう》益《えき》ヲ始メタルトキハ完好《くわんこう》ナル形狀ニテ不動產ヲ受取リタリトノ推《すい》定《てい》ヲ受ク但反對ノ證據《しやうこ》アルトキハ此限ニ在ラス

動產ニ付テハ虛有者ハ通常ノ證據《しやうこ》ハ勿論世《もちろんせ》評《へう》ヲ以テ其實體《じつたい》及ヒ價《か》格《かく》ヲ證スルコトヲ得

第七十六條　用益者ハ用益權消滅《しやうめつ》ノ時負《ふ》擔《たん》ス可キ返還《へんくわん》及ヒ償金ノ爲メ保證人ヲ立テ又ハ他ノ相應《さうおう》ナル擔保《たんぽ》ヲ供スルニ非サレハ收益《しうえき》ヲ始ムルコトヲ得ス

第七十七條　擔保《たんぽ》ノ性質ニ付キ當事者ノ間ニ義《ぎ》協《あは》ハサルトキハ裁判

ニ與カリタルモノヲ云フ

（擔保スベキ金額）トハ義務履行ヲ確ムル爲ノ保証金ナリ

（擔保ノ設定証書）

所ハ顯然資力《けんぜんしりよく》アル第三者ノ引受ヲ認許《にんきよ》シ又ハ供託所《きやうたくしよ》若クハ當事者《たうじしや》ノ認諾《にんだく》スル第三者ニ金錢若クハ有價物《いうかぶつ》ヲ寄託《きたく》スルヲ認許シ又ハ質若クハ抵當ヲ認許《にんきよ》スルコトヲ得

第七十八條　擔保《たんぽ》ス可キ金額ニ付テハ裁判所ハ用益地ノ直接《ちよくせつ》ニ存スル金額未滿《みまん》ニ其金額ヲ定ムルコトヲ得ス又動産《どうさん》ノ評價カ賣買ニ同シキ効力《こうりよく》ヲ有スルトキハ其評價《へうか》ノ全額未滿ニ之ヲ定ムルコトヲ得ス又評價《へうか》カ賣買ニ同シキ効力ヲ有セサルトキハ其評價《へうか》ノ半額未滿《はんがくみまん》ニ之ヲ定ムルコトヲ得ス

然レトモ右ノ末ノ場合ニ於テ若シ用益者カ評價《へうか》セシ動産ニ係ル權《けん》利《り》ヲ用益權ノ繼續間《けいぞくかん》ニ讓渡シ又ハ賃貸シタルトキハ虛有者ハ常ニ評價ノ金額《きんがく》ニ對シテ擔保《たんぽ》ヲ要求《えうきう》スルコトヲ得

不動産ノ擔保《たんぽ》金額ノ多寡《たくわ》ハ裁判所之ヲ定ム

第七十九條　擔保ノ設定證書《せつていしやうしよ》ニハ前條ニ定メタル金額ニ對スル保證

トハ受合ヲ爲スコトヲ契約スル所ノ証書ナリ
(國債券)トハ公債証書ヲ云ヒ
(擔保ノ限度)トハ受負フベキ範圍ヲ云フ
(保証人)トハ用益

人又ハ用益者ノ一身ノ引受ヲ併記《へいき》ス
第八十條　用益者カ動産又ハ不動産ニ對シテ相應《そうおう》ナル擔保《たんは》ヲ供スル能ハス且當事《とうじ》者《しや》ノ間ニ別段《べつだん》ノ合意《がうい》ナキトキハ左ノ如ク處辨《しよべん》ス
日用品其他ノ代替物ハ之ヲ競賣《きやうばい》シ其代金ハ虛有者《きよいうしや》、用益者連名ニテ用益權《ようえきけん》ノ直接ニ存スル金錢ト共ニ供託所《きやうたくしよ》ニ供託シ又ハ之ヲ國債《こくさい》券《けん》ニ換《か》ヘ用益者ハ其利息《りそく》ヲ收取ス
此他ノ動産ハ虛有者之ヲ占有《せんゆう》ス
不動産ハ之ヲ第三者ニ賃貸《ちんたい》シ又ハ虛有者カ賃借ノ名義《めいぎ》ニテ之ヲ保存シ用益者ハ保持費用《はぢひよう》及ヒ第八十九條ニ記載シタル負擔《ふたん》ヲ扣除《こうじよ》シテ貸賃ヲ收取《しうしゆ》ス
第八十一條　用益者カ擔保《たんは》ノ一分ニ非サレハ供スル能ハサルトキハ引渡ヲ受ク可キ用益物ニ付キ其擔保《たんは》ノ限度ニ應シテ選擇《せんたく》ヲ爲ス
第八十二條　用益者ノ保證人ヲ立ツル義務《ぎむ》ハ設定ノ權原《けんげん》又ハ其後ノ

合意《がうい》ヲ以テ之ヲ免除《めんじよ》スルコトヲ得但用益者ノ無資力《むしりよく》ト爲リタルトキハ此免除《めんじよ》ハ其効ヲ失フ若シ用益者カ既ニ收益《しうえき》ヲ始メタルトキハ其用益物ヲ虚有者《きよいうしや》ニ返還《へんくわん》シ且前二條ニ從ヒテ處辨《しよべん》ス

第八十三條　贈與物《ぞうよぶつ》ニ付キ贈與者《ぞうよしや》カ自己《じこ》ノ利益ノ爲メ留存《りうぞん》シタル用益權ニ付テハ保證人ヲ立ツル義務《ぎむ》ナシ

第八十四條　用益者カ收益《しうえき》ヲ始メタルトキハ善良《ぜんりやう》ナル管理人《くわんりにん》ノ如ク用益物ノ保存《ほぞん》ニ注意スルコトヲ要ス

用益者ハ其過失《くわしつ》又ハ懈怠《かいたい》ヨリ生スル用益物ノ滅失《めつしつ》又ハ毀損《きそん》ノ責《せめ》ニ任ス但虚有者ノ權利《けんり》ヲ保護《ほご》スル爲メ用益者ニ對シテ第百四條ニ許可シタル處置《しよち》ヲ爲スコトヲ妨ケス

第八十五條　用益物ノ全部又ハ一分カ火災《くわさい》ニテ滅失《めつしつ》シタルトキハ用益者ニ過失《くわしつ》アリト推定《すゐてい》ス但反對ノ證據《しやうこ》アルトキハ此限ニ在ラス

第八十六條　用益者ハ動産及ヒ不動産ノ小修繕ヲ負擔《ふたん》シ其求償權《きうしやうけん》ヲ

者ニ於テ其義務ヲ怠リタル片ニ用益者ニ代テ義務ヲ負フヿヲ約スル者ヲ云フ

(贈與物)トハ無報酬ニテ所有權ヲ與ヘタル物ヲ云フ

(善良ナル管理人)トハ平生善ク心ヲ用ヰテ其物ヲ預リ居ル者

(火災ニテ滅失)トハ燒ケテ無クナルナリ

(小修善)トハ一部

ノ破損ヲ補フノ謂ニテ（大修繕）トハ建物中ノ要部ノ破損ヲ修理スルヲ云フ

用益者ノ爲スベキ修繕ヲ虚有者代テ之ヲ爲ス𪜈ハ用益者ハ其修繕費ノ利子ヲ辨償スルナリ

有セス
大修繕《しゆせん》ハ用益者ノ過失《くわしつ》ニ因リ又ハ小修繕ヲ爲ササルニ因リテ必要《しつえう》ト爲リタルトキニ非サレハ用益者之ヲ負擔《ふたん》セス
屋根《やね》若クハ重《おも》モナル牆壁《せうへき》ノ修繕又ハ重モナル梁柱《りやうちう》若クハ基礎《きそ》ノ變《へん》更《かう》ヲ建物ノ大修繕《しうせん》トス
石垣《いしがき》、土手《どて》及ヒ牆壁《せうへき》ノ改造《かいざう》モ亦之ヲ大修繕ト看做《みな》ス

第八十七條　過失又ハ懈怠《かいたい》ノ場合ノ外用益者ハ虚有者ヲ立會ハシメ鑑定人《かんていにん》ヲシテ大修繕《しうせん》ノ必要ヲ證セシメタル後虚有者其大修繕《しうせん》ヲ爲スコトヲ拒《こば》ミタルトキハ自ラ之ヲ爲スコトヲ得
用益權消滅《ようえきけんしやうめつ》ノ時虚有者ハ右修繕《しうせん》ヨリ生シタル現時《げんじ》ノ増價額《ざうかかく》ヲ用益者ニ辨償《べんしやう》スル責ニ任ス
若シ虚有者カ大修繕《しうせん》ヲ爲ストキハ用益者ヲ立會ハシメ鑑定人《かんていにん》ヲシテ其必要及ヒ費用ヲ證セシメ用益者ハ毎年其費用ノ利息《りそく》ヲ虚有者

（租稅）トハ國家ノ徴收ニ應ズル負担乃チ地租所得稅ノ類

ニ辨償《べんしやう》ス

第八十八條　前條ノ規定《きてい》ハ建物カ朽敗《きうはい》ノ為メ崩頽《ほうたい》シ又ハ事變ニ因リテ破壞《はくわい》シタル場合ニモ之ヲ適用《てきよう》ス但第百六條ニ定メタル如ク此等ノ事ニ因リテ用益權《ようえきけん》ノ消滅《しやうめつ》ヲ致ストキハ此限ニ在ラス

第八十九條　用益物ニ賦課《ふくわ》セラルヽ毎年通常《つうじやう》ノ租稅及ヒ公課《こうくわ》ハ其一般ニ係ルモノト一地方ニ係ルモノトヲ問ハス用益者之ヲ負擔《ふたん》シ其求償權《きうしやうけん》ヲ有セス

用益權ノ繼續間《けいぞくかん》用益物ニ賦課《ふくわ》セラルヽコト有ル可キ非常ノ公課《こうくわ》又ハ租稅ニ付テハ虚有者《きよいうしや》ハ其元本ヲ拂ヒ用益者ハ此時間毎年ノ利息ヲ辨償《べんしやう》ス

非常ノ公課又ハ租稅ト看做《みな》スモノハ左ノ如シ

第一　強要《きやうよう》ノ借入

第二　增稅《ぞうぜい》又ハ新稅但其臨時《りんじ》又ハ非常ノ性質カ法令《はふれい》ニ明示《めいし》アル

(公課)トハ府縣郡市町村等ノ區劃內ニ於テ住居ニ賦課スル府縣稅市町村稅ノ類ナリ

(完全ノ所有權)トハ用益權處分權ヲ併セ有シタルヲ云フ乃チ所有ノ爲ニ毫モ撿束セラルヽ所ナキ權ナリ

(保險)ニハ生命保險火災保險海上保險等ノ別アリテ豫ジメ少許保險料ノ金圓ヲ納メテ其生命家屋船舶ノ類ノ安全ヲ托スルトキハ後日危難ニ罹リシトキ一時ニ許多ノ保險金圓ヲ受取ル方法ヲ謂ヒ此ノ受負ヲ托スルヲ保險ニ

トキ又ハ明ニ事情《じじやう》ヨリ生スルトキニ限ル

第九十條　用益者又ハ虛有者《きよいうしや》カ通常又ハ非常《ひじやう》ノ租稅ヲ納メサルトキハ不動產ハ完全ノ所有權ニ於テ之ヲ差押《さしおさ》ヘ且賣却《ばいきやく》シ其代金ヲ怠納《たいのう》租稅《そぜい》ニ充《あ》ツ若シ殘額《ざんがく》アラハ其元本ハ虛有者ニ屬シ其收益《しうえき》ハ用益者ニ屬ス

第九十一條　虛有者カ用益權設定《ようえきけんせつてい》ノ前ニ火災《くわさい》ニ對シテ建物ヲ保險《ほけん》ニ付シタルトキハ用益者ハ每年保險料ノ利息ヲ拂フノ責ニ任ス但火災ノ場合ニ於テ得タル償金《しやうきん》ハ虛有者ニ屬シ其收益《しうえき》ハ用益者ニ屬ス

虛有者《きよゆうしや》カ用益權ノ繼續間《けいぞくかん》ニ完全ノ所有權ヲ保險《ほけん》ニ付シタルトキハ用益者ハ保險料ノ利息ヲ負擔《ふたん》セス其償金《しやうきん》ニ關シテハ虛有者カ自已ノ拂ヒタル保險料《ほけんりやう》ノ金額ヲ扣除《こうぢよ》シタル殘餘《ざんよ》ニ付キ收益《しうえき》ス又虛有者カ其虛有權《きよいうけん》ノミヲ保險ニ付シタルトキハ用益者ハ償金《しやうきん》ニ付キ權利《けんり》ヲ有セス

海上ノ危險《きけん》ニ對シ保險ニ付シタル船舶《せんぱく》ニ付キ用益權ヲ設定《せつてい》シタルトキモ亦右ノ規定《きてい》ヲ適用《てきよう》ス

第九十二條　用益者ハ自己及ヒ虛有者《きよゆうしや》ノ利益ノ爲メ自費ヲ以テ保險《ほけん》ヲ約スルコトヲ得此場合ニ於テハ用益者ハ償金《しやうきん》ノ額內《かくない》ヨリ自己ノ拂ヒタル保險料ヲ扣除シ其殘額《ざんがく》ニ付テ收益ス

又用益者ハ用益權ノ價格《かかく》ノミニ付キ建物ヲ保險《ほけん》ニ付シタルトキハ一人ニテ保險料ヲ負擔《ふたん》シ災害《さいがい》アリシトキハ其償金《しやうきん》ヲ取得ス凍《こほり》、雹《へう》其他天然《てんねん》ノ事變《じへん》ニ對シ用益者カ收獲物《しうかくぶつ》又ハ產出物ヲ保險《ほけん》ニ付シタルトキモ亦同シ

第九十三條　遺言《いげん》ニテ包括《はうくわつ》財產ノ用益權ヲ得タル者ハ其得益《とくえき》ノ割合ニ應シテ相續《さうぞく》ノ債務《さいむ》ノ利息ヲ負擔《ふたん》ス

此他相續《さうぞく》ノ負擔《ふたん》タル養料又ハ終身《しうしん》年金權ノ年金モ亦同上ノ割合ニ應シテ之ヲ負擔《ふたん》ス

附スト云フ

（建物ヲ保險ニ附ス）トハ其建物ノ火災ニ罹リシ時保險金ヲ得ルノ方法ヲ云ヒ收獲又ハ產出物ヲ保險ニ附スルトハ其天災ノ爲ニ收獲又ハ產出ヲ得ザル時ニ保險金ヲ得ルノ方法ナリ

（遺言）トハ死後ノ財產處分方法ヲ生前ニ定メ置クヲ云フ

第九十四條　特定財産《とくていざいさん》ノ用益者ハ其用益財産《ざいさん》カ抵當又ハ先取特權《せんしゆとくけん》ヲ負擔《ふたん》スルトキト雖モ設定者《せつていしや》ノ債務《さいむ》ノ辨濟《べんさい》ヲ分擔《ぶんたん》セス

用益者カ所持者トシテ訴追《そつい》ヲ受ケタルトキハ債務者《さいむしや》ニ對スル求償《きうしよう》權《けん》ヲ有ス但用益權ノ設定者《せつていしや》又ハ其相續人ニ對スル追奪擔保《ついだつたんぽ》ノ訴權ヲ妨ケス

第九十五條　虚有者《きよいうしや》カ元本ヲ負擔《ふたん》シ用益者カ其利息ヲ負擔ス可キ諸《しよ》般《はん》ノ場合ニ於テハ左ノ方法ノ一ニ依リテ處辨《しよべん》ス

第一　虚有者《きよいうしや》カ元本ヲ拂《はら》ヒ用益者カ其毎年ノ利息《りそく》ヲ拂フ

第二　用益者カ元本ヲ立替《たてか》ヘ虚有者ガ用益權消滅《ようえきけんしやうめつ》ノ時之ヲ用益者ニ償還《しやうくわん》ス

第三　要求《えうきう》ヲ受ク可キ金額ニ滿ツルマテ用益物ノ一分ヲ賣却《ばいきやく》ス

第九十六條　用益權ノ繼續間用益不動産《けいぞくかんようえきふどうさん》ニ第三者カ虚有者ノ權利《けんり》ヲ害ス可キ侵奪《しんだつ》又ハ作業《さくげふ》ヲ爲ストキハ用益者ハ其事實《じじつ》ヲ虚有者ニ告《こく》

(訴追)トハ甲債權者ヨリ乙債務者ニ貸金ノ抵當トシテ土地ヲ差入レ而シテ其土地ノ用益權ハ丙之ヲ有スル時ニ丙ハ甲ニ對シ債務ニ關係ナキニモ土地ノ所持者トノ訴ヘラルヽ場合ノ類ヲ云フ(追奪)トハ此場合ニ丙ガ取リ去ラルヽノ類ナリ

(元本)トハ利息ヲ生スル元金ヲ謂フ

(第三者)トハ此場合ニハ用益者虚有者外ノ他人ヲ云フ

（追奪担保）トハ用益者ハ何人ノ為ニモ其占有物ヲ追奪セラレザルヿヲ受ク負フヲ云フ

（訴訟參加）トハ其土地ニ關シテ起ル訴訟ニ對シ關係人トシテ裁判ノ塲所ニ臨ムヲ云フ

發《はつ》スルコトヲ要ス若シ此告發《こくはつ》ヲ為ササルトキハ為メニ生シタル總テノ損害《そんがい》及ヒ第三者ノ取得《しゆとく》スル時効《じかう》又ハ占有權《せんいうけん》ニ付キ其責ニ任ス

第九十七條　虛有者カ原告《げんこく》又ハ被告トシテ用益物ノ完全《かんぜん》ノ所有權ニ係ル訴訟《そしやう》ヲ為ストキハ用益者ヲ其訴訟ニ召喚《しようかん》スルコトヲ要ス

用益者ハ右訴訟費用ノ利息《りそく》及ヒ收益《しうえき》ノミニ關スル訴訟費用ヲ負擔《ふたん》ス然レトモ用益權ノ設定證書《せつていしやうしよ》ヲ以テ用益者ニ追奪擔保《ついだつたんぽ》ヲ為シタルトキハ用益者ハ總テノ訴訟費用《そしやうひよう》ヲ負擔セス

如何ナル塲合ニ於テモ用益者ハ虛有權《きよいうけん》ノミニ關スル訴訟費用ヲ分《ぶん》擔《たん》セス

第九十八條　訴訟ニ參加《さんか》ス可クシテ之ニ參加セシメラレサリシ虛有者又ハ用益者ハ其判決《はんけつ》ノ害ヲ受クルコト無シ然レトモ事務管理《じむくわんり》ノ規則ニ從ヒテ其利ヲ受クルコトヲ得

第四款　用益權《ようえきけん》ノ消滅《せうめつ》

（用益權消滅）第一欵ノ規定ト反對ニ用益權ノ消滅シ終ルコヲ云フ

（拋棄）トハ口頭又ハ書面ニテ權利ノ放棄ヲ明言スル片

（廢罷）トハ百四條ニ規定ス

第九十九條　用益權ハ第四十二條ニ記載シタル所有權消滅《しよいうけんしやうめつ》ノ原因《げんいん》ト同一ノ原因ニ由リテ消滅スルノ外尚《な》ホ左ノ原因ニ由リテ消滅《しやうめつ》ス

第一　用益者ノ死亡《しばう》

第二　用益權ヲ設定《せつてい》シタル期間ノ經過《けいくわ》

第三　用益者ノ明示《めいし》シタル用益權ノ拋棄《はうき》

第四　三十个年間繼續《けいぞく》シタル不使用

第五　用益權ノ廢罷《はいひ》

第百條　數人ノ終身《しうしん》ヲ期シテ同時ニ且不分ニテ用益權ヲ設定《せつてい》シタルトキハ死亡者ノ持分《もちぶん》ハ生存者ヲ利ス其用益權ハ最後《さいご》ノ死亡者ノ死亡ニ因ルニ非サレハ消滅《しやうめつ》セス

第百一條　法人ノ爲メニ設定《せつてい》シタル用益權ハ三十个年ノ期間ヲ以テ消滅《しやうめつ》ス但三十个年ヨリ短キ期間ヲ以テ設定《せつてい》シタルトキハ此限ニ在ラス

第百二條　用益者ハ用益權ノ抛棄《はうき》ヲ以テ其抛棄前《はうきぜん》ニ履行《りかう》セサリシ義務ヲ免《まぬ》カルルコトヲ得ス

又其抛棄《はうき》ハ用益者ノ權ニ基《もとづ》キ物ノ上ニ權利ヲ取得《しゆとく》シタル第三者ヲ　スルコトヲ得ス

第百三條　不使用ハ未成年者《みせいねんしや》ニモ其他ノ人ニシテ之ニ對シ時効ノ經《けい》過《くわ》スルコトヲ得サル者ニモ之ヲ以テ對抗《たいこう》スルコトヲ得ス

免責時効《めんせきじかう》ニ關《くわん》スル此他ノ規則ハ不使用ニ之ヲ適用《てきよう》ス

第百四條　用益者カ用益物ニ重大ノ毀損《きそん》ヲ加フルトキ又ハ保持《はじ》ノ欠《かん》缺《けつ》若クハ收益ノ濫妄《らんばう》ニ因リテ用益物ノ保存ヲ危《あやう》フスルトキハ裁判所ハ用益權消滅《ようえきけんしようめつ》ノ他ノ原因《げんいん》ノ一ノ生スルマテ用益者ノ費用《ひよう》ヲ以テ用益物ヲ保管《はくわん》ニ付シ又ハ此時間虚有者《きよいうしや》ヨリ毎年用益者ニ拂フ可キ金額《きんがく》若クハ果實《くわじつ》ノ部分ヲ定メ虚有者ノ爲メ用益權ノ廢罷《はいひ》ヲ宣告《せんこく》スルコトヲ得

（免責時効）トハ歳月ノ經過ニ依テ從來存在スル所ノ責任ヲ免除スルヲ云フ

（用益權廢罷）トハ其用益權ヲ毀損スルヿノ大ナル爲ニ裁判所ヨリ其用益權ナキヿヲ宣告スルナリ

裁判所ハ右ト同時ニ其年ノ果實《くわじつ》及ヒ產出物ノ分割《ぶんかつ》ヲ定ム
將來《しやうらい》ニ於テ用益者ニ拂フ可キ金額又ハ果實《くわじつ》ノ價額《かかく》ハ用益者日割ヲ以テ之ヲ取得ス

第百五條　用益權ノ廢罷《はいひ》ハ其廢罷前ニ用益者ノ加ヘタル損害《そんがい》ノ賠償《ばいしやう》ヲ妨ケス

第百六條　事變《じへん》又ハ朽敗《きうはい》ニ因リテ用益權ノ存スル建物ノ全部カ毀滅《きめつ》シタルトキハ用益者ハ土地ニ付テモ材料《さいりやう》ニ付テモ收益《しうえき》スルコトヲ得ス但建物カ用益權ノ存スル土地ノ從タルトキハ此限ニ在ラス

第百七條　用益物カ公用徴收《こうようちやうしう》ヲ受ケタルトキハ用益者ハ其償金《しやうきん》ニ付キ收益《しうえき》ス此場合ニ於テ用益者ハ其收益《しうえき》スル元本ニ對シテ相應《さうおう》ナル擔保《たんぽ》ヲ供スルコトヲ要ス但此場合ヲ豫見《よけん》シテ特ニ其義務《ぎむ》ヲ免除《めんじよ》シタルトキハ此限ニ在ラス
第九十條乃至第九十二條ニ規定《きてい》シタル場合ニ於テモ亦同シ

（毀滅）トハ毀損及ビ消滅ノ二ヲ云フ

（公用徴收）トハ土地收用法又ハ徴發令等ニテ公共用ノ爲ニ徴收セラルヽヲ云フ

(池沼)ハ水アルガ爲ニ利用セラレ(土地)ハ水ニ浸サシタル片ハ其用ヲ失フ故ニ其用フル希望斷ユル片ハ用益權消滅ス

土地ノ久シク水ニ浸サレタル片ニモ又蓮根慈姑等ノ產出物アルベク池沼ノ水涸ルヽモ尚ホ茅荻等ノ產出物アルベシ

第百八條　池沼《ちせう》ノ用益權ハ水ノ乾涸《かんこ》シテ舊狀《きうじやう》ニ復スル見込《みこみ》ナキトキハ消滅《しやうめつ》ス

又土地ノ用益權ハ水ノ浸沒《しんぼつ》シテ舊狀《きうじやう》ニ復スル見込《みこみ》ナキトキハ消滅ス

第百九條　第百四條ニ揭ケタル場合ヲ除クノ外用益權消滅《しやうめつ》ノ時猶ホ土地ニ附着《ふちやく》スル果實《くわじつ》及ヒ產出物ハ虛有者ニ屬ス其栽培《さいばい》又ハ作業ノ費用ハ之ヲ償還《しやうくわん》スルコトヲ要セス但不動產賃借人カ果實《くわじつ》ニ付キ既ニ得タル權利《けんり》ヲ妨ケス

第二節　使用權《しようけん》及ヒ住居權《じゆうきよけん》

(解)前節ハ所有權中《しよいうけんちう》ノ用益權ノ規定《きてい》ニシテ本節ハ使用權及住居權ノ規定ナリ用益權《ようえきけん》ハ使用《しよう》シ且《か》ツ其利益ヲ收《をさ》ムルノ權《けん》ナレ𪜈使用權ハ唯ダ使用ノミニシテ別《べつ》ニソレヨリ生《しやう》ズル物品《よつぴん》ヲ得《う》ルヿナシ住居權ハ家屋ノ使用權ナリ

第百十條　使用權ハ使用者《しようしや》及ヒ其家族《かぞく》ノ需用《じゆよう》ノ程度《ていど》ニ限ルノ用益權《ようゑきけん》ナリ

住居權《ぢうきよけん》ハ建物ノ使用權《しようけん》ナリ

使用權及ヒ住居權《ぢうきよけん》ハ用益權ト同一ノ方法ニ因リテ成立《せいりつ》シ及ヒ同一ノ原因《げんゐん》ニ由リテ消滅ス

第百十一條　使用權《しようけん》及ヒ住居權ノ程度《ていど》ヲ定ムル為メ使用者ノ家族《かぞく》ト看做《みな》ス可キ者ハ使用者ト共ニ住居スル配偶者《はいぐうしや》卑屬親尊屬親《ひぞくしんそんぞくしん》及ヒ使用者又ハ此等ノ親族《しんぞく》ノ隨身雇人《ずいしんやとひにん》ナリ

第百十二條　設定《せつてい》ノ權原《けんげん》又ハ其後ノ合意ヲ以テ土地ノ使用權《しようけん》ヲ行フノ方法ヲ定メス又ハ住居權《ぢうきよけん》ヲ行フ可キ建物《たてもの》ヲ定メタルトキハ當事《たうじ》者《しや》立會ノ上裁判所其意見ヲ聽《き》キテ之ヲ定ム

第百十三條　使用權《しようけん》及ヒ住居權ハ之ヲ讓渡《ゆづりわた》シ又ハ賃貸スルコトヲ得ス

(使用權)トハ自已及ビ其家族ノ為ニ使用スルノミ廣ク何人ニモ使用セシムルヿ能ハズ

(使用者ノ家族)トハ配偶者乃ハチ夫婦卑屬親乃チ子孫甥姪尊屬親乃チ父母祖父母高曾祖父母等ト其ノ下女下男等ナリ

(設定ノ權原)トハ權利ヲ生スル為ニ行フ所ノ事項ナリ

(讓渡)ハ其權利ヲ他人ニ移スヿ

(賃貸)トハ賃錢ヲ得テ定リタル期限間他人ニ貸スヲ謂フ

(目錄及形狀書)ヲ作ルハ他日所有者ニ返還スル時原時ノ態ヲ失フコナキノ証トスル爲ナリ

第百十四條　使用權又ハ住居權《ちうきよけん》ヲ有スル者ハ用益者ト同シク動産《どうさん》ノ目錄及ヒ不動產ノ形狀書《けいじやうしよ》ヲ作リ且保證人《ほしやう》ヲ立ツル責ニ任ス
又用益者ト同一ノ注意《ちうい》ヲ爲シ及ヒ自已《じこ》ノ過失《くわしつ》ニ付テハ之ト同一ノ責ニ任ス
又其收益《しうえき》ノ割合ニ應シ用益者ト同シク修繕費用《しゆぜんひよう》、租稅《そぜい》、公課《こうくわ》及ヒ訴訟費用《そせうひよう》ヲ分擔《ぶんたん》ス

第三章　賃借權《ちんしやくけん》、永借權《えいしやくけん》及ビ地上權《ちじやうけん》

(解)本章ハ土地其他ノ物件ノ所有者ガ其物件ヲ他人ニ借與ヘ金錢若クハ相當《さうとう》ノ價《あたへ》アル物品ヲ其貸賃《たいちん》トメ受取ルコニ關《くわん》スル規定《きてい》ナリ而シテ賃借權トハ動產不動產ニ通用《つうよう》スルヲ得ルモノニシテ其期限《きげん》ニ至テモ永借權《えいしやくけん》ノ如ク長年月《ながとしつき》ヲナスモノニアラズ之レニ反シテ永借權トハ不動產即チ土地家屋等ニノミ適用スベキモノナリ而メ其期限ハ三十年以上五十年以下ノ範圍內ニ及ブモノナリトス又地上

權トハ其土地ヲ借入レテ使用《しよう》スルニアラズシテ只《たゞ》其地ノ表面《へうめん》ヲ使用スル權利《けんり》ナリ即チ他人ノ土地ニ家屋倉庫《かをくそうこ》ヲ設立《せつりう》シ若クハ竹木《ちくぼく》等ヲ植付《うへつ》ケタルニ當リテ之レヲ安全《あんぜん》ニ所有《しよいう》スル爲メ其地ノ表面ヲ使有スル處ノ權利ナリトス

第一節 賃借權《ちんしやくけん》

第百十五條 動產及ヒ不動產ノ賃貸借《ちんたいしやく》ハ賃借人ヨリ賃貸人《ちんかしにん》ニ金錢其他ノ有價物ヲ定期ニ拂《はら》フ約《やく》ニテ賃借人《ちんかしにん》ニ或ル時間《じかん》賃借物《ちんしやくぶつ》ノ使用及ヒ收益《しうえき》ヲ爲ス權利ヲ與フ但後ノ第二款及ヒ第三款ニ定メタル如ク合意《がうい》ニ因リ又ハ法律ノ効力《かうりよく》ニ因リテ當事者《たうじしや》ノ負擔《ふたん》スル相互ノ義務《ぎむ》ヲ妨ケス

第百十六條 國、府縣、市町村及ヒ公設所《こうせつじよ》ニ屬スル財產ノ賃貸借ハ行政法《ぎやうせいはう》ヲ以テ之ヲ規定《きてい》ス

第一款 賃借權《ちしやくけん》ノ設定《せつてい》

(有價物)トハ價格アル物品ナリ

(收益)トハ土地ヲ耕シテ米麥ヲ取ル等ヲ云フ又

(當事者)トハ賃借ヲ爲セシモノヲ云フ

(公設所)トハ公立ノ病院又ハ學校等ヲ云フ

第百十七條　賃借權ハ賃貸借契約《けいやく》ヲ以テ之ヲ設定《せつてい》ス
賃借權ヲ遺贈《いぞう》シタル場合ニ於テハ相續人ハ遺言書《いげんしよ》ニ記載《きさい》シタル項《こう》目《もく》及ヒ條件《でうけん》ニ從ヒテ受遺者《じゆいしや》ト賃貸借契約《けいやく》ヲ取結《とりむす》フコトヲ要ス
賃借權ヲ豫約《よやく》シタル場合ニ於テモ諾約者《だくやく》ハ要約者《やうやくしや》ト賃貸借契約《ちんたいしやくけいやく》ヲ取結フコトヲ要ス

第百十八條　賃貸借契約《ちんたいしやくけいやく》ハ有償且雙務《いうしやうかつさうむ》ノ契約《けいやく》ノ一般ノ規則《きそく》ニ從フ但後ニ揭《かゝ》ケタル變例《へんれい》ヲ妨ケス

第百十九條　法律上又ハ裁判上ノ管理人《くわんりにん》ハ其管理スル物ヲ賃貸《ちんかし》スルコトヲ得然レトモ管理人《くわんりにん》カ期間ニ付キ特別ノ委任《いにん》ヲ受ケスシテ賃《ちん》貸《かし》スルトキハ左ノ期間《きかん》ヲ超ユルコトヲ得ス
第一　獸畜《じうちく》其他ノ動産ニ付テハ一个年
第二　居宅、店舖《てんぽ》其他ノ建物《たてもの》ニ付テハ三个年
第三　耕地《かうち》、池沼《ちせう》其他土地ノ部分《ぶぶん》ニ付テハ五个年

(設立)トハ成立ヲ云フ
(遺贈)トハ前權利者ガ其權利ヲ遺言シテ讓ルコトヲ云フ
(有償)トハ代價即チ賃錢ヲ取ルコトヲ云フ
(双務)トハ貸主借主双方ニ義務アルコトヲ云フ
(管理人)トハ人ノ爲メ財產ヲ支配スルモノナリ
(特別ノ委任)トハ賃貸ニ關スル委任ナリ

(滿了)トハ期限ノ濟ミタルトキナリ

(更新)トハ新ニ貸借ヲ結ヒ代ルコヲ云フ

(其產出物)トハ小作料トシテ取ル米麥ヲ云フ

(代理人)トハ賃貸ニ關スル代理スルモノナリ

自治產ノ未成年者)トハ未丁年者ニシテ自己ノ財產

第四　牧場樹林《ぼくぢやうじゆりん》ニ付テハ十ケ年

第百二十條　管理人《くわんりにん》ハ前條ニ記載《きさい》シタル賃貸物ノ區別《くべつ》ニ從ヒ現期間ノ滿了《まんれう》ニ先タツ一ケ月、三ケ月、六ケ月又ハ一ケ年內ニ非サレハ同一ノ期間《きかん》ヲ以テ賃貸借《ちんたいしやく》ヲ更新《かうしん》スルコトヲ得ス

然レトモ右ノ時期《じき》ニ先タチ爲シタル更新《かうしん》ハ新期間ノ始マリシ後尙ホ管理人《くわんりにん》ノ委任《いにん》ノ止マサリシトキハ無効《むかう》ナラス

第百二十一條　管理人《くわんりにん》ハ金錢外ノ有價物《いうかぶつ》ヲ貸賃《かしちん》ト爲シテ賃貸《ちんかし》スルコトヲ得ス

然レトモ耕地《かうち》ニ付テハ其產出物ヲト爲シテ賃貸貸賃《かしちん》スルコトヲ得

第百二十二條　前三條ノ規定《きてい》ハ代理人ニ之ヲ適用《てきよう》ス但代理委任ノ書《しよ》面《めん》ヲ以テ其權限《けんげん》ヲ伸縮《しんしゆく》シタルトキハ此限ニ在ラス

第百二十三條　自己ノ財產《ざいさん》ヲ管理スルコトヲ得ル婦《ふ》及ヒ自治產《じちさん》ノ未成年者モ亦管理人《くわんりにん》ト同一ノ條件《じやうけん》ニ從フニ非サレハ其財產《ざいさん》ヲ賃貸《ちんかし》ス

ヲ使用シ得ルモノナリ

（其權利ヲ自在ニスル）トハ管理人ノ支配ヲ免レタルトキナリ

（賃貸借）トハ三十年ヲ超ユル能ハズ之レヲ超ユトキハ（永貸借）トナルナリ

ルコトヲ得ス

第百二十四條　賃借人《ちんしやくにん》ハ前數條ニ反シタル賃貸借《ちんたいしやく》又ハ其更新ノ無効《むかう》又ハ短縮《たんしゆく》ヲ請求《せいきう》スルコトヲ得ス

然レトモ所有者其權利ヲ自在《じざい》ニスルコトヲ得ルニ至リタルトキハ賃借人《ちんしやくにん》ハ所有者ノ認諾《にんだく》スルヤ否ヤノ意思《いし》ヲ第百十九條ニ區別《くべつ》シタル賃借物ノ性質《せいしつ》ニ從ヒ五日、八日、十五日又ハ三十日ノ期間《きかん》ニ述フルコトヲ常ニ要求《やうきう》スルコトヲ得

所有者カ其意思《いし》ヲ述フルコトヲ拒ムトキハ賃借人ハ起初《きしよ》又ハ更新《かうしん》ニ於テ定メタル如ク賃借《ちんしやく》期間ヲ維持《いじ》セント述《の》フルコトヲ得

第百二十五條　所有者ノ爲シタル不動產《ふどうさん》ノ賃貸借《ちんたいしやく》カ三十ケ年ヲ超ユルトキハ其賃貸借ハ永貸借《えいたいしやく》ト爲リ此種ノ賃貸借《ちんたいしやく》ノ爲メ後ノ第二節ニ定メタル規則ニ從フ

第二欵　賃借人《ちんしやくにん》ノ權利《けんり》

(用益者)トハ其物件ヲ用ヒ又ハ收益スルモノヲ云フ
(占有)トハ其物件ヲ所持スルヲ云フ
(目錄)トハ其占有物ノ目錄ヲ云ヒ
(形狀書)トハ其物件ノ親在ノ有樣ヲ云フ
(大小修繕)トハ總テノ修繕ヲ云フ其修繕ハ貸主ノ義務ナルヿヲ云フナリ
(反射ノ慣習)トハ其土地ノ風俗ニ於

第百二十六條　賃借人《ちんしやくにん》ハ賃借物ニ付キ用益者《やうえきしや》ト同一ノ利益ヲ收《おさ》ムル權利ヲ有ス但其賃貸借設定《せつてい》ノ契約《けいやく》及ヒ法律ノ規定《きてい》ヨリ生スル權利ノ増減ハ此限ニ在ラス

第百二十七條　賃借人《ちんしやくにん》ハ其收益《しうえき》ヲ始ムル爲メニ定メタル時期《じき》ニ於テ賃借物《ちんしやくぶつ》ノ占有《せんいう》ヲ賃借人ニ要求《やうきう》スルコトヲ得然レトモ其目錄《もくろく》又ハ形《けい》狀書《じやうしよ》ヲ作《つく》リ及ヒ保證人ヲ立ツル責ニ任セス但契約《けいやく》ニ因リテ其責ニ任スルトキハ此限ニ在ラス

第百二十八條　賃借人《ちんしやくにん》ハ物ノ引渡前ニ其用方《もちひかた》ニ從ヒテ一切ノ修繕《しうぜん》ヲ整《とゝの》フルコトヲ賃借人ニ要求《やうきう》スルコトヲ得

此他賃借人ハ賃貸借《ちんたいしやく》ノ期間大小修繕《しうぜん》ヲ爲ス責ニ任ス但左ノ二項《にかう》ニ掲《かゝ》ケタル修繕《しうぜん》及ヒ賃借人又ハ其雇人《ようにん》ノ過失《くわしつ》若クハ懈怠《かいたい》ニ因リテ必《かつ》要《やう》ト爲リタル修繕《しうぜん》ハ賃借人之ヲ負擔《ふたん》ス

賃貸人《ちんたいにん》ハ賃貸借ノ期間疊《たゝみ》、建具《たてぐ》、塗彩《とさい》及ヒ壁紙《へきし》ノ保持ヲ負擔《ふたん》セス

テ此規則ト異ル場合ナリ

（大修繕）トハ屋根又ハ壁ノ破壞等ヲ修繕スル場合ナリ

（解除）トハ賃貸借契約ヲ解キ濟スヿナリ

（第三者）トハ貸借者双方以外ノ者ヲ云フ

（合式）トハ相當ノ

又井戸、用水溜《ようすゐだめ》、汚物溜《をぶつだめ》又ハ水道管《すゐだうかん》ノ疏浚《そしゆん》及ヒ普通《ふつう》ニ賃借人ノ為ス可キ修繕《しゆうぜん》ヲ負擔《ふたん》セス

本條ノ規定《きてい》ニ反對ノ慣習《くわんしう》アルトキハ其慣習ニ從フコトヲ妨ケス

第百二十九條　建物《たてもの》ニ必要ト為リタル大修繕《しゆうぜん》ハ賃借人ヨリ之ヲ要求《やうきう》セサルモ又此カ為メ賃借人《ちんしやくにん》ニ多少ノ不便《ふべん》ヲ生セシム可キモ賃貸人《ちんたいにん》之ヲ為スコトヲ得

然レトモ賃借人ハ右修繕《しゆうぜん》ノ一ケ月ヨリ長ク繼續スルトキハ借賃ノ減少《げんしやう》ヲ要求スルコトヲ得又時間《じかん》ノ如何ヲ問ハス右修繕《しうぜん》ノ為メ其賃《ちん》借物《しやくぶつ》中住居ス可キ全部又ハ商業《しやうぎやう》若クハ工業ニ極メテ必要《ひつやう》ナル部分ヲ失フ可キトキハ賃借人ハ賃貸借ノ解除《かいぢよ》ヲ請求《せいきう》スルコトヲ得

第百三十條　賃借人《ちんしやくにん》カ第三者ヨリ收益《しうえき》ノ權利ニ妨害《ばうがい》又ハ爭論《そうろん》ヲ受ケ其原因《げんゐん》賃借人ノ責ニ歸ス可カラサルトキ賃借人《ちんしやくにん》ヨリ合式ニ告知《こくち》ヲ受ケタル賃貸人ハ其訴訟《そせう》ニ參加シテ賃借人ヲ擔保《たんぽ》シ又ハ損害《そんがい》ヲ賠《ばい》

式ニ從テ通知スルコトナリ
(參加)トハ借主ト共ニ原告又ハ被告トナルヲ云フ
(不可抗力)トハ人間ノ力ヲ以テ拒グベカラサル天變ヲ云フ
(毀滅)トハ其物件ノ破レタル件ナリ
(主タル目的物)トハ賃借ノ重ナル物件ナリ
(明許)トハ書面等

償《しやう》スルコトヲ要ス

第百三十一條　妨害カ戰爭《せんそう》、旱魃《かんばつ》、洪水《かうずゐ》、暴風《ばうふう》、火災《くわさい》ノ如キ不可《ふか》抗力《かうりよく》又ハ官ノ處分《しよぶん》ヨリ生シ此カ爲メ毎年ノ收益《しうえき》ノ三分一以上損失《そんしつ》ヲ致シタルトキハ賃借人《ちんしやくにん》ハ其割合ニ應シテ借賃《しやくちん》ノ減少ヲ要求《やうきう》スルコトヲ得
但地方ノ慣習《かんしう》之ニ異ナルトキハ其慣習《かんしう》ニ從フコトヲ妨ケス
又右ノ妨害《ばうがい》カ引續キ三ケ年ニ及フトキハ賃借人《ちんしやくにん》ハ賃貸借ノ解除《くわいじよ》ヲ請求《せいきう》スルコトヲ得建物ノ一分ノ燒失《しやうしつ》其他ノ毀滅《きめつ》ノ場合ニ於テ所《しよ》有者《いうしや》カ一ケ年内ニ之ヲ再造《さいざう》セサルトキモ亦同シ

第百三十二條　土地又ハ建物《たてもの》ヲ以テ主タル目的物ト爲シタル賃貸借《ちんたいしやく》ニ於テ其現在ノ坪數カ契約《けいやく》ノ坪數《つぼかづ》ヨリ少ナク又ハ多キトキハ土地又ハ建物《たてもの》ノ賣買ニ於ケルト同一ノ條件《じやうけん》ニ從ヒテ借賃ノ增減《ぞうげん》又ハ契《けい》約《やく》ノ銷除《せうじよ》ヲ爲スコトヲ得

第百三十三條　賃借人ハ賃貸人《ちんたいにん》ノ明許ヲ要セスシテ賃借地ニ適宜《てきぎ》ニ

ニテ許スヿヱシテ之レヲ對スル(默許)ト云フアリ即チ借地ニ勝手ヲ以ヲ建物ヲナスヲ見テ止メザル𪜈ヲ云フナリ

(權能)トハ權利ノ働キニシテ權利同一視シテ可ナリ

(無償)トハ代償ヲ取ザルヲ云フ

(轉貸)トハ借リタルモノヲ又貸スルヿナリ

(更改)トハ契約ヲ結ビ直スヿヲ云フナリ

建物ヲ築造シ又ハ樹木ヲ栽植《さいしよく》スルコトヲ得但現在ノ建物《たてもの》又ハ樹木ニ何等ノ變更《へんかう》ヲモ加フルコトヲ得ス

賃借人ハ舊狀《きうじやう》ニ復スルコトヲ得ヘキトキハ其築造《ちくざう》シタル建物又ハ栽植《さいしよく》シタル樹木ヲ賃貸借ノ終ニ收去《しうきよ》スルコトヲ得但第四十四條ヲ以テ賃貸人《ちんたいにん》ニ與ヘタル權能《けんのう》ヲ妨ケス

第百三十四條　賃借人ハ賃貸借《ちんたいしやく》ノ期間ヲ超《こ》エサルニ於テハ其賃借權ヲ無償《むしやう》若クハ有償ニテ讓渡《ゆづりわた》シ又ハ其賃借物ヲ轉貸《てんたい》スルコトヲ得但反對《はんたい》ノ慣習《くわんしう》又ハ合意アルトキハ此限ニ在ラス

賃借人ハ讓渡《ゆづりわたし》ノ場合ニ於テハ贈與者《ぞうよしや》又ハ賣主ノ權利ヲ有シ轉貸《てんたい》ノ場合ニ於テハ賃貸人ノ權利《けんり》ヲ有ス

右孰レノ場合ニ於テモ賃借人《ちんしやくにん》ハ賃貸人ニ對シテ其義務《ぎむ》ヲ免カルルコトヲ得ス但賃貸人カ轉借人《てんしやくにん》ト更改ヲ爲シタルトキハ此限ニ在ラス

果實《くわじつ》又ハ產出物ノ一分ヲ以テ借賃《しやくちん》ト爲シ金錢ヲ以テ之ニ代フルコトヲ許サヽルトキハ賃借權ノ讓渡《ゆづりわたし》又ハ轉貸《てんたい》ハ賃借人ノ承諾《しようだく》アルニ非サレハ之ヲ爲スコトヲ得ス

第百三十五條　不動產ノ賃借人ハ其權利ヲ抵當《ていたう》ト爲スコトヲ得但讓《ゆづり》渡《わたし》又ハ轉貸《てんたい》ヲ爲スコトヲ得ヘキ場合ニ限ル

第百三十六條　賃借人ハ其權利《けんり》ヲ保存《ほぞん》スル爲メ賃貸人及ヒ第三者ニ對《たい》シテ第六十七條ニ記載《きさい》シタル訴權《そけん》ヲ行フコトヲ得

第三款　賃借人《ちんしやくにん》ノ義務《ぎむ》

第百三十七條　賃貸人其權利《けんり》ヲ保存スル爲メ賃貸物ノ目錄《もくろく》又ハ形狀書ヲ作ラント欲スルトキハ賃借人《ちんしやくにん》ハ何時ニテモ賃貸人カ已レト立《たち》會《あ》ヒテ之ヲ作ルヲ許諾《きよだく》スルコトヲ要ス但其書類ノ費用《ひよう》ヲ分擔《ぶんたん》セス賃借人モ亦賃貸人ヲ召喚《しやうかん》シ立會ノ上自費ニテ右目錄《もくろく》又ハ形狀書《けいじやうしよ》ヲ作ルコトヲ得

(賃借權)ハ普通物品ト同シク抵當トシテ金員ヲ借入ルヽヲ得ルナリ

(訴權)トハ他人ヲ訴フルノ權利ナリ

(分担)トハ其費用ヲ半分持ツコヲ云フ

(推定)トハ實際ノ如何ニ干セズ斯アリシト定ムルヲ云フ

(賃貸人ノ責ニ歸

シ云々）トハ證據ヲ賃借人ニテ擧ゲザルベカラザルヲ云フ
（合意シタル時期）トハ約束シタル時ヲ云フ
（特別ナル項目）トハ約束ノ上通常ト異ナル個條ヲ定メタルヲ云フ
（强要）トハ强テ求ムルヲ云フ
（公課）トハ公ケ賦

形狀書《けいじやうしよ》ヲ作ラサリシトキハ賃借人ハ修繕完好《くわんこう》ノ形狀ニテ賃借物ヲ受取リタリトノ推定《すいてい》ヲ受ク但反對ノ證據《しようこ》アルトキハ此限ニ在ラス
目錄ナキトキハ動産《どうさん》ノ實體《じつたい》及ヒ形狀ノ證據《しようこ》ハ賃貸人ノ責ニ歸シ通《つう》常《じやう》ノ方法ニ從ヒテ之ヲ爲ス

第百三十八條　金錢ヲ以テ借賃《しやくちん》ト爲シタルトキハ賃借人ハ合意《がうい》シタル時期ニ之ヲ拂ヒ合意ナキトキハ毎月末ニ之ヲ拂フコトヲ要ス但地方ノ慣習《かんしう》之ニ異ナルトキハ此限ニ在ラス
果實《くわじつ》ヲ以テ借賃ト爲シタルトキハ收穫後《しうかくご》ニ非サレハ之ヲ要求《やうきう》スルコトヲ得ス

第百三十九條　賃借人《ちんしやくにん》借賃ヲ拂ハス其他賃貸借ノ特別《とくべつ》ナル項目《かうもく》又ハ條件《でうけん》ヲ履行《りかう》セサルトキハ賃貸人ハ賃借人ニ對シテ其履行《りかう》ヲ强要《きやうやう》シ又ハ損害《そんがい》アルトキハ其賠償《ばいしやう》ヲ得テ賃貸借ノ解除《かいぢよ》ヲ請求《せいきう》スルコトヲ得

第百四十條　賃借人ハ賃借物ニ直接《ちよくせつ》ニ賦課《ふくわ》セラルル通常《つうじやう》及ヒ非常ノ

課ニシテ即チ市町村費等ヲ云フナリ
(扣除)トハ差引ナリ
(反對ノ合意)トハ此規則ニ反スル約束ナリ
(明示)トハ明カニ約シタルコトヲ云ヒ
(默示)トハ之レニ反シテ暗ニ定ムルナリ即チ何々ト定メサルモ相方ノ心ニテ之レナリト思ヒタルモノナリ
(作業ヲ爲ス)トハ或ル所爲ヲ加フルナリ

租税其他ノ公課ヲ負擔《ふたん》セス若シ租税法ニ依リテ賃借人ヨリ徵收《てうしう》スルコト有ルトキハ其借賃ヨリ之ヲ扣除《こうぢよ》シ又ハ賃貸人ヨリ賃借人《ちんしやくにん》ニ之ヲ償還《しやうくわん》ス但反對ノ合意《がうい》アルトキハ此限ニ在ラス
然レドモ賃借人ノ築造《ちくざう》シタル建物ニ賦課《ふくわ》セラレ又ハ賃借不動産《ふどうさん》ニ於テ賃借人ノ營ム商業《しやうぎやう》若クハ工業ニ賦課《ふくわ》セラルル租税其他ノ公《かう》課《くわ》ハ賃借人之ヲ負擔《ふたん》ス

第百四十一條　賃借人ハ明示《めいし》ト默示《もくし》トヲ問ハス合意《がうい》ヲ以テ定メタル用方ニ從フニ非サレハ賃借物《ちんしやくぶつ》ヲ使用《しよう》スルコトヲ得ス其合意ナキトキハ契約《けいやく》ノ時ノ用方又ハ賃借物ノ性質《せいしつ》ニ相應シテ毀損《きそん》セザル用方ニ從フニ非サレバ之ヲ使用《しよう》スルコトヲ得ス

第百四十二條　賃借人ハ賃借物ノ看守《かんしゆ》及ヒ保存《ほぞん》ニ付キ用益者ト同一ノ義務《ぎむ》ヲ負擔《ふたん》ス
第三者カ賃借物ニ侵奪《しんだつ》又ハ作業《さげう》ヲ爲ストキハ賃借人ハ第九十六條

（選擇ヲ以テ）トハ自分ノ選ム處ニ從テト云フ意ナリ
（對人訴權）トハ人ニ對スル訴ナルヲ以テ其害者ニ掛ル訴訟ナリ
（物上訴權）トハ其物件ヲ持ツ者ニ向テノ謝權ナリ
（先買）トハ他人ニ賣ラシメズシテ己レガ第一ニ買フ處ノ權利ナリ
（滅失）トハ火災、水災、等ニテ其物件ノ消滅スルヲ云フ
（公用徵收）トハ政府又ハ市町村等ニテ入用ニ付買上ラル丶場合ヲ云フ
（解除條件ノ成就）トハ或事件ノ起リ

ニ記載《きさい》シタル如ク用益者《ようえきしや》ト同一ノ責ニ任ス

第百四十三條　賃貸借《ちんたいしやく》ノ終ニ於テ賃借人カ賃借物ヲ返還《へんくわん》セサルトキハ賃貸人ハ其選擇《せんたく》ヲ以テ對人訴權《たいにんそけん》又ハ物上訴權《ぶつじやうそけん》ニテ之ヲ訴追《そつい》スルコトヲ得

第百四十四條　賃貸人ハ賃貸借《ちんたいしやく》ノ終ニ於テ第百三十三條ニ依リテ賃借人ノ收去《しうきよ》スルヲ得ヘキ建物《たてもの》及ヒ樹木ヲ先買《せんばい》スルコトヲ得此場合《ばあい》ニ於テハ第七十條ノ規定《きてい》ヲ適用《てきやう》ス

第四款　賃借權《ちんしやくけん》ノ消滅《せうめつ》

第百四十五條　賃借權ハ左ノ諸件《しよけん》ニ因リテ當然消滅《とうぜんしようめつ》ス

第一　賃借物ノ全部ノ滅失《めつしつ》

第二　賃借物ノ全部ノ公用徵收《てうしう》

第三　賃貸人ニ對スル追奪《ついだつ》又ハ賃貸物ニ存スル賃貸人《ちんたいにん》ノ權利《けんり》ノ取消但シ追奪《ついだつ》及ヒ取消ハ賃貸借契約《けいやく》以前ノ原因《げんいん》ニ由リ裁判所

タル片ハ其約束ヲ消滅セシムルコヲ豫約シタル場合ニ其事ノ起リタル時ヲ云フ

(法律上ノ期限)トハ百四十九條以下ニ定メタル場合ナリ

(意外又ハ不可抗)トハ天變地異等ヲ云フ即ヲ豫メ之レヲ知リテ防キ難キ片ヲ云フ

ニ於テ之ヲ宣告《せんこく》セシトキニ限ル

第四　明示《めいし》若クハ默示《もくし》ニテ定メタル期間ノ満了《まんれう》又ハ要約《やうやく》シタル解除條件《かいじよじやうけん》ノ成就《じやうじゆ》

第五　初ヨリ期間《きかん》ヲ定メサルトキハ解約《かいやく》申入ノ告知《こくち》ノ後法律上ノ期間ノ満了《まんれう》

右ノ外賃貸借ハ條件《じやうけん》ノ不履行《ふりかう》其他法律ニ定メタル原因《げんいん》ノ爲メ當事者ノ一方ノ請求《せいきう》ニ因リ裁判所ニテ宣告《せんこく》シタル取消ニ因リテ終了《しうりやう》ス

第百四十六條　意外又ハ不可抗《ふかかう》ノ原因《げんいん》ニ由リテ賃借物ノ一分ノ滅失《めつしつ》セシトキハ賃借人ハ第百三十一條ニ記載《きさい》シタル條件ニ從ヒテ賃貸借ノ解除《かいぢよ》ヲ要求《やうきう》シ又ハ賃貸借ヲ維持《いぢ》シテ借賃ノ減少ヲ要求《やうきう》スルコトヲ得

公用ノ爲メ賃借物ノ一分カ徴收《てうしう》セラレタルトキハ賃借人《ちんしやくにん》ハ常ニ借賃ノ減少《げんしやう》ヲ要求《やうきう》スルコトヲ得

第百四十七條　期間ノ定アル賃貸借《ちんたいしやく》ノ終リシ後賃借人仍ホ收益《しうえき》シ賃貸人之ヲ知リテ故障《こしやう》ヲ爲サヽルトキハ新賃貸借暗《しんちんたいしやくあん》ニ成立シ前賃貸借ト同一ノ負擔《ふたん》及ビ條件《じやうけん》ニ從フ

然トモ前賃貸借ヲ担保《たんぽ》シタル抵當《ていとう》ハ消滅シ保證人ハ義務《ぎむ》ヲ免カル

新賃貸借ハ下ノ數條ニ記載《きさい》シタル如ク解約《かいやく》申入ニ因リテ終了《しうれう》ス

第百四十八條　家具《かぐ》ノ附キタル建物《たてもの》ノ全部又ハ一分ノ賃貸借ニシテ其期間《きかん》ヲ明示セス其借賃《しやくちん》ヲ一年　一月又ハ一日ヲ以テ定メタルモノハ一年、一月又ハ一日ノ間賃貸借《ちんたいしやく》ヲ爲シタリト推定《すいてい》ス但前條ニ記載《きさい》シタル默示《もくし》ノ更新《かうしん》ヲ妨ケス

動產《どうさん》ノミヲ以テ目的《もくてき》ト爲シタル賃貸借ニ付テモ亦同シ

第百四十九條　家具《かぐ》ノ附カサル建物ノ賃貸借《ちんたいしやく》ハ期間ヲ定メサルトキ又ハ之ヲ定メタルモ默示《もくし》ノ更新《かうしん》アリタルトキハ何時ニテモ當事者《たうじしや》ノ一方ノ解約《かいやく》申入ニ因リテ終了《しうりやう》ス

（暗ニ成立シ）トハ約束セズシテ成立スルヿヲ云フ

（擔保）トハ保證ト同樣ナルモノナリ

（家具）トハ造作ノ如キモノヲ云フ

（更新）トハ契約ヲ改メテ新ニスルヲ云フナリ

（解約申入）トハ約束ヲ止ムルヿノ申込ナリ

（默示ノ更新）トハ契約ノ改リタルヲ明言セザルモ其所爲ヲ以テ契約ヲ變更スルヲ云フ

解約《かいやく》申入ヨリ返却《へんきやく》マテノ時間《じかん》ハ左ノ如シ

第一　建物《たてもの》ノ全部ニ付テハ二个月但賃借人ノ造作《ざうさく》ヲ附シタルトキハ三个月

第二　建物《たてもの》ノ一分ニ付テハ一个月但賃借人ノ造作《ざうさく》ヲ附シタルトキハ二个月

第百五十條　家具《かぐ》ノ附キタル建物ノ賃貸借ニ付キ默示《もくし》ノ更新《かうしん》アリタルトキハ解約《かいやく》申入ヨリ返却《へんきやく》マテノ時間ハ左ノ如シ

第一　前賃貸借ノ期間《きかん》ヲ三个月又ハ其以上ニ定メタルトキハ一个月

第二　三个月未滿《みまん》ノ賃貸借《ちんたいしやく》ニ付テハ原期間ノ三分一

第三　日日ノ賃貸借ニ付テハ二十四時

右規定《きてい》ハ默示《もくし》ノ更新後ノ動産《どうさん》ノ賃貸借ニ付テモ亦之ヲ適用《てきよう》ス

賃貸セシ建物《たてもの》ニ備ヘタル動産《どうさん》又ハ用方ニ因ル不動産ト看做《みな》ス可キ

(主タル收穫季節)トハ田ナレハ稲苅季節畑ナレハ其畑ニ培養スル穀物又ハ野菜ノ收穫季節ナリ

(地方ノ慣習)トハ其地方ニ從來普通ニ行ハルヽ方法ナリ

(賃貸借ノ終了)トハ賃貸借契約滿ツルカ又ハ契約ノ事項ヲ行ヘ終リタルトキナリ

(急要ノ作業)トハ稲ヲ苅リ終リタル後ニ俄カニ麥ヲ蒔クノ類ナリ

動産ノ賃貸借ハ其建物《たてもの》ノ賃貸借ノ終了《しうりよう》スルニ非サレハ終了セス

第百五十一條　土地ノ賃貸借ニシテ期間《きかん》ヲ定メサルモノ又ハ期間ヲ定メタルモ默示《もくし》ノ更新アリタルモノハ耕地《かうち》ニ付テハ主タル收穫季《しうかくき》節《せつ》ヨリ六个月前又不耕地《ふこうち》其他牧場《ぼくぢやう》、樹林ニ付テハ返却《へんきやく》セシム可キ時期ヨリ一个年前ニ解約《かいやく》申入ヲ為スニ因リテ終了《しうりよう》ス

第百五十二條　解約《かいやく》申入及ヒ返却《へんきやく》ノ時期ニ關スル前數條ノ規定《きてい》ハ其時期ニ付ギ地方ノ慣習《くわんしう》ナキトキニ非サレハ之ヲ適用《てきよう》セス

第百五十三條　如何ナル場合ニ於テモ賃借人ノ權利《けんり》ノ存スル一切ノ收穫物《しうかくぶつ》ヲ收去《しうきよ》スル前ニ賃貸借ノ終了《しうりやう》セシトキハ賃貸人又ハ新賃借《しんちんしやく》人《にん》ハ前賃借人ノ之ヲ收去《しうきよ》スルニ委ヌルコトヲ要ス

又賃借人ハ土地ノ收穫物《しうかくぶつ》ヲ收去シタル部分《ぶぶん》ニ於テ賃貸借ノ終了前《しうりやうぜん》ニ急要ノ作業《さぎやう》ヲ為スコトヲ賃貸人又ハ新賃借人ニ許《ゆる》スコトヲ要ス

但賃借人此カ為メ妨害《ばうがい》ヲ受ク可キトキハ此限ニ在ラス

(權能ヲ留保)トハ貸人ヨリ其欲スルヿヲ為スヿヲ得ベキ權利ヲ豫メ契約シテ保存シ留ムルヲ云フ

第百五十四條　賃貸人カ賃貸物ヲ讓渡《ゆづりわた》サントシ又ハ自已《じこ》ノ為メ若クハ他ノ特別《とくべつ》ナル原因《げんいん》ノ為メ之ヲ取戻《とりもど》サントスルトキハ期間ノ滿了《まんりやう》前ト雖モ賃貸借ヲ銷除スルコトヲ得ル權能《けんのう》ヲ留保《りうほ》シタル場合又貸借人カ賃貸借ノ無用《むよう》ト為ル可キ未定事故《みていじこ》ヲ慮カリテ同一ノ權能《けんのう》ヲ留保《りうほ》シタル場合ニ於テハ前數條ニ定メタル時期《じき》ニ於テ各自豫メ解《かい》約《やく》申入ヲ為スコトヲ要ス

第二節　永借權《えいしやくけん》及ヒ地上權《ちじやうけん》

(解)永借權《えいしやくけん》トハ土地《とち》ノ小作權《こさくけん》ヲ三十年以上借リ受ケ其間ハ地主ノ隨意《ずいゐ》ニ其小作權ヲ取リ上ゲラルヽヿナキノ權ナリ地上權《ちじやうけん》トハ他人ノ所有地《しよいうち》ノ上ニ自已《じこ》ノ建物《たてもの》ヲ設《まう》ケ又ハ樹木《じゆもく》ヲ樹テ置クノ類ニ〆乃ハチ他人ノ所有地上ニ有スル權ナリ本節中《はんせつちう》第一款ハ永借權《えいしやくけん》ヲ定メ第二款ニ地上權《ちじやうけん》ヲ定ム

第一款　永借權《えいしやくけん》

（永貸權）土地ヲ三十年以上五十年以下貸附ルヲ云フ

（全期間有効）本法實施前ニ契約セルモノハ五十年ニテモ六十年ニテモ其契約セル時限ハ効力アリ

第百五十五條　永貸借トハ期間《きかん》三十个年ヲ超《こ》ユル不動産ノ賃貸借《ちんたいしやく》ヲ謂フ

永貸借ハ五十个年ヲ超《こ》ユルコトヲ得ス此期間《きかん》ヲ超ユル貸借ハ之ヲ五十个年ニ短縮《たんしゆく》ス

永貸借ハ常ニ之ヲ更新《かうしん》スルコトヲ得然レトモ其更新ノ時ヨリ五十个年ヲ超ユルコトヲ得ス

當事者《たうじしや》カ永貸借契約《けいやく》ナルコトヲ明示《めいし》シ其期間ヲ定メタルトキハ其貸借ハ四十个年ニシテ終了《しうりやう》ス

本法實施以前《ほんはうじつしいぜん》ニ期間ヲ定メテ爲シタル不動産《ふどうさん》ノ賃貸借ハ五十个年ヲ超《こ》ユルモノト雖モ其全期間有効《ぜんきかんいうかう》ナリ

本法實施《じつし》以前ニ期間《きかん》ヲ定メスシテ爲シタル荒蕪地《かうぶち》又ハ未耕地《みかうち》ノ賃貸借及ヒ永小作ト稱スル賃貸借ノ終了《しうりやう》ノ時期及ヒ條件《じやうけん》ハ日後特別別法ヲ以テ之ヲ規定《きてい》ス

（水流變轉）水ノ流レノ位置ヲ變ヘルヲ云フ

第百五十六條　永貸借ハ永貸借契約《えいたいしやくけいやく》ヲ以テスルニ非サレハ之ヲ設定《せつてい》スルコトヲ得ス其遺贈《いぞう》又ハ豫約《よやく》ニ付テハ第百十七條ノ規定《きてい》ニ從フ

第百五十七條　當事者《たうじしや》相互ノ權利《けんり》及ヒ義務《ぎむ》ハ永貸借ノ設定契約《せつていけいやく》ヲ以テ之ヲ定ム

特別《とくべつ》ノ合意ナキトキハ下ノ規定《きてい》ニ從フノ外通常賃貸借《つうじやうちんたいしやく》ノ規則《きそく》ニ從フ

第百五十八條　永借人ハ永借地ノ形質《けいしつ》ヲ變《へん》スルコトヲ得但永久ノ毀《き》損《そん》ヲ生セシメサルコトヲ要ス

永借人ハ常ニ沼澤《しやうたく》ヲ乾涸《かんこ》スルコトヲ得又永借地ノ作業《さげふ》ニ益《えき》ス可キトキハ其土地ヲ通過《つうくわ》スル水流ヲ變轉《へんてん》スルコトヲ得

第百五十九條　永借人ハ原野ヲ開墾《かいこん》スルコトヲ得然レトモ所有者ノ承諾《しやうだく》アルニ非サレハ定期《ていき》採伐《さいばつ》ニ供シタル小木林ノ樹木ヲ掘取《ほりと》ルコトヲ得ス又定期《ていき》採伐《さいばつ》ニ供セサル樹木《じゆもく》ニシテ既ニ二十个年ヲ過キ且

(主タル建物)トハ家屋等ニテ(從タル建物)トハ之ニ附屬スル小屋庫ノ類ナリ

(開抗ノ特許)抗法ノ規定ニヨリ鑛山借區ノ許可ナリ

其成長《せいちやう》ノ年期カ貸借《たいしやく》ノ期間ヲ超ユ可キモノヲ採伐《さいばつ》スルコトヲ得ス

第百六十條　永借人《えいしやくにん》ハ如何ナル塲合ニ於テモ所有者ノ承諾《しやうだく》アルニ非サレハ主タル建物《たてもの》ヲ取除クコトヲ得ス從タル建物《たてもの》ト雖モ其存立《そんりつ》ノ時期カ貸借《たいしやく》ノ期間《きかん》ヲ超《こ》ユ可キモノハ亦同シ

第百六十一條　前二條ニ從ヒ永借人カ建物《たてもの》又ハ樹木ヲ取除キタルトキハ其物料《ぶつりやう》及ヒ材木ハ所有者《しよゆうしや》ニ屬ス

第百六十二條　永借人ハ地底《ちてい》ニ鑛物《かうぶつ》在ルトキ開坑《かいこう》ノ特許《とくきよ》ヲ得タル者ヨリ所有者ニ拂ヘル償金《しやうきん》ニ付キ何等ノ權利《けんり》ヲモ有セス然レトモ此特許《とくきよ》ヲ得タル者ノ地上ニ加ヘタル損害《そんがい》ノ爲メ賠償《ばいしやう》ヲ受クル權利《けんり》ヲ有ス

第百六十三條　永借地ニ既ニ採掘《さいくつ》ヲ始メ且特別法《とくべつはふ》ニ從フヲ要セサル石類、石灰類其他ノ物ノ石坑《せきかう》アルトキハ永借人ハ其收益《しうえき》ヲ繼續《けいぞく》ス右石坑ヲ未タ採掘《さいくつ》セス又ハ其採掘ヲ廢止《はいし》シタルトキハ永《えい》

借地《しやくち》ノ改良ノ爲メ石其他ノ物料《ぶつれう》ヲ採取《さいしゆ》スルコトヲ得

第百六十四條　永貸人ハ永貸借契約《えいたいしやくけいやく》ノ當時ノ現狀《げんじやう》ニテ永貸物ヲ引渡《ひきわた》スモノトス

永貸人ハ貸借ノ期間《きかん》大小修繕《しうぜん》ヲ負擔《ふたん》セス

第百六十五條　意外《いぐわい》ノ事又ハ不可抗力《ふかかうりよく》ニ因リテ貸借《たいしやく》ノ期間ニ起リタル毀損《きそん》ハ借賃減少《げんせう》ノ理由《りゆう》ト爲ラス但第百六十九條ニ定メタル解除《かいじよ》ノ權利ヲ妨ケス

第百六十六條　永貸人ニ對《たい》シ永借物ニ賦課《ふくわ》セラルル通常《つうじやう》又ハ非常ノ租稅《そぜい》其他ノ公課《こうくわ》ハ永借人之ヲ永貸人ニ辨濟《べんさい》ス

第百六十七條　數人カ一箇ノ契約《けいやく》ヲ以テ一箇ノ不動產ヲ永借シタルトキハ借賃ヲ拂フ義務《ぎむ》ハ各永借人又ハ其相續人《さうぞくにん》ニ在テハ連帶《れんたい》ニシテ且不可分ナリ

第百六十八條　永借人カ第百六十六條ノ辨濟《べんさい》ヲ爲サス又ハ三ケ年間

(意外ノ事)トハ自己ノ思想外ノヿナリ天災地變等ヲ云フ

(不可抗力)トハ自巳ノ力ヲ以テ抗スル能ハザルヿヲ云フ

(公課)トハ公法人トシテノ負擔ナリ市町村費等ヲ云フ

(連帶)トハ各人ガ一ノ負擔ニ關シ其全体ヲ負担スルヲ云フ故ニ債權者ハ何人ニ對シテモ其全額ヲ請求スルヲ得ルナリ

引續《ひきつゞ》キ借賃ノ拂入《はらいいれ》ヲ爲サヽルトキハ永貸人《えいたいにん》ハ永貸借ノ解除《かいぢよ》ヲ請求《せいきう》スルコトヲ得

又永借人カ他ノ債權者《さいけんしや》ノ訴追《そつい》ニ因リテ破產《はさん》又ハ無資力《むしりよく》ノ宣告《せんこく》ヲ受ケタルトキハ永貸人ハ辨濟《べんさい》ノ如何ナル不足ニ拘《かゝ》ハラス解除ヲ請求《せいきう》スルコトヲ得但其債權者《さいけんしや》カ借賃ヲ延滯《えんたい》ナク拂入ルルコトヲ擔保《たんぽ》スルトキハ此限ニ在ラス

第百六十九條　永借人ハ意外《いぐわい》ノ事又ハ不可抗力《ふかかうりよく》ニ因リテ三个年間引續キ全ク不動產ノ收益《しうえき》ヲ得ル能ハス又ハ其一分ノ毀損《きそん》ニ因リテ將《しやう》來《らい》ノ收益《しうえき》カ借賃ノ年額《ねんがく》ヲ超エ可キ見込《みこみ》ナキトキハ永貸借ノ解除《かいぢよ》ヲ請求《せいきう》スルコトヲ得

第百七十條　永借人カ永借地ニ加ヘタル改良《かいりやう》及ヒ栽植《さいしよく》シタル樹木ハ永貸借ノ滿期《まんき》又ハ其解除ニ當リ賠償《ばいしやう》ナクシテ之ヲ殘置クモノトス」建物《たてもの》ニ付テハ通常《つうじやう》賃貸借ニ關スル第百四十四條ノ規定《きてい》ヲ適用《てきよう》ス

（解除）トハ契約ヲ解クノコトナリ
（破產）トハ俗ニ云フ身代限ノコトナリ
（無資力）トハ仕拂能力ノ無キニ至ルコトナリ
（擔保）トハ保證ト云フノ意ナリ

（地上權）トハ他人ノ所有ノ土地ノ表面ノミヲ占有スルノ權利ナリ

（不動産讓渡ノ一般規則）トハ財産取得篇ニ定メタル處ニシテ即チ登記所ニ於テ登記シテ公示スルガ如キヲ云フ

（納額）トハ一定ノ金額ヲ仕拂フナリ借地料ノ如キモノヲ云フ

（從トシテ）トハ附

第二欵　地上權《ちしやうけん》

第百七十一條　地上權トハ他人ノ所有《しよいう》ニ屬スル土地ノ上ニ於テ建物《たてもの》又ハ竹木ヲ完全《くわんせん》ノ所有權ヲ以テ占有《せんいう》スル權利ヲ謂フ

第百七十二條　地上權設定《せつてい》ノ時其土地ニ建物又ハ樹木《じゆもく》ノ既ニ存スルト否トヲ問ハス設定行爲《せつていこうい》ノ基本《きほん》方式及ヒ公示ハ不動産讓渡《ゆづりわたし》ノ一般ノ規則《きそく》ニ從フ

第百七十三條　地上權者カ讓受《ゆづりう》ケタル建物又ハ樹木《じゆもく》ノ存スル土地ノ面積《めんせき》ニ應シテ土地ノ所有者ニ定期ノ納額《なうかく》ヲ拂フ可キトキハ其權利《けんり》及ヒ義務《ぎむ》ハ其拂フ可キ納額《なうかく》ニ付テハ通常《つうじやう》賃貸借ニ關スル規則《きそく》ニ從ヒ其繼續《けいぞく》スル期間ニ付テハ第百七十六條ノ規定《きてい》ニ從フ

右納額《なうかく》ニ付テハ新ニ建物ヲ築造《ちくざう》シ又ハ樹木ニ栽植《さいしよく》スル爲メ土地ヲ賃借シタルトキモ亦同シ

第百七十四條　既ニ存セル建物又ハ樹木《じゆもく》ニ於ケル地上權ノ設定《せつてい》ニ際

屬スベキモノヲ云フ

(配置)トハ適當ニ分配スルコトナリ即チ家屋ノ有樣ニ應シテ相當ニ坪數ヲ分ツコトナリ

(相隣者)トハ隣リ合ノ所有者ヲ云フ

(距離及ビ條件)トハ本法二百十五條以下ニ定メタル處ヲ云フ

(設定權原)トハ設

シ從トシテ之ニ屬ス可キ周邊《しうへん》ノ地面ヲ明示セサルトキハ左ニ掲《かゝ》クル規定《きてい》ニ從フ

建物ニ付テハ地上權者ハ其建坪《たてつぼ》ノ全面積《せんめんせき》ニ同シキ地面ヲ得ルノ權《けん》利《り》ヲ有ス此配置《はいち》ハ鑑定人《かんていにん》ヲシテ土地及ヒ建物ノ周圍《しうゐ》ノ形狀《けいじやう》ト建物ノ各部《かくぶ》ノ用方トヲ斟酌《しんしやく》セシメテ之ヲ爲ス

樹木《じゆもく》ニ付テハ地上權者《ちじやうけんしや》ハ其最長大ナル外部ノ枝ノ蔭蔽《いんぺい》ス可キ地面ヲ得ル權利ヲ有ス

第百七十五條　地上權設定後《ちじやうけんせつていご》ニ築造《ちくざう》シタル建物又ハ栽植《さいしよく》シタル樹木ニ付テハ地上權者ハ此種ノ作業《さくげふ》ノ爲メ法律ヲ以テ相隣者《さうりんしや》ノ爲メニ規定《きてい》シタル距離《きより》及ヒ條件《でうけん》ヲ遵守《じゆんしゆ》ス可シ縦令其隣人《りんじん》カ地上權《ちじやうけん》ノ設定《せつてい》者《しや》ナルモ亦同シ

又地上權者ハ働方《はたらきかた》又ハ受方ニテ其他ノ地役《ちえき》ノ規則《きそく》ニ從フ

第百七十六條　既ニ存セル建物又ハ地上權者《ちじやうけんしや》ノ築造《ちくざう》ス可キ建物ニ付

定スルニ正當ノ原因ヲ以テスルヲ云フ即チ賣買讓與等ヲ爲スノ契約ヲ云フ

(大修繕)トハ家屋ナレバ根繼ギヲ爲スガ如キ大修繕ヲ云フ家屋ノ一部ノ破壞ヲ修復スルガ如キハ小修繕ナリ

(通常賃借權ト同一ノ原因)トハ百四十五條ニ規定シタル處ノモノナリ

(豫告)トハ豫メ解約ノヿヲ申込ムヲ云フナリ

(先買權)トハ何人ヨリモ先キニ買受クルヲ得ルノ權利ナリ故ニ此權利アルモノニ知ラサズ賣買スルモ此權利者ニハ買取ラルヽ

キ設定權原《せつていけんげん》ヲ以テ地上權ノ繼續期《けいぞくき》間《かん》ヲ定メサルトキハ此建物存立《そんりつ》ノ時期間其權利《けんり》ヲ設定《せつてい》シタルモノト推定《すいてい》ス但其大修繕《しうぜん》ハ土地ノ所有者ノ承諾《しやうだく》アルニ非サレハ之ヲ爲スコトヲ得ス

既ニ存セル樹木《じゆもく》又ハ地上權者ノ栽植《さいしよく》ス可キ樹木ニ付テハ其地上權ハ樹木《じゆもく》ヲ採伐《さいばつ》スル時期マテ又ハ其有用ナル最長大ニ至ル可キ時期マテ之ヲ設定《せつてい》シタリト推定《すいてい》ス

此他地上權ハ通常賃借權《つうじやうちんしやくけん》ト同一ノ原因《げんいん》ニ由リテ消滅《せうめつ》ス但所有者ノ爲ス解約《くわいやく》申入ハ此限ニ在ラス

地上權者ハ一个年前ニ豫告《よこく》ヲ爲シ又ハ未タ拂期限《はらひきげん》ノ至ラサル納額《なうかく》ノ一个年分ヲ拂フトキハ常ニ解約《かいやく》申入ヲ爲スコトヲ得

第百七十七條　建物又ハ樹木ノ契約前《けいやくぜん》ヨリ存スルト否トヲ問ハス地上權者之ヲ賣ラントスルトキハ土地ノ所有者ニ先買權《せんばいけん》ヲ行フヤ否ヤヲ述《の》フ可キノ催告《さいこく》ヲ一个月前ニ爲スコトヲ要ス

ナリ（先買權ニ服ス）トハ先買權ヲ有スル權利者ニ服從スルヲ云フ

右先買權《せんばいけん》ニ付テハ此他尙ホ第七十條ノ規定《きてい》ニ從フ

第百七十八條　本法實施《ほんぽふじつし》ノ時ニ存スル地上權ハ左ノ規定《きてい》ニ從フ

期限《きげん》ヲ立テテ設定《せつてい》シタル地上權ハ其期限《きげん》ニ至リ當然消滅《とうぜんせうめつ》ス

期限ヲ立テスシテ設定《せつてい》シタル地上權ハ第百七十六條ニ從ヒテ建物《たてもの》存立《そんりつ》ノ時期間繼續《けいぞく》ス

右兩樣《りやうやう》ノ地上權ハ共ニ前條ニ規定《きてい》シタル先買權《せんばいけん》ニ服ス

第四章　占有

（解）占有《せんいう》トハ自由ニシテ完全《くわんぜん》ナル處分ヲ爲スヿヲ得可キ形狀《けいじやう》ニテ一個ノ物《もの》ヲ有スルノ事實《じじつ》ヲ云フナリ蓋シ占有《せんいう》ハ所有權ナクシテ所有者ノ名義《めいぎ》ヲ以テ或ル物ノ上ニ所有者ト同一ナル行爲《かうゐ》ヲ行フモノニシテ權利《けんり》ト云ハンヨリハ之レヲ事實《じじつ》ト云フ可キモノナリ然レ圧此占有《このせんいう》ナルモノハ眞正《しんせい》所有者ニ對《たい》シテハ行フベキノ權利《けんり》ナシト雖圧其以外《そのいぐわい》ノ人々ニ對シテハ之レヲ保存《はそん》スルノ權利アルナリ故ニ若《も》

シ其物件《そのぶつけん》ヲ掠奪シ若クハ其他《そのた》權利《けんり》ヲ害スルノ行爲アル𪜈ハ之レヲ裁判所《さいばんしよ》ニ訴フルヿヲ得ベシ

第一節　占有ノ種類《しゆるい》及ヒ占有《せんいう》スルコトヲ得ヘキ物

第百七十九條　占有ニ法定《はふてい》、自然《しぜん》及ヒ容假ノ三種アリ

第百八十條　法定《はふてい》ノ占有トハ占有者《せんいうしや》カ自己ノ爲メニ有スルノ意思《いし》ヲ以テスル有體物《いうたいぶつ》ノ所持又ハ權利《けんり》ノ行使《ぎやうし》ヲ謂フ

權利ハ物權《ぶつけん》ト人權トヲ問ハス法定《はふてい》ノ占有《せんいう》ヲ受クルコトヲ得其種種ノ効力ハ場合ニ從ヒ下ニ之ヲ定ム

第百八十一條　法定《はふてい》ノ占有ガ占有《せんいう》ノ權利ヲ授付ス可キ性質アル權利《けんり》行爲《かうゐ》ニ基《もとづ》クトキハ讓渡人ニ授付ノ分限《ぶんげん》ナキヲ以テ其効力《かうりよく》ヲ生スル能ハサルトキト雖モ其占有ハ正權原《せいけんげん》ノ占有ナリ

占有カ侵奪《しんだつ》ニ因リテ成リタルトキハ其占有ハ無權原《むけんげん》ノ占有ナリ

第百八十二條　正權原《せいけんげん》ノ占有ハ權原創設《さうせつ》ノ當時ニ於テ占有者《せんいうしや》カ其權

（法定ノ占有）トハ法律カ推定シテ認メタルノ占有ナリ

（有体物）トハ家屋土地等ノ如キ形体アルモノナリ權利ノ如キ無形物ニハ此占有ナシ通常權利ノ占有ヲ名ケテ准占有ト云フ

（權利行爲）トハ法律上正當ニナスベキ行爲ヲ云フ

（授付ノ分限）トハ其物品ヲ他人ニ授クルノ分限ナリ即

ヲ所有者タルノ身分ヲ云フ
(正權原)トハ原因ノ正當ナリト法律ニ定メシモノヲ云フ
(權原ノ瑕疵)トハ原因ノ正當ニ瑕瑾アルヿナリ
(法律ノ錯誤)トハ法律ノ規定シタルヿヲ誤解シタルヿヲ云フ
(外見ノ行爲)トハ意志ニ對スル語ニシテ他人ノ見ルヲ得可キ行爲ヲ云フナリ
(平穩)トハ他ヨリ請求セラレ又ハ暴行脅迫等ヲ以テ之レヲ保存スルニアラザルヲ云フ
(自然ノ占有)トハ

原ノ瑕疵《かし》ヲ知ラサリシトキハ之ヲ善意《せんゐ》ノ占有《せんいう》トシ此ニ反スルトキハ惡意《あくい》ノ占有トス
法律ノ錯誤《さくご》ハ善意ニ付テノ利益《りえき》ヲ受クル爲メニ之ヲ申立ツルコトヲ許サス但第百九十四條ノ規定《きてい》ヲ妨ケス
善意タルコトハ權原ノ瑕疵《かし》ヲ覺知《かくち》シタルトキハ止ム

第百八十三條　強暴《きやうばう》又ハ隱密《いんみつ》ノ占有ハ之ヲ瑕疵《かし》ノ占有《せんいう》トス
占有カ暴行又ハ脅迫《けうはく》ニ因リテ成リ又ハ保持《ほじ》セラレタルトキハ其占有ハ強暴《きやうばう》ノ占有ナリ
占有カ公然且外見ノ所爲《しよゐ》ニ因リテ當事者ニ容易《ようい》ニ見ハレサルトキハ其占有ハ隱密《いんみつ》ノ占有ナリ
右占有カ平穩《へいおん》ト爲リ又ハ公然ト爲リタルトキハ其瑕疵《かし》ハ消滅《せうめつ》ス

第百八十四條　自然《しぜん》ノ占有トハ占有者《せんいうしや》カ自己ノ權利ヲ主張スル意ナクシテ有體物《いうたいぶつ》ヲ所持スルヲ謂フ

所有者アルヲ知ラザルカ又ハ友情ニテ他人ノ所有物ヲ占有スルヿニテ敢テ所有者タル權利ヲ主張スルニアラザルヲ云フナリ
(容假ノ占有)トハ他人ノ名義ヲ以テ財產ヲ占有スルヲ云フ
(法定ト爲ル)トハ法定ノ占有トナルヿヲ云フナリ
(明確ニ異議ヲ含メル片)トハ明カニ所有者ノ有ニアラザルヿヲ占有者ヨリ申入ルヽヿヲ云フ
(權原ノ轉換)トハ原因ノ變化スルヿヲ云フ
(容假ノ證據)トハ借入タル處ノ證書

公有物ニ付テハ各人ハ自然ノ占有《せんいう》ノ外占有ヲ爲スコトヲ得ス

第百八十五條　容假《ようか》ノ占有トハ占有者《せんいうしや》カ他人ノ爲メニ其他人ノ名ヲ以テスル物ノ所持又ハ權利ノ行使《ぎやうし》テ謂フ

容假《ようか》ノ占有者カ自己ノ爲メニ占有ヲ始メタルトキハ其占有《せんゆう》ノ容假《ようか》ハ止ミテ法定ト爲ル

然レトモ占有ノ權原《けんげん》ノ性質《せいしつ》ヨリ生スル容假ハ左ニ揭《かゝ》クル塲合《ばあひ》ニ非サレハ止マス

第一　占有ヲ爲サシメタル人ニ告知《こくち》シタル裁判上又ハ裁判外ノ行爲《ぎやうゐ》カ其人ノ權利ニ對《たい》シ明確ノ異議《いぎ》ヲ含《ふく》メルトキ

第二　占有ヲ爲サシメタル人又ハ第三者ニ出テタル權原ノ轉換《てんくわん》ニシテ其占有ニ新原因《しんげんいん》ヲ付スルトキ

第百八十六條　占有者ハ常ニ自己《じこ》ノ爲メニ占有スルモノトノ推定《すいてい》ヲ受ク但占有ノ權原《けんげん》又ハ事情《じじやう》ニ因リテ容假ノ證據《しやうこ》アルトキハ此限ニ

等ヲ云フナリ

(正權原ノ證據)トハ正當ノ原因ニ據リタルノ證據ヲ云フ

(握取)トハ自己ノ手裡ニ入ルヽヿヲ云フ

在ラス

第百八十七條　正權原《せいけんげん》ノ證據《しやうこ》アル占有ハ之ヲ善意《ぜんい》ノ占有《せんいう》ナリト推定《すいてい》ス但反對ノ證據《しやうこ》アルトキハ此限ニ在ラス

第百八十八條　强暴《きやうばう》ノ證據ナキ占有ハ之ヲ平穩《へいおん》ノ占有ト推定《すいてい》ス

占有ノ公然《かうぜん》ハ之ヲ推定《すいてい》セス必ス之ヲ證スルコトヲ要ス

前後二箇ノ時期ニ於テ證據《しやうこ》アリタル占有ハ其中間繼續《けいぞく》シタリトノ推定《すいてい》ヲ受ク但其占有ノ中斷《ちうだん》又ハ停止ノ證據《しやうこ》アルトキハ此限ニ在ラス

第二節　占有《せんいう》ノ取得《しゆとく》

第百八十九條　法定《はふてい》ノ占有ハ或ル物ノ所有權《しよいうけん》又ハ或ル權利ヲ自己《じこ》ノ有ト爲ス意思ヲ以テ其物ヲ握取《あくしゆ》スル所爲ニ因リ又ハ其權利ヲ實行《じつかう》スルニ因リテ之ヲ取得ス

第百九十條　物ノ所持又ハ權利《けんり》ノ行使《ぎやうし》ハ之ヲ第三者ノ所爲ニ委《ゆだ》ヌ

（無能力者）トハ幼者有夫ノ婦禁治産者等ヲ云フ
（法人）トハ法律ニテ認定セラレタル無形人ヲ云フ市町村會社等ヲ云フナリ
（簡易）トハ手短カニ爲スヿヲ云フナリ

ルコトヲ得但占有《せんいう》スルノ意思《いし》ハ占有ニ付キ利益ヲ得ント主張《しゆちやう》スル其人ニ存スルコトヲ要ス
然レトモ無能力者《むのうりよくしや》及ヒ法人ハ其代人ノ意思《いし》及ヒ所爲ニ因リテ占有《せんゆう》ノ利益《りえき》ヲ受クルコトヲ得

第百九十一條　物ノ握取《あくしゆ》ハ簡易《かんい》ノ引渡《ひきわたし》又ハ占有ノ改定《かいてい》ヲ以テ之ニ代フルコトヲ得
初メ容假《ようか》ノ權原《けんげん》ヲ以テ占有シタル物ヲ其占有者《せんいうしや》ニ爾後自己ノ物ト看做《みな》スコトヲ得セシムル新權原《しんけんげん》ニ依リテ之ヲ保存セシメタルトキハ簡易《かんゐ》ノ引渡アリタリトス
初メ物ヲ自己ニ屬《ぞく》ストシテ占有シタル者カ爾後他人ノ名ヲ以テ其他人ノ爲メ占有《せんいう》ヲ繼續《けいぞく》スルコトヲ承諾《しやうだく》シタルトキハ占有ノ改定《かいてい》アリタリトス
權利《けんり》ノ行使《ぎやうし》ニ付テハ初メ他人ノ名ヲ以テ行使セル者カ爾後自己《じき》ノ

（包括權原）トハ包有シタル財產即チ一物又ハ二物ト定メズシテ一種ノ財產ヲ得ル處ノ正當ナル名義ナリ

（特定權原）トハ包括權原ニ對スル語ニシテ或ル一定ノ物品ニ對シテ正當ニ獲得シタル原因ヲ云フナリ

（本權ノ訴）トハ所有權取戾ノ訴ヲ云フナリ

（適法）トハ法律上正當ニ行フヲ得可キ權利アルモノト見做サルヽナリ

（消費シタル果實）

為メニ行使スルニモ亦當事者《たうじしや》ノ意思ノミニテ足ル又初メ自己ノ為メ行使《ぎやうし》セル者カ爾後他人ノ為メニ行使《ぎやうし》スルニ付テモ亦同シ

第百九十二條　占有《せんいう》ハ前主ニ於テ存シタル占有ノ性質《せいしつ》及ヒ瑕疵《かし》ヲ以テ相續人《さうぞくにん》其他包括權原《はうくわつけんげん》ノ承繼人《しやうけいにん》ニ移轉《いてん》ス

物又ハ權利《けんり》ノ特定權原《とくていけんげん》ノ取得者ハ其利益ニ從ヒ或ハ自已《じこ》ノ占有ノミヲ申立テ或ハ自已ノ占有《せんいう》ニ讓渡人ノ占有ヲ併セテ申立ツルコトヲ得

第三節　占有《せんいう》ノ効力《かうりよく》

第百九十三條　法定《はふてい》ノ占有者ハ反對ノ證據《しようこ》アルニ非サレハ其行使セル權利ヲ適法《てきはふ》ニ有スルモノトノ推定《すいてい》ヲ受ク其權利ニ關スル本權ノ訴《うつたへ》ニ付テハ常ニ被告《ひこく》タルモノトス

第百九十四條　正權原《せいけんげん》且善意ノ占有《せんい》者ハ天然《てんねん》ノ果實《くわじつ》及ヒ產出物ニ付テハ自身又ハ代人ヲ以テ土地ヨリ離《はな》シタル時ニ於テ之ヲ取得《しゆとく》シ法

トハ果實ヲ自已ノ需用ノ爲メニ消費スルヲ云フ他人ニ賣渡シ金ヲ取ル等ハ此内ニ入ラザルナリ

（回復ノ請求）トハ所有權取戻ノ請求ヲ云フナリ

定ノ果實《くわじつ》ニ付テハ用益者ニ關《くわん》シ規定《きてい》シタル如ク日割ヲ以テ之ヲ取得ス

占有者カ正權原《せいけんげん》ヲ有セスシテ事實又ハ法律ノ錯誤《さくご》ニ因リテ惡意《あくい》ナキトキハ其消費《せうひ》シタル果實ニ付キ利益ヲ得サリシ證據《しやうこ》ノ擧クルニ於テハ之ヲ返還《へんくわん》スル責《せめ》ニ任セス

占有者カ其占有《せんいう》セシ物又ハ權利《けんり》ノ自已ニ屬セサルコトヲ覺知《かくち》シタルトキハ將來《しやうらい》ニ向ヒテ果實《くわじつ》返還ノ責ヲ生ス又訴訟ニ於テ確定《かくてい》ニ敗訴《そ》シタルトキハ其出訴《しゆつそ》ノ時ヨリ此責ヲ生ス

第百九十五條　惡意《あくい》ノ占有者ハ回復《くわいふく》ノ請求《せいきう》ヲ受ケタル物又ハ權利ハ勿論《もちろん》現物《げんぶつ》ニテ仍ホ占有スル果實《くわじつ》及ヒ產出物ヲ返還《へんくわん》シ且其既ニ消費シ又ハ過失《くわしつ》ニ因リテ損傷《そんしやう》シ又ハ收取ヲ怠リタル果實《くわじつ》及ヒ產出物ノ代價ヲ償還《しやうくわん》スル責ニ任ス

回復者ハ果實ノ通常ノ負擔《ふたん》タル費用ヲ占有者ニ償還《しやうくわん》スルコトヲ

要ス
強暴《きやうばう》又ハ隱密《いんみつ》ノ占有者ハ其權原《けんげん》ノ正當ナルコトヲ自ラ信セシトキト雖モ果實《くわじつ》ニ關シテハ常ニ之ヲ惡意ノ占有者ト看做《みな》ス

第百九十六條　占有者ハ善意《ぜんい》ナルト惡意ナルトヲ問ハス物ノ保存《ほぞん》ノ爲メ又ハ物ノ增價《ぞうか》ノ爲メ費《ついや》シタル金額ヲ回復者ヨリ償還《しやうくわん》セシムルコトヲ得

右孰レノ占有者《せんいうしや》モ其分限ノミニテハ奢靡《しやひ》ノ爲メ費シタル金額ノ償《しやう》還《くわん》ヲ求ムルコトヲ得ス

第百九十七條　前二條ノ塲合ニ於テ善意《ぜんい》ノ占有者《せんいうしや》ハ回復者ノ言渡サレタル保存《ほぞん》又ハ增價《ぞうか》ノ爲メノ費用ノ全償《ぜんしやう》ヲ得ルマテ物ノ上ニ留置《りうち》權《けん》ヲ有ス

惡意ノ占有者《せんいうしや》ハ保存ノミノ費用ニ付キ留置權《りうちけん》ヲ有ス

第百九十八條　物カ毀損《きそん》ヲ受ケ又ハ價格《かかく》ヲ減シ其責ヲ占有者ニ歸ス

(奢靡)トハ娛樂ノ費用ニシテ敢テ身分ニ過キタルノ費用ト云フニアラザルナリ

(留置權)トハ金額ノ抵當トシテ差抑ヘ置クヲ云フ此權利ニ二種アリテ一ハ自己ノ手許ニ於テノ差留ト中途ノ差留トナリ中途ノ差留ハ運搬會社ニ托セシトキニ行フヲ

云フ
(限度)トハ割合ヲ云フナリ

(保持訴權)トハ占有權ガ其財產ヲ保有スル爲メ所有者以外ノ人即チ第三者ニ對シテ行フモノナリ

(新工告發訴權)トハ隣地等ニテ新事業ヲ起ス爲メ占有者ガ其占有地ニ被

可キトキハ惡意ノ占有者《せんいうしや》ニ在テハ如何ナル塲合ニ於テモ所有者ニ賠償《ばいしやう》ヲ爲シ善意《ぜんい》ノ占有者ニ在テハ其毀損《きそん》又ハ減價《げんか》ニ因リ已レヲ利シタル塲合ニ於テ其利シタル限度《げんど》ニ應シ賠償《ばいしやう》ヲ爲スコトヲ要ス

第百九十九條　占有者ハ占有ヲ保持《はぢ》シ又ハ回收《くわいしう》スル爲メ下ノ區別《くべつ》ニ從ヒテ占有ニ關スル訴權《そけん》ヲ有ス

占有訴權ハ保持訴權《はうちそけん》、新工告發訴權《しんかうこくはつそけん》、急害告發訴權《きふがいこくはつそけん》及ヒ回收訴權《くわいしうそけん》ノ四種《ししゅ》ナリ

第二百條　保持訴權ハ不動產ト包括動產《はうくわつ》ト特定動產《とくてい》トヲ問ハス其占有ニ關シ他人ヨリ反對《はんたい》ノ主張ヲ含《ふく》メル事實上又ハ權利上ノ妨害《ばうがい》ヲ受クル占有者《せんいう》ニ屬ス

此訴權《そけん》ハ妨害《ばうがい》ヲ止マシメ又ハ賠償《ばいしやう》ヲ得ルヲ以テ其目的トス

第二百一條　新工告發訴權《しんこうこくはつそけん》ハ占有ノ妨害ト爲ル可キ隣地《りんち》ノ新工事ヲ廢止セシメ又ハ變更《へんかう》セシムル爲メ不動產ノ占有者《せんいうしや》ニ屬ス

ムル損害ヲ除ク爲メニ爲ス訴權ナリ
(急害告發訴權)トハ危急ニ被ムルベキ害ヲ豫防セントスルノ訴ナリ此權モ亦第三者ニ行フモノナリ
(燃燒物)トハ石油石炭煙硝等ヲ云フ
(回收訴權)トハ占有ヲ他人ニ掠奪セラレタルヲ回復スル訴權ナリ
(其占有カ被告ニ

第二百二條　急害告發訴權《きふがいこくはつそけん》ハ或ハ建物、樹木其他ノ物ノ傾倒《けいとう》ニ因リ或ハ土手、水溜、水樋ノ破潰《はくわい》ニ因リ或ハ火、燃燒物《ねんせうぶつ》、爆發物《ばくはつぶつ》ノ必要ノ豫防《よばう》ヲ爲サヽル使用ニ因リテ隣地《りんち》ヨリ生スル損害ヲ懼《おそ》ル可キ至當ノ事由アル不動產ノ占有者ニ屬ス

此訴權ハ右危險《きけん》ニ對スル豫防《よばう》ノ處分《しよぶん》ヲ命令セシメ又ハ未定ノ損害《そんがい》ニ對スル賠償《ばいしやう》ノ保證人ヲ立テシムルヲ以テ其目的トス

第二百三條　保持訴權《はぢそけん》及ヒ新工告發訴權ハ平穩《へいおん》且公然ナル法定ノ占有者ノミニ屬ス但不動產《ふどうさん》又ハ包括動產《はうくわつどうさん》ニ付テハ其占有ノ滿一个年以來繼續《けいぞく》シタルコトヲ要ス

第二百四條　回收訴權《くわいしうそけん》ハ暴行、脅迫《けうはく》又ハ詐術《さじゆつ》ヲ以テ不動產若クハ包《はう》括動產《くわつどうさん》若クハ特定動產《とくていどうさん》ノ全部又ハ一分ノ占有ヲ奪ハレタル占有者《せんいうしや》ニ屬ス但其占有カ被告《ひこく》ニ對シテ此等ノ瑕疵《かし》ノ一ヲモ帶ヒサルコトヲ要ス

對シテ此等ノ瑕疵ノ一ヲモ帶ザルヲ要ストハ被告人ト同一ノ瑕瑾ノ一モアラザルコヲ要スル意味ナリ

(本權ノ訴ト併行スルコトヲ得ス)トハ占有權ノ訴ハ

此訴權ハ侵奪《しんだつ》ノ占有ヲ特定權原《けんげん》ニテ承繼《しやうけい》シタル者ニ對シテ之ヲ行フコトヲ得ス但其者カ侵奪《しんだつ》ノ不法ノ所爲ニ關與《わんよ》シタルトキハ此限ニ在ラス

第二百五條　回收訴權《くわいしうそけん》及ヒ急害告發訴權《きふがいこくはつそけん》ハ法定ノ占有者及ヒ容假《ようか》ノ占有者ニ屬ス縱令《たとへ》其占有《せんいう》カ未タ一个年ニ滿タサルモ亦同シ

第二百六條　保持及ヒ回收《くわいしう》ノ訴ハ妨害《ばうがい》又ハ侵奪《しんだつ》ヲ受ケタルヨリ一个年内ニ非サレハ之ヲ受理《じゆり》セス

新工告發《しんこうこくはつ》ノ訴ハ其工事ノ竣成《しゆんせい》セサル間ハ之ヲ受理《じゆり》ス但其工事ニ付キ占有者カ妨害《ばうがい》ヲ受ケタルトキハ其工事竣成《こうじしゆんせい》ノ前後ニ拘ハラス妨害《ばうがい》ヨリ一个年内ニ於テ保持訴權《はちそけん》ノミヲ行フコトヲ得

忽害告發《きうがいこくはつ》ノ訴ハ危險《きけん》ノ存スル間ハ之ヲ受理《じゆり》ス

第二百七條　占有ノ訴ハ本權ノ訴ト併行《へいかう》スルコトヲ得ス

判事ハ當事《とうじ》者《しや》ノ權利ノ基本ヨリ出テタル理由《りゆう》ニシテ其權利ヲ豫決《よけつ》

元來所有權ナキモノハ爲スヿナレハ一方ガ眞正ノ所有者ニシテ所有權回復ノ訴ヲナス片ハ之レニ併行スルヿハ得ザルナリ
（本權）トハ所有權回復ノ訴權ヲ云フ
（當事者）トハ占有ノ訴訟ニ付テノ原被告ヲ云フナリ

ス可キモノニ基キテ占有《せんいう》ノ訴ヲ裁判スルコトヲ得ス
又判事ハ本權ノ訴カ既ニ審理《しんり》中ニ在ルモ占有《せんいう》ノ訴ノ判決ヲ猶豫《いうよ》スルコトヲ得ス

第二百八條　占有《せんいう》ノ訴ヲ起シタル後當事者《とうじしや》ノ一方カ其裁判所《さいはんしよ》又ハ他ノ裁判所ニ本權《ほんけん》ノ訴ヲ起シタルトキハ占有ノ訴ノ確定判決《かくていはんけつ》ニ至ルマテ本權ノ訴ノ訴訟手續《そせうてつゞき》ヲ中止スルコトヲ要ス
本權《ほんけん》ノ訴ノ被告《ひこく》カ第二百十條ニ定メタル如ク其訴訟中《そしやうちう》ニ占有ノ訴ノ原告《げんこく》ト爲リタルトキモ亦同シ

第二百九條　本權ノ訴ノ原告《げんこく》ハ訴ヲ取下クルト雖モ其訴以前ノ事實《じじつ》ノ爲メニ更ニ占有ノ訴ヲ起スコトヲ得ス然レトモ既ニ起シタル占《せん》有《いう》ノ訴ニ付テハ原告タルト被告《ひこく》タルトヲ問ハス之ヲ繼續《けいぞく》スルコトヲ得
本權ノ訴ニ於テ確定《かくてい》ニ敗訴《はいそ》シタル者ハ占有《せんいう》ノ訴ヲ起スコトヲ得ス

(反訴)トハ一方ヨリ訴ヘラレヽニ當リ反對ニ一方ヲ訴フルヲ云フナリ

(供託)トハ權利ノ歸スル處ノ定マルマデ委託シ置クヲ云フナリ

第二百十條　本權又ハ占有ノ訴ノ被告《ひこく》ハ其訴訟中《そしやうちう》反訴《はんそ》ニテ占有ノ訴ノ原告ト爲ルコトヲ得

第二百十一條　判事ハ占有ノ訴ヲ正當《せいとう》ナリト認《みと》ムルトキハ場合ニ從ヒ妨害《ばうがい》ノ絶止《ぜつし》、侵奪物《しんだつ》ノ返還《へんくわん》、新工事ノ廢止《はいし》若クハ變更《へんかう》又ハ急害ノ豫《よ》防處分《ばうしよぶん》ヲ命令ス可ク若シ損害《そんがい》アラハ同時ニ其賠償《ばいしやう》ヲ言渡ス可シ

又判事ハ急害告發《きふがいこくはつ》ノ訴ニ付テハ其將來《しやうらい》未定ノ損害額《そんがいがく》ヲ斷定《だんてい》シ之ニ對スル保證人ヲ立ツ可キコトヲ被告《ひこく》ニ命令スルコトヲ得

第二百十二條　占有ノ訴ニ於テ敗訴《はいそ》シタル原告ハ仍ホ本權《ほんけん》ノ訴ヲ起スコトヲ得

占有ノ訴ニ於テ敗訴《はいそ》シタル被告モ亦仍ホ本權ノ訴ヲ起スコトヲ得

但既ニ受ケタル言渡《いひわたし》ヲ履行《りかう》セシ後ニ限ル若シ言渡ノ金額《きんがく》カ未定ナルトキハ其言渡ヲ履行《りかう》スルニ相應《さうおう》ナル金額ヲ裁判所書記課ニ供託《きやうたく》

(喪失)トハ消滅ト同一ナリ占有ハ事實ニシテ權利ニアラザルヲ以テ喪失ト書キシナリ
(意思ノ絶止)トハ自ラ占有ヲ爲スノ意ヲ止ムルヿナリ
(任意ノ抛棄)トハ自由ノ意志ニテ棄ルヿナリ强迫セラレタルニアラザルヲ云フナリ

ス可シ

第四節 占有ノ喪失《そうしつ》

第二百十三條 占有ハ左ノ諸件《しよけん》ニ因リテ喪失ス
第一 自己又ハ他人ノ爲メニ占有スル意思《いし》ノ絶止《ぜつし》
第二 物ノ所持又ハ權利《けんり》ノ行使ノ任意ノ抛棄《はうき》又ハ法律上强要《きやうえう》セラレタル抛棄《はうき》
第三 不法ト否トヲ問ハス他人ノ占有ノ握取《あくしゆ》但其占有カ保持《ほぢ》訴《そ》權《けん》又ハ回收訴權《くわいしゆうそけん》ノ行使ヲ受クルコト無クシテ一个年ヨリ長ク繼續《けいぞく》シタルトキニ限ル
第四 占有ノ目的タル物ノ全部ノ毀滅《きめつ》又ハ其權利ノ消滅《せうめつ》

第五章 地役《ちえき》

(解)地役《ちえき》トハ所有權ノ支分《しぶん》セラレタル或部分《ぶぶん》ヲ指示《しじ》スルモノニシテ物件《ぶつけん》ノ所有者《しよいうしや》ニ非サル他ノ所有者ノ使用《しよう》及ビ用務ニ附屬《ふぞく》トシテ

（負擔）トハ土地ノ負フ處ノ義務ヲ云フナリ

（立入）トハ出入ス

自己ノ物品ヲ供《きやう》スルモノナリ此《この》地役《ちえき》ナルモノハ人爲ニヨリテ設定《せってい》セラルヽヿアリ自然ニヨリテ設定《せってい》セラルヽヿアリ又働方ノ地役《ちえき》アリ受方ノ地役アリ此設定ノ方法ニヨリテ他人ニ移轉《いてん》スルモノアリ又他人ニ移轉セサルモノアリ然レ𪜈要《やう》スルニ地役ナルモノハ土地ニ屬《ぞく》スルモノニシテ人ニ屬《ぞく》スルモノニアラズ故ニ多クハ何人ニ其所有移轉《いてん》スルモ地役ハ移轉《いてん》セザルモノナリ

總則

第二百十四條　地役《ちえき》トハ或ル不動產ノ便益《べんえき》ノ爲メ他ノ所有者ニ屬スル不動產ノ上ニ設ケタル負擔《ふたん》ヲ謂フ

地役《ちやく》ハ法律又ハ人爲ヲ以テ之ヲ設定《せってい》ス

第一節　法律ヲ以テ設定《せってい》シタル地役

第一款　隣地《りんち》ノ立入又ハ通行ノ權利《けんり》

第二百十五條　凡ソ所有者《しよいうしや》ハ土地ノ分界《ぶんかい》ニ於テ又ハ自己《じこ》ノ土地ニ工

ルコナリ

(占有者) トハ借人等ヲナシ他ノ所有地ヲ所持スルモノヲ云フ

(袋地) トハ包マレタル土地ヲ云フ

事ヲ為シ得ル餘地ナキ距離《きより》ニ於テ牆壁《しやうへき》若クハ建物ヲ築造《ちくぞう》シ又ハ修《しう》繕《ぜん》スル為メ隣地《りんち》ニ立入ルヲ求ムルコトヲ得

第二百十六條　築造又ハ修繕《しゆうぜん》ノ工事ハ収穫《しゆうかく》ヲ害ス可キ季節《きせつ》ニ於テモ隣地《りんち》ノ所有者又ハ占有者《せんいうしや》ノ一時不在ノ場合ニ於テモ之ヲ為スコトヲ得ス但急要《きうえう》又ハ極メテ必要《ひつえう》ノ場合ハ此限ニ在ラス

如何ナル場合ニ於テモ隣人《りんじん》ノ承諾《しやうだく》アルニ非サレハ右工事ノ為メ其住家《ちうか》ニ立入ルコトヲ得ス縦令《たとへ》其修繕《しうぜん》ヲ要スル建物カ隣人《りんじん》ノ住家ニ連接《れんせつ》スルモ亦同シ

第二百十七條　立入ヲ許諾《きよだく》セル隣人ハ工事ノ性質《せいしつ》及ヒ時期ヲ酌量《しやくりやう》シテ其受ケタル妨害《ばうがい》ニ相應スル償金《しやうきん》ヲ求ムルコトヲ得

第二百十八條　或ル土地カ他ノ土地ニ圍繞《いぎやう》セラレテ袋地《ふくろち》ト為リ公路ニ通スル能ハサルトキハ圍繞地《いぎやうち》ハ公路ニ至ル通路《つうろ》ヲ其袋地《ふくろち》ニ供スルコトヲ要ス但下ニ記載《きさい》シタル如ク二様ノ償金《しやうきん》ヲ拂ハシムルコト

(承役地)トハ地役ヲ受クル土地ナリ故ニ此場合ニハ通行セラルヽ土地ヲ云フ

ヲ得

土地カ堀割《ほりわり》若クハ河海《かかい》ニ由ルニ非サレハ他ニ通スル能ハサルトキ又ハ崖岸《がいがん》アリテ公路ト著《いちじる》シキ高低《こうてい》ヲ為ストキハ之ヲ袋地ト看做《みな》スコトヲ得

第二百十九條　袋地《ふくろち》ノ利用又ハ其住居人ノ需用《じゆよう》ノ為メ定期又ハ不斷《ふだん》ニ車輛《しやりやう》ヲ用ユルコトヲ要スルトキハ通路ノ幅《はゞ》ハ其用ニ相應《さうおう》スルコトヲ要ス

通行ノ必要《ひつえう》又ハ其方法及ヒ條件《じやうけん》ニ付キ當事者ノ議協《ぎあ》ハサル片ハ裁判所ハ成ル可ク袋地ノ需用及ヒ通行《つうかう》ノ便利ト承役地《しやうやくち》ノ損害トヲ斟《しん》酌《しやく》スルコトヲ要ス

第二百二十條　通路ノ開設《かいせつ》及ヒ保持ノ工事ハ袋地ノ負擔《ふたん》ニ屬ス

承役地《しやうえきち》ノ建物又ハ樹木《じゆもく》ヲ取除キ又ハ變更《へんかう》セシムルノ必要アルトキハ一回限《いつくわいかぎり》ノ償金《しやうきん》ヲ其所有者ニ辨償《べんしやう》ス

（要役地）トハ地役ノ利ヲ受クル土地ナリ即チ通行スル人ノ所有地ナリ

此他承役地《しやうやくち》ノ使用又ハ耕作《かうさく》ヲ減シ及ヒ永ク其地ノ價格《かかく》ヲ減スルニ付テノ償金ハ毎年之ヲ辨償《べんしやう》ス

第二百二十一條　袋地タルコトノ止ミタルトキハ通行ノ權利《けんり》及ヒ毎年ノ償金ノ義務《ぎむ》ハ從ヒテ消滅《しやうめつ》ス

要役地《えうやくち》ノ所有者ハ未タ拂期限《はらひきげん》ノ至ラサル償金《しやうきん》ノ六个月分ヲ拂ヒテ常ニ通行《つうかう》ノ權利ヲ抛棄《はうき》シ及ヒ之ニ對スル義務《ぎむ》ヲ免カルヽコトヲ得

第二百二十二條　當事者《とうじしや》ハ通行ヨリ生スル永久ノ損害ノ賠償《ばいしやう》又ハ毎年ノ償金ノ買戻《かひもどし》ヲ隨意《ずゐい》ニ元本ニテ定ムルコトヲ得

孰《いづ》レノ塲合ニ於テモ袋地ノ止ミシトキハ右元本ハ之ヲ全ク返還《へんくわん》スルモノトス但反對《はんたい》ノ合意《がふい》アルトキハ此限ニ在ラス

第二百二十三條　土地ノ一分ノ讓渡《ゆづりわたし》又ハ共有者間ノ分割《ぶんくわつ》ニ因リテ袋地ノ生シタルトキハ讓渡人又ハ分割者ハ償金《しやうきん》ヲ受クルコト無クシテ通路《つうろ》ヲ供スルノ義務ヲ負擔《ふたん》ス此義務ハ公路ノ創設《さうせつ》ニ因リテ袋地タ

（年月ヲ知ルベカラサルトキ）トハ長年月ヲ經過シテ年月ノ知レザル時ナリ只近年ナレ𪜈年月ノ證據立ノ出來ザル場合ハ此中ニ入ラザルナリ

ルコトノ止ミシトキハ消滅《しやうめつ》ス

第二款　水ノ疏通《そつう》、使用《しよう》及ヒ引入

第二百二十四條　低地《ていち》ノ所有者ハ人工ニ由ラスシテ自然《しぜん》ニ高地ヨリ流下《りうか》スル雨水及ヒ泉水《せんすい》ヲ承クル義務《ぎむ》アリ

人工ヲ以テ水ノ疏通路《そつうろ》ヲ創設《さうせつ》シ又ハ變更《へんかう》セシト雖モ其工事カ三十个年前ニ在ルカ又ハ年月ヲ知ル可カラサルトキハ亦同シ

第二百二十五條　土手其他水ヲ湛《たゝ》フル工作物ノ破潰《はくわい》ニ因リ又ハ水《みづ》樋《ひ》、堀割《ほりわり》ノ阻塞《そさい》ニ因リ高地ノ水量ヲ增シテ衝激《しやうげき》ヲ致シ又ハ方向ヲ變セントスルトキハ低地ノ所有者ハ第二百二條及ヒ第二百十一條ニ從ヒテ急害《きうがい》ノ告發ヲ爲シ且高地ノ所有者ノ費用ヲ以テ其修繕《しうぜん》ヲ爲スコトヲ得

事變ニ因リ低地ニ於テ水流ノ阻塞《そさい》シタルトキハ高地ノ所有者ハ平常ノ疏通《そつう》ニ復スル爲メ自費ヲ以テ必要《ひつやう》ノ工事ヲ爲ス權利《けんり》ヲ有ス然

レトモ其義務ヲ負擔《ふたん》セス

第二百二十六條　所有者ハ雨水ノ直チニ隣地《りんち》ニ落ツル如キ屋根《やね》其他ノ工作物ヲ設クルコトヲ得ス

第二百二十七條　泉源《せんげん》ノ所有者ハ隨意《ずゐい》ニ之ヲ使用シ且自然ニ隣地《りんち》ニ流ル可キ餘水ヲ隣人《りんじん》ニ與ヘサルコトヲ得但次條及ヒ第二百七十六條ノ規定《きてい》其他鑛泉《くわうせん》ノ利用收益《しうえき》ニ關スル行政法ノ規定《きてい》ヲ妨ケス

第二百二十八條　泉源《せんげん》ノ水カ一町村又ハ一部落《いちぶらく》ノ住民ノ家用ニ必要《ひつえう》ナルトキハ所有者ハ其水ノ不用ノ部分《ぶぶん》ヲ流下セシムル責ニ任ス
又町村ハ自費ヲ以テ水ノ聚合《しうがう》及ヒ引入ニ必要ナル工事ヲ泉源《せんげん》ノ土地ニ施スコトヲ得但其工事ノ爲メ償金《しやうきん》ヲ拂ヒ且其土地ニ永久ノ損《そん》害《がい》ヲ生セシメサルコトヲ要ス
此他町村ハ水ノ使用《しよう》ノ爲メ償金《しやうきん》ヲ拂フコトヲ要ス但三十个年間無《む》償《しやう》ニテ使用ヲ爲シタルトキハ此限ニ在ラス

（床地）トハ川河ノアル處ノ敷地ナリ

第二百二十九條　溝渠《かうきよ》、水流《すゐりう》、堀割《ほりわり》又ハ池沼《ちせう》ノ沿岸者《えんがんしや》ニシテ其床地《しやうち》ヲ所有スル者ハ家用及ヒ農工業用ニ其水ヲ使用《しよう》スルコトヲ得然レトモ其水路《すいろ》及ヒ幅員《ふくゐん》ヲ變スルコトヲ得ス

同上ノ流水ノ通過《つうくわ》スル土地ノ所有者ハ右ト同一ノ需用《じゆよう》ノ爲メ其地內ニ於テ水路ヲ變轉《へんてん》スルコトヲ得然レトモ其水ノ出口ニ於テハ之ヲ自然ノ水路《すいろ》ニ復スルコトヲ要ス

右孰レノ塲合ニ於テモ沿岸者《えんがんしや》ハ地方ノ規則《きそく》ニ從ヒテ捕漁《ほぎよ》ノ權利ヲ有ス

沿岸者《えんがん》ハ對岸者《たいがん》ニ損害《そんがい》ヲ及ホス可キトキハ已レノ方ニ於テ水除《みづよけ》ヲ築クコトヲ得ス

第二百三十條　前條ニ定メタル二個ノ塲合ニ於テ其水ヲ利用ス可キ沿岸者《えんがんしや》又ハ低地ノ所有者ヨリ爭ヲ起シタルトキハ裁判所ハ地方ノ慣習《くわんしゆう》ト衛生《えいせい》ノ需用ト農工業ノ利益トヲ斟酌《しんしやく》シテ之ヲ決ス

(行政法)トハ行政官ノ命令ニヨリテノ法令ナリ

(公流)トハ修繕其他總テノ費用政府若クハ市町村ニ屬スルノ河流ナリ要スルニ私人ノ引用スルヨリ大ナルモノナリ

(通路ヲ供スル責ニ任ズ)トハ水ノ

第二百三十一條　右流水ニ關スル取締《とりしまり》ハ地方廳《ちはうちやう》ニ屬ス地方廳ハ其流水ノ疏通《そつう》、保持《はぢ》及ヒ魚類ノ保育《はいく》ニ付キ必要ノ處分《しよぶん》ヲ命スルコトヲ得

第二百三十二條　一般又ハ一地方ノ公有又ハ私有ニ屬スル水ノ使用及ヒ取締《とりしまり》ハ行政法ヲ以テ之ヲ規定《きてい》ス

第二百三十三條　自己ノ土地外ニ在ル天然《てんねん》又ハ人工ノ水ヲ用ユル權利ヲ有スル所有者ハ家用又ハ農工業用ノ爲メ償金《しやうきん》ヲ拂ヒ其水ノ通《つう》過《くわ》ヲ中間ノ土地ニ要求《やうきう》スルコトヲ得

第二百三十四條　低地《ていち》ノ所有者ハ浸水地《しんすいち》ヲ乾《かわ》カスニ因リ出水ノ疏通《そつう》ノ爲メ及ヒ家用又ハ農工業用ノ餘水ノ排泄《はいせつ》ノ爲メ公路、公流又ハ下水道ニ至ルマテ其通路《つうろ》ヲ供スル責ニ任ス

家用又ハ農工業用ノ爲メニ變質《へんしつ》シタル水ノ通過《つうくわ》ハ地下ニ於ケルニ非サレハ之ヲ要求《やうきう》スルコトヲ得ス

流通スル道ヲ付クルノ義務アリト云フナリ

第二百三十五條　水ノ通路《つうろ》ハ成ル可ク承役地《しやうえきち》ノ損害少ナキ場所ニ之ヲ設クルコトヲ要ス
如何ナル場合ニ於テモ建物《たてもの》ノ下ヲ經又ハ住家ニ連接《れんせつ》シタル庭園《ていえん》ヲ經《へ》テ水ノ通過《つうくわ》ヲ要求スルコトヲ得ス

第二百三十六條　水ノ通路《つうろ》ニ必要ナル工作物ノ築造《ちくざう》及ヒ保持《ほじ》ハ其工作物ニ付キ利益ヲ得ル所有者ノ費用《ひよう》ニテ之ヲ爲ス

第二百三十七條　承役地《しやうえきち》ノ所有者ハ其土地ニ存スル堀割《ほりわり》ヲ要役地《えうえきち》ニ出入スル水ノ全部《ぜんぶ》又ハ一分ノ通路《つうろ》ニ供スルコトヲ要求《やうきう》スルヲ得但從來《じうらい》其堀割《ほりわり》ヲ通過スル水カ要役地《やうえきち》ニ供シタル水ヲ變スルノ性質《せいしつ》ナラサルトキニ限ル
又承役地《しやうえきち》ノ所有者ハ其土地ニ要役地ノ所有者ノ爲シタル工作物ヲ右ト同一ノ條件《じやうけん》ニ從ヒテ水ノ通過《つうくわ》ノ爲メ使用セント請求《せいきう》スルコトヲ得

(强要)トハ强テ求ムルコトナリ故ニ裁判所ニ訴ヘテ行ハシムルコトヲ得ルナリ

右孰レノ場合《ばあい》ニ於テモ他人ノ爲シタル工作物ヲ使用《しよう》スル者ハ自己ノ利益ノ割合ニ應シテ其築造《ちくざう》及ヒ保持《ほぢ》ノ費用ヲ分擔《ぶんたん》ス

第二百二十八條　第二百二十九條第一項ニ從ヒ流水ヲ使用《しやう》スル權利ヲ有スル所有者ハ堰《せき》ヲ設ケテ水ヲ高ムルノ要用アルトキハ償金ヲ拂ヒテ其堰ヲ對岸《たいがん》ニ支持《しぢ》セシムルコトヲ得

同一ノ權利《けんり》ヲ有スル對岸地ノ所有者ハ前條ニ記載《きさい》シタル如ク費用ヲ分擔《ぶんたん》シテ右ノ堰ヲ便用《べんよう》スルコトヲ得

第三款　經界《けいかい》

第二百三十九條　凡ソ相隣者《さうりんしや》ハ地方ノ慣習《くわんしゆう》ニ從ヒ樹石杭杙《こうよく》ノ如キ標《へう》示物《しぶつ》ヲ以テ其連接《れんせつ》シタル所有地ノ界限ヲ定メント互ニ强要《きやうえう》スルコトヲ得

第二百四十條　經界訴權《けいかいそけん》ハ建物ニ付キ及ヒ土屛《どべい》、垣柵《えんさく》等ノ圍障《ゐしやう》アル土地ニ付テハ行ハレス公路《かうろ》又ハ公流ニテ隔テタル土地ニ付テモ

(時効)トハ法律ノ定メタル一定ノ期限ヲ經ルトキハ權利ヲ失ヒ義務ヲ得ルヲ云フ

(確定權原)トハ正當ニヨリテ權利ヲ得タルコトノ確定シタルヲ云フ

亦同シ

第二百四十一條　經界訴權ハ協議上《きやうぎじやう》又ハ裁判上ニテ界限《かいげん》ノ定マラサル間ハ時効ニ罹《かゝ》ルコト無シ

經界《けいかい》ノ訴ニ付キ被告カ原告ノ土地ノ全部又ハ一分ニ對シ取得時効《しゆとくじかう》又ハ一ケ年以上ノ占有ヲ申立ツルトキハ原告《げんこく》ハ先ツ回復又ハ回收ノ訴《うつたへ》ヲ為スコトヲ要ス

第二百四十二條　經界《けいかい》ハ界限ノ確定《かくてい》セサルトキ又ハ爭論《そうろん》アルトキハ所有權ノ證書《しやうしよ》ニ記載《きさい》シタル坪數及ヒ界限ニ從ヒテ之ヲ為ス其證書《しやうしよ》ナキトキハ之ニ代フルニ足ル他ノ證據《しやうこ》又ハ書類ニ依リテ之ヲ為ス

所有權ニ付キ爭論《そうろん》アルトキハ先ツ其裁判ヲ受クルコトヲ要ス

第二百四十三條　當事者カ協議《けうぎ》ヲ以テ界限ヲ定メタルトキハ其證書《しやうしよ》ヲ作ルコトヲ要ス此證書ハ坪數及ヒ界限ニ付キ確定權原《かくていけんげん》ノ効ヲ有ス

(圍障)トハ屏柵ノ如キモノヲ云フ

當事者ノ議協《かな》ハサルトキハ判決《はんけつ》ヲ以テ坪數及ヒ界限ヲ定メ其判決書ニ圖面《づめん》ヲ添《そ》フ此圖面ニハ界標《かいへう》ヲ指示《し》シ且各界標ノ距離《きより》及ヒ其近傍ノ移《い》動《どう》ナキ目標《もくへう》ヲ各界標《かいへう》トノ距離《きより》ヲ記載《きさい》ス

第二百四十四條　樹石杭杙《じゆせきかうよく》ノ代價其設置《せつち》ノ費用及ヒ證書《しやうしよ》並ニ訴訟費用ハ相隣者《さうりんしや》平分シテ之ヲ負擔《ふたん》ス然レトモ判決《はんけつ》ニ因リテ不當《ふとう》ト爲リタル爭論ノミニ關スル訴訟費用《そしやうひよう》ハ敗訴者《はいそしや》之ヲ負擔《ふたん》ス測量費用《そくりやうひよう》ハ當事者其土地ノ廣狹《かうきやう》ニ應シテ之ヲ分擔《ぶんたん》ス

第四款　圍障《ゐしやう》

第二百四十五條　凡ソ所有者ハ適宜《てきぎ》ノ材料ヲ用ヰ適宜《てきぎ》ノ高サニ於テ自己ノ不動產ニ圍障《ゐしやう》ヲ設クルコトヲ得但其不動產カ法律又ハ人爲ニテ隣人ノ立入又ハ通行《つうかう》ノ地役《ちえき》ニ服スルトキハ其地役ヲ行フ權能《けんのう》ヲ妨クルコトヲ得ス

第二百四十六條　二箇ノ住家《ぢうか》又ハ農工業用建物ノ間ニ在ル中庭又ハ

園圃《えんほ》ノ土地カ各箇ノ所有者ニ分屬《ぶんぞく》スルトキハ各自其隣人《りんじん》ニ分界圍《い》障《しやう》ノ分擔ヲ強要《きやうえう》スルコトヲ得

當事者ノ議協《かな》ハサルトキハ其圍障《いしやう》ハ板屏《いたへい》又ハ竹垣ノ類ニ非サレハ之ヲ要求《やうきう》スルコトヲ得ス

其高サハ分界線《ぶんかいせん》ノ平面ヨリ少ナクトモ六尺タル可シ

第二百四十七條　圍障ノ設置《せつち》、保持及ヒ修繕《しゆうせん》ノ費用ハ相隣者平分シテ之ヲ負擔《ふたん》ス

相隣者ノ一人ハ前條《せんじやう》ニ定メタル材料ヨリ良好《りやうこう》ナル他ノ材料《ざいりやう》ヲ用ヰ又ハ高サヲ增シテ圍障《ゐしやう》ヲ築造《ちくぞう》スルコトヲ得但築造費用ノ差額《さかく》ヲ拂ヒ且保持《はじ》及ヒ修繕《しうせん》ノ費用ノ全額《せんかく》ヲ負擔《ふたん》ス

第二百四十八條　相隣者ノ一人カ他ノ一人ヲ圍障分擔《ゐしやうぶんたん》ノ遲滯《ちたい》ニ付セスシテ之ヲ築造シ又ハ修繕《しうせん》シタルトキハ其人ニ對シテ費用ノ分擔《ぶんたん》ヲ要求《えうきう》スルコトヲ得ス

（互有）トハ共有ノ如キモノニシテ相隣者ニ屬スルナリ只其共有ト異ナル處ハ其人ニ屬セスシテ其土地ニ屬スルモノナリ

（共擔）トハ共ニ負擔スルモノナリ

（專屬權）トハ法律ニテ一人ニ屬スル

第五款　互有《ごいう》

第二百四十九條　前款ニ定メタル義務《ぎむ》ニ因リ又ハ任意《にんい》且協議《かつけふぎ》ニ因リ共擔《きやうたん》ノ費用ヲ以テ土地ノ分界線上ニ築造《ちくざう》シタル圍障《いしやう》ハ其性質《せいしつ》ノ如何ヲ問ハス敷地《しきち》ト共ニ相隣者ノ互有《がういう》ニ屬ス

性質《せいしつ》ノ如何ヲ問ハス相隣者ノ建物《たてもの》ノ隔壁《かくへき》及ヒ溝渠《かうきよ》、生籬《いけがき》、柴垣《しばがき》ニシヲ共擔《きやうたん》ノ費用テ以テ土地ノ分界線上《ぶんかいせんじやう》ニ設ケタルモノモ亦同シ

第二百五十條　凡ソ土地ノ圍障《いしやう》又ハ建物ノ隔壁《かくへき》ニシテ分界線上ニ在ルモノハ其性質《せいしつ》ノ如何ヲ問ハス共擔ノ費用ヲ以テ設ケタルモノトシテ之ヲ互有《がういう》ト推定《すいてい》ス但或ハ證書《しやうしよ》ニ因リ或ハ證人ニ因リ或ハ三十ケ年ノ時効《じかう》ニ因リ或ハ下ニ示シタル非互有《ひがういう》ノ目標《もくひやう》ニ因リテ反對ノ證據《しやうこ》アルトキハ此限ニ在ラス

第二百五十一條　相隣者ノ一人ノ專屬權《せんぞくけん》ヲ定ムル直接《ちよくせつ》ノ證據又ハ時《じ》効《かう》ノ存セサルトキハ非互有ヲ推定《すいてい》ス可キ目標《もくひやう》トナル可キモノハ左

如ク推定セラルヽモノニ對シテ云フヿニテ専ラ一人ニ屬スルヿチ云フ

ノ如シ

第一　土造《どざう》、石造《せきざう》、煉瓦造《れんぐわざう》ノ牆壁《しやうへき》ニ付テハ屋根《やね》ノ傾斜面《けいしやめん》又ハ小《せう》簷《せん》、牖孔《ようこう》其他ノ工作物又ハ粧飾物《さうしよくぶつ》カ一方ノミニ存スルコト

第二　板屏《いたべい》、竹垣《たけがき》ニ付テハ其支柱《しちう》カ一方ノミニ存スルコト

第三　溝渠《かうきよ》ニ付テハ掘浚《くつしゆん》ノ泥土《でいど》カ一方ノミニ存スルコト

第四　生籬《いけがき》、柴垣《しばがき》ニ付テハ一方ノ土地ノミ四面チ圍《かこ》マレタルコト

此四箇ノ塲合ニ於テ専屬權《せんぞくけん》ハ右目標ノ存スル一方又ハ土地ノ全ク圍《かこ》マレタル一方ノ相隣者ニ屬ス

第二百五十二條　高サノ不同ナル二箇ノ建物《たてもの》チ隔《へだ》ツル牆壁《しやうへき》ニ付テハ其牆壁《しやうへき》カ低キ建物チ踰《こ》ユル部分ニハ互有ノ推定《すいてい》ヲ適用《てきよう》セス

又牆壁《しやうへき》カ一箇ノ建物ノミチ支持スルトキハ右ノ推定《すいてい》ハ如何ナル部分ニモ之チ適用セス

(共通)トハ共有ト同ジキモノナリ

第二百五十三條　二箇ノ土地ヲ分界《ぶんかい》スル一箇ノ圍障《ゐしやう》其他ノ工作物ニ互有ノ目標《めじるし》ト非互有ノ目標トノ併存《へいそん》スルトキハ裁判所ハ事情《じじやう》ニ從ヒテ其所有權ノ共通ナルカ專屬《せんぞく》ナルカヲ查定《さてい》ス

第二百五十四條　互《ご》有界《いうかい》ノ保持及ヒ修繕《しゆうぜん》ハ互有者平分シテ之ヲ負擔《ふたん》ス但其一人ノ所爲ヨリ毀損《きそん》ノ生シタルトキハ此限ニ在ラス

然レトモ第二百四十六條ニ定メタル義務《ぎむ》上ノ圍障《ゐしやう》ニ非サルトキハ互有者ノ各自ハ互有權ヲ拋棄《はうき》シテ保持及ヒ修繕ノ負擔《ふたん》ヲ免カルヽコトヲ得但自己ノ建物ヲ支持《しぢ》スル牆壁《しやうへき》ノ保持及ヒ修繕ニ關《くわん》スルトキ又ハ自己ノ所爲《しよゐ》ニ因リテ必要ト爲リタル修繕《しゆうぜん》ノ費用ヲ拂フ可キトキハ此限ニ在ラス

第二百五十五條　相隣者《さうりんしや》ハ互有界ヲ其性質《せいしつ》及ヒ用方ニ從ヒテ使用《しよう》スルコトヲ得但其堅牢《けんらう》ヲ傷《そこな》ハサルコトヲ要ス

相隣者ハ互有ノ牆壁《しやうへき》ニ其厚サ四分ノ三ニ至ルマテ梁棟《りやうとう》ヲ穿入《せんにふ》シテ

（地上權）トハ他人ノ地所ノ表面ノミ

建物ヲ支持シ又ハ之ニ煖爐《だんろ》ヲ嵌入《かんにう》シ若クハ烟突《えんとつ》、水管《すゐくわん》、瓦斯管《がすくわん》其他家用、工業用ノ爲メ筒管《とうくわん》ヲ通スルコトヲ得但其牆壁《しやうへき》ノ性質及ヒ厚サカ此ニ堪《た》フルトキニ限ル然レトモ互有者ハ其牆壁ニ牖孔《ようこう》ヲ鑿《うが》チ又室內用《しつないよう》ノ爲メ些少ノ凹穴《あふけつ》ヲモ鑿《うが》ツコトヲ得ス

互有者ハ互有ノ牆壁《しやうへき》ノ高サヲ增スコトヲ得但其牆壁ノ堅牢《けんらう》此ニ耐フルトキ又ハ自費《じひ》ニテ工事ヲ加ヘ若クハ改築《かいちく》ヲ爲シテ堅牢《けんろう》ナラシムルトキニ限ル此場合ニ於テ其高サヲ增シタル部分《ぶぶん》ハ互有ニ非ス」

互有者ハ互有ノ溝渠《かうきよ》ニ雨水又ハ家用、工業用ノ水ヲ注下《ちうか》スルコトヲ得

互有者ハ互有ノ生籬《いけがき》ヲ剪伐《せんばつ》シタル樹枝《じゆし》ヲ平分シ又其生籬《いけがき》ニ存スル高木ノ伐除《ばつじよ》ヲ要求スルコトヲ得

第二百五十六條　相隣者《さうりんしや》ノ一人カ石又ハ煉瓦《れんぐわ》ニテ土地ノ圍障《ゐしやう》又ハ建物ノ牆壁《しやうへき》ヲ分界線ニ接《せつ》シ又ハ此ヨリ一尺ニ滿タサル距離《きより》ニ於テ築《ちく》

ナ使用スル權利ナリ

造《ざう》シタルトキハ他ノ一人ハ現時《げんじ》ノ相塲ニテ材料《ざいりやう》代及ヒ手間賃ノ半額ナ償《つくな》ヒテ常ニ其互有權ノ讓渡《ゆづりわたし》ナ要求《えうきう》スルコトナ得前條第三項ニ從ヒテ增築《ざうちく》シタル牆壁《しやうへき》ニ付テモ亦同シ

互有權ノ讓渡《ゆづりわたし》ナ要求スル相隣者ハ圍障《ゐしやう》、牆壁《しやうへき》ノ敷地《しきち》及ヒ之ト分界《ぶんかい》線《せん》トノ間ノ地面ニ付キ地上權ノミナ要求《やうきう》スルヿナ得此地上權ニ付テハ鑑定人《かんていにん》ノ評定《ひやうてい》シタル定期ノ納額《のうがく》ナ建物ノ存立間《そんりつかん》拂フ責ニ任ス

本條ニ依リ牆壁《しやうへき》ノ互有權ナ取得《しゆとく》シタル者ハ前條ノ規定《きてい》ニ從ヒテ之ナ使用スルコトナ得然レトモ人爲上ノ觀望《くわんばう》ノ地役《ちえき》トシテ其牆壁《しやうへき》ニ設ケタル牖孔《ようこう》ナ塞《ふさ》カシムルコトナ得ス

石造《せきざう》、煉瓦造《れんぐわざう》ニ非サル圍障《ゐしやう》、牆壁《しやうへき》及ヒ籬柵《りさく》、溝渠《かうきよ》、土手ニ付テハ共擔《きやうたん》ノ費用ナ以テセル設定《せつてい》又ハ協議上ノ讓渡ニ因ルニ非サレハ互《ご》有權《いうけん》ナ生セス

第二百五十七條　所有者ハ石造、煉瓦造ニ非サル建物ナ築造《ちくざう》スルト

(新工告發)トハ新ニ起シタル工事ガ自己ノ土地ニ害アル場合ニ之レヲ差止メルノ訴訟ヲ云フ

(直線ニ觀望)トハ眞直グニ觀ルコトヲ云フ

キハ其建物ト土地ノ分界線《ぶんかいせん》トノ間ニハ其地方ノ慣習《くわんしゆう》ニテ定マリタル尺度ノ距離《きより》ヲ存スルコトヲ要ス

此距離《きより》ヲ存セスシテ築造《ちくぞう》スルトキハ一方ノ相隣者《さうりんしや》ハ築造ノ間ハ第二百一條ニ從ヒテ新工告發ノ占有訴權《せんいうそけん》ヲ行フコトヲ得

右築造竣成《しゆんせい》ノ後一方ノ相隣者カ建物ヲ築造《ちくぞう》セントシ其工事ノ爲メ自己ノ地上ニ於テ分界線ヨリ慣習《くわんしゆう》ノ尺度ヲ超《こ》ユル距離《きより》ヲ要スルニ因リ建物ヲ其尺度外ニ退《しりぞ》ケタルトキハ其餘分ニ退ケタル地面ニ應《わう》シ前築造者ニ對《たい》シテ償金《しやうきん》ヲ要求《やうきう》スルコトヲ得

第六款　他人ノ所有地ニ對スル觀望《くわんばう》及ヒ明取窓《あかりとりまど》

第二百五十八條　二箇ノ土地ノ分界線《ぶんかいせん》ヨリ少ナクトモ三尺ノ距離《きより》アルニ非サレハ建物ニ窓《まど》又ハ緣側《えんがは》ヲ設ケテ他人ノ所有地ヲ直線《ちよくせん》ニ觀望スルコトヲ得ス

此距離《きより》ハ窓又ハ緣側《えんがは》ノ突出《とつしゆつ》シタル部分ヨリ直角線ニテ分界線ニ至

(目隱)トハ觀望ヲ防グモノヲ云フ

ルマテヲ測算《そくさん》ス

第二百五十九條　右距離《きより》ノ制限ヲ遵守《じゆんしゆ》スルニ不便ナルトキハ目隱《めかくし》ヲ以テ窓ヲ蔽《おほ》フコトヲ要ス但其目隱《めかくし》ハ分界線上ニ突出《とうしゆつ》スルコトヲ得ス

目隱《めかくし》ヲ設クル能ハサルトキハ明取窓《あかりとりまど》ニ非サレハ之ヲ設クルコトヲ得ス此明取窓ハ其下部ヨリ床板《とこいた》マテ少ナクトモ六尺ト爲シ格子《かうし》ヲ附着シ其格子目《かうしめ》ハ一寸以内タルコトヲ要ス

此場合ニ於テ尙ホ隣地《りんち》ノ所有者ハ目隱《めかくし》カ一尺以上分界線ヲ踰《こ》ユルヲ許シテ之ヲ設ケシムルコトヲ得

第二百六十條　觀望《くわんばう》又ハ明取窓ニ關スル前二條ノ規定《きてい》ハ建物《たてもの》ト對《たい》向《かう》スル隣地ノ建物ニ牖孔《ようかう》ナキトキハ之ヲ適用《てきよう》セス

第七款　或ル工作物ニ要スル距離《きより》

第二百六十一條　自己ノ土地ニ井戸、用水溜《ようすいため》、下水溜又ハ糞尿坑《ふんねうこう》ヲ穿タントスル所有者ハ分界線《ぶんかいせん》ヨリ少ナクトモ六尺ノ距離《きより》テ存スルコトヲ要ス但土砂ノ崩壞《ほうくわい》又ハ水液《すゐえき》ノ滲漏《さんろう》ヲ防クニ必要ナル工事ヲ為ス可シ

乾燥《かんさう》シテ覆蓋《ふくかい》アル地窖《ちかう》ニ付テハ右距離《きより》ヲ三尺ニ減ス

水路ニ供シタル石樋《せきひ》又ハ溝渠《こうきよ》ニ付テハ右距離《きより》ハ少ナクトモ其深サノ半ニ同シキコトヲ要ス然レトモ三尺ヲ踰《こ》ユルコトヲ要セス

右溝渠ハ分界線ノ方ノ崖《がい》ヲ斜《なゝめ》ニ削下《せうか》シ又ハ石垣若クハ木柵《もくさく》ヲ以テ之ヲ支持《しじ》ス可シ

第二百六十二條　高サ三間ニ踰ユル竹木ハ分界線《ぶんかいせん》ヨリ六尺ニ満タサル距離内《きよりない》ニ之ヲ栽植《さいしよく》シ又ハ保持《ほじ》スルコトヲ得ス

高サ三間ニ満タス一間ニ踰ユル竹木ニ付テハ二尺ノ距離《きより》ヲ存スルコトヲ要ス

此他矮小《わいせう》ノ竹木ハ直チニ之ヲ分界線ニ接着《せつちやく》セシムルコトヲ得

（市町村ノ私有）トハ公設ノ學校道路溝渠等ニアラザルモノヲ云フ即チ秣場共有山ノ如キモノナリ

右孰レノ場合ニ於テモ相隣者《さうりんしや》ハ竹木ノ所有者ニ對シ分界線ヲ踰エタル枝ノ剪除ヲ要求《やうきう》スルコトヲ得又自己ノ土地ヲ侵《をか》セル根ヲ自ラ截去《さいきよ》スルコトヲ得

前條及ヒ本條ノ規定《きてい》ハ二箇ノ土地ノ分界カ互有ナルトキト雖モ之ヲ適用《てきやう》ス

第二百六十三條　右ニ異ナリタル慣習《くわんしゆう》アルトキハ前二條ノ規定《きてい》ニ依ラスシテ其慣習《くわんしう》ヲ遵守《じゆんしゆ》ス

第二百六十四條　危險《きけん》ヲ含ミ衛生《えいせい》ヲ害シ又ハ不都合ヲ生スル營業《えいぎやう》ニ付キ近隣《きんりん》ノ利益ノ爲メニ要スル條件《でうけん》ハ行政法ヲ以テ之ヲ規定《きてい》ス

前諸款ニ共通《きようつう》ナル規則

第二百六十五條　本節ノ規定ハ國、府縣、市町村ノ私有《しいう》及ヒ公有ノ財《ざい》産《さん》ニ付キ働方及ヒ受方ニテ之ヲ適用《てきよう》ス

然レトモ公有財産ハ水ノ疏通《そつう》及ヒ互有ノ要求權《えうきうけん》ニ服セス

(働方)トハ地役ノ利ヲ受クルモノヽ方ヲ云フ
(受方)トハ地役ヲ供スル方ヲ云フ
(公ノ秩序)トハ公安ヲ保護スルニ關スル諸規則等ヲ云フ
(從トシテ付着ス)トハ夫レニ從屬スルモノトシテ付着セシムルコヲ云フ

第二節　人爲《じんゐ》ヲ以テ設定《せってい》シタル地役

第一款　地役ノ性質《せいしつ》及ヒ種類

第二百六十六條　相隣者《さうりんしゃ》ハ其不動産ノ利益又ハ負擔《ふたん》ニテ諸種ノ地役ヲ設定《せってい》スルコトヲ得但其地役カ公ノ秩序《ちつじょ》ニ反セサルコトヲ要ス

第二百六十七條　地役《ちやく》ハ不動産ノ所有權カ何人ニ移轉《いてん》スルモ働方又ハ受方ニ於テ其不動産ニ從トシテ附着《ふちやく》ス

働方ノ地役《ちやく》ハ要役地ヨリ分離《ぶんり》シテ之ヲ讓渡シ賃貸シ又ハ抵當《ていたう》ト爲スコトヲ得ス又地役ノ上ニ地役《ちやく》ヲ設定《せってい》スルコトヲ得ス

第二百六十八條　地役ハ不動産カ數人ノ共有《きやうゆう》ニ屬スルトキハ其一人自己《じこ》ノ持分ニ付キ要役地《やうやくち》ニ地役ヲ失ハシメ又承役地《しやうやくち》ニ之ヲ免カレシムルコトヲ得サルニ因リテ之ヲ不可分《ふかぶん》トス

又土地ノ分割《ぶんかつ》又ハ其一分ノ讓渡《ゆづりわたし》ノ塲合ニ於テ地役ハ不可分ニテ承《しやう》役地《やくち》ノ各部分ヲ累ハシ又ハ要役地《やうやくち》ノ各部分ヲ利ス但其地役カ承役《しやうやく》

（本權）トハ占有ニ對シテ云フ語ニシテ所有權ノコトヲ云フナリ
（要請訴權）トハ地役ヲ要求スルノ訴權ヲ云フナリ
（拒却訴權）トハ地役ヲ拒ミ要約者ノ請求ヲ却クルノ訴權ナリ

地《ち》ノ一部分ニ對《たい》スルニ非サレハ有益《いうえき》ニ行ハレス又ハ要役地ノ一部分ノ為メニ非サレハ便益《べんえき》ヲ得セシメサル場合ハ此限ニ在ラス

第二百六十九條　要役地《やうやくち》ノ所有者ハ自己ニ屬スト主張《しゆちやう》スル地役ニ付キ占有ニ係ルト本權ニ係ルトヲ問ハス要請訴權《えうせいそけん》ヲ行フコトヲ得
又承役地《しやうやくち》ナリトノ主張ヲ受ケタル不動産ノ所有者ハ其爭フ地役《ちやく》ノ行使ヲ拒ミ又ハ之ヲ止マシムル為メ占有《せんいう》ニ係ルト本權ニ係ルトヲ問ハス拒却訴權《きよきやくそけん》ヲ行フコトヲ得

第二百七十條　前三條ノ規定《きてい》ハ法律ヲ以テ設定《せつてい》シタル地役ニ之ヲ適用《てきよう》ス

第二百七十一條　地役《ちやく》ノ種類ハ左ノ如シ
第一　繼續《けいぞく》又ハ不繼續《ふけいぞく》ノ地役
第二　表見《へうけん》又ハ不表見ノ地役《ちやく》
第三　有的《いうてき》又ハ無的ノ地役

(繼續地役)トハ引續キテ止マザルノ地役ナリ
(不繼續地役)トハ引續カズ時々ニナス處ノ地役ナリ
(表見地役)トハ外面ニ表ハサル處ノ地役ナリ
(不表見地役)トハ表面ニ表レザル處ノ地役ヲ云フ
(有的地役)トハ所爲ヲナスヲ要スル地役ナリ
(無的地役)トハ所爲ヲナスヲ要セザルノ地役ナリ

第二百七十二條　地役カ場《ば》所《しよ》ノ位置《いち》ノミニ因リ人ノ所爲ヲ要セスシテ間斷《かんだん》ナク要役地《やうやくち》ニ便ヲ與ヘ承役地《しやうやくち》ニ累ヲ爲ストキハ繼續《けいぞく》地役ナリ

地役カ要役地ノ便益《べんえき》ノ爲メ時々人ノ所爲《しよい》ヲ要スルトキハ不《ふ》繼續地《けいぞくち》役《やく》ナリ

第二百七十三條　地役カ外見ノ工作又ハ形跡《けいせき》ニ因リテ顯露《けんろ》スルトキハ表見地役ニシテ之ニ反スルトキハ不表見地役《ふひやうけんちやく》ナリ

第二百七十四條　地役ハ左ノ場合ニ於テハ有的地役《いうてきちやく》ナリ

第一　不動産ノ所有者《しよいうしや》カ他人ノ不動産ヨリ或ル便益《べんえき》ヲ取ルコトヲ得ルトキ

第二　不動産ノ所有者カ相隣便益《さうりんべんえき》ノ爲メ法律ノ普通《ふつう》ニ制禁スル或ル工作ヲ自己ノ不動産ニ爲スコトヲ得ルトキ

地役ハ左ノ場合ニ於テハ無的地役《むてきちやく》ナリ

第一　不動産ノ所有者カ普通《ふつう》ニ所有者ニ許サル可キ所爲《しよゐ》ヲ隣人カ自己ノ不動産ニ爲スヲ禁《きん》スルコトヲ得ルトキ

第二　不動産ノ所有者カ普通法《ふつうはう》ニ從ヒ自己ノ不動産ニ於テ相隣《さうりん》便益《べんえき》ノ爲メニ爲ス可ク又ハ許ス可キ所爲《しよゐ》ヲ爲サス又ハ許サヽルコトヲ得ルトキ

第二款　地役《ちやく》ノ設定《せつてい》

第二百七十五條　地役ハ合意《がうい》又ハ遺言《いげん》ヲ以テ之ヲ設定《せつてい》スルヿヲ得

右孰レノ場合ニ於テモ當事者《たうじしや》ノ間ニ於ケルト第三者ニ對スルトヲ問ハス地役ノ有効《いうかう》ナル爲メニハ不動産物權ノ讓渡《わづりわたし》ニ關スル通常規則《つうじやうきそく》ヲ遵守《じゆんしゆ》ス可シ

第二百七十六條　不動産所有權ニ關シ時効《じかう》ヨリ生スル正當ナル取得推定《すゐてい》ハ繼續《けいぞく》且表見《へうけん》ノ地役ニノミ之ヲ適用《てきよう》ス

鄰地《りんち》ヨリ引ク水ノ取得《しゆとく》ニ關スル時効ノ期間ハ其時効《じかう》ヲ援用《えんよう》スル所

（遺言）トハ死者ノ云ヒ殘ス處ノ言葉ナリ

（取得推定）トハ財産ヲ正當ニ得タリト裁判上ニ於テ推測サルヽヿヲ云フ

（權原）トハ權利ヲ得タル處ノ原因ヲ云フ

有者カ自己ノ土地又ハ承役地《しやうやくち》ニ於テ其便益《べんえき》ノ爲メ水ヲ聚合《しうがう》シ及ヒ引入《いんにう》スル外見ノ工作物ヲ作リタル當時ヨリ起算《きさん》ス

第二百七十七條　初メ一人ノ所有ニ屬シタル二箇ノ土地カ不分ノ時既ニ繼續《けいぞく》且表見ノ地役ノ成立ス可キ位置《いち》ヲ成シ其分離《ぶんり》ノ時此形狀ヲ變更《へんかう》セス又之ヲ變更《へんこう》スルコトヲ要約《やうやく》セサリシトキハ所有者ノ用方ニ因リ此種ノ地役ヲ設定《せつてい》シタルモノト看做《みな》ス

第二百七十八條　不繼續地役《ふけいぞくちやく》及ヒ不表見地役《ふひやうけんちやく》ハ第二百七十五條ニ記載《きさい》シタル二箇ノ權原《けんげん》ノ一ニ依ルニ非サレハ之ヲ設定《せつてい》スルコトヲ得ス

第二百七十九條　要役權《やうやくけん》ヲ有スト主張スル所有者ハ承役地《しやうやくち》ノ所有者ヨリ出テ又ハ其前所有者ノ一人ヨリ出テタル地役追認《ちやくついにん》ノ證書ヲ差出スコトヲ得ルトキハ前ニ揭ケタル方法ノ一ニ因レル地役設定《ちやくせつてい》ノ直接《ちよくせつ》ノ證據《しやうこ》ヲ擧クルコトヲ要セス

(設定權原)トハ其設定セラレタル原因ヲ云フナリ

第三款　地役《ちえき》ノ効力《かうりよく》

第二百八十條　適法《てきはふ》ニ取得シタル地役權ハ其性質《せいしつ》ニ從ヒテ行使ニ必《ひつ》要《やう》ナル從タル權利及ヒ權能《けんのう》ヲ帶フ

右ノ外合意《がうい》又ハ遺言《いげん》ヲ以テ設定《せつてい》シタル地役ニ付テハ其合意《がうい》又ハ遺言ノ解釋《くわいしやく》ニ關スル一般ノ規則《きそく》ニ從フ又時効ニ基《もとつ》キタル地役ニ付テハ實際占有《じつさいせんいう》ノ廣狹《かうけふ》ヲ量リ所有者ノ用方ニ因リテ生シタル地役ニ付テハ設定者《せつていしや》ノ意思ヲ推定《すいてい》シテ其權利ノ廣狹《こうきやう》ヲ定ム

第二百八十一條　通行《つうこう》ノ地役、繼續《けいぞく》若クハ不繼續《ふけいぞく》ナル取水ノ地役、牧畜《ぼくちく》又ハ物料採取《さいしゆ》ノ地役ニ付キ設定權原《せつていけんげん》又ハ其後ノ合意ニ於テ行《かう》使《し》ノ時日、場所《ばしよ》、方法又ハ收取ノ數量《すうりやう》ヲ定メサリシトキハ當事者《たうじしや》ノ一方ハ常ニ他ノ一方ト立會ノ上其定方ヲ裁判所ニ請求《せいきう》スルコトヲ得

此定方ニ付テハ裁判所ハ雙方《さうはう》ノ需用《じゆよう》ヲ斟酌《しんしやく》シ且地役權行使《かうし》ノ從來

ノ實蹟《じつせき》ヲ照査《せうさ》ス可シ

第二百八十二條　取水ノ地役《ちやく》ニ服スル不動産ノ所有者《しよいうしや》ハ自己ノ所爲ニ因リテ水ノ缺乏《けつばう》ヲ生セシメタルトキニ非サレハ其責《せめ》ニ任セス

二箇ノ不動産ノ需用《じゆよう》ノ爲メニ水ノ不足スルトキハ先ツ家用ニ次ニ農業用《のうぎやうよう》ニ次ニ工業用ニ之ヲ供ス右ハ總テ其不動産ノ重要《ぢうやう》ノ度ニ割《わり》合《あ》フ可シ

數箇《すうか》ノ要役地《やういきち》アルトキハ各要役地《かくやういきち》ハ家用ノ爲メ相共ニ水ヲ使用《しよう》ス農工業用ニ付テハ取水《しゆすゐ》ノ先後ハ地役權取得《ちいきけんしゆとく》ノ先後ニ從フ

第二百八十三條　地役權ヲ有スル者ハ承役地《しやういきち》ノ所有者ノ承諾《しやうだく》アルニ非サレハ正シク定置キタル行使ノ時日場所《ばしよ》又ハ方法ヲ變更《へんこう》スルコトヲ得ス但承役地《しやういきち》ノ所有者カ如何ナル損害《そんがい》ヲモ受ケサルトキハ此限ニ在ラス

又承役地《しやういきち》ノ所有者カ右變更ニ付キ正當《せいたう》ナル利益《りえき》ヲ得且要役地《やういきち》ノ所

（遺棄）トハ所有者タルノ權利ヲ棄テヽ要役地ノ所有者ニ送ルコトヲ云フナリ

有者カ如何ナル損害《そんがい》ヲモ受ケサルトキハ承役地ノ所有者ハ其變更《へんかう》ヲ要求《えうきう》スルコトヲ得

第二百八十四條　地役《ちやく》ヲ設定《せつてい》スル爲メ或ル工作物ヲ必要《ひつやう》トスルトキハ其費用ハ要役地《やうやくち》ノ所有者ノ負擔《ふたん》ニ屬ス但承役地《しやうやくち》ノ所有者ノ負擔《ふたん》ニ屬ス可キコトヲ要約《やうやく》シタルトキハ此限ニ在ラス

第二百八十五條　地役ノ行使《ぎやうし》ニ關《くわん》スル工作物ノ保持《ほうじ》及ヒ修繕《しうせん》ハ亦要役地ノ所有者ノ負擔《ふたん》ニ屬ス但修繕《しうせん》カ承役地ノ所有者ノ過失《くわしつ》ニ因リテ必要《ひつやう》ト爲リタルトキハ此限ニ在ラス

又承役地《しやうやくち》ノ所有者カ保持《ほうじ》及ヒ修繕《しうせん》ヲ負擔《ふたん》ス可キヲ合意《がうい》スルコトヲ得此場合ニ於テ承役地《しやうやくち》ノ所有者ハ地役ノ存スル不動產《ふどうさん》ノ部分ヲ要役地ノ所有者ニ遺棄《いき》スルトキハ常ニ右ノ負擔《ふたん》ヲ免カルヽコトヲ得」

第二百八十六條　承役地《しやういきち》ノ所有者ハ地役ノ行使《かうし》ニ如何ナル妨碍《ばうがい》ヲモ爲サス又其便益《べんえき》ニ如何ナル減少《げんしやう》ヲモ生セサルニ於テハ其所有權《しよいうけん》ニ

(公用徵收)トハ政府ハ又ハ公法人ノ公益ノ爲メニ必用ナル爲メ私有地ヲ取上ルヲ云フ此場合ニハ何人モ拒ムヿヲ得ザルナリ

(混同)トハ要役地ヲ有スルモノガ承役地ヲ買入レ又ハ讓リ受ケタルニヨリ自己ノ所有トナリタル件ヲ云フ此時ハ自己ノ地トナルヲ以テ地役ハ起

國有ナル適法《てきはふ》ノ權能《けんのう》ヲ行フコトヲ得

又承役地ノ所有者ハ地役《ちいき》ノ行使ノ爲メ其不動産《ふどうさん》ニ設ケタル工作物ヲ使用《しやう》スルコトヲ得但其所有者カ工作物ヨリ收ムル便益《べんえき》及ヒ其使用ニ因リ增加《ぞうか》スル可キ費用ニ應シテ其建設《けんせつ》又ハ保持ノ費用ヲ分擔《ぶんたん》ス

第四款　地役《ちやく》ノ消滅《しやうめつ》

第二百八十七條　地役ハ左ノ諸件《しよけん》ニ因リテ消滅《しやうめつ》ス

第一　地役ヲ設定《せつてい》シタル期間《きかん》ノ滿了

第二　設定《せつてい》ノ權原《けんげん》又ハ設定者ノ權利《けんり》ノ解除《かいぢよ》、銷除《せうぢよ》又ハ廢罷《はいひ》

第三　承役地《しやうゑきち》ノ公用徵收《ちやうしう》

第四　抛棄《はうき》

第五　混同《こんどう》

第六　三十个年間ノ不使用《ふしよう》

第三者カ地役《ちいき》アルコトヲ知ラスシテ承役地《しやうゑきち》ヲ占有シ其占有《せんいう》ニ不動

ラザルナリ

產所有權《しよいうけん》ノ取得ニ關スル時効《じかう》ニ必要ナル條件ヲ具備《ぐび》スルトキハ地役ハ消滅《せうめつ》シタリトノ推定《すいてい》ヲ受ク

第二百八十八條　地役ノ拋棄《はうき》ハ之ヲ明示スルコトヲ要《えう》ス然レトモ繼《けい》續《ぞく》地役ノ行使ノ爲メ承役地《しやういきち》ニ設ケタル工作物ノ毀壞《きかい》又ハ其使用ノ廢止《はいし》ニ付キ要役地ノ所有者カ異議《いぎ》ヲ留メスシテ明示ノ承諾《しやうだく》ヲ與ヘタルトキハ其地役ヲ拋棄《はうき》シタリト看做《みな》ス

拋棄《はうき》ハ拋棄者カ自己《じこ》ノ不動產權利ヲ讓渡《ゆづりわた》スノ能力《のうりよく》ヲ有スルトキニ非サレハ其効《かう》ナシ

第二百八十九條　地役ハ要役地《やういき》及ヒ承役地ヲ一人ノ所有ニ併合《へいがふ》シタルトキハ混同《こんどう》ニ因リテ消滅《せうめつ》ス然レトモ其併合《へいがふ》ノ行爲ヲ裁判上ニテ解除《かいぢよ》シ銷除《せうぢよ》シ又ハ廢罷《はいひ》シタルトキハ其地役ヲ曾テ消滅《せうめつ》セサリシモノト看做《みな》ス

右不動產ヲ再ヒ分離《ぶんり》シタルトキハ繼續《けいぞく》且表見ノ地役ハ第二百七十

七條ノ規定《きてい》ニ從ヒテ再生ス

第二百九十條　地役《ちえき》ハ要役地ノ所有者カ任意《にんい》タルト否トヲ問ハス其地役權《ちいきけん》ヲ行フ無クシテ三十个年ヲ經過《けいくわ》シタルトキハ不使用ニ因リテ消滅《せうめつ》ス

右期間ハ不繼續地役《ふけいぞくちいき》ニ付テハ最後ノ使用《しよう》ノ行爲ヨリ之ヲ起算《きさん》シ繼《けい》續地役《ぞくちえき》ニ付テハ地役《ちいき》ノ自然ノ作用ニ對スル形體上《けいたいじやう》ノ妨碍ノ起レル當時ヨリ之ヲ起算《きさん》ス

右妨碍《ばうがい》カ承役地ニ起發《きはつ》シタル事變《じへん》ヨリ生スルトキハ要役地《やういきち》ノ所有者ハ自費ニテ舊狀《きうじやう》ニ復スルコトヲ得又其妨碍《ばうがい》カ承役地ノ所有者ノ所爲《しよゐ》ヨリ生スルトキハ其費用ヲ以テ復舊《ふくきう》ス

第二百九十一條　要役地《ようえきち》カ數人ノ共有ニ屬スルトキハ其一人ノ權利《けんり》ノ行使ニ因リテ他ノ人ノ權利ヲ保存《ほぞん》ス

此他免責時効ノ停止《ていし》又ハ中斷《ちうだん》ニ關スル規則《きそく》ハ地役ノ不使用ニ之ヲ

(形体上ノ妨碍)トハ有形ノ物体ニヨリテノ妨碍ナリ無形原因ヨリ妨碍アリタル塲合ハ此內ニ入ラザルナリ

(其費用ヲ以テ復舊ス)トハ承役地ノ所有者ノ費用ニヨリテ舊樣ニ復スルヿヲ云フナリ

(免責時効)トハ義務ヲ免レシムルノ時効ヲ云フナリ

(時効ノ停止)トハ時効ガ或事故ニヨ

リ止メラルヽヿヲ云フ此停マリタル時間ヲ除キ前キニ經過シタル時間ト停止后ノ時間ト前後通算スルヿヲ得ルナリ
(中斷)トハ停止ト異ナリ中斷前ニ經過シタル期限ハ消滅ニ屬シ中斷后新ニ時間ヲ起算始ムルナリ

適用《てきよう》ス

第二百九十二條　地役權《ちえきけん》ノ行使ノ時日、場所及ヒ方法《はうはふ》ニ關スル利益ハ不使用又ハ時效《じかう》ノ結果《けつくわ》ニ因リテ減殺《げんさい》ヲ受クルコト有リ

第二部　人權《じん》《けん》及ビ義務《ぎむ》

(解)人權《じんけん》トハ一人又ハ數人《すうにん》ニ對スルノ權利《けんり》ナリ物權《ぶつけん》ハ世上一般ニ對スルモノニシテ之レニ對《たい》スルノ義務ナルモノアルヿナシ然レ𪜈物權《ぶつけん》ニハ之レニ對當《たいとう》スルニ已ニ第一部ニテ述ベタル如ク用益使《ようえきし》用《よう》占有《せんいう》地役《ちえき》等ノモノアリト雖𪜈人權ニハ義務《ぎむ》ノ外之レニ對スルモノナキナリ義務ニ似《に》テ之レト大ニ異《こと》ナルモノアリ人間ノ職分《しよくぶん》之レナリ蓋シ人間ノ職分ハ一般ノ人ガ之レニ從《したが》ハザルベカラザルモノニシテ物權《ぶつけん》ニ對《たい》スルコトアルモ人權《じんけん》ニ對スルヿハナキモノナリ世人《せじん》往々《わう〳〵》物權ニ對スル義務アリトナスハ此職分《しよくぶん》ヲ誤認《ごにん》シタルモノナリ

（人定法）トハ主權者ノ制定シタル處ノ法律ヲ云フナリ
（自然法）トハ道德ニアラズト雖モ法律上之レガ執行ヲ請求スルヲ得ズシテ只其履行ヲナシタル片ニハ回復ヲ法律上許サヾル處ノモノナリ

トス

總則

第二百九十三條　人權即チ債權《さいけん》ハ常ニ義務ト對當《たいとう》ス
義務《ぎむ》ハ一人又ハ數人ヲシテ他ノ定マリタル一人又ハ數人ニ對シテ或ル物ヲ與ヘ又ハ或ル事ヲ爲シ若クハ爲サヽルコトニ服從《ふくじう》セシムル人定法又ハ自然法ノ羈絆《きはん》ナリ
義務ヲ負フ者ハ之ヲ債務者《さいむしや》ト名ツケ義務《ぎむ》ニ因リテ利益《りえき》ヲ得ル者ハ之ヲ債權者《さいけん》ト名ツク

第二百九十四條　人定法ノ義務ハ其履行《りかう》ニ付キ法律ノ許セル諸般《しよはん》ノ方法ニ依リテ債務者ヲ強要スルコトヲ得ルモノナリ
自然ノ義務《ぎむ》ニ對シテハ訴權《そけん》ヲ生セス

第一章　義務《ぎむ》ノ原因《げんいん》

（解）義務《ぎむ》ハ單《たん》ニ人權《じんけん》ト唱スル處ノ一物ニノミ對《たい》スルモノナレ圧其

生ズル處ノ原因《げんいん》ニ至リテハ種々《しゆく》アルモノタリ然レ𪜈之レヲ要《やう》スルニ人ノ行爲《こうゐ》ト法律《はふりつ》ノ規定《きてい》ニヨリテ生ズルモノニ外ナラズシテ自然《しぜん》ニ生ズルガ如キハアラザルナリ之レニ反シテ職分《しよくぶん》即チ他人ノ物《もの》ヲ奪《うば》ヒ又ハ毀損《きそん》スベカラザルガ如キハ人間ノ自然ニ生ズルモノニシテ義務《ぎむ》トハ大ニ異《こと》ナルモノナリトス

總則

第二百九十五條　義務ハ左ノ諸件《しよけん》ヨリ生ス

第一　合意

第二　不當《ふとう》ノ利得《りとく》

第三　不正ノ損害《そんがい》

第四　法律ノ規定《きてい》

第一節　合意《がうゐ》

第二百九十六條　合意《がうゐ》トハ物權《ぶつけん》ト人權《にんけん》トヲ問ハズ或ル權利《けんり》ヲ創設《さうせつ》シ

(合致)トハ合同一致ヲ云フナリ

(出捐)トハ有價物ヲ一方ニ與フルヲ云フ

若クハ移轉《いてん》シ又ハ之ヲ變更《へんかう》シ若クハ消滅《せうめつ》セシムルヲ目的《もくてき》トスル二人又ハ數人《すうにん》ノ意思《いし》ノ合致《がつち》ヲ謂フ

合意カ人權ノ創設《さうせつ》ヲ主タル目的トスルトキハ之ヲ契約《けいやく》ト名ツク

第一款　合意ノ種類《しゆるい》

第二百九十七條　合意ニハ雙務《さうむ》ノモノ有リ片務《へんむ》ノモノ有リ

當事者《たうじしや》相互ニ義務《ぎむ》ヲ負擔《ふたん》スルトキハ其合意ハ雙務《さうむ》ノモノナリ

當事者ノ一方ノミカ他ノ一方ニ對《たい》シテ義務ヲ負擔《ふたん》スルトキハ其合意ハ片務《へんむ》ノモノナリ

第二百九十八條　合意ニハ有償《いうしやう》ノモノ有リ無償《むしやう》ノモノ有リ

各當事者カ出捐《しゆつけん》ヲ爲シテ相互ニ利益《りえき》ヲ得又ハ第三者ヲシテ之ヲ得セシムルトキハ其合意ハ有償《いうしやう》ノモノナリ

當事者ノ一方ノミカ何等ノ利益《りえき》ヲモ給《きゆう》セスシテ他ノ一方ヨリ利益ヲ受クルトキハ其合意《がうい》ハ無償《むしやう》ノモノナリ

（公正證書）トハ公證人又ハ官吏ガ其職權ヲ以テ作リタル處ノ證書ナリ

第二百九十九條　合意ニハ諾成《だくせい》ノモノ有リ要物《えうぶつ》ノモノ有リ

合意カ當事者ノ承諾《せうたく》ノミヲ以テ成立スルトキハ其合意ハ諾成《たくせい》ノモノナリ

合意カ當事《とうじ》者《しや》ノ承諾《しやうたく》ノ外尙ホ目的物ノ引渡《ひきわたし》ヲ要スルトキハ其合意ハ要物《やうぶつ》ノモノナリ

第三百條　合意ニハ要式《えうしき》ノモノ有リ不要式《ふえうしき》ノモノ有リ

公正證書《かうせいしやうしよ》ヲ以テ承諾ヲ與フ可キ合意《がうゐ》ハ要式ノモノナリ

此他ノ場合ニ於ケル合意ハ不要式《ふえうしき》ノモノナリ

第三百一條　合意ニハ實定《じつてい》ノモノ有リ射倖《しやこう》ノモノ有リ

合意ノ成立及ヒ効力《かうりよく》カ合意ノ當初ヨリ確實《かくじつ》ナルトキハ其合意ハ實《じつ》定《てい》ノモノナリ

合意ノ成立《せいりつ》又ハ其効力《かうりよく》ノ全部若クハ一分カ偶然《ぐうぜん》ノ事ニ繋《かゝ》ルトキハ其合意ハ射倖《しやから》ノモノナリ

（合意ノ無効）トハ其約束又ハ契約ガ効力ナキニ至ルナリ此場合ニ於テハ法律上履行セシムルヿ能ハザルナリ

第三百二條　合意ニハ主《しゆ》タルモノ有リ従《じう》タルモノ有リ
合意ノ成立カ他ノ合意ノ成立ニ關係《くわんけい》ナキトキハ其合意ハ主タルモノナリ
反對《はんたい》ノ場合ニ於テハ其合意《がうい》ハ従タルモノナリ
主タル合意ノ無効《むかう》ハ従タル合意ノ無効ヲ惹起《じやくき》ス但従タル合意カ主タル合意《がうい》ノ無効ノ場合ニ於テ之ニ代ハルヲ目的《もくてき》トスルモノナルトキハ此限ニ在ラス
従タル合意ノ無効《むかう》ハ主タル合意ノ無効ヲ惹起《じやくき》セス但當事者カ其二箇ノ合意ヲ分離《ぶんり》ス可カラサルモノト看做《みな》シタルトキハ此限ニ在ラス

第三百三條　合意ニハ有名ノモノ有リ無名《むめい》ノモノ有リ
有名ノ合意ハ固有《こいう》ノ名稱《めいしやう》アリテ本法又ハ商法ニ於ケル特別《とくべつ》ノ規則《きそく》ノ目的タルモノナリ特別《とくべつ》ノ規則《きそく》ヲ設ケサル總テノ場合ニ於テハ其

（有効ノ條件）トハ合意カ法律ニテ効力ヲ有シ裁判上ニテ其履行ヲ要求スルヲ得ルニ至ルニ必要ナル個條ナリ此三ケ條中一ヲ欠クトキハ合意ガ成立セザルナリ

（當事者ノ能力ア

合意ハ本部ノ規則《きそく》ニ從フ

無名ノ合意《がうい》ハ本部ニ掲ケタル合意ノ一般ノ規則《きそく》ニ從フ又有名ノ合意ニ特別《とくべつ》ナル規則ハ其合意ト最モ類似《るゐじ》スル無名《むめい》ノ合意ニ之ヲ適用《てきよう》スルコトヲ得

第二款　合意ノ成立及ヒ有効《ゆうかう》ノ條件《じやうけん》

第三百四條　凡ソ合意ノ成立《せいりつ》スル爲メニハ左ノ三箇ノ條件ヲ具備スルヲ必要《ひつよう》トス

第一　當事者又ハ代人ノ承諾《しやうだく》

第二　確定《かくてい》ニシテ各人カ處分權《しよぶんけん》ヲ有スル目的

第三　眞實《しんじつ》且合法《がうはふ》ノ原因

右ノ外尚ホ要式《やうしき》ノ合意ハ必要《ひつやう》ノ方式ヲ遵守《じゆんしゆ》シ要物ノ合意ハ返還《へんくわん》セラル可キ物ノ引渡《ひきわたし》ヲ爲シタルニ非サレハ成立セス

第三百五條　合意ノ成立ニ必要《ひつやう》ナル條件ノ外尚ホ其有効《いうかう》ナル爲メニ

ルコト）トハ合意者双方ノ合意ヲナスニ法律ノ必要トスル能力アルヲ要スルナリ幼者有夫ノ婦瘋癲者等ハ能力ナキモノナリ

（求償權）トハ損害

ハ左ニ揭クル二箇ノ條件ヲ具備《ぐび》スルヲ必要トス

第一　承諾ノ瑕疵《かし》ヲ成ス可キ錯誤《さくご》又ハ强暴《きやうぼう》ノ無キコト

第二　當事者《とうじしや》ノ能力アルコト又ハ有効ニ代理《だいり》セラレタルコト

第三百六條　承諾トハ利害《りがい》關係人トシテ合意ニ加ハル總當事者《そうとうじしや》ノ意《い》思《し》ノ合致ヲ謂フ

當事者中ノ一人カ承諾《しやうだく》セサルトキハ他ノ當事者《とうじしや》カ承諾シタルモ合意ハ成立セス但此ニ異ナル意思《いし》ノ存セシ證據《しやうこ》アルトキハ此限ニ在ラス

第三百七條　承諾《しやうだく》ハ書面、口頭又ハ容態《ようたい》ヲ以テ之ヲ與フルコトヲ得

但此末ノ塲合ニ於テハ他ニ同意ヲ表スルノ手段《てだん》ナキコト且承諾《しやうだく》スル意思ノ確證《かくしやう》アルコトヲ要ス

又承諾ハ事情《じじやう》ニ因リテ默示《もくし》ヨリ成ルコトヲ得

第三百八條　遠隔《えんかく》ノ地ニ於テ取結《とりむそ》フ合意ノ言込《いひこみ》ハ其受諾《じゆだく》ノ爲メ明示《めいし》

要償ヲ求ムルノ權利ナリ

又ハ默示《もくし》ノ期間ナキトキハ受諾《じゆだく》ノ報ナキノ間ハ之ヲ言消《いひけ》スコトヲ得但言消《いひけし》ノ報ノ達スルニ先タチ受諾《じゆだく》ノ報ヲ發シタルトキハ其受諾《じゆだく》ハ有効ニシテ其言消《いひけし》ハ無効ナリ

右ニ反シ明示《めいし》又ハ默示《もくし》ノ期間アルトキハ其期間《きかん》ハ言込ヲ言消《いひけし》スコトヲ得ス但言消《いひけし》ノ報カ言込又ハ期間指示《きかんしし》ノ報ニ先タチ又ハ同時ニ先方ニ達シタルトキハ此限ニ在ラス

此指示期間《ししきかん》ニ受諾《じゆだく》ヲ爲ササルトキハ言込ハ期間滿了《まんれう》ノミニテ消滅《しようめつ》ス

受諾《じゆだく》モ亦之ヲ言消スコトヲ得但其報カ受諾《じゆだく》ノ報ニ先タチ又ハ同時ニ言込《いひこみ》人ニ達スルコトヲ要ス

言込人カ死亡《しばう》シ又ハ合意スル能力《のうりよく》ヲ失ヒタルモ先方カ未タ此事實《じじつ》ヲ知ラサル間ハ其受諾《じゆだく》ハ有効ナリ

郵便《ゆうびん》、電信《でんしん》ノ錯誤《さくご》ハ差出人ノ責ニ歸ス但郵便、電信ノ官署《くわんしよ》ニ對ス

(阻却)トハ阻碍スルヿナリ即チ承諾ヲ取消スヿナリ

(合意ノ縁由)トハ合意ヲナス意志ノ起リタル因縁ナリ原因トハ同一ナラズ換言スル片ハ原因ノ遠因トモ云フベキモノナリ

(品格)トハ品質トハ異ナリテ人ノ意想上ニテ知ルベキモノナリ即チ品位ナリ

ル求償権《きうしやうけん》アルトキハ之ヲ行フコトヲ妨ケス

第三百九條　當事者ノ錯誤《さくご》ニテ合意ノ性質《せいしつ》、目的《もくてき》又ハ原因ノ着眼《ちやくがん》ニ相違アリシトキハ其錯誤ハ承諾ヲ阻却《そきやく》ス

合意ノ縁由《えんゆう》ノ錯誤ハ其錯誤《さくご》ノミニテハ無効ノ原因《げんいん》ヲ成サス但當事者ノ一方ノ詐欺《さぎ》ニ關シテ定ムルモノハ此限ニ在ラス

當事者ノ身上ノ錯誤ハ其身上ニ付テノ着眼《ちやくがん》カ決意《けつい》ノ原因タリシトキハ其錯誤ハ承諾ヲ阻却《そきやく》ス

身上ノ着眼《ちよがん》カ合意ノ附隨《ふずい》ノ原因タルニ過キサルトキハ其合意ハ身上ノ錯誤《さくご》ノ爲メ單ニ取消《とりけ》スコトヲ得ヘキモノナリ

第三百十條　物上ノ錯誤カ物ノ品質《ひんしつ》ニ存スルトキハ其錯誤ハ承諾《しやうだく》ノ瑕疵《かし》ヲ成ス但其品質ニ付テノ着眼《ちやくがん》カ當事者ノ決意《けつい》ヲ助成《じよせい》セサルトキハ此限ニ在ラス

之ニ反シテ物ノ品格《ひんかく》ニ存スル錯誤《さくご》ハ承諾ノ瑕疵《かし》ヲ成サス但當事者

ノ意思《いし》カ明示又ハ事情《じじやう》ニ因リテ品格ニ着眼《ちやくがん》シタルコトノ明白ナルトキハ此限ニ在ラス物ノ時代、出處又ハ用方ノ如キ思想上《しそうじやう》品格ニ付テモ亦同シ

合意ノ履行《りかう》ノ時期又ハ場所ニ存スル錯誤《さくご》ニ付テハ前項《ぜんかう》ノ規定《きてい》ニ從フ

算數氏名、證書《しやうしよ》ノ日附又ハ場所ノ錯誤ニ付テハ第五百五十九條ノ規定《きてい》ニ從フ

第三百十一條　法律ノ錯誤《さくご》カ或ハ合意ノ性質《せいしつ》、原因《げんいん》又ハ効力ニ存スルトキ或ハ物ノ資格《しかく》又ハ人ノ分限ニ存シテ其資格《しかく》若クハ分限カ決《けつ》意《い》ヲ爲サシメタルトキハ其錯誤ハ事實ノ錯誤《さくご》ノ如ク承諾ヲ阻却《そきやく》シ又ハ其瑕疵《かし》ヲ成ス

然レトモ裁判所《さいばんしよ》ハ宥恕《いうじよ》ス可キ情狀《じやうじやう》アルニ非サレハ右錯誤ノ爲メ合意ノ無効《むかう》ヲ認許《にんきよ》スルコトヲ得ス

(責罰)トハ刑法上刑罰ニアラスシテ民法上ノ犯罪ヨリ生スルノ責ヲ云フナリ

(違式)トハ法律ニ定メタル方式ニ違背スルヿヲ云フ

(詐欺)トハ他人ヲ欺騙スルモノナリ但民法上ノ詐欺ハ刑法上ノ詐欺ノ如ク範圍ノ狹小ナルモノニアラザルナリ

(善意ナル第三者ヲ害ス)トハ契約ノ詐欺ニ出デタルヲ知ラザル契約者以外ノ人ニ損害ヲ與フルヲ云フ

法律ノ錯誤ハ責罰《せきばつ》ニ對シ時期ヨリ生スル法律上ノ失權《しつけん》ニ對シ又ハ行爲ノ違式《ゐしき》ヨリ生スル無効ニ對シ此他公ノ秩序《ちつじよ》ニ係ル法律、規則《きそく》ノ不知ニ對シテモ當事者ヲ救護《きうご》スル爲メニ之ヲ認許《にんきよ》セス

第三百十二條　詐欺《さぎ》ハ承諾ヲ阻却《そきやく》セス又其瑕疵《かし》ヲ成サス但詐欺《さぎ》カ錯誤ヲ惹起《とくき》シ其錯誤《さくご》ノミヲ以テ前三條ニ記載《きさい》セル如ク承諾ヲ阻却《そきやく》シ又ハ其瑕疵ヲ成ストキハ此限ニ在ラス

此他ノ塲合ニ於テハ詐欺《さぎ》ハ之ヲ行ヒタル者ニ對《たい》スル損害賠償《そんがいばいしやう》ノ訴《そ》權《けん》ノミヲ生ス

然レトモ當事者《とうじしや》ノ一方カ詐欺ヲ行ヒ其詐欺《さぎ》カ他ノ一方ヲシテ合意ヲ爲スコトニ決意《けつい》セシメタルトキハ其一方ハ補償《ほしやう》ノ名義ニテ合意ノ取消ヲ求メ且損害《そんがい》アルトキハ其賠償《ばいしやう》ヲ求ムルコトヲ得但其合意ノ取消《とりけし》ハ善意ナル第三者ヲ害スルコトヲ得ス

第三百十三條　强暴《きやうばう》ハ當事者ノ一方カ抵抗《ていかう》スルコトヲ得サル暴行、

（不可抗力）トハ抗抵スベカラザルヿナリ天災地變等ヲ云フ

（配偶者）トハ夫又ハ婦ヨリ婦又ハ夫ニ對スルノ語ナリ

（直系ノ親屬）トハ血統ニ依ルノ親屬ナリ

（姻屬）トハ婚姻ヨリ生ズル親屬ヲ云フ

脅迫《けうはく》ヲ受ケタルニ因リ枉ケテ合意《がうい》ヲ爲シタルトキハ承諾ヲ阻却《そきやく》ス

當事者ノ一方カ不可抗力ニ出テタル急迫《きうはく》ノ災害ヲ避《さ》クル爲メ熟慮《じゆくりよ》スルノ暇《いとま》ナクシテ過度ナル義務《ぎむ》ヲ約シ又ハ無思慮《むしりよ》ナル讓渡《ゆづりわたし》ヲ爲シタルトキモ亦同シ

暴行《ばうかう》、脅迫《きやうはく》又ハ災害カ抵抗《ていかう》ス可カラサルニ非サルモ當事者《たうじしや》又ハ第三者ノ身體、財產《ざいさん》ノ爲メ切迫ニシテ一層《いつそう》重大ノ害ヲ避クル爲メ當事者ヲシテ合意ヲ爲スコトニ決意《けつい》セシメタルトキハ強暴《きやうばう》ハ承諾ノ瑕疵《かし》ヲ成ス

第三百十四條　強暴ニ因リテ身體財產ニ危難《きなん》ノ恐《をそれ》ヲ受ケタル第三者カ當事者ノ配偶《はいぐう》者又ハ直系《ちよくけい》ノ親屬《しんぞく》若クハ姻屬《いんぞく》ナルトキハ其強暴《きやうばう》ハ常ニ之ヲ當事者ニ加ヘタリト看做《みな》ス

此他ノ人ニ付テハ親屬《しんぞく》ナルト姻屬ナルト又ハ外人ナルトヲ問ハス裁判所ハ此等ノ者ニ對シテ加ヘタル強暴《きやうばう》カ當事者ノ承諾ニ及ホセ

（銷除）トハ契約又ハ約束ヲ取消スヿヲ云フナリ

（卑屬親）トハ親屬中ニテ地位ノ低キモノヲ云フ子弟妹等ヲ云フ

（尊屬親）トハ親屬中ニテ地位ノ高キ

シ影響《えいきやう》ヲ其事情ニ從ヒテ査定《さてい》ス

第三百十五條　強暴《きやうばう》ハ當事者ノ一方ノ所爲《しよい》ニ出テタルト第三者ノ所爲ニ出テタルト又第三者カ其一方ニ通謀《つうぼう》セルト否トヲ問ハス上ノ區別ニ從ヒテ承諾《しやうだく》ヲ阻却《そきやく》シ又ハ其瑕疵ヲ成ス

第三百十六條　強暴ヲ受ケタル一方ハ合意ヲ銷除《せうちよ》スルコトヲ得ル場合ニ於テモ強暴《きやうばう》ヲ行ヒタル者ニ對シ損害賠償《ばいしやう》ノミヲ請求シテ其合意ヲ維持《いぢ》スルコトヲ得

強暴カ合意ノ決意《けつい》ヲ爲サシメタルニ非スシテ單ニ不利ナル條件《じやうけん》ヲ承諾セシメタルトキハ其合意ハ銷除《しようちよ》スルコトヲ得ス但賠償《ばいしやう》ノ要求ヲ妨《さまた》ケス

第三百十七條　強暴ノ場合ニ於テ裁判所ハ當事者ノ男女、年齡《ねんれい》、強《きやう》弱《じやく》、智愚《ちぐ》及ヒ相互ノ身分ヲ斟酌《しんしやく》ス可シ

然レトモ卑屬親《ひぞくしん》ノ尊屬親《そんぞくしん》ニ對スル尊敬《そんけい》ノミニ出テタル畏懼《いく》ハ合意

モノヲ云フ祖父母父母兄姉等ヲ云フ

（相殺）トハ差引ナリ

（處刑ノ言渡ヨリ生スル無能力）トハ處刑ニヨリ治產ノ禁ヲ受ケタルモノヲ云フ

ヲ取消《とりけ》ス理由ト爲ラス

第三百十八條　錯誤《さくご》、强暴《きやうばう》、詐欺《さぎ》及ヒ無能力《むのうりよく》ハ之ヲ推定《すいてい》セス其申立人ヨリ之ヲ證スルコトヲ要ス

當事者ノ雙方《さうはう》ニ屬スル銷除訴權《せうぢよそけん》ノ方法ハ相互ノ非理《ひり》ニ基《もと》ツクトキト雖モ互ニ毀滅《きめつ》セス但損害《そんがい》アルトキハ其賠償ノ相殺《さうさい》ヲ妨ケス

第三百十九條　前數條ノ場合ニ於ケル銷除訴權《せうぢよそけん》ハ無能力者《むのうりよくしや》又ハ瑕疵《かし》アル承諾《しやうだく》ヲ與ヘタル者ノミニ屬ス

然レトモ處刑《しよけい》ノ言渡《いひわたし》ヨリ生スル無能力ハ其言渡ヲ受ケタル者ト合意ヲ爲シタル者ヨリ之ヲ申立ツルコトヲ得

第三百二十條　取消《とりけ》スコトヲ得ヘキ合意ヲ第三章第七節ニ定メタル期間ニ攻擊《かうげき》セサルトキハ默示《もくし》ニテ之ヲ認諾《にんだく》シタルモノト看做《みな》ス

此他默示《もくし》認諾《にんだく》ノ場合及ヒ明示認諾《にんだく》ノ方式ハ右同節《どうせつ》ノ規定《きてい》ニ從フ

第三百二十一條　合意ハ未來ニ係リ且成立ノ不確定《ふかくてい》ナル物ヲ目的ト

（過怠金）トハ契約者双方ニテ若シ違約シタルトキハ何程ノ罰金ヲ定メタルトキノ金額ナリ

スルコトヲ得此場合ニ於テ諾約者《だくやくしや》ハ其諾約《だくやく》ノ實施《じつし》ヲ妨碍《ばうがい》シ若クハ減縮《げんしゆく》スル何等ノ事ヲモ爲サス又其實施《じつし》ニ便ス可キ何等ノ事ヲモ放却《ほうきやく》シ若クハ怠ラサルコトヲ要ス

然レトモ相續《さうぞく》ニテ受ク可キ財産ヲ讓渡《ゆづりわた》ス合意ハ其相續ヲ遺《のこ》ス可キ人ノ承諾《しやうだく》アリト雖モ之ヲ爲スコトヲ得ス

第三百二十二條　合意ハ不法《ふはふ》又ハ不能《ふのう》ノ作爲《さゐ》又ハ不作爲《ふさゐ》ヲ目的トスルトキハ無効《むかう》ナリ

合意ノ目的タル第三者ノ作爲《さい》又ハ不作爲カ合法又ハ可能《かのう》ナリト雖トモ若シ諾約者《だくやくしや》カ其第三者ニ對シテ威權《いけん》ヲ有セサルトキハ其諾約《だくやく》ハ之ヲ不能ノ作爲又ハ不作爲《ふさい》ヲ目的トセルモノト看做《みな》ス

然レトモ何人ニテモ第三者ノ作爲又ハ不作爲《ふさゐ》ニ付キ明示ニテ擔保《たんぽう》人《にん》ト爲ルコトヲ得此場合ニ於テハ諾約者《だくやく》ハ保證人《ほしやう》ノ義務《ぎむ》ニ服ス

又何人ニテモ第三者ニ代ハリテ諾約《だくやく》ヲ爲シ若シ其第三者カ之ヲ履《り》

(要約者)トハ契約ヲ爲スモノ即チ權利ヲ得ル方ヲ云フナリ

(過怠約款)トハ契約者ノ約束シタル罰金ノ個條ナリ

(諾約者)トハ契約ヲ受クルモノナリ即チ義務ヲ諾スルモノヲ云フナリ

行《かう》セサルニ於テハ過怠金《くわたいきん》ヲ辨濟《べんさい》ス可キ責ニ服スルコトヲ得

何人ニテモ第三者ノ名ヲ以テ合意ヲ爲シ第三者ヲシテ之ヲ承認《しやうにん》セシム可キコトノミヲ諾約《だくやく》シタルトキハ其第三者ノ承認シタル時ヨリ義務ヲ免カル

第三百二十三條　要約者《えうやくしや》カ合意ニ付キ金錢ニ見積《みつも》ルコトヲ得ヘキ正《せい》當《たう》ノ利益《りえき》ヲ有セサルトキハ其合意ハ原因《げんいん》ナキ爲メ無效《むかう》ナリ

第三者ノ利益ノ爲メニ要約《やうやく》ヲ爲シ且之ニ過怠約款《くわたいやくかん》ヲ加ヘサルトキハ其要約ハ之ヲ要約者《えうやくしや》ニ於テ金錢ニ見積ルコトヲ得ヘキ利益《りえき》ヲ有セサルモノト看做ス

然レトモ第三者ノ利益《りえき》ニ於ケル要約《えうやく》ハ要約者カ自己ノ爲メ爲シタル要約《えうやく》ノ從タリ又ハ諾約者《だくやくしや》ニ爲シタル贈與《ぞうよ》ノ從タル條件《でうけん》ナルトキハ有效ナリ

右二箇ノ場合ニ於テ從タル條件《でうけん》ノ履行《りかう》ヲ得サルトキハ要約者ハ單《たん》

（享益者）トハ利益ヲ受クルモノヲ云フ

ニ合意ノ解除《かいぢよ》訴《そ》權《けん》又ハ過怠約款ノ履行訴權ヲ行フコトヲ得

第三百二十四條　主タリ又ハ從タル要約《えうやく》ハ常ニ要約者ノ相續人《さうぞくにん》ノ利益ノ爲メニ之ヲ爲スコトヲ得

主タリ又ハ從タル諾約《だくやく》ハ諾約者ノ相續人《さうぞくにん》ノ負擔《ふたん》トシテ之ヲ爲スコトヲ得

第三百二十五條　前二條ノ場合ニ於テ第三者又ハ相續人《さうぞくにん》ノ利益ノ爲メニ爲シタル要約ハ享益者《けうえきしや》ノ之ヲ承諾《しやうだく》セサル間ハ要約者ハ自己ノ利益ノ爲メニ之ヲ廢罷《はいひ》シ又ハ之ヲ他人ニ移轉《いてん》スルコトヲ得

第三百二十六條　合意ノ證書ニ原因《げんいん》ヲ明示《めいし》シタルト否《いな》トヲ問《と》ハス其原因《げんいん》ノ不成立《せいりつ》、虛妄《きよばう》又ハ不法《ふはふ》ナルコトノ證據《しようこ》ハ被告《ひこく》ヨリ之ヲ爲ス可キモノトス若シ原因ノ明示ナキトキハ被告《ひこく》ハ先ツ原告《げんこく》ヲシテ其原因ヲ陳述《ちんじゆつ》セシムル爲メニ之ニ催告《さいこく》スルコトヲ得但其原因ニ付キ爭フコトヲ妨ケス

第三款　合意《がふい》ノ効力《かうりよく》

第一則　當事者間《たうじしやかん》及ヒ其承繼人間《しようけいにんかん》ノ合意ノ効力

第三百二十七條　適法《てきはふ》ニ爲シタル合意ハ當事者《たうじしや》ノ間ニ於テ法律ニ同シキ効力ヲ有ス

此合意ハ當事者ノ雙方《さうはう》カ承諾《しやうだく》スルニ非サレハ之ヲ廢罷《はいひ》スルコトヲ得ス但法律カ一方ノ意思ヲ以テ廢罷《はいひ》スルコトヲ許セル場合《ばあひ》ハ此限ニ在ラス

第三百二十八條　當事者ハ合意ヲ以テ普通法《ふつうはふ》ノ規定《きてい》ニ依ラサルコトヲ得又其効力ヲ増減《ぞうげん》スルコトヲ得但公ノ秩序《ちつじよ》及ヒ善良《ぜんりやう》ノ風俗ニ觸《ふ》ルヽコトヲ得ス

第三百二十九條　合意ハ當事者ノ明示《めいし》及ヒ默示《もくし》ノ効力ノミナラス尚ホ合意ノ性質《せいしつ》ニ從ヒテ條理若クハ慣習《かんしう》ヨリ生シ又ハ法律ノ規定ヨリ生スル効力ヲ有ス

第三百三十條　合意ハ善意ヲ以テ之ヲ履行《りかう》スルコトヲ要ス

第三百三十一條　特定物《とくていぶつ》ヲ授與《じゆよ》スル合意ハ引渡《ひきわたし》ヲ要セスシテ直《たゞ》チニ其所有權《しよゆうけん》ヲ移轉《いてん》ス但合意ニ附帶《ふたい》スルコト有ル可キ停止《ていし》條件《でうけん》ニ關《くわん》シ下ニ規定《きてい》スルモノヲ妨ケス

第三百三十二條　代替物《だいたいぶつ》ヲ授與《じゆよ》スル合意《がうい》ハ諾約者《だくやくしや》ヲシテ其物ノ所有《しよいう》權《けん》ヲ約束《やくそく》シタル性質《せいしつ》、品格《ひんかく》及ヒ分量《ぶんりやう》ヲ以テ要約者《えうやくしや》ニ移轉《いてん》スル義務ヲ負《お》ハシム此場合ニ於テ所有權《しよいうけん》ハ物ノ引渡ニ因リ又ハ當事者立會《たうじやたちあひ》ニテ爲シタル其指定《してい》ニ因リテ移轉《いてん》ス

第三百三十三條　前二條ノ場合《ばあひ》ニ於テハ約束《やくそく》シタル時日及ヒ場所ニ於テ諾約者《だくやく》ノ注意《ちうい》及ヒ費用《ひよう》ニテ物ノ引渡ヲ爲スコトヲ要ス

引取ノ費用ハ要約《えうやく》者之ヲ負擔《ふたん》ス

證書ノ費用ハ有償行爲《いうしやうこうゐ》ニ付テハ當事者雙方《さうはう》之ヲ負擔《ふたん》シ無償行爲《むしやうこうゐ》ニ付テハ享益者《きやうえきしや》之ヲ負擔《ふたん》ス

(特定物)トハ定マリテ指示セラルベキモノナリ群集セル野馬中ノ一ト云フ如キハ特定物ニアラザルナリ

(停止條件)トハ或事ノ生ズル迄其契約ノ履行ヲ止メントノ個條ヲ云フ

(代替物)トハ分量ヲ以テ定メラルヽモノ等ヲ云フ飲食物抔ヲ云フ

(有償行爲)トハ有價物ヲ取引スルニヨリテノ契約等ヲ云フ

（善良ナル管理人タルノ注意）トハ自己ノ物品ヲ管理スルヨリハ一層深キ注意ヲナスコヲ云ナリ

不動産《ふどうさん》ノ引渡ハ證書ノ交付《こうふ》及ヒ場所《ばしよ》ノ明渡《あけわたし》ヲ以テ之ヲ爲ス但簡易《かんゐ》ノ引渡及ヒ占有《せんいう》ノ改定《かいてい》ニ關《くわん》シ第百九十一條ニ規定《きてい》シタルモノヲ妨ケス

債權《さいけん》ノ引渡ハ證書ノ交付《かうふ》ヲ以テ之ヲ爲ス

引渡ノ期限《きげん》ノ定マラサリシトキハ即時《そくじ》ニ引渡ヲ要求《えうきう》スルコヲ得

引渡ノ場所ノ定マラサリシトキハ特定物《とくていぶつ》ニ付テハ合意ノ當時其物ノ存在《そんざい》セシ場所、代替物《だいたいぶつ》ニ付テハ其物ノ指定《してい》ヲ爲シタル場所其他ノ場合ニ在テハ諾約《だくやく》者ノ住所ニ於テ引渡ヲ爲ス

第三百三十四條　諾約《だくやく》者ハ特定《とくてい》物ノ引渡ヲ爲スマテ善良《ぜんりやう》ナル管理人《くわんりにん》タルノ注意ヲ以テ其物ヲ保存《ほぞん》スルコトヲ要ス懈怠《けたい》又ハ惡意《あくい》アルトキハ損害賠償《そんがいばいしやう》ノ責ニ任ス

無償《むしやう》ニテ讓渡《ゆづりわた》シタル物ノ保存ニ付テハ諾約者《だくやくしや》ハ自已ノ物ニ加フルト同一ノ注意《ちうい》ヲ加フルノミノ責ニ任ス

（合式ニ催告書ヲ送達ス）トハ法律ノ定メタル式ニ從テ催促ヲ爲スヲ云フ

此他諾約者カ右ト同一ノ注意ノミヲ負擔《ふたん》スル場合ハ其各事項《じかう》ニ於テ之ヲ規定《きてい》ス

第三百三十五條　授與《じゆよ》スル合意カ特定物《とくていぶつ》ヲ目的トスルトキハ意外《いぐわい》ノ事又ハ不可抗力ニ出テタル其物ノ滅失《めつしつ》又ハ毀損《きそん》ハ諾約者カ危險《きけん》ヲ負擔《ふたん》シタル場合及ヒ停止《ていし》條件ニ關スル規定《きてい》ヲ除ク外要約者ノ損《そん》ニ歸《き》シ其物ノ增加ハ要約者《えうやくしや》ノ益ニ歸ス

然レトモ諾約者カ物ノ引渡ノ遲滯《ちたい》ニ付セラレタルトキハ其滅失《めつしつ》又ハ毀損《きそん》ハ諾約者ノ負擔《ふたん》ニ歸《き》ス但縱令《たとひ》引渡《ひきわたし》ヲ爲シタルモ滅失《めつしつ》又ハ毀《き》損《そん》ヲ免ル可カラサリシ場合ハ此限ニ在ラス

第三百三十六條　左ノ場合ニ於テハ諾約者《だくやくしや》其他ノ債務者ハ遲滯《ちたい》ニ付セラレタルモノトス

第一　期限《きげん》ノ到來後《とうらいご》ニ裁判所《さいばんしよ》ニ請求《せいきう》ヲ爲シ又ハ合式ニ催告書《さいこくしよ》ヲ送達《そうたつ》シ若クハ執行文《しつかうぶん》ヲ示シタルトキ

第二　期限ノ到來《とうらい》ノミニ因リテ遲滯《ちたい》ニ付《ふ》スルコトヲ法律又ハ合意ヲ以テ定メタル塲合ニ於テ其期限《きげん》ノ到來シタルトキ

第三　諾約者《だくやくしや》カ或ル時期ニ後レタル履行《りかう》ハ要約者《えうやくしや》ニ無用ナルコトヲ知リテ其時期ヲ經過《けいくわ》セシメタルトキ

第三百三十七條　作爲《さゐ》又ハ不作爲ノ義務《ぎむ》ヲ定ムル合意ノ効力ハ第三百八十二條ノ規定《きてい》ニ從フ

第三百三十八條　合意ハ當事者《たうじしや》ノ相續人《さうぞくにん》其他一般ノ承繼人《しやうけいにん》ヲ利《り》シ又ハ之ヲ害ス但法律又ハ合意ニ於テ格別《かくべつ》ノ定ヲ爲シタル塲合ハ此限ニ在ラス

第三百三十九條　債權者《さいけんしや》ハ其債務者ニ屬スル權利《けんり》ヲ申立テ及ヒ其《そ》訴權《けん》ヲ行フコトヲ得

債權者《さいけん》ハ此事ノ爲メ或ハ差押《さしおさい》ノ方法ニ依リ或ハ債務《さいむ》者ノ原告又ハ被告タル訴ニ參加《さんか》スルコトニ依リ或ハ民事訴訟法ニ從ヒテ得タル

(不作爲ノ義務)トハ爲サヽルノ義務ナリ例令ハ商業ノ株ヲ讓リ渡シタルモノハ同町內ニテ同業ヲ爲サヽルガ如キヲ云フ

(裁判上ノ代位)トハ裁判所ニ於テ原告又ハ被告ノ位置ニ代リテ訴訟ヲナスモノナリ

（轉得者）トハ權利ヲ得タルモノヨリ復權利ヲ得タルモノナリ賣買ノ場合ニ於テ復買者ノ如

裁判上ノ代位ヲ以テ第三者ニ對スル間接《かんせつ》ノ訴ニ依ル
然レトモ債權《さいけん》者ハ債務者ニ屬スル純然《じゆんせん》タル權能又ハ債務者ノ一身ニ專屬《せんぞく》スル權利ヲ行フコトヲ得ス又法律又ハ合意《がうい》ノ明文《めいぶん》ヲ以テ差押ヲ禁シタル財產《さいさん》ヲ差押《さしおさ》フルコトヲ得ス

第三百四十條　右ニ反シ債權《さいけん》者ハ其債務者カ第三者ニ對シ承諾《しやうだく》シタル義務、拋棄《はうき》又ハ讓渡《ゆづりわたし》ニ付キ其損害《そんがい》ヲ受ク但債權者《さいけんしや》ノ權利《けんり》ヲ詐害《さがい》スル行爲ハ此限ニ在ラス
債務者カ其債權者ヲ害スルコトヲ知リテ自己《じこ》ノ財產《さいさん》ヲ減《げん》シ又ハ自己ノ財務《さいむ》ヲ增《ま》シタルトキハ之ヲ詐害《さがい》ノ行爲トス

第三百四十一條　詐害《さがい》ノ行爲ノ廢能《はいひ》ハ債務者《さいむしや》ト約束シタル者及ヒ轉《てん》得者《とくしや》ニ對シ次條ノ區別ニ從ヒ債權者ヨリ廢罷訴權《はいひそけん》ヲ以テ之ヲ請求《せいきう》ス
債務者カ原告《げんこく》タルト被告タルトヲ問《と》ハス詐害《さがい》スル意思ヲ以テ故《ことさ》ラ

キチ云フ
（再審ノ方法）トハ訴訟第四百六十七條以下ノ規定チ云フ
（適法ノ先取原因）トハ法律ニ適當シタル先取ノ權力ア

ニ訴訟《そしやう》ニ失敗シタルトキハ債權者《さいけんしや》ハ民事訴訟法ニ從ヒ再審《さいしん》ノ方法ニ依リテ訴フルコトチ得
右孰《いづ》レノ場合ニ於テモ債務者ヲ訴訟《そせう》ニ參加《さんか》セシムルコトチ要ス
債權者カ詐害ノ行爲《こうゐ》ノ廢罷チ得ル能ハサルトキハ被告《ひこく》ニ對シテ損害賠償《ばいしやう》チ要求《やうきう》スルコトチ得
第三百四十二條　債權者ハ攻擊《こうげき》スル行爲ノ如何《いかん》チ問ハス其債務者ノ詐害チ證スルコトチ要ス此他有償ノ行爲《こうゐ》ニ付テハ債務者ト約束シ又ハ之ト訴訟《そせう》シタル者ノ通謀《つうぼう》ヲ證スルコトチ要ス
讓渡ニ對スル廢罷訴權《はいひそけん》ハ有償《いうしやう》又ハ無償ノ轉得者《てんとくしや》カ最初ノ取得者ト約束《やくそく》スルニ當リ債權者ニ加ヘタル詐害《さがい》チ知リタルトキニ非サレハ其轉得者《てんとくしや》ニ對シテ之チ行フコトチ得ス
第三百四十三條　廢罷《はいひ》ハ詐害行爲《さがいこうゐ》ニ先タチ權利《けんり》チ取得シタル債權者《さいけんしや》ニ非サレハ之チ請求スルコトチ得ス然レトモ廢罷《はいひ》チ得タルトキハ

ルヰヲ云フ例令ハ不動產又ハ動產ヲ抵當又ハ質物ニ取リタルガ如キヰヲ云フ

(財產ヲ管理スル責任ナキコトヲ要ス)トハ管財人又ハ後見人ニアラザルヲ要スルノ意味

總債權者《そうさいけんしや》ヲ利ス但各債權者ノ間ニ於テ適法《てきはう》ノ先取原因《せんしゆげんいん》ノ存スルトキハ此限ニ在ラス

第三百四十四條　廢罷訴權《はいひそけん》ハ詐害行爲《さかいこうゐ》ノ有リタル時ヨリ三十个年ニシテ時効《じかう》ニ罹《かゝ》リ消滅《せうめつ》ス若シ債權者《さいけんしや》カ詐害《さがい》ヲ覺知《かくち》シタルトキハ其覺《かく》知《ち》ノ時ヨリ二个年ニシテ消滅《しようめつ》ス

右ノ時効ハ再審《さいしん》申立ノ訴權ニ之ヲ適用《てきよう》ス

第二則　第三者ニ對スル合意ノ効力《かうりよく》

第三百四十五條　合意ハ當事者及ヒ其承繼人《しやうけいにん》ノ間ニ非サレハ効力ヲ有セスト雖モ法律ニ定メタル場合《ばあひ》ニ於テシ且其條件《でうけん》ニ從フトキハ第三者ニ對シテ効力ヲ生ス

第三百四十六條　所有者カ一箇ノ有體動產《いうたいどうさん》ヲ二箇ノ合意ヲ以テ各別ニ二人ニ與ヘタルトキハ其二人中現《げん》ニ占有《せんいう》スル者ハ證書ノ日附《ひづけ》ハ後ナリトモ其所有者タリ但其者カ自己《じこ》ノ合意ヲ爲ス當時《とうじ》ニ於テ前

ナリ

（無記名証券）トハ無記名公債証書ノ如キモノヲ云フ

（裏書ヲ以テスルノ商証券）トハ約束手形爲換手形等ヲ云フナリ

ノ合意ヲ知ラス且前ノ合意ヲ爲シタル者ノ財産ヲ管理《くわんり》スル責任ナキコトヲ要ス

此規則ハ無記名證券《むきめいしようけん》ニ之ヲ適用ス

第三百四十七條　記名證券ノ讓受人ハ債務者《さいむしや》ニ其讓受《じやうじゆ》ヲ合式ニ告知《こくち》シ又ハ債務者カ公正證書若クハ私署證書《ししよしやうしよ》ヲ以テ之ヲ承諾シタル後ニ非サレハ自己ノ權利ヲ以テ讓渡人ノ承繼人及ヒ債務者《さいむしや》ニ對抗《たいかう》スルコトヲ得ス

債務者ハ讓渡ヲ承諾《しやうだく》シタルトキハ讓渡人ニ對スル抗辯《かうべん》ヲ以テ新債權者《しんさいけんしや》ニ對抗スルコトヲ得ス又讓渡ニ付テノ告知《こくち》ノミニテハ債務者《さいむしや》ヲシテ其告知後《こくちご》ニ生スル抗辯《かうべん》ノミヲ失ハシム

右ノ行爲《かうゐ》ノ一ヲ爲スマテハ債務者《さいむしや》ノ辨濟《べんさい》、免責《めんせき》ノ合意、讓渡人ノ債權者ヨリ爲シタル拂渡差押《はらひわたしさしおさへ》又ハ合式ニ告知シ若クハ承諾《しやうだく》ヲ得タル新讓渡《しんゆづりわたし》ハ總テ善意《ぜんゐ》ニテ之ヲ爲シタルモノトノ推定《すいてい》ヲ受ケ且之ヲ以

テ懈怠《かいたい》ナル譲受人ニ對抗《たいかう》スルコトヲ得
當事者《たうじしや》ノ惡意《あくゐ》ハ其自白ニ因ルニ非サレハ之ヲ證スルコトヲ得ス然レトモ譲渡人ト通謀《つうぼう》シタル詐害《さがい》アリシトキハ其通謀《つうぼう》ハ通常ノ證據《しやうこ》方法《はう〱》ヲ以テ之ヲ證スルコトヲ得
裏書《うらがき》ヲ以テスル商證券《しやうしようけん》ノ譲渡ニ特別《とくべつ》ナル規則ハ商法ヲ以テ之ヲ規《き》定《てい》ス

第三百四十八條　左ニ掲《かゝ》クル諸件ハ財産所在地《ざいさんしよざいち》ノ區裁判所ニ備ヘタル登記簿《とうきぼ》ニ之ヲ登記ス

第一　不動産所有權其他ノ不動産物權ノ譲渡《ゆづりわたし》

第二　右ノ權利ノ變更《へんかう》又ハ拋棄《はうき》

第三　差押ヘタル不動産ノ競落《けうらく》

第四　公用徴收《こうようちやうしう》ヲ宣言《せんげん》シタル判決又ハ行政上ノ命令《めいれい》

第三百四十九條　登記《とうき》ハ當事者ノ請願《せいぐわん》ニ因リ其費用ヲ以テ之ヲ爲ス」

(特別法)トハ登記法ヲ云フナリ

請願者《せいぐわんしや》ニハ其求ニ因リテ登記ノ認證書《にんしやうしよ》ヲ交付ス

何人ニテモ登記簿ノ抄本《しやうほん》ヲ要求《えうきう》スルコトヲ得

登記ニ關《くわん》スル方式《はうしき》ハ特別法ヲ以テ之ヲ規定《きてい》ス

第三百五十條　第三百四十八條ニ掲《かゝ》ケタル行爲《かうゐ》、判決又ハ命令ノ効力《かうりよく》ニ因リテ取得シ變更《へんかう》シ又ハ取回シタル物權ハ其登記《とうき》ヲ爲スマテハ仍ホ名義《めいぎ》上ノ所有者ト此物權ニ付キ約束《やくそく》シタル者又ハ其所有者ヨリ此物權《ぶつけん》ト相容《い》レザル權利ヲ取得シタル者ニ對抗《たいかう》スルコトヲ得ス但其者ノ善意《ぜんゐ》ニシテ且其行爲ノ登記《とうき》ヲ要スルモノナルトキハ之ヲ爲シタルトキニ限ル

惡意及ヒ通謀《つうぼう》ニ付テハ第三百四十七條ノ規定《きてい》ニ從ヒテ之ヲ證スルコトヲ得

第三百五十一條　法律《はふりつ》、裁判又ハ合意ニ因リテ前取得者《ぜんしゆとくしや》ノ爲メ登記ヲ爲ス義務アル者カ之ヲ爲サスシテ後ニ取得者《しゆとくしや》ト爲リタルトキハ善《ぜん》

意《い》タリト雖モ自已《じこ》又ハ其相續人若クハ一般ノ承繼人《しやうけいにん》ヨリ登記ナキコトヲ申立テヽ前取得者ニ對抗《たいかう》スルコトヲ得ス

第三百五十二條　登記ヲ經《へ》タル讓渡ノ解除《かいぢよ》、銷除《せうぢよ》又ハ廢罷《はいひ》ヲ爲サントスル訴權《そけん》カ善意ノ轉得者《てんとくしや》ニ對シテ行フコトヲ得サル場合ニ在テハ原告《げんこく》ハ爾後自已ニ對抗スルコトヲ得ヘキ登記《とうき》ヲ防止スル爲メ其攻擊《こうげき》スル行爲ノ登記ニ豫《あらかじ》メ訴狀ノ拔抄《ばつせう》ヲ附記《ふき》ス

右ノ訴權ヲ總《すべ》テノ轉得者ニ對《たい》シテ行フコトヲ得ヘキ場合ニ在テハ其攻擊スル行爲《こうゐ》ノ登記ニ訴狀ヲ附記セサル間ハ裁判所《さいばんしよ》ニ於テ其訴訟ヲ受理セス

行爲取消ノ判決ハ假執行《かりしつかう》タリトモ其執行以前《しつかういせん》ニ訴狀ノ附記《ふき》ノ末尾《ばつび》ニ之ヲ記載スルコトヲ要ス縱令《たとへ》執行《しつこう》ナキモ亦其判決ノ確定《かくてい》ト爲リタル時ヨリ一个月內ニ之ヲ記載《きさい》スルコトヲ要ス此ニ違《ちか》ヒタルトキハ其判決《はんけつ》ヲ得タル者ヲ五十圓以下ノ過料《くわれう》ニ處ス裁判所ハ請求ヲ却《きやく》

下《か》シ又ハ其手續ノ失効《しつかう》ヲ宣告《せんこく》シタルトキハ其判決ノ確定《かくてい》ニ至リテ訴狀《そじやう》ノ附記ヲ抹消《まつせう》セシムル爲メ職權ヲ以テ豫メ其抹消《まつせう》ヲ命ス

原告カ取下ヲ爲シタルトキハ當事者ノ請願《せいぐわん》ニ因リテ訴狀《そじやう》ノ附記ヲ抹消ス

第三百五十三條　登記《とうき》ヲ經タル行爲ノ協議《けうぎ》上ノ解除《かいじよ》、銷除《せうじよ》又ハ廢罷《はいひ》ハ總テ之ヲ任意ノ讓戻《ゆづりもどし》ト看做《みな》シ第三百四十八條乃至第三百五十一條ノ規定《きてい》ニ從ヒテ登記ヲ爲スコトヲ要ス

右登記ハ登記官吏其職權《しよくけん》ヲ以テ取消ト爲リタル行爲《かうゐ》ノ登記ニ之ヲ附記ス

第三百五十四條　登記及ヒ附記ハ總テ利害《りがい》ノ關係《くわんけい》ヲ有スル者ヨリ其抹消《まつせう》又ハ改正ヲ請求《せいきう》スルコトヲ得

右請求《せいきう》及ヒ其判決ハ第三百五十二條ニ規定《きてい》シタル如ク其爭フ行爲《かうゐ》ノ附記ニ之ヲ登記スルコトヲ要ス此ニ違《たが》フ者ノ責罰《せきばつ》モ亦同條ノ規《き》

(請願者)トハ登記ヲ請願スルモノナリ

(共通ノ意思ヲ推尋ス)トハ契約者雙方ハ如何ナル意ニテ結ビタルヤヲ撿尋シテ推定スルコトヲ云フ

定《てい》ニ從フ

能力ヲ有シ又ハ合式ニ代理セラレ若クハ保佐《ほさ》セラレタル當事者ハ協議《けうぎ》ニテ抹消《まつせう》又ハ改正ヲ承諾《しやうだく》スルコトヲ得

裁判上ニテ合式ニ命シ又ハ協議《けうぎ》ニテ承諾《しやうだく》シタル抹消《まつせう》又ハ改正ハ登記ヲ爲シタル權利者ヲ此事ニ付キ異議《いぎ》ヲ述《の》ヘシムル爲メニ召喚《せうくわん》シ又ハ其承服《しやうふく》ヲ得タルニ非サレハ之ニ對抗《たいかう》スルコトヲ得ス

第二百五十五條　登記官吏ハ前數條ニ掲《かゝ》ケタル登記《とうき》、記載《きさい》、抹消《まつせう》若クハ改正又ハ登記認證書ニ於ケル脱漏《だつろう》又ハ訛誤《くわご》ニ付キ請願者《せいぐわんしや》又ハ利《り》害關係人《がいくわんけいにん》ニ對シテ其責ニ任ス

第四款　合意《がうい》ノ解釋《かいしやく》

第三百五十六條　合意ノ解釋《かいしやく》ニ付テハ裁判所ハ當事者ノ用ヰタル語《ご》辭《じ》ノ字義《じぎ》ニ拘ハランヨリ寧ロ《むしろ》當事者ノ共通ノ意思《いし》ヲ推尋《すいじん》スルコトヲ要ス

第三百五十七條　一箇ノ語辭《ごじ》カ各地ニ於テ意義《いぎ》ヲ異《こと》ニスルトキハ當事者雙方《さうはう》ノ住所ヲ有スル地ニ於テ慣用《くわんよう》スル意義ニ從ヒ若シ同一ノ地ニ住所ヲ有セサルトキハ合意ヲ爲シタル地ニ於テ慣用スル意義《いぎ》ニ從フ

一箇ノ語辭《ごじ》ニ本來二樣《にやう》ノ意義《いぎ》アルトキハ其合意ノ性質《せいしつ》及ヒ目的ニ最モ適《てき》スル意義ニ從フ

第三百五十八條　合意ノ各項目《かうもく》ハ合意ノ全體《ぜんたい》ト最モ善ク一致スル意《い》義《ぎ》ニ從ヒテ相互ニ之ヲ解釋《かいしやく》ス

一箇ノ項目ニ二樣ノ意義《いぎ》アリテ其一カ項目《かうもく》ヲ有効《いうかう》ナラシムルトキハ其意義ニ從フ

第三百五十九條　合意ノ語辭《ごじ》カ如何ニ廣泛《くわうへん》ナルモ其語辭《ごじ》ハ當事者ノ合意ヲ爲スニ付キ期望《きばう》シタル目的ノミヲ包含《はうがん》セルモノト推定《すいてい》ス

當事者カ合意ノ自然若クハ法律上ノ効力《かうりよく》ノ一ヲ明言シ又ハ特別《とくべつ》ノ

場合《ばあひ》ニ於ケル其適用《てきよう》ヲ明言シタルモ慣習《くわんしう》若クハ法律ニ因リテ生スル他ノ効力《かうりよく》又ハ適當《てきとう》ニ受ク可キ他ノ適用ヲ阻却《そきやく》セント欲《ほつ》シタルモノト推定《すいてい》セス

第三百六十條　總《すべ》テノ場合ニ於テ當時者ノ意思ニ疑《うたがひ》アルトキハ其合意ノ解釋《かいしやく》ハ諾約者《だくやく》ノ利ト爲ル可キ意義ニ從フ

雙務《そうむ》ノ合意ニ於テハ此規定《きてい》ハ各項目ニ付キ各別ニ之ヲ適用《てきやう》ス

第二節　不當ノ利得《りとく》

第三百六十一條　何人ニテモ有意《いうゐ》ト無意《むゐ》ト又錯誤《さくご》ト故意《こい》トヲ問ハス正當ノ原因《げんいん》ナクシテ他人ノ財産ニ付キ利ヲ得タル者ハ其不當ノ利得ノ取戻ヲ受ク

此規定ハ下ノ區別《くべつ》ニ從ヒ主トシテ左ノ諸件《しよけん》ニ之ヲ適用ス

第一　他人ノ事務《じむ》ノ管理《くわんり》

第二　負擔《ふたん》ナクシテ辨濟《べんさい》シタル物及ヒ虚妄《きよばう》若クハ不法ノ原因《げんいん》ノ

(不當ノ利得)トハ自己ノ受取ベカラザル利益ヲ得タルモノヲ云フ

(他人ノ事務ノ管理)トハ重モニ不在中ノ者ノ事務ヲ管理スルモノナリ

又病氣中等ニ於テ爲スヿモアルナリ
(遺言ノ負擔ヲ付シタル相續ノ受諾)トハ已ニ他人ニ與フヘキ遺言アル處ノ物ヲ相續スルニ當リテ其他人ニ與フベキ部分ヲ與ヘザルヿヲ云フ

爲メ又ハ成就セス若クハ消滅《しやくめつ》シタル原因ノ爲メニ供與シタル物ノ領受《りやうじゆ》

第三　遺贈《いぞう》其他遺言《いげん》ノ負擔《ふたん》ヲ付シタル相續ノ受諾《じゆたく》

第四　他人ノ物ノ添附《てんふ》ヨリ又ハ他人ノ勞力《らうりよく》ヨリ生スル、所有物ノ增加《ぞうか》

第五、他人ノ物ノ占有者《せんいうしや》カ不法ニ收取シタル果實《くわじつ》、產出物其他ノ利益及ヒ之ニ反シテ占有者《せんいうしや》カ其占有物ニ加ヘタル改良《かいりやう》但第百九十四條乃至《ないし》第百九十八條ニ規定《きてい》シタル區別ニ從フ

第三百六十二條　不在者其他ノ人ノ財產ニ患害《くわんがい》アリト見ユルトキ合意上、法律上又ハ裁判上ノ委任《いにん》ナク好意《かうゐ》ヲ以テ其事務ヲ管理《くわんり》スル者ハ本主ノ財產ヨリ收メタル利益ヲ返還《へんくわん》シ且其管理ノ際自己《じこ》ノ名ニテ取得シタル權利《けんり》及ヒ訴權《そけん》ヲ本主ニ移轉《いてん》スル責アリ

右管理者《くわんりしや》ハ本主又ハ其相續人《さうぞくにん》カ自ヲ管理ヲ爲シ得ルニ至ルマテ其

管理ヲ繼續《けいぞく》スル責《せめ》アリ
又右管理者ハ過失《くわしつ》又ハ懈怠《かいたい》ニ因リテ本主ニ加ヘタル損害《そんがい》ノ責ニ任ス但管理《くわんり》者カ其管理ニ任スルニ至タレル事情ヲ酌量《しやくりやう》スルコトヲ要ス

第三百六十三條　本主ハ管理者カ管理《くわんり》ノ爲メニ出シタル必要《ひつやう》又ハ有益ナル諸費用ヲ賠償《はいしやう》シ及ヒ管理者カ其管理《くわんり》ノ爲メニ自身ニ負擔《ふたん》シタル義務《ぎむ》ヲ免カレシメ又ハ其擔保《たんぽ》ヲ爲スコトヲ要ス
若シ本主ノ意思ニ反シ管理《くわんり》ヲ爲シタルトキハ管理者ハ出訴《しゆつそ》ノ日ニ於テ存在《そんざい》スル費用又ハ約務ノ有益ノ限度《げんど》ニ非サレハ賠償《はいしやう》ヲ受クルコトヲ得ス

第三百六十四條　債權者《さいけんしや》ニ非スシテ辨濟《べんさい》ヲ受ケタル者ハ其善意《ぜんい》ト惡意ト又辨濟者《べんさいしや》ノ錯誤《さくご》ト故意トヲ問ハス訴ヲ受ケタル日ニ於テ現ニ已レヲ利シタルモノノ取戻《とりもどし》ヲ受ク

第三百六十五條　辨濟《べんさい》ヲ受ケタル者カ債權者《さいけんしや》ナルモ債務者《さいむしや》ニ非サル者ヨリ之ヲ受ケタルトキハ辨濟者《べんさいしや》カ錯誤《さくご》ニテ辨濟ヲ爲シタルトキニ非サレハ其取戾《とりもどし》ヲ許サス

債權者《さいけんしや》カ辨濟ヲ受ケタル爲メニ善意ニテ債權證書ヲ毀滅《きめつ》セシトキモ亦其取戾ヲ許サス

右二箇ノ塲合ニ於テ辨濟者カ事務管理《じむくわんり》ノ訴權《そけん》ニ依リ又ハ代位辨濟《べんさい》ノ規則《きそく》ニ依リ眞ノ債務者ニ對シテ有スル求償權ヲ妨《さまた》ケス

第三百六十六條　眞ノ債務者《さいむしや》ヨリ眞ノ債務者ニ辨濟《べんさい》ヲ爲シタル塲合ニ在テハ債務者《さいむしや》カ其負擔《ふたん》シタル物ニ異ナル性質ノ物又ハ自己ニ屬セサル物ヲ錯誤《さくご》ニ因リ辨濟《べんさい》トシテ與ヘタルトキニ非サレハ其取戾ヲ許サス

或ハ期限《きげん》ニ先タチテ辨濟ヲ爲シ或ハ辨濟ヲ實行《じつかう》ス可キ塲所外ニ於テ辨濟ヲ爲シ或ハ諾約《だくやく》シタル物ニ異ナル品質《ひんしつ》、品格《ひんかく》若クハ價格《かかく》ノ

（代位辨濟）トハ負債者ニ代リテ義務ヲ辨濟スルモノヲ云フ

(供與)トハ提供シ授與スルヲ云フナリ

(不法ノ原因)トハ刑法ニ觸レベキ惡事ヲ奬勵スル爲メノ金圓ノ贈與又ハ賭博ニ敗シタル者ノ支拂フ金ノ如シ

物ヲ以テ辨濟ヲ爲シタルトキモ亦其取戻ヲ許サス但當事者《さうじしや》ノ一方ノ錯誤《さくご》ニ出テタルトキハ其一方ハ爲メニ受ケタル損失《そんしつ》ヲ他ノ一方ノ得タル利益《りえき》ノ割合ニ應シテ賠償《ばいしやう》セシムルコトヲ妨ケス

第三百六十七條　第三百六十一條第二號ニ掲《かゝ》ケタル供與《きやうよ》ニシテ辨濟ノ性質《せいしつ》ヲ有セサルモノニモ亦第三百六十四條ノ規定《きてい》ヲ適用ス

然レトモ不法ノ原因《げんゐん》ノ爲メ供與《きやうよ》シタル物又ハ有償物ハ其原因《げんゐん》カ之ヲ供與シタル者ノ方ニ於テ不法ナルトキハ其取戻《とりもどし》ヲ許サス

第三百六十八條　第三百六十一條第二號ニ掲ケタル供與ヲ惡意《あくい》ニテ領受《れうじゆ》シタル者ハ訴《うつたへ》ヲ受ケタル日ニ於テ其不當《ふとう》ニ已レヲ利シタルモノヽ外尚ホ左ノ物ヲ返還《へんくわん》ス可シ

第一　元本ヲ領受《りやうじゆ》セシ時ヨリノ法律上ノ利息

第二　收取ヲ怠リ又ハ消費《せうひ》シタル特定物《とくていぶつ》ノ果實《くわじつ》及ヒ産出物《さんしゆつぶつ》

第三　自己ノ過失又ハ解怠《かいたい》ニ因ル物ノ價額《かかく》ノ喪失《さうしつ》又ハ減少ノ償《しやう》

金《きん》縦令《たゝひ》其喪失又ハ減少カ意外《いぐわい》ノ事又ハ不可抗力ニ因ルモ其物カ供與者《きようよーしや》ノ方ニ在ルニ於テハ此損害ヲ受ケサル可カリシトキハ亦同シ

第三百六十九條　不當ニ領受《りようじゆ》シタル物カ不動産ニシテ且之ヲ第三者ニ讓渡《ゆづりわた》シタルトキハ初ノ引渡人ハ其選擇《せんたく》ヲ以テ或ハ第三所持者ニ對《たい》シテ其不動産《ふどうさん》ノ回復《くわいふく》ヲ訴ヘ或ハ領受者《れうじゆしや》ニ對シテ其代金ノ取戻《とりもどし》ヲ訴フルコトヲ得

善意《ぜんい》ナル領受者ニ對《たい》シテハ單ニ不動産ノ讓渡代金《ゆづりわたしだいきん》ヲ取戻シ又ハ其代金ニ關スル訴權《そけん》ヲ要求シ惡意《あくい》ナル領受者ニ對シテ其代金ヲ評價《か》ニテ取戻スコトヲモ得

第三節　不正ノ損害《そんがい》即チ犯罪《はんざい》及ヒ准犯罪《じゆんはんざい》

第三百七十條　過失《くわしつ》又ハ懈怠《かいたい》ニ因リテ他人ニ損害《そんがい》ヲ加ヘタル者ハ其賠償《ばいしやう》ヲ為ス責《せめ》ニ任ス

〔過失〕トハ故意ニアラズシテ為スベカラザルヿヲナスヲ云フ

(懈怠)トハ故意ニアラズシテ爲スベキヿヲ爲サヾルヲ云フ

(民事ノ犯罪)トハ刑事ノ犯罪ノ如ク社會一般ニ對スルモノニアラズシテ一人又ハ數人ニ對スルモノナリ然レ圧時トシテハ刑事ト共ニ此犯罪起ルヿアルナリ契約義務不履行ノ外ノ損害要償ハ多ク犯罪准犯罪中ニ入ルナリ

此損害ノ所爲《しよゐ》カ有意《いうい》ニ出テタルトキハ其所爲ハ民事ノ犯罪《はんざい》ヲ成シ無意《むい》ニ出テタルトキハ准犯罪《じゆんはんざい》ヲ成ス

犯罪及ヒ准犯罪《じゆんはんざい》ノ責任ノ廣狹《くわうけう》ハ合意ノ履行《りかう》ニ於ケル詐欺《さぎ》及ヒ過失ノ責任《せきにん》ニ關スル次章第二節ノ規定《きてい》ニ從フ

第三百七十一條　何人ヲ問ハス自己ノ所爲《しよゐ》又ハ懈怠《けたい》ヨリ生スル損害《そんがい》ニ付キ其責ニ任スルノミナラス尚ホ自己ノ威權《いけん》ノ下ニ在ル者ノ所爲又ハ懈怠《かいたい》及ヒ自己《じこ》ニ屬《ぞく》スル物ヨリ生スル損害ニ付キ下ノ區別《くべつ》ニ從ヒテ其責ニ任ス

第三百七十二條　父權《ふけん》ヲ行フ尊屬親《そんぞくしん》ハ己レト同居スル未成年ノ卑屬《ひぞく》親《しん》ノ加ヘタル損害《そんがい》ニ付キ其責ニ任ス

後見人《こうけんにん》ハ己レト同居スル被後見人《ひこうけんにん》ノ加ヘタル損害《そんがい》ニ付キ其責ニ任ス

瘋癲白痴者《ふうてんはくちしや》ヲ看守《かんしゆ》スル者ハ瘋癲白痴者《ふうてんはくちしや》ノ加ヘタル損害ニ付キ其責

ニ任ス

教師《きやうし》、師匠《ししやう》及ヒ工場長ハ未成年ノ生徒《せいと》、習業者《しうぎやうしや》及ヒ職工カ自己ノ監督《かんとく》ノ下ニ在ル間ニ加ヘタル損害《そんがい》ニ付キ其責ニ任ス

本條ニ指定《してい》シタル責任者ハ損害《そんがい》ノ所爲ヲ防止《ばうし》スル能ハサリシコト證スルトキハ其責ニ任セス

第三百七十三條　主人、親方又ハ工事《かうじ》、運送《うんそう》等ノ營業人《えいげふ》若クハ總テノ委託者《いたくしや》ハ其雇人《やとひにん》、使用人《しようにん》、職工《しよくこう》又ハ受任者《じゆにんしや》カ受任ノ職務《しよくむ》ヲ行フ爲メ又ハ之ヲ行フニ際《さい》シテ加ヘタル損害ニ付キ其責ニ任ス

第三百七十四條　動物《どうぶつ》ノ加ヘタル損害《そんがい》ノ責任《せきにん》ハ其所有者又ハ損害《そんがい》ノ當時之ヲ使用セル者ニ歸《き》ス但其損害カ意外《いぐわい》ノ事又ハ不可抗力《ふかかうりよく》ニ出テタルトキハ此限ニ任ラス

第三百七十五條　建物《たてもの》其他ノ工作物ノ所有者ハ此等ノ工作物ノ崩頽《ばうてい》カ修繕《しゆぜん》ノ欠缺《かんけつ》又ハ築造《ちくざう》ノ瑕疵《かし》ニ出テタルトキハ其崩頽《ばうたい》ニ因リテ加

（自治產）トハ自ラ產業ヲ治ムルモノヲ云フナリ幼者有夫ノ婦等ニ用フ

（民事擔當人）トハ民事ノ犯罪准犯罪ニ付生シタル損害

ヘタル損害《そんがい》ノ責ニ任ス但此末ノ場合《ばあひ》ニ於テハ工事《かうじ》請負人《うけおひにん》ニ對《たい》スル求償權《きうしやうけん》ヲ妨ケス

堤防《ていばう》ノ破潰《はくわい》ニ因リ投錨《とうべう》若クハ繫纜《けいらん》ノ粗忽《そこつ》ニ因リ又ハ樹木《じゆもく》、柱竿《ちうかん》、目隱《めかくし》、看板《かんばん》、屋瓦《やかわら》其他堅牢《けんらう》ヲ缺《か》ケル建物ノ部分ノ崩頽《ほうたい》墮落《らく》ニ因リテ加ヘタル損害《そんがい》ニ付テモ亦同シ

第三百七十六條　自治產《じちさん》ナルト否《いな》トヲ問ハス未成年者《みせいねんしや》ハ其有意《いうい》又ハ粗忽《そこつ》ニテ加ヘタル不正ノ損害ニ付テハ刑事上責任《けいじじやうせきにん》ヲ免カル可キトキト雖モ民事上責任《みんじじやうせきにん》アリト宣告《せんこく》セラルヽコト有リ

又右未成年者ハ其雇人《やとひにん》若クハ使用人《しようにん》又ハ自己《じこ》ニ屬《ぞく》スル物ノ加ヘタル又損害ニ付キ民事上其責ニ任セシメラルヽコト有リ但後見人ニ對スル求償權《きうしやうけん》ヲ妨ケス

第三百七十七條　前數條《ぜんすうでう》ノ場合ニ於テ加害者《かがいしや》ニ責任アリト認《みと》ムルトキハ裁判所ハ之ニ對シ主タル裁判ヲ言渡シ且民事擔當人《たんたうにん》ノ附隨《ふずい》ノ

賠償ノ場合ニ之レヲ負擔スルモノナリ三百七十二條三百七十三條ニ規定アル處ノ主人親方父權ヲ行フ者後見人等ヲ云フナリ

（連帶）トハ共ニ義務ノ全体ニ付キ責任アル者ナリ故ニ權利者ハ一人ニ對シテ訴フルモ全部ヲ得ラルヽナリ

義務ノ廣狹《くわうけう》ヲ定ム但民事《みんじ》擔當人《たんとうにん》ハ犯罪者ニ對シ當然求償權《たうぜんきうしやうけん》ヲ有ス」

民事擔當人ハ法律ニ特定《とくてい》シタル場合ニ非サレハ犯罪者《はんざいしや》ノ言渡サレタル罰金《ばつきん》ノ責ニ任セス

第三百七十八條　本節《ほんせつ》ニ定メタル總《すべ》テノ場合ニ於テ數人カ同一ノ所《しよ》爲《い》ニ付キ責ニ任シ各自ノ過失《くわしつ》又ハ懈怠《かいたい》ノ部分《ぶぶん》ヲ知ル能ハサルトキハ各自全部ニ付キ義務ヲ負擔《ふたん》ス但共謀ノ場合ニ於テハ其義務ハ連《れん》帶《たい》ナリ

第三百七十九條　民事ノ犯罪又ハ準犯罪《じゆんはんざい》カ刑事《けいじ》ノ犯罪ヲ成ストキハ犯罪者ニ付テモ民事擔當人《たんたうにん》ニ付テモ刑事《けいじ》訴訟法《そしやうほふ》ヲ以テ定メタル民事訴訟ノ管轄《くわんくわつ》及ヒ時效ニ關スル規則ヲ適用ス

第四節　法律《はふりつ》ノ規定《きてい》

第三百八十條　或ル義務《ぎむ》ハ人ノ所爲《しよゐ》ニ拘ハラス法律ニ依リテ之ヲ負《ふ》擔《たん》セシム即チ左ノ如シ

第一　或ル親族間《しんぞくかん》又ハ或《あ》ル姻族間《いんぞくかん》ノ養料《やうれう》ノ義務《ぎむ》

第二　後見《こうけん》ノ義務

第三　共有者間ノ義務《ぎむ》

第四　相隣者間《さうりんしやかん》ノ義務ニシテ地役《ちえき》ヲ成サヽルモノ

此等ノ義務ニ特別ナル規則ハ其各事項ニ於テ之ヲ掲グ

第二章　義務ノ効力《かうりよく》

〔解〕合意ガ完全《くわんぜん》ニ成立スル𪜈ハ其結果《けつくわ》トシテ一方ニハ權利《けんり》起リ一方ニハ義務《ぎむ》生《しやう》ズルニ至ル而シテ其義務ノ結果《けつくわ》トシテノ効力ハ直接《ちよくせつ》ノ義務履行《ぎむりかう》トナリ損害《そんがい》ノ賠償《ばいしやう》トナルナリ蓋シ合意《がうい》ノ効果《かうくわ》ハ法律ニ均シトハ法律ノ大原則《たいげんそく》ナルヲ以テ已ニ眞正《しんせい》ノ合意ニヨリ義務《ぎむ》ヲ生ジタル以上ハ之ガ履行《りかう》ヲ爲スハ當然《たうぜん》ナリト雖モ或ハ合意《がうい》ノ後實際《じつさい》其義務《ぎむ》ノ爲シ能ハザルニ至ルヿアルベク又義務者《ぎむしや》ニ於テ之レヲ履行《りかう》スルヲ欲セザルニ强テ之レヲ履行《りかう》セシメント欲セバ身体《しんたい》ヲ束縛《そくばく》セ

（作爲ノ義務）トハ爲スノ義務ナリ建築修繕等人ノ身體ヲ以テナスノ事業

ザルヲ得ザルコトアルベシ如斯ハ民法ノ本意《ほんい》ニアラザルヲ以テ止ムヲ得ス損害《そんがい》ノ賠償《ばいしやう》ヲセシムルナリ

總則《そうそく》

第三百八十一條　義務《ぎむ》ノ主タル効力ハ下ノ第一節第二節及ヒ第三節ニ定メタル區別《くべつ》ニ從ヒテ其義務ヲ直接《ちよくせつ》ニ履行《りかう》セシムル爲メ又不履《ふり》行《かう》ノ場合《ばあひ》ニ於テハ附隨《ふずい》トシテ損害ヲ賠償《ばいしやう》セシムル爲メノ訴權《そけん》ヲ債《さい》權者《けんしや》ニ與フルニ在リ

右ノ外義務ノ効力《かうりよく》ハ第四節ニ定メタル義務ノ諸種ノ體樣《たいやう》ニ從ヒテ其廣狹《くわうけう》ヲ異ニス

第一節　直接履行《ちよくせつりかう》ノ訴權《そけん》

第三百八十二條　義務ノ本旨《ほんし》ニ從ヒテ直接ノ履行《りかう》ヲ債權者《さいけんしや》ヨリ請求《せいきう》シ且債務《かつさいむ》者《しや》ノ身體ヲ拘束《かうそく》セスシテ履行《りかう》セシムルコトヲ得ル場合ニ於テハ裁判所ハ其直接履行《ちよくせつりかう》ヲ命スルコトヲ要ス

ナリ之レ等ハ法律ヲ以テモ强テ行ハシムルヿ能ハズ何ソトナレバ身體ヲ拘束セザレバ行フヿ能ハザルモノナレバナリ

（不作爲ノ義務）トハ爲スベカラザルノ義務ナリ

（性質上强制執行ヲ爲スヿヲ得ズ）トハ作爲ノ義務ヲ

引渡ス可キ有體物《いうたいぶつ》ニシテ債務者《さいむしや》ノ財産中《ざいさんちう》ニ在ルモノニ付テハ裁判所ノ威權《いけん》ヲ以テ差押《さしおさ》ヘ之ヲ債權者《さいけんしや》ニ引渡ス

作爲ノ義務《ぎむ》ニ付テハ裁判所ハ債務《さいむ》者ノ費《ひ》用《よう》ヲ以テ第三者ニ之ヲ爲サシムルコトヲ債權《さいけん》者ニ許ス

不作爲《ふさゐ》ノ義務《ぎむ》ニ付テハ其義務《ぎむ》ニ背キテ爲シタルモノヲ債務者ノ費《ひ》用《よう》ヲ以テ毀壞《きくわい》セシメ及ヒ將來《しやうらい》ノ爲メ適當《てきたう》ノ處分ヲ爲スコトヲ債權《さいけん》者《しや》ニ許ス

此等ノ場合ニ於テ損害《そんがい》アリタルトキハ其賠償《ばいしやう》ヲ爲サシムルコトヲ妨ケス

債務者ニ對スル强制執行《きやうせいしつかう》ノ方法ハ民事訴訟法《みんじそしやうほふ》ヲ以テ之ヲ規定《きてい》ス

第二節　損害賠償《そんがいばいしやう》ノ訴權《そけん》

第三百八十三條　債務者《さいむしや》カ義務履行《ぎむりかう》ヲ拒絶《きよぜつ》シタル場合ニ於テ債權者强制執行《きやうせいしつかう》ヲ求メサルカ又ハ義務ノ性質上强制執行《せいしつじやうきやうせいしゆかう》ヲ爲スコトヲ

云フ彼ノ俳優ノ其技ヲ演スベキ義務ノ如キハ到底其俳優不承知ナレハ執行スルヲ得ザルナリ

得サルトキハ債權者損害賠償《そんがいばいしやう》ヲ爲サシムルコトヲ得債務者ノ責《せめ》ニ歸《き》ス可キ履行不能《りかうふのう》ノ場合《ばあひ》ニ於テモ亦同シ

又債權者ハ履行遲延《りかうちえん》ノミノ爲メ損害賠償《そんがいばいしやう》ヲ爲サシムルコトヲ得

法律ヲ以テ損害賠償《そんがいばいしやう》ノ額《かく》ヲ定メタル場合ノ外當事者《はかたうじしや》之ヲ定メサリシトキハ下ノ區別及ヒ條件《でうけん》ニ從ヒテ裁判所之ヲ定ム

第三百八十四條　損害賠償《そんがいばいしやう》ハ債務《さいむ》者カ第三百三十六條ニ依リテ遲滯《ちたい》ニ付セラレタル後ニ非サレハ之ヲ負擔《ふたん》セス

然レトモ不作爲《ふさゐ》ノ義務ニ於テハ債務《さいむ》者ハ常ニ當然遲滯《たうぜんちたい》ニ在リ

犯罪ニ因リテ他人ニ屬スル金錢其他ノ有價物《いうかぶつ》ヲ返還《へんくわん》スル責《せめ》ニ任スル者モ亦同シ

第三百八十五條　損害賠償《そんがいばいしやう》ハ債權者ノ受ケタル損失ノ償金《しやうきん》及ヒ其失ヒタル利得《りとく》ノ塡補《てんぽ》ヲ包含《はうがん》ス

然レトモ債務者ノ惡意《あくい》ナク懈怠《かいたい》ノミニ出テタル不履行《ふりかう》又ハ遲延《ちえん》ニ

付テハ損害賠償《そんがいばいしやう》ハ當事者カ合意《がふい》ノ時ニ豫見《よけん》シ又ハ豫見スルヲ得ヘカリシ損失《そんしつ》ト利得《りとく》ノ喪失《そうしつ》トノミヲ包含《はうかん》ス

惡意《あくい》ノ場合ニ於テハ豫見《よけん》スルヲ得サリシ損害《そんがい》ト雖モ不履行《ふりかう》ヨリ生スル結果《けつくわ》ニシテ避《さ》ク可カラサルモノタルトキハ債務者《さいむしや》其賠償《ばいしやう》ヲ負《ふ》擔《たん》ス

第三百八十六條　損害賠償《そんがいばいしやう》カ主タル訴《うつたへ》ノ目的タルトキハ裁判所ハ金錢《きんせん》ニテ其額《がく》ヲ定ム

損害賠償《そんがいばいしやう》ノ請求カ直接履行《ちよくせつりかう》ノ訴又ハ契約解除《けいやくかいぢよ》ノ訴ノ従《じう》タルトキハ裁判所ハ主タル請求ヲ決《けつ》スルト同時ニ先ツ數額不定《そうがくふてい》ノ損害賠償ヲ債務者《さいむしや》ニ言渡シ其計算ハ疏明《そめい》ヲ待チテ日後ニ之ヲ爲サシムルコトヲ得

又裁判所ハ債務者《さいむ》ニ直接履行《ちよくせつりかう》ヲ命スルト同時ニ其極度《きよくど》ノ期間ヲ定メ其遲延《ちえん》スル日毎ニ又ハ月毎ニ若干ノ償金《しやうきん》ヲ拂フ可キヲ言渡スコ

〔過怠約款〕トハ約束ニ反シタル件ノ罰金ヲ豫メ約束者双方ニテ定ムルヿヲ云フ

トヲ得此場合ニ於テハ債務者《さいむ》ハ直接履行《ちよくせつりかう》ヲ爲サスシテ損害賠償《そんがいばいじやう》ノ即時ノ計算ヲ請求スルコトヲ得

第三百八十七條　不履行《ふりかう》又ハ遲延《ちえん》ニ關《くわん》シ當事者双方《さうはう》ニ非理アルトキハ裁判所ハ損害賠償《そんがいばいしやう》ヲ定ムルニ付キ之ヲ斟酌《しんしやく》ス

第三百八十八條　當事者ハ豫《あらかじ》メ過怠約款《くわたいやくくわん》ヲ設ケ不履行《ふりかう》又ハ遲延ノミニ付テノ損害賠償ヲ定ムルコトヲ得

第三百八十九條　裁判所ハ過怠約款《くわたいやくくわん》ノ數額ヲ増スコトヲ得ス又不履《ふり》行《かう》若クハ遲延カ債務者《さいむ》ノ過失《くわしつ》ノミニ出テサルトキ又ハ一分ノ履行《りかう》アリタルトキニ非サレハ其數額ヲ減スルコトヲ得ス

第三百九十條　債務契約《さいむけいやく》ニ於テ不履行ニ付テノ過怠約款《くわたいやくくわん》ヲ要約《えうやく》シタルトキト雖モ其債權者《さいけん》ハ解除《かいぢよ》ノ權利《けんり》ヲ失ハス但明白ニ其權利ヲ抛《はう》棄《き》シタルトキハ此限ニ在ラス

債權者《さいけん》ハ遲延ノミニ付テノ過怠約款《くわたいやくくわん》ヲ要約《えうやく》シタルトキニ非サレハ

解除《かいぢよ》ト過怠《くわたい》ヲ併セテ要求スルコトヲ得ス

第三百九十一條　金錢ヲ目的トスル義務《ぎむ》ノ遲延ノ損害賠償《そんがいばいしやう》ニ付テハ裁判所ハ法律《はふりつ》上ノ利息《りそく》ノ割合ト異《こと》ナル額ニ之ヲ定ムルコトヲ得ス但法律ノ特例《とくれい》アル場合ハ此限ニ在ラス

當事者カ損害賠償《そんがいばいしやう》ノ數額ヲ定ムルトキハ合意《がうい》上ノ利息《りそく》ノ最上限以下タルコトヲ要ス

第三百九十二條　債權《さいけん》者ハ右ノ損害賠償ヲ請求スル爲メニ何等ノ損《そん》失《しつ》ヲモ證《しやう》スル責《せめ》ニ任セス又債務《さいむ》者ハ其請求《せいきう》ヲ拒《こば》ム爲メニ意外ノ事又ハ不《ふ》可抗力《かこうりよく》ヲ申立ツルコトヲ得ス

第三百九十三條　遲延利息《ちえんりそく》ヲ生セシムル爲メ債務《さいむ》者ヲ遲滞《ちたい》ニ付スルニハ裁判所ニ其利息ヲ請求シ又ハ債務《さいむ》者ノ特別ノ追認《ついにん》ヲ得ルコトヲ要ス但法律《はふりつ》カ當然此利息ヲ生セシムル場合及ヒ法律カ催告《さいこく》其他ノ行爲ニ因リテ此利息ヲ生セシムルヲ許《ゆる》セル場合ハ此限ニ在ラス

（塡補利息）トハ契約ニヨリ當然生ズル利息ヲ云フナリ

（遲延利息）トハ返濟期限ヲ經過シタル后遲滯ニ付セラレ生ズル利息ヲ云フナリ

（擔保）トハ保證シテ責任ヲ負擔スルコトナリ所謂保險ト云フガ如ク物品ノ使用追奪ニ付テ保證スルナリ

第三百九十四條　要求スルヲ得ヘキ元本《げんほん》ノ利息ハ塡補《てうほ》タルト遲延タルトヲ問ハス其一个《か》年《ねん》分ノ延滯《えんたい》セル毎ニ特別ニ合意シ又ハ裁判所ニ請求シ且其時ヨリ後《のち》ニ非サレハ此ニ利《り》息《そく》ヲ生セシムル爲メ元本《げんほん》ニ組入ルルコトヲ得ス

然レトモ建物《たてもの》又ハ土地ノ貸賃《かしちん》、無期《むき》又ハ終身《しうしん》ノ年金權《けん》ノ年金、返《へん》還《くわん》ヲ受ク可キ果實《くわじつ》又ハ產出物ノ如キ滿期《まんき》ト爲リタル入額ハ一个《か》年《ねん》未《み》滿《まん》ノ延滯タルトキト雖モ請求又ハ合意《がふい》ノ時ヨリ其利息ヲ生スルコトヲ得

債務《さいむ》者ノ免責《めんせき》ノ爲メ第三者ノ拂ヒタル元本《げんほん》ノ利息ニ付テモ亦同シ

第三節　擔保《たんほ》

第三百九十五條　物權《ぶつけん》ト人權《じんけん》トヲ問ハス權利ヲ讓渡《ゆづりわた》シタル者ハ讓渡以前ノ原因又ハ自己ノ責《せめ》ニ歸ス可キ原因ニ基キタル追奪《ついせつ》權ハ妨碍《ばうがい》ニ對シテ其權利ノ完全ナル行使《かうし》及ヒ自由ナル收益《しうえき》ヲ擔保《たんほ》スル責《せめ》ニ

任ス
擔保《たんぽ》ニ二箇ノ目的アリ即チ第三者ノ主張ニ對シ讓受人《ゆづりうけ》ヲ保護スルコト及ヒ防止《ぼうし》スル能ハサリシ妨碍《ぼうがい》若クハ追奪《ついだつ》ニ對シ償金ヲ拂フコト是ナリ

第三百九十六條　擔保《たんぽ》ハ有償《いうしやう》ノ行爲ニ付テハ反對ノ要約《えうやく》ナキトキハ當然存立《そんりつ》シ無償《むしやう》ノ行爲ニ付テハ之ヲ諾約《だくやく》シタルニ非サレハ存立セス

然レトモ如何ナル場合ニ於テモ又如何ナル要約《えうやく》ノ爲メニモ讓渡《ゆづりわたし》人ハ自ラ讓受人《ゆづりうけ》ニ妨碍《ぼうがい》ヲ加フルコトヲ得ス又第三者カ讓渡人ノ授《じゆ》與《よ》シタル權利ニ依リテ讓受人ニ妨碍ヲ加ヘ又ハ追奪《ついだつ》ヲ爲シタルトキハ讓渡人ハ其擔保《たんぽ》ノ責ニ任ス但權利ノ授與《じゆよ》カ無擔保《むたんぽ》ニテ爲シタル讓渡《ゆづりわたし》ノ以前ニ在ルトキト雖モ亦同シ

右擔保《たんぽ》ノ義務ハ讓渡人ノ相續人《そうぞく》ニ移轉《いてん》ス

（共同分割者）トハ共有物ヲ分割スルモノナリ

（訴訟參加）トハ訴訟中ナル原告若クハ被告ニ加ハルヿヲ云フ

第三百九十七條　買主《かひぬし》又ハ賃借人《ちんしやく》ノ爲メニスル賣主《うりぬし》又ハ賃貸人《ちんたいにん》ノ擔《たん》保《ぽ》及ヒ共同分割者《ぶんかつしや》ノ相互ノ擔保ニ特別ナル規則ハ其擔保ヲ生スル契約《けいやく》及ヒ行爲ノ各事項ニ於テ之ヲ規定ス

第三百九十八條　他人ト共ニ又ハ他人ノ爲メニ義務ヲ負《ふ》擔《たん》スル者ハ保證連帶《ほしやうれんたい》及ヒ不可分ノ事項ニ於テ規定シタル如ク他人ノ免責《めんせき》ノ爲メニ爲シタル辨濟《べんさい》ニ付キ擔保《たんぽ》ノ求償權《きうしやうけん》ヲ有ス

又債權者《さいけんしや》ノ一人カ連帶《れんたい》又ハ不可分ノ義務ノ皆濟《かいさい》ヲ受ケタルトキハ他ノ債權《さいけん》又ハ其一人ノ收《おさ》メタル利益ノ分與《ぶんよ》ニ付キ之ニ對シテ特別ナル訴權《そけん》ヲ有セサルトキハ擔保《たんぽ》ノ訴權《そけん》ヲ有ス

第三百九十九條　擔保《たんぽ》ニ付キ權利ヲ有スル者ハ訴《うつたへ》ヲ受ケタルトキハ民事訴訟法《みんじそしやうほふ》ニ從ヒテ擔保人《たんぽ》ノ訴訟參加《そしやうさんか》ヲ請求スルコトヲ得

第四百條　擔保人《たんぽ》ヲ訴訟《そしやう》ニ參加《さんか》セシメスシテ追奪《ついだつ》ヲ受ケ又ハ他人ノ債務《さいむ》ヲ辨濟《べんさい》シタル者ハ主タル訴權《そけん》ヲ以テ擔保人ニ對シ擔保ヲ請求

（義務ノ體樣）トハ義務ノ形體有樣ヲ云フナリ

スルコトヲ得但擔保人カ前ノ請求ヲ却下《きやくか》セシムルニ有効《いうかう》ナル方法ヲ有セシコトヲ證《しやう》スルトキハ此限ニ在ラス

第四節　義務《ぎむ》ノ諸種《しよしゆ》ノ體樣《たいやう》

第四百一條　義務ハ左ノ場合ニ從ヒテ其體樣ヲ變ス

第一　義務《ぎむ》ノ成立《せいりつ》ノ單純《たんじゆん》、有期《いうき》又ハ條件附《じやうけんつき》ナルトキ

第二　義務《ぎむ》ノ目的《もくてき》ノ單一《たんいつ》、選擇《せんたく》又ハ任意《にんい》ナルトキ

第三　債權者《さいけん》又ハ債務者《さいむ》ノ單數《たんすう》又ハ複數《ふくすう》ナルトキ

第四　義務《ぎむ》ノ性質又ハ其履行《りかう》ノ可分《かぶん》又ハ不可分ナルトキ

義務《ぎむ》ハ其體樣《たいやう》ノ變スルニ從ヒテ其効力《かうりよく》モ亦變ス

第一款　成立《なりたち》ノ單純《たんじゆん》、有期又ハ條件附《じやうけんつき》ナル義務

第四百二條　義務ノ成立《なりたち》カ初ヨリ正確《せいかく》ニシテ且即時ニ要求スルコトヲ得ヘキトキハ其義務《ぎむ》ハ單純《たんじゆん》ナリ

第四百三條　債權者《さいけん》カ或ル時期《じき》前又ハ時期ハ確定《かくてい》セサルモ必ス到來《とうらい》

ス可キ或ル事件ノ到來前ニ履行《りかう》ヲ求ムルコトヲ得サルトキハ其義務ハ有期《いうき》ナリ

當事者《とうじ》ノ定メタル期限《きげん》又ハ法律《はふりつ》ニ依リテ許與《きよよ》シタル期限ハ之ヲ權《けん》利《り》上ノ期限トス

債務者《さいむ》ノ爲シ得ヘキ時又ハ欲スル時ニ辨濟《べんさい》ス可シトノ語辭《ごじ》アルトキハ裁判所ハ債權者《さいけん》ノ請求ニ因リ事情《じじやう》ニ從ヒ及ヒ當事者《とうじ》ノ意思《いし》ヲ推定《すいてい》シテ其履行《りかう》ノ期間ヲ定ム但當事者カ無期《むき》ノ年金權ヲ設定《せつてい》セント欲シタル場合ハ此限ニ在ラス

第四百四條　債務者《さいむ》ハ期限ノ利益《りえき》ヲ抛棄《はうき》シテ滿期前《まんき》ニ其義務ヲ履行スルコトヲ得但要約《えうやく》ニ因リ又ハ事情ニ因リテ當事者双方《さうはう》ノ利益又ハ債權者《さいけん》ノミノ利益ノ爲メニ期限ヲ定メタル證據《しやうこ》アルトキハ此限ニ在ラス

債權者《さいけん》ノミノ利益《りゑき》ノ爲メニ期限ヲ定メタル場合ニ於テハ債權者モ

(特別ノ擔保ヲ毀滅シ)トハ負債ノ抵當トシテ差入タル物品ヲ毀ケ又ハ損シタル場合等ヲ云フナリ

其期限ヲ拋棄《はうき》スルコトヲ得

當事者カ錯誤《さくご》ニ因リテ滿期《まんき》前ニ辨濟《べんさい》シタル場合ニ於テハ第三百六十六條ノ規定ニ從フ

第四百五條　債務者《さいむ》ハ左ノ場合ニ於テ債權者《さいけん》ノ請求《せいきう》ニ因リ權利上ノ期限ノ利益ヲ失《うしな》フ

第一　債務者カ破産《はさん》シ又ハ顯然《けんぜん》無《む》資力《しりよく》ト爲リタルトキ

第二　債務者カ財産《ざいさん》ノ多分ヲ讓渡《ゆづりわた》シ又ハ其多分カ他ノ債權者《さいけん》ノ差押《さしおさへ》ヲ受ケタルトキ

第三　債務者カ其供《きやう》シタル特別ノ擔保《たんぽ》ヲ毀滅《きめつ》シ若クハ減少《げんせう》シ又ハ其豫約《よやく》シタル擔保ヲ供セサルトキ

第四　債務者カ塡補利息《てんぽりそく》ヲ拂ハサルトキ

第四百六條　權利《けんり》上ノ期限ノ有無ヲ問ハス又執行力《しつかうりよく》ヲ有スル證書《しやうしよ》アル場合ト雖モ債務者《ざいむ》カ不幸《ふかう》且善意《ぜんい》ニシテ債權者《さいけんしや》カ猶豫《いうよ》ノ爲メ確實《かくじつ》

ノ損害《そんがい》ヲ受ケサル可キトキハ裁判所ハ債務者《さいむ》ニ相應ナル恩惠上《おんけい》ノ期限ヲ許與《きよよ》スルコトヲ得

又裁判所ハ右ノ條件ニ從ヒテ債務《さいむ》ノ一分ツツノ履行《りかう》ヲ許スコトヲ得

右ニ反スル要約《えうやく》ハ總テ無効《かう》ナリ

第四百七條　恩惠《おんけい》上ノ期限ヲ得タル債務者《さいむ》ハ第四百五條ニ定メタル場合ノ外尙ホ左ノ場合ニ於テモ之ヲ失《うしな》フ

第一　債務者カ逃亡《とうばう》シ又ハ住所《じうしよ》ヲ去リテ債權者《さいけん》ニ其居所《きよしよ》ヲ隱祕《いんぴ》スルトキ

第二　債務者カ一个年以上ノ禁錮《きんこ》ノ刑《けい》ヲ受ケタルトキ

第三　債務者カ言渡《いひわたし》ヲ受ケタル條件ノ一ヲ行ハサルトキ

第四　債務者カ法律上《はふりつ》ノ相殺《さうさつ》ヲ爲シ得ヘキ場合ニ於テ自ラ其債《さい》權《けん》者ノ債權者ト爲リタルトキ

（第一ノ場合）トハ義務ノ發生ヲ云フ
（第二ノ場合）トハ義務ノ消滅ノ場合ヲ云フ

恩惠《おんけい》上ノ期限ハ裁判所ニ於テ更ニ之《の》ヲ延フルコトヲ得ス

第四百八條　當事《とうじ》者又ハ法律カ義務《ぎむ》ノ發生《はつせい》又ハ消滅《せうめつ》ヲ未來《みらい》且不確定《ふかくてい》ノ事件ノ有無ニ繫《か》ラシムルトキハ其義務ハ條件附《じやうけんつき》ナリ此條件ハ第一ノ場合ニ於テハ停止《ていし》ニシテ第二ノ場合ニ於テハ解除《かいぢよ》ナリ物權《ぶつけん》モ亦主《しゆ》タルト從《じう》タルトヲ問ハス之ヲ停止《ていし》又ハ解除《かいぢよ》ノ條件ニ繫《か》ラシムルヲ得

第四百九條　停止《ていし》ノ條件ノ成就《せうじゆ》スルトキハ合意ノ日ニ遡《さかのぼ》リテ其効《かう》ヲ生ス
解除《かいじよ》ノ條件ノ成就《せうじゆ》スルトキハ當事者ヲシテ合意前ノ各自ノ地位ニ復《ふく》セシム

第四百十條　停止《ていし》又ハ解除《かいぢよ》ノ條件カ成就《せうじゆ》セサル間ハ當事者ノ各自ハ條件ヲ帶《お》ヒタル權利《けんり》ヲ其儘《まゝ》ニ第三者ニ授與《じゆよ》スルコトヲ得
然レトモ其條件《じやうけん》ヲ第三百四十七條以下ニ定メタル方法ニ從《したが》ヒテ公

示シタルニ非サレハ當事者ノ一方又ハ其承繼人《しようけい》ハ之ヲ以テ他ノ一方ノ承繼人ニ對抗《たいかう》スルコトヲ得ス

第四百十一條　解除《かいじよ》條件ヲ帶《お》ヒタル權利ヲ有スル者ノ善意《ぜんい》ニ出テ且法律ニ從ヒテ為シタル管理《くわんり》ノ行為ハ第三者ノ利益ノ為メニ之ヲ保《ほ》持《ぢ》ス

解除《かいじよ》條件ヲ帶《お》ヒタル權利ヲ有スル當事者《とうじ》ノ一方ト第三者トニ對シテ言渡《いひわた》サレタル判決《はんけつ》ハ他ノ一方又ハ其承繼人《しやうけい》之ヲ援用《えんやう》スルコトヲ得

然レトモ右判決ハ他ノ一方ノ當事者《とうじ》又ハ其承繼人《しようけい》ヲ異議《いぎ》申述《しんじゆつ》ノ為メニ訴訟《そせう》ニ召喚《せうくわん》セサリシトキハ之ヲ以テ其當事者又ハ承繼人ニ對《たい》抗《かう》スルコトヲ得ス但其判決カ管理《くわんり》ノ行為《かうい》ノミニ關《くわん》スルトキハ此限ニ在ラス

第四百十二條　條件ノ成就《せうじゆ》シタルトキハ物《もの》又ハ金錢ヲ引渡《ひきわた》シ又ハ返《へん》

(目的ノ不能)トハ目的ガ到底事實上行フ能ハザルコトナリ月ノ世界ヲ旅行セント云フガ如シ(不法ノ條件)トハ刑法ノ罰スヘキ所爲ヲ行ヒ人類ノ職分ヲ破ルコトノ條件ナリ

還《くわん》ス可キ當事者ハ其成就セサル間ニ收取《しうしゆ》シ又ハ滿期ト爲レル果實《くわじつ》若クハ利息ヲ交付スルコトヲ要ス但當事者間ニ反對ノ意思《いし》アル證《しよう》據《こ》カ事情ヨリ生スルトキハ此限ニ在ラス

第四百十三條　合意《かうゐ》ノ主タル目的ヲ不能《ふのう》又ハ不法ノ條件ニ繫《かゝ》ラシメタルトキハ其合意ハ無効《むかう》ナリ

當事者ノ一方カ或ハ禁止《きんし》ノ所爲ヲ行ヒ又ハ本分ノ責務《せきむ》ヲ盡《つく》サヽルニ因リテ自己ニ利ヲ得或ハ禁止ノ所爲ヲ行《おこな》ハス又ハ本分ノ責務ヲ盡スニ因リテ自己ニ害《がい》ヲ受ク可キトキハ其條件ハ不法ナリ

不能又ハ不法ノ條件カ合意ノ從《じう》タル効力ノミニ關《くわん》スルトキハ其約《やく》欵《くわん》ノミ成立セス

第四百十四條　條件カ偶成《ぐうせい》ナルトキ又ハ其全部若クハ一分カ要約者《やうやく》ノ隨意《ずゐゐ》ナルトキ諾約者《だくやく》カ其成就ヲ妨《さまた》ケタルニ於テハ其條件ハ之ヲ成就《じやうじゆ》シタルモノト看做《みな》ス

（有的條件）トハ何々ノ有リシトキハ契約ヲ解除スベシトカ成就スベシトカ云フガ如シ（無的條件）トハ何々ノ無カリシトキハ契約ヲ解除シ若クハ成就スベシト云フガ如シ

第四百十五條　條件カ全ク當事者ノ一方ノ隨意《きいゐ》ナルトキハ他ノ一方ハ其成否ヲ決ス可キ或ル期限ヲ定メント裁判所ニ請求《せいきう》スルヿヲ得

第四百十六條　有的《いうてき》條件ノ爲メ當事者又ハ裁判所カ或ハ期限《きげん》ヲ定メタル塲合ニ於テ事件カ到來《とうらい》セスシテ此期限ヲ經過《けいくわ》シタルトキハ其條件ハ之ヲ成就セサルモノト看做《みな》ス條件ノ成否《せいひ》ノ爲メ期限ヲ定メタルト否《いな》トヲ問ハス事件ノ到來セサルコトノ確實《かくじつ》ト爲リタルトキモ亦同シ

無的《むてき》條件ノ爲メ或ル期限ヲ定メタル塲合ニ於テ事件カ到來《とうらい》セスシテ此期限ヲ經過《けいくわ》シタルトキハ其條件ハ之ヲ成就《せうじゆ》シタルモノト看做《みな》ス又其期限ヲ定メタルト否トヲ問ハス事件ノ到來セサルコトノ確《かく》實《じつ》ト爲リタルトキモ亦同シ

右孰《い》レノ塲合ニ於テモ裁判所ハ當事《とうじ》者ノ定メタル期限ヲ延フルコトヲ得ス

諸約者ノ一身ノミニ附着スルヿトハ書畫彫刻ノ如キ技藝ニ屬スルモノヲ云フ

第四百十七條　當事者ノ一方又ハ雙方《さうはう》カ條件ノ成就《じやうじゆ》又ハ不成就ノ前ニ死亡《しばう》シタルトキハ合意《がふい》ノ効力《こうりよく》ハ其相續人《さうぞく》ニ對シ働方又ハ受方ニテ存在《そんざい》ス但條件カ其性質《せいしつ》ニ因リ又ハ當事者ノ意思《いし》ニ因リテ要約者《やうやく》又ハ諾約者《だくやく》ノ一身ノミニ附着《ふちやく》シタルトキハ此限ニ在ラス

第四百十八條　條件カ如何樣《いかやう》ニ成就ス可キカ又如何ナル時ニ成就《じやうじゆ》シ又ハ成就セスト看做《みな》サル可キカヲ知ルコトハ當事者ノ明示《めいし》又ハ默《もく》示《し》ノ意思《いし》ニ從ヒテ之ヲ決《けつ》ス其條件ノ一分ノ成就《じやうじゆ》ヨリ生ス可キ効力《こうりよく》ニ付テモ亦同シ

第四百十九條　諾約《だくやく》シタル物カ諾約者ノ過失《くわしつ》ナクシテ停止《ていし》條件ノ成《せう》就《じゆ》前ニ其價額《かかく》ノ全部又ハ其過半《くわはん》ノ喪失《さうしつ》シタルトキハ合意ハ之ヲ成《せい》立《りつ》セスト看做《みな》シ且孰《いづ》レノ方ヨリ何等ノ要求《やうきう》ヲモ爲スコトヲ得ス之ニ反シ解除《かいじよ》條件ヲ以テ諾約《だくやく》シタルトキハ右同一ノ喪失《さうしつ》ハ要約者《やうやく》ノ權利《けんり》確定《かくてい》シテ其負擔《ふたん》ニ歸シ且何等ノ返還《へんくわん》ヲモ要求スルコトヲ得

ス

前二項ノ場合ニ於テ喪失《さうしつ》カ價額ノ半《なかば》ヲ超《こ》エサルトキハ條件ノ成就《せうじゆ》ハ合意ノ効力ヲ生ス

第四百二十條　一分ノ喪失《さうしつ》カ當事者ノ一方ノ責《せめ》ニ歸ス可キトキハ他ノ一方ハ自己ノ選擇《せんたく》ヲ以テ或ハ損失《そんしつ》ノ償金ト共ニ合意ノ履行《りかう》ヲ請求シ或ハ損害《そんがい》ノ賠償《ばいしやう》ト共ニ合意ノ解除《かいじよ》ヲ請求スルコトヲ得

又全部《ぜんぶ》喪失《さうしつ》ノ場合ニ於テハ損害ノ賠償ヲ請求《せいきう》スルコトヲ得

第四百二十一條　凡ソ雙務《さうむ》契約《けいやく》ニハ義務ヲ履行《りかう》シ又ハ履行ノ言込《いひこみ》ヲ爲セル當事者ノ一方ノ利益ノ爲メ他ノ一方ノ義務《ぎむ》不履行《ふりかう》ノ場合ニ於テ常ニ解除《かいじよ》條件ヲ包含《はうがん》ス

此場合ニ於テ解除《かいぢよ》ハ當然行ハレス損害《そんがい》ヲ受ケタル一方ヨリ之ヲ請《せい》求《きう》スルコトヲ要ス然レトモ裁判所ハ第四百六條ニ從ヒ他ノ一方ニ恩惠《おんけい》上ノ期限ヲ許與《きよよ》スルコトヲ得

(權利上ノ期限)ト

第四百二十二條　當事《とうじ》者ハ前條ノ解除《かいじよ》ヲ行ハサル旨《むね》ヲ明約《めいやく》スルコトヲ得

又當事者ハ履行《りかう》ノ遲滯《ちたい》ニ付セラレタル一方ニ對《たい》シテ解除《かいぢよ》ノ當然行ハル可キ旨《むね》ヲ明約《めいやく》スルコトヲ得然レトモ遲滯《ちたい》ニ付セラレタル一方ハ他ノ一方カ其解除《かいぢよ》ヲ申立ツルニ非サレハ自已《じこ》ヨリ之ヲ申立ツルコトヲ得ス

第四百二十三條　不履行《ふりかう》ノ爲メニ損害《そんがい》ヲ受ケタル當事者ハ默示《もくし》ノ解除《かいじよ》ノ場合ニ於テ未タ之ヲ裁判上ニテ請求《せいきう》セサル間又ハ明示《めいし》ノ解除ノ場合ニ於テ未タ之ヲ援用《えんやう》スル旨ヲ述ヘサル間ハ其除解《かいぢよ》ヲ拋棄《はうき》スルコトヲ得

第四百二十四條　裁判上ニテ解除《かいじよ》ヲ請求シ又ハ援用《えんやう》スル當事者ハ其受ケタル損害《そんがい》ノ賠償《ばいしやう》ヲ求ムルコトヲ得

第四百二十五條　當事者ハ其權利《けんり》カ停止《ていし》條件ニ繫《かゝ》リ又ハ其訴《そ》權《けん》カ權

ハ契約ニテ定メタルノ期限ナリ

(物ノ聚合)トハ物ノ集リテ一團トナリタルモノヲ指ス一群ノ羊一牧塲中ノ馬ナド云フガ如シ

(財産ノ包括)トハ一財産ニ多クノ物ヲ含ミタルヲ指ス即チ一ノ家屋ト云フトキハ疊建具等ヲ

利上若クハ恩惠《おんけい》上ノ期限ノ爲メニ阻止《そし》ヲ受クルト雖モ其間ニ於テ本法及ヒ民事《みんじ》訴《そ》訟法《せうはふ》ノ規定ニ從ヒテ自己ノ權利《けんり》ノ保存處分《はぞんしよぶん》ヲ爲スコトヲ得

第四百二十六條　賣買契約《ばいばいけいやく》ニ於テ特ニ慣用《くわんやう》スル隨意《ずいい》ノ停止《ていし》又ハ解除《かいじよ》ノ條件ニ付テハ財産取得編《ざいさんしゆとくへん》第二十九條乃至《ないし》第三十二條ノ規定《きてい》ニ從フ

第二款　目的《もくてき》ノ單一《たんいつ》、選擇《せんたく》又ハ任意《にんい》ノ義務《ぎむ》

第四百二十七條　義務《ぎむ》カ一箇若クハ數箇《すうこ》ノ特定物《とくていぶつ》又ハ定量物《ていりやうぶつ》或ハ物ノ聚合《しうがふ》、財産《ざいさん》ノ包括《はうくわつ》ヲ目的トスルトキハ其義務ハ單一ナリ

又義務カ同時又ハ順次《じゆんじ》ニ數箇ノ各別《かくべつ》ナル供與《きやうよ》ヲ目的トスル塲合ト雖モ唯一又ハ牽連《けんれん》ノ合意ヲ以テ其供與《きやうよ》ヲ負擔《ふたん》シタルトキハ倘ホ其義務《ぎむ》ハ之ヲ單一ナリト看做《みな》ス

右孰《いづ》レノ塲合ニ於テモ債務《さいむ》者ハ負擔《ふたん》シタル總《すべ》テノ物ヲ供與《きやうよ》スルニ

含ミ居ルガ如シ

非サレハ其義務ヲ免《まぬ》カルルコトヲ得ス

第四百二十八條　義務カ數箇《すうこ》ノ各別ナル目的《もくてき》ヲ有スルモ債務《さいむ》者カ其中ノ幾箇《いくこ》ノ供與ヲ爲スニ因リテ義務《ぎむ》ヲ免カル可キトキハ其義務ハ選擇《せんたく》ナリ

供與《きようよ》ス可キ物ノ選擇《せんたく》ハ債務者ニ屬《ぞく》ス但其選擇《せんたく》ヲ債權者《さいけんしや》ニ許與《きよよ》シタルトキハ此限ニ在ラス

然レトモ債務《さいむ》者ハ選擇《せんたく》ニテ負擔《ふたん》シタル數箇ノ物ノ各ノ一分ヲ受クルコトヲ債權《さいむ》者ニ强《し》ヒ又債權者ハ其各ノ一分ヲ與フルコトヲ債務者ニ强フルコトヲ得ス

第四百二十九條　選擇《せんたく》ヲ有スル當事者ノ孰《いづ》レタルヲ問ハス二箇ノ物ノ一カ意外ノ事又ハ不可《ふか》抗力《こうりよく》ニ因リテ滅失《めつしつ》シタルトキハ義務ハ單《たん》一ト爲リテ其殘《のこ》ル所ノ物ニ存ス

二箇ノ物カ共ニ全部《ぜんぶ》滅失《めつしつ》シタルトキハ義務ハ消滅《せうめつ》ス

二箇ノ物ノ一カ意外ノ事又ハ不可抗力《ふかこうりよく》ニ因リテ其價ノ半額《はんかく》ヨリ多キ部分ヲ喪失《そうしつ》シタルトキハ其物ハ債務《さいむ》者ノ選擇《せんたく》ノ目的タルコトヲ得ス

第四百三十條　債務《さいむ》者カ實物《じつぶつ》ノ提供《ていきやう》ヲ爲シ又ハ債權者カ合式《がふしき》ノ請求ヲ爲シテ一旦有効《いうこう》ニ行フタル選擇《せんたく》ハ當事者ノ一方ノ承諾《しようだく》アルニ非サレハ之ヲ言消《いゝけ》スコトヲ得ス

第四百三十一條　選擇《せんたく》カ債務者ニ屬スル場合ニ於テ二箇ノ物ノ一カ其過失《くわしつ》ニ因リテ滅失《めつしつ》シタルトキハ義務《ぎむ》ハ殘《のこ》ル所ノ物ニ存シ債務《さいむ》者ハ滅失《めつーつ》シタル物ノ價金ヲ與《あて》ヘテ其義務ヲ免カルヽコトヲ得ス

二箇ノ物カ債務《さいむ》者ノ過失《くわしつ》ニ因リテ順次《じゆんじ》ニ滅失《めつしつ》シタルトキハ債務者ハ後《のち》ニ滅失《めつしつ》シタル物ノ價金ヲ負擔《ふたん》ス

又二箇ノ物カ同時ニ滅失《めつしつ》シテ債務者カ其二箇又ハ一箇ニ對《たい》シ過失《くわしつ》アリタルトキハ選擇《せんたく》ハ債權者ニ移轉《いてん》シ之ヲシテ一箇ノ物《もの》ノ價金《かきん》ヲ

得セシム

第四百三十二條　同上ノ塲合ニ於テ二箇ノ物ノ一カ債權者《さいけん》ノ過失《くわしつ》ニ因リテ滅失《めつしつ》シタルトキハ債務者《さいむ》ハ義務《ぎむ》ヲ免カル但債務者ハ自己《じこ》ノ選擇《せんたく》ヲ以テ殘《のこ》ル所ノ物ヲ與ヘテ滅失シタル物ノ償金《しやうきん》ヲ要求《やうきう》スルコトヲ得

二箇ノ物カ共ニ債權者《さいけん》ノ過失《くわしつ》ニ因リテ滅失《めつしつ》シタルトキハ債務者《さいむ》ハ自己ノ選擇《せんたく》ヲ以テ一箇ノ物ノ償金ヲ要求スルコトヲ得

二箇ノ物カ一ハ債權者ノ過失《くわしつ》ニ因リ一ハ意外ノ事又ハ不《ふ》可抗力《かこうりよく》ニ因リテ同時ニ滅失《めつしつ》シタルトキハ債務者《さいむしや》ハ義務ヲ免カレ債權者《さいけんしや》ニ對シテ償金《しやうきん》ヲ要求スルコトヲ得ス

第四百三十三條　合意《がふい》ヲ以テ債權者ニ選擇《せんたく》ヲ與ヘタル塲合ニ於テ二箇ノ物ノ一カ債務者《さいむしや》ノ過失《くわしつ》ニ因リテ滅失《めつしつ》シタルトキハ債權者ハ殘《のこ》ル所ノ物ヲ要求《やうきう》シ又ハ滅失シタル物ノ價金《かきん》ヲ要求スルコトヲ得二

(既往ニ遡リテ効ヲ生ズ)トハ權利ノ確定シタルハ現

箇ノ物カ共ニ債務者《さいむしや》ノ過失《くわしつ》ニ因リテ滅失《めつしつ》シタルトキハ債權者《さいけん》ハ自《じ》己《こ》ノ選擇ヲ以テ一箇ノ物ノ價金《かきん》ヲ要求スルコトヲ得二箇ノ物カ一ハ債務者《さいむしや》ノ過失ニ因リ一ハ意外《いくわい》ノ事又ハ不可抗力《ふかこうりよく》ニ因リテ同時ニ滅失《めつしつ》シタルトキモ亦同シ

第四百三十四條　同上ノ場合ニ於テ二箇ノ物ノ一カ債權者《さいけんしや》ノ過失《くわしつ》ニ因リテ滅失《めつしつ》シタルトキハ債務者《さいむしや》ハ義務《ぎむ》ヲ免カル

二箇ノ物カ共ニ債權者《さいけん》ノ過失《くわしつ》ニ因リテ同時ニ滅失《めつしつ》シタルトキハ選《せん》擇《たく》ハ債務者ニ移轉《いてん》シ之ヲシテ一箇ノ物ノ價金《かきん》ヲ得セシム

二箇ノ物カ一ハ債權者《さいけんしや》ノ過失《くわしつ》ニ因リ一ハ意外《いくわい》ノ事又ハ不可抗力《ふかこうりよく》ニ因リテ同時ニ滅失《めつしつ》シタルトキハ債務者ハ義務《ぎむ》ヲ免カレ債權者《さいけん》ニ對シテ償金《しやうきん》ヲ要求スルコトヲ得ス

第四百三十五條　前數條ノ規定《きてい》ニ從ヒテ選擇《せんたく》ノ義務カ一箇ノ物ニ歸《き》着《ちやく》シタルトキ又ハ其權利《けんり》ヲ有スル當事者カ選擇《せんたく》ヲ爲シタルトキハ

時ナルモ其効力ヲ生ズルハ契約ノ當時トナルヲ云フ

其義務《ぎむ》ハ停止《ていし》條件ノ義務ニ關《くわん》シ第四百九條ニ規定《きてい》シタル如ク既往《きわう》ニ遡《さかのぼ》リテ効《かう》ヲ生ス

第四百三十六條　債務《さいむ》者カ一定ノ物ヲ主《しゆ》トシテ負擔《ふたん》スルモ他ノ物ヲ與ヘテ義務《ぎむ》ヲ免カルルノ權能《けんのう》ヲ有スルトキハ其義務ハ任意《にんい》ナリ

主《しゆ》トシテ負擔《ふたん》スル物ヲ與フルノ義務《ぎむ》ハ任意《にんい》ニテ負擔《ふたん》スル物ヲ辨濟《べんさい》スルニ於テハ解除《かいぢよ》ス可シトノ條件ニ繫《かゝ》ルモノト看做《みな》ス

主トシテ負擔《ふたん》スル物カ意外ノ事又ハ不可抗力《ふかかうりよく》ニ因リテ滅失《めつしつ》シタルトキハ債務者ハ義務《ぎむ》ヲ免カル

主トシテ負擔《ふたん》スル物カ債務《さいむ》者ノ過失《くわしつ》ニ因リテ滅失《めつしつ》シタルトキハ債務者ハ其價金ノ償還《しやうくわん》及ヒ損害《そんがい》ノ賠償《ばいしやう》ニ任《にん》ス然レトモ債務者ハ任《にん》意《い》ニテ負擔スル物ヲ與ヘテ義務ヲ免カルルノ權能《けんのう》ヲ有ス

二箇ノ物ノ一カ債權《さいけん》者ノ過失《くわしつ》ニ因リテ滅失《めつしつ》シタルトキハ債務者ニ其免責《めんせき》ヲ申立テ又ハ殘《のこ》ル所ノ物ヲ與ヘテ滅失シタル物ノ價金《かきん》ヲ要《よう》

（連合）トハ連帶ト異ナリ義務又ハ權利ハ一個トナリテ存スルモ各債權者又ハ義務者中ニ部分ノ負擔スヘキモ

求《きう》スルコトヲ得

二箇ノ物カ共ニ債權者《さいけん》ノ過失《くわしつ》ニ因リテ滅失《めつしつ》シタルトキハ債務者《さいむ》ハ義務ヲ免カレ且自己ノ選擇《せんたく》ヲ以テ一箇ノ物ノ價金《かきん》ヲ要求スルコトヲ得

二箇ノ物カ一ハ意外ノ事又ハ不可抗力《ふかこうりよく》ニ因《よ》リ一ハ債權者《さいけん》ノ過失《くわしつ》ニ因リテ同時ニ滅失《めつしつ》シ其過失《くわしつ》カ任意《にんい》ニテ負擔《ふたん》シタル物ノ上ニ存スルトキ又ハ其過失《くわしつ》カ孰《いづ》レノ物ノ上ニ存シタルカヲ知リ得サルトキハ債務者《さいむ》ハ義務《ぎむ》ヲ免カレ且任意《にんい》ニテ負擔《ふたん》シタル物ノ價金ヲ要求《えうきう》スルコトヲ得

第三款　債權者《さいけん》及ヒ債務者《さいむ》ノ單數《たんすう》又ハ複數《ふくすう》ナル義務《ぎむ》

第四百三十七條　債權者《さいけん》及ヒ債務者《さいむ》カ各一人ナルトキハ其義務ハ單《たん》數《すう》ナリ

債權者又ハ債務者カ數人ナルトキハ其義務ハ複數《ふくすう》ナリ

ノアリテ權利者ハ其部分ヲ訴ヘ義務者ハ其部分ヲ仕拂フトキハ可ナルモノナリ

（全部）トハ連合ノ如ク各部分ヲ區別スルモノニアラズト雖モ亦連帶ノ如ク一人ニ對シテ全部ヲ要求スルヲ得ザルモノタリ

複數《ふくすう》ノ義務ニハ連合《れんがふ》ノモノ有リ連帶《れんたい》ノモノ有リ全部《ぜんぶ》ノモノ有リ不《ふ》可分《かぶん》ノモノ有リ

第四百三十八條　連合《れんがふ》ノ義務ニ於テハ次款《じくわん》ニ定ムル如ク各債權者《さいけんしや》又ハ各債務者《さいむ》ハ自己ノ部分外《ぶぶんぐわい》ニ履行《りかう》ヲ求ムルコトヲ得ズ又訴追《そつい》ヲ受クルコト無シ

連帶《れんたい》ノ義務ニ於テハ各債權者又ハ各債務者ハ自己《じこ》ノ名ヲ以テ自己ノ部分《ぶぶん》ノ爲メニスルト他人ノ名ヲ以テ他人ノ部分ノ爲メニスルトヲ問ハス全部《ぜんぶ》ニ付キ履行《りかう》ヲ求ムルコトヲ得又訴追《そつい》ヲ受クルコト有リ但擔保訴權《たんぽそけん》ニ因レル相互ノ求償權《きうしやうけん》ヲ妨《さまた》ケス

全部《ぜんぶ》ノ義務ハ債權擔保編《さいけんたんぽへん》第七十三條ニ於テ之ヲ規定《きてい》ス

第四款　性質《せいしつ》又ハ履行《りかう》ノ可分《かぶん》又ハ不可分《ふかぶん》ナル義務《ぎむ》

第四百三十九條　單數《たんすう》ノ義務ハ債權者ト債務者トノ間ニ在テハ不可《ふか》分《ぶん》タル如ク之ヲ履行《りかう》スルコトヲ要ス但第四百六條ヲ以テ一分ノ辨《べん》

濟《さい》ヲ許スコトニ付キ裁判所ニ與ヘタル權能《けんのう》ヲ妨《さまた》ケス

第四百四十條　連合《れんがふ》ノ義務ニ於テハ債權者《さいけん》ノ各自カ履行《りかう》ヲ求メ又ハ債務者《さいむ》ノ各自カ訴追《そつい》ヲ受ク可キ實地ノ部分《よよん》ハ合意又ハ事情ニ從ヒテ之ヲ定《さだ》ム

前項ノ規定《きてい》ニ從フヲ得サルトキハ其各自《かくじ》ノ部分ハ平分《へいぶん》ニテ之ヲ計《けい》算《さん》ス但債權《さいけん》ノ利益《りえき》又ハ債務ノ負擔《ふたん》ニ於テ各自カ其實地《じつち》ノ部分ニ復《ふく》スル相互ノ求償權《きうしやうけん》ヲ妨《さまた》ケス

第四百四十一條　複數《ふくすう》ノ義務ハ左ノ塲合ニ於テ債權者《さいけん》ノ間ニモ債務《さいむ》者ノ間ニモ不可分ナリ

第一　負擔《ふたん》スル目的ノ性質《せいしつ》ニ因リテ一分ノ履行《りこう》カ形體《けいたい》上及ヒ智《ち》能《のう》上不能ナルトキ

第二　義務《ぎむ》カ性質ニ因リテ可分ナルモ當事《とうじ》者ノ明示《めいし》ノ意思《いし》又ハ其期《き》望《ばう》シタル目途其他事情ヨリ顯《あら》ハルル意思《いし》カ一分ノ履行《りかう》ヲ

許ササルトキ

第四百四十二條　義務《ぎむ》ハ其性質ニ因リテ可分《かぶん》ナルモ左ノ場合ニ於テハ尚ホ當事者ノ意思《いし》ニ因リ受方《うけかた》ノミニテ不可分ナリ

第一　債務者ノ一人ノ處分權內《しよぶんけんない》ニ在ル特定物《とくていぶつ》ノ引渡ニ關スルトキ

第二　債務者ノ一人カ債務《さいむ》ノ設定權原《せつていけんげん》ニ因リテ獨リ履行《りこう》ニ任《にん》シタルトキ

右第一ノ場合《ばあひ》ニ於テ數人ノ債權者《さいけん》アルトキハ其一人ノ債務者《さいむ》ハ此數債權者《すうさいけんしや》ニ對シテ同時ニ義務《ぎむ》ヲ免カルル爲メ其數債權者《すうさいけん》ノ訴訟參《そしようさん》加《か》ヲ要求スルコトヲ得

第四百四十三條　不可分《ふかぶん》ハ債權擔保編《さいけんたんぽへん》ニ規定《きてい》スル如ク性質ニ因リテ可分ナル債務《さいむ》ノ履行《りかう》ノ擔保《たんぽ》ノ爲メ連帶《れんたい》ニ併合《へいがふ》シ又ハ併合セスシテ債務者《さいむ》ノ負擔《ふたん》又ハ債權者ノ利益ニ於テ之ヲ要約《ようやく》スルコトヲ得

第四百四十四條　債權者ノ一人カ不可分債務《ふかぶんさいむ》ノ履行《りかう》ヲ受ケタルトキハ他ノ債權者ノ權利《けんり》ノ限度《げんど》ニ應シテ之ニ其利益《りえき》ヲ分與スルコトヲ要ス

又債務者ノ一人カ義務《ぎむ》ノ履行《りかう》ヲ爲シタルトキハ義務ノ原因《げんいん》ニ從ヒ又ハ從來相互《じうらいさうご》ノ關係《くわんけい》ニ從ヒテ他ノ債務者ノ分擔《ぶんたん》ス可キ部分ニ付キ之ニ對シテ擔保《たんぽ》ノ求償權《きうしやうけん》ヲ有ス

第四百四十五條　債權《さいけん》者ノ一人ハ要約《えうやく》シタル如ク辨濟《べんさい》ヲ受クルニ非サレハ他ノ債權者ノ權利《けんり》ヲ減少《げんしやう》シ又ハ消滅《しやうめつ》セシムルコトヲ得ス

債權《さいけん》者ノ一人カ總債務《そうさいむ》者若クハ其一人ノ免責《めんせき》ヲ主旨《しゆし》トスル更改《かうかい》、免除《めんぢよ》其他ノ合意ヲ爲シタルモ又ハ債務《さいむ》者カ其一人ノ債權《さいけん》者ニ對シテ適法《てきはふ》ナル相殺《さうさつ》ノ原因《げんいん》ヲ有スルモ他ノ債權《さいけん》者ハ尙ホ債務ノ全部《ぜんぶ》ノ履行《りかう》ヲ請求スルコトヲ得然レトモ他ノ債權《さいけん》者ハ此一人ノ債權者カ其權利《けんり》ヲ失ハサリシナラハ第五百一條第四項《かう》、第五百十五條第二

（時効ヲ停止スル適法ノ原因）トハ權利者ノ相續人ガ未成年者ナルカ權利者ガ瘋癲者等ノ病氣トナリアル間ヲ云フナリ

項《こう》、第五百二十一條第三項《こう》第四項《こう》ノ規定《きてい》ニ從ヒ其一人ノ債權者《さいけん》ニ分與《ぶんよ》ス可キ利益ニ付キ其訴追《そつい》ヲ受ケタル債務者ニ對シテ計算《けいさん》ヲ爲ス

第四百四十六條　債權者《さいけん》ノ一人ノ爲シタル付遲滯《ふちたい》其他ノ保存《ほそん》ノ行爲ハ他ノ債權者ヲ利ス

又債權者ノ一人ノ利益《りえき》ノ爲メニ時効《じかう》ヲ停止《ていし》スル適法《てきはふ》ノ原因アルトキハ他ノ債權者《さいけん》ノ利益ノ爲メ之ヲ停止《ていし》ス

第四百四十七條　債務者《さいむ》ノ一人ハ他ノ債務者ノ負擔《ふたん》ヲ加重《かぢう》スルコトヲ得ス又債務者《さいむ》ノ一人ニ對スル付遲滯《ふちたい》ハ之ヲ以テ他ノ債務者ニ對《たい》抗《かう》スルコトヲ得ス

然レトモ債務者ノ一人ニ對抗《たいこう》スルコトヲ得ヘキ時効《じこう》ノ中斷《ちうだん》又ハ停《てい》止《し》ノ原因ハ之ヲ以テ他ノ債務者《さいむ》ニ對抗《たいこう》スルコトヲ得但債權者訴追《そつい》ヲ受ケタル債務者ニ對シ時効《じこう》ニ因リ義務ヲ免カレタル債務者《さいむ》ノ債

務ノ部分《ぶぶん》ニ付キ計算《けいさん》ヲ為ス

第四百四十八條　債務者ノ一人ノ過失《くわしつ》ニ因リテ不可分《ふかぶん》ノ債務ヲ履行《りかう》スルコトヲ得サルトキハ損害賠償《そんがいばいしやう》又ハ過怠約款《くわたいやくくわん》ハ過失者ノミ之ヲ負擔《ふたん》ス可分義務《かぶんぎむ》ノ全部ノ履行《りかう》ヲ保《ほ》スル為メ過怠約款《くわたいやくくわん》ヲ設ケタルトキト雖モ亦同シ

第四百四十九條　第四百四十一條ノ場合ニ於テ不可分義務《ふかぶんぎむ》ノ履行《りかう》ノ為メ訴《うつたへ》ヲ受ケタル債務《さいむ》者ハ他ノ者ヲ債務訴訟《そしやう》ニ參加《さんか》セシメ共ニ裁判ヲ受クル為メ及ヒ之ニ對《たい》スル自己ノ求償《きうしやう》ニ付キ裁判ヲ受クル為メ期間ヲ請求スルコトヲ得

第三章　義務《ぎむ》ノ消滅《しやうめつ》

（解）義務《ぎむ》ヲ負フノ結果《けつくわ》トシテ權利者ヨリ其履行《りかう》若クハ損害《そんがい》ノ賠償《ばいしやう》ヲ要求セラルヽコトハ第二章ニ規定《きてい》セラルヽガ如シ故ニ此二者中ノ一ヲ義務者《ぎむしや》ニ於テ行ヒタルトキハ義務ハ當然消滅《とうぜんしやうめつ》スルト雖モ之レ義務《ぎむ》

ガ他ノ變故《へんこ》ニ遭遇《そうぐう》セザルノ卜ナリ義務《ぎむ》ハ尚ホ自然力《しぜんりよく》ニヨリ或ハ約束《そく》ノ條件《じやうけん》ニヨリ又ハ契約者《けいやくしや》双方ノ合意ニヨリ若クハ合意《がうい》ノ瑕瑾《かきん》ニヨリテ消滅《しやうめつ》スルコアリ即チ自然力《しぜんりよく》ニ據ルモノハ履行《りかう》ノ不能《ふのう》ノ場合ニアリ約束《やくそく》ノ條件ニ據ルハ解除《かいじよ》ノ場合ナリ合意ニ據ルハ更改免除《かうかいめんじよ》相殺混同《さうさつこんどう》等ノ場合ナリ而シテ合意ノ瑕瑾《かきん》ニヨリテ銷除廢罷《しやうじよはいひ》等ヲ生ズルナリ

第四百五十條　義務ハ左ノ諸件《しよけん》ニ因リテ消滅《しやうめつ》ス

第一　辨濟《べんさい》

第二　更改《かうかい》

第三　合意《がうい》上ノ免除《めんじよ》

第四　相殺《さうさつ》

第五　混同《こんどう》

第六　履行《りかう》ノ不能《ふのう》

（免責時効）トハ義務ヲ免除スルノ時効ナリ證據篇第七章ニ規定セラレタルモノタリ

（辨濟）トハ義務ノ履行ナリ即チ負フタル作爲ノ義務ヲ辨ジ物件等ノ返濟ヲナスナリ

第七　銷除《せうじよ》
第八　廢罷《はいひ》
第九　解除《かいじよ》
此他義務《ぎむ》ハ免責時効《めんせきじこう》ノ條件ノ具備《ぐび》スルトキハ之ヲ消滅《しやうめつ》シタルモノト看做《みな》ス

第一節　辨濟《べんさい》

第四百五十一條　辨濟ハ義務《ぎむ》ノ本旨ニ從《したが》フノ履行《りこう》ナリ
辨濟《べんさい》ハ下ノ第一款及ヒ第四款ニ記載《きさい》シタル區別ニ從ヒテ單純《たんじゆん》ナル有リ代位《だいい》ナル有リ
數箇《すうこ》ノ債務《さいむ》アリテ只一箇ノ辨濟《べんさい》ヲ爲ストキハ第二款ニ從ヒテ債務《さいむ》ノ一箇又ハ數箇ニ付キ辨濟《べんさい》ノ充當《じうとう》ヲ爲ス
債權者カ辨濟《べんさい》ヲ受クルコト能ハス又ハ欲セサルトキハ債務《さいむ》者ハ第三款ニ記載《きさい》シタル如ク提供《ていきやう》及ヒ供託《きやうたく》ノ方法ヲ以テ自ラ義務ヲ免カ

ルルコトヲ得

債務者カ債權者《さいけん》ニ對シテ自己ノ財産《ざいさん》ヲ委棄《いき》スルコトヲ得ル場合ハ民事《みんじ》訴訟法《そしやうはふ》ヲ以テ之ヲ規定《きてい》ス

第一款　單純《たんじゅん》ノ辨濟《べんさい》

第四百五十二條　辨濟《べんさい》ハ債務者又ハ共同債務者《きやうどうさいむ》ノ一人ヨリ有効ニ之ヲ爲スノ外尚ホ保證人《ほしやう》又ハ抵當財産《ていとうざいさん》ヲ所持スル第三者ノ如キ附隨ノ義務者ヨリ有効ニ之ヲ爲スコトヲ得

又辨濟《べんさい》ハ利害ノ關係《くわんけい》ナキ第三者ヨリ或ハ債務者《さいむ》ノ名ヲ以テ或ハ自己ノ名ヲ以テ之ヲ爲スコトヲ得

第四百五十三條　利害ノ關係《くわんけい》ヲ有スルト否《いな》トヲ問ハス第三者ノ爲シタル辨濟《べんさい》ノ有効ナル爲メニハ債權者ノ承諾《しやうだく》ヲ必要トセス但作爲《さい》ノ義務ニ關シ債權者カ特ニ債務《さいむ》者ノ一身ニ着眼《ちやくがん》シタルトキハ此限ニ在ラス

（債務者ノ一身ニ着眼スル）トハ債務者ノ一身ヲ主眼トスルコトナリ身体ニ屬スル技藝ノ如

キモノナリ

讓リ渡ス能力ナ

又債務者ノ承諾《しやうだく》モ之ヲ必要トセス但利害《りかい》ノ關係《くわんけい》ヲ有セサル第三者ノ辨濟《べんさい》ニ付テハ債務者又ハ債權者ノ承諾アルコトヲ要ス

第四百五十四條　辨債シタル第三者ハ法律又ハ合意《がうい》ニ依リ債權者ノ權利《けんり》ニ代位《だいゐ》シタル場合ノ外其權ニ基《もとつ》キ下ノ區別ニ從ヒ債務者ニ對シ求償權《きうしやうけん》ヲ有ス

第三者カ委任ヲ受ケタルトキハ其權限《けんげん》ノ範圍《はんゐ》内ニ於テ辨濟《べんさい》シタル全額ノ爲メ求償權ヲ有ス

事務《じむ》管理《くわんり》ニテ辨濟ヲ爲シタルトキハ辨濟《べんさい》ノ日ニ於テ債務者《さいむ》ニ得セシメタル有益ノ限度《げんど》ニ從ヒ求償權ヲ有ス

債務《さいむ》者ノ意ニ反《はん》シテ辨濟《べんさい》ヲ爲シタルトキハ求償《きうしやう》ノ日ニ於テ債務者ノ爲メ存在スル有益《いうえき》ノ限度《げんど》ニ非サレハ求償權ヲ有セス

第四百五十五條　辨濟カ定量物《ていりやうぶつ》ノ所有權ノ移轉《いてん》ヲ目的トスルトキハ其物ノ所有者ニシテ且之ヲ讓渡《ゆづりわた》スノ能力アル者ニ非サレハ引渡《ひきわたし》其

キ所有者）トハ契約ノ場合ニ於ケル無能力者即チ幼者等ノ如キモノナリ

他ノ方法ヲ以テ辨濟ヲ爲スコトヲ得ス
他人ノ物ヲ引渡《ひきわた》シタルトキハ當事《とうじ》者各自ニ其辨濟《べんさい》ノ無効ヲ主張《しゆちやう》スルコトヲ得
讓渡《ゆづりわた》スノ能力ナキ所有者カ物ヲ引渡シタルトキハ其所有者ノミ辨《べん》濟《さい》ノ無効《むこう》ヲ請求スルコトヲ得
右孰《いづ》レノ場合ニ於テモ債務《さいむ》者ハ更ニ有効ナル辨濟《べんさい》ヲ爲スニ非サレハ引渡シタル物ヲ取戻《とりもど》スコトヲ得ス
債權者カ辨濟トシテ受ケタル動産物《どうさんぶつ》ヲ善意《ぜんい》ニテ消費《せうひ》シ又ハ讓渡《ゆづりわた》シタルトキハ債務者ハ其取戻《とりもどし》ヲ爲スコトヲ得ス
又債權者ハ他人ノ物ヲ以テセル辨濟ヲ認諾《にんだく》スルコトヲ得但眞《しん》ノ所有者ヨリ回得《くわいとく》ヲ訴《うつた》ヘタルトキハ債務者ニ對スル擔保《たんぽ》ノ訴權《そけん》ヲ妨ケス

第四百五十六條　辨濟《べんさい》ハ債權者又ハ其代人ヨリ之ヲ爲スコトヲ要《やう》ス辨

（表見ナル相續人）トハ一般ニ表ハレ知ラレタル相續人ナリ

（包括承繼人）トハ一物二物ト其品類ヲ限ラズシテ一財産ヲ包括シテ引受ケタルモノナリ

濟領受《りやうじゆ》ノ分限《ぶんげん》ヲ有セサル者ニ爲シタル辨濟ト雖モ債權者《さい‐ん》カ之ヲ認《に》諾《だく》シ又ハ之ニ因リテ利得シタルトキハ有効ナリ

第四百五十七條　眞《しん》ノ債權者ニ非サルモ債權《さいけん》ヲ占有《せんいう》セル者ニ爲シタル辨濟ハ債務者ノ善意《ぜんい》ニ出テタルトキハ有効ナリ

表見《ひやうけん》ナル相續人《さうぞく》、其他ノ包括承繼人《はうくわつしやうけい》、記名債權《きめいさいけん》ノ表見ナル讓受《ゆづりうけ》人及ヒ無記名證券《むきめいしやうけん》ノ占有者《せんいう》ハ之ヲ債權ノ占有者ト看做ス

第四百五十八條　領受《りやうじゆ》ノ能力ナキ債權者又ハ債權占有者《さいけんせんいう》ニ爲シタル辨濟《べんさい》ハ其債權者又ハ債權占有者ノ請求ニ因リテ之ヲ取消《とりけ》スコトヲ得但其利得シタル部分ニ付テハ此限ニ在ラス

第四百五十九條　民事訴訟法ニ從ヒ正當《せいとう》ニ爲シタル拂渡《はらひわたし》差押《さしおさへ》ノ後債務者カ自己ノ債權者ニ辨濟ヲ爲シタルトキハ差押《さしおさへ》債權者ハ其受ケタル損害《そんがい》ノ限度ニ於テ更ニ辨濟ス可キヲ債務者ニ强要《きやうえう》スルコトヲ得但辨濟ヲ受ケタル債權者ニ對スル債務者ノ求償權《きうしやうけん》ヲ妨ケス

「債務者ハ最良品ヲ與ヘ債權者ハ最惡品ヲ受取ル責ニ任ゼズ」トハ即チ中等品ヲ以テ授受ヲ爲スヿヲ云フナリ

第四百六十條　債權者ハ己レニ對シテ負擔《ふたん》シタル物ヨリ他ノ物ヲ辨濟トシテ受取《うけと》ルノ責《せめ》ニ任セス他ノ物ノ價格《かかく》カ高キトキト雖モ亦同シ

債務者ハ其負擔《ふたん》シタル物ヨリ他ノ物ヲ與フル責《せめ》ニ任セス請求ヲ受ケタル物ノ價格《かかく》カ低《ひく》キトキト雖モ亦同シ

代替物《だいたいぶつ》ヲ目的トセル債務《さいむ》ニ於テハ債務者ハ最良品《さいりやうひん》ヲ與ヘ債權者ハ最惡品《さいあくひん》ヲ受取ル責《せめ》ニ任セス

第四百六十一條　雙方一致ニテ物《もの》ヲ金錢《きんせん》ニ、金錢ヲ物ニ又ハ或ル物ヲ他ノ物ニ代《か》ヘテ辨濟《べさい》シ若クハ辨濟スルコトヲ諾約《だくやく》シタルトキハ原義務《げんぎむ》ヲ更改《かうかい》シタリト看做《みな》シ其行爲ハ場合ニ因リテ賣買《ばいばい》又ハ交換《かうかん》ノ規則ニ從フ

第四百六十二條　特定物《とくていぶつ》ノ債務者ハ引渡《ひきわたし》ヲ爲ス可キ時ノ現狀《げんじやう》ニテ其物ヲ引渡スニ因リテ義務ヲ免カル但條件附《じやうけんつき》ノ義務ノ危險《きけん》ニ關スル

「貨幣ノ名價」トハ實價ニ對スルノ語ナリ其貨幣ニ政府ガ命シタル價格ナリ

第四百十九條ノ規定ヲ妨ケス
債務者ノ費用《ひよう》ニテ物ヲ保存《ほぞん》シ若クハ改良《かいりやう》シ又ハ其過失《くわしつ》若クハ懈怠《かいたい》ニ因リテ之ヲ毀損《きそん》シタルトキハ償金ハ上ノ第一章第二節《せつ》第三節《せつ》ニ從ヒテ當事者互《たがひ》ニ之ヲ負擔《ふたん》ス

第四百六十三條　金錢ヲ目的トセル債務《さいむ》ニ於テハ債務者ハ其選擇《せんたく》ヲ以テ金若クハ銀ノ國貨《こくくわ》又ハ強制通用《きやうせいつうよう》ノ紙幣ヲ與ヘテ債務ヲ免カル
債務者ハ法律ニ依リ貨幣《くわへい》ノ名價又ハ其純分《じゆんぶん》ノ割合ニ變更《へんかう》ヲ生スルモ諾約《だくやく》シタル數額《すうがく》ヨリ多ク又ハ少ナク負擔《ふたん》セス
本條ノ規則ニ違背《ゐはい》スル合意ハ無効ナリ但第四百六十五條第二項ノ規定《きてい》ヲ妨ケス

第四百六十四條　右ニ反シ辨濟期《べんさいき》ニ於テ諸種《しよしゆ》ノ貨幣《くわへい》ノ爲替《かわせ》相場《さうば》ヨリ生ス可キ相互ノ高低《かうてい》ノ差《さ》ハ債務者ノ選擇《せんたく》スル法律上貨幣ヲ以テスル平均《へいきん》價額ノ辨濟ニ因リテ當事者ノ間ニ之ヲ塡補《てんぽ》スル合意ヲ爲ス

（補助銀貨）トハ一圓以下ノ銀貨ナリ之レハ夫丈ノ價格ナキモ法律ガ之レヲ通用セシムルナリ

（特別法）トハ貨幣條例ヲ云フ

コトヲ得

第四百六十五條　金貨《きんくわ》又ハ銀貨《ぎんくわ》ヲ以テ負擔ノ金額ヲ指定《してい》シタルトキハ債務者ハ獨リ爲替《かわせ》相場《さうば》ノ損益《そんえき》ヲ受ケ法律上ノ他ノ貨幣ヲ以テ義《ぎ》務《む》ヲ免カルヽコトヲ得

金貨《きんくわ》又ハ銀貨《ぎんくわ》ヲ以テ負擔ノ金額ヲ辨濟《べんさい》ス可キコトノ要約《えうやく》アリタルトキモ亦同シ

外國ノ貨幣《くわへい》ヲ以テ辨濟ヲ爲ス可キコトヲ合意《がうい》シタルトキハ債務者ハ右ノ規定《きてい》ニ從ヒ自己ノ選擇《せんたく》スル法律上ノ貨幣ヲ以テ其外國ノ貨幣ノ價額《かかく》ヲ辨濟シテ義務ヲ免カルルコトヲ得

第四百六十六條　銅貨《どうくわ》及ヒ補助銀貨《ほじよぎんくわ》ハ特別法ニ定メタル數額《すうがく》ヨリ多ク辨濟トシテ之ヲ與フルコトヲ得ス但反對《はんたい》ノ合意アルトキハ此限ニ在ラス

第四百六十七條　金錢ノ貸借《たいしやく》ニ特別ナル規則ハ財產取得編《ざいさんしゆとくへん》第百八十

五條ニ之ヲ定ム

第四百六十八條　辨濟ノ場所《ばしよ》ノ定ナキトキハ辨濟ハ債務《さいむ》者ノ住所ニ於テ之ヲ爲ス但後ニ掲《かゝ》グル或ル契約ノ場合及ヒ第三百三十三條ニ掲ケタル規定《きてい》ハ此限ニ在ラス

自己ノ住所ニ於テ辨濟《べんさい》ノ有ル可キ當事者カ詐欺《さぎ》ナクシテ轉住《てんぢう》シタルトキハ辨濟又ハ其新住所ニ於テ之ヲ爲ス但當事者ハ爲替《かわせ》相場《さうば》ノ差額《さがく》及ヒ人ノ往復《わうふく》若クハ物ノ運送《うんそう》ノ補足費用《ほそくひよう》ヲ一方ノ當事者ニ拂フコトヲ要ス

辨濟ノ其他ノ費用《ひよう》ハ債務者之ヲ負擔《ふたん》ス

第四百六十九條　辨濟《べんさい》ノ期日カ一般ノ休日《きうじつ》ナルトキハ辨償ハ其翌日《よくじつ》ニ非サレハ之ヲ要求《えうきう》スルコトヲ得ス

第二款　辨濟《べんさい》ノ充當《じうとう》

第四百七十條　一人ノ債權《さいけん》者ニ對シテ一樣ノ性質《せいしつ》ナル數箇ノ債務ヲ

有スル債務者カ總債務《そうさいむ》ヲ全消《ぜんしやう》スルコトヲ得サル辨濟《べんさい》ヲ爲ストキハ債務者ハ辨濟《べんさい》ノ時ニ於テ其孰《いづ》レノ債務ニ充當《じうとう》セントスル意ヲ述《の》ヘ且此充當《じうとう》ヲ受取證書《うけとりしやうしよ》ニ記入セシムルコトヲ得然レトモ債務《さいむ》者ハ債權《さいけん》者ノ承諾《しやうだく》ヲ得ルニ非サレハ債權者ノ利益《りえき》ノ爲メ定メタル期限ノ至ラサル債務ニ充當《じうとう》ヲ爲シ又費用《ひやう》及ヒ利息ニ先タチテ元本《げんぽん》ニ充當ヲ爲シ又一分ツヽ數箇《すうこ》ノ債務ニ充當ヲ爲スコトヲ得ス

第四百七十一條　債務者カ有効ナル充當《じうとう》ヲ爲サヽルトキハ債權《さいけん》者ハ受取證書《うけとりしやうしよ》ニ於テ自由ニ辨濟《べんさい》ノ充當ヲ爲スコトヲ得但財産《ざいさん》取得編《しゆとくへん》第百二十九條ノ會社契約《くわいしやけいやく》ニ關スル規定ヲ妨《さまた》ケス

債務者カ異議《いぎ》ナクシテ又ハ異議ヲ留《とゞ》メスシテ受取證書《うけとりしやうしよ》ヲ受取リタルトキハ債務者ハ自己ノ錯誤《さくご》又ハ債權者ノ欺瞞《きまん》アリタルニ非サレハ充《じう》當《とう》ヲ非難《ひなん》スルコトヲ得ス

第四百七十二條　債務《さいむ》者及ヒ債權《さいけん》者カ有効ニ充當《じうとう》ヲ爲サヽルトキハ當然左ノ如ク充當ス

第一　期限ノ至リタル債務《さいむ》ヲ先ニシ期限《きげん》ノ至ラサル債務ヲ後ニス

第二　費用《ひやう》及ヒ利息《りそく》ヲ先ニシ元本《げんほん》ヲ後ニス

第三　總債務《そうさいむ》カ期限ニ至リ又ハ至ラサルトキハ債務《さいむ》者ノ爲メ最モ辨濟ノ利益《りえき》アル債務ヲ先ニス

第四　債務者カ辨濟《べんさい》ノ先後《せんご》ニ付キ利益《りえき》ヲ有セザルトキハ期限《きげん》ノ最モ先ニ至リタル又ハ至ル可キ債務《さいむ》ヲ先ニス

第五　總務債《そうさいむ》カ何レノ點《てん》ニ於テモ相同シキトキハ充當《じうとう》ハ各債務ノ額ニ應シテ之ヲ爲ス

第四百七十三條　辨濟充當《べんさいじうとう》ノ規定《きてい》ハ交互計算《こうごけいさん》上ノ振込《ふりこみ》ニ之ヲ適用セス此振込《ふりこみ》ハ振込人ノ貸方《かしかた》ニ之ヲ記入ス

（提供）トハ權利者ノ辨濟ヲ受ケザルトキニナスノ方法ニテ物件ヲ提出シ又ハ法律上合式ノ催告ヲ以テ爲スコトヲ得ルナリ

第三款　辨濟《べんさい》ノ提供《ていきやう》及ヒ供託《きやうたく》

第四百七十四條　債權者《さいけん》カ辨濟ヲ受クルヲ欲セス又ハ之ヲ受クル能ハサルトキハ債務者《さいむ》ハ左ノ區別ニ從ヒ提供《ていきやう》及ヒ供託《きやうたく》ヲ爲シテ義務《ぎむ》ヲ免カルルコトヲ得

第一　債務カ金錢《きんせん》ヲ目的トスルトキハ提供《ていきやう》ハ貨幣《くわへい》ヲ提示《ていし》シテ之ヲ爲スコトヲ要ス

第二　債務カ特定物《とくていぶつ》ヲ目的トシ其存在《そんざい》スル場所ニ於テ引渡サル可キトキハ債務者ハ其物ノ引取《ひきとり》ノ爲メ債權者ニ催告《さいこく》ヲ爲ス

第三　特定物《とくていぶつ》ヲ債權者ノ住所其他ノ場所ニ於テ引渡《ひきわた》ス可クシテ其運送《うんそう》カ多費《たひ》、困難《こんなん》又ハ危險《きけん》ナルトキハ債務者ハ合意《がうい》ニ從ヒテ引渡《ひきわたし》ヲ卽時ニ實行スル準備《じゆんび》ヲ爲シタルコトヲ提供《ていきやう》中ニ述フ定量物《ていりやうぶつ》ニ關シテモ亦同シ

第四　債權者ノ立會《たちあひ》又ハ參同《さんどう》ヲ要スル作爲《さくい》ノ義務ニ關シテハ債《さい》

（責罰）トハ契約者雙方ノ定メタル過怠罰金等ヲ云フ刑事ノ罰ニアラザルナリ

（供託）トハ債權者カ物件ヲ受取ヲ肯ンゼザルトキ債務者其義務ヲ免ルヽ爲メ公ケノ供託所ニ付托シ置キ裁判所ニ其引取ヲ出訴スルナリ

務《む》者カ義務履《り》行《こう》ノ準《じゆん》備《び》ヲ爲シタルコトヲ述フルヲ以テ足《た》ル

第四百七十五條　提《ていきやう》供ハ前條ノ外上《かみ》ニ定メタル辨濟ニ必《ひつ》要《やう》ナル條件ヲ具《ぐ》備《び》シ且特別法ニ定ムル方式《はうしき》ニ從フニ非サレハ有効ナラス

第四百七十六條　時《じ》期《き》ヲ失セス且有効ニ爲シタル提供《ていきやう》ハ法律ヲ以テ規《き》定《てい》シ若クハ合意以テ要約《えうやく》シタル失權《しつけん》、解除《かいぢよ》及ヒ責罰《せきばつ》ヲ豫防《よばう》ス

此提供《ていきやう》ハ付遲滯《ふちたい》ヲ防止《はうし》シ又既ニ付遲滯ノ存セルトキハ將來ニ向ヒテ其効力ヲ止《とゞ》メ且遲延《ちえん》利息《りそく》ヲ停《とゞ》ム

第四百七十七條　債權者カ提供《ていきやう》ヲ承諾《しやうだく》セサルトキハ債務者ハ供託《きやうたく》ノ日マテニ債務ニ生シタル塡補《てんぽ》利息《りそく》ト共ニ辨償ノ金額ヲ供託所《きやうたくじよ》ニ供託スルコトヲ得

特定《とくてい》物又ハ定量物《ていりやう》ニ付テハ債務者ハ其物ヲ供託《きやうたく》ス可キ場所ヲ指定《してい》スルコト及ヒ其保管《ほくわん》人ヲ選任《せんにん》スルコトヲ裁判所ニ請求ス

供託《きやうたく》ノ方式及ヒ條件ハ特別法ヲ以テ之ヲ規定《きてい》ス

（代位辨濟）トハ債務者ノ位置ニ代リテ負債ヲ返濟シ又

第四百七十八條　有効ニ爲シタル供託ハ債務者《さいむ》ニ義務《ぎむ》ヲ免カレシメ且債務者カ意外ノ事ニ任《にん》シタルトキト雖モ其物ノ危險《きけん》ヲ債權者ニ歸セシム

然レトモ債權者カ供託《きやうたく》ヲ受諾セズ又ハ其供託カ債務者ノ請求《せいきう》ニテ既判力《きはんりよく》ヲ有スル判決ニ因《より》テ有効《いうこう》ト宣告《せんこく》セラレサル間ハ債務者ハ其供託物《きやうたくぶつ》ヲ引取ルコトヲ得但此場合《ばあひ》ニ於テハ義務ハ舊《きう》ニ依《よ》リ存在《そんざい》ス

右ノ受諾《じゆだく》又ハ判決アリタル後ト雖モ債務者《さいむ》ハ債權者ノ承諾《しやうだく》ヲ以テ供託物《きやうたく》ヲ引取《ひきと》ルコトヲ得然レトモ共同債務者《きやうどうさいむ》及ヒ保證人《ほしよう》ノ義務《ぎむ》解《かい》脱《だつ》ヲモ質權《しちけん》及ヒ抵當權《ていとうけん》ノ消滅《せうめつ》ヲモ供託物ニ付キ債權者ノ債權者カ爲シタル拂渡《はらひわたし》差押《さしおさへ》ヲモ妨碍《ばうがい》スルコトヲ得ス

第四款　代位《だいゐ》ノ辨濟《べんさい》

第四百七十九條　代位《だいゐ》ヲ以テ第三者ノ爲シタル辨濟《べんさい》ハ債權者ニ對《たい》シテ債務者ニ義務《ぎむ》ヲ免カレシメ且其債權及ヒ之ニ附着《ふちやく》セル擔保《たんぽ》ト効《こう》

ハ或所爲ヲ爲スヿヲ云フ此場合ニ於テハ代辨者ハ債權者ノ有スル權利ヲ有シ事務管理又ハ代理ノ規定ニ從ヒ債務者ヨリ其回復ヲ得ルヿヲ得可シ

力《りよく》トヲ其第三者ニ移轉《いてん》ス但場合ニ從ヒテ第三者ノ有スル事務管理《じむくわんり》又ハ代理ノ訴權《そけん》ヲ妨ケス

代位ハ下ノ區別ニ從ヒテ債權者《さいけん》若クハ債權者ヨリ之ヲ許與《きよい》シ又ハ法律ヲ以テ之ヲ付與ス

第四百八十條　債權者ノ許與シタル代位《たいゝ》ハ受取證書《うけとりしようしよ》ニ之《これ》ヲ明記スルニ非サレハ有効《ゆうこう》ナラス但第三者カ辨濟《べんさい》ニ付キ利害ノ關係《くわんけい》ヲ有スルヤ否ヤヲ區別《くべつ》スルコトヲ要セス又自己ノ名ニテ辨濟スルカ債務者ノ名ニテ辨償スルカヲ區別《くべつ》スルコトヲ要セス

第四百八十一條　債務者ハ其債務ノ辨濟ニ必要《ひつやう》ナル金額又ハ有價物《ゆうかもつ》ヲ己レニ貸與《たいよ》シタル第三者ヲシテ債權者ノ承諾《しようだく》ナク其權利ニ代位《だいゝ》セシムルコトヲ得

右ノ場合ニ於テ借用證書《しやくやう》ニハ其金額又ハ有價物《ゆうかよつ》ノ用方ヲ記載《きさい》シ受《うけ》取《とり》證書ニハ其出所ヲ記載ス

公正《こうせい》證書又ハ私署《ししよ》證書ニ非サレハ他ノ第三者ニ對《たい》シテ右ノ行爲ノ證據《しやうこ》トスルコトヲ許サス

然レトモ借用《しやくよう》ト辨濟《べんさい》トノ間ニ不相當《ふさうたう》ナル長キ時間ノ經過《けいくわ》シタルトキハ裁判所ハ代位《だいゐ》ヲ不成立《ふせいりつ》ト宣告《せんこく》スルコトヲ得

第四百八十二條　代位《だいゐ》ハ左ノ者ノ利益《りえき》ノ爲メ當然成立《たうぜんせいりつ》ス

第一　他人ト共ニ又ハ他人ノ爲メニ義務《ぎむ》ヲ負擔《ふたん》シタルニ因リ其義務ヲ辨濟《べんさい》スルニ付キ利害《りがい》ノ關係《くわんけい》ヲ有スル者及ヒ先取特權《さきどりとくけん》又ハ抵當權《ていたうけん》ヲ負擔スル財產《ざいさん》ノ第三所持者《しよぢ》トシテ他人ノ義務ヲ辨《べん》濟《さい》スルニ付キ利害ノ關係ヲ有スル者

第二　或ハ抵當訴權《ていたうそけん》ヲ豫防《よばう》スル爲メ或ハ不動產《ふどうさん》ノ差押《さしおさへ》又ハ契約《けいやく》解除《かいぢよ》ノ請求ヲ止《とゞ》ムル爲メ他ノ債權者ニ辨濟シタル債權者

第三　自己ノ財產《ざいさん》ヲ以テ相續《さうぞく》ノ債務ノ全部又ハ一分ヲ辨濟シタル善意《ぜんい》ナル表見《ひやうけん》ノ相續人

（第三所持者）トハ他ノ債權者ヘ辨濟ヲ爲スベキ義務アル所有者ヨリ其所有物ヲ抵當トシテ取リ居ルモノヲ云フ

第四百八十三條　前三條ニ依リテ代位《だいゝ》シタル者ハ債權ノ效力《こうりよく》又ハ擔《たん》保《ほ》トシテ債權者ニ屬《ぞく》セシ總《すべ》テノ對人及ヒ物上ノ權利《けんり》及ヒ訴權《そけん》ヲ行フコトヲ得但左ニ掲《かゝ》タル場合ヲ例外トス

第一　當事者カ代位《だいゝ》者ニ移轉《いてん》セシ權利及ヒ訴權ヲ制限《せいげん》シタルトキハ其制限ニ從フ

第二　保證《ほしよう》人ハ債務ヲ辨濟シ債權擔保編《さいけんたんぽへん》第三十六條ノ規定《きてい》ニ從ヒタルトキニ非サレハ第三所持者ニ對シテ代位セス

第三　第三所持者カ債務ヲ辨濟《べんさい》シタルトキハ保證《ほしよう》人ニ對シテ代位セス

第四　一箇ノ債務ノ抵當《ていとう》ト爲リタル數箇ノ不動產《ふどうさん》カ各別ニ數箇ノ第三所持者ノ手ニ存スル場合ニ於テ其一人カ債務《さいむ》ヲ辨濟シタルトキハ各不動產《ふどうさん》ノ價額《かがく》ノ割合《わりあい》ニ應スルニ非サレハ他ノ第三所持者ニ對シテ代位《だいゝ》ノ權《けん》ヲ行フコトヲ得ス

第五　互ニ擔保人《たゝは》タル共同債務者ノ一人カ債務《さいせ》ヲ辨濟シタルトキハ辨濟者ハ他ノ債務者カ分擔《よんたん》ス可キ債務ノ限度《げんど》ニ應スルニ非サレハ其各自ニ對シテ代位セス

第四百八十四條　代位者《だいゝ》ハ自己ノ支拂《しはら》ヒタル金額ヲ趣《こ》エテ債權者ノ訴權《そけん》ヲ行フコトヲ得ス

第四百八十五條　代位ハ原債權者《げんさいけん》ヲ害セサルコトヲ要ス
數箇ノ債權《さいけん》ヲ有スル者ハ其一箇ニ係《かゝ》ル代位辨濟《だいゝべんさい》カ他ノ債權ノ擔保《たんぽ》ヲ減《げん》スルトキハ之ヲ拒《こば》ムコトヲ得

第四百八十六條　代位辨濟《だいゝべんさい》カ債務ノ一分ノミニ係《かゝ》ルトキハ代位者ハ自己《じこ》ノ辨濟ノ割合《わりあい》ニ應シテ原債權者ト共ニ其權利《けんり》ヲ行フ
然レトモ原債權者ハ全部《ぜんぶ》ノ辨濟《べんさい》ヲ受ケサルトキハ獨リ契約《けいやく》ノ解除《かいじよ》ヲ行フ但代位者ニ賠償《ばいしやう》スルコトヲ要ス

第四百八十七條　代位辨濟《だいゝべんさい》ニ因リテ全部ノ辨濟ヲ受ケタル債權者《さいけん》ハ

（更改）トハ舊義務ヲ消滅スル代ハリニ新タナル義務ヲ以テスル所ノ契約ヲ云フ（新目的ヲ以テ舊目的ニ代フル）トハ目的物ノ變更ヲ爲スヿヲ云フモノニシテ例之ヘハ或金額ノ辨濟ヲ爲ス代ハリニ米穀其他ノ物件ノ辨濟ス可キ義務ヲ負フヿヲ約スルカ如シ（目的ヲ變セズ原因ヲ變ズル場合）ハ例之ヘハ甲者ガ乙者ヨリ受取ルベキ家賃ヲ乙者ノ手裡ニ貸借ニヨレル

債權ノ證書及ヒ質物《しちもつ》ヲ代位者ニ交付《こうふ》スルコトヲ要ス

債權者カ一分ノ辨濟《べんさい》ノミヲ受ケタルトキハ要用ニ應シテ代位《たいゐ》者ニ證書ヲ示《しめ》シ且質物《しちもつ》ノ保存《ほぞん》ニ注意スルヲ之ニ許《ゆる》スコトヲ要ス

第四百八十八條　辨濟ノ有效《ゆうこう》、充當《じゆうとう》、提供《ていきやう》及ヒ供託《きやうたく》ニ關スル前三款《くわん》ノ規定《きてい》ハ代位辨濟ニ之ヲ適用《てきやう》ス

第二節　更改《かうかい》

第四百八十九條　更改卽チ舊義務《きうぎむ》ノ新義務ニ變更《へんかう》スルコトハ左ノ場合ニ於テ成《な》ル

第一　當事《とうじ》者カ義務《ぎむ》ノ新目的ヲ以テ舊目的《きうもくてき》ニ代《か》フル合意《がふい》ヲ爲ストキ

第二　當事者カ義務ノ目的《もくてき》ヲ變《へん》セスシテ其原因《げんいん》ヲ變スル合意ヲ爲ストキ

第三　新債務《さいむ》者カ舊債務《きうさいむ》者ニ替《か》ハルトキ

金圓トシテ保有セシムル如キ時ニ生ズ
（品質）トハ品柄ト解スレバ則チ可ナリ
（躰樣）トハ「アリサマ」若シクハ摸樣ト云フト同一ナリ
（商證劵）トハ商業上ニ使用スル證書ノ謂ヒニシテ爲換手形約束手形等即チ其一ニ居ル
（追認）トハ義務成立ノ後ニ至リ其義務ノ成立シ居ルヿヲ認諾スルヲ云フ
（執行文）トハ設制ノ執行ヲ許ス文詞ナリ
（推定）トハ推測ニヨリテ其在ルヿヲ決定スルヲ云フ

第四　新債權者カ舊債權者ニ替《か》ハルトキ

第四百九十條　當事者カ期限《きげん》、條件《じやうけん》又ハ擔保《たんぽ》ノ加減《かげん》ニ因リ又ハ履行《りかう》ノ場所若クハ負擔《ふたん》物ノ數量《すうりやう》、品質《ひんしつ》ノ變更ニ因リテ單《たん》ニ義務ノ體樣《たいやう》ヲ變スルトキハ之ヲ更改《かうかい》ト爲サス

商證劵《しやうしやうけん》ヲ以テスル債務《さいむ》ノ辨濟ハ其證劵《しやうけん》ニ債務ノ原因《げんいん》ヲ指示《し》シタルトキハ更改《かうかい》ヲ成サス從來ノ債務ノ追認《ついにん》ハ其證書ニ執行《しつかう》文アルトキト雖モ亦同シ

第四百九十一條　債權者《さいけん》ハ其債權及ヒ擔保《たんぽ》ヲ有償《いうしやう》シテ處分スル能力ヲ有スルニ非サレハ更改ヲ承諾《しやうだく》スルコトヲ得ス

右規定《きてい》ハ合意《がうい》上、法律上又ハ裁判上ノ管理《くわんり》人及ヒ代理《だいり》人ニ之ヲ適《てき》用《よう》ス

第四百九十二條　更改ノ意思《いし》ハ債權者ニ在テハ之ヲ推定《すいてい》セス明カニ證書《しやうしよ》又ハ事情ヨリ見《あら》ハルヽコトヲ要ス

然レトモ同一ノ當事《たうじ》者間ニ於テ義務ノ更改《かうかい》アリタルカ二箇ノ義務ノ共ニ存スルカノ疑《うたがひ》アルトキハ第三百六十條ニ依リテ債務《さいむ》者ノ利益ノ爲メニ更改ノ意義《いぎ》ニ解釋《かいしやく》ス

第四百九十三條　舊義務カ停止《ていし》又ハ解除《かいぢよ》ノ條件附ナリシトキハ更改《かうかい》ハ同一ノ條件《じやうけん》ニ從フモノトノ推定《すいてい》ヲ受ク

又新義務カ條件附ナルトキハ更改《かうかい》ハ停止條件《ていしじやうけん》ノ成就シタルトキ又ハ解除條件《かいじよじやうけん》ノ成就《せうじゆ》セサルトキニ非サレハ成ラス

右孰《いづ》レノ場合ニ於テモ當事《たうじ》者カ單純《たんじゆん》ナル更改ヲ爲サント欲シタル證據《しやうこ》アルトキハ此限ニ在ラス

第四百九十四條　舊義務カ初ヨリ法律上成立《せいりつ》セス又ハ法律ノ定ムル原因《げんいん》ニ由リテ消滅《しやうめつ》シ若クハ取消《とりけ》サレタルトキハ更改ハ無効《むかう》ニシテ新義務ハ成立セス

又新義務カ其成立《せいりつ》及ヒ有効《いうかう》ニ要スル法律上ノ條件ヲ具備《ぐび》セサルト

（單純ナル更改）トハ更改ノ成不ヲ停止又ハ解除ノ未必條件ニ從ハシメサルヲ云フ

（法定義務）トハ法律ニ定メ置ケル義務ノ謂ヒニシテ債權者カ債務者ヲ債務ノ辨濟ニ強フル

チ得ル義務チ云フ

(囑託)トハ猶ホ「タノム」ト云フガ如シ

(債務者ノ交替)トハ一債務者ノ退キ他ノ債務者ノ之レニ代ハルヿチ云フ

(完全ノ囑託)トハ更改ノ充分ノ効力チ生ズル囑託チ云フ

(除約)トハ舊債務

キハ舊義務ハ存在ス

右孰《いづ》レノ塲合ニ於テモ當事者カ自然《しぜん》義務チ法定《はふてい》義務ニ又ハ法定義務チ自然義務ニ變《へん》セント欲シタル證據《しやうこ》アルトキハ此限ニ在ラス

第四百九十五條　舊義務チ更改スル爲メ異議《いぎ》ナク又ハ異議チ留《とゞ》メスシテ有効ニ新義務チ諾約《だくやく》シタル債務者ハ其了知《りやうち》セル舊義務ノ無効ノ理由チ以テ債權者ニ對抗《たいかう》スルコトチ得ス

債務者カ次條ニ從ヒ舊債《きうさい》權者ノ囑託《ぞくたく》ニ因リ新債權者ニ對シテ義務チ諾約《だくやく》シタルトキモ亦同シ

第四百九十六條　債務者ノ交替《かうたい》ニ因ル更改《かうかい》ハ或ハ舊債務者ヨリ新債務者ニ爲セル囑託《ぞくたく》ニ因リ或ハ舊債務者ノ承諾《しやうだく》ナクシテ新債務者ノ隨意《ずいい》ノ干渉《かんせう》ニ因リテ行ハル

囑託《ぞくたく》ニハ完全《くわんぜん》ノモノ有リ不完全ノモノ有リ

第三者ノ隨意《ずいい》ノ干渉《かんせう》ハ下ニ記載《きさい》スル如ク除約《じよやく》又ハ補約《ほやく》チ成ス

者ニ全ク義務ヲ免カレシムル約束ヲ云ヒ

(補約)トハ舊債務者ニ債務ヲ免カレシメスシテ債主ニ於テ連帯ノ責ヲ負ハサル一ノ新債務者ヲ得ル効ヲ生ズル約束ヲ云フ

(求償權)トハ賠償ヲ求ムル權利ナリ

(伸縮)トハ樊圍ヲ廣メタリ狹メタリスルヲ云フ

第四百九十七條　債權者カ明《あきら》カニ第一ノ債務者ヲ免《めん》スルノ意思《いし》ヲ表シタルトキニ非サレハ囑託《ぞくたく》ハ完全ナラスシテ更改《からかい》ハ行ハレス此意思ノ無キトキハ囑託《ぞくたく》ハ不完全《ふくわんぜん》ニシテ債權者ハ第一第二ノ債務者ヲ連帯《れんたい》ニテ訴追《そつい》スルコトヲ得

第三者ノ隨意干渉《ずいいかんせう》ノ場合ニ於テ債權者《さいけん》カ舊《きう》債務者ヲ免シタルトキハ除約《じやうやく》ニ因ル更改行《からかいおこな》ハル之ニ反セル場合ニ於テハ單一《たんいつ》ノ補約《はやく》成リテ債權者ハ債務ノ全部ニ付キ第二ノ債務者ヲ得然レトモ此債務者ハ連帯《れんたい》ノ義務ニ任セス

第四百九十八條　完全囑託《くわんぜんぞくたく》及ヒ除約《じよやく》ノ場合ニ於テ新債務者カ債務ヲ辨濟《べんさい》スルコトヲ得サルトキハ債權者ハ囑託《ぞくたく》又ハ除約《じよやく》ノ當時ニ於テ新債務者ノ既ニ無《む》資力《しりよく》タリシコトヲ知ラサルニ非サレハ舊債務者ニ對《たい》シテ擔保《たんほ》ノ求償權《きうしやうけん》ヲ有セス但特別ノ合意《がうい》ヲ以テ此擔保《たんほ》ヲ伸縮《しんしく》スルコトヲ得

(留保)トハ己レニ留メ置キテ存スルヲ云フ

第四百九十九條　債權者ノ交替《かうたい》ニ因ル更改《かうかい》ハ債務者ト新舊《しんきう》債權者トノ承諾《しやうだく》アルニ非サレハ成ラス

第五百條　債權者カ第五百三條ニ定ムル如ク其債權ノ物上擔保《たんぽ》ヲ留《りう》保《ほ》シテ或ハ他人ヲ惠《めぐ》ム爲メ或ハ他人ニ對スル債務《さいむ》ヲ免カルル爲メ其人ニ囑託《ぞくたく》シテ自己ノ債務《さいむ》者ヨリ辨濟《べんさい》ヲ受ケシムルトキハ其受囑《じゆぞく》託《たく》人ハ債權ノ讓渡《ゆづりわたし》ニ關スル第三百四十七條ノ規定《きてい》ニ從フニ非サレハ第三者ニ對シテ其債權ヲ主張《しゆちやう》スルコトヲ得ス

第五百一條　債權《さいけん》者ト連帶《れんたい》債務者ノ一人又ハ不可分《ふかぶん》ノ債務者一人トノ間ニ爲シタル更改《かうかい》ハ他ノ債務者及ヒ保證《ほしやう》人ヲシテ其義務ヲ免カレシム

然レトモ債權者カ右共同《きやうどう》債務者及ヒ保證《ほしやう》人ノ新義務ニ同意《どうい》スルコトヲ更改《かうかい》ノ條件《じやうけん》ト爲シタル場合ニ於テ共同債務者及ヒ保證人ノ之ヲ拒《こば》ムトキハ更改ハ成立《せいりつ》セス

（舊債務ノ限度）トハ新債務ノ額ガ如何程多額ナリトモ舊債務ノ高ヨリ以外ニ出テヽ擔保ノ權利ヲ行フヘカラサルヿヲ示スナリ
（合意上ノ免除）トハ二人以上ノ者ニテ爲ス意思ノ一致ニヨリ義務ヲ免カ

連帶債權《れんたいさいけん》者ノ一人ト爲シタル更改《かうかい》ハ其債權者ノ部分《ぶぶん》ニ付テノミ債務者ヲシテ義務ヲ免《まぬ》カレシム
性質《せいしつ》ニ因ル不可《ふか》分債務《ぶんさいむ》ノ債權者《さいけんしや》ノ一人ト更改《かうかい》ヲ爲シタルトキハ他ノ債權者ハ全部《ぜんぶ》ニ付キ訴追《そつい》ノ權利ヲ有ス但第四百四十五條ニ從《したが》ヒ計算《けいさん》ヲ爲スコトヲ要《やう》ス

第五百二條　保證人《ほしやう》ト爲シタル更改《かうかい》ハ反對《はんたい》ノ意思《いし》アル證據《しやうこ》ナキトキハ保證ニ付テノミ之ヲ爲シタリトノ推定《すいてい》ヲ受ケ主《しゆ》タル債務者《さいむしや》ニモ他ノ保證人ニモ義務《ぎむ》ヲ免《まぬ》カレシメス

第五百三條　舊債權《きうさいけん》ノ物上擔保《ぶつじやうたんぽ》ハ新債權ニ移《うつ》ラス但債權者之ヲ留保《りうほ》スルトキハ此限ニ在《あ》ラス
此留保ハ共同債務者《きやうどうさいむしや》、保證人又ハ第三所持《しよぢ》者《しや》ノ手ニ存スル擔保《たんぽ》負《ふ》擔《たん》ノ財産《ざいさん》ニモ之ヲ行《おこな》フコトヲ得
此留保ニ付テハ更改ノ相手《あひて》方《かた》ノ承諾《しやうだく》ノミヲ必要《ひつやう》トス

レシムルヿヲ云フナリ

〔和解〕トハ人ガ現ニ起リ居レル諍訟又ハ將サニ起ラントスル諍訟ヲ止ムルノ目的ニテ爲ス一ノ契約ナリ

〔公式ノ特別規則〕トハ公ケナラシムルガ爲メニ設ケタル儀式ノヿヲ規定スルガ爲メニ別段ノ規則ノ義ナリ此語アルニヨル片ハ贈與ヲ爲スニハ公式ヲ履マサルベカラザルヿトナルハ明ラカナリ

〔協諧契約〕トハ破産者ニ能力ヲ恢復セシムルガ爲メニ破産者ノ債主ガ爲

右ノ場合《ばあひ》ニ於テ財産《ざいさん》ハ舊債務ノ限度《げんど》ヲ超《こ》エテ擔保ヲ負擔《ふたん》セス

第三節　合意上《がういじやう》ノ免除《めんじよ》

第五百四條　債務ノ全部《ぜんぶ》又ハ一分ニ付テノ合意上ノ免除《めんじよ》ハ有償《いうしやう》又ハ無償《むしやう》ニテ之ヲ爲スコトヲ得

有償ノ免除《めんじよ》ハ事情《じじやう》ニ從ヒテ代物辨濟《だいぶつべんさい》、更改《かうかい》、和解《わかい》又ハ解除《かいぢよ》ヲ成ス又無償ノ免除ハ贈與《ざうよ》ヲ成ス然レトモ公式《こうしき》ノ特別規則《とくべつきそく》ニ從フコトヲ要セス

協諧契約《けふかいけいやく》ヲ以テ破産《はさん》シタル債務者《さいむしや》ニ許與《きよよ》スル一分ノ免除ハ商法《せうはふ》ヲ以テ之ヲ規定《きてい》ス

第五百五條　債務ノ免除《めんぢよ》ハ明示《めいし》又ハ默示《もくし》ヨリ成リ推定《すいてい》ヨリ成《な》ラス但法律ニ特定《とくてい》シタル場合《ばあひ》ハ此限ニ在ラス

第五百六條　主《しゆ》タル債務者ニ爲シタル債務ノ免除ハ保證人《ほしやう》ヲシテ其《その》義務ヲ免カレシム

ス所ノ契約ナリ

（共通ノ免除）トハ各人皆同等ノ免除ヲ云フニ異ナラズ

（實際供與シタル數額）トハ己ガ債務ノ免除ヲ得ルガ爲メニ其債主ニ渡シタル高ト云フコトナリ

連帶《れんたい》債務者ノ一人ニ爲シタル債務ノ免除《めんじよ》ハ他ノ債務者ヲシテ其債務ヲ免《まぬ》カレシム但《たゞし》債權者カ他《た》ノ債務者ニ對《たい》シテ其權利ヲ留保《りうほ》シタル場合ハ此限《このかぎり》ニ在《あ》ラズ此場合ニ於テモ免除ヲ受《う》ケタル債務者ノ部分《ぶん》ヲ控除《こうじよ》スルコトヲ要《よう》ス

不可分《ふかぶん》債務者ノ一人ニ爲シタル債務ノ免除《めんじよ》ニ付テモ亦同《またおな》シ然レトモ性質《せいしつ》ニ因《よ》ル不可分債務ノ債權者カ他ノ債務者ニ對《たい》シテ其權利《そのけんり》ヲ留保《りうほ》シタルトキハ債權者ハ先《ま》ツ全部《ぜんぶ》ニ付キ其權利ヲ行《おこな》ヒ免除ヲ受ケタル債務者ノ部分ヲ計算《けいさん》ス

第五百七條　保證人《ほしやうにん》ノ一人ニ爲シタル主《しゆ》タル債務ノ免除《めんじよ》ハ債務者及ヒ他ノ保證人《ほしやうにん》ヲシテ其《その》債務ヲ免《まぬ》カレシム

第五百八條　債務《さいむ》ノ免除ヲ受《う》ケタル債務者及ヒ保證人《ほしやうにん》ハ債務者ヨリ共通《きやうつう》ノ免除ヲ得《う》ル爲メ實際供與《じつさいきやうよ》シタル數額《すうがく》ニ付テノミ他ノ共同債《きやうどう》務者及ヒ共同保證人ニ對《たい》シテ求償權《きうしやうけん》ヲ有ス

第五百九條　共同債務者ノ一人ニ對シテ連帶《れんたい》ノミ又ハ任意《にんい》ノ不可分《ふかぶん》ノミノ免除アリタルトキハ其一人ヲシテ他ノ債務者ノ部分《ぶぶん》ヲ免《まぬ》カレシメ且他《かつた》ノ債務者ヲシテ其一人ノ部分ヲ免カレシム

性質《せいしつ》ニ因ル不可分ノミノ免除ニ付テハ債權者ハ債務者ノ各自《かくじ》ニ對シテ全部ノ要求《ようきう》ヲ爲ス權利ヲ失《うしな》ハス但免除ヲ受ケタル債務者ノ負《ふ》擔《たん》ス可キ債額《さいがく》ヲ計算《けいさん》スルコトヲ要ス

又債權者ハ免除ヲ受《う》ケタル債務者ニ對シ全部ノ要求《ようきう》ヲ爲スコトヲ得但他ノ債務者ノ負擔《ふたん》ス可キ債額《さいがく》ヲ計算《けいさん》スルコトヲ要ス

第五百十條　債權者ハ左ノ場合《ばあひ》ニ於テハ債務者ノ一人ニ對《たい》シテ連帶《れんたい》ノミ又ハ任意《にんい》ノ不可分ノミヲ免除《めんじよ》シタリトノ推定《すいてい》ヲ受ク

第一　債權者カ擔保《たんぽ》ノ權利《けんり》ヲ留保セスシテ債務者ノ一人ヨリ其《その》債務《さいむ》ノ部分《ぶぶん》ナリト明言《めいげん》シタル金額又ハ有價物《いうかぶつ》ヲ受取《うけと》リタルトキ

茲ニ（連帶ノミ）（注意ノ不可分ノミ）トアルハ連帶ト任意ノ不可分ノ擔保ノミヲ免ジテ無擔保ノ義務ト爲スコヲ云フ

（承服）トハ承知シテ其求メニ從フヲ云フ

第二　債權者《さいけんしや》カ擔保ノ權利《けんり》ヲ留保セスシテ債務者ノ一人ニ對《たい》シ其債務ノ部分《ぶぶん》ナリト稱シテ裁判上ノ請求《せいきう》ヲ爲シタルニ其一人請求ニ承服《しやうふく》シ又ハ辨濟《べんさい》ヲ爲ス可キ旨《むね》ノ言渡《いひわたし》ヲ受ケタルトキ

第三　債權者《さいけんしや》カ異議《いぎ》ヲ留メスシテ十个年間引續《かねんかんひきつゞ》キ債務者ノ一人ヨリ其負擔《ふたん》ス可キ利息《りそく》又ハ年金ノ部分《ぶぶん》ヲ受取リタルトキ

第五百十一條　保證人《ほしやうにん》ノ一人ニ保證ヲ免除《めんぢよ》シタルトキハ主タル債務者ハ其債務《そのさいむ》ヲ免カレス他ノ保證人ハ保證ノ免除ヲ受《う》ケタル一人ノ部分《ぶぶん》ニ付キ其義務ヲ免カル然《しか》レトモ保證人ノ間《かん》ニ連帶《れんたい》ヲ爲セル場《ば》合《あひ》ニ於テ債權者カ第五百六條第二項ニ記載《きさい》シタル如ク他ノ保證人《ほしやう》ニ對シテ自己《じこ》ノ權利ヲ留保セサルトキハ他ノ保證人ヲシテ其義務《そのぎむ》ヲ免《まぬ》カレシム

第五百十二條　債權者ノ質《しつ》又ハ抵當《ていとう》ノ抛棄《はうき》ハ其債權ヲ滅《げん》セス然レトモ連帶債務者《れんたいさいむしや》又ハ保證人ハ其抛棄《そのはうき》ニ因《よ》リテ此等ノ擔保ニ代位《だいゝ》スル

（本條ノ意味）ハ引渡又ハ返還ノ義務ヲ免除スルヿアリモ所有者ハ所有權ヲ失ハザレバ其債務者ノ手ニアル物ヲ取寄スルヿヲ得可シ但シ所有者ニ於テ自カラ此等ノヿヲ爲サヾルベカラズト云フニ在ルナリ

コトヲ妨《さまた》ケラレタルカ爲メ債權擔保編第四十五條及ヒ第七十二條ニ依《よ》リ債權者ニ對《たい》シテ自己ノ免責《めんせき》ヲ請求《せいきう》スルコトヲ得

第五百十三條　共同債務者《きやうどうさいむしや》ノ一人カ連帶若《もし》クハ不可分ノミノ免除《めんじよ》ヲ得ル爲メ又ハ保證人ノ一人カ保證《ほしやう》ノ免除ヲ得《う》ル爲《た》メ債權者ニ出捐《しゆつけん》ヲ爲シタルモ其義務ヲ滅《げん》セス且他《かつた》ノ共同債務者又ハ共同保證人ニ對《たい》シテ求償權《きうしやうけん》ヲ有セス

第五百十四條　特定物《とくていぶつ》ヲ引渡《ひきわた》スノミ又ハ返還《へんくわん》スルノミノ義務《ぎむ》ヲ免除《めんじよ》スルモ債務者ノ利益《りえき》ニ於テ讓戻《ゆづりもどし》又ハ讓渡《ゆづりわたし》ヲ惹起《じやくき》セス其所有者ハ回復《くわいふく》ノ權利ヲ失《うしな》ハス

第五百十五條　連帶債權者《れんたいさいけんしや》ノ一人ノ爲シタル債務又ハ連帶ノミノ免除ハ單《たん》ニ其一人ノ部分《ぶぶん》ニ付キ之ヲ以テ他ノ債權者ニ對抗《たいかう》スルコトヲ得

債務《さいむ》カ性質《せいしつ》ニ因ル不可分《ふかぶん》ナルトキハ債權者ノ一人ノ爲シタル免除《めんじよ》

（任意）トハ猶ホ隨意ト云フガ如シ

（緊要）トハ猶ホ重要ト云フガ如シ

ハ他ノ債權者ヲ害《がい》スルコトヲ得ス他ノ債權者ハ第四百四十五條及ヒ第五百六條ノ規定《きてい》ニ從ヒテ全債權ヲ行《おこな》フ

第五百十六條　債權者カ債務者ノ義務《ぎむ》ヲ記載《きさい》シタル本證書《ほんしやうしよ》ヲ任意《にんい》ニテ債務者ニ交付《かうふ》シタルトキハ其證書ニ免除ノ旨《むね》ヲ附記《ふき》セスト雖モ債權者ハ債務ノ免除《めんじよ》テ爲シタリトノ推定《すいてい》ヲ受ク但債權者ノ反對《はんたい》ノ意思《いし》ヲ證スル權利ヲ妨《さまた》ケス

公正證書《こうせいしやうしよ》ノ正本《せいほん》又ハ判決書《はんけつしよ》ノ正本ノ任意《にんい》ノ交付ハ其書類ニ執行文《しつかうぶん》ヲ具備《ぐび》スルモ債務ノ免除ヲ推定《すいてい》セシムルニ足ラス但裁判所カ事情《じじやう》ニ從《したが》ヒテ其免除ヲ推測《すいそく》スルコトヲ妨《さまた》ケス

債務者カ右ノ書類《しよるゐ》ヲ所持《しよぢ》スルトキハ反對《はんたい》ノ證據《しやうこ》アルマテハ債權者ヨリ任意ノ交付《かうふ》アリタリトノ推定《すいてい》ヲ受ク

第五百十七條　債權者カ證書ノ全文《ぜんぶん》又ハ債權者ノ署名《しよめい》其他緊要《きんえう》ナル部分《ぶぶん》ヲ有意《いうい》ニテ毀滅《きめつ》シ扯破《しは》シ又ハ抹殺《まつさつ》シタルトキハ前條ノ區別《くべつ》ニ

(毀滅)トハ其部分ヲ取リ去ルヲ云ヒ(扯破)トハ「ヒキ」破フルヲ云ヒ(抹殺)トハ塗リ消スヿヲ云フ

(相殺)トハ債務者ガ其債主ノ債主トナリタル時其相當レル額ニ至ル迄義務ヲ消滅セシムル

從ヒテ任意ノ交付ニ準《じゆん》シ債務ノ免除アリタリト推定ス

右毀滅《きめつ》、扯破《しは》又ハ抹殺ハ其當時證書カ債權者ノ占有《せんゆう》ニ係《かゝ》リシトキハ反對ノ證據アルマテ債權者ノ所爲《しよゐ》又ハ其承諾《しやうだく》ニ出テタリトノ推《すゐ》定《てい》ヲ受ク

第五百十八條　債務ノ免除ハ明示《めいし》ナルト默示《もくし》ナルト又直接《ちよくせつ》ニ證スルト法律上推定スルトヲ問ハス反對《はんたい》ノ證據《しやうこ》アルマテ有償《いうしやう》ニテ之ヲ爲シタリトノ推定ヲ受ク

然レトモ授受《じゆしゆ》スル相對能力《あいたいのうりよく》ナキ者ノ間《かん》ニ於ケル免除《めんじよ》ハ有償ニテ之ヲ爲セタリトノ直接《ちよくせつ》ノ證據ヲ擧《あ》クルコトヲ要ス

第四節　相殺《さうさつ》

第五百十九條　二人互《たがひ》ニ債權者タリ債務者タルトキハ下ノ條件《でうけん》及ヒ區別《くべつ》ニ從ヒテ法律上、任意上又ハ裁判上《さいばんじやう》ノ相殺成立《さうさつせいりつ》ス

相殺ハ二箇ノ債務ヲシテ其寡少《そのくわせう》ナル債務ノ數額ニ滿《み》ツルマテ消滅《せうめつ》

チ云フ
（主タルモノ）トハ獨立シテ存スルモノチ云ヒ
（互ニ代替スルチ得ベキモノ）トハ二個ノ債務カ代リ物ニテ辨濟シ得ルコトチ指シ
（明確ナルモノ）トハ計算ノ濟メルモノチ示シ
（要求スルチ得ベキモノ）トハ期限アルモノハ其滿了セルコト條件ノ付ケルモノハ其到達アリタル場合チ云フナリ

セシム

第五百二十條　二箇ノ債務カ主《しゆ》タルモノ互《たがひ》ニ代替《たいく》スルチ得ヘキモノ明確《めいかく》ナルモノ及ヒ要求《ようきう》スルチ得ヘキモノニシテ且法律ノ規定《きてい》又ハ當事者《たうじしや》ノ明示《めいし》若《もし》クハ默示《もくし》ノ意思《いし》チ以テ其相殺チ禁《きん》セサルトキハ當事者ノ不知《ふち》ニテモ法律上ノ相殺ハ當然行《たうぜんおこな》ハル

第五百二十一條　主《しゆ》タル債務者ハ自己《じこ》ノ債務ト債權者カ保證人《ほしやうにん》ニ對シテ負擔スル債務トノ相殺《さうさつ》チ以テ債權者ニ對抗《たいこう》スルコトチ得《い》ス然レトモ訴追《そつい》チ受ケタル保證人ハ債權者カ主《しゆ》タル債務者又ハ自己ニ對《たい》シテ負擔スル債務ノ相殺ヲ以テ對抗《たいこう》スルコトチ得《う》
連帶《れんたい》務債者ハ債權者カ其連帶債務者ノ他《た》ノ一人ニ對《たい》シ負擔《ふたん》スル債務ニ關《くわん》シテハ其一人ノ債務ノ部分《ぶぶん》ニ付《つい》テニ非《あら》サレハ相殺チ以テ對《たい》抗《かう》スルコトチ得ス然レトモ自己《じこ》ノ權ニ基《もとづ》キ相殺チ以テ對抗《たいかう》ス可キトキハ全部《ぜんぶ》ニ付キ之チ申立《まうした》ツルコトチ得《う》

（相場）トハ猶ホ市價ト云フガ如シ

（日用品）トハ日々費消スル物品ノ謂ヒニシテ例之ヘハ薪炭油等ノ如シ

數人《すうじん》ノ連帶債權者《れんたいさいけんしや》アルトキ債務者ハ債權者ノ一人カ自己ニ對シテ負擔《ふたん》スル債務ノ相殺《さうさい》ヲ以テ訴追者ニ對抗《たいかう》スルコトヲ得

債務カ債務者ノ間又ハ債權者ノ間ニ於テ任意不可分《にんいふかぶん》ナルトキハ相殺ハ受方《うけかた》又ハ働方《はたらきかた》ノ連帶《れんたい》ニ於ケルト同一ノ方法ニ從《したが》フ又性質《せいしつ》ニ因《よ》ル不可分ノ債務《さいむ》ナルトキハ第四百四十五條ノ規定《きてい》ニ從フ

第五百二十二條　當事者ノ一方《いつはう》カ他ノ一方ニ對《たい》シ地方市場《ちはうしじやう》ノ相場アル日用品《にちやうひん》ノ定期《ていき》ノ供與《きやうよ》ヲ負擔《ふたん》シタルトキハ其供與ハ他ノ一方ノ負擔《たん》スル金錢《きんせん》ト相殺スルコトヲ得

第五百二十三條　債務ノ成立《せいりつ》、其目的物《そのもくてきぶつ》ノ性質《せいしつ》及ヒ分量《ぶんりやう》カ確實《かくじつ》ナルトキハ其債務ハ善意《ぜんい》ニテ爭《あらそ》ハルルトキト雖モ之ヲ明確《めいかく》ナリトス

第五百二十四條　裁判所ノ許與《きよよ》シタル恩惠上《おんけいじやう》ノ期限《きげん》ハ相殺ノ妨《さまたげ》ヲ爲サス債務者ノ要求《ようきう》ニ因リ無償《むしやう》ニテ債權者ノ許與《きよよ》シタル期限ニ付テモ亦同《またおな》シ

(運送費)トハ人又ハ物ヲ一處ヨリ他處ニ移スガ爲ニ費ス勞力ノ其他ノ物ノ報酬ヲ云ヒ(爲替料)トハ己レガ或金額ヲ渡シ又ハ渡スベキヿヲ約セル代ハリニ己レガ指名スル者ニ指示セル日ニ他ノ場所ニテ金ヲ拂ハシムルガ爲メニ拂フ賃料ヲ云フ(兩替)トハ一ノ貨幣ト或貨幣ノ交換ヲ爲ス際ニ一方ノ者ヨリ拂フ打歩ナリ(不正)トハ法律ノ認メサル所爲ヲ云フ

二箇ノ債務《さいむ》ノ一カ解除條件附《かいじよじやうけんつき》ナルトキト雖モ相殺ハ行《おこな》ハル但其條件ノ成就《じやうじゆ》シタルトキハ相殺モ亦解除《またかいぢよ》ス

第五百二十五條　二箇ノ債務カ同一ノ場所《ばしよ》ニ於テ又ハ同一ノ貨幣《くわへい》ヲ以テ辨濟《べんさい》ス可キモノニ非《あら》サルトキト雖モ相殺ハ行ハル但第一ノ場合ニ於テハ運送費《うんそうひ》又ハ爲替料《かはせりやう》ヲ計算《けいさん》シ第二ノ場合ニ於テハ兩替賃《れうがへちん》ヲ計算スルコトヲ要《よう》ス

第五百二十六條　左ノ場合《ばあひ》ニ於テハ法律上《はふりつじやう》ノ相殺ハ行《おこな》ハレス

第一　辨濟ノ一カ他人ノ財産《ざいさん》ヲ不正《ふせい》ニ取リタルヲ原因《げんゐん》ト爲ストキ

第二　消費《せうひ》ヲ許《ゆる》セル寄託物《きたくぶつ》ノ返還《へんくわん》ニ關《くわん》スルトキ

第三　債權《さいけん》ノ一カ差押《さしおさ》フルコトヲ得サル有價物《いうかぶつ》ヲ目的《もくてき》トスルトキ

第四　當事者ノ一方カ豫《あらかじ》メ相殺ノ利益《りえき》ヲ抛棄《はうき》シタルトキ又ハ

（拂渡差押）トハ債主ニ債務ノ辨濟ヲ爲スヿヲ債主ノ債

債權者《さいけんしや》ト爲ルニ當リ期望《きばう》シタル目的《もくてき》カ相殺ノ爲メ達《たつ》スルコトヲ得サルトキ

第五百二十七條　債權ノ讓受人《ゆづりうけにん》カ其讓受ヲ債務者ニ告知《とくち》シタルノミニテハ債務者ハ讓渡人《ゆづりわたしにん》ニ對シテ從來有《じゆうらいいう》セル法律上ノ相殺《さうさつ》ヲ以テ讓受人ニ對抗《たいこう》スルノ權利ヲ失《うしな》ハス

債務者カ讓渡人ニ對《たい》シテ既《すで》ニ得タル法律上ノ相殺ノ權利ヲ留保《りうは》セスシテ讓渡ヲ受諾《じゆだく》シタルトキハ債務者ハ讓受人ニ對《たい》シテ其權利ヲ申立《もうした》ツルコトヲ得ス

右二箇ノ塲合《ばあひ》ニ於テ債務者《さいむしや》カ相殺ヲ申立ツルコトヲ得サリシ金額《きんがく》又ハ有價物ヲ讓渡人ヲシテ自己《じこ》ニ償還《しやうくわん》セシムルノ權利ヲ妨《さまた》ケス

第五百二十八條　拂渡差押《はらひわたしさしおさへ》ヲ受ケタル債務者ハ自己《じこ》ノ債權者ニ對シテ差押後ニ取得《しゆとく》シタル債權ノ相殺《さうさつ》ヲ以テ差押人《さしおさへにん》ニ對抗スルコトヲ得ス

主又ハ其他ノ者ヨリ債務者ニ爲ス所ノ束縛ヲ云フ

又從來有セル相殺ノ原因《げんいん》ニ付テモ拂渡差押ヲ受《う》ケタル債務者ハ民《みん》事《じ》訴訟法《そしようはふ》ニ揭《かゝ》ケタル方式《はうしき》及ヒ期間《きかん》ニ從《したが》ヒテ其原因ヲ述《の》ヘタルニ非《あら》サレハ之ヲ以テ差押人ニ對抗《たいこう》スルコトヲ得ス

右孰《いづ》レノ塲合ニ於テモ拂渡差押ヲ受《う》ケタル債務者ハ差押ノ金額又ハ有價物ニ付キ自己ノ債權ノ辨濟《べんさい》ヲ得《う》ル爲メ差押人ト共ニ配當《はいとう》ニ加入《かにふ》スル權利《けんり》ヲ有ス

第五百二十九條　相殺ニ因《よ》リテ既《すで》ニ消滅《しやうめつ》シタル債務ヲ辨濟シタル者ハ不當利得《ふとうりとく》ノ取戻訴權《とりもどしそけん》ノミヲ行フコトヲ得但《たゞし》次條ニ記載《きさい》スル塲合《ばあひ》ハ此限ニ在ラス

第五百三十條　前三條ニ揭《かゝ》ケタル塲合ニ於テ相殺《さうさつ》ニ因リ既《すで》ニ消滅《しやうめつ》シタル債務《さいむ》ヲ讓受人若《も》クハ差押人ノ利益《りえき》ノ爲メ追認《ついにん》シ又ハ自己ノ債權者ニ辨濟《べんさい》シタル者ハ自已ノ舊債權ヲ擔保《たんぽ》シタル保證《ほしやう》、先取特權《せんしゆとくけん》若クハ抵當《ていとう》ヲ申立《まうした》ツルコトヲ得ス但既《すで》ニ行ハレタル相殺ヲ知《し》ラサ

(任意上ノ相殺)トハ爲スト爲サヾルトノヿガ法律ノ保護スル一方ノ者ノ隨意ナル相殺ヲ云フ

(既往ニ溯ル)トハ、相殺ヲ爲スベキ概則ノ生ゼシ時ヨリノ意ナリ

(裁判上ノ相殺)トハ裁判ニヨリテ行フ所ノ相殺ナリ

ル正當《せいとう》ノ原因《げんいん》アリシコトヲ證スルトキハ此限ニ在ラス此場合ニ於テ舊債權《きうさいけん》ハ其性質《せいしつ》ヲ以テ擔保ト共ニ復舊《ふくきう》ス

第五百三十一條　任意上《にんいじやう》ノ相殺ハ法律《はふりつ》カ法律上ノ相殺ヲ許《ゆる》サヽル爲メ利益ヲ受《う》クル一方ノ當事者《たうじしや》ヨリ之ヲ以《もつ》テ對抗《たいかう》スルコトヲ得總《すべ》テノ場合ニ於テ各利《かくり》害關係人《がいくわんけいにん》ノ承諾《しやうだく》アルトキハ相殺ハ之ヲ合意上《がういじやう》ノモノトス

任意上ノ相殺ハ既往《きわう》ニ遡《さかのぼ》ルノ效《かう》ヲ有セス

第五百三十二條　裁判上ノ相殺ハ被告《ひこく》カ原告《げんこく》ニ對《たい》シテ自己ノ利益ノ爲メ債權ヲ追認《ついにん》セシメ又ハ淸算《せいさん》セシムルヲ主旨《しゆし》トスル反訴《はんそ》ノ方法ニ依《よ》リテ之ヲ求ムルコトヲ得

此場合《このばあひ》ニ於テ裁判所ハ或ハ先ツ主《しゆ》タル訴《うつたへ》ヲ裁判シ或ハ二箇《こ》ノ訴ヲ併《あは》セテ裁判スルコトヲ得

裁判上ノ相殺ハ之ヲ以テ對抗《たいかう》シタル日ニ遡リテ効ヲ有ス

(服スル) トハ茲ニテハ相殺セラルベキノ意ナリ

(混同) トハ債主ト負債主ノ相容レサル資格ガ一身ノ頭上ニ生スルヲ云フ

第五百三十三條　當事者ノ一方カ他ノ一方ニ對《たい》シテ法律上又ハ裁判上ノ相殺ニ服《ふく》スル數箇ノ債務《さいむ》ヲ有《いう》スルトキハ其債務ヲ相殺スル順《じゆん》序《じよ》ハ第四百七十二條ニ揭《かゝ》ケタル辨濟ノ法律上ノ充當《じうたう》ノ規定《きてい》ニ從《したが》フ
相殺カ任意上又ハ合意上《がういじやう》ノモノナルトキハ辨濟ノ充當《じうとう》ハ第四百七十條及ヒ第四百七十一條ノ規定《きてい》又ハ當事者ノ協議《けうぎ》ニ從フ

第五節　混同《こんどう》

第五百三十四條　一箇ノ義務《ぎむ》ノ債權者タリ及ヒ債務者タルノ分限《ぶんげん》カ相續等《さうぞくとう》ニテ一人ニ併合《へいがふ》シタルトキハ義務ハ混同《こんどう》ニ因《よ》リテ消滅《しやうめつ》ス
右ノ混同《こんどう》カ其以前ノ適法《てきはふ》ノ原因《げんいん》ニ由リテ解除《かいぢよ》、銷除《しやうぢよ》又ハ廢罷《はいひ》ヲ受ケタルトキハ義務ハ之ヲ消滅《しやうめつ》セサリシモノト看做ス

第五百三十五條　債權者カ連帶債務者《れんたいさいむしや》ノ一人ニ相續《さうぞく》シ又ハ連帶債務者ノ一人カ債權者ニ相續シタルトキハ連帶債務《れんたいさいむ》ハ其一人ノ部分《ぶぶん》ニ付《つい》テノミ消滅《しやうめつ》ス

（全存）トハ茲ニハ義務ノ全部ニ付キ執行ヲ受ケシメ又ハ爲スヲ許スヲ云フ

（供ス）トハ差出スノ義ナリ

混同《こんどう》カ連帶債權者ノ一人ト債務者トノ間《あいだ》ニ行《おこな》ハレタルトキモ亦其《またその》混同《こんどう》ハ債務ノ一分《ぶん》ニ付テノミ成ル

第五百三十六條　義務カ性質《せいしつ》ニ因《よ》ル不可分《ふかぶん》ナルトキハ債權者ノ一人ト債務者ノ一人トノ間《あいだ》ノ混同《こんどう》ハ他ノ者ノ利害《りがい》ニ於テ其義務ヲ全存《ぜんそん》セシム然レトモ其混同《こんどう》ヲ得タル者ハ第四百四十五條ニ從《したが》ヒテ一分ノ償金《しやうきん》ヲ供《けう》シ又ハ受取《うけと》ルニ非《あら》サレハ全部ニ付キ訴追《そつい》スルヿヲ得ス又ハ訴追セラルヽコト無シ

第五百三十七條　二人ノ連帶債權者又ハ二人ノ連帶債務者ノ分限《ぶんげん》カ一人ニ併合《へいがう》シタルトキハ權利《けんり》又ハ義務《ぎむ》ノ消滅《しやうめつ》ナシ其身ニ就《つ》キ併合《へいがう》ノ成リタル者ハ或ハ自己《じこ》ノ名或ハ己《おの》レカ相續《さうぞく》シタル者ノ名ニテ全部《ぜんぶ》ニ付キ訴追スルコトヲ得又ハ訴追セラルヽコト有リ働方《どうはう》又ハ受方《じゆはう》ニテ不可分ナル義務《ぎむ》ニ付テモ亦同シ

第五百三十八條　保證人カ債權者ニ相續シ又ハ債權者カ保證人ニ相

(履行ノ不能)トハ履行ヲ爲サント欲スルモ爲ス能ハサルニ至ルヲ云フ例之ヘハ引渡シノ義務ヲ已レニ負フ者ノ手ニ於テ滅盡セル時又ハ書ヲ描クベキ義務ヲ負ヘル債務者ガ手ヲ痛メハテ筆ヲ執ルヿ能ハサルニ至レル場合等ノ如シ此レガ債權消滅ノ一原因ト爲ル所以ノモノハ何人モ爲ス能ハザルヿヲ爲スノ能ハザルノ義務ナキニ由ルナリ

續シタルトキハ保證ハ其附從《そのふじう》ノモノト共ニ消滅《しやうめつ》ス

債務者カ保證人ニ相續シ又ハ保證人カ債務者ニ相續《さうぞく》シタルトキハ債權者ハ主《しゆ》タル債務者、共同保證人若《もし》クハ保證人ノ擔保《たんぽ》人《にん》ニ對《たい》シ及ヒ保證ニ附着《ふちやく》シタル質《しつ》若クハ抵當《ていとう》ニ付キ其權利ニ變更《へんこう》ヲ受クルコト無シ

第六節　履行《りかう》ノ不能《ふのう》

第五百三十九條　義務カ特定物《とくていぶつ》ノ引渡《ひきわたし》ヲ目的《もくてき》トシタル場合《ばあひ》ニ於テ其目的物カ債務者ノ過失《くわしつ》ナク且付遲滯《ふちたい》前《せん》ニ滅失《めつしつ》シ紛失《ふんしつ》シ又ハ不融通《ふゆうつう》物《ぶつ》ト爲リタルトキハ其義務《そのぎむ》ハ履行《りかう》ノ不能《ふのう》ニ因リテ消滅《しやうめつ》ス若シ義務カ定《さだ》マリタル物ノ中ノ數箇《すうこ》ヲ目的トシタル場合《ばあひ》ニ於テ其一箇ヲモ引渡《ひきわた》スコト能ハサルトキハ亦同シ

作爲又ハ不作爲ノ義務ハ其履行カ右ト同一《どういつ》ノ條件《でうけん》ヲ以テ不能ト爲リタルトキハ消滅ス

第五百四十條　債務者《さいむしや》カ意外《いぐわい》ノ事又ハ不可抗力《ふかこうりよく》ニ因ル危險《きけん》及ヒ災害《さいかい》ヲ擔任《たんにん》シ若《もし》クハ第三百三十六條及ヒ第三百八十四條ニ從《したが》ヒテ遲滯《ちたい》ニ付セラレタルトキハ其債務者ハ前條ノ原因《げんいん》ニ由ルモ其義務《ぎむ》ヲ免《まぬ》カレス

第五百四十一條　債務者ハ自己ノ申立《もうした》ツル意外《いぐわい》ノ事《こと》又ハ不可抗力《ふかこうりよく》ヲ證スルノ責《せめ》ニ任ス

債權者カ第三百三十五條第二項ニ依リテ其義務《そのぎむ》ヲ免《まぬ》カルヽ爲メ假令《たとひ》其物カ債權者ノ方ニ在ルモ亦滅失《またぬつしつ》ス可カリシコトヲ申立ツルトキハ其證據《そのしやうこ》ヲ擧《あ》クルコトヲ要《よう》ス

第五百四十二條　債務者カ履行《りかう》ノ不能ニ因《よ》リテ履行ヲ免カレタルトキハ其債務者ハ己《おの》レノ受取《うけと》ル可キ對價《たいか》ニ付テハ其履行ノ爲メ既ニ出捐《しゆつけん》シタル限度《げんど》ニ於テノミ權利《けんり》ヲ有ス

第五百四十三條　物ノ全部《ぜんぶ》又ハ一分ノ滅失《めつしつ》ノ場合ニ於テ其滅失ヨリ

(意外ノ事)トハ俗ニ謂フ不意ノ事ニシテ其事ノ起リシコトヲ豫知セサリシコトヲ指ス

(不可抗力)トハ拒キ勝ツヘカラサル凡ベテノ力ヲ指ス

(履行ノ爲メ既ニ出捐シタル限度)トハ債務ヲ行フガ爲メ即チ例之ヘバ畫ヲ描キ物ヲ引渡スベキ義務ヲ行フベキ場合ニ於テ其爲セル荷造リノ費用又ハ消費セル繪具料ノ如キ物ノミノ意ナリ

(物ノ滅失ヨリ第

三者ニ對シテ或補償訴權ノ生スル時）トハ例之ヘハ其物ノ滅盡カ第三者ノ爲メニ毀損セラレタルガ爲メニ債務者ガ債務ヲ免カレシ時ノ如ク債權者ニ其加害セル第三者ニ賠償ヲ求ムル訴權ヲ生スルカ如キ時ヲ云フ

（銷除）トハ債務ヲ負ハシムルニ至リタル承諾ガ瑕瑾ヲ帶ブルニヨリ爲ス所ノ義務ノ取消シヲ云フ

（錯誤）トハ思ヒ違ヒト云フト異ナルコトナク（強暴）トハ強制暴行ノコトニシテ一言以テ之ヲ言ヘハ束縛ト云フト同シク（詐欺）トハ

第三者ニ對《たい》シテ或ル補償訴權《ほしやうそけん》ノ生《せう》スルトキハ債權者ハ殘餘《ざんよ》ノ物ヲ要求《ようきう》シ且此訴權ヲ行フヲ得

第七節 銷除《せうじよ》

第五百四十四條 無能力者《むのうりよくしや》又ハ錯誤《さくご》ニ因リテ承諾《しやうだく》ヲ與ヘタル人又ハ強暴《きやうぼう》若クハ詐欺《さぎ》ニ因リテ承諾《しやうだく》ヲ獲《え》ラレタル人ノ約《やく》シタル義務ハ五个年《かねん》ノ間《あいで》ハ或ハ其人又ハ其代人ノ請求《せいきう》ニ因リ或ハ履行《りかう》ノ訴ニ對シ此等ノ者ヨリ爲シタル抗辯《かうべん》ニ因リテ裁判上之ヲ銷除《しやうじよ》スルコトヲ得

第五百四十五條 右時效《じこう》ノ期間ハ強暴《けうぼう》ニ付テハ其強暴ノ止ムマテ錯《さく》誤《ご》ニ付テハ其錯誤《そのさくご》ヲ覺知《かくち》スルマテ詐欺《さぎ》ニ付テハ其詐欺ヲ發見《はつけん》スルマテ無能力《むのうりよく》ニ付テハ其無能力ノ止《や》ムマテ之ヲ停止《ていし》ス

然レトモ瘋癲者《ふうてんしや》又ハ喪心《そうしん》ニ因ル禁治産者《きんじさんしや》ノ合意ニ付テハ右時效《じこう》ハ其者《そのもの》カ能力ヲ復《よく》シタル後其承諾《そのしやうだく》シタル行爲《とうい》ノ通知《つうち》ヲ受ケ又ハ其行爲ヲ了知《れうち》シタル時ヨリ進行《しんかう》ス

人ヲシテ錯誤ニ陷ヰラシムル凡ベテノ奸計隱謀策畧ヲ云フ

（瘋癲者）トハ俗ニ謂フ「タハケ」ナリ

（喪心ニ因ル）トハ精神知覺ヲ有セサルモノヲ云フ

（行爲ノ通知）トハ禁治產者ト爲ル前ニ爲セル所爲ノヿニ付キ爲ス所ノ知ラセナリ

（債責時効）トハ債務ヲ免カレシムル時効ノ謂ヒナリ

治產《じさん》ヲ禁《きん》セラレタル處刑人《しよけいにん》ニ付テハ銷除《しやうじよ》ノ訴權及ヒ抗辯《こうべん》ハ自他《じた》ノ爲メ其刑期《そのけいき》滿了後《まんれうご》ニ非《あら》サレハ時效ニ罹《かゝ》ラス

此他《このた》免責時效《めんせきじこう》ノ停止及ヒ中斷《ちうだん》ノ通常ノ原因《げんいん》ニ關スル規定《きてい》ハ右時效ニ之ヲ適用《てきやう》ス

第五百四十六條　銷除訴權《しやうちよそけん》ヲ有セル人カ前條ノ期間《きかん》ノ滿了前《まんれうぜん》ニ死亡《しばう》シタルトキハ訴權《そけん》ハ其相續人《そのさうぞくにん》ニ移轉《いてん》ス

右ノ場合《ばあひ》ニ於テ期間カ死亡者《しばうしや》ニ對《たい》シテ未タ進行《しんかう》ヲ始メサリシトキハ相續人ノ訴權《そけん》ハ其相續ノ時《とき》ヨリ時効《じこう》ニ罹《かゝ》リ既ニ進行ヲ始メタルトキハ其殘期《そのざんき》ヲ以テ時効ニ罹《かゝ》ル但證據編《しやうこへん》第百二十九條ニ記載《きさい》セル停止ハ此限ニ在《あ》ラス

第五百四十七條　未成年者《みせいねんしや》又ハ禁治產者《きんちさんしや》ノ財產ニ關シ後見人《こうけん》ノ爲シタル合意及ヒ行爲《こうい》ハ無能力者《むのうりよくしや》ノ利益ノ爲メ法律《はうりつ》ノ定メタル方式《はうしき》及ヒ條件ヲ遵守《じゆんしゆ》セサリシトキハ之ヲ銷除《しやうじよ》スルコトヲ得

（缺損）トハ損失ト解スレハ可ナリ

（保佐人）トハ保護人ノ義ニシテ助力スル者ナリ

（行爲ノ時）トハ其爲セル約束取引ノ時ト云フニ同シ

未成年者自治産《みせいねんしやじちさん》ノ未成年者及ヒ準禁治産者《じゆんきんぢさんしや》ノ行爲ニ付テハ特別《とくべつ》ナル方式及ヒ條件《でうけん》ニ依ラサリシトキ又禁治産者ノ行爲ニ付テハ何等《なんら》ノ塲合《ばあひ》ヲ問ハス亦其行爲《かうゐ》ヲ銷除《しやうじよ》スルコトヲ得

右規定《みぎきてい》ハ有能力者ノ爲メニ許與《きよよ》セル銷除ノ訴權《そけん》ヲ妨《さまた》ケス

第五百四十八條　未成年者一人ニテ特別《とくべつ》ナル方式《はうしき》又ハ條件ノ必要《ひつえう》ナキ合意又ハ行爲《かうゐ》ヲ承諾《せうだく》シタルトキハ銷除訴權《しやうじよそけん》ハ其未成年者ノ爲メ缺損《けつそん》アルトキニ非サレハ之ヲ受理《じゆり》セス

法律《はうりつ》カ保佐人《ほさにん》ノ立會ノミヲ要《えう》シタルトキ其立會《そのたちあひ》ナクシテ自治産《じちさん》ノ未成年者及ヒ準禁治産者《じゆんきんぢさんしや》ノ爲シタル右ト同一《どういつ》ナル性質《せいしつ》ノ行爲ニ對シ亦缺損《またけつそん》ニ因ルニ非《あら》サレハ銷除訴權《しやうじよそけん》ヲ行フコトヲ得ス

缺損《けつそん》ハ行爲ノ時ニ於テ之ヲ見積《みつも》リ其偶然《ぐうぜん》ノ事件ヨリ生スルモノハ之ヲ算入《さんにふ》セス

第五百四十九條　未成年者カ成年《せいねん》ナリト陳述《ちんじゆつ》シタルノミニテ成年

タルコトヲ信《しん》セシムル爲メ自《みづか》ラ詐術《さじゆつ》ヲ用ヰルトキハ其無能力又ハ缺損《けつそん》ニ因ル銷除訴權ヲ妨《さまた》ケス

此他ノ無能力者《むのうりよくしや》ノ虚僞《きよぎ》ノ陳述ニ付テモ亦同シ

第五百五十條　商業《せうげう》又ハ工業《こうげう》ヲ營《いとな》ムノ許可《きよか》ヲ得タル自治産ノ未成年者ハ其營業《そのえいげう》ニ關スル行爲《かうゐ》ニ付テハ之ヲ成年者ト看做《みな》ス

然《しか》レトモ其未成年者ハ普通法《ふつうはう》ニ從《したが》フニ非サレハ不動産ヲ讓渡《ゆづりわた》スコトヲ得ス

第五百五十一條　婦《ふ》ノ行爲《かうゐ》ハ配偶者《はいぐうしや》ノ相互《さうご》ノ權利《けんり》及ヒ本分ニ關《くわん》シ法律ニ定《さだ》メタル場合《ばあひ》ニ非《あら》サレハ婦《ふ》又ハ夫《ふ》ノ請求《せいきう》ニ因リテ之ヲ銷除《しやうぢよ》スルコトヲ得ス

第五百五十二條　承諾《しやうだく》ノ瑕疵《かし》ニ因リテ行爲ノ銷除《しやうぢよ》ヲ得タル成年者ハ其行爲ニ因《よ》リテ既《すで》ニ受取リタル總《すべ》テノ物ヲ返還《へんくわん》スル責《せめ》ニ任ス

無能力者《むのうりよく》ハ銷除《しやうぢよ》ヲ得タル行爲ニ因リテ仍ホ現《げん》ニ己レヲ利《り》スル物ノ

（認諾）トハ義務ヲ負ヘルコトヲ認メテ其義務ガ有セル瑕瑾ヲ滌除スルコトヲ承諾スルヲ云フ

（銷除ノ原因）トハ銷除訴權ノ因テ生ゼシ源ノ謂ヒニシテ詐欺強暴ノ如キハ各其一ニ居ル

ミヲ返還《へんくわん》スル責ニ任ス

右返還《へんくわん》ヲ要求《ねうきう》スル訴權《そけん》ハ通常ノ時效《じこう》ニ因ルニ非サレハ消滅《しやうめつ》セス

第五百五十三條　不動産《ふどうさん》ノ讓渡《ゆづりわたし》カ無能力《むのうりよく》、錯誤《さくご》又ハ強暴《きやうばう》ノ瑕疵《かし》ニ因ル銷除《しやうじよ》ニ服《ふく》スルトキハ第三百五十二條及ヒ第三百五十三條ノ區別及ヒ條件ニ從ヒ第三取得《しゆとく》者ニ對シテ其銷除ヲ為スコトヲ得

第五百五十四條　銷除訴權《しやうじよそけん》ハ第五百四十四條乃至《ないし》第五百四十六條ニ定メタル時效《じこう》ニ因リテ消滅《しやうめつ》スル外第五百四十五條ニ從ヒテ時效ノ進行《しんこう》ヲ始メタル後利害關係《りがいくわんけい》人カ銷除《しやうじよ》スルコトヲ得ヘキ合意《がうい》ヲ明示《めいし》又ハ默示《もくし》ニテ認諾《にんだく》シタルトキハ之ヲ行フコトヲ得ス

第五百五十五條　明示《めいし》ノ認諾《にんだく》ハ銷除スルコトヲ得ヘキ合意ノ要旨《えうし》及ヒ其銷除《しやうじよ》ノ原因ヲ記シ且銷除訴權ノ拋棄《はうき》ヲ述ヘタル明白ナル證書《しやうしよ》ニ因リテ成ル

銷除《しやうじよ》ノ數箇ノ原因《げんいん》アルトキハ明示ノ認諾ハ特ニ證書《しやうしよ》ニ記シタル原

（供與）トハ單ニ與フルト云フト異ナルヿナシ

（特定ノ承繼人）トハ特ニ定マレル權利ノ承繼ヲ爲セル者ノ謂ヒニシテ例之ヘハ賣買ニヨリテ或物件ヲ買得セル者ノ如シ

（初メヨリ無効）トハ曾テ成立セルヿナキノ意ナリ

（廢罷）トハ債務者ガ第三者ト謀リテ爲セル所爲ガ債權者ニ害ヲ加フル時

因ニ付テノミ其效《かう》ヲ生ス

第五百五十六條　默示《もくし》ノ認諾《にんだく》ハ左ノ行爲《かうゐ》ニ因リテ成ル

第一　合意《がうい》ノ全部若クハ一分ノ任意《にんい》ノ履行《りかう》

第二　異議《いぎ》ナキ又ハ異議ノ留保《りほ》ナキ強制《きやうせい》ノ執行《しつかう》

第三　更改《かうかい》

第四　物上《ぶつじやう》又ハ對人ノ擔保《たんほ》ノ任意《にんい》ノ供與《きやうよ》

默示《もくし》ノ認諾《にんだく》ハ債權者《さいけん》ニ在テハ銷除《しやうじよ》スルコトヲ得ヘキ合意《がうい》ノ履行《りかう》ノ請求ニ因リ又ハ其合意ヲ以テ取得《しゆとく》シタル物ノ全部若クハ一分ノ任《にん》意《い》讓渡《ゆづりわたし》ニ因リテ成ル

第五百五十七條　認諾《にんだく》ハ銷除訴權《しやうじよそけん》ヲ有スル者ノ特定《とくてい》ノ承繼人《しやうけいにん》ノ權利ヲ害《がい》スルコトヲ得ス

第五百五十八條　初ヨリ無效《むかう》ナル行爲《かうゐ》ハ之ヲ認諾《にんだく》スルコトヲ得ス但第五百六十五條ニ揭《かゝ》ケタル規定《きてい》ヲ妨《さまた》ケス

即チ例之ヘバ債務者ガ極メテ廉價ニ其所有物件ヲ他人ニ賣リ又ハ贈與シ以テ債主ノ共同抵保物ノ減少ヲ爲ス時ニ債主ガ其取消サシムルヿヲ云フ佛法學者ノ所謂ル解止訴權ナリ

(詐害)トハ詐欺ニヨリテ害スルノ義ナリ

(解除)トハ一方ノ者ガ約務ノ履行ヲ爲サヾルニヨリ他ノ一方ノ者ヨリ求メテ裁判所ガ爲ス所ノ合意ノ取消シト豫シメ爲セル約束ヨリ生ズル合意ノ効力ニヨリ合意ガ曾テ成立タザリシ舊樣ニ復セシムルヿヲ云フ

第五百五十九條　算數《さんすう》、氏名《しめい》、日附《ひつけ》又ハ場所《ばしよ》ノ錯誤《さくご》ノ改正《かいせい》ヲ目的トスル訴權《そけん》ハ時效ニ罹《かゝ》ルコト無シ但此訴權《そけん》ノ附屬《ふぞく》スル權利ノ時效ヲ妨《さまた》ケス

第八節　廢罷《はいひ》

第五百六十條　債權者ヲ詐害《さがい》シテ約《やく》シタル義務ノ廢罷《はいひ》及ヒ廢罷訴權《はいひそけん》ノ時效ハ第三百四十條乃至《ないし》第三百四十四條ノ規定《きてい》ニ從フ

贈與《ぞうよ》者及ヒ其相續《さうぞく》人ノ利益ノ爲メニ設《まう》ケタル特別《とくべつ》ノ廢罷《はいひ》ハ贈與《ぞうよ》ニ關スル規定《きてい》ニ從フ

第九節　解除《かいじよ》

第五百六十一條　義務ハ第四百九條第四百二十一條及ヒ第四百二十二條ニ從ヒ明示《めいし》ニテ要約《やうやく》シタル解除《かいじよ》又ハ裁判上得タル解除《かいじよ》ニ因リテ消滅《しやうめつ》ス

解除ヲ請求《せいきう》ス可キトキハ其解除訴權《かいじよそけん》ハ通常ノ時效期間《じかうきかん》ニ從フ但法

律ヲ以テ其期間ヲ短縮《たんしゆく》シタル場合ハ此限ニ在ラス

第四章　自然《しぜん》義務《ぎむ》

(解)自然義務《じぜんぎむ》トハ法律ガ危險《きけん》ヲ恐レテ訟求抗辯《しやうきうかうべん》何レノ方法ニ由ルモ債務者《さいむ》ヲ强制《きやうせい》スルヿヲ許サザルモ若シ債務者ガ其任意《にんい》ニテ其履行《りかう》ヲ爲シ又ハ履行《りかう》スベキヿヲ諾スルトキハ更ラニ之ヲ取消《とりけ》シ又ハ取戻《とりもど》スヿヲ爲スヲ許サズ法定義務《はうていぎむ》ノ効力アラシムル義務ヲ云フ

人或ヒハ此義務ガ强制《きやうせい》ニヨリテ他ヨリ執行《しつかう》ヲ要メラルヽヿアラサルニヨリ之ヲ德義上《とくぎじやう》ノ義務ト混同《こんどう》シ或ヒハ又然ラザルモ之ヲ贈與《ぞうよ》ト同一視スルモノアリ然レ𪜈是レ誤謬《ごびやう》ノ見解《けんかい》タルヲ免カレザレバ余ハ玆ニ一言之ヲ辯《べん》セザルベカラズ

德義上《とくぎじやう》ノ義務ハ例之ヘバ貧者《ひんしや》ニ惠ミ恩アルモノニ酬ヒ孤獨《とどく》ヲ憐ミ危害《きがい》ニ臨メルモノヲ救《すく》フカ如キヿ是ナリ此等ノ義務ハ法律《はうりつ》ノ干渉シ得ベキモノニアラザレバ義務者ガ之ヲ認ムルヿアルモ法定ノ義

務ト同一ノ効力《かうりよく》ヲ生ズルコ能ハズ又之ガ執行《しつかう》ヲ保スルガ爲メニ抵《てい》保《ほ》ヲ付スルコ能ハズ義務者ニ於テ之ヲ履行《りかう》シ了レル時ハ之ヲ純然《じゆんぜん》タル贈與《ぞうよ》トシ贈與《ぞうよ》ノコヲ規定《きてい》セル法律以テ支配《しはい》セザルベカラズ然レ氏自然《じせん》義務ノ此ノ如キモノニアラサルコハ本章ノ規定ニヨリテ明ラカナリ

然ラバ自然義務ノ執行《しつかう》ト贈與《ぞうよ》ノ履踐《りせん》トハ其間ニ如何ナル差異《さゐ》ガアルカト云フニ贈與《ぞうよ》ハ贈與トナスモノヽ愛憐慈悲恵恤《あいれんじひけいじゆつ》等ノ恩恵心《おんけいしん》ニ出デヽ之ヲ爲スモノナレ氏自然《じせん》義務ハ己レニ於テ之ヲ履踐《りせん》セサル時ハ他ノ一方ノ損失《そんしつ》ヲ釀《かも》スカ又ハ然ラサルモ己レニ不義《ふぎ》ノ富ヲ得ルノ感情《かんじやう》アリ此感情《かんじやう》ノ消除《しやうじよ》ヲ爲サンガ爲メニ一方ノモノガ任意《にんい》ニ爲ス所ノモノナルガ故ニ之ヲ履踐《りせん》スル者ノ方ニ於ケル感情《かんじやう》ニ差異アリ隨テ之ヲ受ル者ノ方ニ於テ又此ノ如キ感情《かんじやう》ノ差異ナクンバアラズ加之ナラズ法律ニ於テハ自然《じせん》義務ノ塲合ニ在リテハ其之ヲ負

(不當ノ辨濟)トハ爲スニ付キ正當ノ原由ナキ債務ノ履行ヲ云フ

フ者ノ方ニ於テ債務《さいむ》ヲ負フモ危險《きけん》アルヲ恐レテ之ヲ強制《きやうせい》スルコヲ許サヾルモノナルガ故ニ彼ノ一物ヲモ負ハザルモ全ク其慈善心《じぜんしん》ヨリ出デ、義務ノ履踐《りせん》ヲ爲ス所ノモノトハ之ヲ區別《くべつ》シ一ハ之ヲ嚴正《げんせい》ナル方式ヲ要スル贈與《ぞうよ》ノ規則《きそく》ニテ支配スルコト爲セルモ他ハ毫モ之ヲ要セサル簡易《かんゐ》ノ規則《きそく》ヲ適用《てきよう》スベキコト爲セルモノナレバ決シテ之ヲ同一視《どういつし》スベカラザルナリ

第五百六十二條　自然義務ノ履行《りかう》ハ訴《うつたへ》ノ方法ニ依リテモ相殺《さうさつ》ノ抗《かう》辯《べん》ニ依リテモ之ヲ要求《やうきう》スルコトヲ得ス其履行《りかう》ハ債務者ノ任意《にんい》ナルコトヲ要シ之ヲ其良心《りやうしん》ニ委ス

第五百六十三條　債務者ノ任意《にんい》ノ辨濟ハ不當ノ辨濟ナリトシテ之ヲ取戻《とりもど》スコトヲ得ス
自然《じせん》義務ヲ辨濟《べんさい》シタル意思《いし》ノ證據《しやうこ》カ事情ヨリ生スルニ於テハ辨濟ノ原因《げんいん》ヲ明示《めいし》スルコトヲ要セス

（本條ノ意義）トハ自然義務ヲ後日ニ認メテ法律上ノ義務トシ又ハ之レト他ノ法定義務ト更改ヲ爲シ或ヒハ又之レガ履行ヲ保スルガ爲メニ抵保ヲ付スルヿヲ得ト云フニ在ルナリ

第五百六十四條　自然義務ハ追認《ついにん》、更改《かうかい》又ハ質《しち》若クハ抵當《ていとう》ノ供與《きやうよ》ノ目的タルコトヲ得

右諸種《しよしゆ》ノ場合ニ於テ自然《じせん》義務ハ通常ノ法定《はうてい》ノ效力ヲ生ス

第五百六十五條　自然義務ハ法定《はうてい》ノ承諾《しやうだく》ヲ阻却《そきやく》スル錯誤《さくご》ノ爲メ目的ノ指定《してい》ノ欠缺《けつけつ》若クハ不足《ふそく》ノ爲メ又ハ必要ナル公式《こうしき》ノ欠缺《けつけつ》ノ爲メ初ヨリ無效《むこう》ナル合意ニ因リテ生スルコトヲ得

然レトモ公式《こうしき》ノ欠缺《けつけつ》ノ爲メ無效《むこう》ナル贈與《ぞうよ》ニ關シテハ贈與者自ラ自《じ》然《せん》義務ノ履行《りこう》又ハ追認《ついにん》ヲ爲スコトヲ得ス其相續《さうぞく》人又ハ承繼《しやうけい》人ノミ之ヲ爲スコトヲ得

前項《ぜんこう》ノ規定《きてい》ハ方式《はうしき》上無效ナル遺言《いごん》ヲ爲セル者ノ相續《さつぞく》人ニ之ヲ適用ス

第五百六十六條　原因ノ欠缺《かんけつ》又ハ不法ノ原因ノ爲メ無效《むかう》ナル合意《がうい》ハ自然義務ヲ生スルコトヲ得ス公《おほやけ》ノ秩序《ちつじよ》ノ爲メ合意《かうい》ノ目的トスル

(不當ノ利得)トハ得ベキ正當ノ原因ナクシテ得タル利益ヲ謂フ

(不正ノ損害)トハ為スベキ權利ナクシテ他人ニ加ヘル損失ヲ云フ

(權原)トハ權利ヲ生ゼシムル凡ベテノ原因ヲ云フ

コトヲ禁《きん》シタル物ヲ目的ト為ス合意ニ付テモ亦同シ

第五百六十七條　第三者ノ所為《しよゐ》ノ諾約《だくやく》及ヒ第三者ノ利益《りえき》ニ於ケル要《えう》約《やく》ニ關シ第三百二十二條及ヒ第三百二十三條ニ定メタル無效ハ諾約者ノ自然義務ノ生スルコトヲ妨ケス

第五百六十八條　債務者カ不當《ふとう》ノ利得《りとく》、不正《ふせい》ノ損害《そんがい》又ハ法律ノ規定《きてい》ニ因リテ法定《はうてい》義務ヲ負擔《ふたん》スルヿ有ル可キ場合ノ外債務者ハ此權原《けんげん》ニテ自《じ》然《せん》義務ヲ負擔シタリト有效ニ自ラ追認《ついにん》スルコトヲ得

第五百六十九條　自然義務ハ法定《はうてい》義務ノ銷除《しやうじよ》、廢罷《はいひ》又ハ解除《かいじよ》カ裁判上ニテ宣告《せんこく》セラレタル後ト雖モ存立スルコトヲ得

法定義務カ此他ノ消滅方法ニ因リテ消滅シタル後ニ於テモ亦同シ

第五百七十條　免責《めんせき》又ハ取得《しゆとく》ノ時效《じかう》ノ利益ヲ援用《えんやう》シタル者既判力《きはんりよく》ノ利益ヲ受クル者又ハ其他ノ推定《すいてい》若クハ證據《しやうこ》ヲ申立ツルコトヲ得ヘキ者ハ尚ホ自然義務ヲ負擔《ふたん》シタリト自ラ追認《ついにん》スルコトヲ得

（仲裁契約）トハ兩人若クハ其以上ノ人ノ間ニ介シテ或事ノ決定ヲ爲ス仲裁人ト名ケラレタル者ノ決定ニ委スベキヿヲ約スル所ノ證書ヲ云フ

第五百七十一條　自然債權ノ法定《はうてい》ノ讓渡《ゆづりわたし》ハ協諧契約《けうかいけいやく》ヲ以テ破産者《はさんしや》ニ免除シタル金額ニ付キ其債權者《さいけん》ノ之ヲ爲セタル塲合ノミ有效《いうかう》ナリ

第五百七十二條　當事者ハ自然《じせん》義務ノ任意《にんい》ノ履行《りこう》又ハ認定《にんてい》アラサル前ト雖モ仲裁契約《ちうさいけいやく》ヲ以テ其自然義務ノ成立又ハ廣狹《くわうきやう》ヲ仲裁人ノ決定ニ委《ゆだ》ヌルコトヲ得此塲合ニ於テハ自然《しせん》義務ヲ宣言《せんこく》シタル其決定ハ法定ノ義務ヲ生ス

財產編終

財産取得編

民法財産取得編目録

（物上權）トハ其物件ノ上ニ於ケル權利ナリ
（對人權）トハ一人又ハ數人ニ對スルノ權利ヲ云フ
（取得）トハ自已ノ所有ニ歸スルヲ云フ

民法《みんはふ》財産《ざいさん》取得《しゆとく》編《へん》

總《そう》則《そく》

（解）財産取得編《ざいさんしゆとくへん》トハ何人ニモ屬《ぞく》セズ又ハ他人ニ屬セシ財産ヲ自《じ》已《こ》ノ所有《しよいう》ニ歸《き》スルノ方法ニシテ本編ニハ先占添付賣買契約等《せん〱てんふばい〱けいやくとう》ヲ其方法ナリトシテ所有《しよゆう》スルヿヲ規定《きてい》セリ

第一條　物上《ぶつじやう》及ヒ對人《たいじん》ノ權利《けんり》ハ財産編《ざいさんへん》ニ規定《きてい》シタル原因《げんいん》ニ由《よ》ルノ外尚《な》ホ本編《ほんへん》ノ規定《きてい》ニ從《したが》ヒ之《これ》ヲ取得《しゆとく》スルコトヲ得

第一章　先《せん》占《〱》

（解）先占《せん〱》トハ未《いま》ダ何人ノ所有《しよゆう》トモナラサル物件《ぶつけん》ヲ發見《はつけん》又ハ拾得《しうとく》ニヨリ自已《じこ》ノ所有物ニ歸《き》スルヿヲ云フ然《しか》レ圧不動産《ふどうさん》ハ素《もと》ヨリ發見《はつけん》又ハ拾得《しうとく》シ得可《うべ》キモノニアラサルヲ以テ先占ニヨリテ之レガ權利《けんり》ヲ得ルヿナシ

第二條　先占《せんせん》ハ無主《むしゆ》ノ動産物《どうさんぶつ》ヲ已レ《おのれ》ノ所有《しよゆう》ト為《な》ス意思《いし》ヲ以《もつ》テ最先《さいせん》ノ占有《せんゆう》ヲ為《な》スニ因《よ》リテ其所有權《そのしよゆうけん》ヲ取得《しゆとく》スル方法《はうはふ》ナリ

第三條　狩獵《しゆれつ》、捕漁《ほぎよ》ノ權利《けんり》ノ行使《かうし》及ヒ漂流物《ひやうりうぶつ》、遺失物《いしつぶつ》ノ取得《しゆとく》ハ特別《とくべつ》法《はふ》ヲ以《もつ》テ之《これ》ヲ規定《きてい》ス

戰時《せんじ》ニ於ケル海陸《かいりく》ノ掠奪物《りやくだつぶつ》ニ付テモ亦同シ

第四條　遺棄物《いきぶつ》ヲ先占《せんせん》シタリト主張《しゆちやう》スル者ハ原所有者《げんしよいうしや》ノ任意《にんい》ノ遺棄《いき》ヲ證スル責ニ任ス

第五條　他人ニ屬スル物ノ中《うち》ニ於テ偶然《ぐうぜん》ニ發見《はつけん》シタル埋藏物《まいざうぶつ》ハ所有者ノ知レサルトキハ其一半ヲ發見者《はつけん》ニ付與《ふよ》ス

埋藏物《まいざうぶつ》カ埋レ又ハ隱《かく》レタル所ノ物ノ所有者ノ權利《けんり》ハ次章《じしやう》ノ規定ニ從フ

第六條　埋藏物ノ原所有者ハ發見後三个年間ニ非サレハ前條ノ付與ニ反シテ自己《じこ》ノ權利ヲ主張スルコトヲ得ス

(無主)トハ未ダ所有者ナキモノヲ云フ

(最先ノ占有)トハ何人ヨリ先キニ之レヲ自己ノモノトナスヲ云フナリ

(漂流物)トハ河海等ニ流レ寄レル物件ナリ

(掠奪物)トハ戰爭ノ時ニ於ケル分捕物ヲ云フナリ

(遺棄物)トハ漂流物遺失物ヲ包含スルナリ

(任意遺棄)トハ最早不必要トシテ放棄シタルコトヲ云フ即チ人ニ強迫等セラレズシテ棄タルコトヲ云フナリ

(埋藏物)トハ土中等ニ埋マリタル物件ナリ而シテ所有

者カ特更ラニ埋メ置キタルモノニアラザルヲ要ス
(付與ニ反シテ云々)トハ其物件ヲ與ヘタルヿニ反對シテ之レヲ拒ムヲ云フ
(占有者ヵ惡意)トハ埋藏物發見者ガ惡意ヲ以テ特更ラニ所有者ニ隱シ置等ヲ云フ
(時效)トハ法律カ一定ノ期限ヲ定メ其期限ニ申出ザルキハ其權利ヲ主張セシメザルヿヲ云フ
(附從)トハ一物ガ他物ニ付着スルヲ云フ即チ土地ニ樹木カ附着シ家屋ニ疊建具等ガ屬スルガ如シ

此期間《きかん》ハ原所有者カ埋藏物ノ埋《うづも》レ又ハ隱《かく》レタル所ノ物ノ所有者タルニ於テハ其發見《はつけん》ヲ知リタル後一个年間ニ之ヲ短縮《たんしゆく》ス
然レトモ埋藏物ノ占有者《せんゆうしや》カ惡意《あくい》ナルトキハ通常《つうじやう》ノ時効《じかう》ヲ適用《てきやう》ス

第二章　添《てん》附《ぷ》

(解)添付《てんふ》トハ一ノ土地《とち》又ハ其他ノ物件《ぶつけん》ニ他《た》ヨリ或ル物件ガ付着スル場合《ばあい》ニ於テ之レヲ自已《じこ》ノ所有《しよゆう》ト爲シ得ルヿヲ云

第七條　動産《どうさん》ト不動産トヲ問ハス或ル物ノ所有者ハ其物ニ附從《ふじゆう》トシテ合シタル物ヲ下ノ區別ニ從ヒテ取得ス

第一節　不動産上《ふどうさんじやう》ノ添附《てんぷ》

第八條　建築其他《けんちくそのた》ノ工作《こうさく》及《およ》ヒ植物《しよくぶつ》ハ總《すべ》テ其附着《ふちやく》セル土地又ハ建物《たてもの》ノ所有者カ自費《じひ》ニテ之ヲ築造《ちくぞう》シ又ハ栽植《さいしよく》シタリトノ推定《すいてい》ヲ受ク但反《はん》對《たい》ノ證據《しやうこ》アルトキハ此限ニ在ラス
右建築《けんちく》其他ノ工作物《こうさくぶつ》ノ所有權ハ土地又ハ建物《たてもの》ノ所有者ニ屬ス但權《けん》

原《げん》又ハ時効《じかう》ニ因リテ第三者ノ得タル權利《けんり》ヲ妨ケス
植物《しよくぶつ》ニ關スル塲合《ばあい》ハ第十條ノ規定《きてい》ニ從フ

第九條　土地又ハ建物《たてもの》ノ所有者カ他人ニ屬スル材料《さいれう》ヲ以テ建築《けんちく》其他ノ工作《こうさく》ヲ爲シタルトキハ其工作物ヲ毀壞《きくわい》シテ材料ヲ返還《へんくわん》スル强要《きやくよう》ヲ受ケス又材料《ざいれう》ノ本主ニ其取去ヲ强要《きやうよう》スルコトヲ得ス
然レトモ右ノ所有者ハ財產編《ざいさんへん》第三百八十五條ノ規定《きてい》ニ從ヒテ材料《ざいりやう》ノ本主ニ償金《しやうきん》ヲ拂フノ責《せめ》ニ任《にん》ス

第十條　他人ニ屬スル草木《さうもく》ノ栽植《さいしよく》ニ付テハ其栽植《さいしよく》ヲ爲《な》シタル土地ノ所有者又ハ占有《せんゆう》者ハ一个年內ニ其草木ヲ拔取《ぬきどり》リ且之ヲ返還《へんくわん》スル强要ヲ受ク尙ホ損害《そんがい》アルトキハ之ヲ賠償《ばいしやう》ス
右草木ノ所有者カ其返還《へんくわん》ヲ欲セス又ハ栽植《さいしよく》ノ時ヨリ一个年ヲ經過《けいくわ》シタルトキハ其所有者ハ償金《しやうきん》ヲ受ク

第十一條　他人ノ土地又ハ建物ノ善意《げんい》ノ占有者ニシテ其土地又ハ建

（推定）トハ事實ノ如何ニ關セス斯クアリト推測スルヲ云フ
（第三者）トハ土地又ハ建物ノ所有者以外ノ人ヲ云フ
（强要ヲ受ケス）トハ强テ取返サルヽコトナシトノ意ナリ
（本主）トハ所有主ト異ナルコトナシ
（償金）トハ其木材ノ價格等ヲ云フ
（占有者）トハ土地ノ所有者ヨリ借受ケ使用スルモノヲ云フ
（賠償）トハ其代價ヲ辨濟スルヲ云フ
（善惡ノ占有者）トハ惡意ナク自已ノ

土地又ハ建物ト信ジテ之レヲ所持シタルモノヲ云フ
(回復)トハ取返シナリ
(增價格)トハ造作物ノ爲メニ其土地又ハ建物ノ價格ノ騰貴シタル價ヲ云フ
(惡意ノ占有者)トハ自己ノ有ニアラザルヲ信ジテ之レヲ所持スルモノナリ
(浸沒地)トハ水ヲ覆ムリタル地ヲ云フ
(舊川床)トハ以前川ノアリ處ナリ
(歸屬)トハ其所有權ノアル處ヲ云フナリ
(計策ヲ以テ誘引)トハ食物ヲ與ヘテ

物ニ自已《じて》ノ材料又ハ草木ヲ以テ築造《ちくざう》又ハ栽植《さいしよく》ヲ爲シタル者ハ所有者ヨリ不動産回復《くわいふく》ノ請求《せいきう》ヲ受クルニ當リ其工作物又ハ草木《さうもく》ヲ取拂フ責ニ任セス所有者ハ其選擇《せんたく》ヲ以テ占有者《せんゆうしや》ニ材料及ヒ手間賃《てまちん》ヲ拂ヒ又ハ不動産ノ增價額《ぞうかがく》ヲ拂フ

築造又ハ栽植ヲ爲シタル者カ惡意《あくい》ノ占有者タリシトキハ所有者ハ工作物及ヒ草木ヲ除去《じよきよ》シテ場所《ばしよ》ヲ舊狀《きうじやう》ニ復セシメ且損害《そんがい》アルトキハ之ヲ賠償《ばいしやう》セシムルコトヲ得又所有者ハ前項ノ規定ニ從ヒ占有者ニ償金ヲ拂ヒテ右ノ工作物及ヒ草木ヲ保存スルコトヲ得

第十二條　舟筏《しうばつ》ノ通《つう》ス可キト否トヲ問ハス河川《かせん》ノ寄洲《よりす》、中洲《なかす》、干潟《ひがた》ノ所有權又ハ水路《すいろ》ノ變換《へんくわん》ニ因《よ》リ生スル浸沒地《しんぼつち》及ヒ舊川床《きうかはどこ》ノ所有權ノ歸屬《きぞく》ハ別ニ之ヲ定ム但海ノ干潟《ひがた》ニ付テハ財産編第二十三條ノ規定ニ從フ

第十三條　私有池《しやうち》ノ魚又ハ鳩舍《きうしや》ノ鳩カ計策《けいさく》ヲ以テ誘引《いういん》セラレ又ハ停《てい》

之レヲ止ムルガ如キヲ云フ

(停留)トハ人力ヲ以テ之レヲ止ムルヲ云フナリ

(一ケ月間其回復ヲ爲スヿヲ得)トハ一ケ月ノ間ハ之レヲ取戻スヿヲ得ルト云フナリ

(附合ヲ爲シタル者)トハ此場合ニハ第三者ヲ指スナリ

(變樣)トハ性質有樣等ノ變ズルヲ云フナリ

留《りう》セラレタルニ非スシテ他ノ池又ハ鳩舍ニ移《うつ》リタルトキ其所有者カ自己ノ所有ヲ證シテ一週日間ニ之ヲ要求《ようきう》セサレハ其魚又ハ鳩ハ現在《げんさい》ノ土地ノ所有者ニ屬ス

群《むれ》ヲ爲《な》シテ他ニ移轉《いてん》シタル蜜蜂《みつはち》ニ付テハ一週日間之ヲ追求《つひきう》スルコトヲ得

飼馴《かいなら》サレタルモ逃ケ易《やす》キ野栖《やせい》ノ禽獸《きんじう》ニ付テハ善意《ぜんい》ニテ之ヲ停留《ていりう》シタル者ニ對シ一个月間其回復《くわいふく》ヲ爲《な》スコトヲ得《う》

第二節　動產《どうさん》上ノ添附《てんぷ》

第十四條　各別《かくべつ》ノ所有者ニ屬《ぞく》スル數箇《すうか》ノ動產物カ所有者ノ意ニ非スシテ第三者ニ因リテ附合《ふがう》セラレ其各物共ニ著《いちじる》シキ毀損《きそん》又ハ滅償ヲ受ケスシテ容易《やうい》ニ分タル可キトキハ所有者ノ各自ハ其分離《ぶんり》ヲ請《せい》求《きう》スルコトヲ得但損害《そんがい》アルトキハ附合ヲ爲シタル者之ヲ賠償《ばいしやう》ス

附合ノ爲メニセル物ノ變樣《へんやう》之ヲ毀損《きそん》ト看做《みな》ス

第十五條　二箇ノ物カ分ツ可カラサルカ又ハ之ヲ分ツカ爲メ著シキ毀損《きそん》、減價《げんか》ヲ爲シ若クハ過分《くわぶん》ノ費用《ひやう》、時日《じじつ》ヲ要スルトキハ孰《いづ》レノ所有者モ分離ヲ請求スルコトヲ得スシテ其物ハ附合ノ儘《まゝ》ニテ主タル物ノ所有者ニ歸屬《きぞく》ス但此所有者ハ從タル物ノ所有者ニ損害《そんがい》ヲ加ヘテ己レヲ利シタル限度《けんど》ニ應シ賠償ヲ負擔《ふたん》ス

或ル物ノ便益《べんえき》、裝飾《そうしよく》又ハ補完《ほくわん》ノ爲メニ附合セラレタル物ハ之ヲ從タル物ト看做《みな》ス主從ノ區別ニ付キ疑《うたがい》アルトキハ價格《かゝく》ノ低《ひく》キ物ヲ以テ從タル物トス

此他ノ場合ニ於ケル物ノ主從ノ區別ハ之ヲ裁判所ノ査定《さてい》ニ委ス

第十六條　附合カ主タル物ノ所有者ノ過失《くわしつ》又ハ詐欺《さぎ》ニ因リテ成リ前條ノ規定ニ從ヒテ其分離《ぶんり》ヲ爲ス可カラサルトキハ從タル物ノ所有者ノ受ク可キ賠償ハ財産編第三百七十條及ヒ第三百八十五條ニ依リテ其額ヲ定ム

（分ツ可ヲサル物）トハ上等ノ酒ト下等ノ酒ト混合シタルカ如キモノヲ云フ

（過分ノ費用）トハ其物品ノ代價ヨリ以上ノ價ヲ云フナリ

（主タル物）トハ其集合物中ノ尤モ代價高キ者又ハ其性質ニ於テ主トナルベキ者ヲ云フ

（限度）トハ其割合ヲ云フナリ

（過失）又ハ（詐欺）トハ共ニ民法ニ定メタルハ刑法ニ定メタルモノヨリ聊カ其範圍ニ於テ廣キモノト知ルベシ即チ惡意ノ有無ニ關セズ往々詐欺ト見做ス場合アルナリ

（主タル者ノ利益ノ限度）トハ其付着シタルモノヽ代價ニヨラズシテ付着ノ爲メ增シタル價格ノ割合ヲ云フ

（共有）トハ數人ノ權利者ニ於テ如何ナル部分ヲ持ツト云フ區別ナク各自ガ其全部ヲ所有スルヲ云フ

（過失又ハ惡意アル者云々）トハ共有者中ノ者又ハ其以外ノ人ヲモ包含スルナリ

（性質）トハ金屬又ハ穀類ト唱フルガ如キヲ云ヒ

（品質）トハ銀若クハ金ナドヽ稱スルガ如キヲ云フ

（所爲）トハ故意アリテ爲ス塲合ヲ云

從タル物ノ所有者カ附合テ爲シタルトキハ主タル物ノ所有者ノ利益ノ限度《けんど》ニ應シテノミ其損失《そんしつ》ノ賠償ヲ受ク

第十七條　不都合ナシニハ物ヲ分離《ぶんり》スルコトヲ得サル右同一ノ塲合ニ於テ其性質《せいしつ》、品質《ひんしつ》又ハ價格《かかく》ニ因ルモ主從《しゆうじゆう》ノ區別《くべつ》ヲ爲シ難《がた》キトキハ其物ハ平等《びやうどう》ノ權利ニテ各所有者之ヲ共有《きやうゆう》ス但過失《くわしつ》又ハ惡意アル者ヨリ賠償ヲ受クルコトヲ妨ケス

第十八條　前數條ノ規定《きてい》ハ各別ノ所有者ニ屬スル流動物《りうどうぶつ》、固形物《こけいぶつ》又ハ金屬《きんぞく》ノ混和《こんわ》ニモ亦之ヲ適用《てきやう》ス

然レトモ分離《ぶんり》スルコトヲ得サル物カ其性質《せいしつ》及ヒ品質《ひんしつ》ノ同シキニ因リテ共有ト爲ル可キトキハ各自ノ權利ハ己レヨリ出テタル物ノ數量《すうりやう》ノ割合《わりあい》ニ應ス

第十九條　附合又ハ混和《こんわ》カ所有者ノ一人ノ所爲《しよゐ》ヨリ生スル塲合ニ於テハ他ノ所有者ハ專屬《せんぞく》ノ所有權ヲモ共有權ヲモ承諾《しやうだく》スル責《せめ》ニ任《にん》セ

フ

（專屬）トハ共有ニ對スル語ニシテ專ラ一人ノ所有タルヿヲ云フナリ

（承諾スルノ責ニ任セズ）トハ承諾スル義務トナシ同ジキナリ

（物料）トハ物品及ビ材料ヲ云フ

（新ナル用方ノ物）トハ其材料ヲ集合シテ或一物ヲ製作シタルモノヲ云フ

（優先權）トハ他人ニ先チテ取リ得ルノ權利ナリ

ス添附《てんぷ》ヲ爲《な》シタル者ニ對《たい》シテ同品質《どうひんしつ》ノ物又ハ其代價《だいか》ヲ要求《やうきう》スルコトヲ得

第二十條　或人カ他人ノ物料《ぶつれう》ヲ以テ新ナル用方《やうはう》ノ物ヲ作リタルトキハ物料ノ所有者ハ手間賃《てまちん》ヲ拂フテ其物ノ所有權ヲ要求《ようきう》スルコトヲ得

然レトモ手間賃カ著シク物料ノ價額《かかく》ヲ超《て》ユルトキハ新ナル物ノ所有權ハ製作者ニ屬ス但製作者ハ物料ノ所有者ニ賠償《ばいしやう》スルコトヲ要ス

製作者《せいさくしや》カ物料ノ幾分《いくぶん》ヲ供《きやう》シタルトキハ其物料ノ價額《かかく》ハ優先權《ゆうせんけん》ヲ定ムル爲メ之ヲ手間賃ニ合算《がつさん》ス

所有者ノ承諾《しやうだく》ナクシテ物料ヲ用ヰタルトキハ其所有者ハ常ニ自己《じこ》ノ優先權ヲ拋棄《はうき》シテ同品質同數量ノ物又ハ其代價ヲ要求スルコトヲ得

第二十一條　附合《ふがう》、混和《こんわ》又ハ製作《せいさく》カ所有者ノ明示《めいし》又ハ默示《もくし》ノ承諾《しやうだく》ヲ以テ成ルトキハ所有權ハ合意《がうい》ニ從ヒテ之ヲ定ム若シ疑《うたがひ》アルニ於テハ分離《ぶんり》ガ容易ナリト雖モ其分離ヲ要求スルコトヲ得ス且優先權及ヒ共有權ニ關スル前數條ノ規定ヲ適用《てきやう》ス

第二十二條　前數條ニ定メサル動産物添附ノ塲合ニ於テハ裁判所ハ前數條ノ規定ノ援引《えんいん》ス可キハ之ヲ援引シ且條理ニ基《もとづ》キテ所有權及ヒ賠償ノ論點《ろんてん》ヲ審定《しんてい》ス

第二十三條　第五條ニ從ヒテ發見者ニ屬セサル埋藏物《まいぞうぶつ》ノ部分《ぶゝん》ハ添附《てんぷ》ニ因リテ其埋藏物ノ埋レ又ハ隱《かく》レタル所ノ動産又ハ不動産ノ所有者ニ屬ス

右動産又ハ不動産ノ所有者自身《じしん》ニテ意外《いぐわい》ニ發見《はつけん》シタル埋藏物ハ一半ハ先占ニ因リ一半ハ添附《てんぷ》ニ因リテ全部《ぜんぶ》其所有者ニ屬ス

所有者ノ所爲《しよゐ》又ハ其指圖《さしづ》ヲ受ケ若クハ受ケサル第三者ノ所爲ニテ

(附合)トハ土地家屋其他ニ附着スルモノヲ云ヒ
(混和)トハ流動物即飲料又ハ金屬等ノ混和スルヲ云フ
(默示ノ承諾)トハ暗ニ承諾スル丁ニシテ明ニ言語又ハ書面ヲ以テ承諾シタルニ非サルヲ云フ
(合意)トハ相談ナリ
(疑アルニ於ハ云々)トハ其承諾セシヤ否テ疑フ丁ナリ
(援引)トハ適用スル丁ナリ(條理)トハ一般ノ道理ナリ
(賠償ノ論點)トハ賠償ニ關スル訴訟ノ要點ナリ
(第五條ニ從テ發見者云々)トハ所有者以外ノ人ガ其

所有物中ヨリ發見シタルトキヲ云フナリ
（時効）トハ或期限ノ間物件ヲ安全ニ保有スルニヨリ其物件ガ自己ノ所有トナル塲合ヲ云フ

特ニ捜索《そうさく》ヲ爲スニ因リテ發見シタル埋藏物ハ添附ヲ以テ全部所有者ニ屬ス
原所有者ノ回復《くわいふく》ニ對シ埋藏物ノ發見《はつけん》ノ爲メ第六條ヲ以テ定メタル時效《じかう》ハ右ノ塲合ニ之ヲ適用ス

第三章　賣《ばい》買《ばい》

（解）賣買《ばいばい》トハ契約《けいやく》ノ一種ニシテ特《とく》ニ物上權ノ移轉《いてん》ニ關シテ下シタルノ名《な》ナリ即チ一方ノ者カ自己《じこ》ノ所有スル物件《ぶつけん》ノ所有權《しよゆうけん》ヲ他ノ一方ニ移轉《いてん》シ又ハ移轉スルノ義務《ぎむ》ヲ負擔《ふたん》シ而シテ他ノ一方ハ之レニ對《たい》シテ代金ヲ支拂《しはらふ》フノ義務ヲ負擔《ふたん》スルナリ其單ニ契約《けいやく》ト稱スルモノト異《こと》ナル所ハ契約《けいやく》ハ對人權ヲ取得《しゆとく》スルモノニシテ賣買《ばいばい》ハ物上權ヲ得ルニアリ又其交換《そのこうくわん》ト異ナル所以《ゆゑん》ハ代金ヲ支拂《しはら》フ点ニアリ交換《こうくわん》ハ物品ヲ他ニ與《あた》ヘテ物品ヲ得ルモノナリ而シテ前ノ如ク契約《けいやく》トハ異ナルモノナリト雖モ其《その》一種《しゆ》タルハ免《まぬか》レザルモノナルヲ以テ一般

契約《けいやく》ニ於ケル規則《きそく》ハ之レニ適用《てきよう》スルナリ即チ任意《にんゐ》ノ承諾又ハ契約《けいやく》ヲ為シ得可《うべ》キ者ノ法律上ノ資格《しかく》例令ハ彼有夫《かのゆうふ》ノ婦又ハ未丁年者ハ契約《けいやく》ヲ結《むす》ブノ能力《のうりよく》ナキ等ノヿハ總テ賣買《ばいばい》ニ適用《てきよう》セラルヽナリ

第一節　賣買《ばいばい》ノ通則《つうそく》

第一款　賣買《ばいばい》ノ性質《せいしつ》及ヒ成立《なりたち》

第二十四條　賣買ハ當事者《とうじしや》ノ一方カ物ノ所有權又ハ其支分權《しぶんけん》ヲ移轉《いてん》シ又ハ移轉スル義務ヲ負擔《ふたん》シ他ノ一方又ハ第三者カ其定マリタル代金ノ辨濟ヲ負擔スル契約《けいやく》ナリ

賣買契約ハ下ノ規定ニ從フ外有償《いうしやう》且雙務《さうむ》ナル契約ノ一般ノ規則ニ從フ

第二十五條　賣買ハ當事者ノ承諾ノミヲ以テ完全《くわんぜん》ニ成立ス

然レトモ當事者ハ買賣ノ成立ヲ各自ノ證據《しやうこ》ニ供スル公正證書《こうせいしやうしよ》又ハ私署證書《ししよしやうしよ》ノ調製《てうせい》ノ條件ニ繫《つなが》ラシムルコトヲ得

（當事者）トハ賣買ヲ為ス双方ノ者ヲ云フ

（支分權）トハ使用權收益權ト云フガ如ク所有權ハ尚他人ニアリテ之レヲ使用シ又ハ之レヨリ收益ヲ得ルノ權利ナリ

（有償）トハ價ヲ一方ニ與フルナリ即恩惠ト異ナルナリ

（双務）トハ双方ニテ義務ヲ盡スノ契約ナリ

(公正証書)トハ公証人ノ作リタル証書ナリ此証書ハ直チニ執行ヲ爲スヿヲ得
(私署証書)トハ公証人ノ作リシニアラスシテ私ニ契約者ノ作リシモノナリ
(豫約)トハ賣買ヲ爲サントノ申込ムヿヲ云フ
(要約者)トハ其申込ヲ受タル人ナリ
(條件)トハ契約中ニアル個條ヲ云フ
(諾約者)トハ豫約シタル者ヲ云フ
(登記)トハ登記役所ニテ帳簿ヘ記入スルヿヲ云フ
(承繼人)トハ前ニ豫約シタル者ニアラズシテ賣主ヨリ其物件ヲ承繼シタル

第二十六條　賣渡又ハ買受ノ一方ノミノ豫約《よやく》アルトキハ契約者カ財産編第三十八條ノ條件及ヒ區別《くべつ》ニ從ヒテ契約《けいやく》ノ取結《とりむすび》ヲ要求スル時ヨリ諾約《だくやく》者ハ其豫約ニ於テ定メタル代價《だいか》及ヒ條件ヲ以テ契約《けいやく》ヲ取《とり》結《むす》フ義務《ぎむ》ヲ負擔《ふたん》ス

第二十七條　諾約者《だくやくしや》カ契約《けいやく》ヲ取結《とりむす》フコトヲ拒《こば》ムトキハ裁判所ハ賣買《ばいばい》カ成立シタリトノ判決《はんけつ》ヲ爲ス

不動産權ノ賣買ニ關スルトキハ其判決《はんけつ》ヲ登記《とうき》ス

賣渡《うりわたし》ノ豫約ヲ登記シタルトキハ右判決《はんけつ》ハ登記《とうき》ニ之ヲ附記ス其登記ハ賣主ノ承繼人《しやうけい》ニ對シ既往《きわう》ニ遡《さかのぼ》リテ效力《かうりよく》ヲ生ス

第二十八條　賣渡及ヒ買受ノ相互ノ豫約《よやく》アルトキハ當事者ノ一方ハ前條ニ從ヒ他ノ一方ニ對シテ契約《けいやく》ノ取結ヲ強要《きやうやう》スルコトヲ得

裁判所ハ此場合ニ於テ當事者ノ意思《いし》ヲ解釋《かいしやく》シ賣買ノ豫約カ即時ノ賣買ノ效ヲ有スルモノト判決シ又期間ノ定アルトキハ其期間ハ履

モノナリ(既往ニ遡ル)トハ豫約シタル當時ニ返ルヿヲ云フ故ニ豫約ヨリ后ニ物件ヲ受ケタル者ニ勝ル權利アリ(意思ヲ解釋ス)トハ其契約者カ如何ナル意ニテ其契約ヲナシタルヤヲ判斷スルナリ(期間ノ定)トハ期限ノ定ト同シ即チ其契約ヲ履行スル期限ナリ(前條)トハ廿五條以下ヲ云フ(擔保)トハ通常所謂保證ナリ(手附)トハ後日契約ヲ結ブノ證トシテ與ヘ置クナリ彼ノ賣買已ニ成立セシ后ニ買主ヨリ支

行ノミニ適用《てきやう》セラルルモノト判決《はんけつ》スルコトヲ得

第二十九條　前四條ニ從《したが》ヒ當事者ノ双方《さうはう》又ハ一方カ日後賣渡《うりわたし》及ヒ買受ノ契約ヲ取結ブ義務又ハ單ニ證書《しやうしよ》ヲ作ル義務ヲ負擔《ふたん》シタル場合ニ於テ豫約《よやく》ノ擔保トシテ手附《てつけ》ヲ授受シタルトキハ契約ヲ取結フコト又ハ證書ヲ作ルコトヲ拒ム一方ハ其與《あた》ヘタル手附ヲ失ヒ又ハ其受《うけ》ケタル手附ヲ二倍《にばい》ニシテ還償《くわんしやう》ス

第三十條　即時ノ賣買ニ於テハ手附ハ之ヲ與《あた》ヘタル者ノ利益《りいき》ノ爲メニノミ解約ノ方法ト爲ル但買主ノ與ヘタル手附《てづけ》カ金錢ナルトキハ其地ノ慣習《くわんしゆう》ニテ之《これ》ニ解約《かいやく》ノ性質《せいしつ》ヲ付スル場合ノ外合意ニテ此性質ヲ明示《めいし》スルコトヲ要《よう》ス

契約《けいやく》ノ全部《ぜんぶ》又ハ一分ノ履行《りかう》アリタルトキハ如何ナル場合ニ於テモ解約ヲ爲スコトヲ得ス

第三十一條　試驗ニテ爲ス賣買《ばいぐ》ハ事情ニ隨《したが》ヒ買主ノ適意ノ停止《ていし》條件

拂フ所ノ内拂ト混同スヘカラス
(即時ノ賣買)トハ後日ニ渡ラスシテ直チニ結了スヘキ賣買ナリ
(解約ノ方法)トハ契約ヲ解除スルノ手段ヲ云フ
(慣習)トハ其地方ニ於ケル買賣ノ仕來リヲ云フ
(解約ノ性質)トハ即チ契約ヲ解除スル性質アルモノト云フノ意ニシテ金錢ナルヲ以テ内拂トナルヿアレハ特ニ斯ク云フナリ
(試撿ニテ爲ス賣買)トハ其物質又ハ物量等ヲ試撿シテ后ナス賣買ナリ
(適意ノ停止條件)

又ハ拒絶ノ解除條件ヲ帶ヒテ之ヲ爲《な》シタルモノト看做《みな》スコトヲ得

試《し》味《み》ノ慣習アル日用品ノ賣買ハ適意《てきい》ノ停止《ていし》條件ヲ帶ヒテ之ヲ爲シタルモノト推定ス

第三十二條　前條ニ定メタル二箇ノ塲合ニ於テ買主カ已《おの》レニ屬《ぞく》スル權能《けんのう》ノ行使ニ付キ期限《きげん》ヲ定メサルトキハ短キ期間ニ於テ決答ス可キ催告《さいこく》ヲ受ク若シ其決答《けつたう》ヲ爲サスシテ賣渡物ノ引渡ヲ受ケタルトキハ買主ハ承諾《しやうだく》シタリトノ推定《すいてい》ヲ受ケ反對《はんたい》ノ塲合ニ於テハ拒絶シタリトノ推定《すいてい》ヲ受ク

第三十三條　賣買ノ代價ハ全額ヲ以テセサルモ其目安ヲ契約ニ定ムルコトヲ要ス

又其代價ハ或ハ同種類ノ商品ノ現時《げんじ》又ハ近日ノ價市《しか》ニ委子或ハ契《けい》約《やく》ヲ以テ指定《してい》シタル第三者ノ評價《へうか》ニ委ヌルコトヲ得

右評價カ錯誤《さくご》ニ出テタルカ又ハ明カニ公平《こうへい》ニ反《はん》スルトキハ其評價《へうか》

ニ異議ヲ爲スコトヲ得但其異議《ゐき》ハ損失《そんしつ》ヲ受ケタリト主張スル一方カ評價《へうか》ヲ知《し》リタル時直《たゞ》チニ之レヲ爲スコトヲ要ス
第三者ト當事者ノ一方トノ間《あひだ》ニ共謀ノ詐欺アルトキハ財産編第三百十二條及ヒ第五百四十四條ノ規定《きてい》ヲ適用ス
當事者ハ元本又ハ無期《むき》若《も》シクハ終身《しうしん》ノ年金權ヲ以テ代價ヲ定ムルコトヲ得然《しか》レトモ第三者ハ元本ヲ以テスルニ非サレハ之ヲ定ムルコトヲ得ス但當事者カ明示《めいし》ニテ一層廣キ權限《けんげん》ヲ第三者ニ與ヘタルトキハ此限ニ在ラス

第三十四條　賣買契約《ばいばいけいやく》ノ費用《ひやう》ハ當事者雙方《そうはう》平分シテ之ヲ負擔《ふたん》ス但雙方カ別段ノ定ヲ爲シタルトキハ此限ニ在ラス

第二款　賣渡《うりわたし》又ハ買受《かいうけ》ノ無能力《むのうりよく》

第三十五條　配偶者《はいぐう》ノ間ニ於テハ動産《どうさん》ト不動産トヲ問ハス賣買ノ契《けい》約《やく》ヲ禁《きん》ス

トハ買主ノ随意ニテ其試驗ヲ爲ス間暫時其契約ヲ停止スルノ個條契約中ニアリト看做ナリ
(拒絶ノ解除條件)トハ試驗ノ上其物品ノ使用スベカラザルトキハ之レヲ絶拒シテ契約ヲ解クノ個條ナリ
(試味ノ慣習)トハ其味ヲ試驗スル習慣アルモノヲ云フ酒醤油ノ如シ
(二個ノ場合)トハ試驗ト試味ノ場合ヲ云フ
(權能)トハ權利ノ働キヲ云フモノニシテ即チ停止條件又ハ拒絶ノ解除條件等買主ニ屬スル權利ナリ
(決答)トハ買受ク

ルカ又ハ拒絶スルカノ確然タル答ナリ

（催告）ハ通常ノ催促ト同一意味ナリ

（其目安）トハ一貫目ニ付何程ナルヲ何貫目買フト云フガ如シ

（市價）トハ市場ニテ取引スル價ナリ即チ相場ヲ云フ

（評價）トハ賣買契約者以外ノ人カ直段ヲ付クルヿナリ

（共謀ノ詐欺）トハ共ニ謀テ一方ノ買主若クハ賣主ヲ欺カントシテ評價ヲナスヿヲ云フ

（元本ノ年金權）トハ動産若クハ不動産ナル資本ヲ讓渡セシ報酬トシテ生ズル年金ヲ云フ

配偶者《はいぐう》ノ一方カ他ノ一方ニ對シテ負擔《ふたん》スル眞實且正當《しんじつかつせいとう》ナル債務《さいむ》ヲ消滅《しやうめつ》セシムルニハ相互ニ代物辨濟《だいぶつべんさい》ヲ爲《な》スコトヲ得

右代物辨濟《べんさい》ハ相當ノ疏明《そめい》ヲ爲セル後裁判所ノ認許《ゆんきよ》ヲ得タルニ非サレハ配偶者《はいぐう》ノ間ニ於テ有效且完全《ゆうこうかつくわんせん》ナラス

又此代物辨濟カ不動産物權ヲ目的トスルトキハ其代物辨濟ハ登記中ニ右認許ヲ附記《ふき》シタルニ非サレハ第三者ニ對シテ效力《かうりよく》ヲ有セス

第三十六條　前條ニ基《もとづ》キタル銷除《しやうじよ》ノ訴權《そけん》ハ賣渡《うりわたし》又ハ認許《にんきよ》ナキ代物辨《だいぶつべん》濟《さい》ヲ爲シタル配偶者《はいぐうしや》、其相續人《そのそうぞくにん》又ハ承繼人《しやうけいにん》ノミニ屬《ぞく》ス但其訴權《そけん》ハ財産編《ざいさんへん》第五百四十四條以下ノ一般ノ規則《きそく》ニ從《したが》フ

第三十七條　法律《はふりつ》上、裁判上若クハ合意上《がういじやう》ノ管理人《くわんりにん》ハ直接ニ自己《じこ》ノ名ヲ以テスルモ間介人《かんかいにん》ニ依ルモ賣渡ノ任《にん》ヲ受ケタル財産《ざいさん》ニ付キ協《きやう》議《ぎ》上又ハ競賣《きやうばい》上ノ取得者《しゆとくしや》ト爲ルコトヲ得ス

此制禁《このせいきん》ハ競賣ヲ處理《しより》シ又ハ指揮《しき》スルコトヲ法律ニ依リテ任セラレ

(無期年金)トハ元本ノ要求ヲ為スヿヲ自ラ禁シ年金ノミヲ受取ルヿヲ約スルヨリ生スル年金ナリ

(終身ノ年金權)トハ其資金ヲ出シタル人又ハ其以外ノ人ノ一生ノ間若干ノ金圓ヲ受取リ得ルヲ云フ

(別段ノ定)トハ平分ニアラズシテ或一方ガ負擔スベキ樣双方ノ約束ヲ以テ定メシヿヲ云フ

(配偶者)トハ夫婦ノ間柄ヲ云フ

(債務)トハ負債ノ義務ヲ云フナリ

(代物辨濟)トハ金錢ヲ以テ負債ヲ返濟スルニアラズシテ他物ヲ以テ之レ

タル公吏《かうり》ニ之ヲ適用《てきよう》ス

第三十八條　前條ノ規定ニ背《そむ》キタル賣買《ばいゝ》ノ銷除訴權《しやうじよそけん》ハ原所有者、其相續人及ヒ承繼人ノミニ屬ス

第三十九條　判事《はんじ》、撿事《けんじ》及ヒ裁判所書記《さいばんしよしよき》ハ爭ニ係ル物權《ぶつけん》又ハ人權《じけん》ニシテ其職務《しよくむ》ヲ行フ裁判所ノ管轄《くわんかつ》ニ屬《ぞく》ス可キモノヽ取得者ト為ルコトヲ得ス

此制禁《きんせい》ハ右同一ノ條件《じやうけん》ヲ以テ辯護士《べんごし》及ヒ公證人《こうしやうユん》ニ之ヲ適用《てきやう》ス

第四十條　前條ヨリ生スル銷除訴權《しやうじよそけん》ハ讓渡人《ゆづりわたしにん》、權利《けんり》ヲ爭《あらそ》フ相手方《あいてかた》、其双方ノ相續人《そうぞくにん》及ヒ承繼人《しやうけい》ニ非サレハ之ヲ行フコトヲ得ス

又權利《けんり》ヲ爭フ相手方、其相續人又ハ承繼人ハ讓受人ニ讓渡ノ現價《げんか》ト辨濟《べんさい》ノ日ヨリノ利息《りそく》トヲ辨償《べんしやう》シテ其權利《けんり》ノ受戻《うけもどし》ヲ為スコトヲ得

右ノ規定《きてい》ハ違背者《いはいしや》ニ對《たい》スル懲戒《てうかい》ノ罰《ばつ》ヲ妨ケス

第三欵　賣渡《うりわた》スコトヲ得サル物

ヲナスナリ
（疏明）トハ辨明ト云フガ如シ裁判所ニ明ニ申立ルコヲ云フ
（銷除ノ訴權）トハ取消ヲ請求スルノ訴訟權ナリ
（承繼人）トハ其物件ヲ受ケ繼キタル人ヲ云フ
（裁判上）トハ裁判官ガ特ニ命ジテ定メタルモノナリ
（合意上）トハ親族相談ノ上ニ定メタルモノナリ
（管理人）トハ幼者又ハ治産ノ禁ヲ受ケタルモノヽ財産ヲ支配スルモノヲ云フ
（間介人）トハ媒介即チ仲買ヲ爲スモノヲ云フ

第四十一條　賣買カ性質《せいしつ》ニ因リテ一般ニ融通《ゆうづう》スルコトヲ得サル物又ハ特別法《とくべつ》ヲ以テ各人ニ處分《しよぶん》ヲ禁《きん》シタル物ヲ目的《もくてき》トスルトキハ其賣買《ばい》ハ無効《むかう》ナリ

此賣買ノ無効《むかう》ハ抗辯《かうべん》ニ依ルモ訴ニ依ルモ當事者《とうじしや》各自ニ之ヲ援用《えんやう》スルコトヲ得

當事者ノ一方カ詐欺《さぎ》ヲ以テ賣買ノ制禁《せいきん》ナルコトヲ隱秘《いんひ》シタルトキハ損害賠償《そんがいばいしやう》ノ責《せめ》ニ任《にん》ス

第四十二條　他人ノ物ノ賣買ハ當事者双方ニ於テ無効《むかう》ナリ

然レトモ賣主《うりぬし》ハ賣買ノ際《さい》其物ノ他人ニ屬スルコトヲ知ラサルニ非サレハ其無効ヲ援用《えんやう》スルコトヲ得ス

第四十三條　賣買《ばいばい》契約ノ當時ニ於テ物カ既ニ全部《ぜんぶ》滅失《めつしつ》シタルトキハ其賣買ハ無効ナリ但賣主カ此滅失ヲ知リタルトキ又ハ賣主ニ之《これ》ヲ知《し》ラサル過失《くわしつ》アルトキハ善意《ぜんい》ノ買主《かひぬし》ニ對スル損害賠償ヲ妨ケス

（競賣上）トハ所謂セリ賣ノヿナリ此競賣ハ何人ニテモ最高ノ價格ノ者ニ賣ルモノナレバ弊ナキナリ
（公吏）トハ競賣ニ立會万事ヲ指揮スル官吏ナリ
（公証人）トハ公正証書ヲ作ル人ナリ
（懲戒ノ罰ヲ妨ケズ）トハ縦令現價及ビ利息ヲ辨濟ストモ他ノ法律ニテ規定シタル罰則ヲ被ムラスコ差支ナシトノ意ナリ
（性質ニヨリテ融通スヿヲ得ザル物）トハ官職若クハ其位記ノ如キハ其性質上賣買スベカラザル者ナリ
（特別法ヲ以テ各

物ノ一分ノ滅失ノ場合ニ於テ買主之ヲ知ラサリシトキハ買主《かひぬし》ハ其撰擇《せんたく》ヲ以テ或ハ殘餘《ざんよ》ノ部分《ぶん》カ用方ニ不十分ナルコトヲ證シテ賣買ヲ解除シ或ハ割合《わりあい》ヲ以テ代價ヲ減少《げんせう》シテ賣買ヲ保持《ほじ》スルコトヲ得

但此二箇ノ場合ニ於テ賣主《うりぬし》ニ過失《くわしつ》アル丼ハ其損害賠償ヲ妨ケス」

賣買解除ノ請求《せいきう》ハ買主ガ一分ノ滅失ヲ知リタル時ヨリ六ケ月ヲ過キ又代價《またたいか》減少ノ請求ハ此時ヨリ二ケ年ヲ過クレハ之ヲ受理《じゆり》セス

第二節　賣買契約《ばいばいけいやく》ノ効力《かうりよく》

（解）賣買《ばいばい》ハ賣主買主ノ合意《とうゐ》ヲ以テ成立《せいりつ》スルト雖モ其賣買《そのばいばい》スベキ物件《ぶつけん》ノ性質又ハ特別法《とくべつはふ》ニテ其成立ヲ禁《きん》シタル者アルハ前數條ニ規《き》定《てい》スルガ如シ而シテ賣買《ばいばい》已ニ成立シ且以上ノ規定《きてい》ニ反《はん》セザル丼ハ其《その》賣買《ばいばい》ハ完全《くわんせん》ナルモノナリ其賣買完全ニ成立《せいりつ》シタル丼ハ法律上如何《いか》ナル効力《かうりよく》ヲ生ズルカ即チ賣主《うりぬし》ニ生ズル義務《ぎむ》ハ如何又買主《かひぬし》ニ生ズル義務《ぎむ》ハ如何等ノヿヲ本節《ほんせつ》ニハ規定《きてい》セシモノタリ

人ニ處分ヲ禁シタル物)トハ特別法即チ火藥取締規則ノ如キモノアリテ火藥ノ賣買ハ常人ノナスヿヲ禁シアルガ如シ

(抗辨)トハ通常所謂裁判上ノ答辨ナリ

(詐欺)トハ惡意ヲ以テ他人ヲ欺クヿナレ𪜈民法上ニ於ケルハ刑事上ト異ナリ往々惡意ノ証明ヲ要セザルヿアリ

(無効ヲ援用ス)トハ無効ニ為スベキ契約ナルヿヲ主張スルヿナリ

(賣買契約ノ當時物ガ已ニ全部滅失スルヿトハ近日外國ヨリ來着スヘキ

第一款　所有權《しよゆうけん》ノ移轉《いでん》及ヒ危險《きけん》

第四十四條　賣買契約ハ賣渡物《うりわたしぶつ》ノ所有權《しよゆうけん》ノ移轉《いてん》及ヒ其物ノ危險《きけん》ニ付テハ財産編《ざいさんへん》第三百三十一條、第三百三十二條、第三百三十五條及ヒ第四百十九條ニ定メタル如キ普通法《ふつうはふ》ノ規則《きそく》ニ從《したが》フ

第四十五條　賣買ノ目的《もくてき》ガ不動産《ふどうさん》ナルトキハ其契約《けいやく》ヲ以テ賣主ノ特《とく》定《てい》且善意ノ承繼人ニ對抗《たいかう》スルニハ財産編第三百四十八條以下ノ規定ニ從ヒテ登記《とうき》ヲ爲スコトヲ要ス

財産編第三百四十六條及ヒ第三百四十七條ハ右同一ノ目的ヲ以テ有體動産《ゆうたいどうさん》及ヒ債權《さいけん》ノ賣買ニ之ヲ適用《てきやう》ス

第二款　賣主《うりぬし》ノ義務《ぎむ》

第四十六條　賣主ハ定量物《ていりやうぶつ》ノ所有權ヲ移轉スル義務《ぎむ》ノ外尚ホ賣渡物ヲ引渡ス義務、引渡ニ至ルマテ其物ヲ保存スル義務及ヒ妨得《ばうがい》、追《つい》奪《だつ》ニ對シテ買主ヲ擔保《たんぽ》スル義務《ぎむ》ニ任ス

物品ノ賣買ヲナセシニ其契約スル前日船難破シテ其物品滅失セシトキノ如キヲ云フナリ
（善意ノ買主）トハ其物品ノ全ク存在セリト信シテ買受シタルモノナリ
（撰擇）トハ買主ノ考ニテ何レニテモト云フ意ナリ
（此二個ノ場合）ト代價ヲ滅シテ其賣買ヲ其儘保續スルカ又ハ其契約ヲ止ムルカノ二個ヲ云フナリ
（損害賠償ヲ妨ケズ）トハ縱令契約ヲ解除シ又ハ其代價ヲ滅ズルモ尚損害ヲ賠償スルヲ得ト云フ意ナリ
（普通法）トハ契約

第一則　引渡《ひきわたし》ノ義務《ぎむ》

第四十七條　賣主ハ賣渡物ヲ其合意《がうい》シタル時期《じき》及ヒ場所《ばしよ》ニ於テ現存《げんそん》ノ形狀《けいじやう》ニテ引渡ス責ニ任ス但其保存ニ付キ懈怠《かいたい》アルトキハ買主ニ對シテ賠償《ばいしやう》ヲ負《ふ》擔《たん》ス

引渡《ひきわたし》ノ時期及ヒ場所ニ付キ合意《がうい》ヲ爲ササリシトキハ財産編第三百三十三條第六項及ヒ第七項ノ規定ニ從フ

然レトモ買主カ代金辨濟《べんさい》ニ付キ合意上ノ期間《きかん》ヲ得サリシトキハ賣主ハ其辨濟ヲ受クルマテ賣渡物ヲ留置《りうち》スルコトヲ得

賣主ハ代金辨濟ノ爲メ期間ヲ許與《きよよ》シタルトキト雖モ買主カ賣買後ニ破産《はさん》シ若クハ無資力《むしりよく》ト爲リ又ハ賣買前ニ係ル無資力《むしりよく》ヲ隱秘《いんひ》シタルトキハ尚ホ引渡《ひきわたし》ヲ遲《ち》延《えん》スルコトヲ得

第四十八條　賣主ハ契約ニ定メタル數量《すうりやう》ヲ過不足《くわふそく》ナク引渡《ひきわた》スコトヲ要ス

ニ關スル一般ノ事項ニ適用スルヲ得ベキ處ノ法律ナリ
(特定且善意)トハ賣主ノ特ニ定メタルモノニシテ其上惡意ナク其賣主ノ所有ト信ジテ買受ケタルモノトノ意ナリ
(有體動產)トハ無形ナル權利等ノ如キニ對スル語ニシテ人ノ五官ニ觸レテ知覺シ得可キ動植物器具等ヲ云フナリ
(定量物)トハ分量ヲ以テ定メベキモノニシテ數百石アル米ノ中何十石ヲ賣ルト云フ片ハ之レヲ量定セザレバ所有權ハ移轉セザルナリ

然レトモ下ノ數條ニ定メタル場合及ヒ區別ニ從ヒテ賣主又ハ買主ハ約シタル數量ヨリ多ク讓渡シ又ハ取得《しゆとく》スル責ニ任ス

第四十九條　賣渡物カ特定不動產《とくていふどうさん》ニシテ契約《けいやく》ニ其全面積ヲ明言《めいげん》シ且各坪ノ代價ヲ指示《しし》シタル場合ニ於テ現實《げんじつ》ノ面積《めんせき》カ指示《しし》ノ面積《めんせき》ニ不足《そく》アルトキハ賣主ハ面積ヲ擔保《たんぽ》セサル旨ヲ明言シタルトキト雖トモ割合ヲ以テ代價《だいか》減少《げんせう》ノ要求《やうきう》ニ服《ふく》ス
現實《げんじつ》ノ面積《めんせき》カ指示《しし》ノ面積ニ超過《てうくわ》アルトキハ買主ハ割合ヲ以テ代價《だいか》補足《ほそく》ノ要求ニ服ス

第五十條　全面積《ぜんめんせき》ヲ明言シ唯一ノ代價ヲ以テ不動產ヲ賣渡シ其面積ノ不足ノ場合ニ於テ賣主ハ惡意《あくい》ナルトキ又ハ善意《ぜんい》ナルモ面積ヲ擔《たん》保《ほ》シタルトキ又ハ不足ノ坪數《つぼかづ》カ少ナクモ二十分一ナルトキニ非サレハ代價減少ノ要求ニ服セス
面積ヲ擔保《たんぽ》セス又ハ面積ハ概算《がいさん》ナリトノ附記《ふき》ハ惡意アル賣主ノ責

(引渡)トハ品物ノ所持ヲ他人ニ移スヿナリ所有權ノ移轉ト云フトキハ單ニ合意ニテ移スヲ得ベキモ引渡ト云フトキハ人ノ所爲ヲ要スルナリ

(擔保)トハ其物品ニ付故障ナキヲ保證スルナリ

(引渡ス責ニ任ス)トハ引渡ノ義務アルヲ云フ

(留置)トハ物品ヲ差押ヘ置クヿナリ即チ已ニ他人ノ所有トナリタルモノナレトモ其代價ヲ支拂ハサル間ハ之レヲ差押ユルナリ此差留ニ二種アリテ一ハ自己ノ手元ニ留メ置クト又中途ニテ差留ムルヿア

任ヲ減セス

超過《てうくわ》ノ場合ニ於テハ買主ハ其超過カ二十分一ニ及ヘルトキニ非サレハ代價補足《ほそく》ノ要求ニ服セス

第五十一條　建物《たてもの》ノ存スルト否トヲ問ハス數箇《すうか》ノ土地ヲ一箇ノ契約《けいやく》ヲ以テ其各箇ノ面積ヲ指示シ唯一ノ代價ニテ賣渡シタル場合ニ於テ其面積カ一箇ノ土地ニ超過アリ一箇ノ土地ニ不足アルトキハ其坪ノ箇數ニ從ハス價額《かかく》ニ從ヒテ相殺《さうさつ》ス

此相殺ノ後猶ホ原價二十分一ノ過不足アルトキハ割合ヲ以テ代價《だいか》ヲ增加《ぞうか》シ又ハ之ヲ減少ス

此規定《きてい》ハ一箇ノ土地內ニ於テ別異《べつゐ》ノ性質《せいしつ》アル各部分ノ面積《めんせき》ヲ指示シタル場合ニモ之ヲ適用《てきやう》ス

第五十二條　買主ハ面積不足《めんせきふそく》ノ爲メ代價減少《げんせう》ニ付キ權利《けんり》ヲ有スル場合ニ於テ尙ホ損害《そんがい》ノ賠償《ばいしやう》ヲ要求スルコトヲ得又買主ハ約《やく》シタル面《めん》

リ即チ鉄道會社又ハ他ノ運輸會社ニ托セシ場合ニ買主ニ引渡チ拒ミ之レチ留置スルチ得ルナリ

(破産)トハ世ニ云フ身代限トナリタルヿナリ

(無資力)トハ未ダ身代限ニ至ラザルモ財産毫モ無コナリタルモノナリ此場合ハ支拂チ拒ミタル片ニ於テ之レ認ヲルヽヿ多シ

(特定不動産)トハ特ニ指定シタル不動産ナリ土地家宅ノ如キ之ナリ

(要求ニ伏ヌ)トハ其要求ニ應シテ其義務チ盡サヾルベカラザルヲ云フ

(唯一ノ代價)トハ

積《せき》カ其用方ニ必要《ひつやう》ナルコトチ證《しやう》シテ契約《けいやく》ノ解除《かいじよ》チモ請求《せいきう》スルコトチ得但面積チ擔保セサル旨ヲ明言シタル賣買ハ此限ニ在ラス

超過ノ場合ニ於テ買主ハ二十分一以上ノ代價《だいか》補《ほ》足《そく》ヲ辨償《べんしやう》スルコトヲ要スルトキハ單純《たんじゆん》ニ契約ヲ解除《かいによ》スルコトヲ得

第五十三條　上ノ規《き》則《そく》ハ目《め》方《かた》、員數《いんすう》及ヒ尺度《せきど》チ以テ指示《しし》シタル數量《すうりやう》カ買主ニ於テ容易《やうい》且即時《そくじ》ニ調査《てうさ》スルコトチ得サル日用品《にちやうひん》及ヒ動産《どうさん》物《ぶつ》ノ賣買ニ之チ適用ス

第五十四條　前數條ヨリ生スル代價《だいか》改正《かいせい》、損害賠償《そんがいばいしやう》又ハ契約解除《けいやくかいじよ》ノ訴《そ》權《けん》ハ不動産ニ付テハ一个年動産ニ付テハ一个月ノ期間ニ之チ行フコトチ要ス

右期間ノ經過《けいくわ》ハ賣主《うりぬし》ニ在テハ契約《けいやく》ノ日ヨリ買主《かいぬし》ニ在テハ引渡《ひきわたし》ノ日ヨリ始マル

第五十五條　動産又ハ不動産ノ賣買ニ於テ錯誤《さくご》カ其物ノ品質《ひんしつ》ニ存ス

各坪ニ付テ代價ヲ定メザル場合ナリ
(惡意ナル賣主ノ責任ヲ減セズ)トハ惡意アリシ賣主ハ縱令擔保セズ又ハ概算ナリト云フモ其責任ヲ免ルヽヲ得ザルヿヲ云フ
(價格ニ從テ相殺ス)トハ其直段ニ應シテ差引スルヿナリ即チ相殺トハ差引ト云フト同様ナリト知ルベシ
(別異ノ性質)トハ其性質ヲ異ニスルナリ一方ハ庭園一方ハ田畠等ノ區別アルヿナリ
(用方ニ必要)トハ其職業ノ種類ニヨリ其約シタル丈アラザルトキハ用ニナラザルヿアル場合

ルトキハ財産編第三百十條ノ規定ヲ適用ス

第二則　追奪《ついだつ》擔保《たんぽ》ノ義務《ぎむ》

第五十六條　他人ノ物ヲ賣買シタル場合ニ於テ擔保ノ事ニ付キ何等ノ特別《とくべつ》ナル合意《がうい》モ有ラサリシトキハ買主ハ未タ追奪《ついだつ》ノ恐《おそれ》アルニ至ラサルトキト雖トモ賣買モ無効《むかう》ノ判决《はんけつ》ヲ求ムルコトヲ得又買主カ契約《けいやく》ノ當時《とうじ》其物ノ賣主ニ屬セサルコトヲ知リ賣主カ之ヲ知ラサリシトキト雖モ亦同シ

第五十七條　買主カ惡意《あくい》ナリシトキハ賣買《ばいばい》ノ無効《むかう》及ヒ追奪擔保《ついだつたんぽ》ノ効果《かうくわ》ハ買主ニ其猶ホ負擔《ふたん》スル代金辨濟《べんさい》ノ義務《ぎむ》ヲ免《まぬ》カレシメ又ハ其既《すで》ニ辨濟《へいさい》シタル代金ヲ取戻《とりもど》スコトヲ許スニ在ルノミ
買主ハ買受物《かいうけぶつ》ノ價格《かゝく》カ減少《げんせう》シタルトキト雖モ右取戻《とりもどし》ニ於テ代金ノ減少ヲ受クルコト無シ但價格《かゝく》ノ減少《げんせう》カ自己《じこ》ノ詐欺《さぎ》ニ出テ又ハ自己ノ利益《りえき》ト為リタルトキハ此限ニ在ラス

ニ其用ヲナス丈ノ額ヲ云フ
(行フコトヲ要ス)トハ之レヲ行ハザル𪜈ハ裁判所ニテ採用セザルモノニシテ訴權消滅ニ歸スルナリ
(期間ノ經過)トハ前ニ上ゲタル一年及ヒ一ケ月ノ時間ノ經過ヲ計算スルヿヲ含ムナリ
(錯誤)トハ双方ニ惡意ナクシテ其目的物ヲ誤リタル場合ヲ云フ一方ニ若シ惡意アル𪜈ハ詐欺トナルナリ
(擔保)トハ此場合ニハ其物件ハ自已ノ所有ニシテ他人ノ物タラザルノ保證ナリ(特別ナル合意)トハ其他人

如何ナル場合ニ於テモ買主ガ其辨濟《べんさい》シタル代金ヲ取戻《とりもど》シタルトキハ物ノ占有ヲ賣主ニ返還《へんくわん》スルコトヲ要ス

第五十八條　買主ハ契約《けいやく》ノ當時《とうじ》善意《ぜんい》ナリシトキハ右ノ外尚《な》ホ左ノ諸《しよ》件《けん》ノ辨償《べんしやう》ヲ受ク

第一　買主ノ支拂《しはら》ヒタル契約費用《けいやくひやう》ノ部分《ぶぶん》

第二　買受物ニ付買主カ支拂タル費用ニシテ所有者ヨリ其辨償ヲ受クルコトヲ得サルモノ

第三　買受物ニ生シタル增價《ぞうか》額《かく》但意外《いさわい》ノ事ニ因ルモ亦同シ

第四　所有者ノ請求後《せいきうご》ニ收取《しうしゆ》シ之ニ返還《へんくわん》スルヿヲ要スル果實《くわじつ》」

然レトモ買主ハ果實《くわじつ》ニ換《か》ヘテ之ニ對當《たいとう》スル時期間《じきかん》ノ賣買代金ノ法律上ノ利息《りそく》ヲ受クルヿヲ欲スル𪜈ハ之ヲ請求スルヿヲ得

又善意ナル買主ハ此他所有者ノ回復《くわいふく》ノ訴ニ對スル答辨《とうべん》ノ費用《ひやう》及ヒ擔保《たんほ》請求《せいきう》ノ費用等總テノ損害賠償《そんがいばいしやう》ヲ普通法《ふつうはふ》ニ從ヒテ請求スルコト

ニ追奪セラレサルヿハ擔保セズ等ノ約束ナリ
(追奪)トハ眞正ナル所有者ヨリ其物件ノ存在スル處ノ人ニ對シテ之レヲ回復セラルヽヿヲ云フナリ
(買主ノ惡意)トハ買主ガ其物件ノ賣主ノ所有ニアラザルヿヲ知リナガラ之レヲ買受クルヲ云フ
(追奪擔保ノ効果)トハ追奪セラレザルヿヲ擔保シタルノ結果ナリ即チ損害ヲ賠償セラルヽガ如シ
(右取戻云々)トハ前項ニ掲ケタル追奪ノ場合ニ代金ヲ取戻スヿヲ云フ

ヲ得

第五十九條　賣主ハ契約《けいやく》ノ當時善意《ぜんい》ナリシトキハ財産編第三百八十五條ニ從ヒテ正當ニ豫見《よけん》スルコトヲ得ヘカリシ限度《げんど》ニ非サレハ前條ノ第二號第三號及ヒ末項ニ定メタル賠償《ばいしやう》ヲ負擔《ふたん》セス

第六十條　善意ナル賣主ハ契約《けいやく》後ニ賣渡物ノ他人ニ屬スルコトヲ覺《かく》知《ち》シタルトキハ買主ヨリ代金ヲ提供《ていきやう》スト雖モ其物ノ引渡ノ請求《せいきう》ヲ受クルニ當リ賣買ノ無効《むかう》ヲ申立テ且抗辯《かうべん》ノ方法ニ依リテ擔保《たんぽ》ノ定方ノ判決ヲ求ムルコトヲ得但買主カ追奪《ついだつ》ノ場合ニ於ケル求償權《きうしやうけん》ヲ拋棄《はうき》スル旨ヲ明白ニ陳述《ちんじゆつ》シタルトキハ此限ニ在ラス

第六十一條　右覺知《かくち》カ引渡後ニ在リタルトキハ賣主ハ買主カ即時ニ擔保訴權《たんぽそけん》ヲ行フヤ又ハ己レト立會ヒ第五十八條ニ從ヒテ現時負擔《ふたん》ノ賠償額《ばいしやうかく》ヲ評定スルヤニ付キ買主ヲ遲滯《ちたい》ニ付スルコトヲ得

此末ノ場合ニ於テ賣主ハ其受取リタル代金ト共ニ右評價《へうか》ノ金額ヲ

(占有)トハ所有權アルニアラズシテ物件ヲ所持スルナリ

(所有者)トハ賣主ヲ云フニアラズシテ物件ノ眞正ナル所有主ヲ指スナリ

(請求後)トハ其物品ノ返戻ヲ請求スル后ナリ

(對當)トハ果實収取ニ相當スル時間ヲ云フ

(法律上ノ利息)トハ吾人相互ニ其利子ヲ定メザルトキニ適用スル法律ニテ定メタル價格ナリ其外ニ相當上ノ利息ナルモノアリ之レハ吾人ガ通常相互ニ定ムル處ノモノナリ

(提供)トハ差出ス

提供《ていきよう》シテ供託《きやうたく》シタルトキハ縦令《たとひ》擔保《たんぽ》ノ請求《せいきう》アルモ此他《このた》ノ責任《せきにん》ヲ負擔《ふたん》セス

供託シタル金額ヲ引取ルノ權利《けんり》ヲ財産編第四百七十八條ニ從ヒテ行使《かうし》シタル賣主ハ再ヒ本條ノ許與《きよよ》セル權能《けんのう》ヲ援用《えんやう》スルコトヲ得ス

第六十二條　他人ノ物ノ賣主ハ日後其物ノ所有者《しよやうしや》ト爲リタルトキハ買主ヲシテ賣買ヲ認諾《にんだく》スルヤ擔保《たんぽ》訴《そ》權《けん》ヲ行フヤノ一ヲ擇マシムルコトヲ何時ニテモ催告《さいこく》スルコトヲ得

右同一ノ權利《けんり》ハ他人ノ物ノ賣主ノ相續人ト爲リタル眞所有者《しんしよやうしや》ニ屬ス

第六十三條　買受物《かひうけもの》ノ分割ノ部分カ完全《かんぜん》所有權又ハ虚有權《きよやうけん》ニテ第三者ニ屬スル場合ニ於テ買主カ此部分ヲ取得スルヲ得サルコトヲ知レハ初ヨリ其物ヲ買ハサル可キ程ニ其性質《せいしつ》又ハ廣狹《かうきやう》ニ因リテ有益《やうえき》ナルコトヲ證スルトキハ全部《ぜんぶ》追奪《ついだつ》ノ爲メ定メタル如ク損害ノ賠償《ばいしやう》ヲ得テ契約《けいやく》ヲ解除《かいじよ》スルコトヲ得

ヿナリ
(求償權ヲ拋棄スル)トハ追奪ニヨリテ生ズル損害ノ要求權ヲ棄テヽ用ヰザルヿヲ云フ
(右覺知)トハ賣渡タル物件ハ他人ノ物件ナルヿヲ知リタルトキナリ
(擔保訴權)トハ擔保シタルヿニ反シタルニヨリテノ訴訟權ナリ
(遲滯)トハ一方ノ請求アリタルニ故意若クハ過失ニテ其請求ニ應ゼザリシガ爲メ遂ニ自己ノ權利ヲ主張スルヲ能ハザルニ至ルヲ云フ
(供託)トハ一方ニ於テ受取ヲザル場合ニ於テ受托所若

買主ハ契約《けいやく》ノ解除《かいじよ》ヲ求メサルトキハ其受ケタル直接且現時《げんじ》ノ損失ノ限度ニ於テ賠償《ばいしやう》ヲ要求《ようきう》スルコトヲ得

第六十四條　買受物ノ不分ノ部《ぶ》分《ぶん》カ第三者ニ屬スルトキハ其部分ノ重要《ちやうやう》ノ如何ニ拘ハラス買主ハ損害賠償《そんがいばいしやう》ヲ得テ契約《けいやく》ヲ解除《かいじよ》スル權利ヲ有ス

買主ハ契約ノ解除《かいじよ》ヲ求メサルトキハ買受物ノ價格《かかく》ノ減少シタルトキト雖𪜈常ニ此ニ對當《たいとう》スル買受代金ト契約費用《けいやくひやう》トノ部分ヲ取戻シ又其價格ノ增加《ざうか》シタルトキハ其損害《そんがい》ノ賠償《ばいしやう》ヲ受ク

第六十五條　或ハ賣渡《うりわた》シタル土地ニ屬スルモノトシテ契約《けいやく》ニ於テ述ヘタル働方地役《はたらきかたぢえき》ノ追奪《ついだつ》アリタルトキ或ハ契約《けいやく》ニ於テ述ヘサル人爲ヲ以テ設定《せつてい》シタル受方地役《うけかたちえき》ニ關シ又ハ財產《ざいさん》ノ一分ニ存スル用益《ようえき》權《けん》、賃借權《ちんしやくけん》ニ關シテ第三者ノ要求《やうきう》アリタルトキハ第六十三條ノ規《き》定《てい》ヲ適用《てきよう》スル財產ノ全部ニ存スル用益權《ようえききけん》又ハ賃借權《ちんしやくけん》ニシテ其經過《けいくわ》ス

タハ第三者ニ附托スル場合ヲ云フナリ
(催告)トハ申入ルヽト同一義ナリ
(虚有權)トハ所有權アレ圧之レヲ使用スル使用權又ハ其物件ヨリ果實ヲ得ル收益權等ハ已ニ他人ノ有トナリタル場合ヲ云フ
(不分ノ部分)トハ分ツベカラザル部分ナリ即チ強テ之レ分ヲツトキハ用ヲ爲サヾル物品ナリ
(働方地役)トハ地役權ヲ持ツモノヲ云フ此地役ト稱スルハ其土地ニ屬スル義務ニシテ何人ニ移轉スルモ其義務ハ付從スルモノナリ彼ノ通行權ノ

可キ殘餘時期《ざんよじき》カ建物ニ付テハ一个年土地ニ付テハ二个年ヲ超《こ》エサルモノニ關《くわん》シテモ亦同シ

賣買ノ財産《ざいさん》ノ全部《ぜんぶ》ニ存スル用益權又ハ賃借權ノ繼續時期《けいぞくじき》カ建物ニ付テハ一个年土地ニ付テハ二个年ヲ超《こ》エ可キトキハ買主ハ尚ホ自己ニ殘存《ざんそん》セル權利ノ不十分ナルヲ證スルコトヲ要セスシテ前條ニ從ヒ賣買ヲ解除《かいじよ》スルコトヲ得

第六十六條　契約《けいやく》ニ於テ述ヘタルト否トヲ問ハス賣渡《うりわた》シタル土地ニ先取特權《せんしゆとくけん》又ハ抵當權《ていとうけん》ノ負擔《ふたん》アリテ買主カ其代金ノ辨濟《べんさい》ノ前又ハ辨濟ノ時其土地ヲシテ此負擔《ふたん》ヲ免カレシムル爲メニ必要《ひつやう》ナル方式ヲ履行《りかう》セサルニ因リ賣主ノ債權者《さいけんしや》ノ爲メニ所有權ヲ取上ケラレタルトキハ買主ハ賣主ニ對シ第五十八條及ヒ第五十九條ノ規定《きてい》ニ從ヒテ擔保《たんぽ》ノ求償權《きうしやうけん》ヲ有ス

第六十七條　差押《さしおさ》ヘタル財産ノ競落入《きやうらくにん》カ追奪《ついだつ》ヲ受ケタルトキハ被差《ひさし》

如キヲ云フ
(受方地役)トハ其地役權ヲ受クルモノヲ云フ例令ハ其義務ヲ負フ土地ヲ有スル者ハ之レヲ通行サルヽガ如シ
(用益權)トハ所有權ノ分派ニシテ他人ノ所用物ヨリ收益ヲナスノ權利ナリ
(賃借權)トハ金錢其他有價ノ物件ヲ與ヘテ動産不動産ヲ借受ケ使用スルノ權利ナリ
(先取特權)トハ數人ノ債主アル場合ニ於テ何人ニモ先チテ自己ノ債權ノ全部ヲ得ル權利アリ
(抵當權)トハ義務ノ保証トシテ債主

押入ニ對シテ代金ノ返還《へんくわん》ヲ求ムルコトヲ得若シ被差押人カ無資力《むしりよく》ナルニ於テハ代金ノ配當《はいたう》ヲ受ケタル債權者《さいけんしや》ニ對シテ其代金ノ返還《へんくわん》ヲ求ムルコトヲ得

競落人《きやうらくにん》ハ差押人カ差押ノ際ニ其財産ノ債務者《さいむしや》ニ屬セサルコトヲ知リタルニ非サレハ之ニ對シテ損害賠償《うんがいばいしやう》ヲ要求スルコトヲ得ス又債《さい》務《む》者《しや》カ其財産ニ存スル第三者ノ權利ヲ詐欺《さぎ》ヲ以テ隱秘《いんぴ》シタルニ非サレハ之ニ對シテ損害賠償《そんがいばいしやう》ヲ要求《やうきう》スルコトヲ得ス

競賣條件書《きやうばいじやうけんしよ》ノ調製《てうせい》及ヒ競落ノ處理《しより》ニ任シタル公吏ハ其職分《しよくぶん》ヲ缺キタル爲メ買主ノ錯誤《さくご》ヲ惹起《とくき》シタルニ非サレハ損害賠償《そんがいばいしやう》ノ責ニ任セス

第六十八條　債權《さいけん》ノ賣主ハ當然《たうぜん》自己ノ債權ノ存立及ヒ其有効ノ擔保《たんぽ》ノ責ニ任ス

又賣主ハ明示ニテ債務者《さいむしや》ノ有資力ノ擔保《たんぽ》ヲ諾約《だくやく》シタルニ非サレハ

其擔保ノ責ニ任セス
有資力ノ擔保《たんぽ》ニ任シタル場合ニ於テモ賣主ハ債權《さいけん》カ既ニ滿期《まんき》ト爲リタルトキハ讓渡《ゆずりわたし》ノ日ニ於ケル有資力ノミニ付キ且受取リタル代金ノ限度《げんど》ニ從ヒテ其責ニ任ス但一層廣大《いつそうくわうだい》ナル擔保ノ明約ト裏書《うらがき》ヲ以テ讓渡《ゆづりわた》ス商證券ノ特別規則《とくべつきそく》ヲ妨ケス
未タ滿期ト爲ラサル債權《さいけん》ノ讓渡ニ於テ讓渡人カ他ノ特約《とくやく》ナクシテ債務者《さいむしや》ノ將來《しやうらい》ノ有資力ヲ擔保《たんぽ》シタルトキハ其擔保ハ滿期《まんき》ヨリ一ケ年又無期年金權《きんけん》ニ付テハ其讓渡《ゆづりわた》ヨリ十ケ年ニテ絶止《せつし》ス

第六十九條　物權《よんけん》ト人權トヲ問ハス爭ニ係ル權利ノ讓渡《ゆづりわた》ニ於テハ讓渡人ハ特別《とくべつ》ノ合意ナク且讓受人カ爭アルコトヲ知リタルトキハ其主張ノ虛構《きよかう》ナラサルコトヲ擔保《たんぽ》スルノミニシテ讓渡シタル權利《けんり》ノ眞ノ成立ヲ擔保セス
裁判上ト裁判外《さいばんぐわい》トヲ問ハス本權ニ關《くわん》スル明白ノ爭ノ目的《もくてき》タル權利

ニ差入タル動產不動產ニ對スルノ權利ナリ
（負擔ヲ免レシムル爲メ必要ナル方式）トハ土地ナルトキハ登記所ニ於テ登記サレタル抵當ヲ取消ス等ノ式ヲ云フ
（差押ヘタル財產）トハ負債者ガ身代限等ヲ受ケタル場合ニ其負債主ノ財產ヲ債主ニ於テ差押ユル場合ヲ云フ
（競落人）トハ競賣ニテ買取タル人ヲ云フ
（債務者）トハ負債ヲナシ返濟ノ義務アルモノヲ云フ
（競賣條件書）トハ競賣ニ關スル個條ヲ記入スルモノナ

リ之レハ立會ノ官吏之ヲ作ルナリ
(債權ノ賣主)トハ他人ヨリ其負債ヲ受取ベキ權利ヲ第三者ニ賣渡タル人ナリ
(明示)トハ口頭又ハ書面ヲ以テ明ニ他人ニ告グルヲ云フ
(裏書ヲ以テ讓渡ス商証券ノ特別規則)トハ約束手形爲換手形條例等ヲ云フナリ此約束手形又ハ爲換手形ノ裏書ヲナシテ何人ニモ讓リ渡スモノニシテ名宛人仕拂ハザル片ハ其讓渡人ニ向テ受取ルヿヲ得ルナリ
(滿期)トハ返濟期限ノ至リタルヿヲ

ニ付テノミ右ノ規定《きてい》ヲ適用ス

讓渡人ハ其主張ノ虚構《きよかう》ナリシ塲合ニ於テハ讓渡代金ノ返還《へんくわん》ノ外讓受人カ正當《せいとう》ニ期望《きばう》シタル利益ノ賠償《ばいしやう》ヲ負擔《ふたん》ス

第七十條　會社ニ於ケル自己《じこ》ノ權利《けんり》ヲ賣渡シタル者ハ其權利ノ存立《そんりつ》及ヒ其賣買契約《ばいばいけいやく》ニ示セル權利ノ廣狹《くわうきやう》ニ付テノミ擔保《たんぽ》ノ責ニ任ス

會社ノ從前《じうぜん》ノ營業《えいげふ》ヨリ生シ既ニ清算濟《せいさんずみ》ト爲リタル賣主ノ權利及ヒ義務《ぎむ》ハ買主ニ利害《りがい》ノ關係《くわんけい》ヲ及ホスコト無シ

賣主ト會社トノ間ニ於ケル特別《とくべつ》ノ計算《けいさん》ニ付テモ亦同シ

第七十一條　上ノ塲合ニ於テ無擔保《むたんぽ》ニテ賣買スルトノ契約《けいやく》ヲ爲シタルトキト雖モ買主カ追奪《ついだつ》ヲ受ケタルニ於テハ賣主ハ代金ヲ返還《へんくわん》スル責ニ任ス但買主カ賣買ノ時ニ於テ追奪《ついだつ》ノ危險《きけん》アルコトヲ了知シタルトキハ賣主ハ此返還《へんくわん》ヲ負擔《ふたん》セス

賣主ハ買主ノ危險負擔《きけんふたん》ニテ賣買スルトノ契約《けいやく》ヲ爲シタルコトノミ

云フナリ
(無期年金權)トハ貸主ガ資本ヲ要求スルノ權利ヲ自ラ禁シ單ニ年金ノミヲ受取ルヲ云フ
(爭ニ係ル權利)トハ已ニ訴訟トナリタル權利ヲ云フ
(本權)トハ讓渡シタル權利ヲ云フ
(正當ニ期望シタル)トハ普通ノ考ヘニテ必ズ得ラレベシト信ジタル處ノモノナリ
(會社)トハ二人以上ノ人相團結シテ或ル事業ヲ爲サントスル一体ヲ云フ
(清算濟)トハ計算濟ト異ナルヿナシ
(特別ノ計算)トハ賣主ト會社間ノ物品ノ賣買又ハ貸借

ニ因リテ亦代金ヲ返還《へんくわん》スル責ヲ免カル

然レトモ如何ナル場合ニ於テモ又如何ナル約款《やくくわん》ニ依ルモ賣主ハ賣買ノ前後《ぜんご》ヲ問ハズ第三者ニ授與《じゆよ》シタル權利ヨリ生スル妨碍《ばうがい》又ハ追《つい》奪《だつ》ノ擔保《たんぽ》ヲ免カルヽコトヲ得ス

第七十二條　賣主カ擔保《たんぽ》ノ義務ノ全部又ハ一分ヲ買主ノ惡意《あくい》ノ故テ以テ免カレント主張スルトキハ賣渡物ニ關スル行爲カ第三者ノ利益ノ爲メニ登記《とうき》シ有リト雖モ其登記《とうき》ノミニテハ買主ノ惡意ヲ證スルニ足ラス尚ホ賣主ハ登記官吏《くわんり》ノ認證書《にんしやうしよ》ニ依リ又ハ其他ノ方法ヲ以テ買主カ賣買ノ前ニ此行爲ヲ了知《りやうち》シタル直接《ちよくせつ》ノ證據《しやうこ》ヲ供スルコトヲ要ス

第七十三條　財產編第三百九十九條及ヒ第四百條ハ擔保《たんぽ》ノ爲メニスル賣主ノ召喚《せうくわん》ニ付キ及ヒ追奪《ついばつ》ヲ受ケタル買主カ擔保人《たんぽ》ヲ訴訟ニ參加《さんか》セシメサル爲メニ生スル失權ニ付キ之ヲ適用《てきやう》ス

等ニ於ケル計算ナリ
（危險負擔）トハ其債主權或ハ他人ノ者ニシテ追奪セラル、カ又ハ負債主無資力ニテ受取ル能ハザルカ等ノ恐レアルヲ負擔スルコトナリ
（約款）トハ約束箇條ナリ
（賣渡物ニ關ス行爲）トハ先取特權又ハ抵當權等ニ爲シタルノ行爲ナリ
（登記）トハ登記所ノ帳簿ニ記入シタルコトヲ云フ之レヲ爲スキハ何人ニ對シテモ第一ニ自己ノ權利ヲ行フヲ得ルナリ
（直接ノ証據）トハ

第三款　買主《かいぬし》ノ義務《ぎむ》

第七十四條　買主ハ合意シタル時期《じき》ニ於テ代金ヲ辨濟《べんさい》スルコトヲ要ス又其時期ニ付キ特別《とくべつ》ノ合意ナキトキハ引渡ノ時ニ於テ之ヲ辨濟スルコトヲ要ス

引渡ヲ日後ニ延《のぶ》フルノ合意アルトキハ代金ノ辨濟《べんさい》ヲモ暗《あん》ニ日後《いちご》ニ延《の》フルモノト推定《すいてい》ス

賣主カ引渡ノ爲メ恩惠期限《おんけいきげん》ヲ裁判所ヨリ得タルトキハ買主ハ代金辨濟《べんさい》ノ爲メ同一ノ期間ヲ享有《けうゆう》ス

代金辨濟ノ恩惠期限ハ引渡ノ爲メ賣主亦之ヲ享有《けうゆう》ス

第七十五條　代金辨濟　場所ヲ合意セサルトキハ其辨濟ハ有體動產《いうたいどうさん》ニ付テハ引渡ヲ爲ス場所《ばしよ》不動產《ふどうさん》、債權《さいけん》、爭《あらそひ》ニ係ル權利又ハ會社《くわいしや》ニ於ケル權利ニ付テハ證書ノ交付ヲ爲ス場所ニ於テ之ヲ爲ス

引渡ノ前又ハ後ニ代金ノ辨濟《べんさい》ヲ要求スルコトヲ得ヘキトキハ其辨

法律上又ハ事實上ノ推定ニ對スル語ニシテ直接ニ効力ヲ生ズル証據ヲ云フナリ
(失權)トハ權利ヲ行ハザルヨリシテ其効力ヲ失フニ至リタル場合ヲ云フナリ
(恩惠期限)トハ賣主ガ物品ヲ引渡サヾルカ又ハ買主ノ代價ヲ拂ハサルニ當リ其之レヲ爲サヾルハ故意ニアラズシテ頗ル憫然ナル情實アルヿアルベシ此場合ニ於テハ裁判官ハ其職權ヲ以テ縱令一方ガ承諾セザルモ猶豫期限ヲ與フルヿアリ之レヲ稱シテ恩惠期限ト云フナリ

濟ハ買主ノ住所《ぢうしよ》ニ於テ之ヲ爲ス

第七十六條　買受物カ果實《くわぶつ》其他金錢《きんせん》ニ見積《みつも》ルコトヲ得ヘキ定期《ていき》ノ利《り》益ヲ生スルトキハ買主ハ引渡ノ時ヨリ當然《とうせん》代金ノ利息ヲ負擔《ふたん》ス反對《はんたい》ノ場合ニ於テハ利息ハ特別《とくべつ》ノ合意又ハ辨濟ノ催告《さいこく》ニ依ルニ非サレハ之ヲ負擔セス

第七十七條　買主カ物上訴權《ぶつじやうそけん》ニ因《よ》リテ妨碍《ばうがい》ヲ受ケ又ハ妨碍《ばうがい》ヲ受クル恐アル正當ノ事由ヲ有スルトキハ賣主カ其妨碍若クハ危險《きけん》ヲ止マシムルマテ又ハ追奪《ついだつ》アリタルニ於テハ代金ヲ返還《へんくわん》スル爲メノ保證人ヲ立ツルマテ買主ハ此訴權《そけん》ノ輕重《けいぢう》ニ從ヒテ代金ノ全部《ぜんぶ》又ハ一分ノ辨濟ヲ拒《こば》ムコトヲ得

此規定《きてい》ハ買主カ買受物ノ他人ニ屬スルヲ直接《ちよくせつ》ニ證スルコトヲ得ルトキハ賣買無效《むかう》ノ判決《はんけつ》ヲ求メ及ヒ擔保《たんぽ》ノ訴權《ろけん》ヲ行フコトヲ妨ケス

第七十八條　買受ケタル不動産ニ付キ抵當《ていとう》權又ハ先取特權ノ登記《とうき》ア

ルトキハ買主ハ滌除《てきじよ》ノ方式《はうしき》ヲ行フタル後ニ非サレハ代金ヲ辨濟《べんさい》スル責ナシ但法律上《はふりつ》ノ期間ニ於テ滌除《てきじよ》ヲ行フコトヲ要ス

第七十九條　前二條ノ場合ニ於テ賣主ハ其先取特權《せんしゆとくけん》及ヒ第三者ニ對スル解除《かいじよ》ノ權利ヲ保存スル爲メノ公示《かうし》ヲ爲サヽリシトキハ當事者雙方《そうはう》ノ名ヲ以テ買主ヲシテ猶豫《ゆうよ》ナク代金ヲ供託《きやうたく》セシムルコトヲ得但其代金ハ當事者雙方《そくはう》ノ承諾《しやうだく》又ハ裁判所ノ判決ニ依リ且諸手續ノ終了後《しうりやうど》ニ非サレハ之ヲ引取ルコトヲ得ス

第八十條　動産物ノ買主カ代金ヲ辨濟《べんさい》シタルト否トヲ問ハス引渡ヲ受クル權利ヲ有スル時ニ於テ其引渡ヲ受クルコトヲ拒《こば》ミタルトキハ賣主ハ財産編《ざいさんへん》第四百七十四條乃至第四百七十八條ニ從ヒテ其賣渡物ノ提供《ていきやう》及ヒ供託《きやうたく》ヲ爲スコトヲ得

然レトモ日用品其他速《すみや》ニ敗損《はいそん》ス可キ物ニ付テハ賣主ハ買主ノ爲メ之ヲ轉賣《てんばい》スルコトヲ得ルトキハ其轉賣ヲ爲スコトヲ要ス

（有体動産）トハ權利ノ如キ無形ノモノニアラズシテ實体アルモノヲ云フナリ

（反對ノ場合）トハ此ニ稱スルハ果實其他金錢ニ見積ルベキ定期ノ利益ナキ場合ヲ云フ

（物上訴權）トハ其物件ノ上ニ存スル權利ニシテ之レハ人ニ屬セザルヲ以テ何人ノ有トナルモノ其物件ヲ有スルモノニ對シテ訴訟ヲ起スヲ得ルナリ即チ先取特權又ハ抵當權等ヲ云フナリ

（滌除ノ方式）トハ拂ヒ除クルノ手段ナリ即チ登記セラレタリ抵當等ニナ

リ居タル場合ニ於テハ縱令相對上其負債ハ債主ニ返濟シタルモ其登記所ニテ登記セラレタルモノヲ取消サヽルトキハ滌除ノ方式ヲ盡シタルモノニアラザルナリ

(供託)トハ之レヲ取ルヿヲ得ルヤ否ニ訴訟ヲナシテ后ニアラザレバ知ルヿヲ得ザル權利義務ノ場合ニ於テ暫ク其爭ヒノ物件ヲ裁判所又ハ受托所ヘ預ケ置クヿヲ云フナリ

(轉賣)トハ又賣ヲナスヿヲ云フ即チ或一人ニ已ニ賣リタルモノヲ又他人ニ賣ルガ如シ

(恩惠期限)トハ其

第三節　賣買《ばいばい》ノ解除《かいじょ》及ヒ銷除《しやうじよ》

(解)賣買《ばい〱》ハ双務ノ契約《けいやく》ナルヲ以テ双方ニ或所爲《あるしよゐ》ヲ爲スノ義務アルナリ而シテ双務《さうむ》契約ニ於テハ常ニ未必《みひつ》ノ條件即チ或條件ノ生ズルニヨリテ成立シ又ハ停止《ていし》シ若《もし》クハ其契約《けいやく》ヲ解除《かいじょ》スル等ノヿ付着《ふちやく》スルナリ此末必《このみひつ》ノ條件タル賣買《ばい〱》ニ於テハ常ニ明言《めいげん》セラレザルモ一方ニ於テ其義務《そのぎむ》ヲ盡サヾルトキハ其契約《そのけいやく》ヲ解除シ若クハ銷除《せうじよ》スルノヿヲ得ルモノナリ例令バ一方ガ代價《たいかわ》ヲ拂ハザルトキハ其品物《そのひんぶつ》ヲ與ヘズ契約《けいやく》ヲ解除《かいじょ》スルヲ得ルガ如シ本節ハ其解除《そのかいじょ》及ヒ銷除《せうじよ》即チ取消ニ關《くわん》スルヿヲ規定《きてい》シタルナリ

第一款　義務ノ不履行ニ因ル解除《かいじょ》

第八十一條　當事者ノ一方カ上ニ定メタル義務其他特ニ負《ふ》擔《たん》スル義務ノ全部若クハ一分ノ履行《りかう》ヲ缺《か》キタルトキハ他ノ一方ハ財産編第四百二十一條乃至《ないし》第四百二十四條ニ從ヒ裁判上ニテ契約《けいやく》ノ解除《かいじょ》ヲ

契約ヲ履行セザルハ止ヲ得ザルノ事情ニ出デ憫然タルモノナル時裁判所ニ於テ其履行期限ヲ延引セシムルヿヲ得ルナリ其期限ヲ稱シテ恩惠期限ト云フナリ

(遲滯)トハ契約ノ期限來リタルヿニ付テ義務者ニ法律ノ定メタル公ケノ手續ヲ以テ通知シタル場合ニ之レニ應セザリシ時ヲ云フナリ

(轉得者)トハ又買ヲ爲セシモノヲ云フナリ

(善意ナル第三者ノ既得ノ物權)トハ知ラズシテ買受ケタル又買者ノ既ニ得タルノ物上權

請求シ且損害アレハ其賠償《ばいしやう》ヲ要求スルコトヲ得

當事者カ解除《かいじよ》ヲ明約《めいやく》シタルトキハ裁判所ハ恩惠期限《おんけいきげん》ヲ許與シテ其解除《かいじよ》ヲ延ヘシムルコトヲ得ス然レトモ此解除ハ履行《りかう》ヲ缺《か》キタル當事者ヲ遲滯《ちたい》ニ付シタルモ猶ホ履行《りかう》セサルトキニ非サレハ當然其效《かう》力《りよく》ヲ生セス

第八十二條　買主カ辨濟其他ノ義務ヲ缺《か》キタル爲メノ解除《かいじよ》ハ買主ノ猶ホ代金ノ全部若クハ一分ノ負擔《ふたん》又ハ他ノ負擔ヲ明示シタル賣買《ばいばい》證書《しやうしよ》ニ依リ登記《とうき》ヲ爲シタルニ非サレハ賣主ヨリ轉得者《てんとく》ニ對《たい》シテ之ヲ請求《せいきう》スルコトヲ得ス但債權擔保《さいけんたんぽ》編《へん》第百八十二條ノ規定《きてい》ヲ妨ケス

第八十三條　辨濟期限《べんさいきげん》ノ定アル動産《どうさん》ノ賣買ニ於テ其引渡ヲ實行《じつかう》シタルトキハ辨濟ヲ缺《か》キタル爲メノ賣主ノ解除《かいじよ》ノ權利ハ買主ノ他ノ債《さい》權者《けんしや》ヲ害シテ之ヲ行フコトヲ得ス

辨濟斯限《べんさいきげん》ノ定ナキ賣買ニ付テハ賣主ハ引渡ヨリ八日内ニ賣買ヲ解《かい》

チ云フ
（受戻權能ノ行使）トハ賣買スルニ當リテ或一定ノ期限內ヲ以テ其代價及ビ費用ヲ返濟シテ再ビ買戻スノ權力ヲ使用スルヿナリ
（受戻ノ約款）トハ買戻スニ付テノ約束ノ個條ナリ
（再賣買ノ豫約）トハ再ビ賣買スベキノ約束ナリ之レト買戻ト異ナル處ハ買戻ハ前ノ約束附從スルモノナリ再賣買ハ獨立シタルモノナリ故ニ再賣買ハ普通ノ賣買約定ト異ナル處ナシ
（其定メタル條件）トハ法律ノ定メタル不動產受戻契約ニ要スル個條ナリ

除《じよ》スルコトヲ得然レトモ善意《ぜんい》ナル第三者ノ既得《きとく》ノ物權《ぶつけん》ヲ害スルコトヲ得ス

第二款　受戻權能《うけもどしけんのう》ノ行使《かうし》

第八十四條　賣主ハ賣買證書《ばいばいしやうしよ》ニ明記シタル受戻《うけもどし》ノ約款《やくくわん》ニ依リ買主ノ辨濟シタル代金ト費用《ひやう》ノ部分トヲ指定《してい》ノ期間ニ買主ニ返還《へんくわん》スルニ於テハ其賣買ヲ解除《かいじよ》ス可キコトヲ要約《やうやく》スルヲ得

右期間《きかん》ハ不動產ニ付テハ五ヶ年動產ニ付テハ二ヶ年ヲ超ユルコトヲ得ス此ヨリ長キ時期ノ要約《やうやく》ハ當然《たうぜん》之ヲ此期限ニ短縮《たんしく》ス

一旦期《たんき》間《かん》ヲ定メタル以上ハ右制限《せいげん》內ト雖モ之ヲ伸長《しんちやう》スルコトヲ得ス

然レトモ其伸長《しんちやう》ハ之ヲ再賣買ノ豫約《よやく》ト見做《みな》スコトヲ得此場合ニ於テハ第二十六條及ヒ第二十七條ノ規定《きてい》ニ從フ

賣買後ニ於テ爲シ又ハ別證書《べつしようしよ》ヲ以テ爲シタル受戻《うけもどし》ノ要約ニ付テモ

例令バ登記ヲナスガ如シ(物權ヲ排除シテ云々)トハ其得タル物上權ヲ破ルヿニシテ第三者ノ如キハ買主ヨリ又買受ケルニ當リテ其受戻契約ノアリシヿヲ知ラザリシ片ト雖モ其權利ハ受戻契約ノ爲メ打破ラル、ナリ之レ此受戻契約ナルモノハ遡テ効力ヲ有スルヲ以テナリ動產物ハ不動產物ト異ナリ善意ノ買得者タル第三者ノ權利ヲ害スルヿヲ得ザルナリ
(代位)トハ他人ノ位置ニ代リテ訴訟ヲナスコトヲ云フナリ故ニ此塲合ニ

亦同シ
賣主ハ代金ノ半額以上ノ辨濟ノ爲メ期限ヲ與ヘ且其期限《きげん》カ受戻ノ爲メ定メタル期間ノ半以上ニ及ヘルトキハ有効《やうかう》ニ受戻ノ權能《けんのう》ヲ要約スルコトヲ得ス
第八十五條　不動產ニ付テハ法律ノ定メタル期間ニ其定メタル條件《にやうけん》ヲ以テ爲シタル受戻權能《うけもどしけんのう》ノ行使《かうし》ハ買主カ第三者ニ授與《じゆよ》シ又ハ第三者カ買主ノ權ニ基《もとづ》キテ取得シタル物權ヲ排除《はいじよ》メ其不動產ヲ賣主ニ復セシム但賃借權《ちんしよくけん》ニメ殘期《ざんき》ノ一ケ年ヲ超エサル者ハ此限ニ在ラス
動產物ニ付テハ受戻ノ權能《けんのう》ハ善意《せんい》ニテ其動產物上ニ物權ヲ取得シタル第三者ニ對シテ之ヲ行フコトヲ得ス
第八十六條　賣主ノ債權者《さいけんしや》ハ賣主ニ代ハリテ受戻ノ權能《けんのう》ヲ行フコトヲ得
然レトモ買主ハ右債權者《さいけんしや》カ豫メ其債務者ノ無資力《むしりよく》ヲ證シ且財產編

於テ賣主ノ債權者ガ賣主ノ有スル受戻權能ヲ行使セントシテ買主ヲ訴フルトキハ總テ其代理ノ位置ニ立ザルベカラザルヲ以テ買主ノ要求スル代價及ビ賣買ニ付テ費シタル費用ヲ仕拂ハザルベカラザルナリ

(鑑定人)トハ普通ノ知識ニテ判定スベラザル一種ノ技能アル人例令ハ混合物ニ付テハ化學士疾病ニ付テハ醫師ノ診斷ヲ要スル等ノ如キ塲合ニ其者ニ命ジテ其事實ヲ判定セシム之レヲ鑑定人ト云フ

(評價)トハ判定シテ定メタル價ヲ云

第三百三十九條ニ從ヒテ受戻權能《うけもどしけんのう》ノ行使ノ爲メ裁判上ニテ賣主ニ代位スルヲ要求《やうきう》スルコトヲ得

買主ハ同一ノ塲合ニ於テ鑑定人《かんていにん》ノ評價《へうか》シタル買受物《かいうけもの》ノ現時ノ價額《かかく》ト第八十八條ニ從ヒテ賣主ヨリ己レニ返還《へんくわん》ス可キ金額トノ差額《さかく》ニ達《たつ》スルマテ賣主ノ債務《さいむ》ヲ辨濟シテ債權者ノ訴ヲ止ムルコトヲ得

第八十七條　賣主カ戻受《うけもどし》ノ約欵《やくくわん》ニテ賣渡シタル物ヲ日後抵當《ていとう》トシ又ハ之ニ其他ノ物權ヲ負擔《ふたん》セシメタルトキハ其權利ノ効力《かうりよく》ハ賣主又ハ其債權者ノ受戻權能《うけもどしけんのう》ヲ行ヒタル後ニ非サレハ生セス

賣主カ受戻《うけもどし》ニ服スル物ノ所有權ヲ讓渡《ゆづりわた》シタルトキハ讓受人《ゆづりうけ》ハ自己ノ名ヲ以テ受戻ヲ爲スコトヲ得然レトモ讓渡前ニ賣主カ他人ニ對シテ承諾《しやうだく》シ且登記ヲ經《へ》タル此他ノ物權ヲ妨碍《ばうがい》スルコトヲ得ス但其擔保訴權《たんぽそけん》ヲ失フコト無シ

第八十八條　賣主カ受戻ノ權能《けんのう》ヲ行ハントスルトキハ指定《してい》ノ期間ニ

フ
(登記ヲ經タル此他ノ物權ヲ妨碍スルコトヲ得ズ)トハ登記ナルモノハ元來世上一般ニ告知スル爲メノ式ナルヲ以テ之レヲ知ラザルハ自己ノ過失ト云ハザルヲ得ズ故ニ是等ノ物權ハ妨碍スルヲ得ザルナリ
(擔保訴權ヲ失フコトナシ)トハ其賣渡ニ付テ他ヨリ妨碍セラレザルヲ保證スルモノナルヲ以テ之レニ反スルキハ訴訟ヲ行フヲ得ルナリ之レヲ稱シテ擔保訴權ト云フ此場合ニ於テハ買主ガ登記ヲ知ラザリシハ過失ナ

賣買代價及ヒ契約《けいやく》費用《ひよう》ノ外尙ホ物ノ保存《ほぞん》費用《ひよう》ヲ買主ニ辨償スルコトヲ要ス

買主カ右金額ヲ受取ルコトヲ拒《こば》ミタルトキハ賣主ハ猶豫《ゆうよ》ナク之ヲ供託《きやうたく》スルコトヲ要ス

賣主ハ物ノ改良費用《かいりやうひよう》ヲモ辨償スルコトヲ要ス然レトモ裁判所ハ此辨償《べんしやう》ニ付テハ賣主ニ猶豫《ゆうよ》ヲ許スコトヲ得

買主ハ右金額ノ皆濟《かいさい》ヲ受クルマテ其物ノ上ニ留置權《りうちけん》ヲ有ス

第八十九條　不動產ノ共有者ノ一人カ其不分ノ部分ヲ受戻約款《うけもどしやくくわん》ニ付テ賣リタル場合《ばあい》ニ於テ買主カ他ノ共有者ヨリ促《うな》カサレタル競賣《きやうばい》ニ因リテ競落《きやうらく》人ト爲リタルトキハ賣主ハ前條ニ掲ケタル金額ニ競賣《きやうばい》ノ代金ヲ加ヘテ其不動產ノ全部ニ對スルニ非サレハ受戻《うけもどし》ヲ爲スコトヲ得ス又買主ハ之ニ故障《こしやう》ヲ述フルコトヲ得ス

買主カ自ラ競賣《きやうばい》ヲ促シタルトキハ賣主ハ其賣渡シタル部分ニ付テ

ルヲ以テ其物權ニ付テ他ヨリ妨碍セラルヽハ止ヲ得ザルモ賣主ニ對シ擔保訴權ハ行ヒ得ルト云フナリ（賣主ニ猶豫ヲ許スヿヲ得）トハ改良費用ヲ直チニ返却フルヲ免シテ若干ノ猶豫ヲ與フルヲ得ルナリ之レ此改良費用ナルモノハ賣主ノ毫モ知ラザル處ナルヲ以テ之レニ對スルノ準備ナカルベケレバナリ然レ圧已ニ其受戻物ハ改良セラレ其價格ノ騰貴シタルヲ以テ終ニハ其價ヲ拂ハザルヲ得ザルナリ（留置權）トハ其物件ヲ差押ヘ置クノ

ノミ受戻《うけもどし》ヲ爲スコトヲ得又買主ハ全部ノ受戻ニ故障《こしやう》ヲ述《の》フルコトヲ得

第九十條　孰レヨリ競賣《きやうばい》ヲ促カシタルヲ問ハス買主ニ非サル共有者ノ一人又ハ外人ノ競落《きやうらく》シタル場合ニ於テ賣主ハ競賣ニ召喚《せうくわん》セラレサリシトキハ其賣渡シタル部分ニ付テノミ競落人《きやうらく》ニ對シテ受戻ノ權利《けんり》ヲ有シ之ニ反スルトキハ其權利《けんり》ヲ失フ

第九十一條　現物《げんぶつ》ヲ以テ分割《ぶんかつ》シタルトキ賣主カ其分割ニ召喚《せうくわん》セラレタルニ於テハ賣主ハ孰レヨリ分割ヲ促シタルヲ問ハス他ノ所有者ニ歸《き》シタル部分《ぶぶん》ニ付キ何等ノ要求《ようきう》ヲモ爲スコトヲ得スシテ買主ニ歸シタル部分ノミヲ受戻《うけもど》スコトヲ得但買主ノ供與《きやうよ》シ又ハ受取リタル補足《ほそく》代金ヲ賣主買主ノ間互ニ計算《けいさん》スルコトヲ妨ケス

賣主カ分割ニ召喚《せうくわん》セラレサリシトキハ賣主ハ撰擇《せんたく》ヲ以テ或ハ其分割ヲ認諾《にんだく》シ買主ニ對シテ前項ニ示シタル權利《けんり》ヲ行ヒ或ハ第八十

八條ニ揭ケタル金額ヲ買主ニ辨償《べんしやう》シ共有者ニ對シテ再《ふたゝび》分割《ぶんかつ》ヲ促カスコトヲ得

第九十二條　不分物ノ共有者カ一箇ノ契約《けいやく》及ヒ唯一ノ代價ニテ其物ヲ受戻《うけもどし》ノ約款《やくくわん》ヲ以テ賣渡シタルトキハ買主ハ一分ニ付キ受戻《うけもどし》ヲ受クル責ナシ

又買主ハ賣主ノ一人ヨリ爲ス全部ノ受戻《うけもどし》ニ故障ヲ述フルコトヲ得

之ニ反シテ數人《すにん》ノ共有者カ各別ノ契約《けいやく》ヲ以テ各自ノ部分ヲ賣渡シタルトキハ各別ニ受戻《うけもどし》ヲ爲スコトヲ得但第八十九條及ヒ第九十一條ノ規定《きてい》ハ之ヲ此場合ニ適用《てきよう》スルコトヲ得

第九十三條　數人ノ買主《かひぬし》カ一箇ノ契約《けいやく》又ハ各別ノ契約ヲ以テ一箇ノ財産《さいさん》ヲ受戻《うけもどし》ノ約款《やくくわん》ニテ取得シタルトキ賣主《うりぬし》カ買主《かひぬし》ノ間ニ分割《ぶんかつ》ヲ爲ササル前ニ受戻《うけもどし》ヲ爲サント欲スルニ於テハ賣主《うりぬし》ハ總買主《そうかひぬし》ニ對シ又ハ一人若クハ數人ノ買主ニ對シテ其各自ノ部分ニ付キ受戻《うけもどし》ヲ爲ス

權利ナリ

（共有者）トハ一物件ニ付何人ガ何程ヲ持ツト云フ區別ナク數人ガ一般ニ同樣ナル權利ヲ持ツ所ノ人ヲ云フ

（不分）トハ其物品ノ性質ニアラズ法律ニテ之レヲ分割セラレザルモノヲ云フナリ

（受戻約欵）トハ買戻ノ約定ナリ

（外人）トハ共有者外ノ人ナリ

（現物ヲ以テ分割）トハ共有物ハ賣テ代金ヲ別ツヿ多キヲ以テ斯ク云フナリ即チ其物ヲ直ニ別ツヿヲ云フナリ

（補足代金）トハ代金ノ不足ヲ補ヘタルモノヲ云フ

(不表見ノ瑕疵)トハ表ニ見ヘザル所ノ瑕瑾ヲ云フ
(修補)トハ之レヲ補足修繕スルコトヲ云フ
(合意上ノ用方)トハ其使用方ヲ豫メ契約シタル時ニ其用ヒ方ヲ云フ
(相殺)トハ俗ニ所謂差引勘定スルコトヲ云フナリ

コトヲ得
既ニ分割《ぶんかつ》ヲ為シタルトキハ賣主《うりぬし》ハ各買主ニ對シ分割又ハ競賣《きやうばい》ニ因リテ其各自ニ歸シタル部分ノミニ非サレハ受戻《うけもどし》ヲ為スコトヲ得ス

第三款 隱《かく》レタル瑕疵《かし》ニ因ル賣買廢却訴權《ばいばいはいきやくそけん》

第九十四條 動産《どうさん》ト不《ふ》動産《どうさん》トヲ問ハス賣渡物《うりわたしもの》ニ賣買ノ當時ニ於テ不《ふ》表見《ひやうけん》ノ瑕疵《かし》アリテ買主之ヲ知ラス又修補《しうほ》スルコトヲ得ス且其瑕疵《かし》カ物ヲシテ其性質《せいしつ》上若クハ合意《がうい》上ノ用方ニ不《ふ》適當《てきとう》ナラシメ又ハ買主其瑕疵ヲ知レハ初ヨリ買受ケサル可キ程ニ物ノ使用ヲ減《げん》セシムルトキハ買主ハ其賣買ノ廢却《はいきやく》ヲ請求スルコトヲ得
此場合ニ於テハ買主《かひぬし》ハ辨濟代金《べんさいだいきん》ト契約費用《けいやくひよう》トヲ取戻シ其代金ノ利《り》息《そく》ハ請求ノ日ニ至ルマテノ物ノ收益《しうえき》又ハ使用ト之ヲ相殺《さうさつ》ス

第九十五條 買主《かひぬし》カ隱《かく》レタル瑕疵《かし》ノ賣買廢却訴權《ばいばいはいきやくそけん》ヲ行フ可キ程ニ重大ナルヲ證《しやう》スルコト能ハス又ハ物ヲ保有スルコトヲ欲スルトキハ

買主ハ便益《べんえき》ヲ失フ割合《わりあひ》ニ應シテ代價《だいか》ノ減少《げんせう》ヲ請求スルコトヲ得

第九十六條　買主カ賣主ニ對シ賣買《ばいばい》ノ廢却《はいきやく》又ハ代價ノ減少《げんせう》ヲ得タルニ拘《かゝ》ハラス賣主カ初ヨリ其瑕疵《かし》ヲ知リタルトキハ買主ハ尚ホ其受ケタル損害《そんがい》又ハ失《うしな》ヒタル利益《りえき》ニ付テノ賠償《ばいしやう》ヲ要求スルコトヲ得

第九十七條　隱《かく》レタル瑕疵《かし》ヲ擔保《たんぽ》セストノ要約《ようやく》ハ賣主ヲシテ初ヨリ自ラ了知《りやうち》シ且詐欺《さぎ》ヲ以テ隱秘《いんぴ》シタル瑕疵《かし》ニ付テノ責任《せきにん》ヲ免カレシメス

第九十八條　賣買ノ當時ニ於テ物《もの》ニ瑕疵《かし》アリタルコト其瑕疵ヨリ買主ニ損害《そんがい》ヲ生シタルコト及ヒ買主《かひぬし》又ハ賣主《うりぬし》カ其瑕疵ヲ了知《りやうち》シタルコトハ人證鑑定《じんしやうかんてい》其他ノ法律上ノ證據方法《しやうこはうはふ》ヲ以テ之ヲ證ス

第九十九條　賣買廢却《ばいばいはいきやく》、代價減少《だいかげんせう》及ヒ損害賠償《そんがいばいしやう》ノ訴ハ左ノ期間《きかん》ニ於テ之ヲ起《おこ》スコトヲ要ス

第一　不動産《ふどうさん》ニ付テハ六个月

(擔保)トハ保証ヲナスコトナリ

(詐欺ヲ以テ隱秘)トハ詐リヲ以テ其瑕瑾ヲ隱スコトヲ云フ

(人証)トハ証人ヲ以テ陳述セシメルコトガ証據トシテ効力アル場合ナリ但シ此場合ハ金額五十圓以下ナリ

(鑑定)トハ鑑定人ノ定メタル報告ヲ云フ

（無償）トハ代價又ハ價格アル物件ヲ得ザルモノヲ云フ

第二　動産《どうさん》ニ付テハ三个月
第三　動物《どうぶつ》ニ付テハ一个月

右期間ハ引渡《ひきわたし》ノ時ヨリ之ヲ起算《きさん》ス

然レトモ此期間《きかん》ハ買主カ瑕疵《かし》ヲ知レル證據《しやうこ》アリタル日ヨリ其半ニ短縮《たんしゆく》ス但其殘期《ざんき》カ此半ヲ超《て》ユルトキニ限ル

買主《かひぬし》カ意外《いぐわい》ノ事又ハ不可《ふか》抗力《こうりよく》ニ因リテ右期間ニ隱レタル瑕疵《かし》ヲ覺《かく》知《ち》スル能ハサリシコトヲ證スルトキハ其期間ノ滿了後《まんりやうご》ニ於テモ訴《うつたへ》ヲ爲スコトヲ得此場合ニ於テハ意外ノ事又ハ不可抗力ノ止《や》ミタル時ヨリ通常期間《つうじやうきかん》ノ三分一ヲ以テ新期間《しんきかん》ト爲ス

第百條　隱レタル瑕疵《かし》ニ基《もとづ》キタル代價減少《だいかげんせう》ノ訴權《そけん》ハ買主カ買受物ヲ無償《むしやう》又ハ有償ニテ讓渡《ゆづりわた》シタルモ之ヲ失ハス但有償ノ讓渡ノ場合《ばあい》ニ於テハ其瑕疵《かし》ノ爲メ買主カ損失《そんしつ》ヲ受ケタルトキ又ハ讓受人《ゆづりうけ》ヨリ訴ヘラレ若クハ訴ヘラルヽノ恐《おそれ》アルトキニ限ル

第百一條　賣渡物《うりわたしもの》ガ意外ノ事又ハ不可抗力ニ因リテ全部《ぜんぶ》又ハ半《なかば》以上滅失《めつしつ》シタルトキハ賣買廢却訴權《ばいばいはいきやくそけん》ヲ行フコトヲ得ス

滅失部分《めつしつぶぶん》ノ多少ニ拘《かゝ》ハラス代價減少ノ訴權《そけん》ハ殘存部分《ざんそんぶぶん》ノ割合ニ應シテ存立《そんりつ》ス

如何ナル場合ニ於テモ賣主《うりぬし》ハ隱《かく》レタル瑕疵《かし》ヨリ生スル全部《ぜんぶ》又ハ一分ノ滅失《めつしつ》ノ責ニ任ス

第百二條　合式《がうしき》ノ强制賣却《きやうせいばいきやく》ハ賣買廢却訴權《ばいばいはいきやくそけん》ヲモ代價減少訴權《だいかげんせうそけん》ヲモ生セス

第百三條　或ル動物《どうぶつ》又ハ日用品《にちようひん》ノ隱レタル瑕疵《かし》ニ付テハ特別法《とくべつはふ》ヲ以テ其賣買上ノ效果《こうくわ》ヲ定ムルニ至ルマテ本法ノ規定《きてい》ヲ適用《てきよう》ス

第四節　不分物《ふぶんぶつ》ノ競賣《きやうばい》

（解）不分物トハ財産其物《ざいさんそのもの》ノ性質ニ於テ分割《ぶんかつ》セラレザルモノニ非ズソノ法理《はふり》上分割セラレザルモノナリ數人ノ共有スル所ノ財産《ざいさん》ハ素ヨ

（合式ノ强制賣却）トハ法律ニ從テ行ヒタル差押物件ノ公賣等ヲ云フナリ

(不分財産)トハ數人共有ノ財産ナリ
(協議賣却)トハ競賣ニ對シテ云ヒタルニテ通常ノ賣買ト異ナルコトナシ只協議シテ賣ルコトヲ云フナリ
(限度)トハ割合ナリ
(一致)トハ共有者総体カ異議ナキコトヲ云フ
(失踪者)トハ行衛ノ知レザルモノナリ

リ何レヨリ何レ迄何人ニ屬《ぞく》スルト云フコトナクシテ各人ガ其全体《そのぜんたい》ノ上ニ權利《けんり》ヲ有スルモノナルヲ以テ各人ノ合意上《がういじやう》分割スルハ兎《と》ニ角《かく》一人ニテモ之レニ服《ふく》セザルモノアル時ハ其財産《そのざいさん》ハ分割スルコヲ得ザルモノナリ故ニ此《この》場《ば》合《あい》ニ於テハ之レヲ賣却《ばいきやく》シテ得タル金額《きんかく》ヲ分割セザルベカラズ本節《ほんせつ》ハ之レニ關《くわん》スル規定《きてい》ヲ為セルナリ

第百四條　不分財産《ふぶんざいさん》ノ分割《ぶんかつ》ヲ為スニ當リ共有者《きやうゆうしや》ノ一人タリトモ現物《げんぶつ》ノ分割ヲ拒《こば》ム者アルトキハ其財産《ざいさん》ノ協議《けうぎ》賣却《ばいきやく》又ハ競賣《きやうばい》ヲ為シ各共有者ノ權利《けんり》ノ限度《げんど》ニ應シテ其代金ヲ配當《はいとう》ス

第百五條　共有者《きやうゆうしや》カ其一人若シハ第三者ニ協議《けふぎ》賣却《ばいきやく》ヲ為シ又ハ相互《さうご》ノ間ニ競賣ヲ為スニ付一致ヲ得ル能ハサルトキ又ハ共有者中ニ失《しつ》踪《そう》者若クハ無能力《むのうりよく》者アルトキハ裁判所又ハ裁判所ノ指定《してい》シタル公《こう》吏《り》ノ前ニ於テ不分物ノ競賣《きやうばい》ヲ為ス但民事訴訟法《みんじそしやうはふ》ニ定メタル競賣方《はう》式《しき》ニ從フコトヲ要ス

(共同競賣人)トハ共有者ガ物品ヲ競賣スルヲ云フ
(外人)トハ共有者外ノ人ヲ云フ
(參與)トハ此所ニテハ競賣ニ與ルコヲ云フ
(會社)トハ數人集合シテ一團ヲ形クリ一個人ト見做サレタルモノヲ云フ

共同競賣人《きやうどうきやうばい》ノ各自ハ常ニ競賣ニ外人ノ參與《さんよ》テ許《ゆる》スヲ要求《やうきう》スルコトヲ得共有者ノ一人カ失踪《しつそう》シ又ハ無能力《むのうりよく》ナルトキハ外人ノ參與ハ當然《たうぜん》且必要《ひつやう》ナリトス

第百六條　共有者ノ一人カ不分物《ふぶんぶつ》ノ全部ヲ取得《しゆとく》シタルトキハ其競賣又ハ協議賣却《けふぎばいきやく》ハ共有者間ノ分割《ぶんかつ》ノ行爲《かうい》ト看做《みな》サレ會社ノ分割《ぶんかつ》ニ關《くわん》シ規定《きてい》シタル効力《こうりよく》ヲ生ス

第三者ニ競落《きやうらく》又ハ協議賣却《けふぎばいきやく》ヲ爲シタルトキハ其賣買ハ第三者ト原《げん》共有者《きやうゆうしや》トノ間ニ於テ本章《ほんしやう》ニ規定《きてい》シタル賣買ノ效力ヲ生ス

第四章　交《こう》換《くわん》

(解)交換《こうくわん》ハ物上權ヲ取得スル一種ノ方法《はうはふ》タリ元來古昔《こせき》ニ於テ貨幣《くわへい》ナルモノ未ダ生《せう》ゼザリシトキハ物上權ヲ有償《ゆうしやう》ニテ得ント欲《ほつ》スルトキハ必ズ此方法ニ依頼《いらい》セザルヲ得《え》ザリシナリ然レトモ時勢《じせい》ノ進歩ニヨリ貨幣《くわへい》ナルモノヽ生出《せいしゆつ》シタリシヨリ之レニ據《よ》ルモノ少ナシト雖トモ未ダ

（對價）トハ自己ニ受取ル物品ノ代價ニ對スル價格ノモノヲ云フ

（均一）トハ同一ト云フヿナリ

（追奪擔保）トハ眞正ノ所有者ヨリ奪ヒ返サルルヿナキヲ保証スルヿナリ

（權原）トハ契約交

全ク無《な》キニアラズ之レ本章ノ規定《きてい》スル所以ナリ

第百七條　交換《こうくわん》ハ當事者ノ一方カ或ル物ノ所有權《しよゆうけん》其他ノ權利《けんり》ヲ他ノ一方ヨリ取得《しゆとく》シ又ハ之ヲシテ諾約《だくやく》セシメ其對價トシテ或ル物ノ所有權其他ノ權利ヲ他ノ一方ニ移轉《いてん》シ又ハ移轉スルコトヲ諾約《だくやく》スル契約《けいやく》ナリ

相互《さうご》ノ權利《けんり》ノ價額カ均一《きんいつ》ナラサルトキハ金錢其他ノ物ノ補足《ほそく》ヲ以テ之ヲ均一ニス

金錢ノ補足《ほそく》カ交換《こうくわん》ニ供シタル物ノ價額《かがく》ヲ超《こ》ユルトキハ其契約《けいやく》ハ之ヲ賣買ト看做《みな》ス

第百八條　當事者ハ交換《こうくわん》ニ供シ又ハ諾約《だくやく》シタル物又ハ權利ニ對スル妨碍《ばうがい》及ヒ追奪《ついだつ》ノ擔保《たんぽ》ヲ相互ニ負擔《ふたん》ス

當事者ノ一方カ他ノ一方ノ諾約《だくやく》シタル物《もの》又ハ權利《けんり》ヲ取得《しゆとく》スルコトヲ得サリシトキハ其選擇《せんたく》ヲ以テ或ハ金錢ノ對價《たいか》ヲ要求スルコトヲ

換賣買等ニテ財産ヲ所得スルコトヲ云フ
(登記)トハ登記所ノ公簿ニ記載スルコトナリ之レヲ爲ストキハ第三者ニ對シテ効力アルナリ
(配偶者)トハ夫婦間ヲ云フ
(例外)トハ取除ノ塲合ヲ云フ

得或ハ契約《けいやく》ノ解除《かいぢよ》ヲ請求シテ自己ノ供與《きやうよ》シタルモノヲ取戻《とりもど》スコトヲ得但孰《いづ》レノ塲合ニ於テモ損害《そんがい》アレハ其賠償ヲ受ク
右解除《かいじよ》ノ權利ハ取戻《とりもどし》ニ服《ふく》スル不動産《ふどうさん》ニ付キ權利ヲ取得シタル第三者ニ對シテ之ヲ行フコトヲ得ス但財産編《さいさんへん》第三百五十二條第一項ニ從ヒテ請求《せいきう》ノ公示《こうし》前ニ其第三者ノ權原《けんげん》ノ登記《とうき》アリタルトキニ限ル

第百九條　賣買《ばいばい》ノ規則《きそく》ハ左ノ例外《れいぐわい》ヲ以テ交換《こうくわん》ニ之テ適用《てきよう》ス
交換ハ配偶者《はいぐうしや》ノ間ニ之レヲ爲スコトヲ許《ゆる》ス但交換物《こうくわんぶつ》ノ價額ノ差《さ》カ間接《かんせつ》ノ利益ヲ成ストキハ贈與《ぞうよ》ヲ禁制《きんせい》シ又ハ之レヲ制限《せいげん》スル規則ニ從フ
當事者ノ一方又ハ雙方《さうはう》カ指定《してい》ノ期間ニ於テ任意《にんい》ニ交換《こうくわん》ヲ解除《かいぢよ》スルコトヲ要約《やうやく》シタルトキハ第二十七條ニ依リ賣買ノ豫約《よやく》ヲ以テ第三者ニ對抗《たいこう》スルコトヲ得ル條件《でうけん》ニ從フニ非サレハ其解除《かんじよ》ヲ以テ第三者ニ對抗《たいこう》スルコトヲ得ス

（交互ノ讓合）トハ相互ニ權利ヲ讓リ合フヿヲ云フ
（出捐）トハ出金スルヿト見テ可ナリ
（落着）トハ濟マスルヿヲ云フ

第五章 和《わ》解《かい》

（解）和《わ》解《かい》ハ又契約ノ一種ニシテ原告《げんこく》被告ノ間《かん》ニ於テ已ニ生シタルカ又ハ將《まさ》ニ生ゼントスル處ノ紛議《ふんぎ》ニ關シテ双方ニ於テ互ニ自已《じこ》ノ有スルト信ズル處ノ權利《けんり》ノ一歩ヲ讓《ゆづ》リ合ヒテ之レヲ調停《てうてい》スルヿヲ云フ世ノ所謂示談《じだん》ナルモノ之レナリ蓋シ訴訟ナルモノハ時ニ勢《いきほひ》ニ乘ジテ互ニ多クノ費用《ひやう》及ビ時間《じかん》等ヲ浪費スルモノニシテ其勝利《そのしやうり》ニ至リタルモノト雖ﾓ出入相償《あひつくな》ハズシテ單ニ名義上ノミ勝利《しやうり》タルガ如キヿ多シ況ンヤ其敗訴《そのはいそ》シタルモノニ於テハ非常ノ損害《そんがい》ヲ來スヿアルベシ之レ和解《わかい》ノ利益《りえき》アル所以《ゆゑん》ナリ

第百十條　和《わ》解《かい》ハ當事者カ交互《こうご》ノ讓合《ゆづりあい》又ハ出捐《しゆつけん》ヲ爲シテ既ニ生シタル爭《あらそひ》ヲ落着《らくちやく》セシメ又ハ生スルコト有ル可キ爭ヲ豫防《よばう》スル契約《けいやく》ナリ

和解ノ成立《せいりつ》、有效《いうかう》、效力《かうりよく》及ヒ證據《しやうこ》ハ下ノ規定《きてい》ヲ除ク外合意《がうい》ニ關《くわん》ス

（法律ノ錯誤）トハ事實ノ錯誤ニ對スルノ語ニシテ之レヲ銷除スルヿヲ得ザルハ法律ハ何人モ知ルベキモノナルヲ以テナリ

（確定證書）トハ確乎トシテ動カス可ラザル證書ナリ公正證書判決書等ヲ云フ

ル一般ノ規則《きそく》ニ從フ

第百十一條　和解《わかい》ハ法律ノ錯誤《さくご》ノ爲メ之ヲ銷除《しやうじよ》スルコトヲ得ス但其錯誤《さくご》カ相手方《あいてかた》ノ詐欺《さぎ》ニ起因《きいん》スルトキハ此限ニ在ラス

第百十二條　和解ハ僞造《ぎぞう》ノ書類又ハ無效《むこう》ノ行爲《こうゐ》ニ依リ承諾《しようだく》シタルコトヲ理由トシテ之ヲ銷除《しやうじよ》スルコトヲ得ス但此等ノ申立ヲ爲スヲ得ヘキ當事者ニ於テ其書類《しよるい》ノ僞造《ぎぞう》ヲ知ラス又ハ其行爲ヲ法律ニ於テ無效《むこう》ナラシムル所ノ事實《じじつ》ヲ知ラサリシトキハ此限ニ在ラス

第百十三條　定マリタル爭《あらそひ》ニ付キ爲シタル和解《わかい》ハ新ニ發見《はつけん》シタル證書ニ因リテ當事者《とうじしや》ノ一方カ爭ノ目的ニ付キ何等ノ權利《けんり》ヲモ有セス又ハ他ノ一方カ其目的《もくてき》ニ付キ完全《くわんせん》且爭《あらそ》フ可カラサル權利《けんり》ヲ有スルコトノ顯《あら》ハレタルトキハ事實ノ錯誤《さくご》ノ爲メ亦之ヲ銷除《しやうじよ》スルコトヲ得

確定《かくてい》シタル判決《はんけつ》又ハ攻撃《こうげき》スルヲ得サル契約《けいやく》ニ因リ既ニ爭ノ落着《らくちやく》シ

(控留)トハ強テ留ムルヿナリ

(有効ノ和解)トハ効力アル和解ナリ

(豫見)トハ先以テ知リタルヿヲ云フ

(認定ノ効力)トハ其事實確カニ在リト云フ强キ裁判官ノ推定ナリ

(確定判決)トハ最早控訴上告ヲ為スヲ得ザル裁判ノ判

タル場合ニ於テ其判決《はんけつ》又ハ契約ヲ知ラスシテ和解《わかい》ヲ為シタルトキモ亦同シ

然レトモ和解《わかい》カ従前ノ原因《げんいん》ヨリ生スルコト有ル可キ總《すべ》テノ爭ヲ落着セシメ又ハ之ヲ豫防《よばう》スルヲ目的トシタルトキハ當事《たうじ》者ノ一方ノ利益《りえき》タル確定證書《かくていしやうしよ》ノ發見ハ其和解ノ銷除《しやうじよ》ヲ生セス但其證書カ相手《あいて》方《かた》ノ所為《しよゐ》ニ因リテ控留《こうりう》セラレタルトキハ此限ニ在ラス

第百十四條　有效《いうこう》ノ和解《わかい》ハ當事者ノ相互《さうご》ニ追認《ついにん》シタル權利又ハ利益ニシテ既ニ生シ又ハ豫見《よけん》シタル爭ノ目的タルモノニ付テハ當事者《たうじしや》間《かん》ニ在テハ確定判決《かくていはんけつ》ノ權利ト均《ひと》シキ認定《にんてい》ノ效力ヲ生ス此場合ニ於テハ其權利又ハ利益ハ従前ノ原因ニ由リテ保持《ほぢ》シタルモノト看做《みな》ス但當事者双方ニ更改《かうかい》ヲ為ス意思《いし》アリシトキハ此限ニ在ラス

之ニ反シテ相互《あいたがひ》ニ供與《きやうよ》シ又ハ諾約《だくやく》シタル權利又ハ利益ノ全部《ぜんぶ》若クハ一分ニシテ爭《あらそひ》ノ目的タラサリシモノニ付テハ和解《わかい》ハ物權《ぶつけん》又ハ

決ヲ云フ

人權ヲ生シ之ヲ移轉《いてん》シ若クハ之ヲ消滅《せうめつ》セシムル有償合意《いうしやうがふい》ノ規則ニ從フ

第六章　會社《くわいしや》

（解）會社《くわいしや》トハ二人以上ノ人ガ配當《はいたう》セラルベキ利益《りえき》ヲ收ムルコヲ目的トシ相聯合シタル團体《だんたい》ナリ而シテ其團体ヲ組成《そせい》スルニ當テハ敢《あへ》テ同一ニ金力ヲ出スヲ要《よう》セス或ハ金子ヲ出スモノアリ又勞力《ろうりよく》ヲ出スモノアリ或ハ物件《ぶつけん》ヲ出スモノアルモ可ナリ從テ利益《りえき》ノ配當ニ至テモ同一ナルコヲ得《え》ザルナリ會社ニハ民事會社ト商事會社トアリ而シテ商事會社ハ商業《しやうげふ》ニ關スルモノニシテ之ヲ商法ニ規定《きてい》セラレタリ本章ニ規定《きてい》セラレタルハ民事會社《みんじくわいしや》ノコナリ

第一節　會社《くわいしや》ノ性質《せいしつ》及ヒ設立《せつりつ》

會社ノ性質《せいしつ》タル法律上ニ於テハ之レヲ形体《けいたい》ナキ處ノ一個人ト見做《みな》シテ權利ヲ有シ義務《ぎむ》ヲ負擔《ふたん》セシムルナリ其通常人ト異ナルヤ其產

マルヽニ當リテハ通常人《つうじやうにん》ノ集合ニナリ其死スルモ又通常人《つうじやうにん》ノ意志ニテ解散《かいさん》セント欲スル𪜈ハ可ナルナリ本節《ほんせつ》ニハ其性質《そのせいしつ》ヲ明解シ且設立《せつりつ》ノ規則ヲ掲載《けいさい》セラレタリ

第百十五條　會社ハ數人カ各自ニ配當《はいとう》ス可キ利益《りえき》ヲ收《をさ》ムル目的ニテ或ル物ヲ共通《きやうつう》シテ利用スル爲メ又ハ或ル事業《じげふ》ヲ成シ若クハ或ル職《しよく》業《げふ》ヲ營《いとな》ム爲メ各社員カ定マリタル出資《しやつし》ヲ爲シ又ハ之ヲ諾約《たくやく》スル契《けい》約《やく》ナリ

第百十六條　商事《しやうじ》會社ニ特別ナル規則《きそく》ハ商法《しやうはふ》ヲ以テ之ヲ定ム

第百十七條　社員ノ出資《しゆつし》ハ或ハ動産《どうさん》又ハ不動産ノ所有權若クハ收益《しうえき》權《けん》或ハ金錢又ハ技術《ぎじゆつ》、勞力《らうりよく》ヲ以テスルコトヲ得

出資ハ不均一ナルコトヲ得

第百十八條　民事《みんじ》會社ハ當事者ノ意思《いし》ニ因リテ之ヲ法人ト爲スヿヲ得

（共通）トハ各區別ヲ立テズシテ融通利用スルヲ云フ

（出資）トハ資本ヲ出スヿヲ云フ

（商事會社）トハ商業上ノ會社ナリ

（收益權）トハ所有權ナクシテ利益ヲ得ルノ權利アルヲ云フ

（技術）トハ藝ト云フニ同ジ一種專門ノ働キナリ

（法人）トハ法律上一般ノ人ト見做サレ權利ヲ有シ義務ヲ有スルヿヲ得ル

ナリ

（公示）トハ會社一般ノ人々ニ知ラシムル方法ナリ

（株式）トハ一定ノ金高ヲ定メテ之レヲ一株トナシ之レヲ所持スルモノハ會社ノ利益ヲ配當セラルヽコヲ得ベク又其株券ハ通常ノ物品ト同一ニ賣買讓與スルコヲ得ルナリ

此場《このば》合《あい》ニ於テハ會社《くわいしや》ニ社名《しやめい》ヲ付シ且其契約《かつそのけいやく》ハ商事會社《せうじくわいしや》ノ公示《こうし》ノ爲メ法律ニ規定《きてい》シタル方式《ほうしき》ニ從《したが》ヒテ之ヲ公示スルコトヲ要《よう》ス但社名ヲ付《よ》シ又ハ公示ヲ爲シタルトキハ其會社ヲ法人《ほふじん》ト爲ス思意《いし》アリト推定《すいてい》ス

第百十九條　合意《がふい》ノ一般ノ規則《きそく》殊《こと》ニ當事《たうじ》者《しや》ノ承諾《しようだく》、能力《のうりよく》、合意《がふい》ノ目的《もくてき》、原因《げんいん》及ヒ證據《しやうこ》ニ關スルモノハ會社ニ之ヲ適用《てきよう》ス

第百二十條　會社《くわいしや》ハ其目的《もくてき》ノ商事ニ在《あ》ラサルモ資本《しほん》ヲ株式《かぶしき》ニ分ツトキハ商法《しやうほふ》ノ規定ニ從《したが》フ

第二節　社員《しやいん》ノ權利《けんり》及ヒ義務《ぎむ》

（解）　會社ハ數人ノ集合《しふがふ》ヨリ成立《せいりつ》スルモノニシテ其集合シタル處ノ人々ハ之レヲ稱シテ社員《しやいん》ト云フ而シテ其社員ハ會社內ニ於テ社《しや》員《いん》各自ノ間ニ互ニ權利義務《けんりぎむ》ノ關係アリ又外部ノ一般《いつぱん》ノ人々ニ對シテモ權利ト義務ノ關係《くわんけい》ヲ生ズルヿアリ加之會社モ亦法律《ほふりつ》上ノ人ト

ナル𬼀ハ會社《くわいしや》自身ト社員《しやいん》トノ間ニモ權利義務《ぎむ》ノ關係ナキヲ得《え》ザルナリ本節ニハ専《もつぱ》ラ之レニ關《くわん》スルヿヲ規定《きてい》セラレタルナリ

第百二十一條　會社ハ契約《けいやく》ノ日ヨリ開始《かいし》ス但明示《めいじ》又ハ默示《もくし》ニテ他ノ期限《きげん》ヲ定メ又ハ條件《でうけん》ヲ附シタルトキハ此限《このかぎり》ニ在ラス

各社員ハ會社ノ開始《かいし》スル時ニ於テ其諾約《そのだくやく》シタル出資《しゆつし》ヲ差入ルルコトヲ要《よう》ス之ヲ差入《さしい》レサルトキハ其社員ハ出資《しゆつし》ニ生スル果實《くわじつ》及ヒ利《り》息《そく》ヲ當然負擔《たうぜんふたん》ス且遲延《ちえん》ノ爲メ損害《そんがい》ヲ生《しやう》シタルトキハ出資ノ金錢《きんせん》ヲ以テスルトキト雖モ其賠償《そのばいしやう》ヲ負擔《ふたん》ス

第百二十二條　技術《ぎじゆつ》又ハ勞力《ろうりよく》ノ出資ヲ諾約《たくやく》シタル社員カ其諾約ヲ缺《か》キタルトキハ其社員ハ他ノ社員ノ選擇《せんたく》ニ從ヒ會社ニ對《たい》シテ或ハ其《その》義務《ぎむ》ノ履行《りこう》ヲ缺《か》キタル當時《とうじ》ヨリ會社ノ受《う》ケタル損害《そんがい》ヲ賠償《ばいしやう》シ或ハ其勞力ヲ會社外《くわいしやぐわい》ニ用ヰヲ得タル利益ヲ分與《ぶんよ》スル責《せめ》ニ任《にん》ス

第百二十三條　動產《どうさん》ト不動產《ふどうさん》トヲ問ハス特定物《とくていぶつ》ノ所有權ヲ出資ト爲

（契約）トハ會社ト他人トノ契約ニアラズシテ社員ガ會社ヲ設立スルノ契約ヲ云フ

（條件ヲ付ス）トハ何々ノヿ起ラバトカ若クハ何々ガ生ゼザレバ其時ヲ以テ會社ヲ開業スベシト云フガ如シ

（出資）トハ資本ヲ出スヿナリ此資本トハ敢テ金銀ノミヲ云フニアラズ勞力ニテモ可ナルナリ

（特定物）トハ何々、ヲ出スト單ニ云ハズシテ特ニ指定シタルモノナリ米穀

ノ如キハ數石アル內ニテ何石ト單ニ云フ片ハ特定物ニアラザルナリ之レヲ量リテ定メタル片ニ始メテ特定物トナルナリ

(受任ノ權限)トハ自分ノ引受タル職務ノ權限ヲ云フ

(管理行爲)トハ監督ヲ行フ處ノ所爲ヲ云フ

(共同ニテノミ之レヲ爲スヿヲ得)トハ獨斷ヲ以テナスヿヲ得ザルヲ云フ

(業務擔當人)トハ業務ヲ引受ケテ爲スモノナリ即ヲ役員ナリ

スコトヲ諸約《しよくやく》シタル社員ハ會社《くわいしや》ニ對シ賣主《うりぬし》ト同シク其物ノ妨碍《ばうがい》、追奪《ついだつ》又ハ面積《めんせき》、數量《すうれう》ノ不足《ふそく》及ヒ隱《かく》レタル瑕疵《かし》ニ付キ擔保《たんぽ》ノ責ニ任ス

又社員カ物ノ收益權《しゆうえきけん》ノミヲ出資ト爲スコトヲ諸約シタルトキハ賃《ちん》貸人《かしにん》ト同シク擔保ノ責《せめ》ニ任ス

第百二十四條　會社契約《くわいしやけいやく》ヲ以テ社員中ヨリ一人又ハ數人《すうにん》ヲ業務《げふむ》擔當《たんとう》人《にん》ヲ選任《せんにん》シタルトキハ其各員《そのかくゐん》ハ受任《じよにん》ノ權限《けんげん》ヲ踰《こ》ユルコトヲ得ス

權限《けんげん》ノ定マラサル業務擔當人《げふむたんとうにん》ハ共同又ハ各別《かくべつ》ニテ通常ノ管理行爲《くわんりかうゐ》ヲ爲スニ止《とゞ》マル

又業務擔當人《またげふむたんとうにん》ハ會社ノ目的中《もくてきちう》ノ重要《ぢよう》ナル行爲《かうゐ》ニ付テハ共同《きようどう》ニテノミ之ヲ爲スコトヲ得但異議《たゞしいぎ》アル場合ニ於テハ其行爲《そのかうゐ》ヲ中止シ總社《そうしや》員《いん》ノ過半數《くわはんすう》ヲ以テ之ヲ決《けつ》ス

第百二十五條　會社契約ヲ以テ業務擔當人ヲ選任《せんにん》セサル場合《ばあい》ニ於テ

（辭任）トハ自ラ進ンテ止ムルナリ

（解任）トハ期限ニ至リタルカ又ハ會社ヨリ命ゼラレラ止ムルヲ云フ

（定款）トハ會社ヲ設立スルニ就テ作リタル重要ナル規則ナリ

（一致）トハ總テガ

總社員ノ一致《いつち》ニテ之ヲ選任セサル間ハ社員ノ各自《かくじ》ハ前條ニ規定《きてい》シタル行爲ヲ其條件ニ從《したが》ヒテ爲ス權ヲ有ス

第百二十六條　會社契約《くわいしやけいやく》ヲ以テ業務《げうむ》擔當人《たんとうにん》ニ選任セラレタル社員ハ正當《せいとう》ノ原因《げんいん》アルトキ又ハ其承諾《そのせうたく》及ヒ總社員ノ同意《どうい》テ得タルトキニ非《あら》サレハ委任《いにん》ノ期限內《きげんない》ニ之テ解任《かいにん》スルコトヲ得ス

會社設立以後《くわいしやせつりついご》ノ契約ヲ以テ選任シタル業務《げうむ》擔當人《たんとうにん》ハ之ヲ選任シタルト同一ノ方法《はうはう》テ以テ其承諾ヲ要セスシテ之ヲ解任《かいにん》スルコトヲ得

第百二十七條　業務擔當人ヲ選任《せんにん》シタル方法《はうはう》ノ如何ヲ問ハス其中ノ一人又ハ數人ノ死亡《しばう》、辭任《じにん》又ハ解任《かいにん》アリテ此等ノ事件《じけん》ノ爲メニ會社ノ解散《かいさん》セサルトキハ總社員ノ過半數《くわはんすう》ヲ以テ其補《そのほ》闕者《けつしや》ヲ選任ス

第百二十八條　右ノ外會社定款《くわいしやていくわん》ノ執行《しつかう》ニ關スル總テノ處分《しよぶん》ハ亦社員ノ過半數ヲ以テ之ヲ定《さだ》ム

定款《ていくわん》ニ反スル行爲《かうい》又ハ定款外ノ行爲ニ付《つい》テハ總社員ノ一致《いつち》ヲ得ル

合意スルヿニテ多數ヲ以テ決スルニアラザルナリ

（第三者）トハ會社ト業務擔當社員外ノ人ヲ云フ

（法律上ノ充當ノ規則）トハ辨濟ノ仕方ヲ定メザリシトキニ紛議ヲ防グ爲メ法律ガ定メタルモノナリ即チ期限ノ來リタルモノヲ先ニシ期限ノ至ラザリシモノヲ后ニスル等ナリ

ヲ必要《ひつよう》トス

本條ハ定款又ハ法律ノ之ニ反《はん》スル規定《きてい》ヲ妨《さまた》ケス

第百二十九條　第三者カ會社ト業務《けうむ》擔當社員《たんとうしやいん》ノ一人トニ對《たい》シテ同性《どうせい》質《しつ》ノ債務《さいむ》ヲ負擔《ふたん》シタルトキ其第三者カ二箇《か》ノ債務《さいむ》ヲ消滅《せうめつ》セシムルニ足《た》ラサル金錢又ハ有價物《ゆうかぶつ》ヲ此社員ニ辨濟《べんさい》スルニ於テハ其社員ハ會社ノ債權額《さいけんかく》ト自己《じこ》ノ債權額トノ割合《わりあい》ニ應《おう》スルニ非《あら》サレハ自已《じこ》ノ債權ノ辨濟《べんさい》ニ之ヲ充當《じうとう》スルコトヲ得ス但債務者《たゞしさいむしや》ノ爲シタル充當《じうとう》ヲ變更《へんこう》スルコトヲ得ス

然レトモ債務者カ正當《せいとう》ノ利益《りえき》ナクシテ社員《しやゐん》ノ債權額ノ全部《ぜんぶ》ニ充當シタルトキハ社員ハ其辨濟ノ額内《かくない》ヨリ右ノ割合《わりあい》ニ應《おう》スル部分《ぶぶん》ヲ會社ニ分與《ぶんよ》スル責《せめ》ニ任ス

債務者《さいむしや》又ハ社員《しやいん》カ有效《ゆうこう》ナル充當《じうたう》ヲ爲ササルトキハ財産編《ざいさんへん》第四百七十二條ニ從《したが》ヒテ法律上ノ充當《じうたう》ノ規則《きそく》ヲ適用《てきよう》ス

（過失）トハ爲スベカラザルヿヲ誤テ爲スヿナリ
（解怠）トハ爲スベキヿヲ惡意ナクシテ爲サヾルモノヲ云フ
（相殺）トハ差引勘定スルヿナリ

第百三十條　業務擔當人《げふむたんたうにん》タルト否《いな》トヲ問《と》ハス社員ニシテ會社ノ債務者ヨリ會社ニ對《たい》スル債務ノ一分《ぶん》ヲ受取《うけと》リタル者ハ場合《ばあい》ノ如何《いかん》ニ拘《かゝ》ハラス會社ニ其利《そのり》益《えき》ヲ得セシムルコトヲ要《よう》ス但自己《たゞしじこ》ノ持分《もちぶん》トシテ受取證書《うけとりしようしよ》ヲ與ヘタルトキト雖モ亦同《またおな》シ

第百三十一條　業務擔當人《げふむたんとうにん》タルト否トヲ問ハス各社員ハ其過失《そのくわしつ》又ハ懈怠《かいたい》ニ因リテ會社ニ加《くわ》ヘタル損害《そんがい》ヲ賠償《ばいしやう》スル責《せめ》ニ任ス此損害《このそんがい》ハ社員カ會社營業《くわいしやえいげふ》ノ他ノ事件《じけん》ニ付テ會社ニ得《い》セシメタル利《り》益《えき》ト相殺《さうさつ》スルコトヲ得ス但其事件《たゞしそのじけん》ノ互《たがひ》ニ連絡《れんらく》シタルトキハ此限《このかぎり》ニ在《あ》ラス

第百三十二條　會社契約《くわいしやけいやく》ヲ以テ業務擔當人《げふむたんたうにん》ヲ選任《せんにん》セサルカ爲メニ業務ヲ取扱《とりあつか》フ社員ハ自巳《じこ》ノ業務《げふむ》ニ於ケルト同一ノ注意《ちうい》ヲ加《くわ》ヘサルトキニ非サレハ其過失《そのくわしつ》ノ責《せめ》ニ任セス

第百三十三條　各社員ハ會社資本中《しほんちう》ニ於テ使用《しよう》スルコトヲ得ル金額《きんがく》

（出資外）トハ自分ノ出スベキ資本ノ外ナリ

（解散）トハ會社ガ

ナキトキハ會社ノ所屬物《しよぞくぶつ》ニ關スル必要《ひつよう》及ヒ保持《ほぢ》ノ費用ヲ自已《じこ》ノ權《けん》利ノ割合《わりあひ》ニ應《おう》シテ分擔《ぶんたん》スル責ニ任ス

第百三十四條　業務《げうむ》擔當人《たんとうにん》タルト否《いな》トヲ問ハス各社員ハ會社ヲシテ自已《じこ》ノ出資外《しゆつしぐわい》ニ會社ノ爲メ有益《いうえき》ニ立替《たてかへ》ヘタル金額ヲ返還《へんくわん》セシメ又ハ會社ノ利益《りえき》ノ爲メ善意《ぜんい》ニテ負擔《ふたん》シタル義務ヲ認諾《にんだく》セシメ又ハ會社ノ營業《えいげう》ノ爲メ自已ノ財産《ざいさん》ニ受ケタル避《さ》クルヲ得サル損害《そんがい》ヲ賠償《ばいしやう》セシムルコトヲ得

第百三十五條　會社營業ノ爲メ社員ノ立替《たてか》ヘタル金額《きんかく》ハ其使用《そのしよう》ノ日ヨリ當然利息《とうぜんりそく》ヲ生ス

之ニ反《はん》シテ各社員ハ自已《じこ》ノ營業《えいげふ》ノ爲メ會社資本中《しほんちう》ヨリ引出《ひきいだ》シタル金額ニ付テハ當然會社ニ對《たい》シテ其利息ヲ負擔《ふたん》シ尚《な》ホ損害《そんがい》アルトキハ賠償《ばいしやう》ノ責《せめ》ニ任《にん》ス

第百三十六條　社員《しやいん》ハ會社解散《くわいしやかいさん》ノ際ニ現在《げんざい》スル資本《しほん》ニ於ケル各自ノ

期限ニ至リ若クハ其他ノ理由ニヨリテ其營業ヲ止メルトキヲ云フナリ
(控除)トハ取除クルコトナリ
(詐害)トハ詐欺ヲナシテ損害ヲ與フルコトヲ云フ

(全ク無効ナラシム)トハ一部分ヲ無効ニスルニアラ

持分《もちぶん》ヲ會社契約又ハ其後《そのゝち》ノ契約《けいやく》ヲ以テ隨意《ずゐ》ニ定ムルコトヲ得《う》但第百三十八條ニ揭《かゝげ》タル二箇ノ場合《ばあい》ハ此限ニ在ラス

第百三十七條　社員ハ其一人又ハ數人《すうにん》ノ持分カ利益《りえき》及ヒ損失《そんしつ》ニ於テ同一ナラサルヲ合意《がうい》スルコトヲ得

然レトモ利益《りえき》ノミヲ豫見《よけん》シテ右ノ持分ヲ定《さだ》メタルトキハ損失《そんしつ》ニ付テモ同一ノ定方《ていはう》ヲ合意シタリトノ推定《すゐてい》ヲ受ク

如何《いか》ナル場合《ばあい》ニ於テモ受《う》ケタル損失《そんしつ》ヲ控除《こうじよ》シ會社ノ貸方《かしかた》トシテ殘ル所ノモノニ非サレハ配當《はいとう》ス可キ利益ト看做《みな》サス又右貸方ヲ竭《つく》シタル後借方《のちかりかた》トシテ殘《のこ》ル所ノモノニ非サレハ損失《そんしつ》ト看做《みな》サス

然レトモ會社ノ存立《そんりつ》中ニ詐害《さがい》ナクシテ既《すで》ニ爲《な》シタル利益又ハ損失《そんしつ》ノ一分ノ配當ハ之ヲ變更《へんかう》セス

第百三十八條　會社資本ノ全部《ぜんぶ》又ハ會社ノ得タル利益《りえき》ノ全部ヲ社員中ノ一人ニ歸《き》ス可《べ》キ約款《やくくわん》ハ無效《むかう》ナリ

ズシテ契約全体ヲ無効ニナスコトナリ追加ノ塲合ハ契約ハ成立シテ其部分ノミ無効トナルモノナレバ混合スベカラズ

(仲裁人)トハ訴訟法七百八十六條ニ規定セラレタリ

技術《ぎじゆつ》又ハ勞力《ろうりよく》ヲ出資《しゆつし》ト爲シタル社員ニ非《あら》サル社員ニ全ク損失《そんしつ》ノ負《ふ》擔《たん》ヲ免カレシム可キ約欵《やくくわん》モ亦同シ

會社契約《くわいしやけいやく》ニ右ノ約欵ヲ附記《ふき》シタルトキハ其約欵ハ契約《けいやく》ヲシテ全ク無效《むこう》ナラシム又日後《にちご》ニ右ノ約欵ヲ追加《ついか》シタルトキハ其約欵ハ契約《けいやく》ノ存立《ぞんりつ》ヲ妨《さまた》ケスシテ會社ノ清算《せいさん》ハ第百四十一條ニ從《したが》ヒテ之ヲ爲ス

第百三十九條　社員ハ自己《じこ》ノ選任《せんにん》セシ又ハ選任ス可《べ》キ社員又ハ外人タル一人若《も》シクハ數人ノ仲裁人《ちうさいにん》ヲシテ會社解散《くわいしやかいさん》ノ際各自《かくじ》ノ持分《もちぶん》ヲ定メシムル事ヲ會社契約又ハ其後《そのゝち》ノ契約《けいやく》ヲ以テ合意スルコトヲ得」

仲裁人《ちうさいにん》ノ爲シタル定方《ていはう》ハ仲裁人カ仲裁ノ適法《てきはう》ノ方式又ハ仲裁契約《ちうさいけいやく》ヲ以テ授《さづ》ケラレタル條件ヲ履行《りこう》セサルカ又ハ明《あきら》カニ公平《こうへい》ヲ失シタルトキニ非《あら》サレハ之ヲ攻撃《こうげき》スルコトヲ得ス

右定方ノ無効《むこう》ノ請求《せいきう》ハ此ニ因《よ》リテ害ヲ受《う》ケタリト主張《しゆてう》スル社員ニ在テハ其社員カ定方《ていはう》ノ執行《しつこう》ニ加ハリタルトキ又ハ其定方ヲ知リタ

(出資額)トハ資本ヲ出シタル高ニシテ即チ株高ヲ云フ

ルヨリ三ケ月ヲ經過《けいくわ》シタルトキハ之ヲ爲スコトヲ得ス

第百四十條　會社契約《くわいしやけいやく》ヲ以テ持分ノ定方《ていほう》ヲ仲裁人《ちうさいにん》ニ委任《いにん》ス可キコトヲ定メタル場合《ばあい》ニ於テ少《すく》ナクトモ社員ノ過半數《くわはんすう》カ仲裁人ヲ選任《せんにん》スルコトニ一致《いつち》セサルトキハ裁判所ニ於テ其選任《そのせんにん》ヲ爲ス

選任《せんにん》セラレタル仲裁人《ちうさいにん》カ定方ヲ爲スコトヲ欲《ほつ》セス又ハ之ヲ爲スコト能ハサルニ當リ社員カ其改選《そのかいせん》ニ付キ一致《いつち》セサルトキモ亦同シ

第百四十一條　社員自身《じしん》ニテ若《もし》クハ仲裁人ヲ以テ持分《ぢぶん》ノ定方ヲ爲サス又ハ仲裁人ノ定方ノ無効《むこう》ト爲リタルトキハ會社資本《くわいしやしほん》及ヒ利益又ハ損失《そんしつ》ハ社員ノ出資額《しゆつしかく》ノ割合《わりあい》ニ應シテ之ヲ配當《はいとう》ス

社員《しやいん》ノ出資ト爲シタル技術《ぎじゆつ》又ハ勞力《ろうりよく》ノ評價《へうか》ナキトキハ裁判所ハ各《かく》般《はん》ノ事情ヲ斟酌《しんしやく》シテ其出資ノ價額《かかく》ヲ定ム

技術《ぎじゆつ》又ハ勞力《ろうりよく》ト財産トヲ出資ト爲シタル社員ハ前項《ぜんこう》ニ定メタル價《か》額《かく》ノ外尚《なほ》其財産《そのざいさん》ノ價額《かかく》ニ從ヒテ計算《けいさん》シタル持分ノ配當《はいとう》ヲ受ク

第百四十二條　各社員ハ自己《じこ》ノ持分《もちぶん》ニ第三者ヲ組合《くみあは》サシムルコトヲ得又其持分ヲ質入《しついれ》シ又ハ之ヲ讓渡《ゆづりわた》スコトヲ得然レトモ此等《これら》ノ行為《こうい》ハ之ヲ以テ會社ニ對抗《たいこう》スルコトヲ得ス但會社契約《けいやく》ヲ以テ社員ニ此《この》權利《けんり》ヲ認許《にんきよ》シタルトキハ此限ニ在《あ》ラス此場合《このばあい》ニ於テ會社カ社員ノ讓渡《ゆづりわた》サントスル持分《もちぶん》ヲ消却《せうきやく》スル爲メ先買權《せいばいけん》ヲ留保《りうほ》シタルトキハ自己《じこ》ノ持分ヲ讓渡《ゆづりわた》サントスル社員カ會社カ其先買權《そのせんばいけん》ヲ行フカ拋棄《はうき》スルカニ付キ之ヲ遲滯《ちたい》ニ付スルコトヲ要《よう》ス

第百四十三條　業務《げふむ》擔當人《たんとうにん》カ會社ノ名ヲ以テ又ハ會社ノ營業《えいげふ》ノ爲メ有効《ゆうこう》ニ負擔《ふたん》シタル義務ハ會社カ法人ヲ成《な》セルトキハ各社員ノ一身上ノ債權者《さいけんしや》ニ先《さき》タチ會社資本《くわいしやしほん》ヲ以テ之ヲ擔保《たんほ》ス
會社資本ノ不十分《ふじうぶん》ナル場合又ハ訴《う》追債權者《ついさいけんしや》ニ其資本ヲ示《しめ》サヽル場合ニ於テハ總社員ハ連帶《れんたい》シテ會社ノ義務《ぎむ》ヲ負擔《ふたん》ス會社カ法人ヲ成サヽルトキモ亦同シ

（先買權）トハ所有者ノ隨意ニテ他人ニ賣ルヿヲ得ズメ必ズ此權利ヲ持チタルモノニ賣ラザルベカラザル處ノモノナリ
（遲滯）トハ法律ガ認メテ怠慢ナリトナスヿニシテ之レガ爲メ自已ノ便利ヲ失フヿアルナリ
（有効）トハ會社ノ利益ニナルヿヲ云フナリ
（法人）トハ法律上ノ人ナリ即チ形体ハナキモ權利義務ヲ有シ一般ノ人ト異ナラザルヲ云フ
（訴追債權者）トハ會社ニ債權アル人ガ會社ヲ訴ヘテ其

負債ヲ取ル能ハザル場合ニ其社員ノ名私有財産ニ對シテ訴フルモノヲ云フナリ

（解除條件ノ成就）

右ノ場合《ばあい》ニ於テ各社員間ノ決算《けつさん》ハ第百三十六條乃至《ないし》第百四十一條ニ規定《きてい》シタル貸方《かしかた》及ヒ借方《かりかた》ニ於ケル各自《かくじ》ノ持分《ちぶん》ニ從ヒテ之ヲ爲ス

第三節　會社《くわいしや》ノ解散《かいさん》

（解）會社ノ解散《かいさん》トハ會社ノ死亡スルヿナリ其死亡タル自然《しぜん》ノ結《けつ》果《くわ》ヨリ生ズルヿアリ又人爲ニヨリテ生ズルヿアリ自然ノ結果トハ社員《しやいん》ノ一人死亡シ又ハ事業《じげふ》ガ天災《てんさい》ニヨリテ行フベカラザルニ至《いた》ルヿ等ナリ又人意ニ依《よ》ルトハ社員《しやいん》ノ一致若《もし》クハ一人ノ申出ニヨリ解《かい》散《さん》スルガ如シ而シテ自然ニヨラズ人爲ニ依ラズ會社設立契約《けいやく》ノ結《けつ》果《くわ》ニヨリテモ又解散《かいさん》ヲナス即チ其目的《もくてき》ヲ達《たつ》シタルトキナリ是等ノ理《り》由《ゆう》ハ當然會社ヲ解散《かいさん》セシムルモノナレ𪜈又或場合ニ於テハ之レヲ繼續《けいぞく》シ能ハザルニアラズ是等ニ關《くわん》スル規定《きてい》ヲ本節ニハ掲載《けいさい》セラレタルナリ

第百四十四條　會社ハ左ノ諸件《しよけん》ニ因《よ》リテ當然解散《たうぜんかいさん》ス

第一　會社契約《くわいしやけいやく》ヲ以テ指定《してい》シタル期間《きかん》ノ滿了《まんれう》又ハ解除條件《かいじよしやうけん》ノ成就《せうしゆ》

第二　會社ノ目的《もくてき》タル事業ノ成功《せいこう》又ハ其成功ノ不能《ふのう》

第三　會社資本《くわいしやしほん》ノ全部又ハ半額《はんかく》以上ノ損失《そんしつ》

第四　社員ノ一人ノ技術《ぎじゆつ》、勞力《らうりよく》又ハ收益《しうえき》ヲ以テスル繼續《けいぞく》ノ出資《しゆつし》ヲ爲スノ不能

第五　社員ノ一人ノ死亡《しぼう》、禁治產《きんじさん》、破產《はさん》又ハ顯然《けんせん》ノ無資力《むしりよく》但第百四十七條ノ規定《きてい》ヲ妨《さまた》ケス

第百四十五條　會社ハ左ノ諸件《しよけん》ニ因リテ之ヲ解散《かいさん》スルコトヲ得

第一　如何《いか》ナル場合ヲ問《と》ハス社員ノ一致《いつち》ノ意思《いし》

第二　會社ニ明示《めいし》又ハ默示《もくし》ノ一定ノ期間ナキ場合ニ於テ惡意《あくい》ニ非ス又不都合《ふつがふ》ノ時期ニ非《あら》スシテ解散《かいさん》ノ請求《せい》ヲ爲ストキハ社員一人ノ意思《いし》

トハ其條件生ズルトキハ會社ヲ解散スベシト契約セシ時ニ於テ其條件ノ成立シタルコトヲ云フ(不能)トハ人爲ト自然トヲ問ハズ到底行フベカラザル力若クハ行フハ會社ニ於テ却テ損失ヲ來ストキ等ヲ云フ(禁治產)トハ法律ニテ產業ヲ營ムコトヲ禁セラレタルヲ云フ(破產)トハ身代限ヲ云フ

（無能力）トハ瘋癲トナリ白痴トナリタルカ若クハ女子ガ夫ヲ持チタル件ヲ云フナリ

（合式ノ代人）トハ法律ニ從タル代人

第三　會社ニ一定ノ期間《きかん》アルトキト雖モ社員ノ一人ノ義務《ぎむ》不履《ふり》行《こう》ニ基《もとづ》キタル解除《かいじよ》ノ訴《うつたへ》又ハ正當《せいとう》ノ理由《りゆう》ニ基キタル解散ノ請《せい》求《きう》

第百四十六條　社員ハ會社ノ期間ノ滿了前《まんれうぜん》ニ明示《めいし》又ハ默示《もくし》ニテ其期間ヲ伸長《しんてう》スルコトヲ得

默示《もくし》ノ伸長《しんてう》ハ一定ノ期間《きかん》ノ滿了後ニ於テ社員ノ一人タモ故障《こしやう》ヲ爲サスシテ會社營業《くわいしやえいげう》ノ繼續《けいぞく》シタル事實ヨリ生《しやう》スルコトヲ得此場合ニ於テ會社《くわいしや》ハ前條第二號ニ從《したが》ヒ社員ノ一人ノ意思《いし》ヲ以テ之ヲ解散《かいさん》スルコトヲ得

第百四十七條　社員ハ第百四十四條第五號ニ揭《かゝ》ケタル原因ニ由リテ會社ヲ解散《かいさん》セス且闕員《かつけついん》ノ持分《ぢぶん》ヲ定メ他ノ社員ニテ之ヲ繼續《けいぞく》スルヲ合意スルコトヲ得

又社員ハ死亡《しぼう》シタル社員ノ相續人《さうぞくにん》又ハ無能力《むのうりよく》ト爲リタル社員ト共《とも》

ナリ即チ幼者ニハ后見人妻ニハ夫瘋癲人ニハ管財人ヲ云フ

（承繼人）トハ社員ノ株ヲ讓リ受ケタルモノヲ云ツ

ニ會社ヲ繼續《けいぞく》スルヲ合意《ごうい》スルコトヲ得

前項ノ場合《ばあい》ニ於テハ相續人《さうぞくにん》又ハ無能力者《むのうりよくしや》ノ合式《がうしき》ノ代人ノ新《あらた》ナル承諾《しようだく》ヲ要ス

第四節　會社《くわいしや》ノ清算《せいさん》及ヒ分割《ぶんかつ》

（解）會社已ニ解散《かいさん》ト決スル以上ハ其原因《そのげんいん》ノ如何ナルヲ問《と》ハズ其會社ハ消滅ニ歸《き》スルモノナレバ是レニ對《たい》スル債權者《さいけんしや》ハ其期限《そのきげん》ノ至リタルト否トヲ問ハズ之レガ決算《けつさん》ヲ爲シテ其權利《そのけんり》ニ屬スル部分ヲ受取《うけと》ラザルベカラズ又社員《またしやいん》各自ハ利益ノ配當《はいたう》ヲ受ケ且資本《しほん》ノ分割ヲ得《う》ルカ或ハ損失《そんしつ》アル場合ニ於テハ之レヲ負擔《ふたん》セザルベカラザルヲ以テ其分割《そのぶんかつ》及ビ配當ノ順序《じゆんじよ》ハ豫メ之レヲ定メザル片ハ紛議《ふんぎ》ヲ來スヿ多シ之レ其順序《そのじゆんじよ》ニヨリテ利害《りがい》ノ關係頗《くわんけいすこぶ》ル大ナルヲ以テナリ

第百四十八條　會社ノ解散《かいさん》シタルトキハ社員ノ各自《かくじ》又ハ其承繼人《そのせうけいにん》ヨリ清算ヲ請求《せいきう》スルコトヲ得

清算ハ分割前《ぶんかつぜん》ニ之ヲ爲スコトヲ要ス但社員《しやいん》ノ多數カ全部《ぜんぶ》又ハ一分ノ分割《ぶんかつ》ヲ先《さき》ニスルコトヲ請求《せいきう》シタルトキハ此限ニ在《あ》ラス
又會社ノ各債權者《かくさいけんしや》ハ清算前《せいさんぜん》ニ分割《ぶんかつ》ヲ爲スコトニ付キ故障《こしやう》ヲ申立《もうした》ツルコトヲ得

第百四十九條　清算ハ左ノ諸件《しよけん》ヲ包含《はうがん》ス

第一　着手《ちやくしゆ》シタル業務《けうむ》ノ成就《せうじゆ》
第二　會社ノ債務《さいむ》ノ辨濟《べんさい》及ヒ其債權ノ取立《とりたて》
第三　各社員ト會社《くわいしや》トノ間ノ特別《とくべつ》ナル計算《けいさん》
第四　分割《ぶんかつ》ス可キ貸方又ハ負擔《ふたん》ス可キ借方ニ於ケル各社員又ハ其代人ノ持分《ぢぶん》ノ指定《してい》

第百五十條　會社契約ニ清算人ノ選任《せんにん》及ヒ其權限《そのけん〱》ニ關スル約款《やくくわん》ナキトキハ清算或ハ總社員之ヲ爲《な》シ或ハ社員ノ一致《いつち》ヲ以テ委任《いにん》シタル一人若《もし》クハ數人ノ社員之ヲ爲シ或ハ社員ノ一致《いつち》ヲ以テ選任《せんにん》シタル

（清算人）トハ會社解散ニ關スル萬般ノ事務ヲ行フモノヲ云フ單ニ會計ノミヲ爲スモノニア

ヲザルナリ
（和解）トハ双方權利ノ一歩ヲ讓リ訴訟ヲ止メ又訴訟トナラントスルヿヲ止ムルヿヲ云フ

第三者之ヲ爲ス
社員カ清算人ノ選任《せんにん》ニ付キ一致《いつち》セサルトキハ裁判所ニ於テ之ヲ選《せん》任《にん》ス

第百五十一條　清算人ハ如何《いか》ナル場合《ばあい》ヲ問《と》ハス速《すみやか》ニ毀損《きそん》又ハ滅盡《めつじん》ス可キ物ヲ讓渡《ゆづりわた》スコトヲ要ス

滿期《まんき》ト爲リタル債務《さいむ》ノ辨濟《べんさい》ノ爲メ必要《ひつよう》ナルトキハ此他ノ動産《どうさん》ヲ讓渡スコトヲ得

不動産《ふどうさん》ニ付テハ清算人ハ社員ノ特別《とくべつ》ナル委任《いにん》ヲ受クルニ非《あら》サレハ之ヲ抵當《ていとう》トシ又ハ讓渡スコトヲ得ス

前項《ぜんこう》ノ讓渡ハ競賣《きやうばい》競落《きやうらく》ニ依《よ》ルニ非サレハ之ヲ爲《な》スコトヲ得ス但協議上《けふぎじやう》ノ讓渡ヲ許《ゆる》シタル場合ハ此限《このかぎり》ニ在ラス孰《いづ》レノ場合ニ於テモ社員ノ過半數《くわはんすう》ヲ以テ決《けつ》スルコトヲ要ス

清算人ハ社員ノ名ヲ以テ原告《げんこく》又ハ被告《ひこく》トシテ訴訟《そしやう》ヲ爲スコトヲ得

（代理ノ規則）トハ本法第十一章ニ規定セラレタリ

（不分ニテ存スル

清算人カ會社ノ債務《さいむ》又ハ債權《さいけん》ニ付キ承諾《しやうだく》シタル和解及ヒ仲裁《ちうさい》ハ第三者ト通謀《つうぼう》シタル詐欺《さぎ》ノ爲メニ非サレハ之ヲ攻撃《こうげき》スルコトヲ得ス

第百五十二條　清算ニ於ケル總計算《そうけいさん》ハ社員ノ認可《にんか》ヲ受クルコトヲ要《よう》ス

右ノ計算ヲ認可《にんか》スルコトハ社員ノ過半數《くわはんすう》ノ議決《ぎけつ》ヲ以テ足《た》レリトス

此議《このぎ》決《けつ》ハ總計算《そうけいさん》ニ付キ之ヲ爲シ又ハ計算《けいさん》ノ或ル部分《ぶぶん》ニ付キ各別《かくべつ》ニ之ヲ爲スコトヲ得

認可《にんか》ヲ得サル計算《けいさん》ニシテ仕直《しなほ》スコトヲ得ヘキモノナルトキハ清算人其費用ヲ以テ之ヲ爲ス若《も》シ仕直スコトヲ得サルトキハ清算人代《だい》理《り》ノ規則《きそく》ニ從《したが》ヒ其過失《そのくわしつ》ニ因リテ加《くわ》ヘタル損害ノ責《せめ》ニ任ス

清算人ノ受任《じゆにん》シタル權限《けんげん》ニ依リ又ハ前條ニ從《したが》ヒテ爲シタル行爲《かうい》ハ善意《ぜんい》ナル第三者ニ對《たい》シテ之ヲ取消《とりけ》スコトヲ得ス

第百五十三條　會社ノ清算後《せいさんご》ハ不分《ふぶん》ニテ存《そん》スル財産ノ分割《ぶんかつ》ハ社員ノ

財産）トハ共有財産ヲ云フナリ

（財産共通）トハ財産ヲ共同ニテ所用シ相通用スルヲ云フ

各自《かくじ》又ハ其承繼人《そのしやうけいにん》ヨリ之ヲ請求《せいきう》スルコトヲ得《う》但當事者カ財産《ざいさん》編第三十九條ニ從ヒ不分ニテ存《そん》スルコトヲ會社ノ解散後《かいさんご》ニ合意《かうい》シタルトキハ此限《このかぎり》ニ在ラス

第百五十四條　分割部分《ぶんかつぶゞん》ノ定方又ハ其配付《そのはいふ》ニ付キ當事者ノ一致《いつち》セサルトキハ財産共通《さいさんけうつう》ノ分割ノ爲メ別ニ定《さだ》メタル規則《きそく》ニ從フ

第百五十五條　會社資本中《くわいしやしほんちう》ノ物ニシテ分割ニ因《よ》リ各社員ニ歸《き》シタルモノニ關《くわん》スル其社員ノ權利《けんり》ハ會社解散ノ日ニ遡《さかのぼ》リテ効力《かうりよく》ヲ有シ又清算中他ノ社員ヨリ其物ニ付キ第三者ニ授與《じゆよ》シタル權利ハ之ヲ解除《かいぢよ》ス

第百五十六條　分割者ハ分割ニ因リテ取得《しゆとく》ス可キ權利ノ上ニ受《う》クルコト有《あ》ル可《べ》キ妨得《ほうがい》及ヒ追奪《ついたつ》ニ付キ其各自《そのかくじ》ノ部分ニ應《たう》シテ相互《さうご》ニ擔《たん》保《ほ》ヲ爲ス

分割者ノ一人カ無資力《むしりよく》ナルトキハ其一人ノ負擔《ふたん》シタル賠償《ばいせう》ノ部分

ハ被擔《ひたんは》保人ヲ併《あは》セテ他ノ共同《けうどう》分割者ノ間ニ之ヲ分《わか》ツ

第七章《しやう》　射倖契約《しやこうけいやく》

総《そう》則《そく》

（解）射倖契約《しやこう》トハ將來未定《みてい》ノ事件ニ關《くわん》シ萬一ヲ僥倖《げふこう》シテ利益《りえき》ヲ得ントスルノ契約ナリ此契約《このけいやく》ニハ有害ノモノ多シト雖モ時ニ或ハ大ナル効用《こうやう》ヲナスモノアリ彼ノ賭博《とばく》ノ如キ中ニテモ競馬《けいば》ノ如キ艇舟競爭《きやうさう》ノ如キ或ハ良馬ヲ國ニ産出《さんしゆつ》スルノ手段トナリ或ハ体育《たいいく》ト技術ノ發達《はつたつ》ヲ奬勵スルノ媒介《ばいかい》トナルヿハ廣ク世人ノ認《みと》メル所ナリ又彼ノ陸上若《もし》クハ海上ノ保險《ほけん》ノ如キモ此射倖契約《けいやく》ナリト雖モ天災等ニテ一朝ニシテ破産《はさん》ヲ招《まね》クベキ所ノ者ヲ救濟《きうさい》スルノ大効アルヿハ之レ又今更《いまさら》云フヿヲ要セザルベキナリ

第百五十七條　射倖契約《しやこうけいやく》トハ當事者ノ雙方《さうはう》若《もし》クハ一方ノ損益《そんえき》ニ付キ其効力《そのこうりよく》ガ將來《しやうらい》ノ不確定《ふかくてい》ナル事件ニ繫《かゝ》ル合意ヲ謂《い》フ

(冒險貸借)トハ危險ヲ冒シテ貸借ヲナスヿナリ是等ハ通常ノ契約ヨリハ利子ヲ多ク得ルヿヲ得ベシ
(偶成ノ條件)トハ偶然ニ生出スベキ條件ヲ云フナリ
(陸上保險)トハ火災保險貨物運搬ノ保險等ヲ云ヒ
(海上保險)トハ船舶又ハ船舶ニ積込ミタル貨物ノ保險ヲ云フ

第百五十八條　射倖契約ニハ其性質《そのせいしつ》ニ因《よ》ルモノ有リ當事者ノ意思《いし》ニ因ルモノ有《あ》リ
博戲《はくぎ》、賭事《とじ》、終身年金權《しうしんねんきんけん》其他終身權利ノ設定《せつてい》、陸上《りくじやう》、海上ノ保險《ほけん》及ヒ冒險貸借《ぼうけんたいしやく》ハ性質《せいしつ》ニ因《よ》ル射倖ノモノナリ
此他《このた》成立《せいりつ》又ハ効力《こうりよく》ヲ停止《ていし》又ハ解除《かいじよ》ノ偶成《ぐうせい》ノ條件ニ繫《かゝ》ラシムル契約《けいやく》ハ當事者ノ意思《いし》ニ因ル射倖《じやこう》ノモノナリ

第百五十九條　陸上、海上ノ保險《ほけん》及ヒ冒險貸借《ぼうけんたいしやく》ハ商法ヲ以テ之ヲ規《き》定《てい》ス

第一節　博戲《はくぎ》及ヒ賭事《とじ》

(解)　博戲《はくぎ》及ヒ賭事《とじ》ハ人々ノ僥倖心《げうこうしん》ヲ奬勵《しやうれい》シ智力《ちりよく》又ハ腕力《わんりよく》ヲ使用シテ正當ノ利ヲ得ルノ勞役《ろうえき》ヲ厭《いと》ヒ終ニ遊惰《ゆうだ》ニ流レテ產業《さんげふ》ヲ營《いとな》マズ流浪《りうらう》トシテ天下ヲ橫行《わうこう》シ無要有害《むやういうがい》ノ人物ヲ生出スルヿ多キモノナリ故ニ文明國ハ至《いた》ル所トシテ之レヲ罰《ばつ》セザルヿナク又縱令《たとひ》之レヲ

（義務履行）トハ此塲合ハ敗者ニ契約金額ヲ仕拂ハシムルヲ云フ

（請求ヲ棄却スル）トハ原告ノ請求ヲ全ク却クルヿヲ云フ正當ノ度ニ引直サシムルニアラザルナリ

（自然義務）トハ之レヲ履行スルモ然ラザルモ一方ノ意

罰《ばつ》セザルモ其取引ニ關《くわん》シテハ裁判所ハ之レニ判定《はんてい》ヲ與フルヿナキナリ然レ𪜈此中ニモ又有益《いうえき》ナルモノアルヿハ前ニ陳述《ちんじゆつ》スル所ノ如シ本節《ほんせつ》ハ之レニ關シテ規定《きてい》スル所アルナリ

第百六十條　博戯《はくぎ》ハ博戯者ノ勇氣《ゆうき》、力量《りよくれう》、巧技《こうぎ》ヲ發達スル可キ性質《せいしつ》ナル體軀《たいく》運動《うんどう》ヲ目的《もくてい》トスルニ非サレハ其義務《そのぎむ》履行《りこう》ノ爲メ訴權《そけん》ヲ許サス

賭事《とじ》ニ基《もとづ》ク訴權《そけん》ハ右ノ如キ體軀《たいく》運動《うんどう》ヲ爲ス人ノ爲メ又ハ賭者《としや》ノ直接《ちよくせつ》ニ關係スル農工商業《のうこうしやうげふ》ノ進歩《しんぽ》ノ爲メニ非サレハ亦之ヲ許《ゆる》サス

右ノ博戯又ハ賭事ニ於テ諾約《たくやく》シタル金額《きんかく》又ハ有價物《いうかぶつ》カ事情《じじやう》ニ照《てら》シテ過度《くわど》ナリト見ユルトキハ裁判所ハ之ヲ減少《げんせう》スルコトヲ得スシテ全ク其請求ヲ棄却《ききやく》スルコトヲ要《よう》ス

第百六十一條　前條ノ塲合《ばあい》ノ外博戯及ヒ賭事ハ自然義務《しぜんぎむ》ヲモ生《しやう》セス且其債務ノ追認《ついにん》、更改《こうかい》又ハ保證《ほせう》ハ總テ無效《むこう》ナリ

志ノ自由ナルモノナリ然レモ一度履行スルトキハ回復スルヲ得ザルモノナリ財産篇五百六十二條以下ニ明ナリ（公ノ証劵）トハ公債証書株式等ヲ云フ

然レトモ右博戲又ハ賭事ニ因ル有《ゆ》能力者《のうりよくしや》ノ任意《にんい》ノ辨濟ハ之ヲ取戻《とりもど》スコトヲ許《ゆる》サス但勝者《しやうしや》ニ於テ詐欺《さき》又ハ欺瞞《ぎまん》アリタルトキハ此限ニ在ラス

第百六十二條　官許《くわんきよ》ヲ得サル富講《ふこう》ハ訴權《そけん》ナキ博戲及ヒ賭事ト同視《どうし》ス

商品又ハ公ノ證劵《しやうけん》ノ投機《とうき》ノ定期賣買《ばい〱》ニ付テモ初《はじめ》ヨリ當事者カ諾約《たくやく》シタル金額又ハ有價物ノ引渡《ひきわたし》及ヒ辨濟ヲ實行《じつかう》スルニ意《い》ナク單《たん》ニ相《さう》場《ば》昂底《てうてい》ノ差額ヲ計算スルノミヲ目的《もくてき》トシタルコトヲ被告《ひこく》ノ證スルトキモ亦同《またたな》シ

第百六十三條　前二條ノ場合ニ於テ被告《ひこく》ヨリ銷除《せうじよ》ヲ申立《もうした》テサルトキハ判事ハ職權《しよくけん》ヲ以テ其銷除《そのせうじよ》ヲ言渡スコトヲ得但契約《けいやく》又ハ請求《せいきう》ニ於テ博戲《はくぎ》、富講《ふこう》又ハ相場差額《さうばさかく》ノ賭事カ償務《さいむ》ノ原因《げんいん》タルコトヲ明言《めいげん》セシトキニ限ル

第二節　終身年金權《しうしんねんきんけん》

(元本)トハ元資金ヲ云フナリ
(贈與)トハ生存中ニ讓リ渡スヲ云フ
(遺贈)トハ死者ガ遺言ヲ以テ贈與シタルモノヲ云フ

(解) 終身年金權《しうしんねんきんけん》トハ資本金《しほんきん》ヲ差入レ又ハ勞力《ろうりよく》ヲ致《いた》シタルノ報酬《はうしう》トシテ契約者《けいやくしや》又ハ其以外ノ人ノ生活ヲ標準《ひやうじゆん》トシテ年々若干ノ金《きん》額《かく》ヲ其標準タル人ノ死亡ノ時マデ供給《きやうきう》セシムルノ權利《けんり》ヲ有スルモノヲ云フナリ此契約《けいやく》ヲ設定《せつてい》スルノ順序《じゆんじよ》及ビ資本《しほん》ハ如何ナルモノヲ要スルカ又此權利《けんり》ハ何時ヲ以テ消滅《しやうめつ》スルカ等ニ關《くわん》スルヿヲ本節《ほんせつ》ニハ規定《きてい》セリ此契約《けいやく》モ將來ノ利《り》益未《ゑきみ》定《てい》ナルヲ以テ賭博《とばく》等ニ異《こと》ナラサレ𪜈老后《らうご》ノ養料《やうりやう》等ヲ定ムルヲ得ルヲ以テ有益《ゆうえき》ナル塲合少ナカラザルナリ

第一款　終身年金權《しうしんねんきんけん》ノ設定《せつてい》

第百六十四條　終身年金權ハ動產若《とうさんもし》クハ不動產《ふとうさん》ナル元本《げんほん》ノ讓渡《ゆづりわたし》ノ報酬《はうしう》又ハ既往《きわう》若クハ將來《しやうらい》ノ勤勞《きんらう》ノ報酬トシテ有償《ゆうしやう》ニテ之ヲ設定《せつてい》スルコトヲ得
又贈與《ぞうよ》又ハ遺贈《ゐぞう》ヲ以テ無償《むしやう》ニテ之ヲ設定スルコトヲ得

（對價物）トハ終身年金權ニ對スル價格ノ物ナリ動產不動產ハ勿論勞力等ヲモ含有スルモノナリ

又終身年金權ハ有償又ハ無償ニテ讓渡《ゆづりわた》シタル元本ノ上ニ留存《りうぞん》シテ之ヲ設定スルコトヲ得

第百六十五條　終身年金權ハ對價物《たいかぶつ》ノ供與者《きやうよしや》ニ非《あら》サル人ノ利益ノ爲メ之ヲ要約《ようやく》スルコトヲ得

此場合ニ於テハ要約者《ようやくしや》ト諾約者《だくやくしや》トノ間ニ在テハ有償契約ノ規則《きそく》ニ從《したが》ヒ要約者ト得益者《とくえきしや》トノ間ニ在テハ贈與《ぞうよ》ノ規則ニ從フト雖モ贈與《ぞうよ》ノ方式《ほうしき》ニ從《したが》フコトヲ要《よう》セス

第百六十六條　終身年金權ハ債權者《さいけんしや》若《もし》クハ債務者《さいむしや》ノ終身ヲ期シ又ハ第三者ノ終身《しうしん》ヲ期《き》シテ之ヲ設定《せつてい》スルコトヲ得

此末《このすへ》ノ場合《ばあい》ニ於テ契約《けいやく》カ有償ナルトキハ其成立《そのせいりつ》ニ付キ第三者ノ承《しやう》諾《だく》ヲ必要《ひつよう》トス然《しか》レトモ此承諾前《このせうだくぜん》ニ辨濟《べんさい》シタル年金ハ之ヲ取戻《とりもど》スコトヲ得ス

第百六十七條　終身年金權ハ同時《どうじ》又ハ順次《じゆんじ》ニ數人ノ債權者《さいけんしや》ノ終身《しうしん》ヲ

（設定者）トハ終身年權金ヲ設定セラレタルモノ即チ終身年金權利者ヲ云フナリ

期《き》シテ之ヲ設定《せつてい》スルコトヲ得

此場合《ばあい》ニ於テハ財産編《ざいさんへん》第百條ノ用益權《ようえきけん》ニ關スル規定《きてい》ヲ適用《てきよう》ス

第百六十八條　有償ノ終身年金權《しうしんねんきんけん》ノ契約《けいやく》ハ其設定ノ為メ終身《しうしん》ヲ期《き》セラレタル人カ合意《がふい》ノ當時ニ於テ既ニ死亡《しばう》シタルトキハ當事者雙《さう》方《はう》其死亡ヲ知ラストト雖モ無効《むかう》ナリ

右ノ人カ合意ノ當時ニ於テ既ニ罹《かか》レル疾病《しつへい》ノ為メ六十日内ニ死亡《しばう》シタルトキハ其契約《けいやく》ハ當然之ヲ解除《かいじよ》ス

第百六十九條　無償《むしやう》ノ終身年金權ハ設定者《せつていしや》ニ於テ之ヲ讓渡《ゆづりわた》スコトヲ得ス且差押《さしおさ》フルコトヲ得サルモノト定ムルコトヲ得

右約款《やくくわん》ハ設定證書《せつていしようしよ》ニ記入シタルニ非サレハ之ヲ以テ第三者ニ對抗《たいこう》スルコトヲ得ス

養料《やうりやう》トシテ無償ニテ設定《せつてい》シタル終身年金權ハ當然讓渡《ゆづりわた》スコトヲ得ス且差押《さしおさ》フルコトヲ得サルモノナリ

（留保）トハ契約ヲ

本條ノ規定《きてい》ハ贈與《ぞうよ》者ノ利益ノ爲メ贈與財産《ぞうよざいさん》ノ上ニ留存《りうそん》シタル終身年金權及ヒ支拂時期《しはらいじき》ノ至リタル年金ニ之ヲ適用セス

第百七十條　終身年金權ノ讓渡《ゆづりわたし》及ヒ差押《さしおさへ》ノ禁止《きんし》ハ其一事ノミヲ要《やう》約《やく》シタルトキト雖モ二事共ニ存立ス

第二款　終身年金權《しうしんねんきんけん》ノ契約《けいやく》ノ効力《かうりよく》

第百七十一條　債務者《さいむしや》ハ年金權ノ設定《せってい》ノ爲メ終身ヲ期《き》セラレタル人ノ生存中ハ其年金權ノ年金ヲ支拂《しはら》フコトヲ要シ且買戻《かひもどし》ヲ爲スコトヲ得ス但其買戻ニ付キ特別ノ合意《がふい》アルトキハ此限ニ在ラス

第百七十二條　年金ハ毎月又ハ此ヨリ長キ時期ニ於テ其支拂《しはらひ》ヲ爲ス可キトキト雖モ債權者《さいけんしや》日割《ひわり》ヲ以テ之ヲ取得ス

然レトモ年金ヲ前拂《せんばらひ》ス可キトキハ債務者ハ既ニ支拂時期《しはらひじき》ノ始リタル全一期分ヲ負擔《ふたん》ス

第百七十三條　債權者ハ解除《かいぢよ》ノ權利ヲ留保《りうほ》セサルトキハ年金支拂ノ

以テ豫メ取リ置クヿヲ云フ
（競取）トハ競争ニテ取ルヿニシテ先取權ニ對スルノ語ナリ
（公証人）トハ官許ヲ得テ公正証書ヲ作ル人ヲ云フ
（身分取扱人）トハ戸籍掛ノ人ヲ云フナリ

欠缺《きんけつ》ノ為メ契約《けいやく》ノ解除《かいぢよ》ヲ請求スルコトヲ得ス只其債務者ノ財産《さいさん》中ニ於テ年金ヲ受クルニ足ル可キ部分ヲ差押《さしおさ》ヘ之ヲ賣却《ばいきやく》セシメ其賣却代金ヨリ生スル利息ヲ以テ年金ノ支拂《しはらひ》ニ充ツルコトヲ得但他ノ債權者ノ競取《きやうしゆ》ヲ拒《こば》ムコトヲ得ス

終身年金權ヲ無償《むしやう》ニテ設定《せつてい》シ又ハ贈與《ぞうよ》若クハ遺贈《いぞう》ノ元本《げんほん》ノ上ニ留存シタルトキモ亦右ト同一ニ處辨《しよべん》ス

第百七十四條　終身年金權ノ債務《さいむ》者ハ年金權ノ設定《せつてい》ノ為メ終身ヲ期セラレタル人カ支拂《しはらひ》ノ時期ニ生存セシコトヲ債權《さいけん》者ヨリ生存認證《せいぞんにんしやう》書《しよ》ヲ以テ證セサルトキハ其年金ノ支拂《しはらひ》ヲ拒《こば》ムコトヲ得ス

此認證書《にんしようしよ》ハ其人ノ現住地《けんぢうち》ノ受持公證人《うけもちこうしやうにん》又ハ身分取扱人《みぶんとりあつかいにん》之ヲ交付ス

第三款　終身《しうしん》年金權《けん》ノ消滅《せうめつ》

第百七十五條　有償《ゆうしやう》ノ終身年金權ノ債務《さいむ》者カ年金支拂《しはらひ》ノ為メ諾約《だくやく》シ

（普通法）トハ財産篇ノ人權ノ効ヲ云フ

タル擔保《たんぽ》ヲ供《きやう》セス又ハ供シタル擔保《たんぽ》ヲ減少《げんせう》スルトキハ債權者ハ契《け》約《やく》ノ解除《かいじよ》ヲ請求スルコトヲ得但既ニ取得《しゆとく》シタル年金ヲ返還《へんくわん》スル責ナシ

贈與《ぞうよ》又ハ遺贈《いぞう》ノ元本《げんぽん》ノ上ニ留存シタル終身年金權ノ債權者《さいけんしや》モ亦右ト同一ノ權利ヲ有ス

右ノ解除《かいじよ》ハ年金權ノ設定《せつてい》ノ爲メ終身ヲ期セラレタル人カ確定判決《かくていはんけつ》前《ぜん》ニ死亡シタルトキハ之ヲ宣告《せんこく》セス

第百七十六條　普通法《ふつうはう》ニ於テ許《ゆる》シタル銷除《しやうじよ》及ヒ廢罷《はいひ》ノ原因《げんいん》ハ終身年金權ニ之ヲ適用《てきやう》ス

終身年金權ハ此他尙ホ更改《かうかい》、合意《がふい》上ノ免除《めんじよ》、混同《こんどう》、時效及ヒ要約《やうやく》シタル受戻《うけもどし》ニ因リテ消滅《しやうめつ》ス

然レトモ終身年金權カ第百六十九條及ヒ第百七十條ニ從ヒ法律又ハ人爲《じんい》ニ依リテ讓渡《ゆづりわた》スコトヲ得ス又ハ差押《さしおさ》フルコトヲ得サルモノ

(終身ヲ期セラレタル人)トハ契約者若クハ第三者ニシテ終身年金權契約ニ其人ノ生命ヲ標準ニセラレタルモノヲ云フ

(不正ノ原因ニヨリテノ死亡)トハ毒殺故殺歐打殺等ヲ云フナリ

ナルトキハ其年金權ハ時效《じかう》ニ罹《かゝ》ラス

如何ナル場合ニ於テモ年金ハ支拂時期《しはらひじき》後五个年ニシテ時效ニ罹《かゝ》ル

第百七十七條　終身年金權ハ其設定ノ爲メ終身《しうしん》ヲ期セラレタル人ノ死亡《しばう》ニ因リテ消滅《せうめつ》ス但第百六十八條ノ規定《きてい》ヲ妨《さまた》ケス

然レトモ終身ヲ期セラレタル人カ債務《さいむ》者ノ責《せめ》ニ歸ス可キ不正《ふせい》ノ原因ニ由リテ死亡《しばう》シタル場合ニ於テ其年金權ヲ有償ニテ又ハ贈與《ぞうよ》若クハ遺贈《いぞう》ノ負擔《たん》トシテ設定シタリシトキハ其契約《けいやく》又ハ惠與《けいよ》ハ之ヲ解除《かいじよ》シ且債務者ハ既ニ支拂《しはら》ヒタル年金ヲ取戻《とりもど》サスシテ其取得《しゆとく》シタル財産《ざいさん》ヲ返還《へんくわん》スルコトヲ要ス

右ト同一ノ死亡ノ場合ニ於テ其年金權ヲ直接《ちよくせつ》ニ贈與《ぞうよ》シ又ハ遺贈《いぞう》シタリシトキハ年金ノ支拂《しはらひ》ハ裁判所カ終身《しうしん》ヲ期セラレタル人ノ生命《せいめい》ノ繼續期《けいぞくき》ト推測《すいそく》スル期間《きかん》之ヲ繼續《けいぞく》セシム

第八章　消費貸借《せうひたいしやく》及ヒ無期《むき》年金權

（代替物）トハ他物ヲ以テ代ユルヿヲ得ルモノナリ食飲料等ハ之レナリ

（解）消費貸借《しやうひたいしやく》トハ飲食物《いんしよくぶつ》等ノ如キ分量《りやう》ヲ以テ料《はか》ルモノヽ貸借《たいしやく》ヲ云フナリ是等ノ物件《ぶつけん》ハ其貸借《そのたいしやく》スルヤ之レヲ消費スルガ目的ナルニヨリ到底《たうてい》其現物《げんぶつ》タル借用品ヲ返還《へんくわん》スルヿ能《あた》ハザルナリ故ニ其借用《そのしやくよう》品《ひん》ト同性質《せいしつ》ニシテ同分量《どうぶんりやう》ナルモノヲ以テ返却《へんきやく》ナストキハ足レルナリ無期年金《むきねんきん》ノ如キモ基本《きほん》タル元金ヲ差入レ置キ其元金ヲ返却《へんきやく》ヲ求メズ年々若干ツヽヲ受取《うけとる》モノナルヲ以テ其結果《そのけつくわ》タル消費契約《けいやく》ト同一ナルニ至ルモノナリ之レ本章《ほんしやう》ニ同一ニ規定《きてい》セシ所以《ゆえん》ナリ

第一節　消費貸借《せうひたいしやく》

第百七十八條　消費貸借《せうひたいしやく》ハ當事者ノ一方カ代替物《だいたいぶつ》ノ所有權ヲ他ノ一方ニ移轉《いてん》シ他ノ一方カ或ル時期後《じきご》ニ同數量《どうすうりやう》及ヒ同品質《ひんしつ》ノ物ヲ返還《へんくわん》スル義務《ぎむ》ヲ負擔《ふたん》スル契約《けいやく》ナリ

第百七十九條　當事者カ返還《へんくわん》ノ時期ヲ定メサリシトキハ裁判所ハ當事者ノ意思ヲ推測《すいそく》シ且事情《じじやう》ヲ斟酌《しんしやく》シテ之ヲ定ム

返還《へんくわん》ノ場所ノ定マラサリシトキハ無利息《むりそく》ノ貸借《たいしやく》ニ付テハ貸主《かしぬし》ノ住《ぢう》所《しよ》又利息附《りそくつけ》ノ貸借《たいしやく》ニ付テハ借主《かりぬし》ノ住所ニ於テ其返還《へんくわん》ヲ爲ス

第百八十條　不可抗力《ふかこうりよく》ニ因リテ借用物《しやくようぶつ》ヲ返還スルコト能ハサルトキハ借主《かりぬし》ハ其物ノ不可抗力ニ罹《かゝ》リシ日及ヒ場所ノ相場《さうば》ニ從ヒテ算定《さんてい》シタル其物ノ價額ヲ負擔《ふたん》ス

第百八十一條　貸主《かしぬし》ニ屬セサル物ノ貸借《たいしやく》ハ無效ナリ其貸借カ利息附《りそくつけ》ニシテ且借主《かりぬし》カ善意《ぜんい》ナリシトキハ貸主ハ借主ニ對シテ擔保《たんぽ》ノ責ニ任ス

然レトモ此貸借《たいしやく》ハ左ノ場合ニ於テハ有效ナリ

第一　借主カ善意《ぜんい》ニテ借用物ヲ消費《せうひ》シタルトキ

第二　借主カ時效《じかう》ニ因リ眞所有者《しんしよゆうしや》ノ回復《くわいふく》ノ請求ヲ排却《はいきやく》シタルトキ

第三　眞所有者カ貸借《たいしやく》ヲ認諾《にんだく》シタルトキ

（賣買廢却訴權）トハ賣買契約ヲ廢棄シ又ハ解除スルノ訴訟權ヲ云フナリ

（强制通用）トハ其貨幣其物ニモ價格ナク又兌換セラルヽニモアラズシテ政府ノ發行シタル紙幣ヲ云フナリ

第百八十二條　貸借物《たいしやくぶつ》ニ借主ノ了知《りやうち》セスシテ貸主ノ了知シタル隱《かく》レタル瑕疵《かし》アリテ借主《かりぬし》爲メニ損害《そんがい》ヲ受ケタルトキト雖モ貸主《かしぬし》ハ無利息ノ貸借ニ付テハ其損害《そんがい》ノ責《せめ》ニ任セス但貸主ニ詐欺《さぎ》アリ又ハ加害《かがい》ノ意思《いし》アリタルトキハ此限ニ在ラス

此貸借カ利息附《りそくつげ》ナルトキハ貸主ノ了知《りやうち》セサリシ隱《かく》レタル瑕疵《かし》ト雖モ之ヲ了知スルコトヲ得ヘキトキハ其責ニ任ス

此他賣買廢却訴權《ばいばいはいきやくそけん》ニ關スル第九十四條乃至《ないし》第百一條ノ規定《きてい》ハ之ヲ消費貸借《せうひたいしやく》ニ適用《てきよう》スルコトヲ得

第百八十三條　財産編《ざいさんへん》第四百六十三條乃至《ないし》第四百六十六條ハ正貨《せいくわ》又ハ强制通用《きやうせいつうよう》ノ紙幣《しへい》ニテ爲シタル消費貸借《せうひたいしやく》ニ之ヲ適用ス

然レトモ貸主カ財産編《ざいさんへん》第四百六十五條ノ許《ゆる》セル金貨《きんくわ》若クハ銀貨《ぎんくわ》ヲ以テ指定《してい》シタル價額《かがく》ノ辨濟《べんさい》ヲ受ケ又ハ此等ノ正貨ノ一ヲ以テ辨濟ヲ受クルコトヲ要約《やうやく》スルニハ同性質ノ正貨《せいくわ》又ハ他ノ正貨若クハ紙《し》

（法律上ノ利息）トハ法律ニテ定メタル利息ナリ相對上ヨリハ至テ廉ナルモノナリ

幣《へい》ヲ以テ對當《たいとう》ノ價額ヲ實際ニ貸付《たいふ》スルコトヲ要ス

第百八十四條　貸借ヲ金銀塊《くわい》ニテ爲シタルトキハ借主《かりぬし》ハ他ノ商品《しやうひん》ノ貸借ノ如ク同一ノ性質《せいしつ》、重量《ぢうりやう》及ヒ品格《ひんかく》ノ金銀塊《くわい》ヲ返還《へんくわん》スルコトヲ要ス

第百八十五條　金錢《きんせん》、日用品《にちようひん》又ハ商品《しやうひん》ノ借主ハ使用ノ報酬《はうしゆ》トシテ元《げん》本《ほん》ノ外ニ利息ノ名目ヲ以テ借用物《しやくようぶつ》ノ割合ニ應スル金額又ハ有價物《ゆうかぶつ》ノ辨濟ヲ約スルコトヲ得

第百八十六條　利息《りそく》ハ要約《やうやく》シタルニ非サレハ借主ニ對シテ之ヲ要求《やうきう》スルコトヲ得ス

借主ヨリ利息ヲ辨濟《べんさい》ス可キノ合意《がふい》アリテ其額ノ定《さだめ》ナキトキハ其割《わり》合《あい》ハ法律上ノ利息ニ從フ

要約《やうやく》セラレサル利息ヲ法律ノ制限内《せいげんない》ニテ任意《にんい》ニ辨濟シタル借主ハ之ヲ取戻《とりもど》シ又ハ之ヲ元本《げんほん》ノ辨濟ニ充當《じうとう》スルコトヲ得ス

第百八十七條　合意《かふい》上ノ利《り》息《そく》ハ法律上ノ利息ヲ超《こ》ユルコトヲ得但法律ヲ以テ特ニ定メタル合意上ノ利息ノ制限《せいげん》ヲ超《こ》ユルコトヲ得ス

法律ノ制限《せいげん》ヲ超《こ》エテ顯然《けんぜん》ニ利息ヲ定メタルトキハ之ヲ法律ノ制限ニ減却《げんきやく》シ此制限《せいげん》ヲ超《こ》エテ爲シタル辨濟《べんさい》ハ之ヲ元本ノ辨濟ニ充當《じうとう》シ又ハ之ヲ取戻《とりもど》スコトヲ得

債權者《さいけんしや》カ實際ニ貸付《たいふ》シタル元本《げんぽん》ヲ超《こ》ユル元本ヲ認《みと》メシメ又ハ其他方法ヲ以テ不正當《ふせいとう》ノ利息ヲ隱秘《いんぴ》シタルトキハ債務者《さいむしや》ハ其不正當《ふせいとう》ノ利息ヲ辨濟《べんさい》スルコトヲ要《やう》セス若シ辨濟シタルトキハ之ヲ取戻《とりもど》スコトヲ得

第百八十八條　貸主《かしぬし》ハ支拂時期《しはらひじき》ノ至リタル利息ニ付キ異議《いぎ》ヲ爲サスシテ元本《げんぽん》ノ全部《ぜんぶ》又ハ一分ヲ受取《うけと》リタルトキハ其利息ヲ受取リ又ハ之ヲ拋棄《はうき》シタリトノ推定《すいてい》ヲ受ク但反對《はんたい》ノ證據《しやうこ》アルトキハ此限ニ在ラス

（辨濟ノ權能）トハ返濟ヲ爲スノ權利ナリ

（取越辨濟）トハ未ダ期限ノ至ラザルヲ返濟スルヲ云フ

（更新）トハ契約ノ

第百八十九條　十个年ヲ超《こ》ユル期間《きかん》ヲ以テ利息附《りそくつけ》ノ貸借ヲ爲シタルトキハ借主《かりぬし》ハ如何ナル反對《はんたい》ノ合意《かふい》アルモ十个年後ハ常ニ辨濟《べんさい》ヲ爲ス權能《けんのう》ヲ有ス

然レトモ年賦金《ねんふきん》ヲ以テ利息ノ外尚ホ元本《げんほん》ノ幾分《いくぶん》ヲ漸次ニ辨濟ス可キトキハ其取越辨濟《とりこしべんさい》ヲ爲スコトヲ得ス

第百九十條　第百八十六條乃至《ないし》第百八十九條ノ規定《きてい》ハ消費貸借《せうひたいしやく》ヨリ生ズル義務《ぎむ》ヲ除《のぞ》ク外金錢又ハ定量物《ていりやうぶつ》ノ義務及ヒ合意上《かふいじやう》、法律《はふりつ》上ノ利息ニ之ヲ適用《てきやう》ス

第二節　無期《むき》年金權ノ契約《けいやく》

第百九十一條　貸主《かしぬし》ハ元本ノ要求ヲ爲スコトヲ自ラ禁止《きんし》シ年金ノミヲ受取ルコトヲ要約《やうやく》スルコトヲ得之ヲ無期年金權《むきねんきんけん》ノ設定《せつてい》ト謂フ

此禁止《きんし》ハ明示《めいし》ナルカ又ハ明カニ事情《じじやう》ヨリ生スルコトヲ要ス

第百九十二條　無期《むき》年金ノ債務《さいむ》ヲ負擔《ふたん》スル借主《かりぬし》ハ如何ナル反對《はんたい》ノ合《かふ》

條件ヲ改ムルヿヲ得ルト云フナリ

（合式ノ付遲滯）トハ法律ニ從テ公然ノ催告ヲナシ被告

意《い》アルモ常ニ其受取《うけと》リタル元本《げんぽん》ノ辨濟ヲ爲スコトヲ得然レトモ借主ハ十个年ヲ超《こ》エサル或ル時期前《じきぜん》ニ辨濟ヲ爲サヽルヲ約《やく》スルコト得

右期間《きかん》ハ常ニ之ヲ更新《かうしん》スルコトヲ得然レトモ亦十个年ヲ超《こ》ユルコトヲ得ス若シ之ヲ超《こ》ユルトキハ十个年ニ短縮《たんしゆく》ス

辨濟《べんさい》ハ反對《はんたい》ノ合意アラサルトキハ全部《ぜんぶ》タルコトヲ要ス

債務者《さいむしや》ハ六个月前ニ辨濟ヲ爲ス意思《いし》ヲ債權者ニ豫告《よこく》スルコトヲ要ス但當事者ニ於テ他ノ期間《きかん》ヲ定メタルトキハ此限ニ在ラス

債務者ハ自己ノ定メタル時期《じき》ニ於テ辨濟《べんさい》ヲ爲サヽルトキハ其損害《そんがい》賠償《ばいしやう》ノ責ニ任ス然レトモ辨濟ノ強要《きやうやう》ヲ受クルコト無シ但更改《かうかい》アリタルトキハ此限ニ在ラス

第百九十三條　債務者《さいむしや》ハ財產編第四百五條第一號乃至第三號ニ依リテ尋常《じんじやう》ノ債務者カ權利上《けんりじやう》ノ期限《きげん》ノ利益ヲ失フ場合又ハ合式ノ付遲《ふち》

ヲ遅滯ニ付スルヲ云フ
（分割辨濟）トハ年賦又ハ月賦ノ如ク分ケテ辨濟スルヲ云フナリ

滯《たい》ヲ受ケタル後引續キ二个年間年金ノ辨濟《べんさい》ヲ缺キタル場合ニ於テハ元本辨濟《げんほんべんさい》ノ強要《きやうよう》ヲ受ク

此末ノ場合ニ於テ裁判所《さいばんしよ》ハ財産編第四百六條ニ從ヒ債務者《さいむしや》ニ恩惠上ノ期限《きげん》及ヒ分割辨濟《ぶんかつべんさい》ヲ許與《きよよ》スルコトヲ得

第百九十四條　前二條ノ規定《きてい》ハ不動産讓渡《ゆづりわたし》ノ代價若クハ條件《じやうけん》トシテ設定《せつてい》シ又ハ無償《むしやう》ニテ設定シタル無期年金權《むきねんきんけん》ニ之ヲ適用《てきよう》ス

右孰レノ場合ニ於テモ辨濟《べんさい》ハ當事者ノ評定《ひやうてう》シタル元本《げんほん》ヲ以テ之ヲ爲シ又元本ノ評定《ひやうてう》ナキトキハ法律上ノ利息《りそく》ノ割合ニ從ヒテ計算《けいさん》シタル年金ヲ生ス可キ元本《げんほん》ヲ以テ之ヲ爲ス

日用品ヲ以テ年金ニ充ツルトキハ辨濟《べんさい》ハ特別《とくべつ》ノ合意アルニ非サレハ前十个年間ノ其平均代價《へいきんたいか》ニ基キ計算《けいさん》シタル元本ヲ以テ之ヲ爲ス

第九章　使用貸借《しようたいしやく》

（解）使用貸借《しようたいしやく》ハ消費《せうひ》貸借《たいしやく》ト異ナリ動産《どうさんふ》不動産《どうさん》ヲ通《つう》シテ之レヲ行

（本來無償ナリ）トハ大体ニ於テハ無償ナリト云フコトナリ然レモ往々有償ノ場合アルヲ以テ此規定アリ

コヲ得《う》ルモノナリ而《しか》シテ又此貸借《このたいしやく》ハ如何《いか》ナル場合《はあい》ニ於テモ現物《げんぶつ》ノ返還《へんくわん》ヲ要《よう》スルナリ蓋《けだ》シ此貸借ハ財産篇《さいさんへん》ニ規定《きてい》シタル所ノ賃貸借《ちんたいしやく》ト異ナリ借主《かりぬし》ニ於テ充分《じうぶん》ナル物上權利《ぶつじやうけんり》アルモノニアラズシテ單ニ人權《じんけん》ヲ有《ゆう》スルニ過《す》ギザルナリ如何《いかん》トナレバ此貸借《このたいしやく》ノ生《しやう》ズルヤ本來無償《むしやう》ニヨリテ成立《せいりつ》スルモノナルヲ以テ賃貸借《ちんたいしやく》ノ如キ有償《ゆうしやう》ナルモノトハ其差異《さい》アル所以《ゆゑん》ナリ

第一節　使用貸借《しようたいしやく》ノ性質《せいしつ》

第百九十五條　使用貸借ハ當事《さうじ》者《しや》ノ一方カ他ノ一方ノ使用《しよう》ノ爲メ之ニ動産《どうさん》又ハ不動産ヲ交付《てうふ》シ明示又ハ默示《もくし》ニテ定メタル時期《じき》ノ後他ノ一方カ其借受ケタル原物《げんぶつ》ヲ返還《へんくわん》スル義務ヲ負擔《ふたん》スル契約《けいやく》ナリ

此貸借《たいしやく》ハ本來無償《むしやう》ナリ

第百九十六條　借主ハ使用《しよう》ノ物權《ぶつけん》ヲ取得《しゆとく》セズ單ニ貸主及ヒ其相續人《さうぞくにん》ニ對シテ人權ヲ取得《しゆとく》ス

借主ノ權利《けんり》ハ其相續人ニ移轉《いてん》セス但其相續人カ當事者ノ意思《いし》ノ之ニ異ナルコトヲ證《しやう》スルトキハ此限ニ在ラス又其相續《そうぞく》人カ他ヨリ同種ノ物ノ使用《しよう》ヲ得ル爲メ裁判所《さいばんしよ》ヨリ返還猶豫《へんくわんゆうよ》ノ期間《きかん》ヲ受クルコトヲ妨ケス

第二節　使用貸借《しようたいしやく》ヨリ生シ又ハ其貸借ニ際《さい》シテ生スル義務《ぎむ》

第百九十七條　借主ハ借用物ノ性質《せいしつ》又ハ合意《がうい》ニ因リテ定マリタル用方ニ從ヒ且貸借期間《たいしやくきかん》ニ非サレハ其物ヲ使用《しよう》スルコトヲ得ス

借主ハ此他ノ使用《しよう》又ハ期限後《きげんご》ノ使用ニ因リテ生スル借用物ノ滅失《めつしつ》又ハ毀損《きそん》ニ付テハ勿論又其使用《しよう》ニ際シ意外ノ事又ハ不可抗力《ふかかうりよく》ニ因リテ生スル滅失《めつしつ》又ハ毀損《きそん》ニ付テモ其責ニ任ス

第百九十八條　借主ハ自已ノ物ヲ用ヰテ借用物ノ滅失《めつしつ》又ハ毀損《きそん》ヲ免カレシムルコトヲ得ヘキトキ又ハ自已《じこ》ノ物ト借用物トカ同時ニ危《き》險《けん》ヲ受タルニ際シ自已ノ物ノミヲ救護《きうご》シタルトキモ亦意外《いがい》ノ事又

ハ不可《ふか》抗力《かうりよく》ニ因リテ生スル借用物ノ滅失《めつしつ》又ハ毀損《きそん》ノ責ニ任ス

第百九十九條　借主ハ借用物保持《しやくようぶつほぢ》ノ通常費用《つうじやうひよう》ヲ負擔《ふたん》シ貸主ニ對シテ其償還《しやうくわん》ヲ求ムルコトヲ得ス

第二百條　借主ハ合意《がうい》セシ時期ニ於テ借用物ヲ返還《へんくわん》スルコトヲ要ス其時期前《じきぜん》ト雖モ許サレタル使用《しよう》ヲ終リシトキハ亦同シ但第二百三條第二項ノ規定《きてい》ヲ妨ケス

返還《へんくわん》ノ時期《じき》ヲ定メス且物ノ使用《しよう》カ繼續《けいぞく》ス可キモノナルトキハ裁判所ハ貸主ノ請求《せいきう》ニ因リテ返還《へんくわん》ノ為メ相應《さうたう》ナル時期ヲ定ム

第二百一條　借主カ借用物《しやくようぶつ》ノ第三者ニ屬スルコトヲ了知《りやうち》スルトキト雖モ貸主又ハ其代人ニ之ヲ返還《へんくわん》スルコトヲ要ス但第三者カ其返還《へんくわん》ニ付キ合式《がうしき》ニ故障《こしやう》ヲ為シタルトキハ此限ニ在ラス

此末ノ場合《ばあい》ノ外返還《へんくわん》ハ貸主又ハ其代人ノ住所《ぢうしよ》ニ於テ之ヲ為ス

第二百二條　數人連合《れんがう》シテ同時又ハ交互《こうがう》ニ用ユル為メ一箇ノ物ヲ借《しやく》

(合式ニ故障)トハ通常ノ故障ニテハ其効ナク法律ニ従テ裁判所ヘ訴ヘ差押ヲナス等ヲ云フナリ

(連帶)トハ數人ガ

同一ニ全体ニ對スル義務ヲ負フヿナリ
（豫期セザル要用）トハ前以テ知ルベカラザルノ要用ナリ此貸借ハ元來無償ナルヲ以テ斯ル必要ノ生ゼル時ハ返還セザルベカラザルナリ
（百八十二條第一項）トハ貸主ニ詐欺ナキ時ハ損害ヲ被ムルモ貸主ニ向テ賠償ヲ求ムヲ得ズト云フニアリ

用《よう》シタルトキハ各自連帶《かくじれんたい》ニテ上ノ義務《ぎむ》ヲ負擔《ふたん》ス

第二百三條　貸主ハ明示《めいし》又ハ默示《もくし》ニテ借主ニ許シタル期限前《きげんぜん》ニ貸付物ノ返還《へんくわん》ヲ要求《やうきう》スルコトヲ得ス
然レトモ其物ニ付キ急迫《きうはく》ニシテ且豫期《よき》セサル要用《やうよう》ノ生シタルトキハ貸主ハ裁判所《さいばんしよ》ニ請求《せいきう》シテ期限前《きげんぜん》ニ一時又ハ永久ノ返還《へんくわん》ヲ爲サシムルコトヲ得

第二百四條　貸主ハ借主カ借用物保存《しやくようぶつほぞん》ノ爲メ支出《ししゆつ》シタル必要《ひつやう》且急迫《きうはく》ナル費用ヲ之ニ辨償《べんしやう》スル責ニ任ス
又貸主ハ貸付物ノ瑕疵《かし》ノ爲メニ借主ノ受ケタル損害《そんがい》ニ付テハ第百八十二條第一項ノ規定《きてい》ヲ適用《てきよう》ス

第二百五條　借主ハ前條《ぜんじやう》ニ依リテ自已ノ受ク可キ賠償《ばいしやう》ヲ得ルマテ借用物ニ付キ留置權《りうちけん》ヲ行フコトヲ得

第十章　寄託《きたく》及ヒ保管《ほくわん》

（急迫ノモノアリ）トハ自己ノ意志ノ自由ナルニアラズシテ天災又ハ地變等ノ場合ニ於テ止ムヲ得ズ他人ニ物品チ托スルヿチ云フナリ

（解）寄託《きたく》及ビ保管ハ自己《じこ》ノ所有品チ他人ニ渡《わた》シ置クノ点《てん》ニ至リテハ前章《ぜんしやう》迄ニ規定《きてい》セラレタル所ノ諸種《しよしゆ》ノ貸借ト毫モ異《こと》ナル所ナシト雖モ其之レチ渡《わた》シ置クノ主意《しゆい》ニ至リテ大ニ異《こと》ナル所アリテ存ス彼ノ諸種《しよしゆ》ノ貸借ハ總《すべ》テ他人ノ物品チ所持《しよぢ》スル所ノ者ニ於テ便利《べんり》ヲ得ント欲《ほつ》スルモノナレ𪜈此寄託《このきたく》及ビ保管《ほくわん》ニ於テハ其他人ニ渡シ置《これ》クハ便利《べんり》挈テ所有者《しよゆう》ニアルモノナリ故ニ其品物《そのぶつぴん》ノ返還《へんくわん》チ求ムルトキハ貸借《たいしやく》ノ場合《ばあい》ト異ナリ直チニ返却《へんきやく》セザルベカラザルモノナリ

第一節　寄託《きたく》

第二百六條　寄託ハ一人カ動産《どうさん》チ交付《こうふ》シ他ノ一人カ之チ看守《かんしゆ》シ要求《やうきう》次第《しだい》直チニ原物《げんぶつ》チ返還スル契約《けいやく》ナリ

寄託《きたく》ハ本來無償《むしやう》ナリ

寄託ニハ任意《にんい》ノモノ有リ急迫《きうはく》ノモノ有リ

第一款　任意寄託《にんいきたく》

第二百七條　任意《にんい》ノ寄託《きたく》ハ寄託者カ寄託ノ時日、塲所《ばしよ》及ヒ受寄者ヲ自由ニ選擇《せんたく》スルコトヲ得ル塲合ニ於テ成ルモノナリ

第二百八條　寄託《きたく》ハ所有者《しよゆうしや》ノミナラス尚ホ物ノ看守《かんしゆ》及ヒ保存《ほそん》ニ付キ利害ノ關係《くわんけい》アル人又ハ其代理《だいり》人《にん》之ヲ爲スコトヲ得

又寄託《きたく》ハ無《む》能力者《のうりよくしや》ノ法律上ノ代人《だいにん》之ヲ爲スコトヲ得

第二百九條　寄託ハ契約《けいやく》ヲ爲ス完全《くわんぜん》ノ能力《のうりよく》ヲ有スル者ニ非サレハ之ヲ受クルコトヲ得ス

然レトモ無《む》能力者《のうりよくしや》ハ猶ホ自己ノ手ニ存スル寄託物《きたくぶつ》ノ返還《へんくわん》又ハ寄託ニ因リテ得タル利《り》益《えき》ノ返還《へんくわん》ニ付キ民事上其責ニ任ス但背信《はいしん》ニ付テノ公訴《かうそ》ヲ妨ケス

第二百十條　受寄者ハ受寄《じゆき》物《ぶつ》ノ看守及ヒ保存《ほぞん》ニ付テハ自己《じこ》ノ財産《ざいさん》ニ加フルト同一ノ注意《ちうい》ヲ爲スコヲ要ス

然レトモ受寄《じゆき》者《しや》カ自ラ求メテ寄託《きたく》ヲ受ケ又ハ單ニ自己ノ利益ヲ目《もく》

(任意ノ寄託)トハ自由ノ意志ニヨリテ爲ス委托ヲ云フ

(無能力者ノ法律上ノ代人)トハ瘋癲白痴若クハ幼者ニ於テハ後見人其妻タルモノニ付テハ其夫等ヲ云フ自由ニ撰ム代理人ニ對シテ云フナリ

(背信)トハ信用シテ委托セラレタルニ背クヲ云フナリ刑法ニ規定セラレタル受寄財産費消罪ハ即チ背信ノ公訴ナリ

(善良ナル管理人)トハ自己ノ財産ヲ管理スルヨリハ深キ注意ヲ以テ物品ヲ管理スルヲ云フ

（受寄者）トハ委托ヲ受クル者ヲ云フ
（漏泄）トハ他人ニ知ラシムルコトナリ

的《てき》トシ要用《やうよう》ニ從ヒ受寄物ヲ使用スルノ許諾《きよたく》ヲ得テ寄託ヲ受ケタルトキハ受寄者《じゆきしや》ハ善良《ぜんりやう》ナル管理人《くわんりにん》ノ注意《ちうい》ヲ爲ス責ニ任ス但此末ノ塲合ニ於テ受寄者《じきしや》カ其物ヲ使用《しよう》シタルトキハ第百九十八條ノ規定《きてい》ヲ適用《てきよう》ス

第二百十一條　受寄物《じきぶつ》返還《へんくわん》ノ遲滯《ちたい》ニ付セラレタル受寄者ハ普通法《ふつうはう》ニ從ヒ意外《いぐわい》ノ事又ハ不可抗力《ふかこうりよく》ニ因ル滅失《めつしつ》ノ責ニ任ス

第二百十二條　寄託者カ受寄者《じゆきしや》ニ寄託物ノ性質《せいしつ》ヲ隱秘《いんひ》シタルトキハ受寄者之ヲ知ラント探求《たんきう》スルコトヲ得ス又其性質《せいしつ》ヲ受寄者ノミニ知ラシメタル塲合《ばあい》ニ於テモ受寄者之ヲ他人ニ漏泄《ろうせい》スルコトヲ得ス若シ之ヲ漏泄《ろうせい》シタル爲メ損害《そんがい》アルトキハ其賠償《ばいしやう》ノ責ニ任ス

第二百十三條　受寄者《じゆきしや》ハ受寄物ヲ使用《しよう》シ又ハ其果實《くわじつ》ヲ消費《しやうひ》スルコトヲ得ス但此カ爲メ寄託者《きたくしや》ノ明示《めいし》又ハ默示《もくし》ノ許諾《きよだく》アリタルトキハ此限ニ在ラス

此許諾《きよだく》ハ寄託ニ使用貸借《しようたいしやく》ノ性質《せいしつ》ヲ與フルニ足ラス

第二百十四條　受寄者ハ其收取《しうしゆ》シタル果實《くわじつ》及ヒ產出物《さんしゆつぶつ》ト又之ヲ金錢《きんせん》ニ換ヘサルヲ得サリシトキハ其代金ト共ニ原物《げんぶつ》ヲ返還《へんくわん》スルコトヲ要ス但前條ノ規定《きてい》ヲ妨ケス

受寄者カ受寄物ニ付キ或ル償金《しやうきん》又ハ或ル權利《けんり》若クハ利益ヲ取得《しゆとく》シタルトキハ之ヲ寄託者《きたくしや》ニ移轉《いてん》スルコトヲ要ス

又受寄者《じゆきしや》カ故意《こい》ニテ受寄物ヲ消費《しやうひ》シ讓渡《やづりわた》シ又ハ隱匿《いんとく》シタルトキハ遲滯《ちたい》ニ付セラルルコト無クシテ當然損害賠償《とうぜんそんがいばいしやう》ノ責ニ任ス但背信《はいしん》ニ付テノ公訴《かうそ》ヲ妨ケス

第二百十五條　受寄者《じゆきしや》ノ相續人《さうぞくにん》カ受寄物ナルコトヲ知ラスシテ其物ヲ消費《しやうひ》シ又ハ之ヲ讓渡《やづりわた》シタルトキハ其相續人《さうぞくにん》ハ此ニ因リテ得タル利益ノ額《がく》ニ滿《み》ツルマテ賠償《ばいしやう》ノ責ニ任ス

右ノ規定《きてい》ハ遺忘《いばう》又ハ錯誤《さくご》ニ因リ自己ノ物トシテ受寄物《じゆきぶつ》ヲ處分《しよぶん》シタ

（拂渡差押ノ合式ノ告知）トハ仕拂ヲ為スヿ及ビ財産差押ヲナサルヽヿニ付正當ノ手續ヲ履ミタル通知ナリ即チ裁判所ノ命令等ニテ為スノ通知ヲ云フナリ

ル受寄者ニ之ヲ適用《てきよう》ス

第二百十六條　寄託物《きたくぶつ》ノ返還《へんくわん》ハ寄託者《きたくしや》又ハ其法律上若クハ合意上《がういじやう》ノ代人ニ之ヲ為スコトヲ要ス

第二百十七條　返還《へんくわん》ニ付キ場所《ばしよ》ヲ定メサリシトキハ受寄者カ受寄物《じやきぶつ》ヲ移置《いち》シタルモ其現在《げんざい》ノ場所ニ於テ之ヲ返還《へんくわん》ス但寄託者ヲ詐害《さがい》スル意思《いし》アルトキハ此限ニ在ラス

第二百十八條　寄託者《きたくしや》ノ要求次第《えうきうしだい》物ヲ返還ス可キ受寄者ノ義務《ぎむ》ハ左ノ場合ニ於テ消滅《しやうめつ》ス

第一　受寄者《じゆきしや》カ其物ノ自己ニ屬《ぞく》スルコトヲ証スルコトヲ得ルトキ

第二　受寄者カ次條《じじやう》ニ從ヒテ留置權《りうちけん》ヲ行フコトヲ得ルトキ

第三　受寄者カ拂渡差押《はらひわたしさしおさへ》ノ合式ノ告知《こくち》ヲ受ケタルトキ

第四　受寄者《じゆきしや》カ受寄物ノ盗品《とうひん》ナルコトヲ覺知《かくち》シ且其所有者ヲ知

(不測)トハ豫メ知ルヿヲ得ザルヿナリ
(諸般ノ方法)トハ種々ナル方法ニシ

リタルトキ但此場合ニ於テ受寄者《じゆきしや》ハ所有者ニ其寄託《きたく》ヲ受ケタルコトヲ覺知シ且指定セル相應《さうおう》ノ期間《きかん》ニ寄託者ト立會ノ上ニテ其物ヲ要求《えうきう》ス可ク若シ此期間《きかん》ヲ過グルモ立會ハサルトキハ寄託者《きたくしや》ニ返還《へんくわん》ヲ爲ス可キ旨ヲ催告《さいこく》スルコトヲ要ス

第二百十九條　寄託者《きたくしや》ハ寄託物ノ保存《ほぞん》ノ爲メ受寄者《じゆきしや》ノ支出シタル必要《ひつえう》ノ費用ト其物ノ爲メニ受寄者《じゆきしや》ノ受ケタル損害《そんがい》トヲ賠償《ばいしやう》スルコトヲ要ス

右賠償《ばいしやう》ノ皆濟《かいさい》ヲ受クルマテ受寄者《じゆきしや》ハ受寄物ノ上ニ留置權《りうちけん》ヲ行フコトヲ得

第二款　急迫寄託《きうはくきたく》及ヒ旅店寄託《りよてんきたく》

第二百二十條　寄託者《きたくしや》カ火災《くわさい》、洪水《こうずい》、難船《なんせん》、地震《ぢしん》又ハ暴動《ばうどう》ノ如キ不測《ふそく》ニシテ且不可抗《ふかかう》ノ事變《じへん》ニ因リ已ムヲ得ス寄託《きたく》ヲ爲ストキハ之ヲ急迫《きうはく》ノ寄託《きたく》ト謂フ

急迫《きうはく》ノ寄《き》託《たく》ハ諸般ノ方法ニ依リ又ハ事情《じじやう》ヨリ生スル事實ノ推定《すいてい》ニ依リテ之ヲ証《しやう》スルコトヲ得

此他急迫寄託《きうはくきたく》ハ任意《にんい》寄《き》託《たく》ノ規則ニ從フ

第二百二十一條　旅店《りよてん》及ヒ下宿屋ノ主人ハ其止宿《ししゆく》セシムル旅人ノ携《けい》帶《たい》シタル手荷物《てにもつ》ノ受託《じゆたく》ニ付テハ之テ急迫《きうはく》ノ受寄者ト看做《みな》ス

舟車運送人《しうしやうんそうにん》其他水陸運送《すいりくうんそう》ノ營業人モ亦其運送《うんそう》ヲ任セラレタル荷物《にもつ》ニ付テハ之ヲ急迫《きうはく》ノ受寄者ト看做《みな》ス

然レトモ本條ノ受寄者ハ有償合意《ゆうしやうがうい》ヨリ生スル通常《つうじやう》ノ義務ヲ負擔《ふたん》ス

第二節　保管《ほくわん》

第二百二十二條　保管《ほくわん》トハ數人ノ間ニ於テ爭論《さうろん》ノ目的タル物ヲ第三者ニ寄託《きたく》スルヲ謂フ

保管《ほくわん》ハ動産《どうさん》又ハ不動産ヲ目的《もくてき》トスルコトヲ得

保管《ほくわん》ニハ合意上《がういじやう》ノモノ有リ裁判上《さいばんじやう》ノモノ有リ

テ法律ガ一定セザルヿヲ云フ本條ノ如キトキハ定メタル証據ヲ得ルヿ能ハザルニヨリテナリ

(急迫ノ受寄者ト看做)トハ本條ニ規定シタル受寄者ノ如キハ任意ニテ委託ヲ受ケシモノナレドモ特ニ斯ク看做スハ其責任ヲ重クナス爲メナリ

(保管)トハ保護監督スルヿナリ

（合意上）トハ其物件ノ訴訟ニ關スル者ノ契約ニ出ルヲ云フナリ

（裁判上）トハ原被ノ意志ノ如何ヲ問ハズ裁判官ヨリ命ジテ委托スルヲ云フ

第二百二十三條　合意上《がふいじやう》ノ保管《ほくわん》ハ其保管ニ付テモ保管人《ほくわんにん》ノ選定《せんてい》ニ付テモ當事者《とうじしや》ノ承諾《しやうだく》アルコトヲ要ス

裁判上ノ保管人《ほくわんにん》ハ當事者カ其選定《せんてい》ニ付キ一致《いつち》セサルトキニ非サレハ裁判所ハ職權《しよくけん》ヲ以テ之ヲ選定《せんてい》スルコトヲ得ス

裁判所ハ當事者《とうじしや》ノ一人ヲ保管人《ほくわんにん》ニ選任《せんにん》スルコトヲ得

第二百二十四條　合意上《がふいじやう》ト裁判上トヲ問ハス保管人《ほくわんにん》ハ報酬《ほうしう》ヲ受クルコトヲ得此場合ニ於テ保管人《ほくわんにん》ハ善良《ぜんりやう》ナル管理人ノ通常《つうじやう》ノ注意《ちうい》ヲ保管物ニ加フル責《せめ》ニ任ス

第二百二十五條　裁判上《さいばんじやう》ノ保管人ハ財産編《ざいさんへん》第百十九條ニ從ヒテ保管《ほくわん》物《ぶつ》ヲ賃貸《ちんたい》スルコトヲ得然レトモ合意上《がふいじやう》ノ保管人ハ當事者《とうじしや》ノ特別《とくべつ》ノ委任《いにん》ヲ受クルニ非サレハ賃貸《ちんたい》スルコトヲ得ス

裁判上又ハ合意上《がふいじやう》ノ保管人《ほくわんにん》ハ其占有《せんゆう》ヲ保持《ほぢ》シ又ハ之ヲ回收《くわいしう》スル爲メ占有訴《せんゆうそ》權《けん》ヲ行フコトヲ得

（差押物）トハ裁判所ニ於テ債務ノ抵償トシテ所持者ノ自由ニ運轉スルヲ禁ジタルモノヲ云フ

保管人ノ占有《せんゆう》ハ爭訟《そうせう》ニ於テ確定《かくてい》ニ勝ヲ得タル當事者《とうじしや》ヲ利ス

第二百二十六條　保管《ほくわん》ニ付シタル物ハ勝ヲ得タル當事者《とうじしや》ニ之ヲ返還《へんくわん》スルコトヲ要ス

然レトモ保管人《ほくわんにん》ハ自己ノ責任《せきにん》ヲ免カルル爲メ當事者ノ許諾《きよだく》又ハ裁判所ノ命令《めいれい》ヲ求ムルコトヲ得

第二百二十七條　右ノ外合意上《ごういじやう》及ヒ裁判上ノ保管《ほくわん》ハ尋常《じんじやう》ノ寄託《きたく》ノ規《き》則《そく》ニ從フ

第二百二十八條　差押物《さしおさへもの》ニ於ケル裁判上ノ保管《ほくわん》及ヒ債務者《さいむしや》カ辨濟《べんさい》ニ提供《ていきやう》シテ債權者《さいけんしや》ノ受取ルコトヲ拒《こば》ミタル金錢若クハ有價物《ゆうかぶつ》ノ供託《きやうたく》ハ特別法《とくべつはふ》ヲ以テ之ヲ規定《きてい》ス

第十一章　代《だい》理《り》

（解）代理《だいり》トハ自己ノ權利《けんり》内ニシテ爲シ得可キ所ノ事柄《ことがら》ヲシテ他人ニ自己ニ代リテ爲《な》サシムルヲ云フナリ故ニ自己ノ權内《けんない》ニアラザ

（其名ヲ以テ）トハ自己ノ名ヲ以テスルコトナリ然レ𪜈敢テ代理人ガ本人ノ名ノミヲ稱スルニアラズ自身ハ何人ノ代人ナリト云フナリ

ルコハ代理《たいり》セシムルコ能《あた》ハザルノミナラズ縦令其權内《そのけんない》ナルモ其事柄自己ニ於テハ為シ難《かた》キ事情アルモノナル片ハ之レヲ他人ニ代理《たいり》セシムルコ能ハザルモノタリ而シテ此代理《このだいり》契約《けいやく》ナルモノハ敢テ其代理《たいり》セシムル者ニ於テノミ利益《りえき》ヲ得ルモノニアラズシテ其代理《そのだいり》ヲ受クルモノニ於テモ利益《りにき》ヲ受タルモノアリ彼ノ仲買人《なかかひにん》ノ如キ之レ等ハ重ニ商法《しやうはふ》ニ於テ規定《きてい》セラルヽナリ

第一節　代理《だいり》ノ性質《せいしつ》

第二百二十九條　代理ハ當事者《とうじしや》ノ一方カ其名ヲ以テ其利益《りえき》ノ為メ或ル事ヲ行フコトヲ他ノ一方ニ委任《いにん》スル契約《けいやく》ナリ

代理人《だいりにん》カ委任者《いにんしや》ノ利益《りえき》ノ為メニスルモ自已《じこ》ノ名ヲ以テ事ヲ行フトキハ其契約《けいやく》ハ仲買契約《なかがいけいやく》ナリ

仲買契約《なかがいけいやく》ハ商法《しやうほふ》ヲ以テ之ヲ規定《きてい》ス

第二百三十條　代理《だいり》ハ默示《もくし》ニテ之ヲ委任《いにん》シ及ヒ之ヲ受諾《じゆだく》スルコトヲ

得

第二百三十一條　代理ハ無償《むしやう》ナリ但反對《はんたい》ノ明示《めいし》又ハ默示《もくし》ノ合意《がふい》アルトキハ此限ニ在ラス

第二百三十二條　代理ニハ總理《そうり》ノモノ有リ部理《ぶり》ノモノ有リ

總理《そうり》代理《だいり》ハ為ス可キ行為《こうい》ノ限定《げんてい》ナキ代理ニシテ委任者《いにんしや》ノ資産《しさん》ノ管《くわん》理《り》ノ行為《こうい》ノミヲ包含《はうぐわん》ス

代理カ或ハ管理《くわんり》或ハ處分《しよぶん》或ハ義務《ぎむ》ニ關《くわん》シテ一箇又ハ數箇《すうこ》ノ限定《げんてい》セル行為《こうい》ヲ目的《もくてき》トスルトキハ其代理ハ部理《ぶり》ナリ

第二百三十三條　凡ソ代理《だいり》ハ總理《そうり》ナルト部理《ぶり》ナルトヲ問ハス其目的《もくてき》タル行為《こうい》ヨリ必然《ひつぜん》ニ生ス可キ事柄《ことがら》ヲ暗《あん》ニ包含《はうぐわん》ス

然レトモ元本ヲ諾約《だくやく》スル委任《いにん》ハ其辨濟ヲ為ス委任《いにん》ヲ包含《はうぐわん》セス

元本《げんぽん》ヲ要約《やうやく》スル委任《いにん》ハ其辨濟《べんさい》ヲ受クル委任ヲ包含《はうぐわん》セス

訴訟《そしやう》ヲ為ス委任ハ仲裁人《ちうさいにん》ヲ選任《せんにん》シ請求《せいきう》ニ承服《しやうふく》シ訴訟《そしやう》ヲ取下《とりさ》ケ又ハ

(代理ハ無償ナリ)トハ代理ハ通常其代理ヲナス為メ償ヲ取ルモノニアラザルヿヲ云フナリ

(暗ニ包含ス)トハ明ニ委任セザルモ委任シタルモノト看做スヿヲ云フナリ

(和解)トハ双方權利ノ一歩ヲ讓リ訴訟ヲ底止スルヲ云フ

（仲裁人）トハ訴訟法第八篇ニ定メタル手續ニテ取扱ヲナス人ヲ云フ

（無能力者ノ制限）トハ無能力者ハ通常ノ契約ヲナス能ハズ必用品ノ契約ノミナリトノ法律ノ制限ヲ云フ

（復代人）トハ代理人ガ代理人ヲ委任スルヲ云フ

和解《わかい》ヲ爲ス委任《いにん》ヲ包含《はうぐわん》セス

和解《わかい》ヲ爲ス委任ハ仲裁人《ちうさいにん》又ハ裁判所ヲシテ争論《さうろん》ヲ裁決《さいけつ》セシムル委任ヲ包含《はうぐわん》セス

仲裁人ヲ選任《せんにん》スル委任ハ和解《わかい》ヲ爲シ又ハ裁判所ヲシテ其争論《さうろん》ヲ裁《さい》決《けつ》セシムル委任《いにん》ヲ包含セス

第二百三十四條　代理《だいり》ハ無能力者《むのふりよくしや》ニモ有效《ゆうかう》ニ之ヲ委任《いにん》スルコトヲ得然レトモ其代理人ハ委任者《いにんしや》ニ對シテハ無能力者《むのふりよくしや》ノ制限《せいげん》アル責任ノミヲ負擔《ふたん》ス

第二百三十五條　代理人ハ其管理行爲《くわんりこうい》ノ全部《ぜんぶ》又ハ一分ニ付キ他人ヲシテ自己《じこ》ニ代ハラシムルコトヲ得但此ヲ明示《めいし》ニテ禁止《きんし》セサルトキ又ハ事件《じけん》ノ性質《せいしつ》ニ因リテ專ラ代理人《だいりにん》ノミニ委任《いにん》シタリト看做《みな》ス可カラサルトキニ限ル此場合ニ於テ代理人《だいりにん》ハ自己ノ管理《くわんり》ニ於ケル如ク其復代人《ふくだいにん》ノ管理《くわんり》ノ責ニ任ス

（無能）トハ無能力者トハ異ナリテ成年者ナルモ働キナキ者ナルヿヲ云フ

委任者《いにんしや》カ復代人《ふくだいにん》ヲ指定《してい》シタルトキハ代理人ハ其指定《してい》ニ従フコト能ハサル場合ニ於テモ他人ヲ選任《せんにん》スルコトヲ得ス代理人カ其指定《してい》ニ従ヒ選任《せんにん》ヲ為シタル場合ニ於テハ代理人《だいりにん》ハ其復代人《ふくだいにん》ノ無能《むのう》又ハ不《ふ》誠實《せいじつ》ニ付キ委任者《いにんしや》ニ之ヲ告知スルコトヲ怠リ又ハ復代人《ふくだいにん》ヲ解任《かいにん》スルコトヲ怠リタルニ非サレハ其責《せめ》ニ任セス

委任者《いにんしや》ノ禁止《きんし》シタルニ拘ハラス復代人《ふくだいにん》ヲ選任《せんにん》シ又ハ其許諾《きよだく》セサル人ヲ選任《せんにん》シタル場合ニ於テハ代理人《だいりにん》ハ意外《いぐわい》ノ事又ハ不可抗力《ふかかうりよく》ニ因リテ生スル損害《そんがい》ニ付テモ其責ニ任ス但此復代人《ふくだいにん》ノ選任《せんにん》ヲ為ササレハ其損害《そんがい》ノ生セサル可カリシトキニ限ル

第二百三十六條　前條第一項及ヒ第二項ノ場合《ばあい》ニ於テ委任者《いにんしや》ハ復代《ふくだい》人《にん》ニ對シ其管理《くわんり》ニ關スル訴權《そけん》ヲ直接《ちよくせつ》ニ行フコトヲ得又之ニ對シ直《ちよく》接《せつ》ニ責任《せきにん》ヲ負擔《ふたん》ス

同條第三項ノ場合ニ於テ委任者《いにんしや》ハ直接訴權《ちよくせつそけん》ト代理人ノ名ヲ以テス

（直接訴權）トハ委任者自身ガ出訴スル場合ナリ

（超過額ヲ抛棄シテ）トハ委任者ノ指直ヨリ其物品高價ナルトキニ止ムヲ得ズ代理人ハ自ラ其差額タル超過ノ部分ヲ出シテ買入ルヽコヲ云フナリ

ル間接訴權《かんせつそけん》トノ間ニ選擇權《せんたくけん》ヲ有ス然レトモ直接訴權《ちよくせつそけん》ヲ行ヒタルトキハ其復代人《ふくだいにん》ノ選任《せんにん》ヲ認諾《にんだく》シタルモノト看做《みな》ス

第二節　代理人ノ義務《ぎむ》

第二百三十七條　代理《だいり》ノ終了《しうりやう》セサル間ハ代理人ハ委任《いにん》ノ本旨《ほんし》ニ從ヒ且明示《めいし》ナキモ自己《じこ》ノ了知《りやうち》シタル委任者ノ意思《いし》ヲ斟酌《しんしやく》シテ委任事件《いにんじけん》ヲ成就《じやうじゆ》スル責ニ任ス此ニ違フトキハ損害賠償《そんがいばいしやう》ヲ負擔《ふたん》ス

全部《ぜんぶ》ノ履行《りかう》ヲ爲スヲ得サルトキハ委任者《いにんしや》ニ有益《いうえき》ナルニ非サレハ代理人ハ一分ノ履行《りかう》テ爲ス責ナク且之ヲ爲スコトヲ得ス

第二百三十八條　指定《してい》ノ代價ニテ物ヲ買入ルル委任《いにん》ヲ受ケタル代理《だいり》人《にん》カ其指定《してい》ヲ超ユル代價《だいか》ヲ以テスルニ非サレハ之ヲ得ル能ハサリシトキハ代理《だいり》人《にん》ハ其超過額《ちやうくわがく》ヲ抛棄《ほうき》シテ買入ノ認諾《にんだく》ヲ委任者ニ要求《やうきう》スルコトヲ得又《また》委任者《いにんしや》ハ代理人ノ返辦《べんさい》シタル代價ヲ以テ物ノ引渡《ひきわたし》ヲ要求《やうきう》スルコトヲ得

物ヲ賣却《ばいきやく》スル委任ヲ受ケタル塲合ニ於テ代理人《だいりにん》カ指定《してい》ノ代價以下ニテ之ヲ賣却《ばいきやく》シタルトキハ代理人ハ代價ノ差額《さがく》ヲ補足《ほそく》シテ其賣却ヲ認諾《にんだく》セシムルコトヲ得

第二百三十九條　代理人《だいりにん》ハ委任事件《いにんじけん》ヲ成就《じやうじゆ》セシムルコトニ付テハ善《ぜん》良《りやう》ナル管理人《くわんりにん》タルノ注意《ちうい》ヲ爲ス責ニ任ス

然レトモ左ノ塲合《ばあい》ニ於テハ代理人ノ過失《くわしつ》ハ較《や》ヤ寛大《くわんだい》ニ之ヲ査定《さてい》ス

第一　代理人カ無償《むしやう》ニテ代理《だいり》ヲ爲ストキ

第二　代理人《だいりにん》カ自ラ求メテ代理ヲ爲シタルニ非サルトキ

第三　委任者《いにんしや》カ代理人ノ不熟練《ふじゆくれん》ナルコトヲ了知《りやうち》シ又ハ之ヲ推量《すいりやう》シタルトキ

第四　代理人《だいりにん》カ管理《くわんり》ノ或ル行爲《かうい》ニ付キ委任者ヲシテ其豫期《よき》セサリシ利益《りえき》ヲ得セシメタルトキ

第二百四十條　代理人《だいりにん》ハ代理ノ終了《しうりやう》シタルトキハ證據書類《しやうこしよるい》ヲ添ヘテ

（善良ナル管理人タルノ注意）トハ自己ノ品物ヲ管理スルヨリ一層深キ注意ヲナスヿヲ云フ

（控除）トハ差引ヲ為スコヲ云フナリ

（計算殘餘）トハ計算シテ渡スベキモノヲ渡サヽル金額ヲ云フ

其計算《けいさん》ヲ為ス責ニ任ス其終了前《しうりやうぜん》ト雖モ委任者《いにんしや》ノ之ヲ求メタルトキハ亦同シ

第二百四十一條　代理人《だいりにん》ハ委任者ノ名ヲ以テ又ハ管理《くわんり》ニ關シ自已《じこ》ノ名ヲ以テ受取リタル金額《きんがく》若クハ有價物《ゆうかぶつ》ヲ委任者ニ返還《へんくわん》スルコトヲ要ス又委任者《いにんしや》カ正當《せいたう》ニ受取ルコトヲ得ス又ハ代理人《だいりにん》ニ受取ルコトヲ託《たく》セサリシ金額《きんがく》若クハ有價物《ゆうかぶつ》ト雖モ之ヲ受取リタルトキハ亦同シ然レトモ次節《じせつ》ニ從ヒ委任者《いにんしや》ヨリ受取ル可キ金額《きんがく》ヲ控除《かうぢよ》ス

代理人ハ自已ノ收取《しうしゆ》スルコトヲ怠リ又ハ自已《じこ》ノ過失《くわしつ》ニ因リテ滅失《めつしつ》セシメタル金額《きんがく》若クハ有價物ノ價額《かがく》ヲ前數條《ぜんすうでう》ニ依リテ負擔《ふたん》スル損害賠償《そんがいばいしやう》ト共ニ前項ノ返還中《へんくわんちう》ニ附加《ふか》ス

第二百四十二條　委任者《いにんしや》ノ許諾《きよだく》ヲ受ケスシテ其元本《げんぽん》ヲ自已ノ利益《りえき》ニ用井タル代理人ハ其使用《しよう》ノ日ヨリ當然利息《たうぜんりそく》ヲ負擔《ふたん》ス其他損害《そんがい》アルトキハ賠償《ばいしやう》ノ責ニ任ス

計算殘餘《けいさんざんよ》ノ金額ニ付テハ代理人ハ其遲滯《ちたい》ニ付セラレタル日ヨリ利《り》息《そく》ヲ負擔《ふたん》ス

第二百四十三條　一箇ノ事件《じけん》ニ付キ數人ノ代理人《だいりにん》アルトキハ唯一ノ證書《しようしよ》ヲ以テ之ヲ委任シタルト各別《かくべつ》ノ證書ヲ以テ之ヲ委任《いにん》シタルトヲ問ハス各代理人《かくだいりにん》ハ自已ノ過失《くわしつ》ニ付テノミ其責ニ任シ連帶《れんたい》ヲ要約《やうやく》シタルトキ又ハ過失《くわしつ》ノ連合《れんがふ》ナルトキニ非サレハ其間ニ連帶《れんたい》ヲ成サス

第二百四十四條　代理人《だいりにん》カ委任者ノ爲メ委任者《いにんしや》ノ名ヲ以テ第三者ト爲シタル行爲《かうゐ》ノ履行《りかう》ニ付テハ代理人《だいりにん》ハ其第三者ニ對シテ責ニ任セス但代理人ガ明示ニテ履行ノ責ニ任シ又ハ第三者ニ對シテ己レノ有セサル權限《けんげん》ヲ有スルモノノ如ク示シタルトキハ此限《かぎり》ニ在ラス

第三節　委任者ノ義務《ぎむ》

第二百四十五條　委任者《いにんしや》ハ代理人ニ對シテ左ノ義務《ぎむ》ヲ負擔《ふたん》ス

第一　代理人《だいりにん》カ代理ノ履行《りかう》ノ爲メ支出《ししゆつ》シタル立替金《たてかへきん》又ハ正當《せいとう》ノ

（合意シタル謝金ノ辨濟）トハ契約ニヨリテ生シタル代理ニ付テノ報勞ノ金額ヲ返濟スルコトナリ

（義務ノ解脱）トハ其義務ヲ解除シ責任ヲ脱セシムルヲ云フナリ

費用ノ辨償《べんしやう》及ヒ其支出シタル日以來《いらい》ノ法律上ノ利息《りそく》ノ辨償《べんしやう》

第二　合意《がうい》シタル謝金《しやきん》ノ辨濟

第三　代理人カ其管理《そのくわんり》ニ因リ又ハ其管理ヲ為スニ際《さい》シ自己《じこ》ノ過《くわ》失《しつ》ニ非スシテ受ケタル損害《そんがい》ノ賠償《ばいしやう》但豫見シタル損害ニシテ其全部《ぜんぶ》又ハ一分ニ付キ特《こと》ニ謝金ヲ諾約《だくやく》スル理由《りゆう》ト為リタルモノハ此限ニ在ラス

第四　代理人ハ其管理ニ因《よ》リテ負擔《ふたん》シタル一身上ノ義務《ぎむ》ノ解脱《かいだつ》又ハ其賠償《ばいしやう》

第二百四十六條　代理人ハ前條ニ掲《か》ケタル支出《ししゆつ》ヲ為スコトヲ約《やく》セサルトキハ其責《そのせめ》ニ任セス然レトモ委任者《いにんしや》ヨリ必要ナル資金《しきん》ヲ供スルコトヲ拒絶《きよぜつ》シ又ハ遅延《ちえん》セシコトノ證據《しやうこ》ナキニ於テハ支出《ししゆつ》ヲ約セサル為メ代理ノ履行《りこう》ヲ遅延スルコトヲ得ス

第二百四十七條　謝金ハ代理ノ全部履行《ぜんぶりこう》アリタル後ニ非サレハ委任

（反對ノ要約）トハ共同者連帶ノ責任ヲ負ハザルコトヲ豫メ契約シタルコトヲ云フナリ

（權限外）トハ代理人ガ委任サレタル爲スベキ事項ノ範圍外ニ出タルヲ云フナリ

者之ヲ負擔《ふたん》セス但一分ツヽ辨濟《べんさい》ス可キコトヲ諾約シタルトキハ此限《かぎり》ニ在ラス

代理人ノ責《せめ》ニ歸《き》セサル原因《げんいん》ニ由リテ全部ノ履行ニ妨碍《ぼうがい》アリタルトキハ謝金ハ其履行ノ割合《わりあい》ニ應シテ委任者之テ負擔《ふたん》ス

第二百四十八條　委任者カ義務《ぎむ》ヲ辨濟スルニ至ルマテ代理人ハ代理ニ依《よ》リテ所持《しよぢ》シ且債權者《さいけんしや》ト爲レルカ原因タル物ノ上ニ留置權《りうちけん》ヲ有《いう》ス

第二百四十九條　數人カ唯《たゞ》一ノ證書又ハ各別《かくべつ》ノ證書ヲ以テ共同事件《けうどうじけん》ノ爲メ代理ヲ委任《いにん》シタルトキハ委任者ノ各自《かくじ》ハ連帶《れんたい》シテ上ノ義務ヲ負擔《ふたん》ス但反對《はんたい》ノ要約《ようやく》アルトキハ此限ニ在ラス

第二百五十條　委任者ハ代理人カ委任ニ從《したが》ヒ委任者ノ名ニテ約束《やくそく》セシ第三者ニ對《たい》シテ負擔シタル義務《ぎむ》ノ責ニ任ス

委任者ハ左ノ塲合《ばあい》ニ於テハ代理人ノ權限外《けんしくわい》ニ爲シタル事柄《ことがら》ニ付テモ亦其責ニ任ス

（履行ノ不能）トハ人爲又ハ自然ヲ以テ代理ノ事柄ガ到底行フ能ハザルニ至ルコヲ云フナリ

第一　委任者カ明示《めいじ》又默示《もくし》ニテ代理人ノ行爲《こうい》ヲ認諾《にんだく》シタルトキ

第二　委任者カ代理人ノ行爲ニ因《よ》リテ利益《りえき》ヲ得タルトキ但其利益ノ限度《げんど》ニ從《したが》フ

第三　第三者カ善意《ぜんい》ニシテ且代理人ニ權限《けんげん》アリト信スル正當《せいとう》ノ理由ヲ有シタルトキ

第四節　代理ノ終了《しうれう》

第二百五十一條　代理ノ履行《りこう》又ハ其履行ノ不能《ふのう》及ヒ代理ニ付シタル期限《きげん》ノ到來《とうらい》又ハ條件ノ成就ノ外尙《な》ホ代理ハ左ノ諸件ニ因リテ終了《しうれう》ス

第一　委任者ノ爲シタル廢罷《はいひ》

第二　代理人ノ爲シタル拋棄《はうき》

第三　委任者又ハ代理人《だいりにん》ノ死亡《しばう》、破産《はさん》、無資力《むしりよく》若クハ禁治産《きんちさん》

第四　委任者カ代理ヲ委任《いにん》シ又ハ代理人カ之ヲ受諾《じゆたく》セシ原因《げんいん》タ

ル資格《しかく》ノ絶止《ぜつし》

第二百五十二條　委任者ノミノ利益《りえき》ノ爲メニ委任セシ代理ノ廢罷《はいひ》ハ謝金《しやきん》ヲ諾約シタルトキト雖モ委任者ハ何時《なんどき》ニテモ隨意《ずいゐ》ニ之ヲ爲スコトヲ得

第二百五十三條　廢罷《はいひ》ハ將來《しやうらい》ニ向ヒテノミ有效《いうこう》ナリ且其廢罷前ニ有效ニ爲シタル事柄《ことがら》ヲ害セス

第二百五十四條　數人《すうにん》ノ委任者アルトキハ其中ノ一人ノ爲《な》シタル廢《はい》罷《ひ》ハ他ノ人ノ代理ヲ終了《しうれう》セシメス

第二百五十五條　代理ノ廢罷ハ默示《もくし》タルコトヲ得默示ノ廢罷《はいひ》ハ同一《どういつ》ノ事件ニ付キ新代理人ノ選任《せんにん》又ハ委任者ノ管理《くわんり》ノ回復《くわいふく》其他ノ事情ヨリ生《しやう》スルモノナリ

第二百五十六條　代理ノ拋棄《はうき》カ委任者ニ損害《そんがい》ヲ生セシメタルトキハ代理人ハ其賠償《そのばいしやう》ノ責《せめ》ニ任ス但正當又ハ已《や》ムヲ得サル原因《げんいん》ニ基《もとづ》キタ

（默示タルコトヲ得）トハ明カニ言ハズシテ擧動ヲ以テナス場合ヲ云フナリ

（代理ノ拋棄）トハ代理セラレタル事柄ヲ打棄テ置クヿヲ云フナリ

（代理終了ノ原因ヲ以テ對抗スルコトヲ得ズ）トハ己ニ代理ヲ委任シタルヲ廢シタリトノ事ヲ以テ答辯トシ其責ヲ免ルヽヲ得ズト云フニアリ

ルトキハ此限ニ在ラス

代理ノ拋棄モ亦默示《またもくし》ニテ之ヲ爲スコトヲ得《う》

第二百五十七條　代理終了ノ原因《げんいん》ハ委任者ヨリ出《い》テタルト代理《だい り》人《しん》ヨリ出テタルトヲ問ハス當事者《とうじしや》カ其告知《こくち》ヲ受ケタルカ又ハ確實《かくじつ》ニ之ヲ知リタルトキニ非《あら》サレハ當事者互《たがひ》ニ之ヲ以テ對抗《たいこう》スルコトヲ得ス

當事者ノ一方ノ死亡《しぼう》シタル塲合《ばあい》ニ於テハ其相續人《そのさうぞくにん》ヨリ告知《こくち》スルコトヲ要ス

第二百五十八條　委任者カ代理人ヨリ委任狀ヲ取戻《とりもど》シタルトキト雖モ懈怠《かいたい》ナシニ代理ノ終了《しうれう》ヲ知ラスシテ代理人ト約束《やくそく》シタル第三者ニハ代理《だいり》終了《しうれう》ノ原因《げんいん》ヲ以テ對抗《たいこう》スルコトヲ得ス

第二百五十九條　代理カ上ニ掲《か》ケタル原因ノ一ニ由《よ》リテ終了セシトキハ代理人又ハ其相續人ハ委任者《いにんしや》又ハ其相續人カ既《すで》ニ生《しやう》シタル利

(一層嚴ニ之レヲ適用ス)トハ尋常ヨリハ法律ノ適用ノ仕方ヲ嚴重ニシ斟酌セザルヿヲ云フ

益ヲ自《みづか》ラ處理《しより》シ又ハ新代理人ヲシテ之ヲ處理《しより》セシムルコトヲ得ルニ至《いた》ルマテ其利《そのり》益《えき》ヲ處理スルコトヲ要ス

此規《このき》定《てい》ハ代理ノ終了カ代理人ノ拋棄《はうき》ニ因《よ》レルトキハ委任者ノ廢罷《はいひ》ニ因レルトキヨリモ一層嚴《そうげん》ニ之ヲ適用《てきよう》ス

第十二章　雇傭《こよう》及ヒ仕事請負《しごとうけおひ》ノ契約《けいやく》

(解)　他人《たにん》ノ為メ其委任《そのいにん》ヲ受ケテ事《こと》ニ從事《じうじ》スルモノニシテ代理人《だいりにん》ト異《こと》ナルモノアリ雇傭者《こようしや》及ビ仕事請負《しごとうけおひ》ヲ為スモノ之レナリ蓋《けだ》シ雇《こ》傭者《ようしや》ナルモノハ家族的《かぞくてき》ノ關係《くわんけい》ヨリ發達《はつたつ》シタルモノニシテ家長《かちやう》ノ從《じう》僕《ぼく》トモ稱《しやう》スベキモノナリ故ニ只家長《たゞかちやう》ノ命《めい》ニ之レ從《したが》ヒ自己《じこ》ノ意見《いけん》ヲ以テ縦《ほしいま》マニ事ヲ所分《しよぶん》スルヿ能《あた》ハザルモノタリ然《しか》レ𪜈雇傭者《こようしや》ハ代理《だいり》人《にん》ノ如ク一々委任《いにん》ヲ請《う》クルヿヲ要セズ只習慣《たゞしゆうくわん》ニヨリ日々取扱《とりあつか》フ所ニ從事《じうじ》スルモノタリ又仕事請負者《しごとうけおひしや》ハ雇傭者《こようしや》ノ如ク家長《かちやう》ノ從僕《じうぼく》タルニアラズシテ其意見《そのいけん》ヲ用ユルノ点《てん》ニ於テハ代理人《だいりにん》ノ如クナリト雖

𪜈此二者ト異リテ委托《いたく》サレタル仕事《しごさ》ノ成敗《せいはい》ハ一ニ自己ノ責任《せきにん》ニ歸スルモノナリトス

第一節　雇傭契約《こようけいやく》

第二百六十條　使用人《しようにん》、番頭《ばんとう》、手代《てだい》、職工《しよくこう》其他ノ雇傭人《こようにん》ハ年、月又ハ日ヲ以テ定メタル給料《きうれう》又ハ賃銀《ちんぎん》ヲ受ケテ勞務《ろうむ》ニ服《ふく》スルヿヲ得」

雇傭ハ地方ノ慣習《くわんしう》ニ因リ定マリタル時期《じき》ニ於テ又ハ確定《かくてい》ノ慣習ナキトキハ何時《なんどき》ニテモ一方ヨリ豫《あらかじ》メ解約申入ヲ爲スニ因《よ》リテ終了ス但其解約申入《たゞしそのかいやくもうしいれ》ハ不利ノ時期ニ於テ之ヲ爲サス又惡意《あくい》ニ出テサルコトヲ要《よう》ス

第二百六十一條　雇傭ノ期間《きかん》ハ使用人、番頭、手代ニ付テハ五个年《かねん》職工其他ノ雇傭人《こようにん》ニ付テハ一个年《かねん》ヲ超《こ》ユルコトヲ得ス但習業契約《しうげうけいやく》ニ關スル下ノ規定《きてい》ヲ妨《さまた》ケス

此ヨリ長キ時期《じき》ヲ約《やく》シタルニ於テハ當事者《とうじしや》ノ一方ノ隨意《ずいい》ニテ右ノ

(地方ノ慣習)トハ其地方ニ行ハルヽ仕來リヲ云フ

(習業契約)トハ或仕事ヲ覺エンガ爲メニ他人ノ雇傭者トナリテ居ルモノナリ

(更新)トハ改メテ新ニ再ビナスヿヲ云フ

時期《じき》ニ之ヲ短縮《たんしゆく》ス但更新《かうしん》ヲ為ス權能《けんのう》ヲ妨《さまた》ケス

第二百六十二條　雇傭《こよう》ハ時期ヲ定メタルトキト雖モ當事者《たうじしや》ノ一方ノ義務不履行《ぎむふりかう》ニ因ル解除《かいじよ》ノ為メ又ハ一方《いつぱう》ヨリ出《い》テタル正當《せいたう》ニシテ且已《や》ムヲ得サル原因《げんいん》ノ為《た》メ其定期前《そのていきぜん》ニ於テ終了ス

如何《いか》ナル塲合ニ於テモ主人《しゆじん》ノ一身ニ關《くわん》スル雇傭《こよう》ハ其死亡《しばう》ノ為メ當然終了ス

第二百六十三條　雇傭《こよう》ヲ終了セシムル正當ノ原因《げんいん》カ主人ヨリ出テ且《かつ》地方《ちほう》ノ慣習《くわんしう》ニ從《したが》ヒ雇傭ノ新契約《しんけいやく》ヲ為スニ困難《こんなん》ナル季節《きせつ》ニ生シタルトキハ裁判所ハ事情《じじやう》ニ從ヒテ定ムル償金《しやうきん》ヲ雇傭人ニ付與《ふよ》セシムルコトヲ得

第二百六十四條　如何ナル塲合《ばあい》ニ於テモ雇傭人ノ死亡ハ契約《けいやく》ヲ終了セシム但其相續人ハ給料《きうれう》又ハ賃銀《ちんぎん》ノ取越過額《とりこしくわがく》ヲ返還《へんくわん》ス

第二百六十五條　上ノ規定《きてい》ハ角力《すもふ》、俳優《はいゆう》、音曲師《おんぎよくし》其他ノ藝人《げいにん》ト座元《ざもと》

（法定ノ義務）トハ法律ニテ何々スヘシト義務ヲ定ムルコトヲ云フ雇傭者又ハ請負仕事師ノ為メニ定メタル本章ノ如キハ法定ノ義務ナリトス

（相互ノ分限）トハ教師醫師辯護士ナドー生徒患者依頼者ノ身分ヲ云フナリ

興行者《こうけうしや》トノ間ニ取結《とりむす》ヒタル雇傭契約《こようけいやく》ニ之ヲ適用《てきよう》ス

第二百六十六條　醫師《いし》、辯護士《べんごし》及ヒ學藝教師《がくげいけうし》ハ雇傭人《こようにん》ト為ラス此等ノ者ハ其患者《くわんしや》、訴訟人《そしやうにん》又ハ生徒ニ諾約《たくやく》シタル世話《せわ》ヲ與ヘ又ハ與《あた》ヘ始《はじ》メタル世話ヲ繼續《けいぞく》スルコトニ付キ法定《はうてい》ノ義務《ぎむ》ナシ又患者《くわんしや》、訴訟《そしよう》人《にん》又ハ生徒ハ此等ノ者ノ世話ヲ求《もと》メテ諾約《たくやく》ヲ得タル後其世話ヲ受《う》クル責《せめ》ニ任セス

然レトモ實際世話《じつさいせは》ヲ與ヘタルトキハ相互《さうご》ノ分限ト慣習《くわんしう》及ヒ合意《がうい》トヲ酌量《しやくれう》シテ其謝金《そのしやきん》又ハ報酬《はうしう》ヲ裁判上ニテ要求《ようきう》スルコトヲ得

此等《これら》ノ者ノ世話ヲ受《う》クルコトヲ諾約《たくやく》シタル後正當《せいとう》ノ原因《げんいん》ナクシテ之ヲ受クルコトヲ拒絶《きよせつ》シタル者ハ其拒絶ヨリ此等ノ者ニ金錢上《きんせんじやう》ノ損害ヲ生《しやう》セシメタルトキハ其賠償《そのばいしやう》ノ責ニ任ス

之ニ反《はん》シテ世話《せわ》ヲ與《あた》フルコトヲ諾約《たくやく》シタル後正當ノ原因《げんいん》ナクシテ之ヲ拒絶《きよせつ》シタル者ハ因《よ》リテ加《くわ》ヘタル損害《そんがい》ヲ賠償スル責《せめ》ニ任ス

第二節　習業契約《しうげふけいやく》

第二百六十七條　工業人《こうげふにん》、工匠《こうせう》又ハ商人《せうにん》ハ習業契約ヲ以テ習業者ニ自己《じこ》ノ職業上《しよくげふ》ノ知識《ちしき》ト實驗《じつけん》トヲ傳授《でんじゆ》シ習業者ハ其人ノ勞務《ろうむ》ニ助力《じよりよく》スルヲ約《やく》スルコトヲ得

未成年者《みせいねんしや》ハ其父、後見人《こうけんにん》其他自巳《じこ》ニ對シテ權力《けんりよく》ヲ有スル人ノ保佐《ほさ》又ハ名代《めうだい》ニ依ルニ非《あら》サレハ習業契約《しうげふけいやく》ヲ取結《とりむす》フコトヲ得ス

第二百六十八條　合式《がうしき》ニ保佐ヲ受《う》ケタル未成年者《みせいねんしや》又ハ其代人ノ取結《とりむす》ヒタル習業契約ハ其未成年ノ時期《じき》ヲ超《こ》ユルコトヲ得ス但習業者カ成年ニ達《たつ》シタル後其契約ヲ更新《こうしん》シ又ハ之ヲ伸長《しんてう》スルコトヲ妨《さまた》ケス

第二百六十九條　習業契約《しうげふけいやく》ハ當事者相互《さうご》ノ義務《ぎむ》ノ性質《せいしつ》及ヒ廣狹《くわうけう》ヲ定ム

習業契約《しうげふけいやく》ノ不備ハ師匠《ししやう》又ハ親方《おやかた》ノ其職業ヲ行《おこな》フ地方ノ慣習《くわんしう》ニ從ヒテ之ヲ補完《ほくわん》スルコトヲ得

（權力ヲ有スル人）トハ親族上ノ關係ニテ權力アル人ヲ云フ叔伯父兄等ヲ云フ

（名代）トハ代理ナリ然レトモ通常ノ代理ト異ナルハ此場合ニハ委託者ニ其委託ノ能力ナキヲ以テ斯ク名付ケシナリ

第二百七十條　師匠《ししやう》又ハ親方《おやかた》ハ習業者《しうげうしや》ニ衣食及ヒ職業《しよくげう》ノ器具ヲ與ヘ且日常ノ便用《べんよう》ヲ足ラシムルコトヲ要ス但反對《はんたい》ノ合意ナク且地方ノ慣習《くわんしう》ノ此ニ異ナラサルトキニ限ル

師匠《ししやう》又ハ親方ハ習業者《しうぎやうしや》ニ其習業契約《しうぎやうけいやく》ノ目的タル職業《しよくぎやう》ヲ學フコトヲ得セシムル爲メ必要《ひつやう》ナル時間ヲ與ヘ世話《せは》ヲ爲シ及ヒ諸般《しよはん》ノ便利ヲ圖ルコトヲ要ス

未成年ノ習業者《しうぎやうしや》カ未タ算筆《さんひつ》ヲ知ラサルトキハ師匠《ししやう》又ハ親方ハ何等ノ反對《はんたい》ノ合意《がうい》アルモ習業者ニ算筆修習《さんぴつしうしう》ノ爲メ休憩時《きうけいじ》間外《かんがい》ニ於テ毎日少ナクトモ一時間ヲ與フルコトヲ要ス

第二百七十一條　習業者《しうげうしや》ハ其習ハントスル職業《しよくぎやう》ニ關シ日日ノ時間及ヒ勞務《らうむ》ヲ師匠《ししやう》又ハ親方ニ供《きやう》スルコトヲ要ス

第二百七十二條　習業者《しうぎやうしや》カ自己又ハ其親屬《しんぞく》ノ疾病《しつぺい》其他不可抗《ふかかう》ノ原因《げんいん》ニ由リテ一ケ月以上引續《ひきつゞ》キ勞務《らうむ》ヲ供スルコト能ハサルトキハ習業《しうぎやう》

（不可抗ノ原因）トハ人力ノ抗スルヲ得ザルコトナリ即チ疾病等ノ場合モ此中ニ入ルナリ

者《しや》ハ其成年ニ達シタル後ト雖モ習業契約《しうぎやうけいやく》ノ期限滿了後《きげんまんりやうご》ニ於テ前契約《ぜんけいやく》ニ同シキ相互ノ條件《じやうけん》ヲ以テ休業《きうぎやう》シタル時間ヲ補足《ほそく》スルコトヲ要ス

第二百七十三條　習業契約《しうぎやうけいやく》ハ左ノ諸件《しよけん》ニ因リテ當然終了《とうぜんしうりやう》ス

第一　師匠《ししやう》、親方又ハ習業者《しうげふしや》ノ死亡

第二　師匠、親方《おやかた》又ハ習業者陸海軍《りくかいぐん》ノ現役《げんえき》

第三　師匠《ししやう》、親方又ハ習業者ノ重罪《ぢうざい》又ハ三ケ月ヲ超ユル禁錮《きんこ》ノ處刑《しよけい》

第四　合意《がうい》又ハ法律ヲ以テ定メタル期間《きかん》ノ滿了《まんりやう》

第二百七十四條　左ノ原因《げんいん》アルトキハ解除ノ利益《りえき》ヲ得ル一方ノ當事者《たうじしや》ノ請求《せいきう》ニ因リ裁判所《さいばんしよ》ハ契約《けいやく》ノ解除《かいじよ》ヲ宣告《せんこく》スルコトヲ得

第一　相互ノ義務《ぎむ》ノ不履行《ふりかう》但不可抗《ふかかう》ノ原因《げんいん》ニ由ルトキモ亦同シ

第二　習業者《しうぎやうしや》ニ對スル師匠《ししやう》又ハ親方ノ苛酷《かこく》ナル取扱

（仕事ノ請負）トハ委頼者ヨリ材木其他建築ニ要スベキ物件ヲ供シテ代價ヲ前以テ定メ損得ヲ引受ケヲナスヲ云フナリ

（遅滯）トハ怠慢ト裁判所ニ於テ見做サルヽコトナリ

第三　習業者ノ平常《へいじやう》ノ不品行《ふひんかう》

第四　前條ニ掲《かゝ》ケタル場合ノ外師匠《ししやう》、親方又ハ習業者《しうぎやうしや》ノ犯罪

第五　契約《けいやく》ヲ履行《りかう》ス可キ土地外ニ師匠《ししやう》又ハ親方ノ轉居《てんきよ》

本條ニ依リテ解除《かいぢよ》ノ宣告《せんこく》ヲ受ケタル當事者《たうじしや》ノ一方ハ自己ニ過失《くわしつ》アルトキハ他ノ一方ニ對シテ尚ホ其損害《そんがい》ヲ賠償《ばいしやう》ス可キノ言渡ヲ受ク」

前條ニ掲ケタル處刑言渡《しよけいいいわたし》ノ場合ニ於テモ亦同シ

第三節　仕事請負契約《しごとうけおひけいやく》

第二百七十五條　工技又ハ勞力《らうりよく》ヲ以テスル或ル仕事《しごと》ヲ其全部《ぜんぶ》又ハ一分ニ付キ豫定代價《よていだいか》ニテ為スノ合意ハ注文者《ちうもんしや》ヨリ主タル材料《ざいりやう》ヲ供スルトキハ仕事ノ請負《うけおひ》ナリ若シ請負人ヨリ主タル材料《ざいりやう》ト仕事トヲ供スルトキハ仕事《しごと》ヲ為ス可キ條件附《でうけんつき》ノ賣買《ばいばい》ナリ

第二百七十六條　前條ニ掲《かゝ》ケタル二箇ノ場合ニ於テ物ノ全部《ぜんぶ》又ハ一分ニ付キ既ニ仕事《しごと》ヲ為シタル後ニ意外《いぐわい》ノ事又ハ不可抗力《ふかかうりよく》ニ因リテ

其物《もの》ノ滅失《めつしつ》セシトキハ材料《ざいりやう》ノ滅失《めつしつ》ハ其材料ノ屬《ぞく》スル者之ヲ負擔《ふたん》シ請負人ハ仕事賃《しごとちん》ヲ損失《そんしつ》ス

當事者《たうじしや》ノ一方カ其所爲《しよゐ》ニ因リテ滅失《めつしつ》ヲ來タシタルカ又ハ引渡《ひきわたし》若クハ受取ニ付キ遲滯《ちたい》ニ在ルトキハ其一方ノミ材料《ざいりやう》及ヒ仕事賃ニ付キ其滅失《めつしつ》ヲ負擔《ふたん》ス但損害《そんがい》アルトキハ其賠償《ばいしやう》ノ責ニ任ス

請負人《うけおひにん》ヨリ材料《ざいりやう》ヲ供シタル場合ニ於テ一分ノ滅失《めつしつ》又ハ單一《たんいつ》ナル毀《き》損《そん》カ物ニ其價額《かかく》ノ半以上ヲ失ハシムルトキハ之ヲ全部《ぜんぶ》ノ滅失ト同《どう》視《し》ス又其減價《げんか》カ半以上ニ在ルトキハ財産編《ざいさんへん》第百四十六條、第四百十九條第三項及ヒ第四百二十條ノ規定《きてい》ヲ適用《てきよう》ス

注文者《ちうもんしや》ヨリ材料《ざいりやう》ヲ供シタルトキハ注文者ハ滅失《めつしつ》又ハ毀損《きそん》ノ後存在《そんざい》スル材料《ざいりやう》ノ部分ノ增價《ぞうか》シタル限度《げんど》ニ從ヒテ仕事賃ヲ辨濟《べんさい》スル責ニ任ス

第二百七十七條　注文者《ちうもんしや》ヨリ材料《ざいりやう》ヲ供シタル場合ニ於テハ仕事完成《しごとくわんせい》

ノ後ニ非サレハ引渡《ひきわたし》ヲ實行《じつかう》セサル可キトキト雖モ一分宛仕事ヲ調《ちやう》査《さ》シ且之ヲ受取ルヲ合意《がふい》スルコトヲ得

此場合ニ於テ注文者《ちうもんしや》カ既成《きせい》ノ仕事ヲ調査《ちやうさ》シテ受取リタルトキ又ハ之ヲ調査《ちやうさ》スルコトノ遲滯《ちたい》ニ在ルトキハ請負人《うけおひにん》ハ既成《きせい》ノ仕事ニ付キ其危險《きけん》ノ責ヲ免カル

仕事中《しごとちう》ニ注文者ヨリ前金《ぜんきん》又ハ内金ヲ供シタルモ此ヲ以テ既成《きせい》ノ仕事ヲ受取リタリト看做《みな》サス然レトモ物カ注文者《ちうもんしや》ノ明白ナル受取又ハ其付遲滯《ふちたい》ノ以前ニ滅失《めつしつ》シタルトキハ注文者《ちうもんしや》ハ既成《きせい》ノ仕事ヲ超《こ》ユル部分ニ非サレハ前金又ハ内金ヲ取戻《とりもど》スコトヲ得ス

第二百七十八條　注文者《ちうもんしや》カ異議《いぎ》ヲ留メスシテ工作物ヲ受取リタルモ後日其物ノ使用《しよう》ニ不適當《ふてきたう》ナル隱レタル瑕疵《かし》ヲ發見《はつけん》スルトキハ注文《ちうもん》者《しや》ハ其受取ヲ取消《とりけ》シテ代價ノ減殺《げんさつ》又ハ其一分ノ返還《へんくわん》ヲ請求《せいきう》スル權《けん》利《り》ヲ失ハス

（九十九條ノ規定）トハ前項ノ權利ノ消滅ノ期限ヲ定メタルナリ

此權利《けんり》ニ基キタル訴權《そけん》ハ注文者ニ屬スル動産《どゝさん》又ハ不動産ノ上ニ施シタル仕事ニ付テハ全部《ぜんぶ》ノ工作物《こうさくぶつ》ヲ受取リタル後ノ三个月ニテ消《しやう》滅《めつ》ス

職工《しよくこう》ヨリ材料《ざいりやう》ヲ供シタル製作物《せいさくぶつ》ニ付テハ第九十九條ノ規定《きてい》ヲ適用《てきよう》ス

第二百七十九條　建物《たてもの》、牆壁《しやうへき》其他地上ニ於ケル大ナル工作物《こうさくぶつ》ヲ請負《うけおひ》ニテ築造《ちくざう》シタルトキハ請負人《うけおひにん》ハ築造ノ瑕疵《かし》又ハ地盤《ちばん》ノ瑕疵《かし》ヨリ生シタル其工作物ノ全部《ぜんぶ》若クハ一分ノ滅失《めつしつ》又ハ重大《ぢうだい》ナル損壞《そんくわい》ノ責ニ任ス但請負人カ他人ノ土地ニ築造《ちくざう》シタルト自己《じこ》ノ土地ニ築造シタルト材料《ざいりやう》ヲ供シタルト否トヲ區別《くべつ》セス

右責任《せきにん》ハ左ノ時期ノ間繼續《けいぞく》ス

第一　牆壁《しやうへき》其他土工ニ付テハ其受取《うけとり》後二ケ年

第二　木造ノ建物《たてもの》ニ付テハ三ケ年

第三　石又ハ煉瓦《れんぐわ》ノ建物及ヒ土藏《どぞう》ニ付テハ十个年

第二百八十條　右ノ責任《せきにん》ニ基キタル賠償訴權《ばいしやうそけん》ハ左ノ時期ヲ以テ時效《じかう》ニ罹ル

第一　物ノ全部《ぜんぶ》ノ滅失《めつしつ》ノ場合ニ於テハ其滅失《めつしつ》ノ時ヨリ一ヶ年

第二　物ノ一分ノ滅失又ハ重大《ぢうだい》ノ毀損《きそん》ノ場合ニ於テハ請負人《うけおひにん》ノ責ニ任ス可キ期間《きかん》ノ滿了《まんりやう》ノ時ヨリ六ケ月

第二百八十一條　經畫《けいくわく》ノ變更ヨリ代價ノ増減《ぞうげん》ヲ生ス可キモ書面《しよめん》ヲ以テ之ヲ定メサルトキハ其變更《へんかう》ヲ口實トシテ請負人ハ原代價ノ増加《ぞうか》ヲ請求《せいきう》シ注文者ハ其減少ヲ請求《せいきう》スルコトヲ得ス

請負中ニ包含《はうがん》シタル建築《けんちく》ト全ク別ナル建築ヲ為シ又ハ請負中ノ區《く》分《ぶん》アル建築《けんちく》ヲ廢セシトキハ此期定《きてい》ヲ適用《てきよう》セス此場合ニ於テ當事者《とうじしや》ノ間ニ一致ヲ得サルトキハ裁判所原代價《げんだいか》ノ増減《ぞうげん》ヲ定ム

請負人ハ經畫《けいくわく》又ハ其變更《へんかう》カ注文者ノ指圖《さしづ》ニ出テタルコトヲ口實《こうじつ》ト

シテ第二百七十九條ニ定メタル責任《せきにん》ヲ免カルルコトヲ得ス但請負人カ書面《しよめん》ヲ以テ此責任《せきにん》ヲ免カル、コトヲ得タルトキハ此限ニ在ラス

第二百八十二條　請負人カ仕事《しごと》ノミヲ供スルト材料《ざいりやう》ヲ併セ供スルトヲ問ハス注文者《ちうもんしや》ハ常ニ自己ノ意思《いし》ノミヲ以テ契約《けいやく》ヲ解除《かいじよ》スルコトヲ得然レトモ注文者《ちうもんしや》ハ請負人ノ既成《きせい》ノ仕事ノ賃銀《ちんぎん》及ヒ準備《じゆんび》ノ材料ニ受ケタル損失《そんしつ》其他ノ損害《そんがい》ヲ賠償《ばいしやう》シ且其契約《けいやく》ニ因リテ得ヘキ正當《せいたう》ナル利益《りえき》ノ全部ヲ辨濟《べんさい》スル義務《ぎむ》ヲ負擔《ふたん》ス

第二百八十三條　他人ノ材料《ざいりやう》ヲ以テ仕事ノ全部《ぜんぶ》ニ供シタルト一分ニ供シタルト又其仕事ヲ實行《じつかう》シタルト契約《けいやく》ヲ解除《かいじよ》シタルトヲ問ハス請負人《うけおひにん》ハ仕事ノ爲メ又ハ解除《かいじよ》ノ賠償《ばいしやう》ノ爲メ自已《じこ》ノ受ク可キ金額ノ皆濟《かいさい》ニ至ルマテ其材料《ざいりやう》ヲ留置《りうち》スルコトヲ得但此留置權《けん》ハ動產物《どうさんぶつ》ノミニ之ヲ適用《てきよう》ス

第二百八十四條　注文者《ちうもんしや》カ請負人其者ノ仕事ヲ主眼《しゆがん》トシテ契約《けいやく》ヲ取《とり》

（契約ニ因リテ得ヘキ正當ナル利益）トハ其契約ヲ履行スル時ハ將來當然得ラルべキ利益ヲ云フナリ

（留置權）トハ債權ノ抵償トシテ差押ユル權力ヲ云フ

結《むす》ヒタルトキハ其契約《けいやく》ハ請負人ノ死亡又ハ其仕事ノ不能《ふのう》ニ因リテ之ヲ解除《かいぢよ》スルコトヲ得

右二箇ノ場合ニ於テ注文者《ちうもんしや》ハ自己ノ期望《きばう》セシ目途ニ付キ利シタル仕事《しごと》又ハ材料ノ價額《かがく》ノミヲ請負人又ハ其相續人《さうぞくにん》ニ辨濟《べんさい》スル責ニ任ス

第二百八十五條　仕事ノ一分ニ任シタル下請負人《したうけおひにん》ト請負人トノ關係《くわんけい》ニ付テハ上ノ規定《きてい》ニ從フ

請負人《うけおひにん》カ下請負人ニ對シ負擔《ふたん》スル金額ヲ辨濟《べんさい》セサルトキハ下請負人ハ自己ノ名ヲ以テ直接《ちよくせつ》ニ注文者ニ對シ其注文者《ちうもんしや》ノ猶ホ請負人ニ辨濟《べんさい》ス可キ債務《さいむ》ノ限度《げんど》ニ於テ訴ヲ起スコトヲ得

職工《しよくこう》モ亦己レヲ雇ヒタル者カ賃銀《ちんぎん》ヲ辨濟《べんさい》セサルトキハ注文者《ちうもんしや》ニ對シテ右ト同一ノ權利《けんり》ヲ有ス

民法財産取得編終

債権担保編

民法債權擔保編目錄

民《みん》法《はう》債《さい》權《けん》擔《たん》保《ほ》篇《へん》

緒《ちよ》言《げん》

債權擔保《さいけんたんぽ》トハ債主《さいしゆ》タルモノ負債主《ふさいしゆ》ニ對《たい》シテ自已債權《じこさいけん》ノ執行ヲシテ確實《かくじつ》ナラシメンカ爲メ負債主ノ所有財産《しよゆうざいさん》ニ就《つ》キ若《も》シクハ債主ノ信《しん》用《よう》スル人ヲ以テ其負債者ノ負債辨濟ニ付キ確保《かくほ》セシムル等ノ方法《ほう〱》ニ由ラシムルモノナリトス而シテ此レヲ分チ對人担保物上担保《たいにんたんぽぶつじやうたんぽ》ノ二トス卽チ對人担保トハ如何《いか》ナルモノナルヤ物上担保トハ如何ナルモノナルヤハ本篇第二條第三條ニ列擧《れつきよ》セリト雖モ要《よう》スルニ其別《そのわか》カルヽ所債權者《さいけんしや》カ其債權ヲ担保《たんぽ》セシムルニ付キ人ノ上ニ就《つ》キ存スルモノト物ノ上ニ就キ存《そん》スルモノトノ異《こと》ナルニ依ルモノナリトス而シテ其担保ノ對人《たいじん》タルト對物タルトヲ問《と》ハス其担保ノ方法《ほう〱》ニ於テ各一樣ナラス讀者《どくしや》本篇ヲ通讀《つうどく》スレハ又其梗概《またそのかうがい》ヲ了知《れうち》スルヿヲ得

（共同ノ担保）トハ其負債主ガ其債權ノ割合ニ準シテ其負債主總テノ財産ニ就キ平等ニ有スル担保ヲ云フモノトス

（債權ノ目的）トハ債權者カ負債主ノ義務履行ニ由テ得ル所ノモノナリ

ヘキナリ

總《そう》則《そく》

（解）總則ニ於テハ凡ソ債權《さいけん》ヲ有スルモノハ負債《ふさい》辨濟ニ付キ明約《めいやく》ノ存スルナシト雖モ一般《いつぱん》負債《ふさい》主ノ諸種ノ財産ノ上ニ債權執行《さいけんしつこう》ニ對《たい》スル担保《たんぽ》ヲ保有スヘシトノ大原則《たいげんそく》ヲ定メタルモノナリトス而シテ其負債主《そのふさいぬし》ノ財産ノ上ニ及ホス担保《たんぽ》權《けん》ハ特約《とくやく》アルニアラサレハ各債《かくさい》主間《しゆかん》に平等ナルモノトス

第一條　債務《さいむ》者《しや》ノ總財産《そうさいさん》ハ動産《どうさん》ト不動産ト現在《げんざい》ノモノト將來《しやうらい》ノモノトヲ問ハス其債權者《さいけんしや》ノ共同ノ擔保《たんぽ》ナリ但法律《はふりつ》ノ規定《きてい》又ハ人ノ處分《しよぶん》ニテ差押《さしおさへ》ヲ禁《きん》シタル物《もの》ハ此限ニ在ラス

債務《さいむ》者ノ財産《ざいさん》カ總《すべ》テノ義務《ぎむ》ヲ辨濟《べんさい》スルニ足ラサル場合《ばあい》ニ於テハ其價《か》額《がく》ハ債權ノ目的《もくてき》、原因《げんいん》、體樣《たいよう》ノ如何ト日附《ひつけ》ノ前後トニ拘《かゝ》ハラス其債權額《さいけんがく》ノ割合ニ應シテ之ヲ各債權者ニ分與《ぶんよ》ス但其債權者ノ間ニ

(債權ノ原因)トハ債權ノ因テ起ル所ノモノニシテ或ハ貸借ニ原因スルヿアリ又ハ賣買ニ原因スルヿアルヘシ(優先ノ正當ナル原因)トハ法律上明ラカニ定ムルモノニシテ或ハ法律上當然優先ノ權ヲ與フルヿアリ又双方ノ者ノ契約ニ由リ生スルヿアリ而シテ此優先トハ同シク負債主ニ對スル債權者ト雖モ特殊ノ原因アルヨリシテ他ノ債主ヨリ先シテ其負債ノ辨濟シテ其負債主ヨリシテ得ルモノヲ云フ

(共分配當ノ方式)

優先《ゆうせん》ノ正當《せいとう》ナル原因アルトキハ此限ニ在ラス

財産《ざいさん》ノ差押《さしおさへ》、賣却《ばいきやく》及ヒ其代價ノ順序配當《じゆんじよはいとう》又ハ共分配當《きやうぶんはいとう》ノ方式《はうしき》ハ民事訴訟法ヲ以テ之ヲ規定《きてい》ス

第二條　義務履行《ぎむりこう》ノ特別《とくべつ》ノ擔保《たんぽ》ハ對人《たいにん》ノモノ有リ物上《ぶつじやう》ノモノ有リ

對人擔保《たいにんたんぽ》ハ之ヲ左ニ掲ク

第一　保證《ほしやう》

第二　債務《さいむ》者間又ハ債權《さいけん》者間ノ連帶《れんたい》

第三　任意《にんい》ノ不可分《ふかぶん》

物上擔保《ぶつじやうたんぽ》ハ之ヲ左ニ掲ク

第一　留置權《りうちけん》

第二　動産質權《どうさんしちけん》

第三　不動産質權《ふどうさんしちけん》

第四　先取特權《さきとりとくけん》

トハ其負債主ニ對スル數多ノ債權者アル𪜈其財產ヲ配當スルカ爲メノ方法ヲ云フ
(特別ノ担保)トハ彼ノ明約セスシテ負債主ノ財產ノ上ニ存スルノ債權担保ニアラスシテ双方ノ者ノ合意アリタル爲メ又ハ法律ノ特定アル塲合ニ於テ特ニ其負債履行ヲ担保セシムルノ方法ヲ云フ
(對人)トハ其權債要求ニ付テノ担保ノ人ニ依リテ成ルモノヲ云フ
(物上云々)トハ債權要求ニ付テノ担保ノ物ノ上ニ就テ成ルモノヲ云フ
(保證)トハ負債者

第五　抵當權《ていとうけん》

第一部　對人擔保《たいじんたんぽ》

(解) 對人擔保《たいじんたんぽ》トハ乃チ對手《たいしゆ》ノ一方ニ對シ義務《ぎむ》ノ必行ヲ保證《ほしやう》スルガ爲ニ爲《な》ス所ノ受合《うけあひ》ニシテ擔保《たんぽ》篇中ノ最要部《さいようぶ》ナリトス

第一章　保《ほ》證《しやう》

(解) 本章《ほんしやう》ニハ先ヅ担保《たんぽ》ノ主タル目的《もくてき》タル保證《ほしやう》ノヿヲ定ム保證ノ何物《なにもの》タルヤハ以下各條《かくでう》ニ詳カナリ

第三條　保證《ほしやう》ハ任意《にんい》ノモノ有リ法律《はうりつ》上ノモノ有リ又裁判《さいばん》上ノモノ有リ下ノ第一節乃至《ないし》第三節ノ規定《きてい》ハ右三種《しゆ》ノ保證《ほしやう》ニ共通《きやうつう》ナリ

第一節　保證《ほしやう》ノ目的《もくてき》及ヒ性質《せいしつ》

(解) 保證ノ目的トハ債權者《さいけんしや》ノ債權ヲシテ確實《かくじつ》ナラシムルニ在ルモノニシテ要スルニ債權者《さいけんしや》ヲ保護《ほご》スルノ一方法ナリトス而シテ此

負債辨濟ニ付キ債主ニ對シテ確保ヲナスモノヲ云フ
(連帶)トハ債務者ノ數名アル𬼂ニ生スルモノナリ尚ホ后節ニ於テ詳明スヘシ
(任意ノ不可分)トハ債務ヲ履行スルニ當リ債務ヲ數部ニ分タスシテ其債務ノ全部ヲ盡クスヘキ合意又ハ契約ノ模樣ヲ云フナリ
(留置權)トハ債務者ノ債務ヲ履行セシムルノ担保トシテ負債主ノ物件ヲ債主ノ手ニ押ヘ置クノ權ヲ云フ
(動産質權)トハ債權者債務者ノ負債履行ヲ担保セシメン爲メ負債者ノ有

方法タル債權ヲ確保《かくほ》スルニ種《しゆ》々ノ方法アリト雖𪜈保證《ほしやう》ハ對人担保《たいじんたんぽ》ノ一ニ位シ債務者《さいむしや》以外ノ人ニシテ債權者ノ認《みと》メテ信用《しんよう》アリトスル人ヲ以テ之レニ充ツ
又保證ノ性質《せいしつ》タル或ハ義務《ぎむ》ノ存スルカ爲メ起《おこ》ルモノニシテ所謂《いはゆる》附從《じう》ノ義務タルモノトス故ニ主タル債務《さいむ》ナクシテ從《じう》タル保證ノ義務アルヿナシ例《たと》ヘハ甲者乙者ヨリ若干金ヲ借《か》リ乙者ニ對《たい》シテ或ル期《き》間《かん》ニ其金圓ヲ辨濟《べんさい》スルノ義務ヲ負フ之レ主タル義務ナシトス然ルニ其債務《さいむ》者タル甲者必スシモ其期間《きかん》ニ金圓ヲ辨濟《べんさい》スルニアラス時トシテハ其財産《ざいさん》ヲ蕩盡《とうじん》シテ到底《とうてい》乙者タル債權者ト債權要求ニ應スルヿ能ハサル場合世間《せけん》鮮《すく》ナカラス此場合ニ當リ他ニ債權ヲ鞏固《きやうこ》ナラシムルノ方法ナキ𬼂ハ常ニ債權者ノ損害《そんがい》ヲ被《かうむ》ルニ至ルヘシ故ヲ以テ法律ハ負債者以外ノ人ニシテ其負債者ノ債務《さいむ》ヲ盡《つ》クスノ姿力《しりよく》アルヿヲ保シ若シ其債務者ノ財産《ざいさん》ニシテ債權ニ充《む》ツルニ足ラサル

キハ代ハリテ其債務ノ履行《りかう》ヲ全フセンコトヲ欲シタリ則チ保證人ハ主《しう》タル債務者ノ債務《さいむ》不履行《ふりかう》ヨリ生スル從タル義務者タリトス

第四條　保證《ほしやう》ハ或人カ債務《さいむ》者ノ其義務《ぎむ》ヲ履行《りかう》セサルニ於テハ之ヲ履行スルコトヲ諾約《だくやく》スル契約《けいやく》ナリ此約務《やくむ》ハ債務者ノ過失《くわしつ》ニ歸《き》ス可キ不履行《ふりかう》ノ場合ニ於テハ債權者ニ賠償《ばいしやう》スル約務《やくむ》ヲ暗《あん》ニ包含《はうがん》ス

第五條　保證ハ主《しゆ》タル義務《ぎむ》ノ目的ト異《こと》ナルモノヲ目的ト爲ストキハ保證《ほしやう》トシテハ無效《むかう》ナリ

然レトモ保證人《ほしやう》ハ主《しう》タル債務《さいむ》者ノ諾約《だくやく》シタル物又ハ所爲《しよゐ》ノ對價《たいか》トシテ不履行《ふりかう》ヲ豫見《よけん》シタル過怠金額《くわたいきんがく》ヲ有效ニ諾約《だくやく》スルコトヲ得

第六條　保證人《ほしやう》ノ義務《ぎむ》ハ主タル義務《ぎむ》ヨリ一層《そう》大ナルコトヲ得ス又一層重《そうおも》キ體樣《たいやう》ニ服《ふく》スルコトヲ得ス若シ保證人《ほしやう》ノ義務《ぎむ》カ一層大ナルトキ又ハ一層重キトキハ主タル義務ノ限度《げんど》及ヒ體樣《たいやう》ニ之ヲ滅《げん》ス

第七條　前條ノ禁止《きんし》ノ規定《きてい》ハ債務《さいむ》者ヨリ其主タル義務《ぎむ》ノ爲メ物上擔《ぶつじやうたん》

ニ屬スル動產ヲ債主ノ占有ニ歸スルヲ云フ

（先取特權）トハ普通債權者ニ先タチテ負債主ノ財產ニ付キ義務ノ履行ヲ要求スルヲ得ルノ權利ヲ云フ

（抵當權）トハ債權擔保ノ爲メ不動產ヲ書入スルモノヲ云フ

（諾約）トハ保證人タルモノ負債者ノ義務不履行ノ塲合ニ代リテ義務ノ履行ヲナスヘキヲ承諾スルコヲ云フ之

レ保證ハ多ク任意ニ屬スル丁ヲ示スモノナリ
（暗ニ包含ス）トハ保證人ハ債務者ノ過失ニ由リ義務不履行ノ爲メ債權者ニ及ホシタル損害ヲモ賠償シタルヿヲ承諾シタルモノトスルノ意ナリ
（主タル義務）トハ保證セラルヽ義務ヲ云フ
（過怠金額）トハ義務者カ過怠ノ爲メ債務ヲ履行セサルニ由リ債權者ニ償フヘキ金額ヲ云フ
（一層大ナル云々）トハ保證ノ義務ハ從タルモノニシテ主タル義務ヨリハ

保《ほ》ヲ供セサルトキ保證人《ほしやうにん》ヨリ其從《じう》タル義務ノ物上擔保ヲ供《きやう》スルコトヲ妨《さまた》ケス又保證人《ほしやう》カ主《しゆ》タル債務者《さいむ》ヨリ一層嚴《そうげん》ナル執行方法《しつこうはうはふ》ニ服《ふく》スルコトヲモ妨ケス

保證人ハ亦第三者ヲ引受人《ひきうけにん》トシテ己レヲ保證セシムルコトヲ得此引受人《ひきうけにん》ニ對《たい》シテハ保證人ハ主《しゆ》タル債務者《さいむしや》ノ地位《ちい》ヲ有ス

第八條　金額又ハ定《さだ》マリタル物ニ制限《せいげん》シタル保證《ほしやう》ハ其利息《りそく》ニモ果實《くわじつ》ニモ其他ノ附從物《ふじうぶつ》ニモ及フコト無シ

然レトモ主《しゆ》タル義務《ぎむ》ノ無限《むげん》ノ保證ハ塡補《てんほ》ノ利《り》息《そく》、遲延《ちえん》ノ利息其他此債務《さいむ》ノ天然上《てんねんじやう》法律上又ハ合意上《ごうい》ノ附從物《ふじうぶつ》ニ及ヒ又主タル債務《さいむ》者ニ對シテ爲シタル最初《さいしよ》ノ訴《うつたへ》ノ費用《ひよう》ト其訴ヲ保證人《ほしやう》ニ告知《こくち》シタル以《い》後《ご》ノ費用《ひよう》トニモ及フ

第九條　總《すべ》テ有效《ゆうこう》ナル義務《ぎむ》ハ之ヲ保證スルコトヲ得

無能力者《むのうりよくしや》ノ取消《とりけ》スコトヲ得ヘキ義務《ぎむ》ト雖モ亦有效《ゆうこう》ニ之ヲ保證《ほしやう》スル

過大ナルヿヲ得サルヿヲ示スナリ

(一層嚴ナル執行方法云々)トハ保證ノ義務タル從タルモノナリト雖圧其債權ノ執行ヲ確實ナラシムルモノナルヲ以テ主タル義務者ノ物上担保ヲ供セサル片又ハ主タル義務者ノ認メサル債務ノ執行方法ト雖圧保證人ニ於テ特ニ加重ノ義務ヲ負フヿヲ妨ケサルヿヲ示スモノナリトス何ントナレハ債務ヲ確實ナラシムルハ保證ノ目的ナレバナリ

(第三者)トハ債權者債務者及ヒ保證

コトヲ得其義務カ裁判《さいばん》上ニテ取消《とりけ》サレタル後《のち》ト雖モ保證《ほしやう》ハ其效力《こうりよく》ヲ存ス但保證人カ其保證ノ際債務者《さいむしや》ノ無能力《むのうりよく》ヲ知リタルトキニ限ル

第十條　何人ニテモ將來《しやうらい》ノ債務ヲ保證《ほしやう》スルコトヲ得又債權《さいけん》者又ハ債務者ノ方ニ於テ隨《ずい》意ノ條件ニ繫《かゝ》ル債務ヲモ保證スルコトヲ得但保《ほし》證人《やうにん》ニ於テ其債務ノ性質《せいしつ》及ヒ廣狹《くわうきやう》ヲ査《さ》定《てい》スルヿヲ得ルトキニ限ル

第十一條　何人ニテモ債務《さいむ》者ノ委任《いにん》ヲ受《う》ケ又ハ其不知《ふち》ニテ又ハ其意《い》ニ反《はん》シテモ其保證人ト爲ルコトヲ得

辨濟《べんさい》シタル保證人ノ其債務《さいむ》者ニ對スル求償《きうしやう》ハ第二節第二款ニ於テ之ヲ規定《きてい》ス

第十二條　有效《ゆうこう》ニ保證人《ほしやうにん》ト爲ルニハ一般ナルト債務《さいむ》者ニ對スルトヲ問《と》ハス無償《むしやう》ニテ義務ヲ負擔《ふたん》スル能力《のうりよく》ヲ有スルコトヲ要ス

然レトモ主タル契約《けいやく》カ有償《ゆうしやう》ナルトキハ保證人《ほしやうにん》ノ債務者ニ對《たい》スル無《む》

能力《のうりよく》ハ債權者カ之ヲ知リタルトキニ非サレハ保證人ヨリ債權者《さいけん》ニ其無能力ヲ以テ對抗《たいこう》スルコトヲ得ス

第十三條　債務《さいむ》ヲ保證スル意思《いし》ハ之ヲ明示《めいし》セサルトキハ明《あきら》カニ事情ヨリ生スルコトヲ要ス然レトモ其意思《いし》ハ契約者《けいやくしや》ノ一方ヲ他ノ一方ニ勸《すゝ》メ又ハ其一方ノ現在《げんざい》若クハ將來《しやうらい》ノ有資力《ゆうしりよく》ヲ確言《かくけん》シタル事實ノミヨリ之ヲ推測《すいそく》スルコトヲ得ス

若シ證書ノ署名者中《しよめいしやちう》ノ一人カ共同債務者《きやうどうさいむしや》ナルカ又ハ保證人《ほしやうにん》ナルカニ付キ疑《うたがひ》アルトキハ之ヲ保證人ト看做《みなす》ス

第十四條　保證人ノ義務《ぎむ》ハ其相續《さうぞく》人ノ負擔《ふたん》ニ歸シ又債權者《さいけんしや》ノ相續人ノ利益《りえき》ニ歸ス但反對《はんたい》ノ要約《やうやく》アルトキハ此限ニ在ラス

第十五條　債務者カ保證人《ほしやうにん》ヲ立ツ可キ合意《がうい》ヲ以テ義務《ぎむ》ヲ負ヒタルトキハ其債務者ハ債務《さいむ》ノ性質《せいしつ》及ヒ大小ニ應シ有資《ゆうし》ノ人ニ非サレハ保《ほ》證人《しやうにん》トシテ之ヲ立ツルコトヲ得ス

(引受人)トハ此場合ニ於テハ保證人ノ保證人ナルモノニシテ法律ハ保證ノ目的ヲ達スル爲メ認メタルモノナリ

第八條(果實)トハ物件ヨリ自然又ハ人ノ使用ニ出リ生スル所ノ利益ヲ云フ

(塡補ノ利息)トハ其元金ヨリ債務者其金ヲ使用スルニ付テ生スヘキ利息ヲ云フ

(遲延ノ利息)トハ債務者期限內ニ債務ヲ執行セサルカ

為ノ當然法律上ニ發テ生セシムル利息ヲ云フ
(總テ有効ナル義務云々)トハ法律上成立シ得ヘキ義務カ
(無能力者ノ取消云々)無能務者有効ニ契約ヲナシ得サルモノニシテ例ヘハ幼者禁治産者有夫ノ婦ノ如シ此等ノ者ノ結ヒタル契約ハ取消スヿヲ得
(隨意ノ條件ニ繋ル債務)トハ債務者ノ意思ヲ以テ條件トスルノ義務ナリ
(債務ノ性質及ヒ廣狹)トハ如何ナ

若シ右ノ保證人《ほしやうにん》ガ無資力《むしりよく》ト爲リタルトキハ債務者《さいむしや》ハ前項《ぜんこう》ト同一ノ條件《でうけん》ヲ具備《ぐび》スル他ノ者ヲ立ツルコトヲ要ス

此他保證人《ほしやうにん》ハ義務《ぎむ》ヲ履行《りこう》ス可キ控訴院《かうそいん》ノ管轄地内《くわんかつちない》ニ於テ住所《じうしよ》ヲ有シ又ハ假住所《かりじうしよ》ヲ定ムルコトヲ要ス

債權者ヨリ人ヲ指定《してい》シテ保證人ヲ要約《やうやく》シタルトキハ本條《ほんでう》ノ條件ヲ要セス

第十六條　債務者カ前條ノ條件《でうけん》ヲ具備《ぐび》スル保證人ヲ立ツルコト能《あた》ハサルトキハ十分ナル物上擔保《ぶつじやうたんぽ》ヲ與《あた》フルコトヲ得

第十七條　商證券《しやうしやうけん》ノ保證及ヒ仲買人《なかがひにん》カ委託《いたく》者ニ對シテ諾約《だくやく》シタル擔《たん》保《ほ》ノ特例《そくれい》ハ商法《しやうはふ》ニ於テ之ヲ規定《きてい》ス

第二節　保證《ほしやう》ノ效力《こうりよく》

(解)保證《ほしやう》ノ效力《こうりよく》ニ證人ト債權者トノ間ニ起《おこ》ルモノト保證人ト債務者トノ間ニ起ルモノトアリ各々其效力《こうりよく》ノ干係《かんけい》ヲ異《こと》ニス讀者《どくしや》宜《よろ》シ

ルヿニ原因シテ債務ヲ生セシカ又ハ其債務ハ何レヲ限リトスルカ等ヲ云フ

（無償ニテ云々）トハ保證人タルニハ利益ノ爲メニ義務ヲ負フノ能力ヲ有スルヲ以テ足レリトセス尚ホ他人ノ利益ノミノ爲メニ義務ヲ負フノ能力ヲ要ス

（明ラカニ事情ヨリ云々）トハ保證ハ必スシモ明約ヲ要セス時ノ摸樣ニ由リテ生スルヿアルヲ云フ將來ノ保有資力ヲ云々）誤ハ事情ニ由リ生スルヿア

ク第十八條以下ノ規定《きてい》ニ從ヒ其異同《いどう》ヲ知了セラルベシ

第一欵　保證人債權者間《ほしやうにんさいけんしやかん》ノ保證ノ效力《かうりよく》

第十八條　債權者《さいけんしや》債務者ニ義務履行《ぎむりこう》ノ催告《さいこく》ヲ爲シタルモ其效果《こうくわ》アラサリシヿノ證據《しようこ》ヲ保證人ニ示《しめ》サスシテ之ヲ訴《う》追《つい》スルヿヲ得ズ

然レトモ債務者《さいむしや》カ行方《ゆきかた》知レス又ハ破產《はさん》ノ宣告《せんこく》ヲ受ケ若クハ顯然《げんぜん》タル無資力《むりよく》ノ形狀《けいじよう》ニ在ルトキハ右ノ催告《さいこく》ヲ必要《ひつよう》トセス

第十九條　保證人ハ右ノ外下ノ制限《せいげん》及ヒ條件《でうけん》ニ從ヒ債權者《さいけんしや》カ豫《あらかじ》メ債務者ノ財產ヲ檢索《けんさく》シテ之ヲ賣《う》ラシムルコトヲ債權者ニ要求《ようきう》スルコトヲ得

第二十條　保證人ハ明示《めいし》又ハ默示《もくし》ニテ財產檢索ノ利益《りえき》ヲ抛棄《はうき》シ又ハ主《しゆ》タル債務者《さいむしや》ト連帶《れんたい》シテ義務ヲ負擔《ふたん》シタルトキハ檢索《けんさく》ノ利益ヲ享《う》ケス

總《すべ》テノ塲合《ばあい》ニ於テ保證人《ほしようにん》ハ主タル債務ノ基本《きほん》ヲ爭《あらそ》フ前ニ檢索ノ利

リト雖モ主タル義務者ノ將來ニ於テ資力アルヘキヿヲ確言シタルヿハ保證タル事情ヲナサヽルヲ示ス

(相續人ノ負擔云々)トハ總テ權利義務ナルモノハ本人ノミナラス其相續人ニ及フヲ以テ原則トス保證ニ於テモ尙ホ然リ

(債務ノ性質及ヒ大小ニ應シ有資力ノ人ニ非ラサレハ云々)債權者保證人ヲ立ツルヿヲ約シタルトキハ宜シク其債務ヲ保證スルニ足ル保證人ヲ立テサルヘカラス

益ヲ以テ債權者ニ對抗《たいこう》セサリシトキハ其利益ヲ失《うしな》フ

第二十一條　檢索ヲ要求《ようきう》スル保證人ハ債務者ノ不動產《ふどうさん》ニシテ義務ヲ履行《りこう》ス可キ控訴《こうそ》院《いん》ノ管轄地內ニ在ルモノヲ債權者ニ指示《しじ》スルコトヲ要《よう》ス

保證人ハ爭《あらそひ》ニ係《かゝ》ル不動產ヲモ他ノ債權者ニ優先《ゆうせん》ニテ抵當《ていとう》ト爲リタル不動產ヲモ訴追《そつひ》債權者《さいけんしや》ニ抵當ト爲リタル不動產《ふどうさん》ニシテ第三所持《しゆぢ》者《しや》ノ手ニ存《そん》スルモノヲモ指示《しじ》スルコトヲ得ス

債務者ニ屬《ぞく》スル動產ニ付《つい》テハ債務者之ヲ物上擔保《ぶつじようたんほ》トシテ既《すで》ニ債權者ニ供《きやう》シタルトキニ非《あら》サレハ保證人其檢索《けんさく》ヲ要求《ようきう》スルコトヲ得ス

第二十二條　債權者檢索ノ有効《ゆうこう》ナル對抗ヲ受ケ其檢索《そのけんさく》ヲ爲スコトヲ怠《おこた》リテ債務者其後無資力《むしりよく》ト爲リタルトキハ保證人ハ債權者ノ檢索《けんさく》ニ因《よ》リ得ヘカリシ金額《きんがく》ニ滿《み》ツルマテ其義務《ぎむ》ヲ免《まぬ》カル

第二十三條　一人ノ債務者ノ爲メ數人《すにん》ノ保證人アルトキハ債務ハ均《きん》

(廢權者ヨリ人ヲ指定シテ云々)債權者人ヲ指定シタルトキハ其人ノ現狀ヲ熟知シテ保證セシムルニ足ルモノト認メタルモノナレハ他ノ條件ヲ要セサルナリ

(物上担保ヲ與フルヿヲ得云々)債權ヲ擔保スルニハ人ニ依ルモ物ニ依ルモ敢テ異ナルヿナシ故ニ物上擔保ヲ以テ代フルヿヲ得

(訴追)トハ債權者義務ノ履行ヲ要求シテ其効果アラサルトキニ次ニ保證人ニ對シテ義務履行ヲ訴フルヿヲ云フ

一《いつ》ニテ當然《とうぜん》其間ニ分《わか》タル但不均一《ふきんいつ》ニテ分別《ふんべつ》スルコトヲ定メ又ハ其保證人カ或《あるい》ハ債務者ト共ニ或ハ各自《かくじ》ノ間ニ連帶《れんたい》シテ義務ヲ負擔《ふたん》シ若クハ其他ノ方法《ほうく》ニテ分別ヲ拋棄《ほうき》シタルトキハ此限《このかぎり》ニ在ラス

保證ノ義務カ各別ノ證書ヨリ生《しやう》スルトキト雖モ分別《ふんべつ》ノ利益ハ存在《そんざい》ス

第二十四條　保證人ハ檢索ノ利益《りゑき》ヲ用ヰタルト否《いな》ト分別ノ利益ヲ享《う》クルト否トヲ問ハス訴追ヲ受ケタルトキハ第二十九條ニ明示《めいし》シタル目的《もくてき》ヲ以テ債務者ヲ訴訟《そしよう》ニ參加《さんか》セシムル爲メ基本《きほん》ニ付テノ答辯《とうべん》前《ぜん》ニ民事訴訟法ニ定メタル方式《ほうしき》及ヒ條件《でうけん》ニ從ヒ延期《えんき》抗辯《こうべん》ヲ以テ債權者ニ對抗《たいこう》スルコトヲ得

第二十五條　保證人カ基本《きほん》ニ付テ答辯《とうべん》スルトキハ主《しゆ》タル債務ノ組成《そぜい》又ハ其消滅《そのせうめつ》ヨリ生《しよう》スル抗辯《こうべん》ヲ以テ債權者ニ對抗スルコトヲ得

保證人ハ債務ヲ保證《ほしよう》スルニ當《あた》リ債務者ノ無能力《むのうりよく》又ハ其承諾《そのせうだく》ノ瑕疵《かし》

(破産ノ宣告)債務者ノ財産全滅シテ債務ヲ盡クス能ハサル有様ニ至リシキ裁判所ニ於テ言渡スモノヲ云フ

(債務者ノ財産ヲ索撿シテ云々)保證人ハ債務者ノ財産ヲ盡クシタル后・已レ債務ヲ負フモノナレハ先ツ其債務者ノ財産ヲ盡クスヿヲ求ムルヿヲ得ルナリ

(明示又ハ默示)トハ明ラカニ文書又ハ言語ヲ以テ現ハスヲ明示ト云ヒ其時ノ摸様ニ由リ意思ヲ知ルニ足ル塲合ヲ默示ト云フ

ヲ知ラサリシトキハ此等ノ事項《じこう》ヨリ生スル無効《むこう》ノ理由《りゆう》ヲ以テモ對《たい》抗《こう》スルコトヲ得

第二十六條　右ノ抗辯《こうべん》ニ付キ債權者ト保證人トノ間ニ有リタル判決《はんけつ》ハ債務者ヲ害《がい》スルコトヲ得ス然レトモ之レヲ利《り》スルコトヲ得但其判決ノ牽連《けんれん》シタル箇條《かでう》ハ債務者ニ利ナルモノト不利《ふり》ナルモノトヲ分ツコトヲ得ス

第二十七條　債務者ニ對《たい》シテ時効《じこふ》ヲ中斷《ちうだん》シ又ハ債務者ヲ遲滯《ちたい》ニ付スル行爲《こうゐ》ハ保證人ニ對シテ同一ノ効力《こうりよく》ヲ生ス

保證人ニ對《たい》シタル右同一《どういつ》ノ行爲ハ保證人カ債務者ノ委任《いにん》ヲ受ケ又ハ債務者ト連滯《れんたい》シテ義務ヲ負擔《ふたん》シタルトキニ非《あら》サレハ債務者ニ對シテ効力《こうりよく》ヲ生セス

第二十八條　主タル債務者ノ爲《な》シタル債務《さいむ》ノ自白《じはく》ハ保證人ヲ害《がい》ス

保證人ノ爲シタル自白《じはく》ハ委任又ハ連帶《れんたい》アル塲合《ばあい》ニ非サレハ債務者

（財産撿索ノ利益）トハ先ツ主タル債務者ノ財産ヲ盡クシ其債額ニ充テンコトヲ抗辨スルノ利益ヲ云フ

（債權者ニ指示ス云々）保證人債權者ニ對シテ撿索ヲ要求スル片ハ債務者ニ屬スル財産ノ所在ヲ知ラシムルハ之レ保證人カ撿索ノ利益ヲ申立ツルノ理由トナルモノトス

（數人ノ保證人云々）保證人ノ義務ニ付キ特約ナキ片ハ各均一ノ義務ヲ諾シタルモノ認ムルヲ云フ

ヲ害《がい》セス

第二款　保證人債務者間《ほしようにんさいむしやかん》ノ保證《ほしよう》ノ効力《こうりよく》

第二十九條　債權者ヨリ訴追《そつい》ヲ受ケタル保證人ハ第二十四條及ヒ財《ざい》産編《さんへん》第三百九十九條ニ掲《かゝ》ケタル如ク主《しゆ》タル請求ニ對《たい》シテ債務者ノ答辯《とうべん》ヲ要ス可キ場合《ばあい》ニ於テハ其答辯ヲ爲サシムル爲メ又債務者ノ敗訴《はいそ》ノ言渡ヲ受ク可キ場合《ばあい》ニ於テハ債務者ニ對《たい》シテ次條ニ定《さだ》メタル賠償《ばいしよう》ノ言渡ヲ得ル爲メ擔保附帶《たんぼふたい》ノ請求《せいきう》ヲ以テ債務者《さいむしや》ヲ訴訟《そしやう》ニ召喚《せうくわん》スルコトヲ得

右擔保附帶《たんぼふたい》ノ請求ハ債務者ノ委任《いにん》ヲ受ケタル保證人《ほしようにん》ノミニ屬ス

第三十條　主《しゆ》タル債務ヲ辨濟《べんさい》シ其他自己《じこ》ノ出捐《しゆつけん》ヲ以テ債務者ニ義務ヲ免《まぬ》カレシメタル保證人ハ債務者《さいむしや》ヨリ賠償《ばいせう》ヲ受クル爲メ之ニ對シテ擔保訴權ヲ有《ゆう》ス但左ノ區別《くべつ》ニ從《したが》フ

第一　保證人カ債務者ノ委任《いにん》ヲ受ケテ義務ヲ負擔《ふたん》シタルトキハ

（訴訟ニ參加云々）保證人債權者ノ要求ニ對シテ債務者ノ答辨ヲ要スルトキ自己ノ債權者ニ對スル抗訴ト共ニ債務者ヲシテ出廷セシメ其訴訟ニ與カラシムルヲ云フ

（基本ニ付テ云々）トハ債務者其債務ノ成立スルヤ否又一タヒ成立スルモ已ニ消滅シタリト云ヘルカ如キヲ云フ

（無効ノ理由）債務者無能力者タルコトヲ保證人之レヲ知ラサルトキ保證ノ義務ノ無効タル理由トナスヲ得

其《その》債務者《さいむしや》ニ義務ヲ免カレシメ又ハ債務者《さいむしや》ノ名ニテ辨濟《べんさい》シタル元利《ぐわんり》、其擔當《そのたんとう》シタル費用《ひよう》、立替《たてかへ》ヲ為シタル時ヨリ其利息其他《そのりそくそのた》損害《そんがい》アルトキハ其賠償ノ金額ヲ債務者ヨリ償還《しようくわん》セシムルコトヲ得又此委任ノ塲合《ばあい》ニ於テ保證人ハ其分限《そのぶんげん》ヲ以テ言渡ヲ受《う》ケタルトキハ債務者ニ對シ直《たゞ》チニ其賠償《そのばいしやう》ヲ受クル為メ訴ヲ為スコトヲモ得

第二　保證人カ債務者ノ不知《ふち》ニテ義務ヲ負擔《ふたん》シタルトキハ債務者ノ義務《ぎむ》ヲ免カレシメタル日ニ於テ之ニ得セシメタル有益《ゆうえき》ノ限度《げんど》ニ從《したが》ヒ右ノ賠償ヲ受ク

若《も》シ保證人カ債務者ノ意ニ反《はん》シテ義務ヲ負擔《ふたん》シタルトキハ保證人ノ求償《きうしやう》ノ日ニ於テ債務者ノ為メ存在《そんざい》スル有益《ゆうえき》ノ限度ニ非《あら》サレハ右ノ賠償ヲ受クルコトヲ得ス

第三十一條　連帯《れんたい》又ハ不可分ニテ責《せめ》ニ任スル數人ノ債務者ヨリ保證

（判決ノ牽連）トハ保證人ニ對スル判決ノ自カラ主タル債務者ニ對スル判決ノ効力ヲ有スル場合ヲ云フモノナリ

（時効ヲ中斷シ）時効トハ法律上或ル年月ヲ經過スルトキハ債務ヲ免カルヽコトヲ云ヒ中斷トハ債務ヲ免カレントスルノ期ニ至ル以前其効力ヲ消滅セシムルモノヲ云フ

（遲滯ニ付ス）トハ債權者其債權ヲ執行スル爲メ裁判所ニ訴求シタルニ至リタル場合ヲ云フナリ

人ニ委任《いにん》ヲ爲シタル場合ニ於テハ其債務者《そのさいむしや》ハ財産取得編《ざいさんしゆとくへん》第二百四十九條ニ從《したが》ヒ保證人ニ對シテ連帶ノ擔保人《たんぽにん》タリ

第三十二條　債務者ヲ訴訟《そしよう》ニ參加《さんか》セシムルコトヲ怠《おこた》リタル保證人ハ其債務者カ債權者ニ對抗《たいこう》ス可キ排訴《はそ》抗辯《こうべん》ヲ有シタルコトヲ證スルトキハ第三十條ニ定メタル求償權《きうしようけん》ヲ有セス

若シ債務者カ債權者ニ對抗《たいこう》ス可キ延期《えんき》抗辯《こうべん》ノミヲ有シタルトキハ右ノ懈怠《かいたい》アル保證人ノ求償ニ對《たい》シ之ヲ以テ對抗《たいこう》スルコトヲ得

第三十三條　保證人ハ有效《ゆうこう》ニ辨濟シタルモ債務者ニ其旨ヲ有益《ゆうえき》ニ通知スルコトヲ怠《おこた》リ爲メニ債務者カ善意《ぜんい》ニテ再ヒ辨濟《べんさい》シ此他《このた》有償《ゆうしよう》ニテ自已ノ免責《めんせき》ヲ得タルトキモ亦其《またその》求償權《きうしようけん》ヲ失フ

右ニ反《はん》シテ債務者カ自《みづか》ラ債務ヲ消滅《せうめつ》セシメタルコトヲ保證人ニ通知スルコトヲ怠《おこた》リタルトキハ債務者ハ塲合ニ從《したが》ヒ其債務ノ消滅後《しようめつご》保證人ノ爲シタル辨濟ニ付キ責任《せきにん》アリトノ宣告《せんこく》ヲ受クルコト有

（債務者ノ自白ハ云々）債務者自カラ其不利益ナルヿヲ申立テタルトキハ保證人モ尚ホ其害ヲ受ケサルヘカラサルヲ示スナリ

（保證人ノ爲シタル自白ハ云々）是レ保證人ノ義務アルハ主タル債務アルカ爲メタルヿヲ知ルナリ

（担保附帶ノ請求）トハ主タル裁判ト共ニ保證人ノ債務者ニ對スル賠償ノ訴權ヲモ裁判所ヲシテ認メシムル方法ヲ云フ

（自己ノ出）捐保證人ハ主タル債務者

リ

孰《いづ》レノ塲合《ばあい》ニ於テモ利害《りがい》ノ關係《くわんけい》アル當事者ハ受取《うけと》ルコトヲ得サルモノヲ受取リタル債權者《さいけんしや》ニ對シテ求償權ヲ有ス

第三十四條　委任《いにん》ヲ受ケテ義務ヲ負擔《ふたん》シタル保證人ハ辨濟ヲ爲ス前又訴追ヲ受《う》クル前ニテモ債務者ヨリ豫《あらかじ》メ賠償ヲ受クル爲メ又ハ未《み》定《てい》ノ損失《そんしつ》ヲ擔保セシムル爲メ左ノ三箇ノ塲合ニ於テ之ニ對《たい》シ訴《うつた》ヘヲ爲スコトヲ得

第一　債務者《さいむしや》カ破産《はさん》シ又ハ無資力《むしりよく》ト爲リ且債權者《かつさいけんしや》カ清算ノ配當《はいとう》ニ加入セサルキ

第二　債務ノ滿期《まんき》ノ到《いた》リタルトキ

第三　滿期《まんき》ノ不定《ふてい》ナル債務《さいむ》カ其日附ヨリ十个年《かねん》ヲ過《す》キタルトキ

第三十五條　債權者カ完全《くわんぜん》ノ辨濟《べんさい》ヲ受ケサル間ハ前條《ぜんでう》及ヒ第二十九條ニ依リ債務者ヨリ豫《あらかじ》メ保證人ニ供《きよう》ス可キ賠償《ばいしよう》ハ債務者其債權者

ノ債務ヲ盡クス能ハサル場合ニ自己ノ財産ヲ以テ之レニ代リ債務ヲ果タスノ義務ヲ負フモノナレハ主タル債務ヲ辨濟スルノミナラス總テ債務者ノ義務ヲ免カレシムル爲メニ保證人自己ノ資金ヲ以テ盡クスヘキナリ
(保證人カ債務者ノ不知ニテ云々)債務者其人ヲ信用シテ委任シタルニアラスシテ其保證人ノ如何ナルモノナルヤヲ知ラサル場合ナレハ主タル債務者ニ於テ保證人ノ債務ノ爲メリ盡クシタルモノト雖𪜈無益ニ屬シタル費用ヲモ償フノ

ニ對《たい》スル自已《じこ》ノ免責《めんせき》ヲ保《ほ》スル爲メ債權者ノ名ヲ以テ之ヲ供託《きようたく》シ又ハ其他ノ方法《ほうく》ニテ之ヲ留存《りうそん》スルコトヲ得

第三十六條　主タル債務《さいむ》ヲ辨濟《べんさい》シ其他ノ方法ニ因《よ》リ義務ヲ消滅《せうめつ》セシメタル總《すべ》テノ保證人ハ巳《おの》レノ權利ニ基《もとづ》キテ有スル訴權《そけん》ノ外《ほか》債務者又ハ第三者ニ對シ債權者ノ有《ゆう》シタル總《すべ》テノ權利《けんり》ニ付キ財産編第四百八十二條第一號ニ從《したが》ヒテ代位ス但第三十二條及ヒ第三十三條ノ制限ニ從フコトヲ要ス

債權者《さいけんしや》カ債務者ノ不動産《ふどうさん》ニ付キ先取特權《せんしゆとくけん》又ハ抵當權《ていとうけん》ヲ有シ其登記《そのとうき》ヲ爲シタルトキハ保證人ハ代位《たいゐ》ヲ目的《もくてき》トシテ自已《じこ》ノ條件附ノ債權《さいけん》ヲ此登記ニ附記スルコトヲ得又讓渡ノ塲合《ばあい》ニ於テハ其不動産ヲ所《しよ》持《ぢ》スル第三者ハ滌除《てきじよ》ノ爲メ債權者ノ外《ほか》保證人ニ對シテモ亦提供《ていけう》ヲ爲スコトヲ要《よう》ス

債權者カ有益《ゆうえき》ナル時期《じき》ニ於テ右ノ登記《とうき》ヲ爲サヽリシトキハ保證人

ハ第四十五條及ヒ財產編第五百十二條ニ從《したが》ヒ債權者《さいけんしや》ニ對シテ自已ノ免責《めんせき》ヲ請求スルコトヲ得

第三十七條　連帶《れんたい》又ハ不可分《ふかぶん》ナル義務ノ數人《すうにん》ノ債務者アルトキハ保證人ハ其中ノ或ル者ヲ保證《ほしよう》シ他ノ者ヲ保證セサルトキト雖モ右ノ代位ニ依《よ》リ債務者ノ各自《かくじ》ニ對《たい》シテ全部《ぜんぶ》ニ付キ求償《きうしやう》スルコトヲ得

第三欵　共同保證人間《けうどうほしようにんかん》ノ保證《ほしよう》ノ効力《こうりよく》

第三十八條　一箇ノ債務《さいむ》ニ付キ數人ノ保證人《ほしようにん》アリテ其中《そのうち》ノ一人カ任《にん》意《い》ナルト否《いな》トヲ問ハス債務ノ全部《ぜんぶ》ヲ辨濟《べんさい》シタルトキハ其保證人ハ主タル債務者ニ對スル求償ニ關《くわん》シ上ニ記載《きさい》シタル條件《でうけん》、制限《せいげん》及ヒ區《く》別《べつ》ニ從ヒ或ハ事《じ》務管理《むくわんり》ノ訴《そ》權《けん》ニ因リ或ハ債權者ノ訴《そ》權《けん》ニ因リ他ノ保證人ノ各自《かくじ》ニ對シテ均一部《きんいちぶ》分《ぶん》ニ付キ求償スルコトヲ得

右ノ保證人カ債務ノ全部ヲ辨濟《べんさい》セスシテ自已《じこ》ノ部分ヨリ多ク辨濟《べんさい》シタルトキハ其超過額《そのてうくわかく》ノ爲メノ求償ハ他ノ共同保證人《けうどうほしようにん》ノ間ニ均一《きんいつ》

義務ヲ負フヘキニアラス何ントナレハ之レ主タル債務者ノ豫知シタル以所ノヿナレハナリ

（連帶又ハ不可分云々）連帶ノ担保人タリトハ連帶又ハ不可分アルトキハ其債務者數人アリト雖𪜈其債務ハ一体タルモノナルヲ以テ債務者ノ委任ニ由リテ保證人タルノ地位ニ立ツモノハ其保證人ノ義務モ亦タ連帶ノ担保ヲナスヘキヿヲ豫想シタルモノトス

（債權者ニ對抗スヘキ排訴抗辨）トハ主タル債務者カ

若シ保證人ノ訴訟ニ參加セシムル爲メ召喚セラレタル時債權者ノ要求ヲ退クルニ足ルヘキ抗辯ヲ云フ

(其旨ヲ有益ニ通知スル云々)保證人主タル債務ヲ盡クスヘキ場合ニ其義務ヲ晝クシタリト雖モ其旨ヲ通知セサルヘカラス而メ之ヲ通知スルニ方法アリ(債務者カ自カラ債務ヲ消滅シタルコトヲ保證人ニ通知スルヿヲ怠リタル片云々)保證人ハ債務者ノ怠務ノ爲メ損失ヲ被ムルヘキニアラサレハ之ヲ知ラスシテナシタル

ニ之ヲ分ツ

第三十九條　共同保證人中ニ無《む》資力《しりよく》ト爲リタル者アルトキハ辨濟シタル者ハ其無資力者ノ引受人《ひきうけにん》ニ對シテ求償權ヲ有《ゆう》ス若《も》シ引受人アラサルトキハ無資力者ノ部分《ぶぶん》ハ債務ヲ辨濟シタル者ヲ加《くわ》ヘ他ノ有《ゆう》資力《しりよく》ナル共同保證人ノ間ニ之ヲ分《わか》ツ

第四十條　前條ニ依《よ》リ訴ヲ受ケタル共同保證人ハ未《いま》タ主《しゆ》タル債務者《さいむしや》ノ財産ノ檢索《けんさく》アラサルトキハ第二十條以下ニ定《さだ》メタル規則《きそく》及ヒ條件《でうけん》ニ從ヒテ豫《あらかじ》メ其檢索ヲ請求スルコトヲ得

右同一ノ權利《けんり》ハ保證人ノ引受人《ひきうけにん》ニモ屬ス

第四十一條　連帶シテ又ハ不可分ナル債務《さいむ》ノ爲メ義務《ぎむ》ヲ負擔《ふたん》シタル數人ノ保證人中全部履行《ぜんぶりこう》ニ付キ訴ヲ受ケタル者ハ本訴《ほんそ》ニ附帶《ふたい》シテ共同保證人《けうどうほしようにん》ヲ擔保《たんほ》ノ爲メニ召喚《せうくわん》シ之ニ對《たい》シ同一ノ判決《はんけつ》ヲ以テ前數條ニ許《ゆる》サレタル言渡《いひわたしう》ヲ受ケシムルコトヲ得

第四十二條　保證人ノ一人ニ對《たい》スル時効中斷《じかうちうだん》又ハ付遲滯《ちたい》ノ行爲《こうゐ》ハ他ノ保證人ニ對《たい》シテ其效《そのかう》ナシ但其義務カ連帶《れんたい》ナルトキハ此限ニ在ラス

債權者《さいけんしや》ト保證人ノ一人トノ間ニ主《しゆ》タル債務《さいむ》ニ關《くわん》シ有リタル判決及ヒ自白《じはく》ハ他ノ保證人《ほしようにん》ヲ利スルコトヲ得然レトモ之ヲ害スルコトヲ得ス

第四十三條　相互ニ連帶《れんたい》シ又ハ債務者《さいむしや》ト連帶《れんたい》シタル保證人中ニ無資《むし》力《りよく》ト爲リタル者アルトキハ各保證人《ほしやうにん》ノ間ニ第六十七條乃至第六十九條ヲ適用《てきよう》ス但其各條ニ記載《きさい》シタル區別《くべつ》ニ從フ

第三節　保證《ほしやう》ノ消滅《せうめつ》

(解)　保證《ほしやう》ノ義務《ぎむ》タル普通《ふつう》ノ義務ノ消滅《せうめつ》スル方法ニ依リテ消滅スルハ勿論《もちろん》或ハ特別ノ理由《りゆう》ノ存スルアリテ消滅スル場合《ばあい》アリ余今茲《こゝ》ニ之レヲ詳解《しやうかい》セス以下ノ法條ヲ一讀スレハ足レリ

義務履行ヨリ生スル責任ハ自己之ヲ負フヘキヲ示スニ在リ

(當事者)トハ債務ニ關係ヲ有スルモノヲ云フ

(清算ノ配當)トハ債權者數人アル片其債務者ノ財產ニ付キ各債權者ノ債額ノ割合ニ應シテ配當スルモノヲ云フ

(債務ノ滿期)トハ債務ノ履行期限ニ至リタル時

(滿期ノ不定ナル云々)債務ノ履行期限ヲ豫メ明定セザル場合

(債權者ノ名ヲ以テ云々)其物件ハ債權者ニ屬スルモ

第四十四條　保證ハ義務《ぎむ》消滅《しようめつ》ノ通常《つうやう》ノ原因《げんいん》ニ由リ直接《ちよくせつ》ニ消滅ス
保證ノ更改《こうかい》、免除《めんじよ》、相殺《さうさつ》及ヒ混同《こんどう》ハ財產編第五百二條、第五百十一條、第五百二十一條及ヒ第五百三十八條ニ於テ之ヲ規定《きてい》ス

第四十五條　債權者《さいけんしや》カ故意《こい》又ハ懈怠《かいたい》ニテ保證人ノ其代位《だいゝ》ニ因リテ取得《しゆとく》スルコトヲ得ヘキ擔保《たんほ》ヲ滅シ又ハ害シタルトキハ總テノ保證人《ほしやうにん》ハ債權者《さいけんしや》ニ對シテ自己ノ免責《めんせき》ヲ請求《せいきう》スルコトヲ得
保證人《ほしやうにん》ノ引受人ハ保證人ノ權利《けんり》ニ基キ右ノ權利《けんり》ヲ援用《ゑんよう》スルコトヲ得

第四十六條　保證《ほしやう》ハ主タル義務《ぎむ》消滅《しようめつ》ノ總テノ原因《げんいん》ニ由リテ間接《かんせつ》ニ消滅ス
債權者《さいけんしや》ト主タル債務者トノ間ニ爲シタル代物辨濟《だいようべんさい》、更改、免除、相殺及ヒ混同《こんどう》ノ保證人ニ對スル効力《かうりよく》ハ財產編第四百六十一條、第五百一條、第五百六條、第五百二十一條及ヒ第五百三十八條ニ於

ノタリト雖モ尚ホ債權者ノ名ヲ以テ保證人ニ供託スル𪜈ハ債務ヲ履行スルニ當リ直チニ債權者ニ其物件ヲ渡スノ便法ナリ
(代位)トハ債權者ニアラサリシ他人債權者ノ地位ニ代リテ權利ヲ執行スルモノヲ云フ
(滌除)トハ不動產ヲ所持スル者其不動產ニ關係ヲ生セシメサル爲メ完全ニ保存スルノ方法ヲ云フ
(有益ナル時期)トハ債權ヲ登記スルニハ法律上定マリタル期限アレハ其期限內ニ登記スルモノ是レナリ

(事務管理ノ訴權)事務管理トハ本人ノ委任ヲ受ケスシテ本人ノ利益ノ爲メ本人ノ爲メニ管理ノ事務ヲ取ルモノヲ云フ然レ圧人ハ謂レナク他人ヨリ利益ヲ受クルモノニアラサレハ其管理ニ由リ被リタル損害ヲ本人ニ對シテ賠償セシムルコヲ得之レ事務管理ノ訴權ノ起ル所以ナリ

(均一部分)トハ數人ノ保證人各平等ノ義務ヲ負フモノヲ云フ

(共同保證人)トハ數人ノ保證人一ノ主タル義務ニ付キ一体ノ義務ヲ負フモノヲ云フ

テ之ヲ規定《きてい》ス

第四節　法律上及裁判上《さいばんじやう》ノ保證ニ特別《とくべつ》ナル規則《きそく》

(解)　保證ニ任意《にんい》ナルモノアリ法律上又ハ裁判上ヨリ生スルモノアリテ特ニ法律《はうりつ》上ニ其場合ヲ定ム本節ハ之ニ關《くわん》スル特別《とくべつ》ナル規定《きてい》ヲナスモノナリ

第四十七條　法律ノ規定《きてい》又ハ判決《はんけつ》ニ從ヒテ保證人ヲ立ツル責アル者ハ自ラ保證人《ほしやうにん》ヲ立テント約シタルトキト同シク第十五條及ヒ第十六條ニ定メタル如キ條件《じやうけん》ヲ具備《ぐび》スル保證人ヲ立ツルコトヲ要ス

法律上及ヒ裁判上ノ保證人ヲ承認《しやうにん》スル手續《てつゞき》ハ民事訴訟法ニ於テ之ヲ規定《きてい》ス

第四十八條　裁判所ハ法律《はふりつ》カ裁判執行《さいばんしつかう》ノ爲メ保證人ヲ立テシムル權《けん》能《のう》ヲ付與《ふよ》シタル場合ニ非サレハ此カ爲メ保證人《ほしやうにん》ヲ立ツ可キコトヲ命スルヲ得ス

（保證人ノ引受人）トハ保證人主タル義務ヲ保證スルヿヲ確保スルモノヲ云フ

（保證ノ更改）トハ保證人變更シタル塲合若シクハ主タル義務ノ目的物等ヲ變更シタル塲合ニ生ス

（相殺）トハ權利者ト義務者トノ間ニ二ケノ權利義務ノ存スル時双方差引スルヿヲ云フ

（代物辨濟）トハ豫メ約シタル物件ニ換ヘ他物ヲ以テ義務ヲ履行スルヿナリ

（混同）トハ權利者ト債務者トノ資格

第四十九條　裁判上《さいばんじやう》ノ保證人及ヒ其引受人ハ財産檢索《ざいさんけんさく》ノ利益ヲ有スルコトヲ得ス

第五十條　法律上及ヒ裁判上《さいばんじやう》ノ保證人ハ其債《さいむ》務者《しや》ニ對スル擔保《たんぽ》ノ求《きう》償《しやう》ニ關シテハ常ニ之ヲ債務者ノ代理人ト看做《みな》ス

第二章　債務者間《さいむしやかん》及ヒ債權者間ノ連帶《れんたい》

（解）　連帶《れんたい》ナルモノハ數人ノ債務《さいむ》者若シクハ數人ノ債權者アル片ニ於テ存スルモノニシテ數人ノモノ各々或ル義務《ぎむ》又ハ或ル權利《けんり》ノ全部《ぜんぶ》ニ付キ負擔《ふたん》シ若シクハ執行《しつこう》スルモノニシテ恰《あた》カモ一人ニシテ義務ヲ負《お》ヒ一人ニシテ權利《けんり》ヲ得タル片ト異《こと》ナラス故ニ連帶《れんたい》アル片ハ數人ノ義務者アル片ト雖𪜈權利《けんり》者ハ其義務者ノ一人ニ對《たい》シテ其義務者ノ應分《かうぶん》ノ義務ニ止マラス全部ノ義務ノ履行《りこう》ヲモ要求《やうきう》シ得又數人ノ債權者《さいけんしや》アル片ハ其一人ニ對スル義務《ぎむ》ノ全部《ぜんぶ》ノ履行《りこう》ハ他ノ債權者ニ對シテモ尚ホ有効《ゆうこう》ナリトス要スルニ連帶《れんたい》アル片ハ數人ノモ

ノ混同ヲ云フ例ヘハ債務者カ權利者ノ相續人トナリシ卄ノ如シ

(裁判執行)トハ裁判言渡ニ從テ債務者ニ對シ債權ヲ行フコヲ云フ

ノ共同シテ義務《ぎむ》若シクハ權利《けんり》ノ全部ニ干與スルモノトス而シテ此連帶《れんたい》ノ債權ノ担保《たんぽ》トナル所以《ゆゑん》ハ連帶《れんたい》タル效果《かうくわ》ヨリシテ自カラ此力ヲ有スルモノニシテ今其一班《はん》ヲ畧陳《りやくちん》セシニ若シ義務者《ぎむしや》數人ノ間ニ連帶ノ生スル卄ハ債權者ハ其一人ニ對シテ全部《ぜんぶ》ノ要求ヲナスコヲ得ルモノニシテ敢テ其各人ニ對シテ其部分ノ要求《やうきう》ヲナスノ勞《らう》ヲ取ルニ及ハス從ツテ數人中ノ一人自已《じこ》ノ部分ニアラサルヲ理由トシテ其債權《さいけん》ノ執行《しつかう》ヲ排斥スルコヲ得サルヨリ自カラ其債權ヲ保存《ほぞん》スルニ於テ最モ鞏確《きやうかく》ナル力ヲ與《あた》フルモノナリ又債權者債務者《さいけんしやさいむしや》ノ一人ニ對シテ償權ノ要求《やうきう》ヲ裁判《さいはん》所ニ訴出《うつたい》テタルトキハ其訴出シタル效《かう》力《りよく》ハ其他ノ義務者ニモ及フモノトス又其債權ノ時效《じかう》ノ爲メ將サニ消滅《せうめつ》セントスルノ時期《じき》ニ當リテハ其權利者債務者ノ一人ニ對シテ時效《じこう》ヲ中斷シタル卄ハ他ノ義務者ニ對スルモ其效力ヲ及ホスモノトス

リトス之レ其重モナルモノナリト雖モ連帶《れんたい》ノ存スルカ爲メ債權《さいけん》ノ執行《しつかう》ヲ確保《かくほ》スルヿ少ナカラス今例《れい》ヲ轉《てん》シテ債權者ノ數人連帶アル塲合《ばあい》ヲ見レハ債權者ハ各其債權ヲ保存《ほぞん》スルニ利益《りえき》アルヿニ付テハ互ニ相代理ヲ授受《じゆじよ》シタルモノト看サレ各債權者ノ爲シタル事務ハ債權《さいけん》ノ全部《ぜんぶ》ニ付キ効力ヲ及ホスモノトス斯ノ如ク連帶《れんたい》ハ債權ヲ保存スルニ於テ重大《ぢうだい》ナル効力《こうりよく》アルヲ以テ佛民法《ふつみんはう》ニ倣《なら》ハス我立法者《りつはふしや》ハ之ヲ該篇ニ規定《きてい》シタル所以ナリ

總則

第五十一條　義務《ぎむ》ノ目的單數《もくてきたんすう》ナルモ主タル當事者《とうじしや》トシテ之ニ關係《くわんけい》スル人複數《ふくすう》ナルトキハ其義務《ぎむ》ハ財産編第四百三十八條ニ指示《しし》シ且下ノ二節ニ記載《きさい》スル如ク受方《うけかた》又ハ働方《はたらきかた》ニテ連帶《れんたい》タルコト有リ

第一節　債務者間《さいむしやかん》ノ連帶《れんたい》

第一欵　債務者間《さいむしやかん》ノ連帶《れんたい》ノ性質《せいしつ》及ヒ原因《げんいん》

（義務ノ目的單數ナルモノ）トハ其義務ハ或ル一事ヲ爲スカ又ハ或ル一物ヲ與フルカ如キヲ云フ

（當事者）トハ其事ニ與カルモノニシテ契約者双方及ヒ

其相續人等ヲ云フ
（受方又ハ働方）トハ債權ノ執行ヲ受クルモノ及ヒ債權ヲ執行スルモノヲ云フ
（受方連帶債權）トハ執行ヲ受クルモノヽ連帶ヲ云フ換言スレハ債務者ノ連帶ヲ云フ
（共同債務者）トハ連帶ヲ以テ義務ヲ負フ數人ノ債務者ヲ云フ

（解）連帶《れんたい》ハ前説《ぜんせつ》シタル如ク數人間ノ利益《りえき》ノ爲メニハ相代理《あいだいり》スルト同一ナル性質《せいしつ》ヲ有スルモノニシテ其債務《さいむ》者ノ利益ノ爲メニハ更ラニ約《やく》スルコトナクシテ有効《ゆうこう》ニ其事務ヲ取ルコトヲ得ルモノナリトス又此連帶《れんたい》ハ各人ノ意思《いし》ノ發表《はつひやう》ヨリシテ互ニ相結束《けつそく》スルモノナレハ是ヲ法律上何レノ場合ニ於テモ或ル摸様《もやう》ヲ以テ推定《すいてい》スルコトヲ得スシテ必ラス契約《けいやく》者間ノ明示《めいし》ヲ要スルモノトス然レ𪜈或ル限《かぎ》リタル事柄《ことがら》ニ付テハ當然連帶《れんたい》アルコトヲ法律上ニ定ムル場合アリ之ヲ稱シテ法律上ノ連帶ト云フ

第五十二條　債務者間ノ連帶《れんたい》即チ受方連帶《うけかたれんたい》ハ共同債務者ヲシテ其共《きよう》通《つう》ノ利益ニ於テモ債權者ノ利益《りにき》ニ於テモ相互《あいたがい》ニ代人タラシム
此連帶《れんてい》ハ合意《がうい》、遺言《いげん》又ハ法律ノ規定《きてい》ヨリ生ス
連帶《れんたい》ハ之ヲ推定《すいてい》セス如何ナル場合ニ於テモ明示《めいし》ニテ之ヲ定ムルコトヲ要ス但不可分《ふかぶん》ニ關シ第八十八條ニ記載《きさい》シタルモノハ此限ニ在

(不均一ノ體樣)トハ數人ノ債務者中或ル期限ヲ以テ連帶ノ責ヲ負フヿアリ又未必條件付ヲ以テスルヿアリ又其義務ノ存スル間連帶ノ責ヲ負フモノアリテ其摸樣一樣ナラサルヲ云フ

(分別ノ利益)トハ數人ノ債務者アル𬼀其各人各部ニ付テ其請求ニ應スヘキヲ申立テ以テ債權ノ全部ノ要求ヲ排斥スルヿヲ得ルヲ云フ

ラス

第五十三條　數人ノ債務者ノ連帶義務《れんたいぎむ》ハ同一ノ行爲《こうい》ヲ以テ又同時、同所ニ於テ之ヲ契約《けいやく》スルコトヲ要セス但其義務《ぎむ》ノ目的《もくてき》及ヒ原因《げんいん》ハ同一ナルコトヲ要ス

又連帶《れんたい》債務者ハ別異《べつゐ》及ヒ不均一ノ體樣《たいやう》又ハ負擔《ふたん》ヲ以テ責ニ任スルコトヲ得

第二款　債務者間ノ連帶《れんたい》ノ效力《かうりよく》

第五十四條　數人ノ連帶債務者《れんたいさいむしや》ヲ有スル債權者ハ其訴追《そつい》セント擇《えら》ミタル債務者《さいむしや》ニ對シ唯一人ノ債務者《さいむしや》ニ於ケル如ク且其債務者《さいむしや》ヨリ撿《けん》索《さく》又ハ分別ノ利益《りえき》ノ抗辯《かうべん》ヲ受クルコト無ク義務《ぎむ》全部《ぜんぶ》ノ履行《りかう》ヲ要求《やうきう》スルコトヲ得

又債權者ハ皆濟《かいさい》ヲ受クルニ至ルマテ同時又ハ順次《じゆんじ》ニ總債務者《そうさいむしや》ヲ訴《そ》追《つい》スルコトヲ得

第五十五條　各債務者《かくさいむしや》ハ訴ヲ受ケタルト否トヲ問ハス連帶債務《れんたいさいむ》全部《ぜんぶ》ノ辨濟《べんさい》ヲ受クルコトヲ債權者ニ强要《きやうやう》スルコトヲ得

第五十六條　連帶債務者《れんたいさいむしや》ニシテ債務ニ於ケル全部《ぜんぶ》又ハ自已ノ部分ヨリ多額《たかく》ニ付キ訴ヘラレタル者ハ共同債務者《さいむしや》ヲ訴訟ニ召喚《せうかん》シ附帶ノ擔保《たんぽ》方法ヲ以テ其債務者ヲシテ答辯《とうべん》又ハ辨濟ヲ擔任《たんにん》セシムル爲メ必要《ひつやう》ナル期間ヲ請求《せいきう》スルコトヲ得但債權者《さいけんしや》ニ對シテハ訴追《そつい》ヲ受ケタル債務者ノミ其對手人《たいしうにん》タル可シ

共同債務者《きやうどうさいむしや》ハ亦其利益保護《りえきほご》ノ爲メ任意《にんい》ニ自費ヲ以テ訴訟《そしやう》ニ參加《さんか》スルコトヲ得

第五十七條　連帶債務《れんたいさいむ》ノ履行《りかう》ノ爲メ訴ヲ受ケタル各債務者ハ自已ノ權利《けんり》ニ基クト共同債務者《きやうどうさいむしや》ノ權利ニ基クトヲ問ハス義務《ぎむ》ノ組成《そせい》又ハ消滅《しやうめつ》ヨリ生スル答辯方法《とうべんはうはふ》ヲ以テ債務《さいむ》ノ全部ニ付キ債權者ニ對抗《たいかう》スルコトヲ得

（强要）トハ承認ヲ要セスシテ或ル事ヲ强ユルヲ云フ

（附帶ノ担保方法）トハ連帶者ノ一人ノ義務ノ全部ヲ履行シタル片其自已應分ノ義務已外ノ債權ニ付キ他ノ各連帶者ニ對シテ返濟ヲ要求スルノ權利アルヿヲ裁判上ニ於テス各債務者ヲシテ確認セシムルヲ云フ

（答辨方法）トハ正當ニ債權者ノ要求ニ抗對スルノ方法ナリ（義務ノ組成）トハ義務ノ成リ立チヲ云フ

（承諾ノ瑕疵）トハ契約者錯誤暴行又ハ詐偽等ニ由リ契約ヲ取結ヒタルモノニシテ承諾ノ完全ナラサル場合ヲ云フ

右ノ外更改《かうかい》、免除《めんじよ》、相殺《そうさう》及ヒ混同《こんどう》ニ關シテハ財産編第五百一條、第五百六條、第五百九條、第五百二十一條及第五百三十五條ノ規《き》定《てい》ニ從フ

第五十八條　債務者《さいむしや》ノ一人ノ無能力《むのうりよく》又ハ承諾《しやうだく》ノ瑕疵《かし》ニ基キタル答辯《とうべん》方法《はうはふ》ハ其人自身《じしん》ニ非サレハ之ヲ援用《ゑんよう》スルコトヲ得ス然レトモ此答《とう》辯方法《べんはうはふ》カ一旦許サレタル上ハ債務《さいむ》ニ於ケル其者ノ部分《ぶぶん》ニ付キ他ノ債務者《さいむしや》ヲ利ス但他ノ債務者カ契約《けいやく》ノ際義務履行《ぎむりかう》ニ付キ其者ノ分擔《ぶんたん》ヲ豫期《よき》スルコト有リタルトキニ限ル

第五十九條　前二條ニ規定《きてい》シタル種種ノ事項《じかう》ニ付キ債權者《さいけんしや》ト債務者ノ一人トノ間ニ有リタル判決《はんけつ》及ヒ自白ハ他ノ債務者《さいむしや》ノ利害ニ於テ前二條ニ同シキ限度《げんど》及ヒ區別ヲ以テ其效力《かうりよく》ヲ生ス

第六十條　一人ノ債務者《さいむしや》ト他ノ債務者トノ間ニ於ケル連帶《れんたい》ノ存在《そんざい》ノミニ關シテ其一人ト債權者《さいけんしや》トノ間ニ有リタル判決《はんけつ》及ヒ自白ハ他ノ

（時効停止ノ原因）トハ債務者ノ無能力者タルカ又ハ承諾ノ瑕疵アルカ爲メ其債務ヲ免カルヽニ至ルヘキ年月ノ經過ヲ停止スルヲ云フ

（目的物ノ滅失）トハ義務トシテ盡クスヘキ物件ノ体樣ヲ失シタルモノヲ云フ（損害賠償）トハ得ヘキ利益失ヒタル損失ヲ償却スルヿヲ云フ

（過怠約欵）トハ義務者ノ過怠ニ由リ義務不履行ノ場合

債務者《さいむしや》ヲ害セス又之ヲ利セス

第六十一條　連帶債務者《れんたいさいむしや》ノ一人ニ對シ債權者ノ利益《りゑき》ニ於テ時效《じかう》ヲ中《ちう》斷《だん》シ又ハ付遲滯《ちたい》ヲ成ス原因《げんいん》ハ他ノ債務者ニ對シテ同一ノ效力《かうりよく》ヲ有ス

債務者《さいむしや》ノ一人ニ對シ債權者ノ利益《りゑき》ニ於テ存スル時效停止《じかうていし》ノ原因《げんいん》ハ他ノ債務者《さいむしや》ノ利益ニ於テ其部分《ぶぶん》ノ爲メ時效《じかう》ノ進行《しんかう》スルコトヲ妨ケス

第六十二條　義務《ぎむ》ノ目的物ノ滅失《めつしつ》其他總テ義務履行《ぎむりかう》ノ不能力連帶債務者《れんたいさいむしや》ノ一人ノ過失《くわしつ》ニ因リ又ハ其付遲滯後《ちたいご》ニ生スルトキハ他ノ債務者ハ債權者《さいけんしや》ニ對シ連帶《れんたい》シテ損害賠償《そんがいばいしやう》又ハ過怠約欵《くわたいやくかん》ノ責ニ任ス但過《くわ》失《しつ》アリ又ハ遲滯《ちたい》ニ在リシ債務者ニ對スル他ノ債務者ノ求償權《きうしやうけん》ヲ妨ケス

第六十三條　連帶債務者中《れんたいさいむしやちう》ニテ債務ヲ辨濟《べんさい》シ其他自已ノ出捐ヲ以テ

ヲ豫想シテ其場合ニ債務者ノ償フヘキ價額ヲ定ムルヲ云フ

(負担部分)トハ各債務者ニ負フベキ割合ヲ云フ

(自已ノ訴ヲ分ツコヲ要ス)トハ債權者ノ債務者一人ニ對シテ訴ヘタル全部ノ要求ハ之レヲ更ラニ他ノ連帶義務者ノ各部分ニ付キ要求スルニ當リ別々ニ訴ヲ爲スコヲ云フナリ

共同《きようどう》ノ免責《めんせき》ヲ得セシメタル者ハ他ノ債務者《さいむしや》ニ對シ辨濟《べんさい》又ハ免責ノ限度《げんど》ニ於テ其各自ノ負擔部分《ふたんぶぶん》ニ付キ自已ノ權利《けんり》ニ基キテ求償權《きうしやうけん》ヲ有ス

右ノ求償中《きうしやうちう》ニハ會社及ヒ代理ノ規則《きそく》ニ從ヒ辨償金《べんしやうきん》及ヒ必要ナル出捐ノ賠償《ばいしやう》ノ外辨償《べんしやう》以後ノ法律上ノ利息《りそく》及ヒ避クルコトヲ得サリシ費用ヲ包含《はうがん》ス

第六十四條　債務《さいむ》ヲ辨濟《べんさい》シタル債務者ハ債權者《さいけんしや》ノ實際《じつさい》受取リタルモノノ限度《げんど》ニ於テノミ財產編《ざいさんへん》第四百八十二條第一號ニ從ヒ法律上ノ代位《だいゝ》ニ因リテ其債權者《さいけんしや》ノ權利及ヒ訴權《そけん》ヲ行フコトヲ得

然レトモ其債務者ハ前條ニ記載《きさい》シタル如ク其共同債務者《きようどうさいむしや》ノ各自ノ間ニ於テ自已《じこ》ノ訴ヲ分ツコトヲ要ス

第六十五條　不注意《ふちうい》ニテ辨濟《べんさい》シタル保證人ニ對シ第三十二條及ヒ第三十三條ニ規定《きてい》シタル求償《きうしやう》ノ失權ハ訴追《そつい》又ハ辨濟ヲ共同債務者ニ

（清算）トハ債務ヲ盡クス時ニ債權額ニ充ツノ計算方法ナリ

告知《こくち》スルコトヲ怠リタル連帶債務者《れんたいさいむしや》ニ對シテ之ヲ適用《てきよう》ス

第六十六條　共同債務者ノ一人カ上ニ指示《しし》シタル方法ノ一ニ因リ求償《きうしやう》ノ行ハレタル當時ニ於テ無資力《むしりよく》ナルトキハ無資力者ノ部分ハ辨濟シタル者ヲモ加ヘテ他ノ資力《しりよく》アル者ノ間ニ割合《はりあい》ニ應シテ之ヲ分ツ但求償者《きうしやうしや》ノ責ニ歸ス可キ懈怠《かいたい》アリシトキハ此限ニ在ラス

第六十七條　何等ノ辨濟《べんさい》モ有ラサル前ニ連帶債務者《れんたいさいむしや》ノ一人ノ無資力《むしりよく》トナリタルトキハ債權者《さいけんしや》ハ其債權ノ全額《ぜんかく》ニ付清算《せいさん》ニ加ハルコトヲ得

此場合ニ於テ辨濟《べんさい》ノ殘額《ざんかく》ハ他ノ債務者之ヲ負擔《ふたん》ス但其債務者ノ自已ノ部分《ぶぶん》外ニ負擔《ふたん》シタルモノニ對スル求償《きうしやう》ハ其清算ニ加ハリタル他ノ債權者《さいけんしや》ヲ害スルコトヲ得ス

第六十八條　債務者ノ一人ノ無資力《むしりよく》ト爲リタル前ニ一分ノ辨濟《べんさい》アリタルトキハ債權者ハ辨濟殘額《べんさいざんかく》ノ爲メニ非サレハ其清算《せいさん》ニ加ハルコ

（連帶ノ拋棄）トハ固ト連帶ハ債權者ノ利益トナルモノ

トヲ得ス又一分ノ辨濟ヲ爲シタル他ノ債務者《さいむしや》ハ第六十三條ニ從ヒ自巳ノ受取ル可キモノヲ辨償《べんしやう》セシムル爲メ清算《せいさん》ニ加ハルコトヲ得

第六十九條　何等ノ辨濟《べんさい》モ有ラサル前ニ總テノ連帶債務者《れんたいさいむしや》又ハ其中ノ數人ノ無資力《むしりよく》ト爲リタル場合ニ於テ債權者《さいけんしや》ハ其債權ノ全額《ぜんかく》ニ付キ各清算《せいさん》ニ加ハルコトヲ得

然レトモ債權者《さいけんしや》カ清算ノ一ニ於テ配當金《はいとうきん》ヲ受取リタルトキハ他ノ清算《せいさん》ニ於テ其債權ノ全額《ぜんかく》ニ從ヒ債權者ニ充テタル新配當金《しんはいとうきん》ハ以前ノ配當《はいとう》ニ於テ未タ受取ラサルモノノ割合ニ應スルニ非サレハ債權《さいけん》者《しや》之ヲ受取ルコトヲ得ス

受取ノ殘額《ざんかく》ハ各清算ニ之ヲ返還《へんくわん》ス但各清算ノ辨濟《べんさい》シタルモノノ割合ニ從フ

第三款　債〻者間ノ連帶《れんたい》ノ終了《しうりやう》

第七十條　債權者カ總《そう》債務《む》者《しや》ニ對シテ連帶《れんたい》ヲ拋棄《はうき》スルトキハ財產編

ナリト雖モ債權者其利益ヲ棄テタルカ爲メニ連帶ノ消滅スル塲合ナリ

（毀損シ又ハ滅盡）毀損トハ物件ノ体樣ヲ失フニ至ラサル者ヲ云ヒ滅盡トハ其物件ノ全ク使用スルヲ得ヘキ体樣ヲ失フニ至ルカ又ハ全ク其形積ヲ見サルニ至リタルモノヲ云フ

（連帶ノ任意免除）トハ債權者ノ意思ヲ以テ債務者ノ連帶ヲ免除スルモノヲ云フ

第四百三十八條第一項ニ規定《きてい》シタル如ク其債務者ノ義務《ぎむ》ハ單ニ連《れん》合《がふ》ノモノト爲リテ存シ其他ノ性質《せいしつ》ヲ變スルコト無シ

第七十一條　財產編第五百十條ニ從ヒ明示《めいし》又ハ默示《もくし》ニテ債務者ノ一人又ハ數人ニ對シテノミ連帶《れんたい》ノ拋棄《はうき》アリタルトキハ他ノ債務者《さいむしや》ハ連帶《れんたい》ノ免除《めんじよ》ヲ得タル者ノ部分ニ於テノミ其義務《ぎむ》ヲ免カル

連帶《れんたい》ノ免除《めんじよ》ヲ得サル債務者中ニ無資力者《むしりよくしや》アルトキハ債權者《さいけんしや》ハ其無資力ニ付キ連帶《れんたい》ノ免除《めんじよ》ヲ得タル者ノ部分ヲ負擔《ふたん》ス

第七十二條　債權者《さいけんしや》カ連帶債務者《れんたいさいむしや》ノ一人ヨリ供シタル擔保《たんぽ》ニシテ他ノ債務者《さいむしや》ノ辨濟《べんさい》シテ代位スルコトヲ得ヘキモノノ全部《ぜんぶ》又ハ一分ヲ毀損《きそん》シ又ハ滅失《めつしつ》セシメタルトキハ他ノ債務者《さいむしや》ハ其擔保《たんぽ》ヲ供シタル者ノ部分ニ付キ連帶《れんたい》ノ義務《ぎむ》ヲ免カレント請求《せいきう》スルコトヲ得

右ノ請求《せいきう》ニ因リテ宣告《せんこく》シタル免責《めんせき》ハ連帶《れんたい》ノ任意免除《にんいめんじよ》ト同一ノ効力《かうりよく》ヲ有ス

第四款　全部《ぜんぶ》義務《ぎむ》

第七十三條　財産編《ざいさんへん》第三百七十八條、第四百九十七條第二項《かう》及ヒ其他法律カ數人ノ債務者《さいむ》ノ義務《ぎむ》ヲ其各自《かくじ》ニ對シ全部《ぜんぶ》ノモノト定メタル場合《ばあい》ニ於テハ相互代理《さうごだいり》ニ付シタル連帶《れんたい》ノ效力ヲ適用《てきよう》スルコトヲ得ス但其總債務者《そうさいむ》又ハ其中ノ一人カ債務ノ全部《ぜんぶ》ヲ辨濟《べんさい》スル言渡《いゝわた》ヲ受ケタルトキモ亦同シ

然レトモ一人ノ債務者《さいむ》ノ爲シタル辨濟《べんさい》ハ債權者ニ對《たい》シ他ノ債務者ヲ免《まぬ》カレシム又辨濟《べんさい》シタル者ハ事務管理《じむくわんり》ノ訴權《そけん》ニ依リ又ハ債權者ニ代位《だいい》シテ得タル訴權《そけん》ニ依リテ他ノ債務者ニ對《いた》シ其部分《ぶぶん》ニ付キ求《きう》償權《しやうけん》ヲ有ス

第二節　債權者間ノ連帶《れんたい》

第一款　債權者間ノ連帶《れんたい》ノ性質《せいしつ》及ヒ原因《げんいん》

（解）本欵《ほんくわん》ニ規定《きてい》スル所ハ第一節第一欵《くわん》ニ於テ畧述《りやくじゆつ》シタルモノト

（働方連帶）トハ債權者ノ間ニ連帶アルモノヲ云フ

ハ只連帶ヲナス人ノ間ニ差《さ》アルニ止マリテ其理由《りゆう》ニ至テハ敢テ異ナラス故ニ再説《さいせつ》セス宜《よろ》シク以下ノ條項ニ就キテ其差別《さべつ》ヲ知ラルヘシ

第七十四條　債權者間《さいけんしやかん》ノ連帶《れんたい》即チ働方連帶《どうはうれんたい》ハ權利《けんり》ノ保存《ほぞん》及ヒ行使《こうし》ニ付キ其債權者ヲシテ互《たがい》ニ代人タラシム

此連帶《れんたい》ハ合意《がうい》又ハ遺言《いげん》ヨリ生ス

第七十五條　數人ノ連帶債權《さいけん》者ニ對スル債務者ノ約務《やくむ》ハ同一ノ行爲《こうい》ヲ以テ又同時、同所ニ於テ之ヲ契約《けいやく》スルコトヲ要セス但其義務《ぎむ》ノ目的《もくてき》及ヒ原因《げんいん》ハ同一ナルコトヲ要ス

又債務者《さいむじや》ハ數人ノ債權者ニ對《たい》シ別異《べつい》及ヒ不均一《ふきんいつ》ノ體樣《たいよう》又ハ負擔《ふたん》ヲ以テ責《せめ》ニ任《にん》スルコトヲ得

第二欵　債權《さいけん》者間ノ連帶《れんたい》ノ効力《こうりよく》

第七十六條　各連帶債權者《かくれんたいさいけんしや》ハ唯一人ノ債權者ナル如ク義務《ぎむ》全部《ぜんぶ》ノ履《り》

(合式ノ要求)トハ法律上ノ方式ニ從ヒタルモノヲ云フ

(義務消滅ノ原因

行《こう》ヲ債務《さいむ》者ニ要求スルコトヲ得
債權《さいけん》者ノ一人カ訴《うつたへ》ヲ起《おこ》シタルトキハ他ノ各債權《さいけん》者ハ共通《きやうつう》ノ利益《りえき》及ヒ自己ノ利益ノ保護《ほご》ノ爲メ訴訟《そしやう》ニ參加《さんか》スルコトヲ得

第七十七條　債務《さいむ》者ハ債權《さいけん》者ノ一人ヨリ訴追《そつい》又ハ合式《かふしき》ノ要求ヲ受ケサル間ハ債務ノ全額《ぜんがく》ノ辨濟《べんさい》ヲ受クルコトヲ債權者ノ各自《かくじ》ニ強要《きようやう》スルコトヲ得之ニ反スル場合ニ於テハ訴追者《そついしや》又ハ要求《やうきう》者ニ對スルニ非サレハ辨濟《べんさい》ヲ爲スコトヲ得ス
若シ同時ニ數人ノ訴追《そつい》者又ハ要求《やうきう》者アルトキハ債務《さいむ》者ハ其總《すべ》テノ者ニ對スルニ非サレハ辨濟《べんさい》ヲ爲スコトヲ得ス

第七十八條　義務組成《ぎむそせい》ノ瑕疵《かし》ニ基《もとづ》キタル抗辯《こうべん》ニ付キ有リタル判決《はんけつ》ハ債務ノ全部ニ對シ總債權《そうさいけん》者ノ利害《りがい》ニ於テ其效力《こうりよく》ヲ生ス但訴訟《そしやう》ニ其名ヲ出タサヽリシ者ニ對シテモ亦同シ

第七十九條　義務消滅《ぎむせうめつ》ノ原因《げんいん》ニ基《もとづ》キタル抗辯《こうべん》ニ付キ有リタル判決《はんけつ》ハ

ニ基キタル抗辨）トハ連帶者ノ一人債權者ノ要求ヲ受ケタル𪜈其義務ノ相殺ニ由リ或ハ混同ニ由リ又ハ更改等ニ由リ消滅セルコトヲ以テ對抗スルモノヲ云フ

（和解）トハ双方ノ自己ノ利益ヲ爭ハス各利益ノ一部ヲ殺キ以テ事濟ミニ至ラシムルヲ云フ

左ノ區別《くべつ》ニ從フニ非サレハ訴訟《そしやう》ニ與《あづ》カラサリシ債權者ニ對シテ其效《かう》ナシ

第一　第七十七條ニ定メタル條件《でうけん》ニ從ヒ債權者ノ一人ニ　シタル辨濟《べんさい》ハ全部《ぜんぶ》ニ付キ總債權《そうさいけん》者ニ之ヲ以テ對抗《たいかう》スルコトヲ得又財産編《ざいさんへん》第百二十一條第三項ニ記載《きさい》シタル如ク債權《さいけん》者ノ一人ニ對《たい》シ債務者ノ有スル相殺《さうさつ》ニ付テモ亦同シ但相殺《さうさつ》ノ原因《げんいん》カ第七十七條ニ從ヒ債務者ヨリ其債權者ニ有效《ゆうかう》ニ辨濟スルコトヲ得ヘキ時期《じき》ニ於テ生シタルトキニ限ル

第二　債權《さいけん》者ノ一人ノ行爲《かうゐ》ヨリ生シ又ハ其權利《けんり》ニ基《もとづ》キテ生スル更改《かうかい》、免除《めんじよ》及ヒ混同《こんどう》ハ財産編《ざいさんへん》第五百一條第三項《かう》、第五百十五條第一項《かう》及ヒ第五百三十五條第二項《かう》ニ從ヒ其債權《さいけん》者ノ部分《ぶぶん》ニ非サレハ債務《さいむ》ヲ消滅《せうめつ》セシメス但此行爲《かうゐ》ハ他ノ債權者ノ訴追《そつい》又ハ要求《えうきう》ノ前ニ在ルコトヲ要ス

（其部分ニ限リ一人ノミヲ利ス）凡ソ時効ヲ停止スルハ事柄ノ全部ニ係ルモノニアラスシテ各人ニ存スル或ル原因ニ出ツルモノナレハ一人ニ對スル時効ノ停止ハ必ス他ノ連帶者ニ及フモノニアラス

又右同一ノ行爲《こうゐ》ニ關《くわん》シ及ヒ辨濟《べんさい》又ハ相殺《さうさつ》ニ關スル和解《わかい》ニ付テモ亦同シ

第八十條　債權者《さいけん》中ノ一人ノ一身ニ限《かぎ》ル債務《さいむ》者ノ抗辯《こうべん》ニ付キ有リタル判決《はんけつ》ハ他ノ債權《さいけん》者ヲ害《がい》セス又之ヲ利《り》セス又債權者ノ一人カ其連《れん》帶《たい》ニ於ケル權利《けんり》ニ付キ債務《さいむ》者ト爲シタル和解《わかい》ニ付テモ亦同シ

第八十一條　債權者《さいけん》ノ一人カ債務《さいむ》者ニ對《たい》シテ時效《じこう》ヲ中斷《ちうだん》シ又ハ其債務者ヲ遲滯《ちたい》ニ付スル行爲ハ全部《ぜんぶ》ニ付キ他ノ債權者《さいけん》ヲ利ス

債權者ノ一人ノ利益《りえき》ニ於テ法律ノ設定《せつてい》シタル時效《じこう》ノ停止《ていし》ハ其部分《ぶぶん》ニ限リ其一人ノミヲ利ス

第八十二條　義務《ぎむ》ノ全部《ぜんぶ》又ハ一分ノ履行《りこう》ヲ得タル連帶債權者《れんたいさいけんしや》ハ他ノ債權者ノ特別《とくべつ》ノ關係《くわんけい》及ヒ其相互《さうご》ノ部分ニ從ヒ之ニ其利益《りえき》ヲ分與《ぶんよ》スルコトヲ要ス

第三款　債權者間《さいけんしやかん》ノ連帶《れんたい》ノ終了《しうりやう》

（受方連帶）トハ債務者ノ連帶ヲ云フ

（權利ノ詐害）トハ連帶ヲ抛棄スルヿカ義務者ノ利益ノ爲メニナサレタル

第八十三條　債權者間ノ連帶《れんたい》ハ抛棄《はうき》ニ因リテ止《や》ム其抛棄《はうき》ハ明示《めいし》ニ非サレハ之ヲ爲スコトヲ得ス

第八十四條　連帶《れんれい》ノ抛棄《はうき》ハ債權者ノ一人若シクハ數人又ハ其總員《そういん》ヨリ之ヲ爲スコトヲ得

總債權《そうさいけん》者ノ働方連帶《はうはうれんたい》ノ抛棄《はうき》ハ第七十條ニ規定《きてい》シタル如ク受方連帶《うけかたれんたい》ノ抛棄《はうき》カ共同債務《きようどうさいむ》者ニ對シテ生セシムルト同一ノ效力《こうりよく》ヲ其債權者間ニ生セシム

若シ債權者《さいけんしや》ノ一人又ハ數人カ抛棄《はうき》ヲ爲シタルトキハ他ノ債權者《さいけんしや》ハ此抛棄ヲ爲シタル者ノ部分ニ付テノミ訴《うつたへ》ヲ爲シ又ハ辨濟《べんさい》ヲ受タル權利《けんり》ヲ失《うしな》フ

第八十五條　連帶《れんたい》ノ抛棄《はうき》ハ債務者ノ承諾《しようだく》ナクシテ有効ナリ

然レトモ其抛棄《はうき》ハ之ヲ債務《さいむ》者ニ告知《こくち》セシカ又ハ債務者明確《めいかく》ニ之ヲ知リタルトキニ非サレハ上ノ規定《きてい》ヲ以テ債務者ニ許《ゆる》シタル辨濟《べんさい》其

モノヲ云フ

他ノ行爲《こうい》ニ對シテ債權者《さいけん》ヨリ之ヲ援用《ゑんよう》スルヿヲ得ス債務者《さいむしや》ハ拋棄《はうき》ヲ申立ツル利益《りえき》アルトキハ之ヲ申立ツルヿヲ得又拋棄《はうき》カ其權利《けんり》ノ詐害《さがい》ニ於テサレタルトキハ之ヲ駁擊《はくげき》スルヿヲ得

第三章　任意《にんい》ノ不可分《ふかぶん》

（解）元來義務《ぎむ》ハ分割《ぶんくわつ》シテ履行《りこう》スヘカラサルヲ以テ原則《げんそく》トス今本章《しやう》ニ定ムルモノハ債務者《さいむしや》ノ數人アル塲合ニ於テ其債權ノ保存ヲシテ確固《かくこ》ナラシメンカ爲メ其義務ノ履行《りこう》ヲ數人ニ分割スヘカラサルヿヲ結約《けつやく》スルモノナリ之ヲ任意《にんい》ノ不可分《ふかぶん》ト云フ此合意《かふい》アル𬼀ハ義《ぎ》務《む》ノ性質《せいしつ》ノ假令《たとへ》分割《ぶんくわつ》シテ履行《りこう》スルヿヲ得ヘキモノニ屬《ぞく》スル𬼀ト雖𪜈尙ホ任意《にんい》上其義務ヲ認《みと》メテ不可分トスルモノナリ而シテ此義務《ぎむ》ヲシテ不可分《ふかぶん》タラシムルノ利益ハ若シ債權者《さいけんしや》ニ於テ義務ヲ分割シテ其一部ヲ盡《つく》サルヽ𬼀ハ其得タル金圓若シクハ物件《ぶつけん》ハ或ル事業《じげふ》ヲ起《おこ》スニ當リ之ヲ利用《りよう》スルヿヲ得スシテ終《つひ》ニ之ヲ空費《くうひ》スルニ至ル

ハ自然ノ情勢《じやうせい》ニシテ大ニ利用ノ便《べん》ヲ失スルヿナキ能ハス故ニ債權《さいけん》者タルモノ常ニ義務ノ全部《ぜんぶ》ヲ一時ニ履行《りこう》セラルヽニ於テハ其利益《りえき》ヲ得ル蓋シ鮮少《せんせう》ニアラサルヘシ加之義務《ぎむ》ノ不可分《ふかぶん》ハ其債權ヲシテ確固《かくこ》ナラシムルノ利益アリトス何ントナレハ義務不可分ナル片ハ債權者《さいけんしや》ハ其債務者ノ一人ニ對《たい》シテ義務ノ全部《ぜんぶ》ヲ要求《やうきう》スルヿヲ得ルノミナラス其一人ニ對シテ時效《じこう》ヲ中斷《ちうだん》シ又ハ停止《ていし》シタル片全債務者ニ對シテ其効力《こうりよく》ヲ及ホスヿヲ得ルモノナルヲ以テ殆《ほと》ント債務者間ノ連帶《れんたい》ノ存スルト同一ナル利益《りえき》ヲ得ルモノトス之レ我カ立法者《りつぱうしや》カ債權ノ担保方法《たんぽはうはう》トシテ玆《こゝ》ニ掲《かゝ》ケタル所以ナリ

第八十六條　財産編《ざいさんへん》第四百四十一條及ヒ第四百四十二條ニ規定《きてい》シタル不可分《ふかぶん》ノ外債務《さいむ》ハ尚ホ數人ノ債務者ノ負擔《ふたん》又ハ數人ノ債權者ノ利益《りえき》ニ於テ債務履行《さいむりこう》ノ擔保《たんぽ》トシテ任意上不可分《にんいじやうふかぶん》タルコトヲ得但財《ざい》産編《さんへん》第四百四十三條ニ指示《しゝ》シタル如ク受方又ハ働方ノ連帶《れんたい》ニ併合《へいがふ》

（不可分ノ外云々）不可分ニハ物件ノ性質上ヨリ然ルモノト又任意ニ依ルモノトアリ本章ハ前者ヲ除クモノナリ

(受方又ハ働方ノ連帯ニ併合シ云々)任意ノ不可分アル片ハ契約者ノ明約アラサル片ニアラサレハ常ニ連帯アルモノナレハ時ニ在リテハ不可分ト併合スルヿアリ

(働方タル可キコトノ明示云々)債務者ノ義務ヲ盡クスニ當リ不可分タルハ債權者ノ利益タルヘシト雖圧之レヲ明約スルニアラスンハ各債務者其應分ノ義務ニ付キ辦濟ノ義務アルモノト見做スモノトス

(明示ニテ阻却セサル場合云々)任

シ又ハ併合《へいがふ》セサルコト有リ

任意《にんい》ノ不可分《ふかぶん》ハ合意《がふい》又ハ遺言《いげん》ヲ以テ之ヲ設定《せつてい》スルコトヲ得此不可《ふか》分《ぶん》ハ明示《めいじ》タルコトヲ要ス

第八十七條　債務《さいむ》者ノ負擔《ふたん》ニ於テ設定《せつてい》シタル不可分《ふかぶん》ハ同時ニ働方《どうはう》タル可キコトノ明示アルニ非サレハ債權者《さいけんしや》ノ利益《りえき》ニ於テ存立セス

又債權者ノ利益《りえき》ニ於テ設定《せつてい》シタル不可分《ふかぶん》ハ同時ニ受方《じゆはう》タル可キコトノ明示《めいじ》アルニ非サレハ債務者《さいむしや》ノ負擔《ふたん》ニ於テ存立セス

第八十八條　受方《じゆはう》ナルト働方《どうはう》ナルトヲ問ハス任意《にんい》ノ不可分《ふかぶん》ヲ設定《せつてい》シタルトキハ受方又ハ働方ノ連帯《れんたい》ヲ明示ニテ阻却《そきやく》セサル場合ニ限リ債務《さいむ》者又ハ債權《さいけん》者ノ間ニ此連帯《れんたい》ノ效力《かうりよく》ヲ生セシム

第八十九條　債務《さいむ》者ノ一人ニ對シテ時效《じこう》ヲ中斷《ちうだん》又ハ停止《ていし》スル原因《げんいん》ハ總債務《そうさいむ》ニ付キ他ノ債務者ニ對シテ中斷《ちうだん》又ハ停止《ていし》ヲ生ス

又債權《さいけん》者ノ一人ノ權利《けんり》ヨリ生スル時效《じこう》ノ中斷又ハ其停止《ていし》ノ原因ハ

意上ノ不可分アル片ハ自カラ連帶アルモノタルコヲ示スニ在リ

(債務者ノ一人ニ對シ云々)之レ專ハラ任意ノ不可分タル効果ヲ定メタルモノナリ

(連帶ノ抛棄ハ云々)任意ノ不可分アル片ハ明示ヲ以テ排斥セサル以上ハ自カラ連帶アルモノナレハ若シ其連帶ヲ抛棄スルコノ明ヲカナル片ハ其不可分ヲ棄抛スルモノト見做ス之レ連帶ノ効力ハ不可分ノ効力ヨリ重大ナルヲ以テナリ

他ノ債權者ヲ利ス

第九十條　債權カ受方《じゆはう》又ハ働方《どうはう》ニテ同時ニ連帶《れんたい》及ヒ不可分《ふかぶん》ナルトキハ第八十三條及ヒ財產編《ざいさんへん》第五百十條ニ記載《きさい》シタル區別《くべつ》ニ從ヒ明示《めいじ》ナルト默示《もくし》ナルトヲ問ハス連帶《れんたい》ノ抛棄《はうき》ハ亦任意《にんい》ノ不可分《ふかぶん》ノ抛棄《はうき》ヲ惹起《じやくき》ス但不可分《ふかぶん》ノ抛棄《はうき》ハ連帶《れんたい》ヲ存立セシム

第九十一條　財產編《ざいさんへん》第四百四十四條乃至《ないし》第四百四十九條、第五百一條第四項《こう》、第五百六條第三項、第五百九條第一項、第五百十三條、第五百十五條第二項、第五百二十一條第四項、第五百三十六條及ヒ第五百三十七條第二項ノ規定《きてい》ハ任意《にんい》ノ不可分《ふかぶん》ニ之ヲ適用《てきよう》ス

債權者《さいけん》カ不可分《ふかぶん》ニテ義務ヲ負《れ》ヒタル債務者ノ代位《たい》ニ因リテ得ルコト有ル可キ擔保《たんぽ》ヲ滅失《めつしつ》セシメ又ハ減少《げんしよう》セシメタルトキハ其債務者ハ債權者ニ對シテ第七十二條ノ免責《めんせき》ヲ援用《ゑんよう》スルコトヲ得

第二部　物上擔保《ぶつじやうたんぽ》

（解）物上担保《ぶつじやうたんぽ》トハ或物ニ依《よ》リテ債權《さいけん》ヲ担保セラルヽモノニシテ其效力《そのこうりよく》對人担保ニ比《ひ》スレハ却テ確實《かくじつ》ナルモノナリトス

第一章　留置權《りうちけん》

（解）留置權《りうちけん》トハ債權者債務者《さいむしや》ニ屬《ぞく》スル物件ヲ自巳ノ占有内《せんゆうない》ニ保《ほ》有《ゆう》シ假令其物件《ぶつけん》ニ付キ訴《うつたへ》ヲ受クルコトアルモ債務者《さいむしや》ヨリ義務ノ履《り》行《こう》ヲ得サル間ハ物件《ぶつけん》ノ返還《へんくわん》ヲナサヽルノ權ヲ謂フ故ニ其物件ノ占《せん》有《こう》ヲ爲スモノハ必ス其物件《ぶつけん》ノ所有者《しよゆうしや》ニ對スルノ債權者《さいけんしや》タラサルヘカラス又其物件《ぶつけん》ニ於テモ留置《りうち》スルカ爲メニ申立ツル所ノ債務《さいむ》ハ相《あ》牽連《けんれん》スルモノタルヲ要スルナリ則チ債權者《さいけん》タルモノ債務者《さいむしや》ノ所有《しよゆう》ニ屬スル物件《ぶつけん》ノ何タラルヲ問ハス自巳ノ占有《せんゆう》ニ歸セシメ以テ債務《さいむ》ノ履行《りこう》ヲ催カスノ權利《けんり》アルモノニアラス今一例ヲ設《もう》ケテ此權利《けんり》ノ存スル場合ヲ明瞭《めいりよう》ナラシメンニ甲者乙者ニ一物件《ぶつけん》ヲ寄託《きたく》シタルト

セハ乙者ハ甲者ノ物件《ぶつけん》返還《へんくわん》ノ要求《やうきう》ニ應シ其物件ヲ還附《くわんぷ》スルノ義務《ぎむ》ヲ有スルモノナリ然ルニ乙者其物件《ぶつけん》ノ寄託《きたく》ヲ受ケタル間其物件《ぶつけん》ヲ保管《ほくわん》スルカ爲メ又ハ其物件ヲ改良《かいりよう》セシカ爲メ受託者《じゆたくしや》自已ノ費用《ひよう》ヲ以テ之レヲ充テタル片ハ甲者ニ對シテ其費用《ひよう》ノ返還《へんくわん》ノ要求《やうきう》ヲナシ得ルハ勿論尚ホ之レカ爲メ直接《ちよくせつ》ニ生シタル損害《そんがい》ヲモ賠償《ばいしよう》セシムルノ權利《けんり》ヲ有スル場合アリ此場合《ばあい》ニ於テ甲者即チ物件《ぶつけん》ノ所有者タルモノ其費用《ひよう》ヲ償却《しようきやく》スルトキハ論ナシト雖𪜈若シ其者ニシテ其費用《ひよう》ヲ辨濟《べんさい》スルノ義務《ぎむ》ヲ盡サヽル片ハ受託者《じたくしや》ハ其寄託《きたく》セラレタル物件《ぶつけん》ヲ返還《へんくわん》スルノ義務《ぎむ》ナク其費用《ひよう》ヲ償却《しようきやく》スルニ至ルマテハ自已ノ占有《せんゆう》ニ屬セシメ以テ寄託者《きたくしや》ニ對スル費用要求《ひようやうきう》ノ權ヲ確保《かくほ》スルヿヲ得ルモノトス由之見之《これによりてこれをみれば》留置權《りうちけん》ハ物權所有者《ぶつけんしよゆうしや》ヲシテ間接《かんせつ》ニ占有者《せんゆうしや》ニ對スル辨濟《べんさい》ヲ促カスヲ以テ目的《もくてき》トスルモノナリ

第九十二條　留置權《りうちけん》ハ財産編《ざいさんへん》及ヒ財産取得編《ざいさんしゆとくへん》ニ於テ特別《とくべつ》ニ之ヲ規定《きてい》

（占有ニ牽連シテ云々）占有シタル物件其所有者ニ對スル債權ト干係ヲ有スルモノタルヿヲ要スル旨ヲ示シタルナリ

シタル場合ノ外債權者《さいけん》カ既ニ正當《せいとう》ノ原因ニ由リテ其債務者ノ動産《どうさん》又ハ不動産《ふどうさん》ヲ占有《せんゆう》シ且其債權カ其物ノ讓渡《ゆづりわたし》ニ因リ或ハ其物ノ保存《ほぞん》ノ費用《ひよう》ニ因リ或ハ其物ヨリ生シタル損害賠償《そんがいばいしやう》ニ因リテ其物ニ關《くわん》シ又ハ其占有《せんゆう》ニ牽連《けんれん》シテ生シタルトキハ其占有シタル物ニ付キ債權《さいけん》者《しや》ニ屬《ぞく》ス

委任《いにん》ナクシテ他人ノ事務《じむ》ヲ管理《くわんり》シタル者ハ必要《ひつよう》ノ費用《ひやう》及ヒ保持《ほぢ》ノ費用ノ爲メニ非サレハ其管理《くわんり》シタル物ニ付キ留置權《りうちけん》ヲ有セス

第九十三條　債權《さいけん》者カ留置《りうち》スル權利《けんり》ヲ有シタル物ノ一分ノミヲ留置《りうち》シタルトキ其部分ハ總債務《そうさいむ》ヲ擔保《たんぽ》スルニ足《た》ルニ於テハ之ヲ擔保《たんぽ》ス

之ニ反《はん》シテ債權者ハ債務《さいむ》者ヨリ一分ノ辨濟《べんさい》ヲ受ケタリト雖モ全部《ぜんぶ》ノ辨濟ヲ受クルニ至ルマテ留置權《りうちけん》ニ服シタル總《すべ》テノ物ヲ留置《りうち》スルコトヲ得

(先取特權)トハ他ノ債權者ヲ排斥シテ先ツ債務者ノ財產ニ付キ債額ニ充ルニ足ルニテ要求シ得ル權利ナリ

(法定ノ果實)トハ民法上限リタル或ル物件ヨリ生スル利益ヲ云フ

(差押)トハ債權者完全ナル義務ノ履行ヲ得ンカ爲メ債務者ノ物件ヲ差留ムルヿヲ云フ

第九十四條　留置《りうち》權《けん》ハ留置物ノ價格《かかく》ニ付キ債權者《さいけんしゃ》ニ先取特權《せんしゆとくけん》ヲ付與《ふよ》セス

然レトモ留置物ヨリ天然《てんねん》又ハ法定《はうてい》ノ果實《くわじつ》又ハ產出物《さんしゆつぶつ》ノ生スル片ハ留置《りうち》權者《けんしゃ》ハ他ノ債權者ニ先《さき》タチテ之ヲ收取《しうしゆ》スルコトヲ得但其果實《くわじつ》又ハ產出物《さんしゆつぶつ》ハ其債權《さいけん》ノ利息《りそく》ニ充當《じうとう》シ尚ホ餘分《よぶん》アルトキハ元本《げんほん》ニ充當スルコトヲ要ス

留置《りうち》權《けん》者ハ其收取《しうしゆ》スルコトヲ怠《おこた》リタル果實《くわじつ》及ヒ產出物《さんしゆつぶつ》ニ付キ其責《せめ》ニ任ス

第九十五條　留置《りうち》權《けん》ハ債務者カ留置物ヲ讓渡《ゆづりわた》シ又他ノ債權《さいけん》者カ之ヲ差押《さしおさ》ヘ及ヒ賣却《ばいきやく》セシムル妨《さまたげ》ト爲ラス

然レトモ孰《いづ》レノ塲合ニ於テモ取得《しゆとく》者ハ留置權者ニ全《まつた》ク辨濟《べんさい》セスシテ其物ヲ占有《せんゆう》スルコトヲ得ス

第九十六條　右ノ外動產《どうさん》又ハ不動產《ふどうさん》ノ留置《りうち》權者《けんしゃ》ハ次ノ二章ニ規定《きてい》シ

(特ニ云々)或ル一定ノ債額ニ充ツル

タル如ク動産《どうさん》又ハ不動産《ふどうさん》ノ質取債権《しちとりさいけん》者ト同一ノ責任《せきにん》ニ従フ此他動産質《どうさんしち》及ヒ不動産質《ふどうさんしち》ニ關スル規定《きてい》ハ此章ノ規定《きてい》ニ觸《ふ》レサル限リハ留置《りうち》權《けん》ニ之ヲ適用《てきよう》ス特ニ債權者カ有意《ゆうい》ニテ留置《りうち》權《けん》ヲ行フコトヲ怠《おこた》リ又ハ實際《じつさい》之ヲ行フコトヲ止《とゞ》メタルトキハ其留置《りうち》權《けん》ヲ失《ふしな》フ

第二章　動《どう》產《さん》質《しち》

(解) 動產質《どうさんしち》トハ債權者《さいけんしや》其債權ヲ確保《かくほ》センカ爲メ或ル特定《とくてい》ノ動產ヲ以テ義務《ぎむ》ノ履行《りかう》ニ充ツルモノヲ云フ則チ債務者《さいむしや》ハ先ツ其債權《さいけん》ノ要求《やうきう》ヲナシタルモ債務者《さいむしや》ニ於テ義務ヲ盡クス能ハサル片ハ其動產《どうさん》質《しつ》トシテ供出《きようしゆつ》セラレタル物件《ぶつけん》ヲ賣却《ばいきやく》シテ以テ自己《じこ》ノ債額《さいかく》ニ充ツルヿヲ得ルノ權《けん》ヲ有スルモノニシテ最モ確實《かくじつ》ナル担保《たんほ》方法《はうぼう》ナリトス

第一節　動產質契約ノ性質及ヒ成立

第九十七條　動產質《どうさんしち》ハ債務者カ一箇又ハ數箇ノ動產《どうさん》ヲ特ニ其義務《そのぎむ》ノ擔保《たんほ》ニ充ツル契約《けいやく》ナリ

ヲ云フ
(好意)トハ自己自カラ進ンテ他人ノ事ヲ爲スノ意思ヲ云フ
(處分)トハ其物件ヲ賣買贈與又ハ毀壞スルカ如キヲ云フ
(第三者)債務ニ干係ナキ他人ヲ云フ
(定量物)トハ秤量

第九十八條　動産質契約《けいやく》ハ債務者《さいむしや》ノ委任ヲ受《う》ケ又ハ好意《こうゐ》ニテ債務者《さいむしや》ノ爲メ擔保《たんぽ》ヲ供スル第三者ト債權者《さいけんしや》トノ間ニモ亦之ヲ爲《な》スコトヲ得

孰《いづ》レノ塲合ニ於テモ動産質《どうさんしち》ヲ供シタル第三者ハ第三十條及ヒ第三十一條ニ從《したが》ヒ保證人ノ如ク債務者《さいむしや》ニ對《たい》シテ求償權《きうしやうけん》ヲ有ス

第九十九條　動産質ハ其物《そのもの》ヲ處分スル能力《のうりよく》ヲ有スル者ニ非《あら》サレハ有《ゆう》效《こう》ニ之ヲ供《きやう》スルコトヲ得ス

合意上《がふいじやう》、法律上及ヒ裁判《さいばん》上ノ管理人《くわんりにん》ニ付テモ亦同シ此等ノ者ハ其《その》權限《けんげん》ヲ踰《こ》エサルコトヲ要ス

若《も》シ債務《さいむ》ニ關係《くわんけい》ナキ第三者ヨリ動産質《どうさんしち》ヲ供シタルトキハ其第三者ハ第十二條ニ記載《きさい》シタル如ク無償ニテ物ヲ處分《しよぶん》スル能力《のうりよく》ヲ有スルコトヲ要ス

第百條　動産質《どうさんしち》ハ債權及ヒ質物《しちもつ》ヲ明カニ指定《してい》セル證書ヲ以テスルニ

又ハ尺度ヲ以テ量定スル丁ヲ得ル物ヲ云フ

（有體云々）質物トスルニハ有形物タルヲ要スル旨ヲ定ムルナリ

非《あら》サレハ之ヲ設定《せってい》スルコトヲ得ス

右質物《しちもつ》ハ之ヲ他ニ易フルコトヲ得サル樣詳細《しやうさい》ニ記載シ且要用アルトキハ之ヲ評價《へうか》スルコトヲ要ス

若《も》シ質物《しちもつ》カ定量物《ていりやうぶつ》ナルトキハ其種類《そのしゆるい》數量、尺度ヲ以テ之ヲ指定《してい》スルコトヲ要ス

第百一條　法律《はふりつ》ニ從ヒ證人《しやうにん》ニ依リテ債權《さいけん》ヲ證スルコトヲ得ル場合《ばあい》ニ於テハ證書《しやうしよ》ノ調製ヲ要セス此場合《このばあい》ニ於テハ債權ノ額《かく》及ヒ質物《しちもつ》ノ相違ナキコト其性質《そのせいしち》價額ヲ或ハ併合《へいがふ》シ或ハ各別ニ人證ヲ以テ證《しやう》スルコトヲ得

第百二條　動産質《どうさんしち》ハ質取債權者カ有體《ゆうたい》ナル質物ヲ現實ニ且繼續《かつけいぞく》シテ占有スルニ非《あら》サレハ之ヲ以テ第三者ニモ他ノ債權者《さいけんしや》ニモ對抗《たいこう》スルコトヲ得ス

然レトモ質物《しちもつ》ハ當時者雙方《さうはう》カ選定《せんてい》シ又ハ債權者《さいけんしや》カ自已ノ責任ヲ以

(記名證券)トハ所持者ノ氏名ヲ記シタル流通シ得ヘキ證券ヲ云フ(裏書證券ヲ以テ云々)證券ノ裏面讓渡アリタル旨ヲ記シテ流通スル證券ヲ云フ

(株券)トハ會社資本ノ一部ヲナスモノナリ(會社定欵)トハ會社ノ規約ヲ云フ

テ選定《せんてい》シタル第三者ノ手ニ之ヲ寄託《きたく》スルコトヲ得
此規則《このきてい》ハ債權ノ無記名《むきめい》證券ニモ之ヲ適用《てきやう》ス

第百三條　質物《しちもの》カ債權ノ記名證券《きめいしやうけん》ナルトキハ質取債權者ハ其證券《そのしやうけん》ヲ占有《せんゆう》スルコトヲ要ス
此他記名《きめい》證券ノ質ノ設定《せつてい》ニ付テハ債權ノ讓渡《ゆづりわたし》ヲ告知スル通常ノ方《はう》式《しき》ヲ以テ第三債務者《さいむしや》ニ其設定ヲ告知《こくち》シ又ハ其第三債務者《さいむしや》カ任意ニテ之ニ參加《さんか》スルコトヲ要ス
又財產編《ざいさんへん》第三百四十七條ノ規定《きてい》ハ右ノ場合ニ之ヲ適用《てきやう》ス
右ハ總《すべ》テ裏書ヲ以テ取引《とりひき》ス可キ商證券又ハ商品《しやうひん》ノ質ニ關シ商法ニ記載《きさい》シタルモノヲ妨《さまた》ケス

第百四條　會社ノ記名ノ株券《かぶけん》又ハ債券《さいけん》ヲ質ト爲ストキハ證券《しやうけん》ノ交付ノ外會社定款《くわいしやていくわん》又ハ法律ニ於テ株券《かぶけん》又ハ債券ノ讓渡《ゆづりわたし》ノ爲メニ定メタル方式ヲ以テ之ヲ會社ニ告知《こくち》シ其帳簿《そのちやうぼ》ニ之ヲ記入スルコトヲ要

(管理人)トハ物件ヲ看守保存スルモノヲ云フ(濫用)トハ使用スヘカラサルヿニ使用スルヲ云フ

ス

第百五條　動産質《どうさんしち》ハ當時者ノ意思《ゐし》ニ從ヒ働方及ヒ受方《うけかた》ニテ不可分タリ但反對《はんたい》ナル明示ノ合意《がうゐ》アルトキハ此限ニ在ラス

動産質《どうさんしち》ハ債務者ヨリ債務《さいむ》ノ一分ヲ辨濟《へんさい》シタルトキト雖モ元利《ぐわんり》及ヒ費用《ひやう》ノ皆濟《かいさい》ニ至ルマテ質物《しちもつ》ノ全部及ヒ各箇ニ於テ存在《そんざい》ス

第二節　動産質契約《どうさんしちけいやく》ノ效力

第百六條　質取《しちとり》債權者ハ質物《しちもの》ヲ返還《へんくわん》スルマテ其看守《そのくわんしゆ》及ヒ保存ニ付キ善良《ぜんりやう》ナル管理《くわり》人《にん》ノ注意《ちうゐ》ヲ加フル責《せめ》アリ

質取債權者《しちとりさいけんしや》ハ債務者ノ許諾《きよだく》ヲ受ケスシテ質物ヲ賃貸《ちんかし》スルコトヲ得ス又債務《またさいむ》者ノ許諾《きよだく》ヲ受ケタルトキ又ハ物ノ使用《しやう》カ其保存《ちのほぞん》ニ必要ナルトキニ非サレハ自ラ之ヲ使用《しやう》スルコトヲモ得ス

若《も》シ質取債權者カ質物《しちもつ》ヲ濫用《らんやう》スルトキハ裁判所《さいばんしよ》ハ其失權ヲ宣告《せんこく》スルコトヲ得

（不可抗ノ危險）トハ人力ヲ以テ避ク可カラサル災禍ヲ云フ

（充當）トハ債額ニ充ツルヲ云フ

（隱レタル瑕疵）トハ人目ヲ以テ容易ニ見出スヿ能ハサル瑕疵ヲ云フ

第百七條　質取債權者《しちとりさいけんしや》ハ自已ノ責任《せきにん》ヲ以テ質物ヲ自己ノ債權者《さいけんしや》ニ轉《てん》質《しち》ト爲スコトヲ得此場合《このばあい》ニ於テハ轉質《てんしち》ヲ爲ササレハ生《せう》セサル可キ意外又ハ不可抗《ふかこう》ノ危險《きけん》ニ付テモ亦其責《そのせめ》ニ任ス

第百八條　質物《しちもつ》カ果實又ハ產出物《さんしつぶつ》ヲ生スルトキハ之ニ關シ質取債權者ハ第九十四條第二項ニ定メタル留置權《りうちけん》者ノ權利及ヒ義務《ぎむ》ヲ有ス

質ト爲シタル債權《さいけん》ニ關シテハ質取《しちとり》債權者ハ其利息《そのりそく》ヲ收取シ之ヲ自已ノ債權《さいけん》ニ充當《じゆうとう》ス然レトモ債務者《さいむしや》ノ特別ナル委任《いにん》ヲ受ケスシテ其元本ヲ受取《うけと》ルコトヲ得ス但裏書《うらがき》ヲ以テ取引ス可キ證券《しやうけん》ニ關スルトキハ此《この》限ニ在ラス

第百九條　質取債權者《しちとりさいけんしや》カ質物保存ノ爲メ必要ノ出費《しゆつひ》ヲ爲シタルトキハ債權《さいけん》ニ先タチ動產質《どうさんしち》ヲ以テ其出費ノ辨償《べんしやう》ヲ擔保《たんぽ》ス

質物《しちもつ》ノ隱レタル瑕疵《かし》ニ因リテ債權者《さいけんしや》ノ受ケタル損害《そんがい》ノ賠償《ばいしやう》ニ付テモ亦同シ

（競賣）トハ數人ノ買主中最モ高價ニ受ルモノニ賣渡ス一ノ賣買法ナリ

（鑑定人）トハ物件ノ價格ヲ定ムルニ特別ノ識見アルモノナリ而シテ之ヲ撰定スルモノハ或ハ契約者タルヿアリ或ハ裁判所ニ於

第百十條　質取債權者ハ動產質《どうさんしち》ノ附キタル主從ノ務債《さいむ》及ヒ前條ノ償《しやう》金《きん》ノ皆濟《かいさい》ニ至ルマテ債務者《さいむしや》及ヒ其讓受人ニ對シテ質物《しちもつ》ノ占有ヲ留《りう》置《ち》スルコトヲ得《う》

債權者《さいけんしや》ハ其債權ノ滿期《まんき》ニ至ラサル間ハ債務者《さいむしや》ノ他ノ債權者ヨリ爲ス質物《しちもつ》ノ差押《さしおさい》及ヒ其競賣《そのきやうばい》ヲ拒ムコトヲ得

第百十一條　動產質《どうさんしち》ノ附キタル債務カ滿期《まんき》ト爲リタルトキ債務者履《り》行《こう》ヲ爲ササルニ於テハ質取債權者又ハ其他ノ債權者《さいけんしや》ヨリ質物ノ競《う》賣《ばい》ヲ求ムルコトヲ得質取《しちとり》債權者ハ他ノ債權者《さいけんしや》ニ先タチ元利、費用《ひやう》及ヒ第廿九條ニ揭《かゝ》ケタル償金《しやうきん》ノ辨濟《へんさい》ヲ受ク

第百十二條　他ノ債權者《さいけんしや》ヨリ競賣《きやうばい》ヲ求メス又ハ之ヲ實行《じつこう》スルコトヲ得サルトキ質取債權者《しちとりさいけんしや》ハ質物ヲ已レノ有ト爲サントスルコトニ付キ債務者《さいむしや》ト一致《ち》セサルニ於テハ鑑定人《かんていじん》ノ評價シタル價額《かゞく》ニ達スルマテ質物ヲ辨濟《べんさい》ニ充《あ》ツ可キコトヲ裁判所《さいはんしよ》ニ請求スルコトヲ得但其《その》

テ命スルコアリ
(受戻約疑附)トハ或ル期間ニ於テ一タヒ賣渡シタル物件ヲ買戻スコアルヘキヲ約シタル賣買契約ヲ云フ(承繼人)トハ財產ニ屬スル權利義務ヲ受繼グモノヲ云フ
(容假ノ占有)トハ

請求書《せいきうしよ》ヲ債務者ニ豫メ提示《ていし》スルコトヲ要ス
質物《しちもつ》ノ價額カ債務ヲ超《こ》ユル場合ニ於テハ質取債權者《しちとりさいけんしや》ハ債務者ニ其《その》超過額《てうくわかく》ヲ辨償《べんしやう》スルコトヲ要ス
第百十三條　總《すべ》テ動產質契約《けいやく》ノ約款又ハ債務滿期前《まんきぜん》ノ合意ニシテ債《さい》權者《けんしや》ニ其債權《さいけん》ノ全部又ハ一分ニ付キ辨濟《べんさい》ノ爲メ裁判上ノ評價《へうか》ナクシテ流質《りうしつ》ヲ許スモノハ當然無效《とうぜんむこう》タリ
本條ノ禁止《きんし》ヲ犯ス爲メ債務者《さいむしや》カ債權者ニ爲シタル受戻《うけもどし》約款附ノ賣《ばい》買《ばい》其他ノ合意ハ之ヲ無效《むかう》ト宣告《せんこく》スルコトヲ得
本條ニ定メタル無效《むこう》ハ質取債權者《さいけんしや》ヨリ之ヲ援用《ゑんやう》スルコトヲ得スシテ債務者《さいむしや》又ハ其承繼人《そのしやうけいにん》ノミ之ヲ援用《ゑんやう》スルコトヲ得
第百十四條　質物《しちもつ》カ質取債權者《さいけんしや》ノ方ニ存スル間ハ其債務《そのさいむ》ノ免責時效《じこう》ノ成就《じやうじう》ヲ停止《ていし》ス
第百十五條　質物ノ占有《せんゆう》ハ常ニ容假《やうか》ノ占有ニシテ其占有《そのせんゆう》ノ繼續期《けいぞくき》ノ

所有者タル名義ヲ以テセサルモノヲ云フ

(不動産ノ果實)トハ不動産ヨリ生スル利益ヲ云フ

(抵當權)トハ不動産ヲ書入スルニ止マリ占有ヲ移サヽルモノヲ云フ

如何ニ拘《かゝ》ハラス又債務《さいむ》カ辨濟其他 方法ニテ消滅《せうめつ》シタル後ト雖モ質取《しちとり》債權者ハ取得時效《じかう》ヲ援用《ゑんやう》スルコトヲ得ス

然レトモ財産編《ざいさんへん》第百八十五條ニ定メタル二箇ノ場合《ばあい》ニ於テハ容假《やうか》タルコトハ止《や》ム

第三章　不動産質《ふどうさんしち》

(解)　不動産質《ふどうさんしつ》ハ動産質ノ如ク債權者《さいけんしや》ノ握有《あくゆう》ニ歸《き》セシムルヿヲ得ス質取主《しちとりぬし》ハ只其不動産《ふどうさん》ノ果實《くわじつ》又ハ入額《にうかく》ヲ收取《しうしゆ》スルノ權アルノミ而シテ其効力《かうりよく》ニ至リテハ動産質《どうさんしつ》ト異ナルヿナシ故ニ贅《ぜい》セス

第一節　不動産質ノ目的《もくてき》、性質及ヒ組成《そせい》

第百十六條　不動産質契約《けいやく》ハ不動産質債權者《さいけんしや》ニ他ノ總債權者《そうさいけんしや》ヨリ先ニ其不動産ノ果實《くわじつ》及ヒ入額ヲ收取《しふしゆ》スル權利《けんり》ヲ付與《ふよ》ス

債務ノ滿期《まんき》ニ至レハ債權者ハ抵當權《ていとうけん》アル債權者ノ權利《けんり》ヲ行フ

此期限ハ三十个年ヲ超過《てうくわ》スルコトヲ得ス之ヲ超《こ》ユルトキハ當然三

(設定者)トハ此ニハ債務者以外ノ質入主ヲ指ス

(收益權)トハ財產ヲ使用收益スル權利ヲ云フ

十个年ニ減縮《げんしゆく》ス

此期限ハ縱令《たとへ》之ヲ延フルモ前後通算《つうさん》シテ三十个年ヲ超過《ていくわ》スルコトヲ得ス

第百十七條　不動產質ハ債務者《さいむしや》ノ爲メ第三者之ヲ設定《せってい》スルコトヲ得其不動產質ハ債務者《さいむしや》ト設定者トノ間ニ於テハ動產質《どうさんしち》ノ爲メ第九十八條ニ定《さだ》メタル效力《こうりよく》ヲ生ス

第百十八條　不動產質《ふどうさんち》ハ第百九十七條及ヒ第百九十八條ニ從ヒ抵當《ていとう》ト爲スコトヲ得ヘキ財產《ざいさん》ノ上ニ非サレハ之ヲ設定《せってい》スルコトヲ得ス

此他設定者《せっていしや》ハ質ト爲ス財產ノ收益權《しうゑきけん》ヲ自ラ有スルコトヲ要ス其質《そのしち》ハ如何ナル場合《ばあい》ニ於テモ其收益權《そのしうゑきけん》ノ繼續期間ヲ超過《こうくわ》スルコトヲ得ス

不動產質《ふどうさん》設定《せってい》ノ爲メニ要スル能力《のうりよく》ハ第二百九條及ヒ第二百十條ニ定《さだ》メタル抵當設定《ていとうせってい》ノ能力ト同一ナリ

(公正證書)トハ證書ヲ作ルヘキ能力アル公吏其管轄内ニ於テ作爲シタル證書ヲ云フ(抵當ノ順位)トハ抵當權ヲ行フニ當リ從フヘキ班位ヲ云フ

(補足ノ合意)トハ登記ノ後ニ指示ノ不十分ヲ補フ爲メ結フ所ノ意思ノ合同ヲ云フ

第百十九條　不動産質カ合意《ごふい》上ノモノナルトキハ其質《そのしち》ハ公正證書又ハ私署證書《ししよせうしよ》ヲ以テスルニ非サレハ當時者ノ間ニ之ヲ設定《せつてい》スルコトヲ得ス

又不動産質ハ第二百十二條ニ從ヒ遺言上《ゐげんじやう》ノ抵當ノ許《ゆる》サルル場合《ばあい》ニ於テハ遺言《ゐげん》ヲ以テ之ヲ設定《せつてい》スルコトヲ得

不動産質《ふどうさんしち》ハ之ヲ設定スル證書《しようしよ》又ハ遺言書ニ依リ財産編《さんへん》第三百四十八條ニ從《したが》ヒテ登記《とうき》シタル後ニ非サレハ之ヲ以テ第三者ニ對抗《たいこう》スルコトヲ得ス

右ノ登記《とうき》ハ抵當ノ順位《じゆんゐ》ヲ保存スル爲メ抵當《ていとう》ノ登記ニ同シキ效力《こうりよく》ヲ有ス

第百二十條　不動産質《ふどうさんしち》ヲ設定《せつてい》スル證書又ハ遺言書《ゐげんしよ》ニハ其不動産ノ精《せい》確《かく》ナル指示《し》ノ外元利ノ債權額《さいけんかく》ヲ指示スルコトヲ要ス

右ノ指《し》示カ不十分ナル場合《ばあい》ニ於テハ既ニ爲シタル登記《とうき》ニ補足《ほそく》ノ合

（現實ニ占有云々）トハ所有者ノ名義ヲ以テ直接ニ占有スルモノヲ云フ

（轉質）トハ質取主再タヒ他ニ質入スルヲ云フ

意ヲ附記《ふき》ス然レトモ此附記《このふき》ハ其日附後ニ非《あら》ラサレハ效力ヲ生セス

第百二十一條　質《しち》ト爲シタル物權《ぶつけん》カ用益權、賃借權《ちんしやくけん》又ハ永借權ナルトキハ此權利《このけんり》ノ設定證書《せつていしようしよ》ニ依ル登記ニ其質權《そのしちけん》ヲ附記スルヲ以テ足《た》レリトス

第百二十二條　質取《しちとり》債權者ハ右ノ外動產質《どうさんしち》ニ關シ第百二條ニ記載《きさい》シタル如ク其《そ》債權《さいけん》ヲ擔保スル不動產ヲ現實《げんじつ》ニ占有《せんゆう》スルコトヲ要ス

第百二十三條　不動產質ハ動產質《どうさんしち》ニ關シ第百五條ニ記載《きさい》シタル如ク働方及ヒ受方ニテ不可分《ふかぶん》タリ

第二節　不動產質《ふどうさんしち》ノ效力《こうりよく》

第百二十四條　質取債權者《しちとりさいけんしや》ハ質ニ取リタル不動產ヲ財產編《ざいさんへん》第百十九條乃至第百二十二條ニ規定《きてい》シタル制限《せいげん》ニ從ヒ且質契約《けいやく》ノ期間ニ限リ賃貸《ちんかし》スルコトヲ得但反對《はんたい》ノ合意アルトキハ此限《このかぎり》ニ在ラス

又質取債權者《しちとりさいけんしや》ハ自己ノ權利ノ繼續《けいぞく》期間ニ限リ動產質《どうさんしち》ニ付キ第百七

（公課）トハ公ケヨリ課セラルル負擔ナリ（大修繕）トハ建物ノ組立ニ必要ナル修繕ヲ云フ

（果實ト利息云々）果實トハ質物ヨリ生スル利益ヲ云ヒ利息トハ債額ヨリ生スルモノヲ指ス

（栽培）トハ土地ノ上ニ生スル植物ノ培ヒヲ云フ

條ニ記載《きさい》シタル如ク自己《じこ》ノ責任《せきにん》ヲ以テ其不動産ヲ轉質《てんしち》ト爲スコトヲ得

第百二十五條　質取信權者《しちとりさいけんしや》ハ租税《そぜい》其他毎年《まいねん》ノ公課ヲ負擔《ふたん》ス

質取債權者《しちとり》ハ小修繕《せうしうぜん》及ヒ必要且急迫《きうはく》ナル大修繕ヲ爲ス責《せめ》ニ任ス若シ此ニ違《たが》フトキハ損害賠償《そんがいばいしやう》ヲ負擔ス但此大修繕《このだいしゆぜん》ノ費用ハ債務者《さいむしや》之ヲ償還《しやうくわん》ス

第百二十六條　建物《たてもの》、宅地ノ質《しち》ニ付テハ債權者《さいけんしや》ハ自ラ之ヲ領《りよう》スルト之ヲ賃貸《ちんかし》スルトヲ問ハス其貸賃《ちんかし》ヲ自己ノ債權《さいけん》ノ利息ニ充當シ猶ホ超過額《てうくわかく》アルトキ又ハ債權《さいけん》カ無利息ナルトキハ元本ニ充當《じうとう》ス

田畑《でんはた》山林ノ質《しち》ニ付テハ當事者ノ間ニ於テ果實《くわじつ》ト利息トハ計算《けいさん》セスシテ相殺シタリト看做《みな》ス但反對ノ合意《がふい》アルトキ又他ノ債權者《さいけんしや》ニ對シ又ハ利息《りそく》ノ法律上ノ制限《せいげん》ニ付キ顯著《けんちよ》ナル詐害アルトキハ此限《このかぎり》ニ在ラス

（故障）トハ債權者自己ノ利益ノ爲メニ物件ノ賣却ニ付キ申立ツル妨ゲヲ云フ

（取得者ハ云々）之

貸債又ハ果實ヲ利息ニ充當《じうとう》スルニハ毎年ノ公課《こうくわ》及ヒ保持、管理《くわんり》、栽培《さいばい》ノ費用ヲ控除《こうぢよ》シタル純益價額ニ付キ之ヲ爲《な》ス

第百二十七條　質取債權者《さいけんしや》ハ如何ナル反對《はんたい》ノ合意アルニ拘《かゝ》ハラス常ニ己レノ爲メ負擔《ふたん》重キニ過クルト思慮《しりよ》スル收益權ヲ將來ニ向ヒテ拋棄《はうき》シ無利息《むりそく》ニテ抵當權《ていとうけん》ノミヲ存スルコトヲ得然レトモ適當《てきとう》ノ時期ニ非サレハ之ヲ爲《な》スコトヲ得ス

第百二十八條　債權者《さいけんしや》ハ債務ノ皆濟《かいさい》ニ至ルマテ質《しち》ニ取リタル不動產《ふどうさん》ノ占有ヲ留置《りうち》スルコトヲ得

然レトモ質取債權者《しちとりさいけんしや》ハ債務ノ滿期《まんき》前又ハ滿期後ニ債務者《さいむしや》又ハ他ノ債務者ヨリ求メタル賣却《ばいきやく》ニ故障ヲ申立ツルコトヲ得ス

又質取債權者《しちとりさいけんしや》ハ滿期後自ラ賣却《ばいきやく》ヲ申立ツルコトヲ得

右ハ下ニ指示《しじ》シタル別異《べつゐ》ノ效力ヲ生ス

第百二十九條　他ノ債權者《さいけんしや》ヨリ求メタル賣却《ばいきやく》ノ場合ニ於テハ質取債《しちとりさい》

レ財產ノ取得者ハ其物件ニ付スル權利義務ヲ引繼ク可キモノナレハ質取主ニ對スル債務ノ完了セサル間ニ物件ノ留置ヲ免カレサルコヲ示スナリ
モノトス
（質取債權者自ラ賣却云々）此場合ハ當然收益權及ヒ留置權ヲ消滅シテ所有權ノ執行ニ屬スルモノトス

權者《けんしや》ハ其順位ニ於テ其《そ》抵當權《ていとうけん》ヲ行ヒ且其債權者カ如何《いか》ナル先取特《せんしゆとく》權《けん》又ハ抵當權アル他ノ債權者《さいけんしや》ニモ先ンセラレサルトキ及ヒ先ンセラルルモ他ノ債權者カ總《すべ》テノ代價《だいか》ヲ取盡サスシテ殘餘《ざんよ》アルトキハ取得者《しゆとくしや》ハ質取債權者ノ尙《な》ホ受ク可キモノノ爲メ第百十六條ニ從ヒ質《しち》ノ終了ス可キ時期《じき》ニ至ルマテ留置權《りうちけん》ニ遵フ責《せめ》アリ債務者《さいむしや》ノ爲シタル賣却《ばいきやく》ニシテ先取特權若クハ抵當權《ていとうけん》アル債權者又ハ質取債權者《しちとりさいけんしや》ノ請求ニ因リテ增價《ぞうか》競賣ノ有リタル場合《ばあい》ニ於テモ亦同シ

然レトモ質取債權者《しちとりさいけん》自ラ賣却《ばいきやく》ヲ求メタル場合ニ於テハ其收益權《そのしうえきけん》及ヒ留置權ハ消滅《せうめつ》ス但其賣却《ばいきやく》ニ付キ明白ニ此權利《このけんり》ヲ留保シ且順位《じゆんゐ》ノ如何ヲ問ハス他ニ先取特權《さきとりとくけん》又ハ抵當權アル債權者《さいけんしや》アラサルトキハ此限《このかぎり》ニ在ラス

右二箇ノ條件《じやうけん》アルトキハ取得者債務《さいむ》ノ消滅《せうめつ》ニ至ルマテ質權《しちけん》ニ遵フ

責《せめ》アリ

第百三十條 第百六條、第百九條、第百十條及ヒ第百十三條乃至第百十五條ハ不動產質《ふどうさんしち》ニモ之ヲ適用《てきよう》ス

第四章 先取特權《せんしゆとくけん》

（解） 先取特權《せんしゆとくけん》ナルモノハ物上擔保中《ぶつじやうたんぽちう》最モ優等《ゆうとう》ナルモノニシテ如何ナル權利者《けんりしや》ト雖モ此特權《とくけん》ヲ有スルモノヽ爲メニハ排斥《はいせき》セラルヽモノナリトス而シテ此權利《けんり》ハ債權《さいけん》ノ性質《せいしつ》ヨリ起ルモノニシテ法律上ノ明定《めいてい》ニ依リ生存《せいそん》スルモノナリ故ニ彼ノ動產質《どうさんしち》又ハ不動產質《ふどうさんしち》ヨリ生スル先取特權《せんしゆとくけん》トハ大ニ其趣ヲ異ニスルナリ又法律カ或ル債權《さいけん》ニノミ此特權《とくけん》ヲ付與《ふよ》スルヤ多クハ債權《さいけん》ノ原因《げんいん》ノ公平ニ基ク時若シクハ慈惠《じけい》ニ基因《きいん》シタルトキ又ハ公益《かうえき》及ヒ道德《どうとく》ニ基クトキ等最モ債權者《さいけんしや》ヲ保護《ほご》スヘキ特別《とくべつ》ノ理由《りゆう》アル時ニ存スルモノナリトス

又時トシテハ先取特權《せんしゆとくけん》ヲ有スルモノヽ數人《すうにん》アルコトナキニアラス此

（原因ニ附着云々）先取特權ハ最モ其債權ノ原因ニ基スルモノタルヿヲ明ラカニスルニ在リ

場合ハ法律《はりつ》ハ其特權《くけん》ノ執行《しゆつかう》ハ孰レヲ先ニスヘキヤ孰レヲ後ニスヘキヤハ記號《きがう》ノ順次《じゆんじ》ヲ以テ定メラレタリ讀者《どくしや》以下ノ法條ヲ一讀セハ知《ち》得《とく》スル所アルヘシ

總《そう》則《そく》

第百三十一條　先取特權《さきどりとくけん》ハ合意ナキモ法律カ或ル債權《さいけん》ノ原因ニ附著《ふちやく》セシメタル優先權《ゆうせんけん》ナリ但動産質《どうさんしち》及ヒ不動産質ヨリ生スル先取特《さきどりとく》ハ合意上ノモノトス

先取特權《さきどりとくけん》ハ法律ノ制限《せいげん》シテ定メタル原因、條件及ヒ目的《もくてき》ニ於ケルニ非《あと》サレハ存在《そんざい》セス

先取特權《さきどりとくけん》カ第三所持者ニ對《たい》シテ追及權《ついきうけん》ヲ付與スル場合及ヒ其權利《けんり》行使《ぎやうし》ノ條件モ亦法律《はふりつ》ヲ以テ之ヲ定ム

第百三十二條　先取特權《さきどりとくけん》ハ動産質及ヒ不動産質ニ關《くわん》シ第百五條及ヒ第百二十三條ニ記載《きさい》シタル如ク働方及ヒ受方ニテ不可分タリ

（拂渡差押）トハ債權者自已ノ債額ニ充テンカ爲メ第三者ニ對シ債務者ニ拂渡スヘキ金額又ハ有價物件ヲ差留ムル方法ナリ

第百三十三條　先取特權ノ負擔《ふたん》アル物カ第三者ノ方ニテ滅失シ又ハ毀損《きそん》シ第三者此カ爲メ債務者《さいむしや》ニ賠償ヲ負擔《ふたん》シタルトキハ先取特權アル債權者ハ他ノ債權者ニ先《さき》タチ此賠償《このばいしやう》ニ於ケル債務者《さいむしや》ノ權利ヲ行フコトヲ得但其先取特權アル債權者《さいけんしや》ハ辨濟《べんさい》前ニ合式ニ拂渡《はらいわたし》差押ヲ爲スコトヲ要ス

先取特權ノ負擔《ふたん》アル物ヲ賣却《ばいきやく》シ又ハ賃貸シタル塲合及ヒ其物ニ關《くわん》シ權利《けんり》ノ行使ノ爲メ債務者《さいむしや》ニ金額又ハ有價物ヲ辨濟《べんさい》ス可キ總《すべ》テノ塲合ニ於テモ亦同シ

第百三十四條　先取特權《さきどりとくけん》ノ種類ハ之ヲ左ニ揭《かゝ》ク

第一　債務《さいむ》者《しや》ノ總動産及ヒ附隨《ふずい》ニテ其總不動産ニ係ル一般《いつぱん》ノ先取特權

第二　或《あ》ル動産《どうさん》ニ係ル特別《とくべつ》ノ先取特權

第三　或《あ》ル不動産ニ係《かゝ》ル特別ノ先取特權《さきどりとくけん》

（相互ノ順位）トハ先取特權ヲ有スル權利者數人アル𪜈權利ヲ行フノ先後ヲ定メタルモノヲ云フ

（特別法）トハ民法ノ外ニ特ニ或種ノ事柄ヲ定メタルモノヲ云フ

第百三十五條　一般《いつぱん》又ハ特別ノ先取特權ヲ有スル債權者《さいけんしや》ノ相互ノ順《じゆん》位《ゐ》ハ本章ノ各節《かくせつ》ニ於テ之ヲ規定《きてい》ス

不《ふ》動産《どうさん》ニ付キ先取特權ヲ有スル債權者《さいけんしや》ハ其同一ノ不動産ニ付キ抵《てい》當權《とうけん》ヲ有スル債權者《さいけんしや》ニ先ダツ但法律ニ於テ特別《とくべつ》ニ規定シタル場合《ばあい》ハ此限ニ在ラス

同原因《どうげんいん》又ハ同順位ノ先取特權《さきとりとくけん》アル債權者ハ其債權額《さいけんがく》ノ割合ニ應シテ辨濟《べんさい》ヲ受《う》ク

第百三十六條　本法ニ定メタル先取特權ハ商法《しやうはう》又ハ特別法《とくべつはう》ヲ以テ規《き》定《てい》シ又ハ規定ス可キ先取特權ヲ妨《さまた》ケス

商法《しやうはう》又ハ特別法ノ先取特權ハ別段《べつだん》ノ規定ナキ場合ニ於テハ下ニ定《さだ》メタル一般ノ規則《きそく》ニ從フ

第一節　動産《どうさん》及ヒ不動産《ふどうさん》ニ係ル一般ノ先取特權《さきとりとくけん》

（解）既ニ前説《げんせつ》セシ如ク特權《とくけん》ハ債權《さいけん》ノ性質《せいしつ》ヨリ生スルモノナレハ

（訟事費用）トハ訴訟ノ爲メニ立替ヘタル費用ヲ云フ最后ノ疾病ノ費用トハ死亡前ノ疾病ニ關スル費用ヲ云フ

其債權《さいけん》ノ特ニ或ル財產《ざいさん》ニ牽連《けいれん》セルカ爲メ此特權《とくけん》モ亦タ其財產《ざいさん》ニ限リ存立《ぞんりつ》スルモノナキ能ハス然レ氏本節《ほんせつ》ノ定ムル所之レニ異ナリ債權ノ原由《げんゆう》ニシテ債務者《さいむしや》ノ財產《ざいさん》タル以上ハ動產《どうさん》ト不《ふ》動產《どうさん》トヲ別タス一般ノ財產《さいさん》ニ及ホシ得ヘキ性質《しつ》ヨリ出ツルモノナリトス之レ先取《さきとり》特權《とくけん》ニ一般ナルモノト特別《とくべつ》ナルモノトノ因テ別カルヽ所以《ゆいん》ナリトス

第一款　一般《いつぱん》ノ先取特權ノ原因《げんいん》

第百三十七條　動產《どうさん》及ヒ不動產ニ係ル先取特權《さきとりとくけん》アル債權ハ之ヲ左ニ掲《かゝ》ク但下ニ定メタル制限及ヒ條件ニ從フ

第一　訟事費用《しやうじひよう》

第二　葬式費用《そうしきひよう》

第三　最後疾病費用《さいごしつぺいひやう》

第四　雇人給料《やとひにんきうりやう》

（給料若クハ謝金ヲ受取ルヘキ債權者）トハ代言人代書人及ヒ公證人ノ如キモノヲ云フ

第五　日用品供給《にちやうひんきやうきふ》

第一則　訟事費用《しやうじひやう》ノ先取特權《さきとりとくけん》

（解）此ニ所謂ル訟事費用《しやうじひよう》トハ債主ガ債務《さいむ》ノ辨濟《べんさい》ヲ得ンガ為メニ債務者《さいむしや》ニ對シテ起セル訴訟《そしやう》ニ費セル費用ヲ云フモノニアラズ如此費用《ひよう》ハ何レノ點ヨリ之ヲ觀ルモ費用ヲ為セシモノニ先取權《せんしゆけん》ヲ與フルノ理由《りゆう》アルヿナシ此ニ所謂ル訟事費用《しやうじひよう》ハ債主ノ共同抵保物《きやうどうていほうぶつ》タル債務者ノ財產《ざいさん》ヲ保存《ほぞん》シ又ハ之ヲ配分《はいぶん》スルガ為メニ為セル費用ニシテ債主《さいしゆ》ヲ利セルモノヲ指セルモノトス

第百三十八條　訟事費用《しやうじひやう》ノ先取特權ハ或ハ債務者《さいむしや》ノ財產ヲ保存《ほぞん》スル為メ或ハ其財產ヲ淸算《せいさん》配當スル為メ各債權者《さいけんしや》ノ共同利益ニ於テ正《せい》當《とう》ニ為セル裁判《さいばん》上若クハ裁判外《さいばんぐわい》ノ總テノ行為ニ付キ金錢《きんせん》ノ立替ヲ為シタル債權者《さいけんしや》又ハ給料若クハ謝金《しやきん》ヲ受取ル可キ債權者《さいけんしや》ニ屬ス

總債權者《さうさいけんしや》ニ有益ナラサリシ費用《ひよう》ニ付テハ先取特權ハ特別《とくべつ》ノモノニ

（葬式ニ連續シタル云々）法律ハ特ニ葬式ノ費用ノミ

シテ其費用《そのひやう》ノ爲メ利益ヲ得タル債權者《さいけんしや》ニ對スルニ非《あら》サレハ之ヲ以テ對抗《たいかう》スルコトヲ得ス

第二則　葬式費用《そうしきひよう》ノ先取特權《さきどりとくけん》

（解）人ノ死去《しきよ》スルヤ葬式《そうしき》ヲ行フハ殆ント免カルヘカラサルモノニシテ若シ此方式《はうしき》ヲ施サス放擲《はうてき》顧《かへり》ミサルニ於テハ死者《ししや》ノ汚名《をめい》ヲ後世ニ殘スノミナラス其遺族《いぞく》ノ毀譽《きよ》ニ係ルヿ極メテ大ナリ然ルニ死《し》者平常《しやへいじやう》ノ貯蓄《ちよちく》ナク而カモ疾病《しつぺやう》ノ急劇《きうげき》ナル片等ニ當リテハ爲メニ費ス所多クシテ得ル所ナカルヘシ此時ニ當リ人其費用《ひやう》ヲ貸與《だいよ》スルモノアリトセハ其債權者《さいけんしや》タルモノ決シテ普通一樣《ふついちやう》ノ債主ト看做《みな》スヘカラス宜シク特別《とくべつ》ナル保護《ほご》ヲ與フヘキナリ之レ此特權《とけん》ヲ法律《はうりつ》ガ付與《よ》シタル所以ナリ

第百三十九條　債務者《さいむしや》ノ身分ニ應シ且慣習《くわんしゆう》ニ從ヒテ爲シタル葬式費《さうしきひ》用《ひう》ハ先取特權アルモノトス

ニ付キ特權ヲ與フルコヲ明示シタルモノナリ

先取特權《ちきとりとくけん》ハ債務者ノ擔當《たんとう》ニ係ル同居親族《ししぞく》ノ葬式費用ニモ亦之ヲ適《て》用《やう》ス

此先取特權ハ葬式《とうしき》ニ連續シタル出費《しゆつひ》ニ及ハス縱令其出費カ慣習《くわんしう》上ノモノナルモ亦同シ

第三則　最后疾病費用《さいごしつぺい》ノ先取特權《さきとりとくけん》

（解）人ノ疾病《しつびやう》ニ係リ苦悶堪《くもんた》ユヘカラサルノ時醫藥《いやく》ヲ購《まだな》フノ資ナク又之レカ看護《かんご》ヲ備フノ費ナキ片ハ不幸《ふかう》ノ上ニ不幸ヲ重《かさ》子憐《あわれ》ムヘキ狀態《じやうたい》ニ陷ルヘシ故ニ法律ハ此疾病《しつびやう》ノ費用《ひよう》ヲ立替ヘタル債權者《さいけんしや》ノ慈惠《じけい》ニ出ツルモノナルヲ以テ其原由《げんいん》トシ茲ニ特別《とくべつ》ノ保護《ほご》ヲ與ヘタルモノナリ

第百四十條　最後《さいご》疾病費用ノ先取特權《さきとりとくけん》ハ債務者又ハ前條ニ指定《してい》シタル親族《しんぞく》ノ死亡《しばう》前ノ疾病ニ關《くわん》スル醫師、藥商《やくしやう》、看病人其他此ニ類《るい》スル費用ヲ包含《はうがん》ス但債務者《さいむしや》ノ破産《はさんけん》前又ハ無資力前ノ疾病《しつぺい》及ヒ其親族《しんぞく》

ノ疾病ニ關スル費用《ひよう》モ亦同シ
長病ノ塲合《ばあい》ニ於テハ右ノ費用ノ先取特權《さきどりとくけん》ハ最後ノ一个年ノ費用ニ之ヲ制限《せいげん》ス
右ノ費用《ひよう》ヲ生セシメタル疾病《しつぺい》ノ外ナル原因ノ爲メ死亡《しぼう》アリタルトキト雖モ先取特權《さきどりとくけん》ハ猶ホ存ス

第四則　雇人《やとひと》給料ノ先取特權《さきどりとくけん》

（解）人ノ爲メニ傭役《ようやく》セラルレ多少《たしよう》ノ給料《きうりよう》ヲ得ヲ以テ生活《せいくわつ》ヲナスモノニシテ若シ此特權《とくけん》ナキ片ハ多クハ主人ノ威嚴《いげん》ニ畏迫《いはく》セラレ終ニハ其給料《きうりよう》ヲ要求《やうきう》スルヿヲ得サルノ塲合ナキ能ハス然ル片ハ何人モ被雇者《ひこしや》トナルヿヲ望マサルニ至リ其結果《けつくわ》人ノ生活《せいくわつ》ニ欠クヘカラサル要務《やうむ》ヲ達スルヿヲ得サルニ至ルヿナシトセス之レ法律カ被雇《ひこ》者《しや》ニ此特權《とくけん》ヲ與ヘタル所以《ゆいん》ナリ

第百四十一條　雇人《やとひにん》ノ先取特權ハ債務者《さいむしや》又ハ其擔當《たんとう》ニ係ル同居親族《しんぞく》

（擔當ニ係ル）トハ

債務者ノ世話スヘキモノヲ云フ

(供給者)トハ物件ヲ供與スル者ヲ云フ

(優先權)トハ他ノ債主ヲ排シ先ツ負債主ノ財産ニ付キ債權ヲ行ヒ得ル特權ナリ

ノ雇人ニ屬《ぞく》ス

右ノ先取特權ハ最後《さいご》ノ一个年ノ給料《きうれう》ノミヲ擔保《たんぽ》ス

第五則　日用品供給《きやうきう》ノ先取特權《さきとりとくけん》

第百四十二條　日用品《にちようひん》供給ノ先取特權《さきとりとくけん》ハ債務者又ハ其擔當《たんとう》ニ係ル同居ノ親族《しんぞく》及ヒ雇人《やとひにん》ノ生活ニ必要ナル日用品ノ供給《きやうきう》者ニ屬ス

右ノ先取特權《さきとりとくけん》ハ最後ノ六个月間ノ供給《きやうきう》ノミヲ包含ス

第二款　一般ノ先取特權《さきとりとくけん》ノ效力及ヒ順位《じゆんゐ》

第百四十三條　一般ノ先取特權《さきとりとくけん》ハ先取特權アル各債權者カ動産《どうさん》ニ付キ配當《はいとう》ヲ受《う》ケ尚ホ不足アルニ非《あら》サレハ不動産《ふどうさん》ニ付キ之ヲ行フコトヲ得ス

然レトモ動産《どうさん》代價ノ配當《はいとう》シ先タチ不動産代價ノ配當《はいとう》アルトキハ債《さい》權者《けんしゃ》ハ假ニ條件附ニテ之ニ加入スルコトヲ得但日後動産代價《どうさんだいか》ノ配當加入ニ於テ辨濟《べんさい》ヲ得サル部分《ぶぶん》ニ非サレハ之ヲ受《う》クルコトヲ得ス

(競合)トハ一債務者ニ對シ同一ノ先取特權ヲ有スル債權者ノ數人アル𪜈ヲ云フ
(詐害)詐僞ヲ以テ他ノ債權者ヲ害スルヲ云フ
(發生前云々)之レ先取特權ハ后ニ生スルモ尚ホ先キニ生ゼシ抵當ニ優レルヿヲ示スモノナリ

動産《どうさん》代價ノ配當《はいとう》ニ有益ナル時期ニ加入スルコトヲ怠《おこた》リタル債權者《さいけんしや》ハ動産ニ付キ受《う》ク可カリシモノノ限度《げんど》ニ於テ不動産ニ付キ其優先《そのゆうせん》權《けん》ヲ失フ

第百四十四條　一般ノ先取特權《さきとりとくけん》ノ互ニ競合スル塲合《ばあい》ニ於テハ第百三十八條乃至第百四十二條ニ列記《れつき》シタル相互ノ順序ニ從《したが》ヒテ配當加入ヲ定《さだ》ム

右ノ數條ニ揭《かゝ》ケタル同原因ノ債權《さいけん》ハ同順位ニテ配當《はいとう》ニ加入ス

若《も》シ一般ノ先取特權カ動産《どうさん》ニ係ル特別《とくべつ》ノ先取特權ト競合《きやうがふ》スルトキハ其順位《そのじゆんゐ》ハ下ノ第二節ニ於テ之ヲ規定《きてい》ス

不動産《ふどうさん》ニ係ル特別ノ先取特權《さきとりとくけん》ハ一般ノ先取特權ニ先タチ又特別《とくべつ》ノ抵當ハ後ノ設定《せつてい》ニ係ルト雖モ詐害《さがい》ナキニ於テハ一般ノ先取特權《さきとりとくけん》ニ先タツ

然レトモ一般ノ先取特權《さきとりとくけん》ハ其發生前ノ取得ニ係《かゝ》ル一般ノ抵當《ていとう》ニモ

（登記）トハ登記役所ノ簿冊ニ記入スルヲ云フ

先タツ

一般ノ抵當《ていとう》ノ負擔アル總不動產《ふどうさん》ヲ同時ニ賣却《ばいきやく》シタル塲合ニ於テハ一般ノ先取特權ハ各不動產《ふどうさん》ノ賣却代價ノ割合《わりあい》ニ應シテ其總不動產ニ付《つ》キ配當《はいとう》ニ加入ス

若シ順次《じゆんじ》ニ右ノ不動產ヲ賣却《ばいきやく》スルトキハ一般ノ先取特權《さきとりとくけん》ハ初ノ賣《ばい》却ニ付全部《ぜんぶ》之ヲ充當シ尙ホ附隨《ふずい》ニテ次ノ賣却ニ付キ之ヲ充當《じうとう》ス且此先取特權ヲ負擔《ふたん》セシ不動產ニ付キ一般ノ抵當ヲ有スル債權者《さいけんしや》ハ他ノ不動產ノ賣却《ばいきやく》代價ニ付キ求償權《きうしやうけん》ヲ有ス

第百四十五條　一般ノ先取特權《さきとりとくけん》ハ不動產カ債務者《さいむしや》ニ屬スル間ハ他ノ債權者《さいけんしや》ニ對抗《たいこう》スル爲メ其不動產ニ付テノ登記《とうき》ヲ要セス

第二節　動產《どうさん》ニ係ル特別《とくべつ》ノ先取特權《さきとりとくけん》

（解）此先取特權《このさきとりとくけん》ハ第百三十四條ニ揭《かゝ》ケタル區別《くべつ》ノ一ニシテ或ル動產《どうさん》ニ係ル特別《とくべつ》ノ先取特權ナリ故ニ前章《ぜんしやう》ニ定メタル一般ノ先取特《さきとりとく》

權《けん》ニ於ケルガ如ク債務者《さいむしや》ノ有スル總テノ財産上《ざいさんじやう》ニ先取特權ノ效力《こうりよく》ヲ及ホスモノニアラスシテ只特定《とくてい》ノ動産ヲ目的《もくてき》トスルモノナリ故ニ之レヲ動産《どうさん》ニ係ル特別《とくべつ》ノ先取特權《さきとりとくけん》ト云フ

第一欵　動權《どうさん》ニ係ル特別《とくべつ》ノ先取特權《さきとりとくけん》ノ原因《げんいん》及ヒ目的《もくてき》

(解) 動産《どうさん》ニ係ル特別ノ先取特權《さきとりとくけん》ナルモノハ或ル債權《さいけん》ノ原因ニヨリテ特定《とくてい》ノ動産ニ及ホス處ノ優先權《ゆうせんけん》ニシテ其原因《そのげんいん》ハ獨リ法律《はうりつ》ノ定ムル處トス故ニ第百四十六條ニ掲《かゝ》ケタル塲合ニ限リ此先取特權《このさきとりとくけん》アルモノト知ルヘシ何ントナレハ普通法《ふつうはふ》ニヨレハ債務者ノ財産《ざいさん》ハ債權者共同ノ擔保《たんぽ》ニシテ各債權者《かくさいけんしや》平等ノ權利《けんり》ヲ有スルモノナリ然ルニ先取特權《さきとりとくけん》ヲ有スル者ハ他ノ特權《とくけん》ナキ債權者ヲ排除《はいじよ》シテ先キニ辨《べん》濟《さい》ノ利益ヲ受《う》クルモノナレハ普通法《ふつうはふ》ニ對スル一ノ例外《れいぐわい》ナルヲ以テナリ而シテ此先取特權ハ其ノ目的《もくてき》動産ニ係ル權利《けんり》ナルヲ以テ登記《とうき》セサルモ他ノ債權者《さいけんしや》ニ對シテ效力ヲ有ス然レ圧追及《ついきう》ノ權《けん》ナキヲ以

（動産質取債權者ノ外云々）動産ニ係ル先取特權ヲ有スルモノハ本條ニ列記シタルモノヽミニアラス動産質取主モ亦タ此特權ヲ有スルモノナリ故ニ此規定アリ

テ其動産一旦他人ニ移轉《いてん》セハ概《がい》シテ其物上ニ效力《こうりよく》ヲ及ホスコトヲ得サルモノトス

第百四十六條　上ノ第二章ニ規定《きてい》シタル先取特權《さきとりとくけん》ヲ有スル動産質取債權者《さいけんしや》ノ外下ニ指定《してい》シタル動産物ニ付《つ》キ先取特權ヲ有スル債權者《さいけんしや》ハ之ヲ左ニ揭《かゝ》ク

第一　不動産《ふどうさん》ノ賃貸人《ちんかしにん》

第二　種子《しゆし》及ヒ肥料《ひれう》ノ供給者《きやうきうしや》

第三　農業《のうげふ》ノ稼人《かせぎにん》及ヒ工業《こうげふ》ノ職工《しよくこう》

第四　動産物《どうさんぶつ》ノ保存者《ほぞんしや》

第五　動産物《どうさんぶつ》ノ賣主《うりぬし》

第六　旅店主人《りよてんしゆじん》

第七　舟車運送營業人《しうしやうんそうえいげふにん》

第八　保證金《ほしやうきん》ヲ供スル義務《ぎむ》アル公吏ノ職務上《しよくむじやう》ノ所爲ニ對《たい》スル債《さい》

權者《けんしや》

第九　右保證金ノ貸主

第一則　不動產《ふどうさん》賃貸人ノ先取特權《さきどりとくけん》

（解）不動產《ふどうさん》ノ賃貸人ハ賃料《ちんりやう》及ヒ此不動產ニ關《くわん》スル損害賠償《そんがいばいしやう》其他賃貸人ニ對シテ要求《ようきう》スヘキ總テノ債權《さいけん》ヲ擔保スル爲メ此先取特權《このさきどりとくけん》ヲ有スルナリ即チ建物《たてもの》ニ付テハ賃貸人ノ使用《しよう》又ハ商工業ノ爲メ此《この》建物《たてもの》內ニ備ヘタル動物產《どうさんぶつ》ニ對シ土地ニ付テハ賃借人《ちんしやくにん》カ其使用ノ爲メ居宅《きよたく》幷ニ土地利用ノ建物《たてもの》內ニ具ヘタル動產《どうさん》及ヒ土地利用ニ供《きやう》シタル動產物農具其他ノ器具《きぐ》若クハ貸賃《ちんかし》セル土地ヨリ生シタル收獲《しゆくわく》物《ぶつ》其他ノ產出物ニ對シテ先取特權ヲ有スルモノトス其理由《そのりゆう》ハ凡テ不動產ノ賃借《ちんしやく》ヲ爲スモノヽ如キハ保證人《ほしやうにん》ヲ立テ或ハ抵當《ていたう》ヲ出ス等ノ擔保《たんぽ》ヲ爲シ得サルモノナレハ法律《はうりつ》ハ其備付ケタル諸種ノ動產《どうさん》及ヒ收獲物等ヲ賃貸人《ちんかしにん》ニ對シ暗默《あんてん》ニ質入シタルモノト見做《みな》ス且ツ其《その》

賃貸《ちんかし》ニヨリテ債務者《さいむしや》(卽賃借人)ノ利益《りえき》ヲ得ルハ卽チ他ノ債權者《さいけんしや》共同ノ利益《りえき》ナルヲ以テ特ニ先取特權《さきとりとくけん》ヲ與ヘテ賃貸人ノ權利ヲ保護《ほご》スルモノナリ

第百四十七條　居宅《きよたく》、倉庫其他ノ建物《たてもの》ノ賃貸人ハ賃借人《ちんしやくにん》ノ使用又ハ商工業《しやうこうげふ》ノ爲メ此建物《このたてもの》内ニ備ヘタル動產物《どうさんぶつ》ニ付キ先取特權ヲ有ス右ノ動產物《どうさんぶつ》カ賃借人ニ屬セスト雖モ先取特權《さきとりとくけん》ハ猶ホ存ス但賃貸人カ賃貸塲《ちんかしば》所《しよ》ニ此動產物《このどうさんぶつ》ノ持込ヲ知リタル當時其物《そのもの》ノ賃借人ニ屬《ぞく》セサル事實《じじつ》ヲ知ラス且其事實《そのじじつ》ヲ豫見スルニ足ル可キ理由《りゆう》アラサリシトキニ限《かぎ》ル

賃貸人《ちんかしにん》ノ先取特權ハ現金《げんきん》ニ付キ又賃借人及ヒ其家族《そのかぞく》ノ一身ノ使用《しやう》ニ供シタル金玉寶石《きんぎよく》ニ付キ又無記名《むきめい》ナルモ證券《しやうけん》ニ付キ之ヲ行フコトヲ得ス

第百四十八條　賃貸人《ちんかしにん》ハ家賃ノ當期分及ヒ後ノ一期分ノ辨濟《べんさい》ヲ担保《たんほ》

(賃借人ニ屬セス云々)貸借人ハ賃借人ノ持込ミタル總テノ動產ハ自己ノ債權額ニ充ツルモノナリトノ暗默ノ質取主ナレハ假令其物件ガ他人ニ屬スル片ト雖圧尚ホ其動產ニ付キ特權ヲ有ス

(解除)トハ契約ノ

成立タサリシ舊樣ニ復スルモノヲ云フ

（收穫物）トハ土地

スルニ足ル可キ動産《どうさん》ヲ賃貸シタル場所《ばしよ》ニ備フルコトヲ賃借人ニ要《えう》求《きう》スルコトヲ得賃借人《ちんしやくにん》之ヲ爲サス且此家賃ノ前拂《ぜんはらひ》又ハ之ニ相當スル其他ノ擔保《たんぽ》ヲ供セサルトキハ賃貸人《ちんかしにん》ハ賃貸借ヲ解除《かいじよ》スルコトヲ得尙ホ損害《そんがい》アルトキハ其賠償《そのばいしやう》ヲ求ムルコトヲ得

賃貸場所《ちんかしばしよ》ニ備ヘタル動産ヲ賃貸人ノ許諾《きよだく》ナクシテ取去リタルモ別ニ詐害《さがい》ナキニ於テハ賃貸人《ちんかしにん》ハ其擔保カ不足ト爲《な》リタルトキ且賃借人《ちんしやくにん》ニ屬スル權利《けんり》ノ限度內ニ非《あら》サレハ此動産ヲ其場所《そのばしよ》ニ復セシムルコトヲ得《ロ》ス

然レトモ賃貸人《ちんかしにん》ノ權利ヲ詐害《さがい》シテ爲シタル行爲《かうゐ》ニ付テハ賃貸人《ちんかしにん》ハ財産編第三百四十一條以下ニ記載《きさい》シタル條件及ヒ區別ニ從《した》ヒ第三者ニ對シテ其行爲ヲ廢罷《はいひ》セシムルコトヲ得

右ハ總《すべ》テ第百三十三條ニ依リテ賃貸人《ちんかしにん》ノ有スル權利《けんり》ヲ妨ケス

第百四十九條　賃貸借《ちんたいしやく》ト永貸借トヲ問ハス田畑《でんぱた》山林ノ賃貸人《ちんかしにん》ハ賃借

ヲ耕作シテ得ル米麥其他ノ穀物等ヲ云フ(產出物)トハ其土地ヨリ自然ニ生出スル礦物石炭ノ類ヲモ此ニハ指示スナリ

(轉貸)トハ賃借人ノ再タヒ他人ニ貸渡スヿ即チ又貸シノヿナリ

人カ許諾《きよたく》並ニ土地利用ノ建物內《たてものない》ニ備ヘタル動產《どうさん》ニ付キ及ヒ土地ノ利用ニ供《きやう》シタル動物農具《のうぐ》其他ノ器具ニ付キ上ト同一ノ限度《けんど》ニ於テ先取特權《さきとりとくけん》ヲ有ス

右ノ賃貸人《ちんかしにん》ハ賃貸シタル土地ノ收獲物《しうくわくぶつ》其他ノ產出物カ猶ホ土地《とち》ニ附着《ふちやく》スルト土地ニ保存《ほそん》シ有ルトヲ問ハス其收獲物《そのしゆくわくぶつ》及ヒ產出物ニ付キ先取特權《さきとりとくけん》ヲ有ス

分果《ぶんくわ》賃貸人ハ賃貸《ちんかし》シタル土地ノ收獲物《しゆくわくぶつ》ノ其他ノ產出物《さんしゆつぶつ》ノ中ニテ自己ノ權利《けんり》ヲ有スル部分《ぶぶん》カ猶ホ分果小作人ノ方ニ存《そん》スル間ハ直接《ちよくせつ》ニ收獲物其他ノ產出物《さんしゆつぶつ》ノ上ニ先取特權ヲ行フ

第百五十條 賃借權《ちんしやくけん》ノ讓渡又ハ轉貸《てんたい》ノ塲合《ばあひ》ニ於テ賃貸人ハ賃貸塲所《ちんかしばしよ》ニ備ヘ有ル動產《どうさん》カ讓受人又ハ轉借人《てんしやくにん》ニ屬スルコトヲ知ルト雖モ其先取特權ハ此等《これら》ノ物ニ及フ

此塲《このば》合《あい》ニ於テ先取特權ハ第百三十三條ニ從ヒ讓渡《ゆづりわたし》又ハ轉貸ノ代價

（殘期）トハ此ニハ賃借期限ニ至ルマテノ時間ヲ云フ

トシテ主タル賃借人《ちんしやくにん》ノ受取ル可キ金額《きんかく》ニ及フ但前拂《ぜんはらひ》ヲ以テ賃貸人ニ對抗《たいこう》スルコトヲ得ス

第百五十一條　賃借人《ちんしやくにん》ノ財産ノ總清算《そうせいさん》ノ塲合ニ於テハ賃貸人ハ土地、建物《たてもの》ノ借賃其他ノ負擔《ふたん》ニ付キ前期、當期《とうき》及ヒ次期ノ分ニ非サレハ前數條ニ定《さだ》メタル先取特權ヲ有セス

此他《このた》先取特權ハ賃貸借《ちんたいしやく》ヨリ生スル他ノ合意上ノ義務《ぎむ》、前期及ヒ當期ニ於テノ賃借人ノ過失又ハ懈怠《かいたい》ノ爲メ賃貸人ノ受ク可キ賠償《ばいしやう》及ヒ賃貸人カ請求《せいきう》スルコトヲ得《う》ヘキ解除《かいじよ》ニ添ヒタル損害賠償《そんがいばいしやう》ヲ擔保ス

第百五十二條　右精算ノ塲合《ばあい》ニ於テ他ノ債權者《さいけんしや》ハ自己ノ利益ノ爲メ賃貸借《ちんたいしやく》ノ解除《かいじよ》ヲ防止シ及ヒ初ヨリ轉貸《てんたい》又ハ讓渡ノ禁止《きんし》アルニ拘ハラス其賃借權《そのちんしやくけん》ヲ轉貸《てんたい》シ又ハ讓渡《ゆづりわた》スコトヲ得但賃貸借《ちんたいしやく》殘期ノ爲メ賃貸人ニ土地、建物《たてもの》ノ借賃其他ノ納額《のうかく》ヲ擔保《たんぽ》スルコトヲ要ス

第二則　種子《しゆし》及ヒ肥料《ひれう》ノ供給者ノ先取特權《さきどりとくけん》

（解）凡《すべ》テ所有者《しよゆう》用益者賃借者《ちんしやく》若クハ占有者《せんゆう》ニ對シ種子及ヒ肥料《ひりやう》ヲ供給《きやうきふ》シタルモノハ之レヲ用ヰタル年ノ果實《くわじつ》ニ付キ先取特權《さきどりとくけん》ヲ有ストセリ何トナレハ種子及ヒ肥料《ひりやう》ノ如キハ皆其果實《そのくわじつ》ヲ生セシメタル基本《きほん》ニシテ且ツ是レカ爲メニ債務者《さいむしや》ノ財産ヲ增加《ぞうか》シ因テ以テ債《さい》權者《けんしや》共同ノ利益《りえき》ト爲ルモノナレハナリ加之ナラス法律カ此クノ如キ特權《とくけん》ヲ與ヘタルハ又是レ供給者《きやうきう》ヲ奬勵《しやうれい》スル一方便ナリト云フヘシ

第百五十三條　所有者《しよゆうしや》用益者、賃借人《ちんしやくにん》又ハ占有者ニ種子《しゆし》及ヒ肥料《ひれう》ヲ供給《きやうきう》シタル者ハ之ヲ用《もち》ヰタル年ノ果實《くわじつ》ニ付キ先取特權ヲ有ス
蠶種《さんしゆ》及ヒ蠶ノ飼養《しやう》ニ供スル桑葉ヲ供給《きやうきう》シタル者ニ付テモ亦同シ

第三則　農業稼人《のうげふかせぎにん》及ヒ工業職工ノ先取特權《さきとりとくけん》

（解）農業《のうげふ》ノ稼人即チ彼ノ作男又ハ工業《こうげふ》ノ職工等ハ其勞働《ろうどう》ニ依リ

テ生シタル收穫物《しゆくわくぶつ》若クハ鑛物等ノ產出物《さんしゆつぶつ》又ハ其製造品《そのせいぞうひん》ニ付キ先取《さとり》特權《とくけん》ヲ有ス是等ノ稼人及ヒ職工《しよくこう》ノ給料ニ對シ法律《はふりつ》カ先取特權《さきとりとくけん》ヲ與ヘシ所以ハ一ハ之レヲ獎勵《しやうれい》シ一ハ其勞働ニ依リテ債務者ノ財產《ざいさん》ヲ增加《ぞうか》シ共同ノ利益《りえき》ト爲リシヲ以テナリ

第百五十四條　雇人ノ外其年ノ耕耘《こううん》收穫ノ爲メ勞動《ろうどう》シタル稼人《かせぎにん》ハ一ケ間年ノ給料ノ爲メ其收獲物《そのしゆうくわくぶつ》ニ付キ先取特權ヲ有ス
又工業《こうげふ》ノ職工ハ工業ヨリ生スル產出物《さんしゆつぶつ》又ハ製造品ニ付キ先取特權《さきとりとくけん》ヲ有ス但其年ノ給料中最後ノ三ケ月間ノ爲《た》メノミニ限《かぎ》ル

第四則　動產物保存者《どうさんぶつほぞんじや》ノ先取特權

（解）正當《せいとう》ノ原因ニヨリテ他人ノ動產物《どうさんぶつ》ヲ保有スル場合《ばあい》ニ其動產物ノ修繕《しうぜん》又ハ保存ノ費用《ひよう》ヲ出スヿアリ此費用《ひよう》ヲ出シタル保存者ノ債權《さいけん》ハ先取特權ニテ擔保《たんぽ》セラルヽモノトス是レ亦債務者《さいむ》ノ財產ヲ保護《ほご》シ債權者共同ノ利益《りえき》トナリタルヲ以テナリ

第百五十五條　動產物《どうさんぶつ》ノ修繕《しゆぜん》又ハ保存《ほぞん》ノ費用《ひやう》ニ付テノ債權者《さいけんしや》ハ第九十二條ニ從ヒ已レニ屬《ぞく》スル留置權《りうちけん》ヲ行ハサルトキト雖モ其修繕《そのしゆぜん》又ハ保存《ほぞん》シタル物ニ付キ先取特權《さきどりとくけん》ヲ有ス

右ノ先取特權ハ金額《きんかく》、有價物《ゆうかぶつ》其他《そのた》動產物《どうさんぶつ》ニ關スル物權《ぶつけん》又ハ人權《じんけん》ヲ債務者《さいむしや》ノ爲メニ追認シ保存又ハ實行セシメタル裁判上又ハ裁判外ノ行爲ノ費用ニ之ヲ適用ス

第五則　動產物賣主《どうさんぶつうりぬし》ノ先取特權《さきどりとくけん》

（解）動產物《どうさんぶつ》ノ賣主ハ其買主ニ對シ代價《だいか》及ヒ之レヨリ生スル利息《りそく》ヲ要求スルノ權理《けんり》アリ此債權ハ即チ其賣渡《そのうりわた》シタル物件上ニ先取特權《さきどりとくけん》ヲ以テ擔保《たんぽ》セラル故ニ若シ買主《かしぬし》之レヲ拂ハサルトキハ其物件《そのぶつけん》ヲ賣拂ハシメ以テ義務《ぎむ》ヲ盡サシムルコトヲ得ルナリ然レトモ買主《かひぬし》若シ不動產物ヲ第三者ニ移轉《いてん》シタルトキハ勿論追及《ついきう》ノ權ナキヲ以テ先取《さきどり》特權《とくけん》ノ效力《こうりよく》ヲ第三者ニ及ホステ得ズ而シテ法律カ此先取特權《このさきどりとくけん》ヲ賣

（補足額ヲ以テスル交換）トハ或ル一物カ一物ニ比シテ價額ノ少ナキ片金圓ヲ以テ補ヒ而シテ交換スルヲ云フ

（變形セサル存續）物件ノ以前ノ狀態ヲ變セスシテ見分ケラルヽヲ云フ

主ニ與ヘタル所以ハ前則ノ理由《りゆう》ニ異ナルヿナシ

第五十六條　動產物《どうさんぶつ》ノ賣主ハ代價《だいか》辨濟《べんさい》ノ爲メ期限《きげん》ヲ許與《きよよ》シタルト否《いな》トヲ問《とは》ハズ其代價《だいか》及ヒ利息《りそく》ノ爲メ賣却物《ばいきやくぶつ》ニ付キ先取特權ヲ有ス若シ補足額《ほそくがく》ヲ以テスル交換《こうくわん》アリテ其補足額《ほそくがく》カ讓渡《ゆづりわた》シタル物ノ價額《かかく》ノ半ヲ超《こ》ユルトキハ先取特權ハ其補足額《ほそくがく》ノ爲メ交換物《こうくわんぶつ》ニ付キ存在《そんざい》ス

第百五十七條　先取特權ハ賣却物《ばいきやくぶつ》カ用方ニ因リ又ハ不動產《ふどうさん》ニ合體《がつたい》スルニ因《よ》リテ不動產《ふどうさん》ト爲リタルトキト雖モ猶《な》ホ買主《かいぬし》ノ占有《せんゆう》ニ在リ且變形《へんけい》セサル間ハ存續ス但合體ノ場合《ばあい》ニ於テハ不動產ヲ毀損《きそん》セスシテ其物ヲ分離スルヲ得ルコトヲ要ス

第百五十八條　賣主《うりぬし》ノ先取特權《さきとりとくけん》ハ財產取得編《ざいさんしゆとくへん》第四十七條及ヒ第八十二條ニ規定シタル留置《りうち》又ヒ解除《かいぢよ》ノ權利《けんり》ヲ妨《さまた》ケス

第六則　旅店《りよてん》ノ主人ノ先取特權

（從者）トハ旅客ニ附キ從フ人ヲ云フ

（解）旅店《りよてん》ノ主人ハ旅客《りよかく》及ヒ其從者又ハ牛馬ノ宿泊料《しゆくはくれう》若クハ食料ヲ求ムル債權《さいけん》ニ對シ其旅客ノ携帶《けいたい》シタル手荷物《にもつ》ニ付キ先取特權ヲ有ス其理《そのり》由《ゆう》ハ是等ノ特權ニ對シテ暗默《あんもく》ノ質入ヲ爲シタルモノト見ナセハナリ故ニ只其暗默《あんもく》ノ質入ト見ナスヘキ手荷物《てにもつ》ノ外他ノ所有《しよゆう》品《ひん》ニハ先取特權《さきとりとくけん》ノ効力ヲ及ホサヽルナリ

第百五十九條　旅店《りよてん》ノ主人ハ旅客《りよかく》其從者《じうしや》及ヒ牛馬《ぎうば》ノ宿泊料《しくはくれう》、食料ノ爲メ其旅客ノ携帶《けいたい》シテ尚《な》ホ旅店《りよてん》ニ存スル手荷物《てにもつ》ニ付キ先取特權ヲ有ス

第七則　舟車《しうしや》運送營業人《うんそうゑいげふにん》ノ先取特權

（解）彼ノ郵船會社《ゆうせんくわいしや》ノ如キ鐵道會社ノ如キ又ハ馬車會社ノ如キ總《すべ》テ水陸ノ運送營業《うんそうゑいげふ》ヲ爲スモノニシテ商法《しやはふ》ニ規定ナキモノハ本則ノ先取特權ヲ以テ其運送賃《そのうんそうちん》ヲ要求スヘキ債權《さいけん》ヲ擔保セラル即チ其運《そのうん》送《そう》セル物品ニ付キ他ノ債權者《さいけんしや》ニ先チ運送料及ヒ關稅其他正當ノ附

（關稅）トハ荷物ヲ運送スルカ爲メ荷物ノ上ニ課スル稅金ナリ（催告）トハ此ニハ債務者ニ對シテ辨濟ヲ催カスベク通知スルヿヲ云フ

從費用ヲ拂ハシムルノ特權《とくけん》ヲ有ス而シテ是又暗默《あんもく》ノ質入ト見ナスノ理由《りゆう》アルヲ以テナリ然レ𪜈一二ノ例外ノ場合《ばあい》ヲ除ク外ハ其物品ノ猶ホ營業人《ゑいげういん》ノ手ニ存在スルニアラサレハ先取特權《とくけん》ノ効力ヲ及サヾルモノトス

第百六十條　舟車運送營業人《しうしやうんそうゑいげふにん》ハ旅客又ハ荷物《にもつ》ノ運送賃《うんそうちん》ノ爲メ及ヒ關《くわん》稅《ぜい》其他正當《せいとう》ナル附從《ふじう》ノ費用《ひやう》ノ爲メ自己ノ手ニ存スル運送物《うんそうぶつ》ニ付キ先取特權ヲ有ス

運送營業人《うんそうゑいげふにん》ガ運送物ノ引渡ヨリ四十八時以內ニ債務者《さいむしや》又ハ其名ヲ以テ其物ヲ受取リタル者ニ對シ其物ヲ返還《へんくわん》スルカ又ハ運送賃其他ノ費用ヲ辨濟《べんさい》スルカノ催告《さいこく》ヲナシ且其效果《こうくわ》ヲ生セシムル爲メ成ル可ク短キ時間《じかん》ニ裁判《さいばん》上ノ請求《せいきう》ヲ爲シタルトキハ先其取特權ハ物ノ引渡後ト雖モ存續《そんぞく》ス

如何ナル場合於テモ第三取得者ニ對シテ物ヲ回復《くわいふく》スルコトヲ得ス

(職權ノ濫用)トハ職分ヲ超テ爲シタル權利ノ妄用ヲ云フ

第百四十八條ニ規定《きてい》シタル如ク詐害《さがい》アル場合ハ此限ニ在ラス且第百三十三條ノ適用《てきやう》ヲ妨ケス

第八則　職務上《しよくむじやう》ノ所爲《しよゐ》ニ對スル債權者《さいけんしや》ノ先取特權

(解)本則《ほんそく》ハ彼ノ保證金ヲ供スル義務《ぎむ》アル公吏即チ今日ノ所謂公《こう》證人《しやうにん》及ヒ執行吏《しつかうり》若シクハ會計ニ關スル官吏《くわんり》等ニシテ若シ其職務《そのしよくむ》上ノ過失又ハ亂用ヨリ一已人ニ對《たい》シテ損害《そんがい》ヲ加ヘタル時ハ其被害《そのひがい》者ノ得ヘキ賠償《ばいしやう》額ハ此保證金ニ對シ先取特權《さきとりとくけん》ヲ有スルモノトス故ニ此債權《このさいけん》者ハ法律上ノ質入ノ擔保《たんぽ》ヲ得タルモノト云フモ不可ナキナリ

第百六十一條　保證《ほしやう》ヲ供スル義務アル公吏ノ職務上ノ過失《くわしつ》又ハ職權《しよくけん》ノ濫用《らんやう》ヨリ生スル債權《さいけん》ハ其保證金ニ付キ先取特權アリ

第九則　保證金貸主《ほしやうきんかしぬし》ノ先取特權

(解)保證金ヲ出ス義務《ぎむ》アル公吏タラント欲《ほつ》スルモノニシテ自ラ

（其權利ヲ證シ云云）トハ保證金ヲ貸シ付ケタルヿヲ證明スルヲ云

資産《しさん》ヲ有セサルモノナリセハ勢《いきほ》ヒ他人ヨリ借用《しやくよう》セサルヲ得ス是ニ於テ法律《はふりつ》ハ此保證金《このほしやうきん》ヲ貸付ケタルモノニ先取特權《さきどりとくけん》ヲ與ヘテ其權利《そのけんり》ヲ保證セルモノトス然《しか》レ𪜈此保證金《このほしやうきん》ハ公吏ノ職務上《しよくむじやう》ノ過失又ハ職《しよく》權《けん》ノ濫用《らんやう》ヨリ生スル債權《さいけん》ノ保證ナルヲ以テ前則ニ云フ處ノ職務上《しよくむじやう》ノ所爲ニ對《たい》スル債權者《さいけん》ノ先取特權《さきどりとくけん》ニ先ツヿヲ得サルナリ

第百六十二條　前條ノ保證金ヲ貸附タル第三者ハ職務上ノ所爲《しよい》ヨリ害《がい》ヲ受《う》ケタル者ニ辨濟《べんさい》アリシ後第二位ニテ此保證金ニ付キ先取特權ヲ有ス但第三者カ貸付ノ當時又ハ他ノ債權者ヨリ何等ノ故障《こしやう》ヲモ述ヘサル前規則《ぜんきそく》ニ從ヒテ其權利ヲ證シタルトキニ限ル

第二欵　動産《どうさん》ニ係《かゝ》ル特別《とくべつ》ノ先取特權ノ順位《じゆんゐ》

（解）　本欵《ほんくわん》ハ動産ニ係ル特別《とくべつ》ノ先取特權ヲ有スル債權者《さいけん》カ債務者《さいむ》ヨリ辨濟《べんさい》ヲ受クタル順序《じゆんじよ》ヲ定メタルモノナリ其順序《そのじゆんじよ》ハ之レヲ二個ニ區別シテ一ヲ「動産ニ係ル特別《とくべつ》ノ先取特權ト一般《ぱん》ノ先取特權《さきどりとくけん》ト競

（有益ノ限度）トハ利益トナリシ丈ニ限ルノ意ナリ
（此他四箇）トハ葬式費用、最後疾病費用、雇人給料、日用品供給ヲ云フ
（默示ノ動産質）云

合セル場合《ばあい》」トニヲ「一個ノ動産上《どうさんじやう》ニ特別ノ先取特權ヲ有スル諸《しよ》種《しゆ》ノ債權《さいけん》ノ相競合セル場合《ばあい》」トス而シテ第一ノ場合ハ概《がい》シテ一般ノ先取特權《さきどりとくけん》ハ特別ノ先取特權《さきどりとくけん》ヨリ先ニ其辨濟《そのべんさい》ヲ受クルモノニシテ第二ノ場合《ばあい》ハ第百六十四條ニ定メタル順序《じゆんじよ》ニ從テ其辨濟《べんさい》ヲ受クルモノトス

第百六十三條　動産ニ係ル特別ノ先取特權ト一般ノ先取特權ト競合《きやうごう》スルトキハ優先《ゆうせん》ノ順序《じゆんじよ》ヲ左ノ如ク規定《きてい》ス

第一　訟事費用《しやうじひよう》ハ其費用ノ有益タリシ總債權者《そうさいけんしや》ノ債權ニ先タツ
但有益ノ限度《げんど》又ハ割合《わりあい》ニ從フ

第二　此他四箇ノ一般ノ先取特權ハ第百三十七條ニ定メタル順《じゆん》序《じよ》ヲ以テ總テノ特別ノ先取特權ニ先タツ但特別ノ先取特權ニ屬セサル動産ノ不足ナル場合ニ限ル

第百六十四條　一箇ノ動産《どうさん》ニ付キ特別《とくべつ》ノ先取特權ヲ有スル諸種ノ債《さい》

云）トハ明カニ質入ニスルコトヲ云ハサルモ質入ト見ナスヘキ所爲ヲ云フ（保證金ノ殘額）トハ職務上ヨリ生シタル賠償ヲ拂ヒシ殘リ金ヲ云フ

權競合《けんきやうがふ》スルトキハ其相互ノ優先權ハ下ノ順序及ヒ區別《くべつ》ニ從ヒテ之ヲ定ム

第一ノ順位ハ先取特權ノ目的物《もくてきぶつ》ヲ保存シタル者ニ屬ス

若シ數人《すうじん》ノ債權者《さいけんしや》漸次《ぜんじ》ニ保存《ほぞん》ヲ爲シタルトキハ優先權《ゆうせんけん》ハ其間ニテ最後《さいご》ノ保存者ニ屬ス

第二ノ順位ハ合意《がうい》上ノ動産質《どうさんしつ》ニ因リ或ハ不動産ノ賃貸人《ちんかしにん》、旅店《りよてん》主人又ハ運送營業人ノ如ク默示《もくし》ノ動産質ニ因リテ物ヲ質ニ取リタル債權者ニ屬ス

第三ノ順位ハ物ノ賣主ニ屬ス

然レトモ質取債權者ハ動産質設定《どうさんしちせつてい》ノ時其物ノ保存費用《ほぞんひやう》ノ未タ支拂《しはらひ》アラサルコトヲ知ラサリシトキハ第一ノ順位《じゆんい》ヲ得

之ニ反シテ質取債權者《しちとりさいけんしや》カ賣却代價ノ未タ支拂《ししらい》アラサルコトヲ知リタルトキハ賣主《ばいしゆ》之ニ先タツ

収獲物《しうくわくぶつ》ニ關シテハ第一ノ順位《じゆんゐ》ハ農業ノ稼人《かせぎにん》ニ第二ノ順位《じゆんゐ》ハ種子及ヒ肥料《ひれう》ノ供給者《きようきふしや》ニ第三ノ順位ハ土地ノ賃貸人《ちんたいにん》ニ屬ス

工業《こうげふ》ノ職工《しよくこう》ハ工業ヨリ生スル産出物《さんしゆつぶつ》又ハ製造品ニ付キ賃貸人《ちんたいにん》ニ先タツ

公吏ノ保證金《ほしようきん》ニ關シテハ職務上《しよくむじやう》ノ所爲ニ對スル各債權者《かくさいけんじや》ハ相共ニ債權ノ割合ニ應シ其債權《さいけん》ノ日附ニ關セス他ノ債權者《さいけんしや》ニ先タチ又保《ほ》證金《しようきん》ヲ貸付タル債權者ニモ先タツ其保證金《ほしようきん》ヲ貸付タル債權者ハ保證金ノ殘額《ざんかく》ニ付キ第二位ニテ先取特權《せんしゆとくけん》ヲ有ス

第三節　不動産ニ係ル特別《とくべつ》ノ先取特權《せんしゆとくけん》

第一欵　不動産《ふどうさん》ニ係ル特別《とくべつ》ノ先取特權ノ原因《げんいん》及ヒ目的《もくてき》

（解）此特權《このとくけん》ヲ有スル債權者ハ法律《はふりつ》以下ノ條文ニ列擧《れつきよ》シタレハ必ス他ノ債權者《さいけん》ニ及《およ》ホスヘカラサルモノナリトス而シテ此特權《このとくけん》ハ債《さい》務者《むしや》ノ總テノ不動産《ふどうさん》ニ及フモノニアラスシテ或ル特定《とくてい》ノ不動産ニ

（共同分割者）トハ數人ノ共同所有物ヲ分割セル者ヲ云
（分割中ニ包含シタル云云）トハ抽籤又ハ競賣其他ノ方法ニヨリ各々得タル不動産ニ付キ互ニ先取特權ヲ有スルヲ云

ノミ行ハル丶モノトス讀者《とくしや》以下ノ法條ニ由リ如何ナル債務者《さいけんしや》ノ此《この》特權《とくけん》ヲ有スルモノナルヤヲ知レ

第百六十五條　左ノ債權者《さいけんしや》ハ下ニ定メタル債權ノ爲メ其條件《でうけん》ニ從ヒ不動産《ふどうさん》ニ付キ先取特權《せんしゆとくけん》ヲ有ス

第一　賣買、交換《こうくわん》其他有償《ゆうしやう》ノ行爲ニ因リ又無償《むしやう》ナルモ負擔《ふたん》ヲ帶フル行爲《こうゐ》ニ因リテ不動産ヲ讓渡《ゆづりわた》シタル者ハ其讓渡シタル不動産《ふどさん》ニ付キ先取特權《せんしゆとくけん》ヲ有ス

第二　共同分割者《きようどうぶんかつしや》ハ分割中ニ包含《ほうがん》シタル不動産ニ付キ先取特權《せんしゆとくけん》ヲ有ス

第三　工匠《かうしやう》、技師《ぎし》及ヒ工事請負人《かうじうけおいにん》ハ工事ニ因リテ不動産ニ生シタル增價《ぞうか》ニ付キ先取特權《せんしゆとくけん》ヲ有ス

第四　先取特權ヲ生セシムル行爲《こうゐ》ノ當時《とうじ》讓渡人、共同分割者《きやうどうぶんかつしや》、工事請負人《かうじうけをいにん》ニ支拂《しはら》ヒタル金錢ノ貸主ハ右同一ノ不動産《ふどうさん》ニ付キ

先取特權《せんしゆとくけん》ヲ有ス

第一則　讓渡人ノ先取特權

（解）此讓渡《このゆづりわたし》トハ賣買交換《かうくわん》贈與等ニ由リ所有權《しよゆうけん》ヲ移シタルノ意味《いみ》ヲ有ス故ニ最モ汎《ひろ》ク解《かい》スヘキモノトス

賣買《ばい〱》ニ由テ物件ヲ讓渡《ゆづりわた》シタル賣主ハ其代價《そのだいか》及ヒ利息《りそく》其他ノ負擔《ふたん》ニ付テ有スル債權《さいけん》ヲ擔保センカ爲メ此特權《このとくけん》ヲ有スルナリ

物件《ぶつけん》ノ交換《こうくわん》アリシ片二箇ノ物件《ぶつけん》ノ價額平等ナル片ハ特ニ債權《さいけん》ノ起ル理由《りゆう》ナシト雖モ若《も》シ一物ノ價格《かゝく》他物ノ價格《かゝく》ヨリ大ナル片ハ價格《かゝく》ノ小ナル物件ヲ渡《わた》シタル者ヨリ補足《ほそく》金ヲ請求《せいきう》スルコトヲ得ヘシ此塲合ニ於テ此特權《このとくけん》ヲ生スルハ恰カモ賣買《ばい〱》ノ有シト同一ナルヲ以テ也

又交換契約《こうくわんけいやく》ノ際其物件《そのぶつけん》ニ若干金ヲ添附《てんぷ》スヘキ片ハ其金圓ニ付キ特權《けん》ヲ生ス其他交換《こうくわん》物ノ追奪擔保《ついだつたんぽ》ニ付テモ此特權《このとくけん》アリテ存ス追奪擔保トハ一タヒ交換《こうくわん》ヲナスモ其物件《このぶつけん》ノ他人ニ屬《ぞく》スルモノタリシ片ハ

之レヲ追奪《ついたつ》セラル可シ此時ニ當リテハ交換者ノ一人他ノ一人ニ對《たい》シテ物件ノ擔保《たんぽ》ヲナサシムルカ爲メ先キニ讓渡《ゆずりわた》セシ物件ニ付キ特《とく》權《けん》ヲ行フモノトス又贈與《ぞうよ》ニ由リテ物件《ぶつけん》ヲ讓渡《ゆずりわた》シタルトキモ亦タ贈與者及ヒ其承繼人《そのしようけいにん》ニ此特權《このとくけん》ヲ付與《ふよ》スルモノトス

第百六十六條　讓渡人ノ先取特權《せんしゆとくけん》ハ左ノ各人ニ屬ス

第一　賣買《ばい〱》ノ代價及ヒ利息《りそく》其他ノ負擔《ふたん》ニ付テハ賣主

第二　交換《かうくわん》ノ補足額《ほそくがく》、負擔《ふたん》及ヒ交換物《かうくわんぶつ》ノ追奪擔保《ついだつたんぽ》ニ付テハ交換《かうくわん》者《しや》

第三　贈與《ぞうよ》ノ負擔ニ付テハ贈與者《ぞうよしや》又ハ其承繼人《しやうけいにん》

此他ノ不動産讓渡人ハ一般ニ其對價《たいか》及ヒ負擔ニ付キ先取特權《せんしゆとくけん》ヲ有ス

第百六十七條　賣買代價、交換補足額《かうくわんほそくがく》ノ外賣買、交換、贈與ノ負擔《ふたん》及ヒ交換《かうくわん》其他有償《ゆうしやう》ノ合意《がうい》ニ於ケル追奪擔保《ついだつたんぽ》ノ未定ノ賠償《ばいしやう》ハ讓渡ノ

（其他ノ負擔云云）トハ代價ノ代リニ年金等ヲ約スル皆々ヲ云フ

（追奪擔保）トハ他人ヨリ物件ヲ奪取セラルヽ時ノ損害ノ保證ヲ云フ

（廢罷スヘカラサル判決）トハ上訴ヲ以テ動カズヘカラルニ至リタル裁判ヲ云フ

證書又ハ日後ノ證書《しやうしよ》ヲ以テ金錢《きんせん》ニテ之ヲ定ムルコトヲ要ス
此他右ノ證書ハ次欵《じくわん》ニ記載《きさい》スル如ク之ヲ公示スルコトヲ要ス

第百六十八條　交換《かうくわん》其他不動産ノ讓渡ノ對價《たいか》トシテ受取リタル不動産追奪擔保《ついだつたんぽ》ノ爲メノ先取特權《せんしゆとくけん》ハ其追奪カ讓渡ノ時ヨリ十个年内ニ生シ且廢罷《はいひ》ス可カラサル判決ヨリ一个年内ニ擔保《たんぽ》ノ請求ヲ爲シ之ヲ公示《かうし》シタルトキニ非サレハ存在《そんざい》セス
對價《ついか》トシテ受取リタル動産ニ關シテハ擔保《たんぽ》ノ爲メノ先取特權ハ追《つい》奪《だつ》カ一个年内ニ生シ且廢罷《はいひ》ス可カラサル判決《はんけつ》ヨリ一个月内ニ請求《せいきう》ヲ爲シ之ヲ公示シタルトキニ非サレハ存在《そんざい》セス

第百六十九條　不動産ノ讓渡人ノ先取特權《せんしゆとくけん》ハ債務者ノ所爲《しよゐ》ニ因リ又ハ其權利《けんり》ニ基キ且其費用《ひよう》ヲ以テ不動産ニ加ヘタル增加《ぞうか》及ヒ改良《かいりやう》ニ及ハス

第二則　共同分割者《きやうどうぶんかつしや》ノ先取特權

（不分物競賣）トハ共同物所有者カ其物件ヲ配分センカ為メノ競賣ヲ云フ
（配當過分）トハ割前ノ過キタル金額ヲ云フ

（解）相續人《さうぞくにん》數人アリテ遺留《いりう》財産ヲ分割《ぶんくわつ》シ又ハ會社解散《かいさん》ノ后社員數人ニ其財産《そのざいさん》ヲ分割スルノ必要《ひつよう》ヲ生スルヿアル可シ然ルニ此レヲ分割《ぶんくわつ》スルニ當リ或ハ協議《きやうぎ》ノ調ハサルヿアル片ハ抽籤《ちうせん》ノ方法ニ由リ若シクハ其物件《そのぶつけん》ヲ競賣《きやうばい》スルヲ其分割ノ方法《はうはふ》トス而シテ此分割ノ方法ニ由リテ得タル各配當者《はいとうしや》ハ決シテ其物件ノ所有權《しよゆうけん》ヲ新タニ取得シタルモノニアラスシテ其既《そのすで》ニ有セシ物件《ぶつけん》ヲ分割ニ由リ表明《へうめい》シタルニ過キサルモノナリトス法律ハ宜《よろ》シク平等ニ分割《ぶんくわつ》ヲ得セシメンカ為メ此特權《このとくけん》ヲ與ヘタルモノナリ

第百七十條　社員其他ノ共有者ハ或ハ抽籤《ちうせん》ノ方法或ハ合意上《がふいじやう》ノ指定《してい》或ハ不分物競賣《ふぶんぶつきやうばい》ニ因レル分割ヨリ生スル左ノ債權《さいけん》ノ為メ其分割《ぶんかつ》ニ於テ各自ノ得タル不動産ニ付キ互ニ先取特權《せんしゆとくけん》ヲ有ス

第一　補足額《ほそくがく》ノ為メ即チ配當過分《はいとうくわぶん》ノ返還ノ為メニハ之ヲ負擔《ふたん》セル分割者ニ歸シタル不動産《ふどうさん》ニ付キ先取特權アリ

第二　不分物《ふぶんぶつ》競賣《きやうばい》ノ代價ノ爲メニハ其競賣《きやうばい》シタル不動產ニ付キ先取特權《せんしゆとくけん》アリ

第三　分割者《ぶんかつしや》ノ一人カ其配當部分《はいたうぶぶん》ノ動產又ハ不動產ニ於テ受ケタル追奪《ついだつ》ノ擔保《たんぽ》ノ爲メニハ他ノ分割者ニ歸シタル總不動產《そうふどうさん》ニ付キ先取特權《せんしゆとくけん》アリ但各分割者ノ債務《さいむ》ノ部分《ぶぶん》ニ限ル

第百七十一條　右ノ擔保《たんぽ》ハ左ノ諸件ニ之ヲ適用《てきよう》ス

第一　社員《しやいん》ニシテ他ノ社員ニ對シ補足額《ほうそくかく》又ハ不分物競賣《ふぶんぶつきやうばい》ノ代價ヲ負擔《ふたん》シタル者ノ無資力《むしりよく》

第二　分割者ノ一人ノ配當部分《はいたうぶぶん》ニ債權《さいけん》ヲ充テタルトキ其債務者《さいむしや》ノ無資力《むしりよく》但其債務者《さいむしや》ハ分割者タルト外人タルトヲ問ハス分割《ぶんかつ》ノ當時《たうじ》無資力《むしりよく》タリシコトヲ要ス

第百七十二條　第百六十八條ハ分割者間ノ追奪擔保《ついだつたんぽ》ノ先取特權ニ之ヲ適用《てきよう》ス

（分割者）トハ財產ヲ配分シテ其一部ヲ得タル者ナリ

（無期又ハ終身ノ年金權）無期トハ其人一生ニ限ラス

子孫ニ迄及ビテ終期ノナキヲ云ヒ終身トハ其人ノ一生ニ限ルモノトス又年金權トハ動產又ハ不動產ヲ與ヘ其代ハリニ每年或ル一定ノ金額ヲ要求スルノ權ヲ云フ

分割者《ぶんかわしや》タルト否トヲ問ハス債務者《さいむしや》ノ無資力《むしりよく》ニ關シテハ其擔保《たんぽ》ハ元本ニ於ケル債務《さいむ》ノ滿期《まんき》ヨリ一个年內ニ請求《せいきう》ヲ爲シ之ヲ公示《かうし》シタルトキニ非サレハ當事者《たうじしや》ノ間ニテモ第三者ニ對シテモ之ヲ負擔《ふたん》セシムルコトヲ得ス

債務《さいむ》カ無期《むき》又ハ終身《しうしん》ノ年金權タルトキ債務者《さいむしや》ノ無資力《むしりよく》カ分割ノ日ヨリ十个年後ニ生スルニ於テハ其擔保《たんぽ》ノ負擔《ふたん》ハ止ム

債務《さいむ》カ利息ヲ生スル元本ニシテ其滿期《まんき》カ十个年以上ニ及フトキモ亦同シ

第百七十三條　第百六十九條ノ規定《きてい》ハ分割者ノ先取特權《せんしゆとくけん》ニモ亦之ヲ適用《てきよう》ス

第三則　工匠《こうしやう》、技師《ぎし》及ヒ工事請負人《うけをいにん》ノ先取特權《せんしゆとくけん》

（解）法律《はふりつ》カ工匠技師《ぎし》及ヒ工事請負人《うけおいにん》ニ先取特權ヲ付與シタルハ果《はた》シテ如何ナル理由《りゆう》ニ基キシヤト云フニ此等ノ者ハ債務者《さいむしや》ノ財產《ざいさん》

(排泄)トハ下水汚水ヲ引去ルヲ云フ

(灌漑)トハ水ナキ地ニ耕作ノ爲メ灌キ込ムヲ云フ

(工事ノ竣成)トハ工事ノ出來上リタルヲ云フ

中ニ新タナル財產《ざいさん》ヲ增加シタルモノナルヲ以テナリ而シテ其加入《そのかにふ》シタル財產《ざいさん》ハ悉ク共同債權者《きやうどうさいけんしや》ノ一般利益トナリタルモノナリトス然リト雖モ此特權《このとくけん》ハ第一則及ヒ第二則ノモノトハ其《その》趣ヲ異ニスルモノニシテ此特權《このとくけん》ハ元來債務者ニ屬《ぞく》セシ物ニシテ之ニ工事ヲ加ヘタルカ爲メ其價格《そのかゝく》ヲ增加シタルモノナリトス此特權《どのとくけん》ヲ行フニハ諸多ノ方式ヲ要スヘケレハ宜シク第百七十五條ニ就《つ》キ知了スヘシ

第百七十四條　工匠《こうしやう》、技師《ぎし》及ヒ工事請負人ハ建物《たてもの》、土手若クハ堀割《ほりわり》ノ築增《ちくぞう》若クハ修繕《しうぜん》又ハ地上ニ爲シタル排泄《はいせつ》、灌漑《かんがい》、開墾《かいこん》、置土《をきつち》、其他之ニ類似《るいじ》スル工事ヨリ生スル債權《さいけん》ノ爲メ先取特權《せんしゆとくけん》ヲ有ス

右ノ先取特權《せんしゆとくけん》ハ鑛坑《かうこう》及ヒ石坑ノ開堀《かいくつ》、利用《りよう》、閉鎖《へいさ》又ハ廢止《はいしゆ》ニ關スル地下又ハ外部ノ工事ノ爲メ工匠《こうしやう》、技師《ぎし》及ヒ工事請負人《うけおいにん》ニ屬ス

第百七十五條　右ノ工事ヨリ生スル先取特權《せんしゆとくけん》ハ其工事ニ因リ土地又ハ建物《たてもの》ニ加ヘタル增價《ぞうか》ニシテ先取特權行使《せんしゆとくけんぎやうし》ノ當時猶ホ存スルモノ

（配當加入ノ請求）トハ工匠技術數人アリシ時其債權額ノ割合ニ付キ配分ヲ求ムルコトナリ

ノミニキ付存在《そんざい》ス

右ノ增價《ぞうか》ハ裁判所ノ選任《せんにん》シタル鑑定人《かんていにん》ノ作レル三箇ノ調書《ちやうしよ》ヲ以テ之ヲ證スルコトヲ要ス

此第一調書《ちやうしよ》ハ工事ヲ始ムル前ニ之ヲ作リテ場所《ばしよ》ノ現狀《げんじやう》ヲ明定シ且目論見《もくろみ》タル工事ノ概略《かいりやく》ヲ指示《しし》スルコトヲ要ス

此第二調書《ちやうしよ》ハ工事ノ受取ニ付キ爭アルモ工事ノ竣成《しゆんせい》ヨリ又ハ原因《げんいん》ノ如何ヲ問ハス其工事ノ絕止《ぜつし》ヨリ三个月內ニ之ヲ作リ且其工事《こうじ》ヨリ現ニ生スル增價《ぞうか》ヲ證スルコトヲ要ス

此第三調書ハ配當加入《はいとうかにう》ノ請求《せいきう》ノ當時之ヲ作リ且右增價《ぞうか》ノ存スルモノヲ證スルコトヲ要ス

第四則　金錢貸主《たいしゆ》ノ先取特權《せんしゆとくけん》

（解）此場合《このばあい》ノ先取特權ハ不動產ノ讓受人《ゆづりうけにん》ニシテ金錢ニ乏シキ爲メ他ヨリ借リ入レ之ヲ代金ニ充テタル時其貸主《そのかしぬし》ハ借主ノ讓受ケタ

（分割ノ補足額）トハ分ケ前ノ債權額ノ割合ニ比スレハ尙ホ不足ナル𪜈ニ之レニ補フモノヲ云フ

ル不動產《ふどうさん》ノ上ニ行フ所ノモノナリ而シテ法律《はふりつ》ハ此特權ヲ得ルニ付テハ其行爲ノ當時《とうじ》貸付タルト又其行爲《そのこうい》ノ後即チ先取特權《さきとりとくけん》ノ生シタル後ニ於テ貸付《かしつく》タル場合トヲ區別シテ規定《きてい》セリ余ハ茲ニ細說《さいせつ》セス讀者《どくしや》ノ攻究《こうきう》ニ讓ル

第百七十六條　前數條《ぜんすうでう》ニ揭ケタル先取特權ハ讓渡若クハ分割《ぶんかわ》ノ當時又ハ工匠《こうしやう》、技師《ぎし》若クハ工事《こうじ》請負人《うけをいにん》トノ契約《けいやく》ノ當時ニ於テ賣買若クハ不《ふ》分物競賣《ぶんぶつきやうばい》ノ代價、交換《かうくわん》若クハ分割ノ補足額《ほそくがく》又ハ工事ノ代金ノ辨濟《べんさい》ノ爲メ金錢ヲ貸付タル者ニ法律ニ依リテ直接《ちよくせつ》ニ屬ス但其金錢ノ貸付《たいふ》及ヒ使用ヲ此等ノ行爲《こうゐ》ノ證書中ニ記載《きさい》シタルトキニ限ル

若シ讓渡人、分割者又ハ工事ノ爲メノ債權者《さいけんしや》ノ利益ニ於テ先取特《せんしゆとく》權《けん》ノ生セシ後ニ金錢ヲ貸付《かしつけ》タルトキハ貸主ハ財產編《ざいさんへん》第四百八十條及ヒ第四百八十一條ニ定メタル條件《じやうけん》及ヒ方式ニ從ヒ債權者《さいけんしや》又ハ債務《む》者《しや》ヨリ合意上ノ代位《だいゝ》ヲ得タルトキニ非サレハ先取特權《せんしゆとくけん》ヲ取得セ

ス
孰《いつ》レノ場合ニ於テモ金錢ノ貸主《たいしゆ》カ債務《さいむ》ノ一分ノミヲ拂ヒタルトキ
ハ貸主《たいしゆ》ハ其拂ヒタルモノノ割合《わりあい》ニ應シ財產編第四百八十六條ニ從
ヒ原債權者《げんさいけんしや》ト共ニ先取特權《せんしゆとくけん》ヲ行フ

第二款　債權者間《さいけんしやかん》ニ於ケル不動產ノ特別先取特權《とくべつせんしゆとくけん》ノ効力《かうりよく》及ヒ順位《じゆんい》

(解) 余ハ今不動產《ふどうさん》ノ特別ノ先取特權《さきとりとくけん》ノ効力ヲ概說《がいせつ》スルニ止メン
此先取特權《さきとりとくけん》ノ効力トシテ二大權ヲ包含《はうかん》ス則チ優先權《ゆうせんけん》及ヒ追及權《ついきうけん》是
レナリ茲ニ同一ノ債務者《さいむしや》ニ對スル數人ノ債權者《さいけんしや》アル𪜈ニ於テ辨濟《べんさい》
ヲ受《う》タルニ先後ノ別アリ例スレハ抵當權《ていとうけん》ヲ有スル債權者《さいけんしや》ハ普《ふ》通《つう》債《さい》
權《けん》者ニ先《さき》タチテ債務者ノ財產ニ付キ辨濟《べんさい》ヲ要求スルノ權利《けんり》アリ又
一般ニ先取特權ヲ有スルモノハ抵當權《ていとうけん》ヲ有スルモノヨリ先《さき》タチテ
債務《さいむ》ヲ要求《ようきう》スルヿヲ得總テ他ノ債務者ヲ排斥《はいせき》シテ先タチテ債權《さいむ》ヲ

（公示）トハ法律上一定ノ方法アリテ他人ニ廣ク知ラシムルコ

（所有權移轉證書）トハ物件讓渡ノ證書ヲ云フ（附從負擔）トハ別ニ約セスシテ自然ニ負擔ス

執行《しつこう》スルヲ得ルハ之レ優先權《ゆうせんけん》アルカ故ナリ

又不動産《ふどうさん》ニシテ他ヘ移轉《いてん》スルコトアリト雖モ其不動産《そのふどうさん》ノ上ニ付キ抵當權《ていとうけん》ヲ設定シタル時ハ其不動産《そのふどうさん》ノ所在ニ就《つ》キ其權《そのけん》ヲ完全《くわんぜん》ニ行フコトヲ得之レ追及權《ついきうけん》アルカ故ナリ

而シテ此優先權《このゆうせんけん》ナルモノハ抵當權ヲシテ各債權者《さいけんしや》間ニ重大《じうだい》ナル効力ヲ有セシムルノ原因《げんいん》トナルモノナリ其詳細《そのしようさい》ノ如キハ請《こ》フ之ヲ他日ニ讓《ゆづ》ラン

第百七十七條　前欵《ぜんくわん》ニ掲ケタル先取特權《せんしゆとくけん》ハ下ニ定メタル方法、條件及ヒ期間《きかん》ヲ以テ公示シ且保存《ほぞん》シタルトキニ非サレハ之ヲ以テ他ノ債權者《さいけんしや》ニ對抗《たいこう》スルコトヲ得ス

第百七十八條　賣買代價ノ爲メノ賣主ノ先取特權《せんしゆとくけん》及ヒ補足額《ほそくかく》ノ爲メノ交換者《かうくわんしや》ノ先取特權ハ代價又ハ補足額《ほそくかく》ノ全部又ハ一分ヲ未タ辨濟《べんさい》セサル旨ヲ記シタル所有權移轉證書《しよゆうけんいてんしようしよ》ニ依ル登記ヲ以テ之ヲ保存《ほぞん》ス

ヘキモノヲ云フ

（分割證書）トハ分前ニ依リテ得ヘキ部分ヲ證シタル書面ヲ云フ

（利害關係人）トハ契約者以外ノ人ニシテ讓渡又ハ分割等ニ付キ損益アルモノヲ云フ

又交換《かうくわん》ニ於ケル追奪擔保《ついだつたんぽ》ノ爲メ及ヒ賣買、交換其他所有權移轉契《しよゆうけんいてんけい》約《やく》ノ附從負擔《ふじうふたん》ノ爲メノ先取特權《せんしゆとくけん》ハ證書ニ依ル登記《とうき》ヲ以テ之ヲ保存《ほぞん》ス但擔保《たんぽ》及ヒ負擔《ふたん》ノ評價《へうか》ヲ證書中ニ記載《きさい》シタルトキニ限ル

第百七十九條　分割者《ぶんかつしや》ノ先取特權ハ分割證書《ぶんかつしやうしよ》ニ依ル登記ヲ以テ之ヲ保存《ほぞん》ス但其證書ニ不分物競賣代價《ふぶんぶつきやうばいだいか》又ハ補足額《ほうくかく》即チ配當過分《はいたうくわぶん》ノ返還及ヒ追奪擔保《ついだつたんぽ》ノ評價其他各配當部分《はいたうぶぶん》ノ負擔ノ評價《へうか》ヲ記載《きさい》シタルトキニ限ル

第百八十條　右讓渡《ゆづりわたし》又ハ分割ノ證書ニ依ル登記《とうき》ナキ間ハ取得者《しゆとくしや》又ハ分割者ノ權利《けんり》ニ基キ物上擔保《たんぽ》ヲ得タル債權者《さいけんしや》ハ其擔保《たんぽ》ヲ登記《とうき》シタルトキト雖モ其登記ヲ以テ先取特權《せんしゆとくけん》アル讓渡人又ハ分割者《ぶんかつしや》ニ對抗《たいこう》スルコトヲ得ス但工事ヨリ生スル先取特權《せんしゆとくけん》アル債權《さいけん》ハ此限ニ在ラス

然レトモ利害關係人《りがいくわんけいにん》ハ原契約者《げんけいやくしよ》ノ承諾ヲ得スト雖モ常ニ右讓渡又

(日後ノ證書)トハ其讓渡又ハ分割アリシ以後ニ作リタル證書ヲ云フ(脱漏)トハ記入ヲ漏ラシタルヲ云フ(補脱)トハ其記入漏レヲ補フコトナリ

ハ分割《ぶんかつ》ノ登記《とくき》ヲ爲サシムルコトヲ得

第百八十一條　讓渡又ハ分割ノ證書ニ其對價物《ついかぶつ》ノ全部若クハ一分ノ未タ辨濟《べんさい》アラサルコト又ハ負擔《ふたん》ノ付シ有ルコトヲ記載《きさい》セサルトキハ日後ノ證書《しやうしよ》ヲ以テ此脱漏《だつろう》ヲ補フコトヲ得且其補脱《ほだつ》ハ債權者ノ注《ちう》意《い》ヲ以テ讓渡又ハ分割《ぶんかつ》ト共ニ之ヲ公示《かうじ》スルコトヲ得

右ノ補脱《ほだつ》ヲ讓渡又ハ分割ノ登記《とうき》ト共ニ公示セサルトキハ債權者《さいけんしや》ハ何時ニテモ其補脱《ほたつ》ヲ公示スルコトヲ得但此塲合ニ於テハ先取特權《せんしゆとくけん》ハ單純《たんじゆん》ナル法律上ノ抵當《ていとう》ニ變性《へんせい》ス

右ノ抵當《ていとう》ハ二箇ノ公示ノ間ニ於テ債務者《さいむしや》ノ權利ニ基キ物上擔保《ぶつじやうたんぽ》ヲ取得シ且合式ニ之ヲ公示シタル債權者《さいけんしや》ニ之ヲ以テ對抗《たいこう》スルコトヲ得ス

讓渡若クハ分割ノ證書《しようしよ》ニ記シタル負擔《ふたん》又ハ擔保《たんぽ》ノ評價《へうか》ヲ日後ノ證書ニ記載《きさい》シタルトキモ亦同シ但其證書ニ依ル抵當《ていとう》ノ登記ハ其登記《こうき》

(變性)トハ先取特權ノ變シテ抵當權トナルヿナリ

(遡及)トハ證書ヲ作リタル以前ニ其効力ヲ及ホスヿ

(疏明)トハ裁判官ヲシテ信セシムルニ足ル證明ヲ云フ

ヲ爲シタル日附ニ從ヒテ權債者《さいけんしや》ノ順位《じゆんい》ヲ定ム

第百八十二條　讓渡人又ハ分割者ハ其先取特權《せんしゆとくけん》カ法律上ノ抵當《ていとう》ニ變《へん》性《せい》シタルトキハ此抵當《ていとう》ノ登記前ニ債務者《さいむしや》ノ權利ニ基キ物上擔保《ぶつじやうたんぽ》ヲ取得シ且合式《がうしき》ニ保存シタル債權者《さいけんしや》ヲ害シテ義務不履行《ぎむふりかう》ノ爲メノ解《かい》除訴權《じよそけん》ヲ行フコトヲ得ス

第百八十三條　工匠《こうしやう》、技師《ぎし》又ハ工事《こうじ》請負人《うけおいにん》ノ先取特權《せんしゆとくけん》ハ第百七十五條ニ定メタル第一第二ノ調書《ちようしよ》ニ依リ登記スルヲ以テ之ヲ保存《ほぞん》ス

此第一調書《ちようしよ》ニ依ル登記《とうき》ハ工事ヲ始ムル前ニ之ヲ爲スコトヲ要ス

第二調書ニ依ル登記《とうき》ハ其調書《てうしよ》ヨリ一个月内ニ於テ之ヲ爲スコトヲ要ス

第二調書《てうしよ》ニ依ル登記《とうき》ノ效力《かうりよく》ハ第一調書ノ日附ニ遡及《ぎやくきう》シ且工事ノ前又ハ後ニ債務者《さいむしや》ト契約《けいやく》シタル各人ニ對シ其增價《ぞうか》ニ付テノ優先權《ゆうせんけん》ヲ先取特權アル債權者《さいけん》ニ保有《ほゆう》セシム

利害關係人中《りがいかんけいにんちう》ノ一人ノ爲シタル右調書《てうしよ》ニ依リテ爲シタル登記《とうき》ハ委任ナキトキト雖モ他ノ關係人《くわんけいにん》ヲ利シ且總關係人《そうくわんけいにん》ニ其債權《さいけん》ノ割合ニ應シテ辨濟《べんさい》ヲ受クル爲メノ同一ノ順位《じゆんい》ヲ保有セシム但總テノ者カ有益《ゆうえき》ノ時期ニ於テ必要《ひつやう》ナル疏明《じゆめい》ヲ爲スコトヲ要ス

第百八十四條　前條ニ指定《してい》シタル期間《きかん》ニ二箇ノ調書《てうしよ》ニ依ル登記《とうき》ノ一ヲ爲サヽリシトキハ先取特權《せんしゆとくけん》ハ法律上ノ抵當ニ變性《へんせい》シ其順位ハ左ノ日附《ひつけ》ヲ以テ之ヲ定ム

第一　工事ノ竣成《しゆんせい》又ハ絶止《ぜつし》ノ時ヨリ三个月內ニ第二調書ヲ調製《てうせい》シ且次月內ニ之ヲ登記《とうき》シタルトキハ第一調書ノ遲延登記《ちえんとうき》ノ日附

第二　右ノ三个月內ニ第二調書《ちようしよ》ヲ調製セス又ハ三个月內ニ之ヲ調製《ちようせい》シタルモ次月內ニ之ヲ登記《とうき》セサルトキハ其第二調書《てうしよ》ニ依ル登記《とうき》ノ日附

第百八十五條　取得《しゆとく》、分割《ぶんかつ》又ハ工事ノ爲メ初ニ金錢ヲ貸付《かしつけ》タル者ノ第百七十六條第一項ニ從ヒテ有スル先取特權《せんしゆとくけん》ハ讓渡人、分割者又ハ工事受負人《うけをいにん》ニ於ケルト同一ノ方法《はうはふ》ヲ以テ之ヲ保存《ほそん》ス

右貸主《たいしゆ》カ日後代位ニ因リテ讓渡人、分割者又ハ工事受負人ニ承繼《しやうけい》シタルトキ未タ先取特權《せんしゆとくけん》ノ公示アラサルニ於テハ其貸主ハ主タル證書《しやうしよ》及ヒ代位證書《だいいしようしよ》ニ依ル登記《とうき》ニ因リテ其公示ヲ爲サシム

若シ代位前ニ公示アリタルトキハ貸主《たいしゆ》ハ登記《とうき》ニ代位ノ附記ヲ請求《せいきう》ス可シ

又先取特權《せんしゆとくけん》アル債權《さいけん》ヲ讓受ケタル者ハ讓渡ノ附記ヲ請求《せいきう》ス可シ

此末ノ二箇ノ塲合ニ於テ附記《ふき》ヲ爲サシムルコトヲ遲延《ちえん》シタル代位者又ハ讓受人《ゆづりうけにん》ハ其以前《いぜん》善意《ぜんい》ニテ債務者《さいむしや》又ハ其承繼人《しやうけいにん》ト原債權者トノ間ニ爲シタル辨濟《べんさい》其他ノ免責《めんせき》ノ行爲ヲ駁擊《ばくげき》スルコトヲ得ス

第百八十六條　上ニ記載《きさい》シタル如クニ保存《ほそん》シタル先取特權《せんしゆとくけん》又ハ抵當

（日後代位云々）日後トハ讓渡又ハ分割シタル後ノコトヲ云フ代位トハ第三者ノ債權者ノ他位ニ代ハルヲ云フ

（承繼人）トハ賣買若シクハ贈與等ニ依リ權利ヲ繼ゲルモノヲ云フ（免責ノ行爲）トハ更改混同相殺等ニ依リ義務ヲ免カルヽ所爲ヲ云フ

（同一ノ順位）トハ

同等ニ特權ヲ行ヒ得ル地位ヲ云フ

アル債權《さいけん》ニシテ利息又ハ年金ノ附キタルモノハ利息又ハ年金ノ滿《まん》期《き》ト爲リタル最終《さいしゆう》ノ二个年分ニ非サレハ元本ト同一ノ順位《じゆんい》ニテ配《はい》當《とう》ニ加入スルコトヲ得ス但滿期《まんき》ノ利息又ハ年金ノ中ニテ二个年以外ノモノノ爲メ漸次《ぜんじ》ニ特別《とくべつ》ノ抵當登記《ていとうとうき》ヲ爲ス可キ債權者《さいけんしや》ノ權利ヲ妨ケス

第百八十七條　不動產ニ付キ先取特權《せんしゆとくけん》アル債權者間ノ相互ノ優先權《ゆうせんけん》ハ左ノ順序《じゆんじよ》ニ從フ

第一　工匠《こうしやう》、技師《ぎし》及ヒ工事請負人《うけをいにん》但其債權《さいけん》カ他ノ債權ヨリ後ニ生シタルトキモ亦優先權《ゆうせんけん》ヲ有ス

此工事ヨリ生スル增價額《ぞうかがく》カ右ノ各人ニ全ク辨濟《べんさい》スルニ足ラサル場合ニ於テハ債權《さいけん》ノ割合ニ應シ同一ノ順位《じゆんい》ニテ其配當加入《はいとうかにう》ヲ定ム

第二　讓渡人《ゆづりわたしにん》又ハ分割者

(更新)トハ登記ノ簿冊ノ記入ヲ改ムルコ

逐次《ちくじ》ノ讓渡又ハ分割《ぶんかつ》ノ場合ニ於テハ優先權《ゆうせんけん》ハ債權者間最モ舊キ者ニ屬ス

金錢ノ貸主《たいしゆ》ハ或ハ初ヨリ或ハ合意上《がういじやう》ノ代位ニ因リ貸付タル其金錢ニテ全部又ハ一分ノ辨濟《べんさい》ヲ受ケタル債權者《さいけんしや》ト同一ノ順位ヲ有ス

第百八十八條　先取特權《せんしゆとくけん》ノ登記及ヒ其更新《かうしん》、抹消《まつせう》、減少《げんしやう》ニ關スル規則《きそく》ハ先取特權及ヒ抵當權《ていたうけん》ニ共通ニシテ之ヲ次章ニ規定《きてい》ス

第三欵　第三所持者《しよじしや》ニ對スル不動產先取特權《せんしゆとくけん》ノ効力

(解)　第三者ニ對《たい》スル先取特權《さきどりとくけん》ノ効力ハ先取特權《さきどりとくけん》タル一要素卽チ追及權《ついきふけん》アルカ爲《た》メナリ故ニ第三者先取特權《さきどりとくけん》ノ存スル財產《ざいさん》ヲ取得《しゆとく》スルコアルモ先取特權アル債權者《さいけんしや》ハ直チニ其不動產《ふどうさん》ニ追及シテ其權《そのけん》利《り》ヲ行《おこ》フコヲ得ルモノトス最モ此先取特權《このさきどりとくけん》ノ追及權アルカ爲メニハ法律《はうりつ》上ノ方式ニ合ヒタル公示方法ヲ要《よう》スルハ勿論ナリトス然レ𪜈第三者ニ於テ其不動產《そのふどうさん》ヲ完全ニ保有《ほゆう》セントセハ自已債務者《さいむしや》ニ代

ハリ債權者《さいけんしや》ニ對シテ債務《さいむ》ヲ盡《つ》クシ以テ其不動產《ふどうさん》ノ競賣《きやうばい》ヲ免《まぬ》カルヽコトヲ得ルモノトス

第百八十九條　合式ニ公示シタル先取特權ハ其負擔《ふたん》アル不動產ニ付キ第三所持者《しよじしや》ニマテ追及《ついきう》ス

第三所持者カ下ニ定ムル方法《はうはふ》ノ一ニ依リテ先取特權《せんしゆとくけん》アル債權者ニ辨濟《べんさい》セサルトキハ其債權者ハ第三所持者ニ對シ其不動產《ふどうさん》ヲ差押《さしおさ》ヘ之ヲ競賣《きやうばい》ニ付スルコトヲ得

第百九十條　一般ノ先取特權《せんしゆとくけん》ハ第三所持者ノ取得《しゆとく》ノ登記前ニ之ヲ登《とう》記《き》シタルトキニ非サレハ其第三所持者《しよじしや》ニ移轉《いてん》シタル不動產ニ付キ追及權《ついきうけん》ヲ與ヘス

第百九十一條　轉得者《てんとくしや》ノ取得ノ登記前ニ登記《とうき》セサル讓渡又ハ分割《ぶんかつ》ニ因リテ先取特權《せんしゆとくけん》ヲ有スル債權者ハ其先取特權ノ生シタル權原《けんげん》ヲ登記《とうき》スルコトニ付キ轉得者《てんとくしや》ヨリ催告《さいこく》ヲ受ケタルモ一ケ月內ニ其

（合式ニ公示シタル云々）公示ニハ法律上定マリタル方法アリ此方法ニ従ヒタルモノヲ云フ

（追及）トハ不動產ノ第三者ニ移ルモ權利ヲ其物件ノ上ニ行フコトヲ云フ

（轉得者）トハ讓受人又ハ分割ニ依リ得タルモノヨリ更ラニ物件ヲ讓受ケタル者

（期間ノ滿了）トハ期限ノ至リシコトヲ云フ

（配當手續ノ閉鎖）

登記《とうき》ヲ爲サヽリシトキニ非サレハ追及權《ついうけん》ヲ失ハス但此一ケ月ニハ距離《きより》ニ應シテ法律上ノ期間《きかん》ヲ加フ

然レトモ轉得者《てんとくしや》ハ其讓渡人カ十ケ年以上不動產ニ付キ法定《はふてい》ノ占有《せんゆう》ヲ爲シタルトキハ右ノ催告《さいこく》ヲ爲ス責ナク且舊所有者《きうしよゆうしや》ノ總テノ先取《せんしゆ》特權《とくけん》ヲ免カル

第百九十二條　工事《てうじ》ニ因リ先取特權《せんしゆとくけん》ヲ有スル債權者《さいけんしや》ハ工事ノ竣成《しゆんせい》又ハ其絕止《せつし》ノ前ニ讓渡ノ登記《とうき》アリタルモ第一調書《てうしよ》ニ依ル登記《とうき》ニ因リテ追及權《ついきうけん》ヲ行フコトヲ得

工事ノ竣成《しゆんせい》シ又ハ絕止《ぜつし》シタルトキ第二調書ノ調製《てうせい》及ヒ之ニ依ル登《とう》記《き》ノ二箇《にか》ノ期間カ未タ經過《けいくわ》セサルニ於テハ右ノ債權者《さいけんしや》ハ此期間ノ滿了後《まんりやうご》又ハ第二調書《てうしよ》ヲ調製シ且之ニ依リテ登記《とうき》ス可キ催告《さいこく》ヲ受ケタルモ一ケ月內ニ之ニ應セサリシ後ニ非サレハ先取特權《せんしゆとくけん》ヲ失ハス

第百九十三條　先取特權《せんしゆとくけん》アル債權者ハ追及權《ついきうけん》ヲ保存《ほぞん》シ及ヒ之ヲ行フ

トハ先取特權ヲ有スル數債權者ノ債務者ノ財産ニ付キ其債額ニ應シ配分スル手續ヲ結了シタルトキヲ云フ

爲メニ必要《ひつやう》ナル公示ヲ爲サヽルモ第三所持者《しよじしや》ノ負擔《ふたん》シタル讓受代價ニ付キ辨濟《べんさい》ヲ受クル權ヲ失ハス但代價ノ辨濟前《べんさいぜん》又ハ順序配當《じゆんじよはいとう》手續ノ閉鎖《へいさ》前ニ自ラ債權者《さいけんしや》タルコトヲ知ラシメ且其債權《さいけん》ヲ證シタルトキニ限ル

第百九十四條　先取特權《せんしゆとくけん》ニ關スル追及權《ついきうけん》、其條件、効力《かうりよく》並ニ第三所持者カ所有權徵收《ちようしう》ヲ避クル方法及ヒ先取特權消滅《せんしゆとくけんしやうめつ》ノ原因ハ次章《じしやう》ノ第三節第五節乃至第七節ノ規定《きてい》ニ從フ但先取特權ノ固有《こゆう》ノ規則《きそく》ニ反スルモノハ此限ニ在ラス

第五章　抵當《ていとう》

第一節　抵當ノ性質《せいしつ》及ヒ目的《もくてき》

（解）此抵當《このていとう》ナル文字ハ平易《へいい》ニ言ヘハ負債《ふさい》ノ引當トモ云フヘキ意《い》味《み》ヲ有スルモノニシテ動産《どうさん》タルト不動産《ふどうさん》タルトヲ問ハス負債《ふさい》ノ引當トナルモノハ皆《み》ナ此中ニ含《ふく》ムカ如シ然レ𪜈我カ法典《はうてん》ニ於テハ斯

ル廣濶《くわうくわつ》ナル意味《いみ》ヲ有セシメスメ不動産《ふどうさん》ノ上ニノミ存スルモノ也故ニ動産《どうさん》ハ抵當《ていとう》ノ目的物《もくてきぶつ》タルヿヲ得ス法律カ斯ク定メタル所以ハ動《どう》産《さん》ハ轉轉《てんてん》定所ナク極メテ移轉《いてん》ノ容易ナルモノナレハ他人《たじん》ニ對シテ債權者《さいけんしや》ノ抵當《ていとう》トナリシヿヲ知ラシメントスルモ其方法《そのはうほう》ナシ故ニ動《どう》産《さん》ヲ以テ債權《さいけん》ノ擔保タラシメンニハ債權者《さいけんしや》現ニ其物件《そのぶつけん》ヲ占有《せんゆう》セサレハ其効《そのこう》アルヿナシ之レ動産質《どうさんしち》ナルモノアリテ動産《どうさん》ノ抵當《ていとう》ナルモノナキ所以ナリ又《また》不動産ト雖𪜈絶《たへ》テ移轉《いてん》セサルモノニアラス稀《まれ》ニ之レアルモ債權者は其不動産《そのふどうさん》ノ上ニ追隨《ついずい》シテ權利ヲ行フヿヲ得ルモノナルヲ以テ爲メニ權利《けんり》ヲ奪《うば》ハルヽノ憂《うれい》ヘアルヿナシ動産《どうさん》ニ付テモ追及權《ついきうけん》ナキニアラス然レ𪜈動産《どうさん》ニ付テハ占有《せんゆう》ハ權證《けんしやう》ニ等シトノ格言《かくげん》ノ如ク占有者ヲ以テ其物件所有者《そのぶつけんしようゆうしや》ト看做《みな》スモノナレハ追及《ついきう》權《けん》ヲ行ヒ得ルヿ殆《ほと》ント稀《ま》レナリトス之レ動産《どうさん》ニ抵當權《ていとうけん》ヲ認《みと》メサル重モナル理由《りゆう》ナリトス

此抵當《このていとう》ハ不動産ノ上ニ有《ゆう》スル一ノ物權《ぶつけん》ナリ故ニ抵當權《ていとうけん》アル債權者《さいけんしや》ハ他ノ普通債權者《さいけんしや》ニ先タチテ其物件《そのぶつけん》ヲ差押之《さしおさへ》ヲ賣却シテ其代價《そのだいか》ヲ以テ自已ノ債額《さいがく》ノ弁濟《べんさう》ニ充《あ》ツルヿヲ得ルモノトス之レ抵當權《ていとうけん》ノ最モ有要《ゆうよう》ナル効力《こうりよく》ナリ

此抵當權《このていとうけん》ハ不動權ナルヤ將タ動産《どうさん》ナルヤニ付《つい》テハ佛國《ふつこく》ニテハ數説アリ或ハ從《じやう》タルモノハ主タルモノト性質《せいしつ》ヲ同フスヘキモノナレハ不《ふ》動産《どうさん》上ノ債權ヲ擔保《たんほ》セシムル𪜈ハ其抵當權《ていとうけん》ハ不動産タリ又動産《どうさん》上《じやう》ノ債權《さいけんす》ヲ擔保《たんほ》セシムル𪜈ハ其抵當權《そのていとうけん》ハ動産タリト又或ル一説《せつ》ニ從ヘハ抵當《ていとう》ノ目的《もくてき》ハ常ニ其物件《そのぶつけん》ヲ賣却《ばいきやく》シテ得タル金圓ニ在リ故ニ抵當《ていとう》モ亦タ動産《どうさん》タルノ性質《せいしつ》ヲ有スト斯ク異説《いせつ》アルニモ拘ハラス我《わが》立法者《りつはうしや》ハ特ニ理由ヲ付シテ抵當權《ていとうけん》ノ性質ハ其目的ニ依リ定《ま》ムヘカラス彼ノ用益權《ようにきけん》ノ如キ又不動産《ふだうさん》ノ賣買《ばいく》ノ如キ其之レヲ取得《しゆとく》スルモノヽ目的《もくてき》ハ悉ク其不動産ヨリ生スル果實《くわじつ》ヲ獲得《くわくとく》スルニアリ然ルニ

(人意ニ因リ云々)契約者ノ意思ヲ以テ抵當ヲ設クルヲ云フ

(完全所有權)ハ物件ヲ處分使用シ收益スルコトヲ得ルノ權ヲ云フ(賃借權)トハ他人ノ物件ニ付キ賃料ヲ出シテ使用收益スルノ權ヲ云フ(要役地)トハ地役ヲ行ハシムル土地ヲ云フ

人皆ナ不動産《ふどうさん》トスルニ異論《いろん》ナシ由之見之レバ其不動産《ふどうさん》ノ上ニ行フ權利《けんり》ヲ不動産ト云フニ止マリ其目的《そのもくてき》ノ如何ヲ問フヘキニアラスト之レ第百九十五條ニ不動産《ふどうさん》上ノ物權《ぶつけん》ナリト定《さだ》メラレタル所以《ゆゑん》也

第百九十五條　抵當《ていとう》ハ法律又ハ人意《じんい》ニ因リテ或ル義務ヲ他ノ義務《ぎむ》ニ先タチテ辨償《べんしやう》スル爲メニ充テタル不動産ノ上ノ物權《ぶつけん》ナリ

第百九十六條　抵當《ていとう》ハ動産質及ヒ不動産質《ふどうさんしつ》ニ付キ記載《きさい》シタル如ク働《はたらき》方《かた》及ヒ受方ニテ不可分タリ但反對《はんたい》ノ合意《がうい》アルトキハ此限ニ在ラス

第百九十七條　抵當ハ不動産《ふどうさん》ノ完全所有權《くわんぜんしよゆうけん》ノ上ノミナラス用益權《ようえきけん》、賃借權《ちんしやくけん》、永借權《ゑいしやくけん》及ヒ地上權ノ上ニモ此等ノ權利《けんり》ヲ支分シタル所有權ノ上ニモ之ヲ設定《せつてい》スルコトヲ得

然レトモ完全《くわんぜん》ノ所有權ヲ有スル者ハ虛有權《きよゆうけん》又ハ用益權ノミヲ分離《ぶんり》シテ之ヲ抵當《ていとう》ト爲スコトヲ得ス

之ニ反シテ所有者《しよゆうしや》ハ其不動産ノ限界《げんかい》ニ因リテ定マリタル部分《ぶぶん》又ハ

（使用權住居權云々）此等ノ權利ハ他人ニ讓渡スヿヲ得サルモノナレハ從テ抵當物トスヿヲ得サルナリ

其不分ノ幾部分《いくぶぶん》ヲ抵當《ていとう》ト爲スコトヲ得地役《ちえき》ハ要役地《やくえきち》ヨリ分離《ぶんり》シテ之ヲ抵當《ていとう》ト爲スコトヲ得ス又用方ニ因ル不動産《ふどうさん》ハ其附着《ふちやく》スル不動産ヨリ分離《ぶんり》シテ之ヲ抵當《ていとう》ト爲スコトヲ得ス

第百九十八條　左ニ掲クルモノハ之ヲ抵當《ていとう》ト爲スコトヲ得ス

第一　使用權《しようけん》、住居權《ぢうきよけん》其他讓渡《ゆづりわた》スコトヲ得ス又ハ差押《さしおさ》フルコトヲ得サル財産《ざいさん》

第二　財産編《ざいさんへん》第十條第二號及ヒ　三號ニ掲ケタル如キ不動産債《ふどうさんさい》權《けん》

第三　同條第四號ニ掲ケタル如キ不動産ト爲シタル債權《さいけん》但之ヲ不動産ト爲スコトヲ許可《きよか》スル法律カ其抵當《ていとう》ヲ許サヽルトキニ限ル

船舶《せんはく》ノ抵當《ていとう》ニ付テハ商法ノ規定《きてい》ニ從フ

（意外及ヒ無償云々）寄洲等ノ爲メ不動産ニ附添アリシ片ハ意外ト云ヒ其土地ノ爲メニ他ヨリ贈與サレタルモノアル片ハ無償ト云フ

（不可抗ノ原因）トハ人力ヲ以テ抗對スヘカラサルヿヲ云フ天災異變ノ如キ則チ是レナリ

第百九十九條　此章ノ規定《きてい》ハ商法其他特別法《とくべつはふ》ニ於テ異例《いれい》ヲ設ケサル限リハ此等ノ法律ヲ以テ設定《せつてい》シタル抵當《ていとう》ニ之ヲ適用《てきよう》ス

第二百條　抵當《ていとう》ハ意外及ヒ無償《むしやう》ノ原因《げんいん》ニ由リ或ハ債務者《さいむしや》ノ所爲《しよゐ》及ヒ費用ニ因リテ不動産ニ生スルコト有ル可キ增加《ぞうか》又ハ改良ニ當然《とうぜん》及フモノトス但他ノ債權者《さいけんしや》ニ對シテ詐害《さがい》ナキコトヲ要シ且前章《ぜんしやう》ニ規《き》定《てい》シタル如キ工匠《こうしやう》、技師《ぎし》及ヒ工事請負人ノ先取特權《せんしゆとくけん》ヲ妨ケス

抵當《ていとう》ハ債務者カ縱令《たとへ》無償《むしやう》ニテ取得シタルモノナルモ其隣接《りんせつ》地ニ及ハサルモノトス但新圍障《しんいしやう》ノ設立《せつりつ》又ハ舊圍障《きういしやう》ノ廢棄《はいき》ニ因リテ隣接地ヲ抵當《ていとう》不動産ニ合體《がつたい》シタルトキモ亦同シ

第二百一條　意外《いくわい》若クハ不可抗《ふかかう》ノ原因《げんいん》又ハ第三者ノ所爲《しよゐ》ニ出テタル抵當財産《ていとうざいさん》ノ滅失《めつしつ》、減少《げんせう》又ハ毀損《きそん》ハ債權者《さいけんしや》ノ損失タリ但先取特權《せんしゆとくけん》ニ關シ第百三十三條ニ記載《きさい》シタル如ク債權者ノ賠償《ばいしやう》ヲ受ク可キ場合ニ於テハ其權利《けんり》ヲ妨ケス

若シ抵當財産《ていとうざいさん》カ債務者ノ所爲ニ因リ又ハ保持《ほじ》ヲ爲サヽルニ因リテ減少《げんしよう》又ハ毀損《きそん》ヲ受ケ此カ爲メ債權者《さいけんしや》ノ擔保《たんほ》カ不十分ト爲リタルトキハ債務者ハ抵當《ていとう》ノ補充《ほじう》ヲ與フル責ニ任ス

此補充《ほじう》ヲ與フルコト能ハサル場合ニ於テハ債務者《さいむしや》ハ擔保《たんほ》ノ不十分ト爲リタル限度《げんど》ニ應シ滿期前ト雖モ債務《さいむ》ヲ辨濟《べんさい》スル責ニ任ス

第二百二條　抵當財産《ていとうざいさん》ノ差押《さしおさへ》ナキ間ハ債務者《さいむしや》ハ財産編第百十九條及ヒ第百二十條ニ定メタル期間《きかん》其不動産ヲ賃貸《ちんたい》スルコトヲ得又其果《くわ》實《じつ》及ヒ産出物ヲ讓渡《ゆづりわた》シ及ヒ管理《くわんり》ノ總テノ行爲《こうい》ヲ爲スコトヲ得

第二節　抵當《ていとう》ノ種類

（解）抵當《ていとう》ハ其原由ノ異《こと》ナリタルニ依リ其種類《そのしゆるい》ヲ同フセス即チ法《はう》律《りつ》ノ指定シタル場合《ばあい》ト其方式トニ從テナシタルモノ之レヲ法律上《はうりつしやう》ノ抵當ト云ヒ又債權者《さいけんしや》ト債務者《さいむじや》トノ意思《いし》ノ合同ニ由リ抵當ヲ設《まふ》ケタルトキハ之ヲ合意上《かふいじやう》ノ抵當ト云フ又遺言《いげん》ヲ以テ遺囑物ノ擔保《たんほ》ノ爲

(要約ニ關セス)トハ法律上當然抵當アルコトヲ定メタル

メ又ハ第三者ノ債務《さいむ》ノ擔保ノ爲メニ抵當《ていとう》ヲ設ケタル片ハ之レヲ稱《しよう》シテ遺言上ノ抵當《ていとう》ト云フ佛國ニ於テハ裁判所《さいばんしよ》ノ言渡ヨリ抵當ノ効《こう》ヲ生セシムルモノアリ即チ裁判上ノ抵當《ていとう》ト謂フ我カ立法者ハ之レヲ認《みと》メス

第二百三條　抵當《ていとう》ハ法律上合意上《がうゐじやう》又ハ遺言上ノモノタリ

第一款　法律上ノ抵當《ていとう》

(解)　法律上當然《とうぜん》抵當アルコトヲ認《みと》メタルモノハ各々理由《りゆう》ノ存スルアリテ然カルモノニシテ要《よう》スルニ自然ノ地位若シクハ其者《そのもの》ノ無《む》能《のう》力《りよく》者タルヨリ法律上保護《ほご》スルニアラサレハ自カラ債權《さいけん》ノ執行ヲ確《かく》實《じつ》ナラシムル方法《はうはう》ヲ施コスコトヲ得サルモノニ限リ此特權《このとくけん》ヲ付與シタルモノトス

第二百四條　左ノ抵當ハ總テノ要約《やうやく》ニ關セス當然成立《とうぜんせいりつ》ス

第一　婦カ其夫ニ對《たい》シテ有スルコト有ル可キ總債權《そうさいけん》ノ爲メ婚姻《こんいん》

塲合（未成年）トハ未タ丁年ニ至ラサルモノヲ云フ（禁治産者）法律上治産ヲ禁セラレタル者ヲ云フ

ノ日現ニ夫ニ屬スルト日後之ニ屬《ぞく》ス可キトヲ問ハス其夫ノ總《そう》不動産《ふどうさん》ニ付キ婦ノ有スル抵當《ていとう》但夫ノ未成年《みせいねん》タルトキモ亦同シ

第二　未成年者及ヒ禁治産者《きんぢさんしや》カ其後見人ニ對シテ有スル總債權《そうさいけん》ノ爲メ現在《げんざい》ニ屬スルト將來《しやうらい》ニ得ルトヲ問ハス後見人ノ總《そうふ》不動《どう》産《さん》ニ付キ有スル抵當《ていとう》

第三　國、府縣、市町村及ヒ公設所《かうせつしよ》カ行政法《ぎやうせいはう》ノ定メタル限度《げんど》ト條《じよ》件《うけん》トニ從ヒ會計吏員ノ管理《くわんり》ノ爲メ其不動産ニ付キ有スル抵當《ていとう》

又第百八十一條及ヒ第百八十四條ニ從ヒテ變性《へんせい》シタル先取特權《さきどりとくけん》ヨリ生スル抵當《ていとう》ハ之ヲ法律上ノ抵當ト看做《みな》ス

第二款　合意上《がういじやう》ノ抵當《ていとう》

（解）合意上ノ抵當《ていとう》ナルモノハ双方《さうはう》ノ意思ヨリ抵當ヲ設定《せつてい》スルニ至リタルモノニシテ決《けつ》シテ他ノ要素ヲ必要《ひつよう》トスルモノニアラス然レモ法律ハ双方ノ合意《がうい》アレハ何レノ塲合ニモ直《たゞ》チニ抵當ノ存立《そんりつ》ス

（設定證書）トハ抵當ヲ約シタルトキニ權利ヲ生ゼシムルガ為メニ作レル證書ヲ云フ

（必要ナル限度）トハ債權額ヲ担保スル程度ヲ云フ

ルヲ認ムルモノニアラス必ス公正證書又ハ私證書ノ作成《さくせい》アルニアラサレハ抵當《ていとう》ヲシテ有効《ゆうこう》タラシメス故ニ一言スレハ合意上ノ抵當ノ要素《ようそ》アリ一ハ合意ニシテ一ハ證書《しようしよ》ノ方式《はうしき》是レナリ

第二百五條　合意上ノ抵當ハ公正證書《こうせいしようしよ》又ハ私署證書ヲ以テスルニ非サレハ之ヲ設クルコトヲ得ス

代理人ヲ以テ抵當《ていとう》ヲ設定《せつてい》スルトキハ委任ノ要旨《やうし》ヲ抵當ノ設定證書《せつていしようしよ》ニ示スコトヲ要ス

第二百六條　本邦ニ存在《そんざい》スル財産《ざいさん》ニ付キ外國ニ於テ為シタル抵當《ていとう》ノ合意《がうい》ハ此種類《しゆるい》ノ行為《こうい》ノ為メ外國ニ於テ用ユル方式《はうしき》ニ從ヒ之ヲ為シタルトキハ其効ヲ生ス然レトモ特別《とくべつ》法ニ規定《きてい》シタル條件《じようけん》ニ從フニ非サレハ此合意《がうい》ニ依リ本邦ニ於テ登記《とうき》ヲ為スコトヲ得ス

第二百七條　抵當《ていとう》ノ設定證書《せつていしようしよ》ニハ義務《ぎむ》ノ擔保《たんぽ》ニ充テタル不動産ヲ其性質《せいしつ》及ヒ所在《しよざい》ヲ以テ特ニ指示《しし》スルコトヲ要ス

若シ抵當ノ設定カ債務者《さいむしや》ノ現在ノ各不動產ヲ特ニ指示《しし》セスシテ其全部《ぜんぶ》又ハ一分ヲ包含《はうがん》スルトキハ債務者ノ請求《せいきう》ニ因リ債權《さいけん》ノ擔保《たんぽ》ノ必要ナル限度《げんど》ニ其抵當ヲ減少《げんしよう》スルコトヲ得

債務《さいむ》者《しや》ノ將來《しようらい》ノ財產ニ付テノ一般又ハ特別《とくべつ》ノ抵當ノ設定《せつてい》ハ無効《むかう》タリ

第二百八條　抵當ノ設定證書《せつていしやうしよ》ニハ右ノ外義務《ぎむ》ノ源因《げんいん》、體樣《たいやう》及ヒ其主從ノ目的《もくてき》ヲ明カニ指示《しし》スルコトヲ要ス

義務《ぎむ》ノ目的カ金錢タラサルトキハ之ヲ評價《ひやうか》ス可シ然レトモ其評價《ひやうか》ハ登記《とうき》ノ時ニ於テモ猶ホ之ヲ為スコトヲ得

第二百九條　抵當ハ抵當《ていたう》ニ充テント欲スル物ノ所有權《しよゆうけん》又ハ收益權《しゆうえきけん》ヲ有シ且有償《ゆうしやう》又ハ無償《むしやう》ニテ其物ヲ處分《しよぶん》スル能力《のうりよく》ヲ有スル者ニ非サレハ之ヲ承諾《しやうだく》スルコトヲ得ズ但第三者ノ抵當設定《ていたうせつてい》ニ關スル第二百十一條ノ規定《きてい》ヲ妨ケス

（義務ノ原因）何ノ為メニ義務ヲ負ヒシヤヲ記スルヲ云フ（體樣）トハ義務ノ期限付ナルカ未必條件付ナル等ナリ

(失踪者)トハ所在不明ノ人ヲ云フ

(出捐)金錢若シクハ有價物件ヲ出タスヲ云フ(恩惠)トハ無償ニテ他人ノ利益ノ爲メニスルヿヲ云フ

若シ有期《ゆうき》ノ物權《ぶつけん》ヲ抵當ト爲シタルトキハ其抵當《ていとう》ハ此權利《けんり》ノ時期外ニ効力《かうりよく》ヲ生スルコトヲ得ス然レトモ抵當《ていとう》ト爲リタル權利《けんり》カ此時期ノ滿了前《まんりやうせん》或ル出來事ニ因リ物ノ價額《かかく》ヲ代表スル償金《しやうきん》ニ移リタルトキハ債權者《さいけんしや》此償金ニ付キ其權利《けんり》ヲ行フ

第二百十條　未成年者《みせいねんしや》、禁治産者《きんちさんしや》及ヒ失踪者《しつそうしや》ノ財産ハ法律ニ定メタル原因《げんいん》及ヒ方式ニ依ルニ非サレハ其代人ニ於テ之ヲ抵當《ていとう》ト爲スコトヲ得ス

第二百十一條　合意上《がういしやう》ノ抵當ハ第九十八條及ヒ第百十七條ニ於テ動《どう》産質《さんしち》及ヒ不動産質ニ付キ記載《きさい》シタル如ク債務者ノ債務《さいむ》ヲ擔保《たんぽ》スル爲メ第三者ヨリ之ヲ設定《せつてい》スルコトヲ得

右ノ抵當《ていとう》ハ之ヲ設定《せつてい》セシムル爲メ債務者《さいむしや》カ何等ノ出捐モ爲サヽルトキハ債務者《さいむしや》ニ對シテハ恩惠《おんけい》ナリトス

又抵當ハ債權《さいけん》カ無償《むしやう》ナルトキ又ハ有償ナルモ諾約《たくやく》ナクシテ主タル

合意以後《がういいご》ニ之ヲ設定《せつてい》シタルトキハ債權者ニ對シテモ恩惠《おんけい》ナリトス

第三欵　遺言上《いげんじやう》ノ抵當

（解）人其生ヲ終《をは》ラントスル片其遺囑《そのいぞく》シタル物件ノ担保《たんぽ》ノ爲メ又ハ他人ノ債務ヲ担保センカ爲メ遺言《いげん》ヲ以テ設定スルモノ之ヲ遺言上ノ抵當《ていとう》ト云フ

第二百十二條　抵當《ていとう》ハ遺贈《いぞう》ノ擔保《たんぽ》ノ爲メ又ハ第三者ノ債務《さいむ》ノ擔保《たんぽ》ノ爲メニノミ遺言《いげん》ヲ以テ之ヲ設定《せつてい》スルコトヲ得

第三節　抵當《ていとう》ノ公示《かうじ》

（解）數多ノ抵當《ていとう》ヲ負ヒタル一不動産ヲ賣却《ばいきやく》シテ代價ヲ得タル片ハ各債權者ニ於テ其債額《そのさいかく》ニ應シテ分配セサルヘカラス然レ圧其分《そのぶん》配《はい》ハ必スシモ平等ナルモノニアラスシテ先後《せんご》ノ順次アリテ存スルナリ其順次ヲ定ムル方法如何則チ公示《こうし》ノ先後ニ從フモノトス若《も》シ合意上《がういじやう》抵當權ヲ設定《せつてい》スルモノアルモ之ヲ公示セサル片ニ於テハ當《とう》

初《しよ》抵當ヲ設《もう》ケサリシモノト看做《みな》サレ他ノ抵當債權者《さいけんしや》ト共ニ先後ヲ爭フヿヲ得ス普通《ふつう》債權者ノ他位ト異《こと》ナルヿナシ故ニ總テノ債權者《さいけん》ニシテ各抵當權《ていとうけん》ヲ有シ之レヲ有効《ゆうこう》ニ公示シタル片ハ其抵當權執行ノ順次ハ其公示《そのこうし》ノ順次《じゆんじ》ニ從フモノトス由之見之抵當權保存ニハ此方法ヲ以テ最良《さいりよう》ノモノトス讀者《どくしや》各法條ニ就キ其公示ノ方法及ヒ効力《こうりよく》ノ如何ヲ知ルヘシ

第一欵　登記《とうき》ノ條件《じようけん》及ヒ期間《きかん》

第二百十三條　凡ソ法律上、合意上又ハ遺言上《いげんじよう》ノ抵當ハ下ニ定メタル條件《じようけん》ニ從ヒ其不動産所在地《ふどうさんしよざいち》ノ登記所ニ於テ登記《とうき》ヲ爲シタルニ非サレハ之ヲ以テ第三者ニ對抗《たいこう》スルコトヲ得ス

數箇《すこ》ノ登記所ノ管轄《くわんかつ》ニ跨カル不動産ノ全部ヲ抵當《ていとう》ト爲シタルトキハ其主タル部分ノ所在地《しよざいち》ヲ管轄《くわんかつ》スル登記所ニ於テ登記《とうき》ヲ爲シ他ノ登記所《とうきしよ》ニ於テハ其登記及ヒ日附ノ記載《きさい》ノミヲ爲ス

（正當ニ宣告セラレ）トハ無資力ト認ムヘキ事實ノ存スルアリテ裁判シタルモノヲ云フ

（部理代理人）トハ或ル一事ニ付テ代理ノ義務ヲ負フ人ヲ云フ

第二百十四條　抵當ハ其設定《せつてい》ノ後債務者《さいむしや》ノ無資力カ正當《せいとう》ニ宣告《せんこく》セラレ又ハ其財産《ざいさん》ノ全部《ぜんぶ》若クハ過半《くわはん》ノ差押ニ因リ顯然《げんぜん》ト爲リタルトキハ有効《ゆうこう》ニ之ヲ登記《とうき》スルコトヲ得ス但破産《はさん》ノ場合ニ於ケル登記《とうき》ノ權《けん》利《り》ニ付テノ商法《しようはう》ノ制限《せいげん》ヲ妨ケス

抵當財産《ていとうさいさん》ノ讓渡《ゆづりわたし》アリタルトキ其讓受人ニ對シテ債權者《さいけんしや》ノ登記スル權利ノ制限《せいげん》ハ第五節ニ於テ之ヲ規定《きてい》ス

第二百十五條　債權者《さいけんしや》カ財産ノ管理權《くわんりけん》ヲ有セサルトキハ抵當《ていとう》ノ登記ハ法律上又ハ裁判上ノ代人之ヲ爲ス

抵當《ていとう》ノ登記ハ總理《そうり》代理《たいり》人《にん》及ヒ法律上又ハ合意上《がういじやう》ノ抵當ノ附着《ふちやく》シタル行爲《こうい》ヲ爲ス委任《いにん》ヲ受ケタル部理《ぶり》代理《だいり》人《にん》ノ權利《けんり》及ヒ義務《ぎむ》ニ屬ス

又登記《とうき》ハ債權者《さいけんしや》ノ委任ナクシテ事務《じむ》管理者《くわんりしや》之ヲ爲スコトヲ得

第二百十六條　婦《ふ》ノ法律上ノ抵當《ていとう》ハ夫カ婦ニ對シ契約《けいやく》其他ノ方法《はうほう》ニテ條件附《じようけんつき》ナルト否トヲ問ハス債權者《さいけんしや》ト爲リタル時ヨリ夫又ハ裁判《さいばん》

（後見監督人）トハ後見人ノ監督者ヲ云フ（親屬會議）トハ親屬ノ集合ヨリ成レル相談ナリ

所《しよ》ノ許可《きよか》ヲ要セス婦ノ請求《せいきう》ニ因リテ之ヲ登記《とうき》スルコトヲ得又其登《とう》記《き》ハ婦ノ適當《てきとう》ト思考《しかう》スル不動産ノ全部《ぜんぶ》又ハ一分ニ付キ之ヲ爲スコトヲ得但第二百二十六條ニ記載《きさい》スル如ク夫ノ有スル抵當減少《ていとうげんしよう》ノ權利ヲ妨ケス

婦カ登記《とうき》ヲ爲サヽルトキハ夫ハ婦ノ擔保《たんぽ》ノ爲メ十分ナル不動産《ふどうさん》ニ付キ其登記《とうき》ヲ爲スコトヲ要ス

婦又ハ夫カ登記《とうき》ヲ爲サヽルトキハ縱令《たとへ》委任《にん》ナキモ婦ノ親族《しんぞく》又ハ姻《いん》族《ぞく》ニテ之ヲ爲スコトヲ得但婦ノ故障《こしよう》又ハ拋棄《はうき》ナキコトヲ要ス

第二百十七條　未成年者《みせいねんしや》ノ法律上ノ抵當《ていとう》ハ夫カ婦ノ法律上ノ抵當ヲ登記《とうき》スルト同一ノ塲合ニ於テ同一ノ條件《じようけん》ニ從ヒ後見人之ヲ登記《とうき》スルコトヲ要ス

後見人《こうけんにん》登記《とうき》ヲ爲サヽルトキハ後見監督人《かんとくにん》又ハ親族會員《しんぞくくわいいん》其登記《とうき》ヲ爲スコトヲ要ス若シ之ヲ爲サヽルトキハ未成年者《みせいねんしや》ニ對シ連帶《れんたい》シテ損《そん》

害賠償《がいばいしやう》ヲ負擔《ふたん》ス
未成年者モ亦自治產者《じちさんしや》ト爲リタル後ハ其登記《とうき》ヲ求ムルコトヲ得
第二百十八條　前條第一項及ヒ第二項ノ規定《きてい》ハ禁治產者《きんちさんしや》ノ法律上《はうりつじやう》ノ抵當《ていとう》ニ之ヲ適用《てきよう》ス
處刑言渡《しよけいいひわたし》ニ因レル禁治產《きんちさん》ノ場合ニ於テハ禁治產者《きんちさんしや》ノ特別《とくべつ》ノ代理人ニテモ登記《とうき》ヲ求ムルコトヲ得
第二百十九條　債權者《さいけんしや》ノ相續人《さうぞくにん》又ハ讓受人《ゆづりうけにん》ノ原債權者《げんさいけんしや》ノミノ名ヲ以テ或ハ自己《じこ》ト原債權者《げんさいけんしや》トノ連名《れんめい》ヲ以テ登記《とうき》ヲ求ムルコトヲ得
債權者《さいけんしや》ノ代理人又ハ事務管理者《じむくわんりしや》ヨリ登記《とうき》ヲ求ムルトキハ其名及ヒ分限《ぶんげん》ヲ本人ノ名及ヒ分限《ぶんげん》ト共ニ記載《きさい》ス可シ
第二百二十條　債務者《さいむしや》カ死亡《しぼう》シタルトキハ登記《とうき》ハ債權者《さいけんしや》ノ選擇《せんたく》ニ因リテ其債務者《さいむしや》ニ對シ又ハ其相續人《さうぞくにん》ニ對シテ之ヲ爲スコトヲ得
第三者ノ設定《せつてい》シタル抵當《ていとう》ニ關シテハ設定者《せつていしや》ニ對シテ登記《とうき》ヲ爲スコ

トテ要ス

第二百二十一條　法律上、合意上《あういじやう》又ハ遺言上《いげんじやう》ノ抵當ノ登記《とうき》ハ三十个年間其効力《かうりよく》ヲ有ス三十个年後ハ債權《さいけん》ノ時効《じかう》カ中斷《ちうだん》又ハ停止《ていし》ニ係リタルトキト雖モ其登記ノ効力《こうりよく》ヲ失フ

右抵當《ていとう》ノ時効《じかう》ハ無能力者ニ對シテ停止《ていし》セス但其代人ニ對スル求償《きうしよう》ヲ妨ケス

然レトモ三十个年ノ期間滿了《きげんまんりよう》前ニ登記ヲ更新《かうしん》シ舊登記ノ日附ヲ精《せい》確《かく》ニ記載《きさい》シタルトキハ抵當《ていとう》ノ順位ハ舊登記《きゝとうき》ト同一ノ日附ニテ存ス

登記ノ効力《かうりよく》ヲ失ヒシ後ノ更新《かうしん》ハ新登記ニ同シク其更新《かうしん》ノ日附ニ於テノミ効力《こうりよく》ヲ生ス

第二百二十二條　三十个年ノ期間《きかん》ニ於ケル登記《とうき》ノ更新《かうしん》ハ舊登記後《きうとうきご》ニ起リタル債務者《さいむしや》ノ破產《はさん》、無資力《むしりよく》又ハ死亡《しばう》ニ拘ハラス之ヲ為スコト

チ得

第二百二十三條　登記《とうき》ニ關スル爭《あらそ》ヒハ抵當財產所在地《ていとうざいさんしよざいち》ノ裁判所ニ之チ訴フ可シ

第二欵　登記ノ抹消《まつしやう》、減少及ヒ正誤《せいご》

第二百二十四條　登記《とうき》ノ抹消《まつせう》ハ左ノ場合ニ於テ之チ爲ス

第一　債權《さいけん》カ無效《むかう》タリ若クハ銷除《しようじよ》ス可キモノタルトキ又ハ其全《ぜん》部《ぶ》ノ消滅《しようめつ》シタルトキ

第二　抵當《ていとう》カ有效《ゆうかう》ニ設定《せつてい》セラレサルトキ

右ハ第二百三十條ニ記載《きさい》シタル如ク或ル不動產《ふどうさん》ニ付テノ登記チ抹《まつ》消《しよう》スルコトチ妨ケス

第二百二十五條　登記ノ抹消《まつしよう》ハ債務者《さいむしや》又ハ其承繼人《しようけいにん》ノ請求ニ因リテ之チ宣告《せんこく》スルコトチ要ス但下ニ規定《きてい》シタル方式ニ於テ債權者《さいけんしや》ヨリ抹消《まつしよう》チ許シタルトキハ此限ニ在ラス

(債權効力ノ云々)トハ債權ノ元來成立シタルモノチ云フ

(鎖除ス可キモノ)トハ一方ノ者ヨリ取消チ請求シ得可キモノチ云フ

(抹消)トハ登記所ノ簿冊ニ記入シタル債權チ取消スチ云フ

（配偶者）トハ夫婦ノ間柄ヲ云フ

第二百二十六條　婦ノ法律上ノ抵當《ていとう》ヲ或ル不動産ニ制限《せいげん》セサル場合ニ於テ其債權ノ擔保《たんぽ》ニ必要《ひつよう》ナルヨリ多キ不動産ニ付キ登記《とうき》アリタルトキ又ハ婚姻契約《こんいんけいやく》若クハ配偶者間《はいぐうしやかん》ノ特別合意ニ因リテ婦ノ債權《さいけん》額《かく》ヲ評價《ひようりか》セサル場合ニ於テ其債權《さいけん》ノ正當ナル評價《ひやうか》ヨリ更ニ多キ金《きん》額《かく》ノ爲メニ登記アリタルトキハ夫又ハ其承繼人《しようけいにん》ハ不動産又ハ金額《きんかく》ニ關シ裁判上ニテ此登記《とうき》ノ減少ヲ請求《せいきう》スルコトヲ得

第二百二十七條　右ニ同シク後見人又ハ其承繼人《しようけいにん》ハ未成年者又ハ禁《きん》治産者《ちさんしや》ノ擔保《たんぽ》ニ必要《ひつよう》ナルモノノ外ニ爲シタル登記《とうき》ノ減少ヲ請求《せいきう》スルコトヲ得但親族會議《しんぞくくわいぎ》ノ決義《けつぎ》ニ因リテ抵當《ていとう》ヲ或ル不動産ニ制限《せいげん》セス又ハ債權額《さいけんかく》ヲ評價《ひようか》セサルトキニ限ル

第二百二十八條　合意上《がういじよう》ノ抵當ハ債務者《さいむしや》ノ現在《げんざい》ノ總財産ニ關シ過度《くわど》ナルトキニ非サレハ第二百七條ニ記載《きさい》シタル如ク債務者《さいむしや》其減少《げんしよう》ヲ請求《せいきう》スルコトヲ得ス

債務《さいむ》者《しや》ハ債權者ノ登記《とうき》シタル債權ノ評價《ひようか》ノ減少ヲ請求《せいきう》スルコトヲ得但設定證書《せつていしようしよ》又ハ別證書ヲ以テ評價《ひようか》ヲ爲サヽルトキニ限ル

第二百二十九條　遺言上《いげんじよう》ノ抵當ハ相續《そうぞく》ノ不動產ニ付キ遺言《いげん》者其制限《せいげん》ヲ爲サス又ハ債權《さいけん》ヲ評價《ひようか》セスシテ之ヲ設定《せつてい》シタルトキハ相續人《そうぞくにん》其減少ヲ請求《せいきう》スルコトヲ得

第二百三十條　債務《さいむ》カ半額以上消滅《しやうめつ》シタルトキハ債權者《さいけんしや》ハ債務者ノ要求《やうきう》ニ因リ三種ノ抵當《ていとう》ニ付キ金額ノミノ登記《とうき》ヲ減少《げんしやう》ス可シ

債務者ハ一分ノ辨濟《べんさい》ヲ爲シタルトキハ常ニ自費《じひ》ニテ登記ニ之ヲ附《ふ》記《き》スルコトヲ得

第二百三十一條　債務者ノ請求《せいきう》ヲ正當《せいとう》トスル判決《はんけつ》ニハ抵當ヲ免カレタル不動產又ハ評價《ひやうか》ヲ改メタル金額ヲ指示《しし》ス

右第一ノ場合ニ於テハ抵當《ていとう》ノ登記ヲ抹消シ第二ノ場合ニ於テハ之ヲ減少《げんしやう》ス

（抵當ノ補充）トハ先キニ入レタル抵當物ノ債額ニ充ツルニ足ラサルカ爲メニ他ノ不動產ヲ以テ補フコトヲ云フ

第二百三十二條　前數條ニ從ヒ或ル不動產ニ抵當《ていたう》ノ登記ヲ減少《げんしよう》シタル場合ニ於テ其不動產カ債權者《さいけんしや》ノ擔保《たんぽ》ニ不十分ト爲リタルトキハ意外《いぐわい》ノ事又ハ不可抗力《ふかかうりよく》ニ因ルト雖モ債權者《さいけんしや》ハ抵當ノ補充《ほじう》ヲ請求《せいきう》スルコトヲ得

第二百三十三條　登記ノ抹消《まつしやう》又ハ減少ハ確定判決《かくていはんけつ》ニ依ルニ非サレハ之ヲ爲スコトヲ得ス又證書《しやうしよ》ヲ以テスルニ非サレハ債權者《さいけんしや》之ヲ承諾《しやうだく》スルコトヲ得ス

第二百三十四條　任意《にんい》ノ抹消又ハ減少《げんしやう》カ債務ノ消滅《しやうめつ》ニ基クトキハ其抹消《まつしやう》又ハ減少ヲ承諾《しやうだく》スルニハ債權者《さいけんしや》其債務ノ辨濟《べんさい》ヲ受ケ又ハ之ヲ追認《ついにん》スル能力《のうりよく》ヲ有スルヲ以テ足レリトス

抹消《まつしやう》カ右ノ外第二百二十四條ニ記載《きさい》シタル原因《げんいん》ノ一ニ基クトキハ債權者《さいけんしや》和解《わかい》スルノ能力《のうりよく》ヲ有スルコトヲ要ス

又抹消《まつしやう》又ハ減少カ抵當《ていたう》ヲ無償《むしやう》ニテ拋棄《はうき》スル性質《せいしつ》ヲ有スルトキハ債

權者無償《むしやう》ニ奮テ債權《さいけん》ヲ處分スル能力《のうりよく》ヲ有スルコトヲ要ス

第二百三十五條　登記ノ抹消《まつしやう》又ハ減小ヲ承諾《しやうだく》スル爲メノ委任ハ證書《しやうしよ》ヲ以テ之ヲ與フルコトヲ要ス

然レトモ抹消《まつしやう》又ハ減少カ債務《さいむ》ノ消滅ニ基クトキハ債務者ノ免責《めんせき》ヲ承諾《しやうだく》スル權限《けんげん》ヲ有シタル代理人ニ於テ其抹消《まつしやう》又ハ減少《げんしやう》ヲ承諾《しやうだく》スルコトヲ得

和解《わかい》又ハ無償《むしやう》ノ拋棄《はうき》ニ付テハ委任ハ明示《めいし》タルコトヲ要ス

第二百三十六條　抹消《まつしやう》又ハ減少ヲ爲スニハ其合意《がうい》又ハ判決ヲ登記ニ附記《ふき》スルコトヲ要ス

第二百三十七條　抹消《まつしやう》若クハ減少ヲ後日ノ判決《はんけつ》又ハ債務者トノ合意《がうい》ニテ銷除《しやうじよ》若クハ解除《かいじよ》シタルトキハ其判決《はんけつ》又ハ合意《がうい》ヲ更ニ登記シ又ハ前登記《ぜんとうき》ニ附記《ふき》ス此場合ニ於テハ前登記ハ前債權者《ぜんさいけんしや》ノ爲メ其効力《かうりよく》ヲ回復《かいふく》ス然レトモ抹消若クハ減少《げんしやう》ノ後ニ於テ不動產ニ付キ權利《けんり》ヲ

取得《しゆとく》シ抵當ノ復舊《ふくきう》ノ公示前ニ其權利ヲ登記《とうき》シタル第三者ニハ此登記ヲ以テ對抗《たいこう》スルコトヲ得ス

第二百三十八條　登記《とうき》、更新《かうしん》、抹消《まつしやう》又ハ減少ニ訛誤《くわご》又ハ脫漏《だつろう》アルモ此カ爲メ銷除《しやうじよ》ヲ爲スニ足ラサルトキハ當事者《たうじしや》ノ協議《きやうぎ》又ハ判決《はんけつ》ヲ以テ正誤《せいご》ヲ爲ス

第四節　債權者間《さいけんしやかん》ノ抵當ノ効力《かうりよく》及ヒ順位《じゆんい》

（解）本節《ほんせつ》ハ同一債務者ニ對スル各債權者《かくさいけんしや》ノ間ニ抵當ノ効力ニ關《くわん》スルコトヲ定メタルモノナリ而シテ此抵當權《このていとうけん》ノ効力ハ前節《ぜんせつ》ニ於テ畧《りやく》說《せつ》セル如ク公示ノ先後《ぜんご》ニ依リテ大ニ異ナリ假令《たとへ》先キニ抵當權ヲ設《せつ》定《てい》スルモ之ヲ公示スルノ手續《てつゞき》ヲ後ニシタルトキハ其抵當權《そのていとうけん》ノ生シタルハ後ニアルモ公示ノ手續ヲ先キニシタルモノニ讓《ゆづ》ラサルヘカラス故ニ抵當權《ていとうけん》ノ効力《こうりよく》ノ有無大小ハ公示ノ有無《うむ》前後《せんこ》ニアルモノナリ

（定期ノ附從物）トハ不動産ヨリ生スル果實ノ如キモノヲ云フ

第二百三十九條　凡ソ不動産ニ付キ登記《とうき》シタル抵當債權者《ていとうさいけんしや》ハ無特權《むとくけん》債權者《さいけんしや》ニ先タチ其不動産ノ代價《だいか》ノ配當《はいたう》ニ加入スルコトヲ得

法律上、合意上《がういじやう》又ハ遺言上《いげんじやう》ノ抵當ヲ有スル數人ノ債權者間《さいけんしやかん》ニ於テハ其配當加入《はいたうかにう》ノ順位ハ數箇《すうこ》ノ登記《とうき》ヲ同日ニ爲シタルトキト雖モ其登記《とうき》ノ前後ニ因リテ之ヲ定ム

第二百四十條　登記ハ掲載《けいさい》シタル利息及ヒ定期《ていき》ノ附從物《ふじうぶつ》ニ其經過《けいくわ》シタル最後ノ二个年分ニ限リ主タル債權《さいけん》ト同一ノ順位《じゆんい》ヲ得セシム

但二个年以外ノ利息《りそく》及ヒ附從物《ふじうぶつ》ノ爲メ債權者ノ日後登記《とうき》ヲ爲スノ權利《けんり》ヲ妨ケス然レトモ此登記ハ其日附後ニ非サレハ效力《かうりよく》ヲ生セス

第二百四十一條　抵當《ていとう》ノ順位ハ債權《さいけん》カ條件附《でうけんつき》ナルトキ又ハ信用《しんよう》ヲ開キテ爲ス貸付《たいふ》ノ如ク漸次《ぜんじ》ノ支拂《しはらひ》ヨリ生スルトキト雖モ亦登記《とうき》ニ因リテ之ヲ定ム

第二百四十二條　債權者《さいけんしや》カ數箇ノ不動産ニ付キ抵當《ていとう》ヲ有シ其各箇《かくこ》ノ

(設定權原)トハ其

代價カ同時ニ淸算《せいさん》アリシトキハ其債權《さいけん》ハ總不動產ノ價額《かかく》ノ割合ニ應シテ之ヲ分配《ぶんぱい》ス可シ

漸次《ぜんじ》ノ淸算《せいさん》ノ場合ニ於テ右ノ債權者《さいけんしや》カ不動產中ノ一箇ノ代價《だいか》ニ因リテ全ク辨濟《べんさい》ヲ受ケ此一箇ノ不動產ニ付キ其債權者《さいけんしや》ノ次ニ抵當《ていとう》ヲ有スル一人又ハ數人ノ債權者《さいけんしや》カ爲メニ辨濟《べんさい》ヲ受クルコトヲ得サルトキハ其一人又ハ數人ノ債權者《さいけんしや》ハ他ノ各不動產ニ付テハ其相互《そうご》ノ順位ヲ以テ右辨濟《べんさい》ヲ受ケタル債權者《さいけんしや》ノ抵當《ていとう》ニ當然代位《とうぜんだいい》ス

第二百四十三條　前條ノ代位ハ原債權者《げんさいけんしや》ニ次テ右各不動產《ふどうさん》ニ付キ登《とう》記《き》ヲ爲シタル債權者《さいけんしや》ニ對シテ其效ヲ生ス

右ノ代位者《だいいしや》カ登記ニ其代位ヲ附記《ふき》シタルトキハ其代位者ヲ順序配《じゆんじよはい》當手續中《とうてつづきちう》ニ加ハラシムルコトヲ要シ且其承諾《しやうだく》アルニ非サレハ何等ノ抹消《まつしやう》又ハ減少《げんしやう》ヲモ爲スコトヲ得ス

第二百四十四條　凡ソ債權《さいけん》ヲ處分スル能力《のうりよく》アル抵當債權者《ていとうさいけんしや》ハ同一債《さい》

權利ハ賣買ニ由リ生スルト又ハ交換其他贈與等ニ由リ生シタルトヲ問ハス其權利ヲ設ケタル原因ヲ云フ

（動產財團）トハ動

務者《むしや》ノ他ノ債權者ノ利益《りえき》ニ於テ自己ノ抵當《ていとう》又ハ其順位ノミヲ拋棄《はうき》スルコトヲ得但財產編《ざいさんへん》第五百條及ヒ第五百三條ニ於テ更改《かうかい》ニ關シ規定《きてい》シタルモノヲ妨ケス

若シ抵當債權《ていとうさいけん》ヲ數次ニ數人ニ對シ讓渡《ゆづりわたし》拋棄《はうき》又ハ代位ノ目的《もくてき》ト爲セシトキハ優先件《ゆうせんけん》ハ承繼人《しやうけいにん》中登記ニ自己ノ權利《けんり》ノ設定權原《せつていけんげん》ヲ附記《ふき》シ又ハ登記ノ有ラサリシトキハ之ヲ爲シテ其取得《しゆとく》ヲ第一ニ公示《こうし》シタル者ニ屬ス

第二百四十五條　右ノ外第百八十五條ノ規定《きてい》ハ前二條ノ塲合ニ之ヲ適用《てきよう》ス

第二百四十六條　抵當債權者《ていとうさいけんしや》又ハ無特權《むとくけん》債權者ハ他ノ抵當ノ登記《とうき》ナキヲ知リタルコトヲ自認《じにん》スト雖モ登記ノ欠缺《かんけつ》ヲ申立ツル權利《けんり》ヲ失ハス

第二百四十七條　不動產ノ賣却代價《ばいきやくだいか》ヲ以テ全部ノ辨濟《べんさい》ヲ受ケサル抵《てい》

産ヲ以テ一体ヲナスモノヲ云フ
（純粋ノ無特權債權者）トハ初メヨリ信用ニ基キタルモノニシテ彼ノ抵當權ヲ設定スルモノ其記入ノ無效トナリタルモノトハ異ナルトス

當債權者《とうさいけんしや》ハ其殘額《ざんかく》ニ付テハ無特權債權者《むとくけんさいけんしや》タリ

若シ不動産ノ賣却《ばいきやく》ニ先タチテ動産有價物ノ配當《はいとう》ヲ爲ストキハ抵當《ていとう》債權者《さいけんしや》ハ其債權全額ノ爲メ無特權債權者《むとくけんさいけんしや》トシテ假ニ其配當《はいとう》ニ加入ス

其後ニ至リ抵當《ていとう》不動産ノ代價ノ配當《はいとう》アルトキハ抵當債權者《さいけんしや》ハ動産有價物《ゆうかぶつ》ニ付キ何等ノ辨濟《べんさい》ヲモ受ケサリシカ如ク其配當《はいとう》ニ加入ス然レトモ此配當ニ於テ全ク辨濟《べんさい》ヲ受ク可キ者ハ動産《どうさん》ノ配當ニテ受取リタル金額《きんかく》ヲ控除《かうぢよ》スルニ非サレハ其抵當《ていとう》ノ配當額《はいとうかく》ヲ受取ルコトヲ得ス其控除《かうぢよ》シタル金額ハ動産財團中《どうさんざいだんちう》ニ之ヲ返還《へんくわん》ス

不動産ノ代價ノ配當《はいとう》ニ於テ一分ノミノ辨濟《べんさい》ヲ受クルコトヲ得ヘキ者ニ付テハ其殘額《ざんかく》ニ從ヒ其動産財團《ざいだん》ニ對スル權利ヲ定ム但此割合外ニ受取《うけと》リタルモノハ之ヲ動産財團中《どうさんざいだんちう》ニ返還ス

右ノ返還金額《へんくわんきんかく》ハ純粋《じゆんすい》ノ無特權債權者ト有益《ゆうえき》ニ配當《はいとう》ニ加入スルヲ得

サル抵當債權者《さいけんしや》及ヒ債權ノ一分ノミニ付キ之ニ加入シタル抵當債《ていこうさい》權者《けんしや》トノ間ニ於テ更ニ之ヲ配當《はいこう》ス

第五節　第三取持《しゆだ》者《しや》ニ對スル抵當ノ效力《かうりよく》

（解）抵當債權者《ていこうさいけん》ノ第三物件取得者《ぶつけんしゆとくしや》ニ對シテ效力《かうりよく》ヲ有スルハ抵當權ヲ設《もう》ケタル不動產《ふどうさん》ノ上ニ追及權《つひきふけん》ナルモノノアルヲ以テナリ債權《さいけん》者《しや》ハ則チ抵當物ノ何人ノ手ニ在ルヲ問ハス其物件《そのぶつけん》ヲ占有スル者ニ對シテ其不動產《そのふどうさん》ヲ賣却ゼシムルカ又ハ之ヲ欲《ほつ》セサル片ハ債權額《さいけんかく》ニ充ツルニ足ル金圓ヲ要求《ようきう》スルヿヲ得ルモノトス

總則

第二百四十八條　抵當《ていとう》不動產カ讓渡サレ又ハ用益權《ようゑきけん》其他ノ物權ヲ負《お》擔《たん》シタルトキハ其權原《けんげん》ノ登記前ニ登記《とうき》ヲ為シタル抵當債權者《ていとうさいけんしや》ハ第三取得者《しゆとくしや》ニ對シ債務《さいむ》ノ辨濟ヲ請求《せいきう》スル權利ヲ保有《ほゆう》シ又此不動產ノ賣却代價《ばいきやくだいか》ヲ以テ辨濟《べんさい》ヲ受クル為メ其不動產ノ徵收《ちやうしゆう》ヲ訴追《そつい》スル權利

（競落）トハ競賣ニテ落札シタルヿヲ云フ

ヲ附隨《ふずい》ニテ保有《ほゆう》ス

然レトモ動產編第百十九條及ヒ第百二十條ニ規定《きてい》シタル期間《きかん》ヲ以テ爲シ又ハ更新《かうしん》シタル賃貸借《ちんたいしやく》ハ抵當債權者之ヲ遵守スルコトヲ要ス

第二百四十九條　所有權ノ支分權《しぶんけん》ヲ抵當ト爲シタル場合ニ於テ債務《さいむ》者其權利ヲ拋棄シタルトキハ其拋棄《はうき》ノ登記前ニ抵當登記《ていとうとうき》ヲ爲シタル債權者ハ其拋棄《はうき》ニ拘ハラス追及權《ついきうけん》ヲ保有《ほゆう》ス

第二百五十條　公正證書《こうせいしやうしよ》ヲ以テ設定《せつてい》シタル抵當ハ其不動產ヲ差押《さしおさ》ヘ之ヲ賣却《ばいきやく》セシメタル無特權債權者ニハ競落《きやうらく》ノ登記前ニ其抵當登記《ていとうとうき》ヲ爲シタルトキハ之ヲ以テ對抗《たいかう》スルコトヲ得但第二百十四條ニ掲ケタル場合ニ於テ爲セル登記《とうき》ノ無效《むかう》タルコトヲ妨ケス

第二百五十一條　第三所持者ノ破產《はさん》又ハ無資力《むしりよく》ハ其取得《しゆとく》ノ登記アルマテハ抵當登記《ていとうとうき》ノ妨碍《ばうがい》ト爲ラス

（滌除）トハ或ル若干金ヲ出タシテ不動産ノ負擔ヲ免カルヽヲ云フ

第二百五十二條　第三所持者《しよじしや》ハ場合ニ從ヒテ左ノ方法《はうほう》ニ依ルコトヲ得

第一　抵當債務ヲ辨濟《べんさい》スルコト

第二　滌除《てきぢよ》スルコト

第三　財産檢索《ざいさんけんさく》ノ抗辯《こうべん》ヲ以テ對抗《たいこう》スルコト

第四　不動産ヲ委棄《いき》スルコト

第五　所有權《しよゆうけん》徵收ヲ受クルコト

第一款　抵當債務《ていてうさいむ》ノ辨濟《べんさい》

（解）物件《ぶんけん》第三所持者ハ抵當債權者《さいけんしや》ノ追及權《ついきう》ノ執行ニ對《たい》シテ其占有ノ不動產《ふどうさん》ヲ保有《ほゆう》センヿヲ欲スル片ハ債務者辨濟《べんさい》スヘキ金額ノ全部ヲ拂《はら》フヲ以テ完全ニ其不動產ヲ自已《じこ》ノ所有ニ歸スルヿヲ得而シテ若シ其抵當債權額《そのていさうさいけんかく》ノ買入《かひい》レタル代價ヨリ少額ナル片又ハ之レト同額《どうかく》ナル片ハ買主ニ取リテハ實ニ至便《しべん》ナル方法ナリトス其故《そのゆへ》ハ買

（訴追）訴ニヨリ追求スルニ名ク

主ハ抵當債權《ていとうさいけん》者ニ辨濟シタルカ爲メ自ツカラ賣主《うりぬし》ニ對スル義務ノ辨濟《べんさい》ヲ免カルヽコトヲ得レハナリ

第二百五十三條　第三所持者《しよぢしや》ハ抵當債務ノ滿期《まんき》ト爲ルニ從ヒ之ヲ辨《べん》濟《さい》スルニ於テハ所有權徵收《ちやうしゆう》又ハ妨碍《ばうがい》ヲ受クルコト無シ

第二百五十四條　第三所持者ハ債務《さいむ》ノ全部《ぜんぶ》又ハ一分ヲ辨濟《べんさい》シタルトキハ動產編第四百八十二條第一號第四百八十三條第四號及ヒ第五號ニ從ヒ其辨濟《べんさい》ヲ得タル債權者《さいけんしや》ニ屬スル他ノ抵當《ていとう》、擔保《たんぽ》及ヒ利益《りえき》ニ代位ス

又第三所持者《しよぢしや》ハ其辨濟《べんさい》ヲ得サリシ債權者《さいけんしや》ヨリ所有權徵收《ちようじゆう》ノ訴追《そつい》ヲ受クルコト有ル可キ場合ノ爲メ其所持《しよぢ》セル不動產ノ負擔《ふたん》スル抵當《ていたう》ニ付キ辨濟ヲ得タル債權者ニ未定《みてい》ニテ代位ス

第二款　滌除《てきじよ》

（解）滌除《でうぢよ》トハ第三所持者《しよぢしや》債權者ノ認諾ヲ得テ或ル若干金ヲ拂《はら》ヒ

（提供）トハ約シタル金圓ヲ差出スヲ云フ

（解除條件）トハ或ル事柄ニ依リ契約ヲ解クヿヲ云フ

其不動產ノ上ニ存スル債權《さいけん》ノ干涉《かんしやう》ヲ脫離《だつり》スルノ方法ナリ而シテ第三所持者《しよじしや》ハ抵當債權額《ていとうさいけんかく》ノ全部ヲ支拂《しはら》フモノニアラス又其不動產《そのふどうさん》ヲ委棄《いき》スルヲ要セス法律《はうりつ》ハ唯所持者ヲシテ不動產ノ上ニ屬《ぞく》スル債權者ノ關係《くわんけい》ヲ免脫《めんだつ》スルヿヲ得ル特別ナル一便法ヲ設《まう》ケタルモノナリトス

第二百五十五條　第三所持者《しよじしや》ハ登記シタル總テノ抵當債務《ていとうさいむ》ヲ辨濟《べんさい》セサルモ債權者ニ其登記《とうき》ノ順序《じゆんじよ》ニ從ヒ不動產ノ取得代價、其評價《ひやうか》若クハ之ニ超ユル金額ヲ拂渡《はらひわた》シ又ハ債權者ノ爲メニ之ヲ供託《きようたく》シテ不動產ノ負擔《ふたん》ヲ免カレシムルコトヲ得但下ニ規定《きてい》セル如キ提供《ていきやう》及ヒ滌除《てきじよ》ノ手續《てつづき》ヲ爲シタル後債權者ノ明示《めいし》又ハ默示《もくし》ノ承諾《しやうだく》アリタルコトヲ要ス

第二百五十六條　停止《ていし》條件附《てうけんつき》ニテ不動產ヲ取得シタル者ハ條件ノ成《じやう》就《じゆ》ニ因リテ其權利ノ定マラサル間ハ滌除《てきじよ》スルコトヲ得ス

解除條件附《かいじよてうけんづき》ニテ取得シタル者ハ條件ノ到來《たうらい》セサルニ因リテ其權利《けんり》ノ定マル前ト雖モ滌除《てきじよ》スルコトヲ得

此場合ニ於テ第三所持者《しよじしや》ノ提供カ承諾《しやうだく》セラレタルモ其金額ハ抵當《ていたう》債務《さいむ》ヲ全ク辨濟スルニ足ラスシテ其抵當ヲ抹消《まつしやう》シタル後第三所持者ノ取得《しゆとく》カ條件ノ到來《どうらい》ニ因リテ解除《かいじよ》スルニ於テハ抹消《まつしやう》ヲ受ケタル抵當債權者《ていとうさいけんしや》ノ登記ハ第二百三十七條ニ從ヒテ之ヲ回復《くわいふく》ス

又右ノ場合ニ於テ提供《ていきよう》カ承諾《しやうだく》セラレスシテ下ニ規定《きてい》セル如ク不動産ヲ競賣《きようばい》ニ付シタルトキハ競落《きようらく》ハ第三所持者ノ爲メ宣告《せんこく》アリタルト其他ノ者ノ爲メ宣告《せんこく》アリタルトヲ問ハス以後《いご》解除條件《かいじよじやうけん》ヲ免カレシム

第二百五十七條　抵當ヲ滌除《てきじよ》スル權利ハ主タル債務者《さいむしや》ト爲リ又ハ保證人ト爲リテ自身ニテ抵當債務《ていとうさいむ》ノ責ニ任スル第三所持者《しよじしや》ニ屬セス

(公用徵收)トハ公益ノ爲メニ土地ヲ買上クルヲ云フ

又右ノ權利ハ他人ノ債務ノ爲メ自己ノ財產《ざいさん》ヲ抵當《ていとう》ト爲シタル者ニ屬セス

第二百五十八條　抵當債權者《ていとうさいけんしや》ヲ參加セシメタル總テノ競賣《きやうばい》ニ付テハ滌除《てきじよ》ヲ爲スノ限ニ在ラス

公用徵收《ちやうしゆう》ニ付テモ亦同シ

右ハ抵當債權者《ていとうさいけんしや》ノ其順位ヲ以テ競落《きやうらく》代價又ハ徵收償金ノ配當《はいとう》ニ加入スル權利《けんり》ヲ妨ケス

第二百五十九條　賃借權《ちんしやくけん》、使用權《しようけん》、住居權《ぢうきよけん》及ヒ地役權《ちやくけん》ハ滌除《てきじよ》ヲ爲ス限ニ在ラス

此等ノ權利《けんり》ヲ抵當前ニ設定《せつてい》シタルトキハ其附着《ふちやく》ノ儘ニ非サレハ不動產ヲ賣却《ばいきやく》スルコトヲ得ス

抵當後ニ此等ノ不利《けんり》ヲ設定《せつてい》シタルトキハ之ヲ斟酌《しんしやく》セスシテ不動產ノ賣却《ばいきやく》ヲ訴追《そつい》スルコトヲ得

（正當ノ障碍）トハ止ムヲ得サル事由ニ妨ケラレタルヿヲ云フ

（失權）トハ權利ヲ失フヿヲ云フ

（固定）トハ權利ヲ

然レトモ此末ノ場合ニ於テ第三所持者《しよぢしや》ハ第二百四十八條第二項ニ記載《きさい》シタル制限《せいげん》ニ從ヒ賃借權ヲ遵守《じゆんしゆ》スルコトヲ要ス

第二百六十條　第三所持者《しよぢしや》ハ債權者ヨリ訴追《そつい》ヲ受ケサル間ハ何時ニテモ滌除《てきじよ》スルコトヲ得又辨濟《べんさい》ヲ爲スカ又ハ不動産ヲ委棄《いき》スルカノ催告《さいこく》ヲ受ケタル後一ケ月内ニ滌除《てきじよ》スルコトヲ得但此ニ違フトキハ其權ヲ失フ

然レトモ右ノ失權《しつけん》ハ當然《とうぜん》生セス之ヲ請求《せいきう》スルコトヲ要ス但裁判所ハ第三所持者《しよぢしや》カ正當《せいとう》ノ障碍《しやうがい》アリシコトヲ證シ且債權者《さいけんしや》カ其遲延《ちえん》ノ爲メニ現實《げんじつ》ノ損害《そんがい》ヲ受ケサル可キニ於テハ失權《しつけん》ヲ宣告《せんこく》セサルコトヲ得

又債權《さいけん》者ヨリ第二百六十五條第二號ニ規定シタル一ケ月ノ期間ニ失權《しつけん》ヲ請求《せいきう》セサルニ於テハ失權《しつけん》ヲ宣告《せんこく》スルコトヲ得ス

第二百六十一條　第三所持者ハ滌除《てきじよ》ノ準備《じゆんび》トシテ第三者ニ對スル自《じ》

確カニスルノ方法ナリ

（増價競賣）トハ一タビ競賣落札シタル後ト雖𪜈尚ホ高價ニ賣却セントガ為メニ競賣スルヿヲ云フ

己《こ》ノ權利《けんり》ヲ固定《とてい》スル為メ其取得《しゆとく》ヲ登記スルコトヲ要ス

右ノ後第三所持者《しよじしや》ハ其不動産ノ負擔《ふたん》セル先取持權《せんしゆとくけん》又ハ抵當ノ目録《もくろく》ヲ登記官吏ニ要求《やうきう》ス

第二百六十二條　上ニ記載《きさい》シタル一ケ月ノ期間《きかん》ニ第三所持者ハ登記《とうき》シタル各債權者《かくさいけんしや》ト第百十九條、第百七十八條及ヒ第百七十九條ニ從ヒ登記《とうき》カ抵當《ていとう》ノ登記《とうき》ニ同シキ效力《かうりよく》ヲ有スル債權者トニ左ノ諸件《しよけん》ヲ告知《てくち》スルコトヲ要ス

第一　取得證書《しゆとくしようしよ》ノ旨趣《ししゆ》、其日附及ヒ登記ノ日附、讓渡人《ゆづりわたしにん》及ヒ取得者ノ氏名、職業《しよくぎよう》、住所、讓受ケタル不動産ノ性質《せいしつ》、其所在地、讓渡ノ代價及ヒ其負擔《ふたん》ヲ指示《しし》スル要領書《やうりようしよ》但交換、贈與《ぞうよ》若クハ遺贈ニ因リテ權利《けんり》ヲ取得《しゆとく》シタルトキハ其評價《ひやうか》ヲ指示《しし》ス可シ

第二　各抵當登記《かくていとうとうき》ノ日附《ひづけ》、其帳簿《てうぼ》ノ葉數《ようすう》、其債權者ノ氏名《しめい》、住《じう》

所《しよ》及ヒ主タル債權トシテ登記シタル金額ヲ明示スル登記表《とうきひやう》

第三　第三所持者《しよじしや》ハ右ノ債權《さいけん》者カ法律ニ從ヒ且一个月ノ期間ニ增價競賣《ぞうかきやうばい》ヲ求メサルニ於テハ滿期《まんき》、未滿期《みまんき》又ハ條件附《じやうけんつき》ノ債權ヲ區別セスシテ各債權者ノ抵當登記《ていとうとうき》ノ順序ニ從ヒ之ニ不動產《ふどうさん》ノ代價ハ其評價《ひやうか》若クハ之ニ超《こ》ユル金額ノ辨濟又ハ其債權者ノ爲メニ金額ノ供託《きやうたく》ヲ爲サントスルノ陳述《ちんじゆつ》

第二百六十三條　抵當《ていとう》ヲ登記シタル債權者ノ中ニ先取特權《さきどりとくけん》ヲ有スル讓渡人《ゆづりわたしにん》又ハ分割《ぶんくわつ》者アルトキハ前條第三號ニ定メタル陳述《ちんじゆつ》ニハ此債權者ヲシテ右一个月ノ期間《きかん》ニ其解除訴權《かいじよそけん》ヲ行ハント欲スル旨ヲ述ヘシムル爲メノ催告《さいこく》ヲ添《そ》フルコトヲ要ス但第百八十一條及ヒ第百八十二條ノ明文《めいぶん》ニ因リ法律上ノ抵當《ていとう》ニ變性《へんせい》シタル先取特權《さきどりとくけん》ヲ有スル者ニ付テモ亦同シ

第二百六十四條　讓渡證書《ゆづりわたししようしよ》中ニ抵當ト爲シ及ヒ爲ササル財產《ざいさん》アルト

（特別代理人）トハ其事ニノミ代理委任ヲ受ケタルモノヲ云フ（署名）トハ記名調印スルヲ云フ（主タル債務者）トハ初メ契約ヲナシタル債務者ヲ云フ

キハ取得者《しゆとくしや》ハ抵當財産《ていとうざいさん》ノ為メニノミ提供《ていきやう》ヲ為スコトヲ得又増價競賣《ぞうかきやうばい》ハ此提供《ていきやう》ニ基《もと》キ之ヲ為スコトヲ要ス

第二百六十五條　凡ソ抵當《ていとう》ヲ登記シタル債權者《さいけんしや》ニシテ上ニ定メタル提供《ていきやう》ヲ受諾《じゆだく》セサル者ハ左ノ方式《はうしき》、期間《きかん》及ヒ條件ヲ以テ抵當財産《ていとうざいさん》ノ競賣《きやうばい》ヲ要求スルコトヲ要ス

第一　其要求《やうきう》ニハ提供金額《ていきやうきんがく》ノ上少ナクトモ十分一ノ増價ニテ買受《かひう》クルコトト其増額シタル代價《だいか》ノ全部《ぜんぶ》及ヒ費用《ひよう》ノ為メ十分ナル保證人《ほせうにん》又ハ擔保《たんぽ》ヲ供《きやう》スル旨ノ陳述《ちんじゆつ》トヲ添フルコトヲ要《やう》ス若シ此ニ違《たが》フトキハ其要求ハ無效タリ但此場合ニ於テハ總《すべ》テノ正本《せいほん》ニ要求者又ハ其特別代理人《とくべつだいりにん》ノ署名《しよめい》アルコトヲ要ス

第二　右ノ要求ハ提供告知《ていきやうこくち》ヨリ一个月内ニ第三所持者《しよぢしや》ニ之ヲ送達《そうたつ》スルコトヲ要ス若シ此ニ違《たが》フトキハ其要求ハ亦無效《むこう》タリ

第三　右ノ期間《きかん》ニ於テ債務者《さいむしや》タルト否トヲ問ハス前所有者《しよゆうしや》ニ右

（解除訴權ノ行使ヲ留保セス云々）契約ヲ解クノ訴ヲ行フヿヲ云フ

ニ同シキ送達《そうたつ》ヲ爲スコトヲ要ス

第四　主《しゆ》タル債務者ニ非サル者カ抵當《ていとう》ヲ設定《せつてい》シタルトキモ亦同一ノ期間《きかん》ニ於テ其債務者《さいむ》ニ送達《そうたつ》ヲ爲スコトヲ要ス

第二百六十六條　讓渡人《ゆづりわたし》又ハ分割者《ぶんくわつ》ニシテ其解除訴權《かいぢよそけん》ノ行使ヲ留保《りうほ》セスシテ前條ニ規定《きてい》シタル如ク增價競賣《ぞうかきやうばい》ヲ要求《やうきう》シタル者ハ其訴權《そけん》ヲ拋棄《はうき》シタルモノト看做《みな》ス

若シ讓渡人《ゆづりわたし》又ハ分割者《ぶんくわつ》カ右ノ訴權《そけん》ヲ保存《ほぞん》セント欲スルトキハ增價《ぞうか》競賣《きやうばい》ノ爲メ許與《きよよ》セラレタル期間《きかん》ト同一ノ期間ニ第三所持者《しよぢしや》ニ其旨ヲ告知《こくち》スルコトヲ要ス若シ此ニ違《たが》フトキハ無效《むこう》タリ但主タル債務《さいむ》者ナル前所有者ニ對《たい》シテ此ニ同《おな》シキ告知《こくち》ヲ爲スコトヲ妨《さまた》ケス

第二百六十七條　定マリタル方式《はうしき》及ヒ期間《きかん》ヲ以テ增價競賣《ぞうかきやうばい》ノ告知《こくち》ヲ爲シタルトキハ其競賣《きやうばい》ノ要求者《やうきう》ハ抵當《ていとう》ノ登記《とうき》ヲ爲シタル他ノ債權《さいけん》者ノ承諾《しやうだく》ナクシテ競賣《きやうばい》ヲ言消《いゝけす》スコトヲ得ス其債權者《さいけん》ハ此增價競賣《ぞうかきやうばい》

（債權者ノ名ニ於テスル供託）トハ債權者ノ名義ヲ以テ第三所持者ノ占有ニ歸セシムルヲ云フ

ノ實行《しつこう》ヲ要求《やうきう》スルコトヲ得

若シ競賣《きやうばい》ノ實行アリタルトキハ第二百七十八條以下ヲ適用《てきやう》ス

第二百六十八條　孰《いづ》レノ債權者《さいけんしや》ヨリモ有效《ゆうこう》ニ競賣《きやうばい》ヲ求メサリシトキハ不動産《ふどうさん》ノ滌除《てきじよ》ハ債權者間ノ熟議《じゆくぎ》上若クハ裁判《さいばん》上ノ順序配當《じゆんじよはいとう》ニ依ル辨濟《べんさい》ヲ以テ又ハ債權《さいけん》者ノ名ニ於テスル供託《きやうだく》ヲ以テ不動産《ふどうさん》ヲ滌除《てきじよ》ス但此供託《きやうだく》ニ付テハ豫《あらかじ》メ實物提供《じつぶつていきやう》ヲ為スコトヲ要セス

此塲合ニ於テ總《すべ》テノ抵當《ていとう》ハ之ヲ抹消《まつせう》ス其元資《げんし》ノ不足《ふそく》シタルモノト雖モ亦同シ

第二百六十九條　右ノ如ク滌除《てきじよ》ヲ實行シタル後《のち》第三所持者《しよぢしや》ハ左ノ區《く》別《べつ》ニ從ヒ其讓渡人《ゆづりわたしにん》ニ對シテ擔保《たんぽ》ノ求償權《きうしやうけん》ヲ有ス

第一　賣買《ばいばい》ノ合塲ニ於テハ其賣買代價《だいか》外ニ提供《ていきやう》シ及ヒ辨濟《べんさい》シタルモノノ為メ

第二　交換《かうくわん》其他ノ有償契約《ゆうしやうけいやく》ノ塲合ニ於テハ讓渡人《ゆづりわたしにん》ニ對スル自己《じこ》

ノ議務外《ぎむぐわい》ニ辨濟シタルモノノ爲メ但自己《じこ》ノ供給《きやうきう》シタル對價物《たいかぶつ》ノ返還《へんくわん》ヲ受ケサルトキニ限ル

第三　贈與《ぞうよ》又ハ遺贈《いぞう》ノ場合ニ於テハ贈與者《ぞうよしや》又ハ遺言者《いげんしや》ノ免責《めんせき》ニ付キ辨濟シタルモノノ爲メ

第四　總テノ場合《ばあい》ニ於テ自己ノ負擔《ふたん》シタル滌除手續《てきじよてつゞき》ノ費用ノ爲メ

第三款　財産撿索《ざいさんけんさく》ノ抗辯《こうべん》

（解）第三所持者《しよぢしや》ハ抵當債權者ノ其不動産《そのふどうさん》ニ付キ債權ノ執行《しつかう》ヲナスニ對《たい》シ同一債務ノ爲メニ抵當《ていとう》トナリタル他ノ不動産ニ就キ豫メ撿索《けんさく》シテ之ヲ賣却《ばいきやく》セシメ而シテ後自已ノ所持《しよぢ》セル不動産ニ及ホスヘキヿヲ求《もと》ムルヿヲ得《う》ルモノトス何ントナレハ債務者《さいむしや》ハ先ツ自已ノ手ニ存《そん》スル財産《ざいさん》ニシテ抵當物トナリシ者ノアル片ハ先ツ其財産《そのざいさん》ヲ以テ抵當債權者《さいけんしや》ノ要求《えうきう》ニ應セサルヘカラサルハ當然《とうぜん》ノ理《り》ナレハ

ナリ法從ハ此抗辯《このかうべん》ヲ所持者ニ付與《ふよ》シテ以テ其物件ノ所有權《しよゆうけん》ヲ安全《あんぜん》ナラシメンコトヲ望《のぞ》ムモノナリ

第二百七十條　主トシテ抵當債務《ていとうさいむ》ノ責《せめ》ニ任セサル第三所持者《しよぢ》ハ訴追《そつい》債權者《さいけん》ニ對《たい》シ同一債務《さいむ》ノ爲メニ抵當《ていとう》ト爲リタル他ノ不動產《ふどうさん》ヲ豫《あらかじ》メ檢索《けんさく》シテ之ヲ賣却《ばいきやく》セシメント求ムルコトヲ得但此カ爲メニハ左ノ諸件ヲ具備《ぐび》スルコトヲ要ス

第一　其不動產カ義務《ぎむ》ヲ履行《りかう》ス可キ場所ノ控訴院《こうそゐん》ノ管轄內《くわんくわつない》ニ在ルコト

第二　其不動產カ猶ホ主《しゆ》タル債務者《さいむしや》ニ屬《ぞく》スルコト

第三　其不動產カ爭《あらそひ》ニ係《かゝ》ラサルコト

第四　其不動產カ債權者《さいけん》ノ登記《とうき》ノ順位《じゆんい》ト其價額《かゝく》トヲ斟酌《しんしやく》シテ之ニ全部ノ辨濟《べんさい》ヲ得セシムルニ不十分ナルコトノ明白《めいはく》ナラサルコト

右ノ抗辯《こうべん》ハ訴追《そつい》ノ起初《きしよ》ニ之ヲ提出《ていしゆつ》スルコトヲ要ス

第二百七十一條　第三所特者ハ第二十條乃至《ないし》第二十三條ニ從ヒ保證《ほしやう》人《にん》ノ分限《ぶんげん》ヲ以テ己レニ屬《ぞく》スル檢索《けんさく》ノ利益ヲ拋棄《はうき》シタルトキト雖モ抵當財產檢索《ていとうざいさんけんさく》ノ抗辯《こうべん》ノ利益ヲ失《うしな》ハス

第二百七十二條　他《た》人《にん》ノ債務ノ爲メ自己《じこ》ノ不動產《ふどうさん》ヲ抵當トナシタル者ハ檢索《けつさく》ノ抗辯《こうべん》ヲ以テ對抗《たいこう》スルコトヲ得

連合債務者《れんかふさいむしや》ノ中ニテ訴追前《そついぜん》ニ債務ニ於ケル自己《じこ》ノ部分ヲ辨濟シタル者ニ付テモ亦同シ

（連合債務者）トハ同時ニ同一ノ債權者ニ對シテ義務ヲ負フモノヲ云フ

第四款　委棄《いき》

（解）　抵當權《ていとうけん》ハ不動產ノ上ニ附從《ふしやう》スル一物權ナルヲ以テ其物件《そのぶつけん》ノ何人ニ移轉スルモ追及《ついきう》シテ債權ヲ執行《しつこう》スルヿヲ得ヘキモノトス要ニ再言《さいげん》スレハ抵當トナリタル不動產《ふどうさん》ノ第三所持者ハ其《その》所有《しよいう》者《しや》タルノ資格ヲ以テ抵當權《ていたうけん》ノ執行ヲ受《う》クルモノニアラスシテ唯々債權《さいけん》者

（法定ノ占有）トハ現實ニ占有スルニアラスト雖𪜈只占有權アルモノヲ云フ

（供物保證人）トハ

ノ債權ノ擔保《たんぽ》ニ供シタル不動產ノ保有者《ほゆうしや》タルガ爲メナリ斯ル決定《けつてい》、ヨリシテ抵當債權者《ていとうさいけんしや》ハ其抵當《ていとう》ニシタル物ノミニ付キ權利ヲ執行《しつこう》スルヿヲ得ル者ニシテ所持者《しよじしや》ノ其他ノ財產《ざいさん》ニ及ホスヿヲ得サルヘキナリ要スルニ第三所持者《しよじしや》ハ其不動產ノ所持者タルカ爲メ抵當權《ていとうけん》ノ執行《しゆつこう》ヲ受ケサルヘカラサルモノナレハ若シ此所持者《しよじしや》ニシテ其義務《ぎむ》ヲ免カレント欲スル𪜈ハ其不動產ヲ委棄《いき》スルニ於テハ自カラ其負《ふ》擔《たん》ヲ免カレヘキハ知リ易キノ理ナリ讀者《どくしや》各法條《はふじやう》ニ付テ委棄《いき》ノ法式及ヒ其手續《てつゝき》テ了知《りやうち》セラレヨ

第二百七十三條　第三所持者《しよじしや》ハ所有權徵收《けんてうしゆう》ノ手續中《てつゝきちう》何時ニテモ訴追《そつい》ノ目的タル不動產《ふどうさん》ヲ委棄《いき》スルコトヲ得其委棄《いき》ニ因リ第三所持者《しよじしや》ハ訴追債權者《そついさいけんしや》ニ所持ノミヲ委付《いふ》シ不動產《ふどうさん》ノ所有權ト其法定《はふてい》ノ占有《せんゆう》トヲ保存シテ其危險《きけん》ヲ擔任《たんにん》ス

第二百七十四條　主タル債務者《さいむしや》又ハ保證人トシテ自身《じしん》ニ債務ヲ負擔《ふたん》

債權者ニ對シテ抵當物ヲ提供スヘキヲ保證スルモノヲ云フ

シタルモノニ非サル第三所持者ノミ委棄《いき》ヲ為スコトヲ得

連合債務者《れんかふさいむ》ノ中ニテ債務ニ於ケル自己《じこ》ノ部分ヲ辨濟《べんさい》シタル者及ヒ供物保證人《きやうぶつほしやう》ハ訴追《そつい》中ト雖モ委棄《いき》ヲ為スコトヲ得

第二百七十五條　有効《ゆうかう》ニ委棄《いき》ヲ為スニハ自身《じしん》ナルト代人《だいにん》ノ資格《しかく》ナルトヲ問ハス所有權徵收《しよゆうけんてうしゆう》ノ訴追《そつい》ニ被告《ひこく》トシテ出頭《しゆつとう》スル能力《のうりよく》ヲ有スルヲ以テ足レリ《れ》トス

第二百七十六條　委棄《いき》ハ委棄者又ハ其部理代理人抵當財產所在地《ぶゆだいりにんていとうざいさんしよざいち》ノ裁判所ノ書記課《しよきくわ》ニ於テ之ヲ陳述《ちゆんじゆつ》シ其陳述書ニ署名《しよめい》シテ訴追債權者《そついさいけんしや》ニ告知《こくち》スルコトヲ要ス

裁判所ハ訴追債權者《そついさいけん》又ハ第三所持者《しよじしや》其他ノ利害關係人《りがいくわんけいにん》ノ請求ニ因リテ委棄《いき》ニ付テノ管財人《くわんざい》ヲ選任《せんにん》ス但所有權徵收《てうしゆう》ノ訴追《そつい》ハ此管財人《くわんざいにん》ニ對シテ繼續《けいぞく》ス

第二百七十七條　第三所持者又ハ其代人《だいにん》ハ競落《きやうらく》アルマテハ何時ニテ

モ委棄《いき》ヲ爲シタルト同一ノ方式《はうしき》ヲ以テ其委棄《いき》ヲ言消スコトヲ得此場合《ばあい》ニ於テハ訴追債權者《そついさいけんしや》ニ對スル總債務《そうさいむ》ト其時マテノ費用《ひよう》トヲ一个月内ニ辨濟《べんさい》シ又ハ供託《きやうたく》スルコトヲ要ス但他ノ債權者ノ訴追《そつい》ノ權利《けんり》ヲ妨《さまた》ケス又滌除《てきじよ》ノ期間《きかん》カ經過《けいくわ》セサルニ於テハ其債權者ニ對《たい》スル滌除《てきじよ》ノ權利《けんり》ヲモ妨ケス

第五款　競賣《きやうばい》及ヒ所有權徵收《しよゆうけんちようしゆう》

（解）第三所有者《しよゆうしや》ニシテ債務者《さいむしや》ニ代テ辨濟《べんさい》セス又不動產ノ委棄《いき》ヲモナサス又其他債務《さいむ》ヲ免カルヘキ方法ヲ施サヽル片ハ抵當債權者《ていとうさいけんしや》ハ其不動產ヲ競賣《きやうばい》ニ付スルヿヲ得可シ法律ハ本題ニ於テ其方法《はうはふ》ヲ定メタルモノナリ

第二百七十八條　第三所持者《しよぢしや》カ辨濟《べんさい》ヲ爲サス委棄《いき》ヲ爲サス又滌除《てきじよ》ヲ提出《ていしゆつ》セサルトキハ抵當債權者《ていとうさいけんしや》ハ民事訴訟法《みんじそせうはふ》ニ規定シタル方式《はうしき》ト公《こう》示《し》トヲ以テ不動產《ふどうさん》ヲ競賣《きやうばい》ニ付ス

（確認ノ證據）トハ既ニ存セル證書ヲ確ムルヿヲ認メタルモノヲ云フ

滌除《てきじよ》ノ目的ニテ爲シタル提供《ていきやう》ノ受諾《じゆだく》ヲ得サル場合《ばあい》ニ於テ增價競賣《ぞうかきやうばい》ノ請求アリタルトキモ亦同シ

第二百七十九條　讓渡人《ゆづりわたし》又ハ分割者《ぶんくわつしや》カ第二百六十六條ノ明文《めいぶん》ニ從ヒ其先取特權《さきどりとくけん》又ハ法律《ほうりつ》上ノ抵當權《ていとうけん》ヲ閣《お》キテ其解除訴權《かいぢよそけん》ヲ行ハント欲スル旨《むね》ヲ陳述《ちんじゆつ》シタルトキハ競賣前《きやうばいぜん》ニ其訴《うつたへ》ヲ爲スコトヲ要ス但第三所持者ノ請求《せいきう》ニ因リテ裁判所カ此事ニ付キ定メタル期間《きかん》ヲ超《こ》ユルコトヲ得ス

第二百八十條　總《すべ》テノ場合ニ於テ解除《かいぢよ》ノ請求ナク又ハ其認許《にんきよ》ナキトキハ第三所有者ハ競賣《きやうばい》ノ際《さい》競買人ト爲ルコトヲ得

第三所持者ノ利益《りえき》ニ於テ競落《きやうらく》ヲ宣告《せんこく》シタルトキハ其判決《はんけつ》ハ原證書《げんしやうしよ》確認《かくにん》ノ證據《しやうこ》トシテ其證書ニ依ル登記《とうき》ニ之ヲ附記《ふき》スルノミ

第二百八十一條　第三所持者《しよぢしや》ニ非サル者ノ利益《りえき》ニ於テ競落《きやうらく》ヲ宣告《せんこく》シタルトキハ其判決ハ所有權移轉《いてん》ノ證據トシテ特ニ之ヲ登記《とうき》シ且前

（所有權ノ支分）トハ所有權ノ中ニ含マルヽ一部分ノ權利ヲ云フ

登記ニ之ヲ附記《ふき》ス

第二百八十二條　前條ノ場合《ばあひ》ニ於テハ競落《きやうらく》ノ不動產《ふどうさん》ト第三所持者ニ屬《ぞく》スル他ノ不動產トノ間ニ存在セシ地役權《ちやくけん》ハ一旦混同《こんどう》シタルモ働《どう》方《はう》及ヒ受方《ぢゆばう》ニテ再生シ其混同《こんどう》ハ解除《かいぢよ》セラル

第三　所持者ニ其取得前《しゆとくぜん》ヨリ屬《ぞく》セシ用益權《ようえきけん》、賃借權《ちんしやくけん》其他ノ所有權《しよゆうけん》ノ支分《しぶん》ニ付キテモ亦同シ

第二百八十三條　競落《きやうらく》ヲ孰《いづ》レノ場合ニ於テモ第三所持者《しよぢしや》カ競落ノ不《ふ》動產《どうさん》ニ付キ登記《とうき》シタル抵當《ていとう》ヲ有セシトキハ其順位《じゆんゐ》ニテ配當《はいとう》ニ加入ス

第二百八十四條　各債權者《さいけんしや》ニ其登記《とうき》ノ順序《じゆんじよ》ニ從ヒテ競落代價《きやうらくだいか》ヲ辨濟《べんさい》シ尙ホ剩餘《じやうよ》アルトキハ其剩餘ハ競落人《きやうらくにん》タルト否トヲ問ハス第三所《しよ》持者《ぢしや》ニ屬《ぞく》ス

若シ競落前《きやうらくぜん》ニ第三所持者ノ債權者《さいけん》カ右ノ不《ふ》動產《どうさん》ニ付キ抵當《ていとう》ノ登記《とうき》

（有益ノ出費）トハ其物件改良費ノ如ク爲メニナリシ費用ヲ爲セルヿヲ云フ

（擔保ノ求償權ヲ有ス）トハ第三所持者ハ其物件ノ所

ヲ爲シタルトキハ其債權者ハ前所有者《しよゆうしや》ニ對シテ登記《とうき》シタル債權者ニ次キ配當《はいたう》ニ加入ス

第二百八十五條　第三所持者カ抵當不動產《ていたうふどうさん》ノ占有《せんゆう》中其所爲ニ因リテ之ヲ毀損《きそん》シ又ハ之ニ必要《ひつやう》若クハ有益《ゆうえき》ノ出費《しゆつぴ》ヲ爲シタルトキハ第三所持者《しよぢしや》ト抵當《ていたう》債權者トノ間ニ於テ其計算《けいさん》ヲ爲ス

第二百八十六條　第三所持者ハ委棄《いき》スルカ又ハ辨濟《べんさい》スルカノ催告《さいこく》ヲ受ケタル後ニ非サレハ債權者《さいけんしや》ニ對シテ果實《けわじつ》ノ計算《けいさん》ヲ爲スコトヲ要セス

第二百八十七條　如何ナル場合《ばあい》ニ於テモ競落代價《きやうらくだいか》ノ辨濟又ハ其供託《きやうたく》ノ後ハ登記シタル總抵當《そうていたう》ハ之ヲ抹消《まつせう》シ不動產《ふどうさん》ハ滌除《てきじよ》セラル其元資《げんし》ノ不足《ふそく》シタル抵當《ていたう》モ亦同シ

第二百八十八條　競落《きやうらく》ノ後第三所持者《しよぢしや》ハ左ノ如ク讓渡人《ゆづりわたしにん》ニ對シテ擔《たん》保《ほ》ノ求償權ヲ有ス

有權ヲ取得スルノ目的ニ出テタルモノナレハ其物件ノ若シ他人ノ爲メニ奪取セラレタル片ハ之レニ對スル償却ヲ求ムルヿヲ得ルナリ

第三所持者《しよぢしや》カ競落人ト爲リタルトキハ第二百六十九條ニ記載《きさい》シタル如ク賠償《ばいしやう》ヲ受ク

外人ノ利益《りえき》ニ於テ競落《きやうらく》ノ宣告《せんこく》アリタルトキハ第三所持者ハ普通法《ふつうはう》ニ依リテ追奪擔保《ついだつたんぽ》ニ付テノ權利ヲ有ス但左ノ區別《くべつ》ニ從フ

第一　賣買《ばいばい》其他ノ有償取得《ゆうしやうしゆとく》ノ場合ニ於テ競落《きやうらく》代價カ得取《しゆとく》ノ原代價又ハ對價ヲ超過《てうくわ》シタルトキハ此差額《さがく》ハ第三所持者カ權利《けんり》ヲ有スル損害賠償中《そんがいばいしやうちう》ニ增價《ぞうか》トシテ之ヲ加フ

第二　贈與《ぞうよ》又ハ遺贈《いぞう》ノ場合ニ於テハ第三所持者ハ競落《きやうらく》カ贈與者《ぞうよしや》若クハ遺言者《いげんしや》ノ相續人《さうぞくにん》ヲシテ抵當債務《ていとうさいむ》ヲ免カレシメタル限度《げんど》ニ非サレハ贈與者《ぞうよしや》又ハ遺言者《いげん》ノ相續人《さうぞく》ヨリ賠償《ばいしやう》ヲ受ケス

手續《てつづき》ノ費用《ひよう》ハ競落人ヨリ之ヲ第三所持者ニ辨償《べんしやう》ス

第六節　登記《とうき》官吏《くわんり》ノ責任《せきにん》

(解)　抵當權《ていとうけん》ヲ保存《ほうぞん》スルカ爲メニハ必ス其不動產所在地《ざいち》ノ登記役《とうきやく》

所《しよ》ニ登記ヲナスニアラサレバ第三者ニ對シテ効力《かうりよく》アルヿナシ然ルニ若シ其債權者《さいけんしや》ニシテ合式ノ登記《とうき》ヲナシタリトセンニ登記官吏《とうきくわんり》ノ過失《くわしつ》又ハ怠慢《たいまん》ノ爲メ登記ヲ脫漏《だつろ》シタル等ノヿアル片ハ其責任《せきにん》ハ登《とう》記官吏《きくわんり》ニ歸スヘクシテ決シテ抵當債權《ていとうさいけん》者ノ損失《そんしつ》トナスヘカラサルハ當然《とうぜん》ノ理ナリトス本節ハ斯ノ如キ塲合ニ於テ登記官吏《とうきくわんり》ノ責任《せきにん》如何ヲ定メタルモノナリ

第二百八十九條　登記官吏《とうきくわんり》ノ民事《みんじ》上ノ責任《せきにん》ニ關スル財產編《ざいさんへん》第三百五十五條ハ抵當登記《ていとうとうき》ノ脫漏《だつろう》又ハ訛誤《くわご》ニ之ヲ適用ス

第二百九十條　登記官吏カ第三所持者《しよぢしや》ノ爲メ登記《とうき》ヲ爲シタル後之ニ交付《かうふ》シタル認證書《にんしやうしよ》中一箇又ハ數箇《すうこ》ノ抵當登記ヲ脫漏《だつろう》シ此脫漏ノ爲メ登記《とうき》債權者カ滌除《てきじよ》ノ提供《ていきやう》又ハ競落《ぎやうらく》ノ手續《てつゞき》ニ加ハラサリシトキト雖モ猶ホ不動產《ふどうさん》ノ抵當《ていとう》ハ滌除セラル

第二百九十一條　滌除《てきじよ》ノ提供《ていきやう》ニ對スル增價競賣《ぞうかきやうばい》ノ爲メ第二百六十五

條ニ定メタル期間《きかん》ノ滿了《まんりよう》セサル間ハ脫漏《そつろう》セラレタル債權者《さいけんしや》ハ其脫漏ヲ第三所持者ニ告知《こくち》シ之ニ提供《ていきやう》ノ通示《つうし》ヲ求メ增價競賣ヲ要求《やうきう》シ又所有者徵收《てうしゆう》ノ手續カ終了《しうりやう》セサルトキハ之ニ加ハルコトヲ得然レトモ此カ爲メ其手續《てつゞき》ヲ遲延《ちえん》スルコトヲ得ス

如何ナル場合《ばあい》ニ於テモ右ノ債權者ハ協議《けうぎ》上又ハ裁判《さいばん》上ニテ發開《はつかい》シタル順序配當手續《じゆんじよはいとうてつゞき》ノ閉鎖《へいさ》セサル間ハ之ニ加ハルコトヲ得

右ハ前記ノ債權者カ脫漏《だつろう》ニ因リテ損害《そんがい》ヲ受ケタルコトヲ疏明《そめい》スルニ於テハ登記官吏ニ對スル求償權《きうしやうけん》ヲ妨ケス

登記官吏《とうきくわんり》ハ主タル債務者又ハ其保證人《ほしやうにん》ノ免責《めんせき》ノ爲メ右ノ求償《きうしやう》ニ因リテ辨濟《べんさい》シタルモノニ付キ之ニ對《たい》シテ求償權《きうしやうけん》ヲ有ス

第七節　抵當《ていたう》ノ消滅《せうめつ》

（解）抵當權ナルモノハ主タル債權《さいけん》ノ存スルカ爲メ其擔保《そのたんぽ》トシテ發生《はつせい》スルモノナレハ其主《そのしゆ》タルモノニシテ消滅《せうめつ》スルトキハ自カラ此抵《てい》

當《とう》權《けん》モ亦タ消滅《せうめつ》スルモノナリトス故ニ此權利《このけんり》ノ消滅《せうめつ》スルニハ二箇ノ方法ニ因《より》テ消滅《せうめつ》ス一ハ卽チ債權ノ消滅シタル結果《けつくわ》終《つひ》ニ抵當權ノ消滅《せうめつ》ヲ來タスモノ他ハ抵當權《ていとうけん》其者ノ直接ナル方法ニ因テ消滅《せうめつ》スルヿ是レナリ而シテ其何《そのいづ》レヲ問ハス叉總テ抵當權《ていとうけん》ノ消滅スル原因《げんいん》ハ第二百九十二條ニ列擧《れつきよ》シアレハ讀者《どくしや》ハ宜シク其各項《そのかくこう》ニ就キ攻究《かうきう》スル所アレ

第二百九十二條　抵當ハ左ノ諸件《しよけん》ニ因リテ消滅《せうめつ》ス

第一　主《しゆ》タル義務《ぎむ》全部《ぜんぶ》ノ確定《かくてい》ノ消滅《せうめつ》但更改《かうかい》ノ塲合ニ付キ財産編《ざいさんへん》第五百三條ニ記載《きさい》シタルモノヲ妨《さまた》ケス

第二　債權《さいけん》者ノ抵當《ていとう》ノ抛棄《はうき》

第三　時効《じかう》

第四　滌除《てきじよ》但債權者提供《ていきやう》ヲ受諾《じゆだく》シ且第二百六十八條ニ從ヒテ提《てい》供金額《きやうきんがく》ノ辨濟又ハ供託《きやうたく》アリタルトキ

（提供金額ノ辨濟）トハ第三所持者ノ不動產上ノ負擔ヲ免カレンカ為メ支拂フヘキヿヲ約シタル金額ヲ辨濟スルヿヲ云フ

（有償又ハ無償ニテ債權ヲ處分スル能力）抵當權ヲ抛

第五　競落《きやうらく》但第二百五十八條及ヒ第二百八十七條ニ從ヒテ競落《きやうらく》
代價《だいか》ノ辨濟又ハ供託《きやうたく》アリタルトキ
第六　抵當不動産《ていとうふどうさん》ノ全部ノ滅失《めつしつ》但第二百一條ニ從ヒテ債權者《さいけんしや》ノ
權利《けんり》カ其滅失《めつしつ》ヨリ生ス可キ賠償《ばいしやう》ニ移轉《いてん》スルコトヲ妨ケス
第七　公用徴收《こうようてうしゆう》但抵當《ていとう》債權者ニ其償金《しやうきん》ヲ辨濟スルコトヲ妨ケス

第二百九十三條　義務《ぎむ》ノ消滅《せうめつ》カ裁判上ニテ認《みと》メラレタル原因ニ由リテ取消《とりけ》サレタルトキハ登記《とうき》ヲ抹消《まつせう》シタリト雖モ抵當《ていとう》ハ其原順位《げんじゆんゐ》ニ復《ふく》ス
然レトモ其抵當《ていとう》ハ抹消《まつせう》ノ後新登記ヲ為ス前又ハ登記《とうき》ヲ復《ふく》シタル判《はん》決《けつ》ヲ原登記ニ附記《ふき》スル前ニ登記ヲ為シタル債權者《さいけんしや》ヲ害《がい》スルコトヲ得ス

第二百九十四條　抵當《ていとう》ノ抛棄《はうき》ハ塲合ニ從ヒ有償《ゆうしやう》又ハ無償《むしやう》ニテ債權ヲ處分《しよぶん》スル能力《のうりよく》ヲ有スル債權者《さいけんしや》ニ非サレハ之ヲ為スコトヲ得ス

棄スルモノハ則チ無償ニテ債權ヲ處分スルモノナリ

(抵當ノ時効)トハ抵當權ノ或ル年月ヲ經過スルカ爲メ消滅スルノ効力ヲ云フ

(免書時効)トハ或ル法律上ノ年月ヲ經過スルカ爲メ義務ヲ免カルヽモノナリ

債權者其抵當順位《ていとうじゆんい》ノミノ拋棄《はうき》ヲ爲ストキモ亦同シ

抵當又ハ順位《じゆんい》ノ拋棄《はうき》ハ默示《もくし》タルコトヲ得

債權《さいけん》者カ讓渡人《ゆづりわたしにん》ト共ニ抵當不動産《ていとうふどうさん》ノ讓渡《ゆづりわたし》ニ參加《さんか》シタルトキハ追及《ついきう》權《けん》ノミニ關シテ其抵當《ていとう》ヲ拋棄《はうき》シタリト看做《みな》ス但法律上特別ニ其參《さん》加《か》ヲ要スル場合ハ此限ニ在ラス

第二百九十五條　抵當《ていとう》ノ時效ハ不動産《ふどうさん》カ債務《さいむ》者ノ資産《しさん》中ニ存スル場合ニ於テハ債權ノ時效《じこう》ト同時ニ非サレハ成就セス

右ノ場合《ばあい》ニ於テ債權ニ關《くわん》シ時效ノ進行《しんかう》ヲ中斷スル行爲《かうい》及ヒ之ヲ停《てい》止《し》スル原因ハ抵當《ていとう》ニ關シテ同一ノ效力《こうりよく》ヲ生ス

第二百九十六條　抵當不動産《ていとうふどうさん》ノ所有者タル債務者《さいむしや》カ其不動産ヲ讓渡《ゆづりわた》シテ取得者《しゆとくしや》又ハ其承繼人《しようけいにん》カ之ヲ占有《せんゆう》スルトキハ登記シタル抵當《ていとう》ハ抵當上ノ訴訟《そせう》ヨリ生スル妨碍《ばうがい》ナキニ於テハ取得者《しゆとくしや》カ其取得ヲ登記《とうき》シタル日ヨリ起算《きさん》シ三十个年ノ時效ニ因リテノミ消滅《せうめつ》ス但債權カ

（無權原）トハ權利ノ生スル原由ヲ欠クモノヲ云フ

（中斷）トハ効力ヲ斷ツヲ云フ故ニ再タヒ繼續スルコトナシ

免責時效《めんせきじこう》ニ因リテ其前ニ消滅《せうめつ》ス可キ場合ヲ妨《さまた》ケス

第二百九十七條　眞《しん》ノ所有者《しよゆうしや》ニ非サル者カ不動產《ふどうさん》ヲ讓渡《ゆづりわた》シタルトキハ占有者《せんゆうしや》ハ其善意《ぜんい》ナルト惡意《あくい》ナルトニ從ヒ所有者ニ對《たい》シテ時效《じこう》ヲ得ル爲メニ必要《ひつやう》ナル時間ノ經過ニ因リ抵當債權者ニ對シテ時效ヲ取得ス

無權原《むけんげん》ニテ不動產《ふどうさん》ヲ占有《せんゆう》スル者ニ付テモ亦同シ

第二百九十八條　第三所持者《しよぢしや》ノ爲メノ抵當消滅《ていとうせうめつ》ノ時效ハ登記《とうき》ノ更新《こうしん》ニ因リテ中斷《ちうだん》セラレス然レトモ其時效《じこう》ハ占有者《せんゆうしや》ノ任意《にんい》ニシテ爲シタル抵當《ていとう》ノ追認《ついにん》及ヒ第二百六十條ニ規定《きてい》シタル如ク其占有者《せんゆうしや》ニ爲シタル催告《さいこく》ニ因リ其他證據編《しやうこへん》第百九條以下ニ規定シタル如ク總《すべ》テ抵當權《ていとうけん》ニ效力ヲ與《あた》フル行爲《こうい》ニ因リテノミ中斷《ちうだん》セラル

右ノ時效《じこう》ハ債務《さいけん》ニ附着《ふちやく》スル期限《きげん》又ハ條件《じやうけん》ニ因リテ停止《ていし》セラレス但債權者《さいけんしや》ハ證據編《しやうこへん》第百二十八條ニ規定《きてい》シタル如ク其權利《けんり》ヲ保存《ほぞん》スル

コトヲ得

此他證據編《しやうこへん》第百三十一條乃至《ないし》第百三十六條ニ規定《きてい》シタル停止《ていし》ノ原《げん》因《いん》ハ抵當《ていとう》ニ之ヲ適用《てきよう》ス

民法債權擔保編終

證據編

民法證據編目錄

民法《みんぽう》證據《しやうこ》編《へん》

第一部　證據《しやうこ》

（解）凡ソ裁判所《さいばんしよ》ニ於テ自己ニ利益《りえき》ヲ得ント欲シテ或事實《じじつ》ヲ主張《しゆちやう》スルモノハ其事實《そのじじつ》ノ存在又ハ不存在ヲ證明《しやうめい》シ裁判官ヲシテ其事實《そのじじつ》ノ存在又ハ不存在ヲ認諾《にんだく》セシメザルベカラズ而シテ其證明《そのしやうめい》ノ方法ヲ稱シテ證據《しやうこ》ト云フナリ素《もと》ヨリ其事實ナルモノハ已ニ經過《けいくわ》シタルモノナルヲ以テ人ヲシテ心服《しんぷく》セシムルヿハ能《あた》ハズト雖モ演繹《えんえき》又ハ歸納《きのう》ノ論理ヲ以テ之レヲ推定《すいてい》シ得可キ事實《じじつ》ヲ云フ而シテ其證據《しやうこ》ニハ確固《かくこ》トシテ動《うご》カスベカラザルモノアリ又薄弱《はくじやく》ニシテ容易《ようゐ》ニ打破《うちやぶ》ルヲ得ルモノアリ其詳細《そのしやうさい》ニ至リテハ本文ニ至リテ論スル處《ところ》アルベシ

總則《そうそく》

(有的)トハ或事實ノ有ルヿヲ主張スルナリ

(無的)トハ或事實ノ存在セザルヿヲ云

(其事實チ證スル責アリ)トハ其事實ノ有無ヲ證明スルノ義務アリト云フノ意ナリ之レヲ爲サヾル片ハ敗訴トナルナリ

(効力ヲ滅却ス)トハ事實ノ有無ヲ證明シタル效ヲ打消スヲ云フ

(心證)トハ裁判官ノ意中ニ斯クアリシトノ信用ヲ起スヿチ云フ

第一條　有的《ゆうてき》又ハ無的《むてき》ノ事實《じじつ》ヨリ利益《りえき》ヲ得ンカ爲メ裁判上ニテ之ヲ主張《しゆちやう》スル者《もの》ハ其事實ヲ證《しやう》スル責《せめ》アリ

相手方《あひてかた》ハ亦自己《じこ》ニ對シテ證セラレタル事實ノ反對《はんたい》ヲ證シ或ハ其事《そのじ》實ノ効力《かうりよく》ヲ滅却《めつきやく》セシムル事實トシテ主張《しゆちやう》スルモノヲ證スル責アリ

第二條　自己《じこ》ノ主張ノ全部《ぜんぶ》又ハ一分《ぶ》ニ法律ニ從《したが》ヒテ證セス又ハ判事カ證據《しやうこ》ヲ査定《さてい》スル權ノ自由《じいう》ナル場合ニ於テ判事ニ此主張ノ心證《しんしやう》ヲ起《おこ》サシメサリシ原告若クハ被告ハ其證セサリシ點《てん》ニ付キ請求《せいきう》又ハ抗辯《かうべん》ニ於テ敗訴《はいそ》ス

第三條　當事者《たうじや》ノ一方ハ或ル事實《じじつ》ノ證據《しやうこ》カ將來《しやうらい》己レノ爲メニ利益《りえき》アルトキハ其利益ト證據喪失《しやうこさうしつ》ノ危險トヲ疏明《そめい》シテ訴訟《そしよう》ノ起《おこ》ラサル前ト雖モ其事實ノ證據ヲ擧《あ》クルコトヲ裁判上主《しゆ》トシテ請求《せいきう》スルコトヲ得

第四條　下《した》ニ定メタル規則《きそく》ハ物權《ぶつけん》、人權《じんけん》及ヒ人ノ身分《みぶん》ニ關スル證據

(抗辯)トハ或事實ノ有無ニ對シテ之レヲ非難スルモノ即チ答辯スルモノヲ云

(當事者)トハ訴訟ノ原被告ヲ云フ

(疏明)トハ裁判官ニ對シテ辯明スルヿヲ云

(主トシテ請求ス)トハ或事實ノ爭ヒニアラズシテ單ニ證據ヲ擧クルヿノミノ訴訟ヲナスチ云フ

(物權)トハ物上權ナリ即チ物件ニ對スルノ權利ナリ

ニ共通《きようつう》ノモノトス但特別《とくべつ》ノ規定《きてい》ヲ妨《さまた》ケス

第五條　證據ハ左ノ諸件《しよけん》ヨリ成ル

第一　判事《はんじ》ノ考覈《こうかく》

第二　直接證據《ちよくせつしやうこ》

第三　間接證據《かんせつしやうこ》

第一章　判事ノ考覈《こうかく》

(解)判事《はんじ》ハ訴訟事件ニ付其事實《そのじじつ》ノ有無ヲ判定《はんてい》スルニ當リテ原被《げんひ》告《こく》ノ双方ヨリ申立タル事柄《ことがら》又ハ臨檢鑑定《りんけんかんてい》等ニヨリテ其事實《そのじじつ》ノ有無ヲ審査《しんさ》考定《こうてい》シテ自己ノ心證《しんしやう》ヲ定メテ其爭訟ヲ決定《けつてい》セザルベカラズ之レヲ稱《しよう》シテ判事《はんじ》ノ考覈《こうかく》ト云フ

第六條　判事ハ左ノ諸件ニ依《よ》リ主張《しゆちやう》セラレタル事實《じじつ》ノ確實《かくじつ》ヲ得タルトキハ自己《じこ》ノ考覈《こうかく》ニ依リテ爭《あらそひ》ヲ決スルコトヲ得

第一　當事者又ハ其代人ノ申述《しんじゆつ》ノ聽取《ちやうしゆ》、係爭物《けいそうぶつ》並《ならび》ニ證書外ノ書

（人權）トハ對人權ナリ即チ契約等ヨリ生ズル一人又ハ數人ノ人ニ對スル權利ナリ

（共通）トハ一般ニ融通シテ用ユルヲ云フ

（係爭物）トハ爭訟ニ關スル物件ヲ云フ

（自白）トハ原告又ハ被告ニ於テ己ニ不利益ナル事實ヲ認メテ申立ルヲ云フ

（本案）トハ其訴訟

類《るい》ノ調査《てうさ》及ヒ法律《はうりつ》ノ解釋《かいしやく》

第二　臨檢《りんけん》

第三　鑑定《かんてい》

第一節　當事者立述《とうじしやりつじゆつ》ノ聽取、係爭物並ニ證書外ノ書類ノ調《てう》査《さ》及ヒ法律ノ解釋《かいしやく》

（解）本節ハ原被告《げんひこく》ノ申立ニ付キ之レヲ採用《さいよう》スベキヤ否ヤ爭訟ノ物件《ぶつけん》ハ何程ノ價格《かかく》アルベキモノナルヤ若シ之レニ關シテ爭ヒアル片ハ如何《いか》ニスベキヤ證書外《しようしよぐわい》ノ書類ノ効力《かうりよく》ハ如何又法律《はうりつ》ハ如何ニ解《かい》釋《しやく》スベキヤ等ヲ定《さだ》ムルナリ

第七條　當事者ノ自白《じはく》アル場合《ばあい》ノ外當事者又ハ其代人ノ申述《しんじゆつ》及ヒ説《せつ》明《めい》ヨリ請求若《も》クハ抗辯《かうべん》ノ證セラレサルコト又ハ尚《な》ホ早《はや》キコトノ顯《あら》ハルルニ於テハ判事ハ其請求若《も》クハ抗辯ヲ棄却《きやく》シ又ハ他日本案《ほんあん》ノ判決ヲ爲ス可キ旨《むね》ヲ言渡ス

事件ナリ

（證書外ノ書類）トハ手紙等ノ類ヲ云フ

（受ケタル損害）トハ一方ノ行為ヨリシテ損害ヲ受ケタルコトナリ

（失ヒタル利益）トハ將ニ得ントスル利益ヲ得ラレザルニ至リシヲ云フ

（評價）トハ直段付ヲ云フ

（必要ナル元素）トハ材料ナリ鑑定書又ハ評價ニヨリテ考定スベキ日安ト

右判事ノ必證《しんしやう》カ係爭物及ヒ証書外ノ書類《しよるい》ノ調査《てうさ》ヨリ生《しやう》スルトキモ亦同《またおな》シ

第八條　受ケタル損害《そんがい》若クハ失ヒタル利益其他原因ニ爭《あらそひ》ナク供給《きやうきふ》ス可キ價額《かく》ニ付キ為《な》ス可キ評價《へうか》ノミニ爭ノ存《ぞん》スル場合《ばあい》ニ於テ判事ハ當事者又ハ其代人ハ陳述《ちんじゆつ》ヲ聽《き》キ此評價ニ必要《ひつえう》ナル元素《げんそ》ヲ得タルトキハ自《みづか》ラ其評價《そのへうか》ヲ為スコトヲ得

第九條　事實《しじつ》ニ爭《あらそひ》ナク法律ノ點《てん》ノミニ爭ノ存《ぞん》スルトキハ判事ハ當事者又ハ其代人ノ陳述《ちんじゆつ》ヲ聽《き》キ法律ノ規定《きてい》ヲ其精神ト明文《めいぶん》トニ依リテ解釋《かいしやく》シ且條理《かつでうり》ト公道《こうどう》トノ普通原則《ふつうげんそく》ニ依リテ之ヲ補完《ほくわん》シ自己《しこ》ノ必證ヲ取ル

第二節　臨檢《りんけん》

（解）訴訟事件ノ種類《しゆるい》ニヨリテ其目的物《そのもくてきぶつ》ノ裁判所ヘ持出《ぢしゆつ》スル能ハサルモノアリ彼ノ不動產《ふどうさん》ニ關スル訴訟等ハ大概《たいがい》然リ此場

ナリ得ヘキ材料ヲ云

（公道）トハ一般人民ノ履行スヘキノ道理ヲ云フ

（地役）トハ其土地ノ負擔セル義務ナリ通行權ノ如シ

（直接ニ知ル）トハ原被告ノ申立ニ據ラズシテ之レヲ見定ムルヲ云フ

（臨撿）トハ物件

合《あい》ニ於テ之レヲ見《み》ルベキ必要《ひつえう》アルトキ判事《はんじ》ノ之レニ臨《のぞ》ムヲ臨檢《りんけん》ト云フ

第十條　境界《きやうかい》、地役《ちえき》、占有《せんゆう》、財産《ざいさん》ノ損害及ヒ不動産工事《ふどうさんこうじ》ノ執行《しつかう》ニ關スル爭其他此ニ類似《るいじ》ノ爭《あらそひ》ニ付テハ勿論《もちろん》裁判所ニ移送《いそう》スルコトヲ得サル動産《どうさん》ノ形状《けいじやう》ヲ證スルニ關スルトキト雖モ判事ハ主張《しゆちやう》セラレタル事實ヲ直接《ちよくせつ》ニ知ルコトヲ以テ訴訟事件《そしやうじけん》ヲ明カナラシムルニ有益《いうえき》ナリト思考《しこう》スルトキハ或ハ職權《しよくけん》ヲ以テ或ハ當事者ノ申立《まうしたて》ニ因リテ係爭物《けいそうぶつ》又ハ爭ヲ決定《けつてい》ス可キ元素《げんそ》ノ存在《そんざい》スル場所ニ臨檢《りんけん》スルヿヲ得

第三節　鑑定《かんてい》

（解）　訴訟ハ種々《しゆく》アルヲ以テ或ハ筆跡《ひつせき》ノ眞否《しんぴ》又ハ病氣《びやうき》ノ有無或ハ水脈《すゐみやく》等ニ關シテノ場合《ばあひ》ニ於テハ裁判官モ萬能力《ばんのうりよく》アルモノニアラザルヲ以テ是等《これら》ニ付テ特《とく》ニ長シタルモノニ見セシメザルベカラズ即チ之等ノ者ノ報告《はうこく》スル處ノモノヲ鑑定《かんてい》ト云フナリ

ノ存在スル處ノ場所ニ臨ンテ取調ベルヿヲ云フ

(特別ノ知識) トハ人身ノヿニ付キテハ醫師ヲ要シ鑛山ノヿニ付テハ理學士ヲ要スルガ如シ

(命スル) トハ之レニ反スルキハ罰スルヲ得ル場合ニ用ユルナリ

(公正証書) トハ專ト地トニ付キ管轄ノ權アル公吏ノ作レル証書ヲ云フ

第十一條　法律ニ於テ鑑定ニ依《よ》ル可キ旨ヲ定メタル場合《ばあい》ノ外判事ハ爭《あらそひ》ノ判決《はんけつ》ニ付キ特別ノ知識《ちしき》ヲ要《よう》スルトキハ何時《なんどき》ニテモ或ハ職權《しよくけん》ヲ以テ或ハ當事者《とうじしや》ノ申立《まうしたて》ニ因リテ自己《じこ》ノ考驗《こうけう》ヲ助《たす》ケシムル爲メ鑑定人ノ報告《ほうこく》ヲ爲ス可キ旨ヲ命《めい》スルコトヲ得

判事ハ鑑定人總員一致《かんていにんそういんいつち》ノ說ト雖モ之ニ從《したが》フ義務《ぎむ》ナシ

第二章　直接證據《ちよくせつしようこ》

(解)　證據《しようこ》ニ直接ト間接《かんせつ》トノ二種アリ直接ノ證據トハ本章《ほんしやう》ニ規定《きてい》スルガ如ク私書《ししよ》、口頭、自白、公正證書《こうせいしようしよ》、反對證書《はんたいしようしよ》、追認證書、證書ノ謄本《とうほん》、證人ノ陳述《ちんじゆつ》及ビ世評等ニシテ乃ハチ直チニ之ヲ證據《しようこ》トシテ提出《ていしゆつ》セラルベキモノナリ之ニ反シ間接證據《かんせつしようこ》トハ法律上ヨリ之ヲ推定《すいてい》スルカ若クハ事實上《じつじやう》ヨリ推定《すいてい》シ甲ノ事アレバ之ヨリ推測《すいそく》シテ以テ乙ノ事實《じじつ》アリシナルベシト判定《はんてい》スルノ類《るい》ナリ

第十二條　左ノ諸件《しよけん》ニ於テハ人ノ證言《しようげん》ヨリ生《しやうず》ル直接ノ證據《しようこ》アリトス

（證據力）トハ證據ト爲ル効力
（對抗）トハ之ニ對シ反對スルノ謂
（追認）トハ前ニ

第一　私書《しゝよ》
第二　口頭自白《こうとうじはく》
第三　公正證書《こうせいしやうしよ》
第四　證人《しようにん》ノ陳述《ちんじゆつ》

第一節　私書《ししよ》

（解）私書トハ公證人ノ公正證書ヲ添ヘザル所ノ普通ノ證書及ビ取引書類等ノ謂ニシテ之ヲ私署《しゝよ》證書及ビ署名捺印《しよめいなついん》セサル證書ト爲ス前者ハ從來《じゆらい》普通ニ用フル所ノ證書類《しやうしよるい》ニシテ後者ハ多ク帳簿取引《ちやうぼとりひき》ノ場合ニ見《み》ル所トス

第十三條　私書《しゝよ》ノ證據力《しようこりよく》ハ其私書ノ對抗《たいこう》ヲ受クル當事者ノ之ニ署名《しよめい》シ又ハ捺印《なついん》シタルト否《いな》トニ從《したが》ヒテ輕重《けいぢう》アリ

第一款　私署證書《ししよしやうしよ》

第十四條　私署證書ハ之ヲ以テ對抗《たいこう》セラルル者ニ不利《ふり》ナル事實《じゝつ》ノ陳《ちん》

在リシ事實ノ眞ナルヲ後ニ更ラニ認ムルヲ云フ

(否認) トハ証言ニ對シテ然ラズト之ニ反對シ承認セザル也乃ハチ此レハ汝ノ印章カト問ハル丶モ否然ラズト云フハ否認ナリ

(提示) 裁判所ニ於テ之ヲ提出シテ示サル丶ヲ云フ

(抗辨)トハ前ニ述ヘルヿハ眞實ニア

述《じゆつ》又ハ追認ヲ記載《きさい》シ且《かつ》其《その》署名《しよめい》及《およ》ヒ印章《いんしやう》又ハ其一アルトキハ署名者捺印者ノ裁判外《さいばんぐわい》ノ自白《じはく》即チ證書ヲ成《な》スモノトス

右同一《どういつ》ノ條件《でうけん》ヲ有スル書狀ハ私署證書ト同一ノ證據力ヲ有《ゆう》ス

第十五條 自己《じこ》ノ利益ニ於テ私署證書ヲ有《ゆう》スル者カ或《あ》ル者ヲ其署名者ナリト主張《しゆちやう》シ又ハ思考《しこう》スル場合《ばあい》ニ於テハ爭ノ生《しやう》スル前《まへ》ト雖モ其者ニ對《たい》シ手跡《しゆせき》、署名《しよめい》及ヒ印章《いんしやう》ノ追認《ついにん》ヲ請求スルコトヲ得

署名者ナリト主張《しゆうてう》セラレタル者ハ其手跡、署名及ヒ印章ノ眞正《しんせい》ナルコト又ハ其一ノ眞正《しんせい》ナルコトヲ明確《めいかく》ニ追認シ又ハ否認《ひにん》スルコトヲ得ルノミ

裁判所ヨリ本條ノ規定《きてい》ノ口諭《こうゆ》ヲ受《う》ケタル者否認《ひにん》ヲ爲サザルトキハ裁判所ハ其否認セサルモノニ付テハ之ヲ追認《ついにん》シタリト認定《にんてい》スルコトヲ得

第十六條 印章ニ關《くわん》シテハ其印章ヲ提示《ていじ》セラレタル者ハ其印章ノ自《じ》

ラズト云フガ如ク反對シテ辨解スルヲ云フ

（承認ノ瑕疵）トハ承諾ヲ爲スニ強迫又ハ精神錯亂等ニテ完全自由ナル意思ヲ以テ爲セルニアラザルトキハ其効力ヲ失フノ類ナリ

己《こ》ノ印章ニ相違《さうゐ》ナキコトヲ追認《ついにん》スルモ押捺ハ自身《じしん》又ハ自己《じこ》ノ許諾《きようだく》ニテ之ヲ爲シタルヲ否認スルコトヲ得但總《すべ》テノ方法ヲ以テ其證據ヲ供《きやう》スルコトヲ要《えう》ス

此追認證書ヲ與《あた》フル前《まへ》ニ右ノ異議《いぎ》ヲ留《とゞ》メサリシトキハ其後《そのゝち》ニ至リ右ノ抗辯《こうべん》ヲ爲スコトヲ得ス

又其署名又ハ印章ヲ追認《ついにん》シタルトキハ其署名又ハ印章ノ獲《え》ラレシ手段《しゆだん》タル強暴《きやうばう》、錯誤《さくご》又ハ詐欺《さぎ》ヲ最早《もはや》主張《しゆちやう》スルコトヲ得ス但強暴カ既《すで》ニ止《や》ミ又ハ錯誤《さくご》若《も》シクハ詐欺《さぎ》ヲ既ニ發見《はつけん》シ且此事ニ付《つ》キ何等ノ異《い》議《ぎ》ヲモ留メスシテ追認《ついにん》ヲ爲シタルトキニ限《かぎ》ル

異議《いぎ》ヲ留《とゞ》メタルトキハ追認證書《しようしよ》ニ之ヲ記ス可シ

第十七條　署名者《しよめいしや》ナリト主張《しゆてう》セラレタル者ノ相續人《さうぞくにん》、承繼人又ハ代人ニ對《たい》シテ追認ノ請求《せいきう》アリタルトキハ被告《ひこく》ハ或ハ自己《じこ》ノ代表《だいひやう》スル者《もの》ノ署名若クハ印章《いんしやう》ヲ知《し》ラサル旨《むね》或ハ其使用《しよう》ノ不確實《かくじつ》ナル旨ヲ陳《ちん》

(捺印又白紙ノ濫用)トハ白紙ニ捺印シタルヲ後ニ本人ニ知ラシメズメ文字ヲ記入シタル場合ニ其印章ハ眞ナルモ本人ハ其事實ヲ知ラザルノ類ナリ

(驗眞)トハ其書キタル手跡ノ眞僞ヲ驗スルヿ又ハ印章ノ眞僞署名ノ眞僞等ヲ實地ニ驗査スルノ謂ナリ

述《じゆつ》スルニ止《とゞ》マルコトヲ得《う》

右《みぎ》ノ相續人、承繼人《しやうけいにん》又ハ代人ハ印章《いんしやう》ノ不正當《ふせいたう》ナル押捺又ハ承諾《しようだく》ノ瑕疵《かし》ヨリ生スル無效《むこう》ノ方法ヲ申立ツル權利《けんり》ヲ失ハス但此事ニ關《くわん》シ異議《いぎ》ヲ留《とゞ》ムルコトヲ怠《おこた》リタルトキト雖《いへど》モ亦同《またおな》シ

第十八條　被告《ひこく》ハ異議《いぎ》ヲ留《とゞ》メスシテ署名又ハ印章《いんしよう》ヲ追認《ついにん》シタリト雖モ後《のち》ニ捺印白紙ノ濫用《らんよう》又ハ署名若《しようめいもし》クハ印章ノ僞造《ぎぞう》アリタルコトヲ證《しよう》スル權利《けんり》ヲ失《うしな》ハス

然《しか》レトモ右ノ追認《ついにん》アリタルコトヲ知リ其證書《そのしやうしよ》ニ依《よ》リ善意《ぜんい》ニテ約定《やくでう》シタル第三者ニ證書無效《むこう》ノ方法トシテ捺印白紙《はくし》ノ濫用《らんよう》ヲ以テ對抗《たいこう》スルコトヲ得《ね》ス

第十九條　一人又ハ數人《すにん》ノ證人《しやうにん》カ私署《ししよ》證書ニ加署《かしよ》シ又ハ加印《かいん》シタルトキハ其證人《そのしやうにん》ヲ手跡驗眞《しゆせきけんしん》ニ召喚《せうくわん》ス

第二十條　手跡《しゆせき》、印章《いんしやう》又ハ署名ノ驗眞ノ請求《せいきう》ニ關《くわん》スル方式《はうしき》竝ニ期間《きかん》

（署名者）證書ニ其姓名ヲ書キタル當人ヲ云フ

（雙務契約）トハ契約者ノ双方トモニ義務ヲ有スル場合乃ハチ賣買ノ契約ニ一方ニ物品引渡ノ義務アレハ他ノ一方ハ代價支拂ノ義務アル類也

（交附）トハ引渡シノ丁ナリ

（其數ノ附記）ト

及ヒ被告《ひこく》又ハ其代人ノ出席《しゆつせき》セサルニ因リ此等ノ者《もの》ニ於テ印章《いんしやう》又ハ署名《しよめい》ヲ追認《ついにん》シタリト爲《なす》丁ヲ得《う》可《べ》キ場合ハ民事《みんじ》訴訟法《そせうはう》ニ於テ之ヲ定《さだ》ム署名者《しよめいしや》ナリト主張《しゆちやう》セラレタル者ノ明確《めいかく》ニ否認《ひにん》シ又ハ其相續人若クハ承繼人ノ追認《ついにん》ヲ爲ササル場合ニ於ケル手跡《しゆせき》驗眞手續《てつゞき》ノ規則《きそく》ニ付テモ亦同《またおな》シ

第二十一條　雙務《さうむ》契約《けいやく》ヲ證《しやう》スル私署《しゝよ》證書ハ反對《はんたい》ノ利益ヲ有《ゆう》スル當事者間ニ正本二通《つう》ヲ作《つく》リ且《かつ》之ニ署名《しよめい》又ハ捺印《なついん》スルコトヲ要《よう》ス

又各正本ニハ二通《つう》ヲ作《つく》リタル旨《むね》ヲ附記《ふき》スルコトヲ要《えう》ス

然レトモ當事者《たうじしや》ハ一通《つう》ノ證書《しようしよ》ヲ作《つく》ルコトヲ得但其證書中指定《してい》シタル第三者ニ之ヲ寄託《きたく》スルコトヲ合意《がふい》シタルトキニ限《かぎ》ル

右ノ場合《ばあひ》ニ於テ第三者ハ各當事者《たうじしや》ノ求《もとめ》ニ應《おう》シテ其證書ヲ示《しめ》ササル可カラス但當事者《たうじしや》雙方《さうはう》ノ承諾《しやうだく》ナクシテ之ヲ交付《かうふ》スルコトヲ得ス

第二十二條　證書《しようしよ》ノ調製《てうせい》及ヒ其數ノ附記《ふき》又ハ證書ノ寄託《きたく》ハ當事者《たうじしや》カ

ハ其証書ノ數何通ト云フヲ證書ノ中ニ記入スルナリ
(合意ノ組成ヲ繫ラシメタル條件)トハ契約者双方ガ契約スル意志ノ成立ニ關スル條件ト云フノ意味ナリ
(片務契約)トハ一方ニノミ義務アル契約ナリ即チ負債ヲ返濟スル義務或ハ恩惠ノ契約ノ或者ノ如キヲ云フ
(私署證書)トハ公正證書ニ對スル語ニシテ一私人ノ作リタルモノナリ
(債務者)トハ義務者ト云フガ如シ即チ義務ヲ負担スルモノナリ
(署名若クハ捺印)トハ名ヲ書シ印ヲ押スヿナリ

合意《がうい》ノ組成《そせい》ヲ繫《か》ラシメタル條件《でうけん》ト看做《みな》ス然レトモ前條ニ從《したが》ヒテ調書《てうしよ》ノ錄製《ろくせい》アラサリシ契約《けいやく》ノ全部又ハ一分ヲ履行《りこう》シタル當事者ハ最早《もはや》條件《でうけん》ノ不履行《ふりこう》ヲ申立ツルコトヲ得ス

第二十三條　片務《へんむ》契約《けいやく》ヲ證スル私署證書《ししよせうしよ》ニ金銀其他ニ定量物《てうれうぶつ》ヲ供與《けうよ》シ辨濟シ又ハ返還《へんくわん》スル諾約《たくやく》ヲ包有《はうゆう》スル場合ニ於テ債務者《さいむしや》カ證書ノ本文ヲ自書《じしよ》セサルトキハ債務者《さいむしや》ハ其署名若クハ捺印ノ外尚《な》ホ金額《きんかく》若《もし》クハ數量《すうれう》ノ文字ニ捺印スルコトヲ要《よう》ス但數人ノ債務者《さいむしや》アルトキハ其中《そのうち》ノ一人此捺印ヲ為スヲ以テ足《た》レリトス

第二十四條　二通《つう》ノ正本及ヒ前條《ぜんでう》ノ方式ハ商事《せうじ》ニ付テハ之ヲ要《よう》セス

第二十五條　前數條《ぜんすうぜう》ノ方式《はうしき》ニ從ヒ調製《てうせい》シタル私署證書ニシテ其對抗《そのたいこう》ヲ受クル者カ追認《ついにん》シ又ハ裁判上ニテ其者カ追認シタリト為シタルモノハ其主文《そのしゆぶん》及ヒ之ト直接《ちよくせつ》ノ關係ヲ有《ゆう》シ且之ヲ補完《ほくわん》スル文言《ぶんげん》ニ付テハ其者ニ對シテ完全《くわんぜん》ナル證據《しやうこ》トス

此他ノ文言ハ書面ニ因《よ》ル證據端緒《せうこたんちよ》ノミニ之ヲ用ユルコトヲ得

第三十八條ニ記載《きさい》シタル自白《じはく》不可分《ふかぶん》ナル原則《げんそく》ハ證書ノ各部分《かくぶぶん》ニ之ヲ適用《てきよう》ス

第二十六條　證書カ第十八條ニ規定《きてい》シタル如ク捺印《なついん》白紙《はくし》ノ濫用《らんよう》又ハ僞造《ぎぞう》ノ攻擊《こうげき》ヲ受ケタルトキハ其證據力ハ刑事裁判所ニ被告ノ送致《そうち》アルニ因《よ》リテ停止《ていし》セラレ其裁判所ノ判決《はんけつ》ノ確定ト爲ルマテ民事ノ判決《はんけつ》ヲ中止《ちうし》ス

嫌疑《けんぎ》アル人ノ死亡《しばう》其他ノ原因《げんいん》ニ由リテ刑事《けいじ》審問《しんもん》ノ開カレサリシトキハ民事裁判所ハ刑事不《ふ》受理《じゆり》ノ理由《りゆう》ニ付キ裁判アルマテ本案《ほんあん》ノ判《はん》決《けつ》ヲ中止ス

又刑事審問中ナルトキハ民事裁判所ハ當事者《とうじしや》ノ要求《ようきう》ニ因《よ》リ又ハ職《しよく》權《けん》ヲ以テ其判決ヲ中止《ちうし》スルコトヲ得

第二款　署名《しよめい》、捺印《なついん》セサル證書《せうしよ》

（對抗）トハ之レニ對シテ抗辯スルヿナリ

（追認）トハ證書ノ作ラレタル后其證書ノ記事ハ眞正ナリト認ムルモノナリ

（主文）トハ證書中ニアル重要ナル文詞ナリ

（完全ナル證據）トハ之レヲ以テ其事實ハ眞ナリト裁判官ノ認ムニ足ル證據ニシテ之レ丈ニテ勝訴トナルヿヲ得ルモノナリ

（證據ノ端緒）トハ充分ナル證據ニアラズシテ裁判官ガ推定シテ心證ヲ作ルニ足ルノ證據ナリ

（自白不可分）トハ一人ノ爲シタル自

白ハ其一部分ノミヲ取リ他ノ部分ヲ棄ルト云フカ如キハ出來ザルヲ云フ
(捺印白紙ノ濫用)トハ單ニ印影ノミヲ押捺シ文章ヲ記入セズシテ他人ニ托シタルヲ濫リニ法廷ニ出ス能ハザルヲ云フ
(其他ノ原理)トハ病氣等ニヨリテ用ユルガ如キヲ云フ
(刑事不受理)トハ刑事裁判所ニテ其事件ヲ採用シテ裁判セザルヲ云フ
(本案ノ判決)トハ刑事ノ不受理ニ付豫審ノ訴ヲ爲セシキニ是ニ對スル語ニシテ即チ最初ノ訴訟事件ヲ云フ
(職權)トハ裁判所

第二十七條　商人ノ帳簿《てうぼ》ハ總《すべ》テノ人ノ爲《た》メ其商人ニ對《たい》シテ證據《しようこ》ヲ爲ス然レトモ其帳簿ヲ援用《ゑんよう》スル者ハ此《これ》ヨリ生《しやう》スル自白ヲ分《わか》ツコトヲ得ス

此他《このた》右帳簿《みぎてうぼ》ノ證據力ハ商法《しやうはふ》ニ於テ之ヲ規定《きてい》ス

第二十八條　非商人《ひしやうにん》ノ帳簿及ヒ覺書《おぼへしよ》ハ其者ノ爲メ證據《しやうこ》ヲ爲サス

右ノ帳簿及ヒ覺書ハ其者ニ對《たい》シ下ノ區別《くべつ》ニ從ヒテ證據ヲ爲ス

第二十九條　債權者《さいけんしや》ノ書面ハ左ノ場合《ばあい》ニ於テハ債務者ノ爲《た》メ其債權者ニ對シテ證據ヲ爲ス

第一　債權者ノ辨濟《べんさい》其他ノ免責《めんせき》ヲ明《あきら》カニ掲《かゝ》クルトキ但債權者ニ於テ債務者《さいむしや》ニ交付《かうふ》スル爲メ準備《じゆんび》セル受取證書《うけとりしやうしよ》タルコトヲ證スルトキハ此限《このかぎり》ニ在ラス

第二　債務者ノ證書又ハ從來《じうらい》ノ受取證書ニ免責《めんせき》ヲ書込《かきこ》ミ且其書《かつそのしよ》類《るい》カ債務者ノ手ニ存《そん》スルトキ

ノ必要ト看認メタル事柄ヲ其職務ニテ原被告ノ拒ムト雖モ爲スヿヲ云フ
（自白）トハ自分ニ不利益ナルヿヲ認ムルヲ云フ
（非商人）トハ商人ニアラザル總テノ人ヲ云フ
（債權者）トハ世ニ云フ權利者ノヿナリ貸借ノ場合ナレバ貸主ヲ云フナリ
（免責）トハ負債者ノ義務ヲ免ズル事柄ヲ云フ
（準備）トハ單ニ仕度ヲ指セシナリ
（書面）トハ證書ノ如キ記名捺印シタル正式ノモノニアラザル覺書手紙ノ如キモノヲ云フナリ
（抹殺）トハ書キ消

第三十條　債務者ノ書面ニ其義《そのぎ》務《む》ヲ掲《かゝ》ケ且之ヲ以テ債權者ノ證書ノ用ニ供《きやう》スルモノタルコトヲ記《き》載《さい》スルトキハ其書面ハ債務者《さいむしや》ニ對シテ證據ヲ爲ス

第三十一條　前二條ノ場合《ばあい》ニ於テ抹殺《まつさつ》シタル書面《しよめん》ハ之ヲ斟酌《しんしやく》セス但《たゞし》其抹《そのま》殺《さつ》カ詐害《さがい》又ハ錯誤《さつご》ニ出《い》テタルコトノ證《しやう》アルトキハ此限《このかぎり》ニ在ラス

第三十二條　非商人《ひしやうにん》ハ裁判上ニテ帳簿《てうぼ》及ヒ覺書ヲ差出《さしいで》タス義務《ぎむ》ナシ然レトモ任意《にんい》ニテ之ヲ差出《さしい》タシタルトキハ爭《あらそ》ニ關スルモノヲ抄錄《せうろく》シタル後ニ非《あら》サレハ之ヲ取戻《とりもど》スコトヲ得ス但抄錄《たゞしせうろく》ヲ爲スニハ其者《そのもの》ノ出席《しゆつせき》ノ上又ハ之ヲ合式《がうしき》ニ召喚《せうくわん》シタルトキニ限ル

第二節　口頭自白《こうとうじはく》

（解）自白《じはく》トハ訴訟者ノ何レニ於テモ其自己《そのじこ》ニ利益《りえき》ナラザル陳述《ちんじゆつ》ヲ爲スヲ云フナリ而シテ此自白《このじはく》ニハ口頭《こうとう》ノ自白ト書面《しよめん》ニ於テノ自

スヿナリ
(斟酌セズ)トハ裁判官ニテ顧ミセザルノ意味ナリ
(詐害)ハ一方ヲ害セントシテ詐欺ニ出ヅル行爲ナリ
(任意)トハ自分ノ心次第ト云フ意ナリ
(合式)トハ相當ノ式ニ從テ爲スヿヲ云フナリ
(抄錄)　ハ拔書ヲ云フ
(裁判上ノ自白)トハ法廷內ニテ取調ヲ受クル𪜈ノ自白ヲ云フ
裁判外ノ自白)トハ法廷外ニテノ自白ヲ云フナリ
(自發)、ハ他人ヨリ求メヲレタルニモアラズ又訊問ニ

自白ナルモノアリ又口頭《こうとう》ノ自白《じはく》ニ付《つい》テモ裁判所《さいばんしよ》ノ法廷內《ほうていない》ニテノ自白ト法廷外ノ自白トアリテ各其效力《そのこうりよく》ニ差異ナキ能ハズ本節《ほんせつ》ニハ專ラ口頭《こうとう》ノ自白ニ關《くわん》スル規定《きてい》ヲ爲《な》セシナリ

第三十三條　口頭自白ハ一方《いつぱう》ノ當事者ガ己《おのれ》レニ不利ナル權利上ノ結《けつ》果《くわ》ヲ生《しやう》スルコト有ル可キ事實《じじつ》ニ付キ爲スモノナリ其自白ハ裁判上《さいばんじやう》ノモノ有リ裁判外ノモノ有リ

第一款　裁判上《さいばんじやう》ノ自白《じはく》

第三十四條　裁判上ノ自白《じはく》ハ自發ノモノ有リ又ハ民事《みんじ》訴訟法《そしようはう》ニ規定《きてい》シタル本人訊問《じんもん》ニ因《よ》リテ爲スモノ有リ

第三十五條　自白ハ其自白ニ繫《かゝ》ル權利《けんり》ヲ處分《しよぶん》スル能力ヲ有スル者ニ非《あら》サレハ有效《ゆうこう》ニ之ヲ爲スコトヲ得ス但法律上自白ノ證據《しようこ》ヲ禁《きん》シタル事實ニ非《あら》サルトキニ限ル

代理人ノ爲シタル自白ハ其管理行爲《そのくわんりこうゐ》ニ關《くわん》スル外特別《ほかとくべつ》ノ委任《いにん》ニ依リ

テ道理ニ伏シテ爲シタルニモアラズシテ發シタルモノヲ云フナリ

（權利ヲ處分スル能力）トハ其訴訟事件ノ權利義務ヲ處分シ得ルノ法律上ノ力アル人ヲ云フ即チ幼者禁治產者ノ如キ他ノ後見ヲ受クルモノハ法律上ノ能力アルモノニアラザルナリ

（管理行爲）トハ自己ノ管理スル範圍內ノ所爲ヲ云フ

（事實ノ錯誤）トハ法律ノ錯誤ト異ナリテ事柄ノ誤リナルヲ云フ人各此誤リハ時ニ免レザルヲ以テ其證ヲ擧ゲタルトキハ之レヲ取消ヲ得ルナリ

タルトキニ非サレハ有效《ゆうこう》ナラス但裁判上ノ代人ノ自白《じはく》ト其陳述取《そのちんじゆつとり》消《けし》ノ方式及ヒ條件《でうけん》ニ關スル民事訴訟法ノ規定《きてい》ヲ妨《さまた》ケス

第三十六條　前條ニ從《したが》ヒテ爲《な》シタル自白ヲ相手方ノ受諾《じゆだく》シ又ハ之ヲ裁判所《さいばんしよ》ニ於テ認《みと》メタルトキハ其自白ハ之ヲ爲《な》シタル者ニ對シテ完全ノ證據《せうこ》ヲ爲ス

然レトモ其自白《じはく》ハ事實ノ錯誤《さくご》ノ爲メニ之ヲ言消《いへけす》スコトヲ得

第三十七條　自白ハ法律《はうりつ》ノ錯誤《さくご》ノ爲メ之ヲ言消スコトヲ得ス

然レトモ相手方ノ權利《けんり》ヲ直接又ハ間接《かんせつ》ニ追認《ついにん》シタル者ハ其權利ノ原因《げんいん》及ヒ存續《そんぞく》ヲ爭フ權能《けんのう》ヲ失ハス

第三十八條　複雜《ふくざつ》ナル自白ヲ援用《ゑんよう》セント欲スル者ハ陳述《ちんじゆつ》セラレタル數箇《すうか》ノ事實《じじつ》ニ關《くわん》シ其自白ヲ分ツコトヲ得ス但此等《これら》ノ事實カ相牽連《あひけんれん》シタルトキニ限ル

然レトモ主タル事實ヲ變更《へんかう》スル事實ノ主張ハ通常《つうじやう》ノ證據方法ヲ以

（法律ノ錯誤）トハ事實ノ錯誤ト異ナリ之レヲ取消スヿヲ得ザルナリ之レ法律ハ何人モ知ラザルベカラザルモノニシテ縱令眞實知ラザルモ法律ハ之レヲ許サヾルヲ以テナリ
（自白ヲ分ツコトヲ得ズ）トハ之レ證據法上ノ尤モ有名ナル原則ナリ凡テ自白ナルモノハ一般ニ自白者ニ不利益ナルモノナレ𪜈其中ニモ時トシテ自白者ノ利益ニシテ一方ニ害アル個條ナキニアラズ此時ニ當テ其自己ノ利益ノ點ノミヲ取リ不利益ナル處ヲ認メズト云フヿ

テ白撃《はくげき》スルコトヲ得

第三十九條　裁判上《さいせんじやう》ノ自白ノ效力ハ裁判所ノ管轄違《くわんかつちがひ》カ公ノ秩序《ちつじよ》ニ關セサルモノタルトキハ其管轄違《くわんかつちがひ》ニ因リテ無效《むかう》ト爲ラス

反對《はんたい》ノ場合ニ於テハ自白ハ裁判外《さいばんぐわい》ノモノトシテノミ有效ナリ

第四十條　一方ノ當事《とうじ》者《しや》カ訴訟事件ノ或ル事實《じじつ》ノ存在ニ付キ陳述《ちんじゆつ》ス可キノ求ヲ受ケテ其事實《じじつ》ヲ爭ハサルニ因リ之ヲ追認《つひにん》シタリト看做《みな》ス場合ハ民事《みんじ》訴《そ》訟法《しやうはう》ニ於テ之ヲ規定《きてい》ス

第四十一條　一方ノ當事者カ廢疾《はいしつ》其他ノ原因ニ由リテ語《かた》ルコトヲ得スト雖モ書面《しよめん》又ハ容態ヲ以テ裁判所《さいばんしよ》ニ答フルコトヲ得ルニ於テハ裁判上ノ自白ノ規則《きそく》ヲ之ニ適用《てきよう》ス

第二款　裁判外《さいばんぐわい》ノ自白《じはく》

第四十二條　裁判外《さいばんぐわい》ノ自白ハ相手方又ハ其代人ノ面前《めんぜん》ニ於テ口頭《こうとう》ニテ又ハ此等ノ者ニ送付《そうふ》シタル信書若クハ書類《しよるい》ニテ之ヲ爲シタルニ

非サレハ其效《そのこう》ヲ有セス

此末ノ場合《ばあい》ノ外口頭〆自白ヲ受ケ及ヒ證《しよう》スル資格ヲ有スル官廳《くわんてう》ニ於テ更ニ其自白《じはく》ヲ爲サザリシトキハ人證《じんしよう》ヲ許ス場合ニ非《あら》サレハ證人ヲ以テ之ヲ證《しよう》スルコトヲ得ス

第四十三條　裁判上《さいばんじやう》ノ自白ノ有効《いうこう》ナル爲メ要スル能力、其證據力《そのしようこりよく》、其言消及ヒ其不可分ニ關スル前數條《ぜんすうでう》ノ規定ハ裁判外《さいはんぐわい》ノ自白ニ之ヲ適《てき》用《よう》ス

然レトモ判事《はんじ》ハ確實《かくじつ》ニシテ明白ナル自白ニ非サレハ之ヲ採用《さいよう》スルコトヲ得ス

第四十四條　上ノ規定《きてい》ハ義務《ぎむ》ノ全部又ハ一分ノ履行ヲ法律上《はうりつじやう》ニテ默《もく》示《し》ノ自白ト看做《みな》ス可キ場合《ばあひ》ヲ妨《さまた》ケス

第四十五條　裁判外ノ自白ハ有效《ゆうかう》ニ之ヲ言消シタリト雖モ相手方《あひてかた》ノ利益ニ於テ時效《じかう》ノ中斷ヲ生ス然《しか》レトモ自白ノ日以後ニ經過《けいくわ》ス可キ

能ハザルナリ之レ一ノ自白ハ分チテ一部ヲ取ルベカカズトナス所以ナリ

(相牽連)トハ其自白ガ引續キタル事實ナルコトヲ云フ

(管轄違)トハ其裁判所ノ管轄内ニアラザルモノヲ管轄シタルヲ云フナリ

(反對ノ場合)トハ公ケノ秩序ニ關シタル管轄違ノ時ヲ云フ

(其事實ヲ爭ハサルニヨリ之ヲ追認シタルト看做ス)トハ或事實ヲ一方ヨリ申立タルニ之レニ反對ヲ申立テザルトキハ其申立ハ眞實ナリト認メタルモノナリト推定スルヲ云フナリ

時效《じかう》ハ言消ノ日ヨリ再ヒ進行《しんこう》ス

第三節　公正證書《こうせいしようしよ》

（解）證書《しようしよ》ニ公正證書ト私署證書《ししよしようしよ》トアリ而シテ私署證書ノ事ハ前《まへ》ニ説明シタルガ如シ此公正證書《このこうせいしようしよ》ナルモノハ官吏《くわんり》又ハ政府ノ認許《にんきよ》シタル公吏ノ製作《せいさく》スルモノニシテ私署證書ノ如キ薄弱《はくじやく》ナルモノニアラズ其効力《そのこうりよく》ハ完然《くわんぜん》ナルモノニシテ之レヲ法廷ニ爭ヒ相手方ノ追認《つひにん》等ヲ要セザルノミナラズ反對《はんたい》ノ證據ヲ擧ゲテ之レヲ打破《だは》スルモ能ハザルモノナリ而シテ其執行《そのしつこう》力ニ至テモ僞造《ぎぞう》ニ申立アル場合《ばあい》ノ外之レヲ停止《ていし》スル能《あた》ハザルモノタリ

第四十六條　公正證書ハ公吏カ當事者《とうじしや》ヨリ證スルコトヲ託セラレタル事實《じじつ》ニ付テノ證言《しようげん》ナリ

又官廳《くわんてう》ノ代人トシテ事ヲ行フ官吏《くわんり》ノ調製《てうせい》シタル證書《しようしよ》ハ公正ナリ

證書《しようしよ》ハ公吏カ場所《ばしよ》、證書ノ性質《せいしつ》及ヒ其證書《しようしよ》ニ關係スル人ニ付キ管《くわん》

（癈疾其他ノ原因）トハ啞聾又ハ負傷疾病等ノ事故ヲ云フ

（信書）トハ手紙ヲ云フ

（面前ニテ）トハ直接ニ其人ノ前ニテ云フ事ニシテ彼ノ又聞ナルモノハ其効ナキヲ云フナリ

（人證）トハ證書又ハ其他ノ書類ナキ場合ニ於テ其事實ヲ知リタル處ノ人ヲ證人トシテ出スヲ云フナリ刑事ト異ナリ民事ニテハ猥リニ證人ノ申立ヲ採用セザルナリ

（履行ヲ法律上ニテ點示ノ自白ト看做ス）トハ例令バ貸金アリトノ訴訟ニ於テ一方ノ者ガ

利息チ契約ヲ經テ時々貸主ニ入リタリトノ事實ハ暗ニ自白シタリト看做スヲ得ルナリ
(時効ノ中斷)トハ法律上ニ於テ事柄ノ種類ニヨリ何年何月ヲ過グルトキハ其證據アルモ之レヲ見認メズ又證據ナシト雖モ法律ノ定メタル期間ヲ過グルトキハ其事實チ眞實アリト看認ムルチ時効ト云フ中斷ハ其期限ヲ途中ニテ打切ヲ云フ
(公吏)トハ政府ノ認許ヲ受ケ公ケノ事務ヲ取扱フモノナリ登記所ノ吏員又ハ公證人ヲ云フ
(公正ナラズ)トハ公正證書トシテ効

轄《かつ》ヲ有シ且法律《はうりつ》ニ定メタル方式ニ從《したが》ヒテ之ヲ作リタルニ非サレバ公正《こうせい》ナラス

公證人《こうしようにん》其他當事者ノ囑託《ぞくたく》ニ應ス可キ公吏ノ管轄《くわんかつ》及ヒ其證書ノ方式ハ特別法《とくべつはう》チ以テ之チ定《さだ》ム

第四十七條　前條ニ從《したが》ヒテ作リタル證書《しようしよ》ハ僞造《ぎぞう》ノ申立アルマテハ公吏《こうり》自身ニテ又ハ其面前《めんぜん》ニテ爲シタル行爲及ヒ申述ニ付キ其吏員ノ陳述《ちんじゆつ》ノ證據ヲ爲ス

此證書ハ之ニ記載《きさい》シタル日附ニ付キ右同一ノ證據《しようこ》ヲ爲ス

公吏ノ名ニテ作リ且其署名及ヒ印章《いんしよう》ヲ具ヘタル證書ハ僞造《ぎぞう》ノ申立アルマテハ其《その》吏員《りいん》ヨリ出テタルモノト推定《すいてい》ス

僞造《ぎぞう》申立手續《てつゞき》ハ民事訴訟法ニ於テ之チ規定《きてい》ス

第四十八條　公正《こうせい》證書ハ證據力《しようこりよく》ハ僞造ノ申立ニ因リテ之チ停止《ていし》ス其《その》執行力《しつかうりよく》ニ付テモ亦同シ

カナキヲ云フナリ
(特別法)ト茲ニ云フハ登記法公證人規則等ヲ云フナリ
(其面前ニテ爲シタル行爲)トハ公吏以外ノ人ガ其公吏ノ面前ニテ爲シタルヲ云フナリ
(推定)トハ其事實ノ如何ヲ問ハズ斯クアリシト假リニ定ムルヲ云フ
(執行力)トハ其證書ノ文面通リニ執行スルヲ得ベキカヲ云フ公正證書ナルモノハ前ニモ云ヘル如ク反對ノ證ヲ以テ之レガ執行ヲ止ムルヲ得ザルモ僞造ノ訴アル場合ノミハ之レヲ停止セザルヲ得ザルナリ

主文ト直接《ちよくせつ》又ハ間接ノ關係《くわんけい》アル文言ニ關《くわん》シテハ第二十五條ノ規定《きてい》ヲ適用ス

第四十九條　證書《しようしよ》ニ公正證書トシテ有效ナル爲メ上ニ定メタル條件《でうけん》ノ一ヲ缺《か》クコト有ルモ出捐ヲ爲ス總《すべ》テノ當事者ガ現實《げんじつ》ニ之ニ署名シ又ハ捺印《なついん》シタルトキハ其證書《そのしようしよ》ハ第二十一條及ヒ第二十三條ニ定メタル條件《でうけん》ヲ履行セストモ私《し》署證書《しよしようしよ》トシテ有效ナリ

第四節　反對證書《はんたいしようしよ》

(解) 公正證書ト私《し》署說書《ゝよしやうしよ》ヲ問ハズ一ノ契約《けいやく》ヲ爲シテ證書ヲ差《さし》入《い》レタルノ場《ば》合《あひ》ニ於テ之レニ對《たい》シテ自己ノ都合《つがう》ニヨリ一方ノ權利《けんり》ヲ打《だ》破《は》スベキ通リ證書《しやうしよ》ヲ取リ置《お》クヿヲ得之ヲ稱《さう》メ反對《はんたい》證書ト云フ

第五十條　當事者ハ秘密《ひみつ》ニ存シ置ク可キ反對證書《はんたいしようしよ》ヲ以テ公正證書又ハ私《し》署證書《しよしやうしよ》ノ効力ノ全部又ハ一分ヲ變更シ又ハ滅却《めつきやく》スルコトヲ得

然レトモ其反對證書《はんたいしようしよ》ハ公正證書タルトキト雖モ署名者《しよめいしや》及ヒ其相續《そのさうぞく》

(出捐)トハ自已ノ損失ヲ認メテ爲スモノヲ云フ
(署名者)トハ其證書ニ記名シタル人ナリ
(特定承繼人)トハ債權ヲ讓リ受ケタル者ナリ
(遡及ノ効力)トハ前ノ日付ノ時ニ返リテ其効力ヲ有スルヿナリ故ニ其日付后如何ナルヿアルモ其効ナキナリ

人《にん》ニ對スルニ非サレハ效力《かうりよく》ヲ有セス
然レトモ當事《とうじ》者《しや》ノ債權者及ヒ特定承繼《とくていしようけい》人カ當事者ト約定《やくてう》スルニ當リ反對證書《はんていしようしよ》アルヲ知リタルコトヲ證スルニ於テハ之ヲ以テ其債權《そのさいけん》者《しや》及ヒ承繼人ニ對抗《たいかう》スルコトヲ得

第五十一條　不動産權利《ふどうさんけんり》ニ關スル反對證書《はんたいしやうしよ》カ或ハ登記ニ因リ或ハ其《その》附記《ふき》ニ因リテ公ニ爲《な》サレタルトキハ其反對證書《そのはんたいしやうしよ》ハ通常證書ノ効力《かうりよく》ヲ取得ス但總《すべ》テ遡及《さくきう》ノ効力《かうりよく》ヲ有セス

第五十二條　孰《いづ》レノ場合ニ於テモ一方ノ當事《とうじ》者《しや》ノ總テノ承繼人《しようけいにん》ハ他ノ當事《とうじ》者《しや》及ヒ其相續人《そのそうぞくにん》ニ反對證書ヲ以テ對抗《たいこう》スルコトヲ得

第五節　追認證書《ついにんしやうしよ》

(解)　追認證書《ついにんしやうしよ》トハ曾テ一方ニ差入レ置《お》キタル公正證書若クハ私《し》署證書《しよしやうしよ》ニ對シテ自己《じこ》ニ不利ナル場合《ばあい》ニ於テ之ヲ認《みと》ムルヿヲ云《いふ》ナリ恰《あたか》モ自白ノ場合《ばあひ》ト異《こと》ナルヿナクメ只《たゞ》證書ニ認《みと》ムルト云《い》フノミナリ

第五十三條　追認證書《つひにんしやうしよ》ハ當事者ノ一方カ己レニ不利《ふり》ナル公正又ハ私《し》署《しよ》ノ原證書《げんしやうしよ》ノ成立《せいりつ》ヲ追認スル證書《しやうしよ》ナリ
右ノ証書《しやうしよ》ハ下ノ二箇ノ塲合ヲ除キ原告《げんこく》ヲシテ原證書ヲ差出《さしい》タス義《ぎ》務《む》ヲ免《まぬ》カレシメス又其證書《そのしやうしよ》中ニ原證書ヨリ更ニ多ク又ハ更《さら》ニ少キ事項ヲ記シ又ハ之ト異《こと》ナリタル事項《じこう》ヲ記スルモノハ其效《そのこう》ナシ但追《つひ》認證書中《にんしようしよちう》ニ之ヲ原證書ニ代用ス可キ旨ヲ記載《きさい》シタルトキハ此限《このかぎり》ニ在ラス

第五十四條　左ノ二箇ノ塲合《ばあひ》ニ於テハ追認《つひにん》證書ハ原證書《げんしやうしよ》滅失ノ證アルトキ之ニ代《か》ハルモノトス
第一　追認證書《つひにんしやうしよ》ニ原證書ノ事項《じかう》ヲ再掲《さいけい》シタル旨ヲ記載《たさい》スルトキ
第二　追認證書《つひにんしやうしよ》ノ日附ヨリ二十個年ヲ經過《けいくわ》シ且之ヲ援用《ゑんよう》スル者カ其證書《そのしやうしよ》ノミヲ既ニ權利《けんり》ノ行使《かうし》ニ用ヰタルトキ

第五十五條　前條ノ塲合《ばあひ》ノ外原告カ原證書《げんしやうしよ》ヲ差出タスコトヲ得サル

（原證書ノ事項ヲ再掲ス）トハ原證書中ニ記入シタル處ノ事柄ハ少シモ過不及ナリ追認證書ニ再ビ記入スルコヲ云フ此塲合ニ於テモ原證書ノ紛失シタルノ證據アラザレバ追認證書ノ効ナキナリ

(其證書ノミヲ既ニ權利ノ行使ニ用井タル片)トハ其追認證書ノミヲ以テ義務者ニ其義務ヲ常ニ履行セシメタルコヲ云フナリ

トキハ追認證書《つひにんしやうしよ》ハ其利益ニ於テハ書面《しよめん》ニ因ル證據端緒《たんちよ》トシテ有效ナリ

總テノ場合《ばあい》ニ於テ追認證書《つひにんしやうしよ》ハ時效ヲ中斷ス

第六節　證書ノ謄本

(解)證書《しやうしよ》ノ謄本《とうほん》ハ追認ノ證書ト全ク其本書《そのほんしよ》ヲ出スノ義務《ぎむ》ヲ免ルヽモノニアラズシテ縱令追認《つひにん》ノ場合ニ於ケルガ如キ二個ノ事情アリテ且其本書ノ滅失《めつしつ》ニ歸シタル片ト雖モ一般ニ其効力《かうりよく》ナキモノトセリ然レ圧法律上ノ式ヲ履行《りかう》シテ公吏ノ調製《ちやうせい》シタルモノヽ如キハ更ニ疑フベキモノニアラザルヲ以テ其本書ノ滅失《めつしつ》シタル場合ニハ之レヲ其本書《ほんしよ》ト同一ノ効力《かうりよく》アルモノトセリ又公吏ノ作リタルモノト雖圧法律《はふりつ》ノ定メタル處ノ個條《かでう》ニシテ一モ欠クル處アル片ハ純《じゆん》然《ぜん》タル證據《しやうこ》ト云フコヲ得ズシテ單ニ其證據《しやうこ》ノ端緒タルニ止マルナリ

（正本）トハ謄本ノ本書ヲ云フ

（公正ノ正本）トハ公正證書ノ本書ヲ云フナリ

（異議）トハ故障ナリ

（正式謄本）トハ法律ノ式ヲ履ミテ作リタル謄本ナリ

（校合）トハ照シ合シタルヿヲ云フ

第五十六條　裁判所《さいはんしよ》又ハ當事者《とうじしや》ヨリ正本ノ差出《さしだし》ヲ求ムルニ於テハ證書《しやうしよ》ノ謄本《とうはん》ハ之ヲ援用スル者ヲシテ其正本《そのせいはん》ヲ差出タス義務《ぎむ》ヲ免カレシメス但其者カ正本《せいはん》ノ滅失《めつしつ》ヲ證シタルトキハ此限《このかぎり》ニ在ラス

然レトモ公正《こうせい》ノ正本又ハ裁判上追認《つひにん》アリタル私署ノ正本カ原本《げんはん》トシテ公吏ノ許ニ藏《おさ》メラレタル場合ニ於テ裁判所《さいはんしよ》ニ其正本ヲ差出タスコトハ裁判所《さいはんしよ》ノ命令ニ依リ民事《みんじ》訴訟法《そしようはふ》及ヒ公吏ノ規則ニ從《したが》ヒテ之ヲ為ス

第五十七條　正本ノ滅失《めつしつ》シタルトキ其謄本《とうはん》ハ左ノ四箇ノ場合ニ於テハ正本ト同一ノ證據力《しやうこりよく》ヲ有ス

第一　公吏ノ作リシ公正證書《こうせいしやうしよ》ノ正式謄本《とうはん》タルトキ

第二　公正證書ノ謄本《とうはん》又ハ裁判上追認《つひにん》アリ且原本トシテ公吏《こうり》ノ許ニ藏《おさ》メタル私署證書《ししよしやうしよ》ノ謄本ヲ當事者ノ要求《ようきう》ニ因リ其相手方ノ面前ニテ其公吏ノ作《つく》リタルトキ

第三　當事者出席《しゆつせき》ノ上又ハ合式ニ之ヲ召喚《せうくわん》シタル上ニテ公吏カ裁判所《さいばんしよ》ノ命ニ依《よ》リテ其謄本《とうほん》ヲ作リタルトキ

第四　右三箇ノ場合《ばあい》ノ外適法《てきはう》ニ正本ヲ預リタル公吏ノ作《つく》リシ謄本カ異議《いぎ》ヲ受《う》ケスシテ其日附ヨリ二十个年ヲ經過《けいくわ》シ且當事者間ニ於テ主張《しゆちやう》セラレタル權利《けんり》ニ關シ裁判《さいばん》上又ハ裁判外ニテ既ニ援用《えんよう》セラレタルトキ

謄本ニハ左ノ諸件ヲ附記《ふき》スルコトヲ要ス

右第一ノ場合《ばあひ》ニ於テハ其謄本《とうほん》ハ正式謄本タルコト

第二ノ場合ニ於テハ當事者《とうじしや》ノ面前ニテ作《つく》リタルコト

第三ノ場合ニ於テハ裁判所《さいばんしよ》ノ命ニ依《よ》リテ作リタルコト

總テノ場合ニ於テ其謄本《そのとうほん》ヲ正本ト校合シタル旨又ハ其謄本ノ正本ニ符合《ふがふ》スル旨ヲ之ニ附記《ふき》スルコトヲ要ス

第五十八條　前條ニ記載《きさい》シタル四箇ノ場合《ばあい》ノ外ハ公吏ノ作リタル證《しやう》

(復寫)トハ謄本ヲ再ビ寫シタルヲ云フ
(人證)トハ證人ノ陳述ヲ證據トシテ取ル場合ナリ
(參考書)トハ證據トナラズシテ他ニ確實ナル證據アル場合ニ其事實ヲ確ムル材料トナスルニ過ザルモノヲ云フ
(第四號)トハ第四項ト云フガ如シ

書《しよ》ノ謄本ハ書面ニ因ル證據端緒《しやうこたんちよ》ノ用ヲ爲スノミ

第五十九條　公吏ノ作リタル謄本ノ復寫《ふくしや》ハ人證ヲ許ス可キ場合《ばあい》ニ限リ單純《たんじゆん》ナル參考書《さんかうしよ》ノ用ヲ爲《な》スノミ
然レトモ公正證《こうせいしやう》書《しよ》ノ謄本ヲ登記ノ公簿《こうぼ》ニ謄寫シタルトキハ其謄《とう》寫《しや》ハ書面ニ因ル證據端緒《しやうこたんちよ》ナリ
裁判上追認《ついにん》アリタル私署證書《ししよしやうしよ》ノ正本ノ右ニ同シキ謄寫《とうしや》ハ亦書面ニ因ル證據端緒《しやうこたんちよ》ノ効力ヲ有ス
謄寫カ其日附ヨリ二十个年ヲ經過《けいくわ》シ且異議ヲ受クルコト無《な》ク既《すで》ニ行使セラレタルトキハ其謄寫《とうしや》ハ第五十七條第四號ニ從ヒテ完全《くわんせん》ノ證據《しやうこ》トス

第七節　證人《しやうにん》ノ陳述《ちんじゆつ》

(解)證人《しやうにん》ノ陳述《ちんじゆつ》ハ通常民事《つうじやうみんじ》ノ場合ニ於テハ之レヲ證據トシテ採《さい》用《よう》セザルナリ如何トナレバ若シ之レヲ許ス片ハ證據《しやうこ》ヲ立ルヿ容易《ようい》

ナルヲ以テ濫リニ訴訟《そしやう》ヲ提起《ていき》スルノ恐レアレバナリ蓋シ訴訟濫起《そしやうらんき》ノ弊害《へいがい》タル一般ニ對シテハ金錢ト時間《じかん》トヲ空費《くうひ》セシメ以テ生産《せいさん》ヲ害シ一個人ニ於テハ無根ノ事實《じじつ》ニ法廷ニ召喚《せうくわん》セラルヽニ至リ爲メニ信用《しんよう》ヲ害スルヿアルベク而シテ法廷亦繁雑《はふていまたはんざつ》トナリ官費ヲ大ニ要スルニ至ルベキナリ然レ𪜈取引ノ小金額《せうきんがく》ナルモノニ至リテハ一々確實《かくじつ》ナル証書《せうしよ》ノ取爲換《とりかわせ》ハ出來得ザルヲ以テ此場合ニ於テハ止ムヲ得ズシテ證人《しやうにん》ノ陳述《ちんじゆつ》ヲ採用《さいよう》スルヿアルナリ

第六十條　物權《ぶつけん》又ハ人權ヲ創設《さうせつ》シ、移轉シ、變更《へんこう》シ又ハ消滅《せうめつ》セシムル性質《せいしつ》アル總テノ所爲《しよゐ》ニ付テハ其所爲ヨリ各當事者《かくとうじしや》又ハ其一方ノ爲《た》メニ生スル利益《りゑき》カ當時五十圓ノ價額《かかく》ヲ超過《てうくわ》スルトキハ公正證書又ハ私署證書《ししよしやうしよ》ヲ作ルコトヲ要ス

人證ハ右ノ價額《かかく》ヲ超過スルニ於テハ法律上《はふりつじやう》明示若クハ默示《もくし》ニテ例《れい》外《ぐわい》ト爲シタルトキニ非《あら》サレハ裁判所《さいばんしよ》之ヲ受理セス

第六十一條　雙務《さうむ》契約《けいやく》ニ於ケル證書ノ必要ハ權利《けんり》ノ最高ナル價額《かかく》ニ依ル

第六十二條　請求又ハ抗辯《こうべん》ノ目的カ金錢《きんせん》ニ非サル場合ニ於テ相手方《あひてかた》カ爭ノ價額五拾圓ヲ超過《てうくわ》スル旨ヲ陳述《ちんじゆつ》シテ人證ニ異議《いぎ》ヲ申立ツルトキハ裁判所《さいばんしよ》ハ訴訟ノ元素ニ從ヒ又ハ鑑定《かんてい》ニ從ヒテ豫《あらかに》メ假ノ評價《へうか》ヲ爲ス

第六十三條　書面《しよめん》ヲ作リタル場合ニ於テハ書面ニ反スル事項《おこう》若クハ書面外ノ事項ヲ證《しやう》スル爲メ又ハ書面ノ意義《いぎ》ヲ變更《へんこう》ス可キ樣其調製《てうせい》ノ際若クハ其前後《ぜんご》ニ申述《ちんじゆつ》シタルモノヲ證スル爲メニハ縱令五拾圓ヨリ少ナキ利益《りえき》ニ關スルモ人證ヲ許《ゆる》サス

此禁止ハ辨濟《べんさい》、免除、更改其他ノ義務《ぎむ》消滅《せうめつ》ノ原因ヲ證スル爲メ又ハ書面《しよめん》ヲ以テ證シタル物權《ぶつけん》ノ消滅又ハ變更《へんこう》ヲ證スル爲メ上ニ定メタル制限內《せいげんない》ニ於ケル人證ヲ妨《さまた》ケス

(權利ノ最高ナル價格)トハ一方ハ五十圓以下ニシテ一方ノモノハ義務ガ六十圓ナル時ハ双方トモ此六十圓ト云フ價額ニ從ハザルベカラザルナリ
(元素)トハ材料ニシテ即チ目的トスル物ヲ云フ
(鑑定)トハ鑑定人ノ定メタル價ヲ云フ
(辨濟)トハ義務ヲ返濟スルヿヲ云フ
(免除)トハ義務ヲ免スルヿナリ
(更改)トハ契約ノ義務ヲ改メルヿヲ云フ
(上ニ定メタル制限內)トハ五十圓以下ノヿヲ云フ

（脫漏）トハ時期場合等ヲ記入セザルヲ云フナリ

（補足）トハ不足ノ處ヲ補フナリ此時日場所等ハ金額ニ關セズ且重要ナラザルモノナルヲ以テ人證ヲ許スナリ

（請求又ハ抗辯ヲ減スルモ人證ヲ許サズ）トハ其證書文面五十圓以上ナル場合ニ於テ原告カ之レヲ請求スルトキ又ハ被告カ答辯スルニ當リ特更ラニ其金額ヲ五十圓以下トナスモ人證ヲ許サヾルナリ

（數額ヲ超過シタル價額ノ殘餘）トハ五十圓以上ノ價格ノ證文ニテ其內金ヲ受取リタル殘

總テノ場合ニ於テ主張《しゆちやう》セラレタル事實ノ日附及ヒ場所《ばしよ》又ハ履行ノ爲メ口頭ニテ定メタル時期及ヒ場所ノ脫漏《だつろう》ハ人證ヲ以テ之ヲ補足《ほそく》スルコトヲ得但此事《このこと》ヨリ生スル利益《りえき》ヲ主タル利益《りえき》ニ加ヘテ價額五拾圓ヲ超過《てうくわ》セサルトキニ限ル

第六十四條　爭《あらそひ》ノ利益カ五拾圓ヲ超過《てうくわ》スル場合ニ於テハ原告《げんこく》又ハ被告ハ縱令《たとひ》其以下ノ數額《すうがく》ニ請求又ハ抗辯《かうべん》ヲ減スルモ人證ヲ許サス

五拾圓ヲ超過《てうくわ》セサル請求又ハ抗辯カ此數額ヲ超過シタル價額《かがく》ノ殘《ざん》餘《よ》ナルトキ亦同シ

第六十五條　前條ニ規定《きてい》シタル二箇ノ場合《ばあひ》ニ於テ證人訊問ニ因リ五拾圓ヲ超過《てうくわ》シタル利益ナルコトヲ發見《はつけん》シタルトキハ人證ヲ許シタル裁判所ハ之ヲ取消《とりけし》スコトヲ要ス

其他證人訊問《じんもん》ニ因リ法律上之ヲ許《ゆる》サヽル事情《じじやう》ヲ發見シタル場合《ばあい》ニ於テモ亦同シ

リノ部分ヲ云フ
(法律上之レヲ許サヾル事情)トハ金錢ニ見積ベカラザル重要ナル訴訟ノ如シ
(塡補利息)トハ契約ニ據テ生ズル利息ヲ云フ之レニ反シテ遲延ノ利息ト云フアリ之レハ期限后ニ生ズル利息ナリ
(過怠約欵)トハ約束ノ期限ニ履行セザル𪜈ハ相談上罰金トシテ何程ヲ出スト云フカ如シ
(從タル債權)トハ利息過怠金等ヲ云フ
(人證ノ許サル可キ數個ノ請求)トハ金額五十圓以下ノ別々ナル訴訟ナ

第六十六條　上ノ規定ハ塡補《てんぽ》利息《りそく》、過怠約款又ハ契約《けいやく》ニ從ヒテ返還《へんくわん》ヲ受ク可キ果實《くわじつ》ノ計算ヲ加フルカ爲メニ五拾圓ノ額ヲ超過《てうくわ》スル場合ニ於テ原告《げんこく》又ハ被告《ひこく》カ證人ヲ以テ其主タル債權《さいけん》ヲ證スル爲メ此從タル債權《さいけん》ヲ拋棄《はうき》シ得ル妨ト爲ラス

右ノ超過《てうくわ》カ遲延《ちえん》利息又ハ要約セサル損害《そんがい》賠償又ハ請求《せいきう》後ニ返還ヲ受《う》ク可キ果實《くわじつ》ノミヨリ生スルトキハ全部ニ付キ人證ヲ許《ゆる》ス

第六十七條　書面《しよめん》ニ依リ全ク證セラレスシテ各別ニ人證ノ許《ゆる》サル可キ數箇ノ請求《せいきう》ヲ爲スコトヲ得ヘキ者ハ其原因《そのげんいん》ノ如何ニ拘ハラス一箇ノ訴狀《そじやう》ニ其數箇ノ請求ヲ併合《へいがふ》スルコトヲ要ス但其請求《せいきう》カ總テ滿《まん》期《き》ノモノニシテ同一裁判所《さいばんしよ》ノ管轄《くわんかつ》ニ屬《ぞく》スルモノタルトキニ限ル

右ノ手續《てつゞき》ヲ爲サヽルニ於テハ最早其脫漏《だつろう》シタル請求ニ付キ人證ヲ許《ゆる》サス

右ノ規定《きてい》ハ同一ノ請求ニ對シ數箇ノ抗辯《かうべん》ヲ以テ對抗《たいかう》セント主張ス

リ
(脫漏シタル請求)トハ一個ノ訴狀ニ併合セザリシ訴訟ナリ
(代表)トハ代リトナルヿナリ即チ代理人或ハ后見人等ヲ云フ
(不可抗力)トハ人力ヲ以テ防グベカラザル事變ヲ云フ

ル者ニ之ヲ適用《てきやう》ス

第六十八條　前條ニ記載《きさい》シタル如ク併合シタル數箇《すうか》ノ請求又ハ抗辯《こうべん》カ五拾圓ノ價額《がかく》ヲ超過スルトキハ人證ヲ許《ゆる》サス但此請求又ハ抗辯《こうへん》カ相異ナル原因《げんいん》ヨリ生スルトキヘ此限《このかぎり》ニ在ラス

第六十九條　左ノ塲合《ばあひ》ニ於テハ爭ノ價額《かがく》ノ如何ニ拘ハラス人證《じんしやう》ヲ許《ゆる》ス

第一　書面ニ因ル證據端緒《ちやうこたんちよ》ノ存スルトキ
證據端緒《ちやうこたんちよ》トハ之ヲ以テ對抗セラルル人又ハ其人ヲ代表《だいへう》シタル者ヨリ出テタル總《すべ》テノ書面ニシテ主張シタル事柄ニ付キ事實《じじつ》タルノ感《かん》ヲ起サシムルモノヲ謂《い》フ

主張シタル事柄《ことがら》ノ書面ニ因ル證據端緒《ちやうこたんちよ》アルトキハ書面外ノ事《じ》項《こう》又ハ書面ニ反スル事項ニ付キ人證《にんしやう》ヲ許ス

第二　原告又ハ被告カ不可抗力《ふかこうりよく》ニ因リ又ハ自己ノ過失《くわしつ》若クハ解《かい》

（急迫寄託）トハ人力ヲ以テ抗拒スベカラザル事變ノ際荷物等ヲ委託スルヲ云フ此場合ニハ證書等ヲ得ルヿ能ハザルナリ
（合意外ノ原因ヲ有スル義務）トハ契約外ノ非行即チ歐打誹謗其他過失ニヨリ他人ニ損害ヲ與ヘタル場合ヨリ生ズル義務ナリ此場合モ證書ヲ取リ得ベキモノニアラズ

怠《たい》ニ歸ス可カラサル意外《いぐわい》ノ事ニ因リテ其證書《しやうしよ》ヲ失ヒタルコトヲ證《しやう》スルトキ

第三　主張シタル事柄《ことがら》ノ有リタル當時《とうじ》利害關係人《くわんけいにん》カ書證ヲ得ル能《あた》ハサリシトキ

第七十條　前條第三號ハ殊ニ左ノ場合《ばあい》ニ之ヲ適用《てきよう》ス

第一　財產取得編《ざいさんしゆとくへん》第二百二十條及ヒ第二百二十一條第一項ニ規《き》定《てい》シタル急迫寄託《きうはくきたく》

第二　事變、不期ノ危險《きけん》又ハ急迫ナル必要《ひつよう》ノ場合ニ於テ負擔《ふたん》シタル義務《ぎむ》

第三　合意外ノ原因《げんいん》ヲ有スル義務但此場合《ばあい》ニ於テ不當ノ利得《りとく》、不正ノ損害《そんがい》又ハ法律ノ規定《きてい》ヨリ生シタリト主張スル義務《ぎむ》カ書面ヲ以テ證《しやう》ス可キ性質ノモノタル權利《けんり》行爲ヲ推量《すいりやう》セシムルトキハ豫メ其證據《しやうこ》ヲ供スルコトヲ要《よう》ス

（拘束）トハ之レニ束縛セラルヽヿニテ即チ從ハザルヲ得ザルヿヲ云フナリ
（心證）トハ判事ノ心ニ信ズル處ノモノナリ
（世評）トハ世上ノ

第七十一條　法律ガ人證ヲ許《ゆる》ス場合ノ外人證ヲ拒《こば》ムニ利益ヲ有スル當事者《とうじしや》ガ人證ニ依リテ證據《しやうこ》ヲ擧クルコトヲ承諾《しやうだく》スルトキハ裁判所ハ人證ヲ拒絶《きよぜつ》シ又ハ之ヲ許可《きよか》スルコトヲ得

第七十二條　判事《はんじ》ハ證人ノ證據《しやうこ》ニ因リテ拘束《こうそく》セラレズ其心證ニ從ヒテ判決《はんけつ》ス

第八節　世評《せひやう》

（解）　世評《せひやう》トハ世間ノ風評《ふうひやう》ナリ即チ其出所何人ニ屬《ぞく》スルヤ知ルベカラザルモノニシテ通常信《つうじやうしん》ヲ措クニ足ラザルモノナリ況ンヤ法律《はふりつ》上《じやう》ニ於テハ一般之レヲ證據《しやうこ》トシテ採用《さいよう》スベカラザルハ當然《とうぜん》ナリト雖𪜈時ニ或ハ其事實《じじつ》ノ明瞭《めいりやう》ニシテ更ニ疑《うたがひ》ヲ插《はさ》ムベカラザルモノナキニアラズ是レヲ以テ法律上之レヲ證據《しやうこ》トシテ採用《さいよう》スルヿ稀ニアルヿアリ本節《ほんせつ》ノ設ケアル之レニ依テナリ

第七十三條　法律上特ニ世評ニ因ル證據《しやうこ》ヲ許ス場合ノ外或ル事實《じじつ》ガ

風評又ハ新聞紙ノ記載等ヲ云フナリ(顯著)トハ判然トシテ何人モ知リタルコヲ云フナリ

顯著《けんちよ》ナルトキ法律《はうりつ》カ其規定《きてい》ヲ此事實ニ適用《てきよう》ス可キコトヲ定メタル各箇ノ場合《ばあい》ニ於《おい》テ此證《このしやう》ヲ用ユルコトヲ得

世評《せひやう》ニ因ル證據《しやうこ》ニ於テハ證人ハ事實《じじつ》ニ付キ直接ニ自ラ知ラサルモ傳聞《でんぶん》ニ因リ又ハ公然顯著《こうぜんけんちよ》ナルニ因リテ知リタル所ノモノヲ陳述《ちんじゆつ》スルコトヲ得

第三章　間接證據《かんせつしやうこ》

(解) 凡ソ裁判官《さいはんくわん》ナルモノハ訴訟事件《そしやうじけん》ニ付テハ必ズ之ニ判決ヲ爲サザルベカラザルヲ以テ直接《ちよくせつ》ナル證據即チ公正證書私署證書《こうせいしやうしよししよしやうしよ》若シクハ自白ノ如キモノナキ場合ニ於テハ間接證據《かんせつしやうこ》トシテ推定《すいてい》ヲ以テ決セザルベカラザルナリ而シテ此推定《すいてい》ニ二種アリテ一ヲ法律上《はうりつじやう》ノ推定ト云ヒ一ヲ事實上《じじつじやう》ノ推定ト云フ此二者各場合ニヨリテ法律上ノ證據力《しやうこりよく》ニ强弱《きやうじやく》アリ本章ニハ之レニ關スル規則《きそく》ヲ掲載《けいさい》セラレタリ

第七十四條　間接證據《かんせつしやうこ》ナル推定《すいてい》ハ法律カ直接證據《ちよくせつ》ナキ場合ニ於テ知レタル事實ヨリ知レサル事實ニ自ラ推及《すいきう》シ又ハ裁判官ノ明識《めいしき》ト思慮《りよ》トニ委《ゆだ》ヌル結果ナリ

右第一ノ推定《すいてい》ヲ法律《はうりつ》上ノ推定ト謂ヒ第二ノ推定ヲ事實ノ推定ト謂フ

第一節　法律《はうりつ》上ノ推定《すいてい》

（解）推定《すいてい》トハ或ル已ニ知リ得タル事實ヨリ未ダ知リ得ザル事實ヲ推究《すいきう》シテ考定《かうてい》スルヲ云フナリ而シテ此推定《すいてい》ヲ爲スニ裁判官ノ爲スモノト立法者ノ爲スモノトアリ立法者ノ爲ス推定《すいてい》ハ即チ法律《はうりつ》ノ推定ニシテ裁判官《さいはんくわん》ノ爲スモノハ事實上ノ推定ナリ故ニ裁判官ガ裁《さい》判ヲ爲スニ當リテ事實上ノ推定《すいてい》ヲ誤マルト雖モ之レ其人ニ委任《いにん》サレタルヿナレバ上告スルヲ破毀《はき》スルヿヲ得ズト雖モ法律上ノ推定《すいてい》ニ至テハ然ラス之ヲ誤マリタル片ハ之レヲ上告シテ其裁判《さいばん》ヲ破毀《はき》

(公益)トハ社會一般ノ利益ナリ(私益)トハ一私人ノ利益ナリ

(既判力)トハ判決ノ効力ナリ一段裁判所ニ於テ判決ヲナシ相當法律ニテ定メタル控訴上告ノ期限ヲ經過シテ既ニ確定裁判トナリタルモノナリ(時効)トハ或期限ノ經過ニヨリ權利ヲ得又ハ義務ヲ免

スルヿヲ得ベキナリ

第七十五條　法律上ノ推定ニハ其證據力《ちやうこりよく》ト其原因トニ從ヒテ左ノ區《く》別《べつ》アリ

第一　完全《くわんせん》ニシテ公益《こうゑき》ニ關スルモノ

第二　完全ニシテ私益《しゑき》ニ關スルモノ

第三　輕易《けいい》ナルモノ

第一款　公益《こうゑき》ニ關スル完全《くわんせん》ナル法律上ノ推定

第七十六條　公益《こうゑき》ニ關スル完全ナル法律《はうりつ》上ノ推定《すいてい》ハ法律ノ明示《めいし》シテ定メタル場合《ばあひ》及ヒ方法ニ從フニ非サレハ反對《はんたい》ノ證據《しやうこ》ヲ許サス此推《すい》定《てい》ハ之ヲ左ニ掲ク

第一　既判力《きはんりよく》

第二　取得《しゆとく》又ハ免責《めんせき》ノ時效《じかう》

第七十七條　既判力ハ判決主文《はんけつしゆぶん》包含《はうがん》スルモノニ存ス

第七十八條　既判力ハ眞正《しんせい》ト推定《すいてい》セラル
然レトモ確定ト爲ラサル判決ハ民事訴訟法《みんじそせうはう》ニ定メタル方式《はうしき》及ヒ期《き》間《かん》ニ於テ之チ攻撃《こうげき》スルコトヲ得

第七十九條　判決ノ確定《かくてい》ト爲リタルトキ同一ノ爭《あらそひ》ヲ再ヒ訴《うつた》フルニ於テハ其爭ハ下ノ區別《くべつ》ニ從ヒ既判力《きはんりよく》ニ依リテ之ヲ斥《しりぞ》ク

第八十條　判決カ全部《ぜんぶ》又ハ一分ニ付キ公ノ秩序《ちつじよ》ニ關スルトキハ既判《きはん》力《りよく》ニ因ル不受理《ふじゆり》ノ理由ハ裁判所ノ職權《しよくけん》チ以テ之チ補足《ほそく》スルコトヲ要ス
此他ノ場合ニ於テハ利害關係人《りがいくわんけいにん》ヨリ其不受理《ふじゆり》ノ理由ヲ以テ對抗《たいこう》スルコトヲ要ス

第八十一條　既判力《きはんりよく》ニ因ル不受理ノ理由《りゆう》ヲ以テ新請求《せいきう》又ハ新答辯《たふべん》ニ對抗《たいこう》スルコトヲ得ルニハ其請求《せいきう》又ハ答辯《たふべん》カ舊請求又ハ舊答辯ニ比《ひ》較《かう》シテ左ノ諸件アルコトヲ要ス

ル、チ云フ下ニ詳ナリ
（確定トナラザル判決）トハ未ダ控訴期限アルモノヲ云フ
（既判力ニ因ル不受理）トハ一事件ヲ再ビ審理セザルコトヲ云フ有名ナル法律ノ原則ナリ之レ一度判決セシコヲ再ビ判決スル時ハ裁判所ノ信用チ害シ且際限ナキチ以テナリ
（目的ノ同一）トハ前ノ訴訟モ金額ノ請求ニシテ后ノ訴訟モ金額ノ請求ヲ目的トスルガ如シ

(原因ノ同一)トハ前訴訟ノ金額請求モ貸金ニシテ后ノ請求モ原因貸金ナルトキヲ云フ
(權利上ノ資格ノ同一ナルコト)トハ前訴訟ノ貸主ハ后ノ訴訟ノ貸主ナルガ如シ

(方式ノ瑕疵)トハ證書ニ必要ナル式ヲ欠キタルコトヲ云フ
(舊爭)トハ前ノ訴訟ノコトナリ
(承諾ノ各種ノ瑕疵)トハ詐欺又ハ錯誤ニヨリテ承諾

第一　權利《けんり》又ハ事實《じじつ》ニ關シ爭《あらそひ》ノ目的ノ同一ナルコト
第二　主張《しゆてう》ノ原因《げんゐん》ノ同一ナルコト
第三　原告被告《げんこくひこく》ノ權利《けんり》上ノ資格《しかく》ノ同一ナルコト

第八十二條　新請求《せいきう》又ハ新答辯《たうべん》ノ目的カ數量《すうりやう》ニ付テノミ舊請求《きうせいきう》又ハ舊答辯《きうたうべん》ノ目的ト異《こと》ナリタルトキハ新請求又ハ新答辯ノ目的ハ舊請求又ハ舊答辯ニ包含《はうがん》シタルモノト看做《みな》ス但舊請求又ハ舊答辯ヲ裁《さい》判《はん》セシ裁判所カ新請求又ハ新答辯ノ數量《すうりやう》ヲ正當《せいたう》トスルニ於テハ之ヲ許與《きよよ》スル權力《けんりよく》ヲ有セシトキニ限ル

第八十三條　舊爭《きうそう》カ合意《がふい》又ハ遺言《いげん》ノ銷除《せうぢよ》、廢罷《はいひ》又ハ解除《かいぢよ》ヲ目的トシタルトキハ其爭《あらそひ》ノ際《さい》存在シタルモ當事者《たうじしや》ノ知リテ申立テサリシ他ノ同性質《どうせいしつ》ノ原因ハ當事者之ヲ拋棄《はうき》シタリト推定《すいてい》セラレ更ニ之ヲ新爭《しんそう》ノ原因トシテ用ユルコトヲ得ス
方式《はうしき》ノ瑕疵《かし》アル證書《しやうしよ》ヲ其瑕疵《かし》ノ爲メ無效《むかう》トスル舊爭《きうそう》中ニ申立テサ

シタル場合ナリ
(無能力)トハ幼者有夫ノ婦ノ承諾ヲ云フナリ

(相互代理)トハ互ニ代理ヲ爲シ云フベキ性質ノモノヲ云フ彼ノ連帶義務ノ場合又ハ共有物ノ所有主ノ如キハ相互代理タルモノナリ

リシ他ノ方式ノ瑕疵《かし》ニ付テモ亦同シ
本條ノ適用《てきよう》ニ於テ銷除《しやうじよ》ノ訴《うつたへ》ノ爲メニハ承諾《しやうだく》ノ各種ノ瑕疵《かし》及ヒ各種ノ無能力《むのうりよく》ヲ同性質ノ原因ト看做《みな》シ又解除《かいじよ》ノ訴ノ爲メニハ合意《かつい》不履《より》行《こう》ノ各種ノ場合ヲ同性質《せいしつ》ノ原因ト看做ス

第八十四條　當事者《とうじしや》カ或ハ自身《しじん》ニテ同一ノ資格《しかく》ヲ以テ既ニ舊訴訟《きうそせう》ニ出テタルトキ或ハ舊訴訟ニ於テ其前主《ぜんしゆ》若クハ代理人《だいりにん》ニ因リテ代表《だいひやう》セラレタルトキ或ハ利害關係人《りがいくわんけいにん》ノ結合《けつがう》カ暗《あん》ニ相互代理《さうごだいり》タルトキハ當事者ノ權利《けんり》上ノ資格《しかく》ハ同一ナリトス

第八十五條　刑事《けいじ》裁判所カ犯罪《はんざい》ノ所爲《しよい》ノ爲メニ要求セシ民事上ノ賠《ばい》償《しやう》ニ付キ判決《はんけつ》シタル場合ノ外尙ホ重罪《ぢうざい》、輕罪《けいざい》又ハ違警罪《いけいざい》ノ判決ハ犯罪《はんざい》ニ附着《ふちやく》スル民事上ノ利益《りえき》ニ付キ既判力《きはんりよく》ヲ有ス但犯罪所爲《はんざいしよゐ》ノ眞《しん》實《じつ》、其犯罪《はんざん》ノ性質《せいしつ》及ヒ被告《ひこく》人ノ罪責《ざいせき》ニ付テノ裁判ニ關スルモノニ限ル

（資格ヲ付與シ又ハ拒絶スル）トハ法律ガ豫メ婚姻前ノ出生子ハ私生ト看做等ノヿヲ規定シタル場合ニ婚姻后ノ出生子ハ事實ヲ如何ヲ問ハズ正當ノ子ト見認メ然ラザルモノハ其資格ヲ與ヘザルガ如シ

（制規ノ公示）トハ不動産ノ賣買ハ登記スベシ然ラザレバ公示ノ効ナシト法律ガ定メタルガ如キ場合ヲ云フナリ

（和解）トハ互ニ其權利ノ一歩ヲ讓リ示談ナスヿヲ云フ

第二款　私益《しえき》ニ關スル完全《くわんぜん》ナル法律上ノ推定《すいてい》

第八十六條　法律《はうりつ》上ノ推定《すいてい》ハ左ノ場合ニ於テハ私益《しえき》ニ關スル完全《くわんぜん》ノモノタリ

第一　法律カ人ノ身分《みぶん》ニ關スル或ル資格《しかく》ヲ付與《ふよ》シ又ハ拒絶《きよぜつ》スルトキ

第二　法律カ或ル所爲《しよい》ヲ其規定《きてい》ニ背《そむ》キタルモノト推定《すいてい》シテ取消《とりけ》ストキ

第三　法律カ制規《せいき》ノ公示《こうじ》ナキニ因リ第三者ニ知レサルモノト推《すい》定シテ或ル權利《けんり》ノ行使《こうし》ヲ拒絶《きよぜつ》スルトキ

此法律《はうりつ》上ノ推定《すいてい》ハ法律ノ明示《めいし》シテ定メタル場合《ばあい》及ヒ方法《はうはう》ニ從フニ非サレハ反對《はんたい》ノ證據《しようこ》ヲ許《ゆる》サス

然レトモ和解《わかい》ヲ許《ゆる》ス場合ニ於テハ此推定《すいてい》ハ口頭自白《こうとうじはく》ヲ以テ何時ニテモ之ヲ覆《くつが》ヘスコトヲ得

（輕易ナル法律上ノ推定）トハ完全ナル證據ニアラズシテ容易ニ反對ノ證據ヲ以テ打破スルヲ得可キモノナリ

第三款　輕易《けいい》ナル法律《はうりつ》上ノ推定《すいてい》

第八十七條　上ノ法律《はうりつ》上ノ推定《すいてい》ニ非サルモノハ輕易《けいい》ナル法律上ノ推定ナリ此推定ニ付テハ法律カ反對《はんたい》ノ證據《しやうこ》ヲ明許《めいきよ》セサルトキト雖モ總《すべ》テ之ヲ許ス

右反對《はんたい》ノ證據《しやうこ》ハ前二章ニ規定《きてい》シタル條件《ぢやうけん》ヲ以テスルニ非サレハ之ヲ擧《あ》クルコトヲ得ス

又輕易《けいい》ナル法律上ノ推定ハ次條《じじやう》ノ場合ニ於テハ事實《じじつ》ノ推定ヲ以テ之ヲ駁撃《はくげき》スルコトヲ得

第二節　事實《じじつ》ノ推定《すいてい》

（解）訴訟《そしやう》トナルベキ事件《じけん》ハ種々アルヲ以テ時ニ直接《ちよくせつ》ニ其事實ノ有無《うむ》ヲ徴スベキ證據《しやうこ》ナキヿアルベシ此時ニ於テハ論理上《ろんりじやう》ノ推定《すいてい》ニヨリ判定ヲ爲サヾルベカラザルハ已ニ述《の》ベタルガ如シ而シテ事變《じへん》百出《ひやくしゆつ》豫《あらかじ》メ法律ヲ以テ定メ得ザルヲ以テ法律上《はうりつじやう》ノ推定《すいてい》ノ外事實上

（裁判ノ元素）トハ裁判事件ノ原因目的等ヲ云フ
（訴訟ノ事情）トハ訴訟事件ノ一般ノ有樣ヲ云フナリ

ノ推定ナル者アラザルヲ得ズ此推定《すいてい》ハ單ニ裁判官ノ心裡《しんり》ニテ判斷《はんだん》スル者ナルヲ以テ何故ニ斯ク推定《すいてい》セシヤハ說明《せつめい》スルヲ要セザル也

第八十八條　法律ガ裁判所《さいはんしよ》ニ其裁判ノ元素《げんそ》ヲ訴訟《そしやう》ノ事情ニ付キ採取《さいしゆ》スルコトヲ許《ゆる》ス特別ナル場合ノ外尙《な》ホ裁判所《さいはんしよ》ハ人證《にんしやう》ヲ許ス可キ場《ば》合《あひ》ニ於テハ何等ノ直接《ちよくせつ》ノ證據《しやうこ》ヲモ擧《あ》ゲサルトキト雖モ事情《じじやう》ヨリ生スル心證《しんしやう》ニ從ヒテ爭《あらそひ》ヲ決スルコトヲ得

第二部　時效《じかう》

第一章　時效ノ性質《せいしつ》及ヒ適用《てきよう》

（解）　時効《じかう》トハ法律ニ於テ定メタル或一定ノ時期《じき》ヲ經過《けいくわ》シタルノ効力ニヨリテ物上又ハ對人ノ權利《けんり》ヲ得又ハ免ルヽコトヲ云フナリ蓋《けだ》シ時ノ經過《けいくわ》ハ人ノ記憶《きをく》ヲ亡失セシムルモノナルヲ以テ事ノ大小輕《だいしようけい》重《ちよう》ニヨリ時間《じかん》ニ長短《ちやうたん》ノ別アリトハ雖モ到底遺忘《ゐばう》ハ免ルヽ能ハザ

（瞬間時效）トハ若干ノ時間ヲ經過スルヲ要セズ即時ニ時效ヲ得ルモノナリ

（九十六條及ヒ百六十一條）ハ共ニ時效ノ權利ヲ拋棄シタル場合ナリ

ルナリ故ニ余リ長時間ヲ經過《けいくわ》スル𪜈ハ原被告《げんぴこく》互ニ證據《しやうこ》ヲ呈出スルヿ能ハザルヿアルベク又其權利義務《けんりぎむ》ノ起リタル原因《げんゐん》ハ如何ナルヤモ辨明《べんめい》スルヲ得ザルヲ以テ公正確實《こうせいかくじつ》ナル裁判ヲ下スヿ能ハザルベキナリ加之《しかのみならず》幾年《いくねん》ヲ經過《けいくわ》スルモ訴訟ヲナスヲ得ルトスル𪜈ハ人々何時訴訟《なんどきそしやう》セラルヽヤモ知ルベカラザルヲ以テ常ニ戰々競々《せん〳〵きやう〳〵》トシテ安心《あんしん》スルノ期ナク其弊害實《へいがいじつ》ニ大ナルヲ以テ法律《はふりつ》ガ之レヲ設ケタル所以ナリ

第八十九條　時效《じこう》ハ時《とき》ノ効力《こうりよく》ト法律ニ定メタル其他ノ條件《じやうけん》トヲ以テスル取得《しゆとく》又ハ免責《めんせき》ノ法律上ノ推定《すいてい》ナリ但動産《どうさん》ノ瞬間時效《しゆんかんじかう》ニ關スル第百四十四條以下ノ規定《きてい》ヲ妨《さまた》ケス

第九十條　正當《せいとう》ナル取得《しゆとく》又ハ免責《めんせき》ノ推定《すいてい》ハ完全《くわんぜん》ニシテ公《おほやけ》ノ秩序《ちつじよ》ニ關スルモノトス此推定《すいてい》ハ第九十六條及ヒ第百六十一條ニ規定《きてい》シタル如ク法律ノ定メタル場合《ばあひ》及ヒ方法ニ從フニ非サレハ反對《はんたい》ノ證據《しやうこ》

(占有ノ有益ニ始マリタル日ニ遡ル)トハ占有シテ已ニ利益ナリシ時チ占有ノ始メトシ爭ヒノ起リタル日ヨリ遡テ占有ノ時マデ逆算スルヿナリ

(取得時効)トハ權利ヲ得ルノ時効ナリ

(免責時効)トハ義務チ免レタルノ時効ナリ

(総テノ人ニ對シ進行ス)トハ如何ナル人ニ對シテモ之レヲ中斷スルヿナク進ムヲ云フ

(時効停止ノ利益ヲ受クル人)トハ幼者ノ如キヲ云フ

チ許サス

第九十一條　取得時《しゆとくじ》效《かう》ノ效力ハ占有《せんゆう》ノ有益《ゆうえき》ニ始マリタル日ニ遡《さかのぼ》ル免責《めんせき》時效ノ效力ハ債權者《さいけんしや》カ其權利チ第百二十五條以下ニ記載《きさい》シタル區別《くべつ》ニ從ヒテ行フコトヲ得ヘカリシ日ニ遡《さかのぼ》ル

第九十二條　或ル訴權《そけん》ノ行使《かうし》ノ爲メ法律ニ定メタル期間《きかん》ハ其訴權《そけん》ノ性質《せいしつ》ニ因リテ取得時《しゆとくじ》效《かう》又ハ免責時《めんせきじ》效《かう》ノ一般ノ規則《きそく》ニ從フ但法律カ明示《めいし》又ハ默示《もくし》ニテ例外《れいぐわい》チ設《まか》ケタル場合ハ此限ニ在ラス

第九十三條　時《じ》效《かう》ハ總テノ人ヨリ之ヲ援用《ゑんよう》スルコトヲ得又時效ハ總テノ人ニ對シテ進行《しんかう》ス但法律ニ依リ時《じ》效停止《かうていし》ノ利益《りえき》ヲ受クル人ニ對《たい》シテハ此限ニ在ラス

第九十四條　總テ融通物《ゆうつうぶつ》ハ時效ニ罹《かゝ》ルコトヲ得但法律《はうりつ》上之ニ異《こと》ナル規定《きてい》ヲ設《まふ》ケタルモノハ此限ニ在ラス不融通物《ふゆうつうぶつ》及ヒ讓渡《ゆづりわた》スコトヲ得サル物ハ時《じ》効《かう》ニ罹《かゝ》ルコトヲ得ス

之レ等ハ丁年ニ至ラザル間ハ時効ヲ停止スルヿアルナリ

（融通物）トハ各人ノ間ニ受授スルヿヲ得可キモノナリ

（法律上ノ權能）トハ權利ニ屬スルノ能力ヲ云フモノニシテ權利自身ヲ云フニアラズ故ニ已ニ權利アリト定マリタル以上ハ何時ニテモ其權利ヲ害スルモノアル𪜈ハ其能力ヲ行フヲ得ルナリ而シテ此能力ハ幾何ノ時間ヲ過グルモ失フヿナキナリ

（援用スルヲ要ス）トハ援ヲ以テ論辨ノ用ニ供スルヿヲ云フ若シ之レヲ援

公有《こうゆう》ノ財産《ざいさん》ハ動産《どうさん》ト雖モ亦同シ

第九十五條　自己《じこ》ノ財産《ざいさん》ニ付キ又ハ他人ニ對《たい》シテ行フコドヲ得ル法律《はうりつ》上ノ權能《けんのう》ハ幾許《いくばく》ノ時期間《じきかん》之ヲ行ハサルモ爲メニ喪失《もうしつ》セス但法律《はうりつ》丶合意又ハ遺言《いげん》ニ於テ之ニ異《こと》ナル定ヲ設《まう》ケタル場合ハ此限ニ在ラス

第九十六條　判事《はんじ》ハ職權《しよくけん》ヲ以テ時效《じこう》ヨリ生スル請求《せいきう》又ハ抗辯《かうべん》ノ方法ヲ補足《はそく》スルコトヲ得ス時效ハ其條件ノ成就《じやうじゆ》シタルカ爲メ利益《りえき》ヲ受ケル者ヨリ之ヲ援用《ゑんよう》スルコトヲ要ス

時效ヲ援用《ゑんよう》スル當時幷《あは》セテ正當《せいとう》ノ取得《しゆとく》又ハ免責《めんせき》ナキコトヲ追認《ついにん》スル者ハ時效ヲ抛棄《はうき》シタリト看做《みな》ス

第九十七條　時效《じこう》ヲ援用《ゑんよう》スルニ利益《りえき》ヲ有スル當事者《たうじしや》ノ總テノ承繼人《しようけいにん》ハ或ハ原告《げんこく》ト爲リ或ハ被告《ひこく》ト爲リ其當事者ノ權《けん》ニ基《もとづ》キテ時效ヲ援《ゑん》用《よう》スルコトヲ得

用セザル𪜈ハ其人ノ不利益トナルモ判事ハ自ラ其事件ニ時効ヲ適用スルヿヲ得ザルナリ

(中斷)トハ時効ノ經過中或事故ニヨリ其時効ヲ斷絶スルヿナリ此場合ニ於テハ其事故ノ終リタル日ヨリ又新ニ期限ヲ起算セザルベカラザルナリ(停止)トハ時効ノ中間ヲ斷絶スルニアラズシテ其經過ヲ止ムルナリ故ニ其停止ノ期日ヲ過グル𪜈ハ前ニ經過セシ日ヲ加ヘテ數フルヿヲ得

債權者《さいけんしや》ハ財產編《ざいさんへん》第三百三十九條ニ從ヒテ右ト同一ノ權利《けんり》ヲ有ス

第九十八條　時效ハ訴訟《そせう》中何時ニテモ之ヲ援用スルコトヲ得又控訴《こうそ》ニ於テモ始メテ之ヲ援用《ゑんよう》スルコトヲ得然レトモ上告《じやうこく》ニ於テハ始メテ之ヲ援用スルコトヲ得ス

第九十九條　年又ハ月ニ依リテ成就《せうじゆ》ス可キ時效ハ暦《れき》ニ從ヒテ之ヲ算《さん》ス

日ニ依リテ成就《せうじゆ》ス可キ時效ハ午前《ごぜん》零時ヨリ午後《ごご》十二時マテヲ一日ト爲シテ之ヲ算《さん》ス

時效《じかう》ノ進行《しんかう》ノ始マリタル日又ハ其中斷《ちうだん》若クハ停止《ていし》ノ後再ヒ進行ノ始マリタル日ハ之ヲ算《さん》セス

最後《さいご》ノ日ハ全ク經過《けいくわ》スルコトヲ要ス

第二章　時效《じかう》ノ拋棄《はうき》

(解)　時効《じかう》ハ之レヲ拋棄《はうき》スルヿヲ得ルナリ何ントナレバ人ハ己ノ

（占有ノ容假）トハ其占有ハ自己ノ所有ト信ジテ所持スルニアラズシテ他人ノ物品ナルヲ知テ所持スルヿヲ云フナリ時効ヲ得ルニハ自己ノ所有ト信ジテ所持スルヲ要スルナリ

利益《りえき》ヲ抛棄《はうき》スルハ自由ナルヲ以テナリ然レ𪜈豫メ時効《じかう》ヲ抛棄《はうき》スルノ約ヲナスヿ能ハズ之レ時効《じかう》ナルモノハ時ノ經過《けいくわ》ニヨリテ證據《しやうこ》湮《いん》滅《めつ》等ノ理由《りいう》ニ據ルモノナルヲ以テ其性質上《せいしつじやう》豫知《よち》スルヿハ得ベカラサルモノナルガ故ナリ本章ニハ單ニ時効《じかう》ノ抛棄《はうき》トアリト雖モ未ダ時効《じかう》ヲ得ズシテ時効ヲ得ルノ材料《ざいれう》トモ云フベキ未ダ時効《じかう》ヲ得ルニ達セザル時間《じかん》モ抛棄《はうき》スルヿヲ得ルモノナリ此時ハ時効《じかう》ノ中斷《ちうだん》ニ爲スモノナリ

第百條 時效ハ豫《あらかじ》メ之ヲ抛棄《はうき》スルコトヲ得ス但第百二十條第二項《かう》ニ記スル如ク占有《せんいう》者カ將來ニ向ヒテ其占有《せんいう》ノ容假《ようか》ヲ認ムル權利《けんり》ニ妨《さまたげ》ナシ
成就《じやうじゆ》シタル時效ハ之ヲ抛棄《はうき》スルコトヲ得又ハ其進行《しんかう》中ト雖モ既ニ經《けい》過《くわ》シタル時期《じき》ノ利益《りえき》ハ之ヲ抛棄《はうき》スルコトヲ得
此場合《ばあい》ニ於テハ第百十八條以下ニ記載《きさい》セル相手方《あひてかた》ノ權利《けんり》ヲ追認《ついにん》シ

（明カニ事情ヨリ顯ハル、コトヲ要ス）ト、單ニ意中ニテ思フノミニテハ可ナラズシテ外面ニ顯ハルヽヲ要スルトノ意ナリ

（能力）トハ契約ヲ結ブ能力ノ類ヲ云フ幼者禁治産者有夫ノ婦等ハ此能力ナキナリ

タル場合ニ於ケルト同シク時效ハ中斷ス

第百一條　抛棄ハ默示タルコトヲ得ルト雖モ明カニ事情ヨリ顯ハルコトヲ要ス

第百二條　成就シタル時效ヲ有效ニ抛棄スルニハ取得シタリト推定セラル、權利ヲ無償ニテ讓渡シ又ハ消滅シタリト推定セラル、義務ヲ無償ニテ負擔スル能力アルコトヲ要ス

第百三條　債權者ハ其權利ヲ詐害シテ債務者ノ爲シタル時效ノ抛棄ニ對シテハ財産編第三百四十條以下ニ定メタル條件及ヒ方法ニ從ヒ自己ノ名ヲ以テ之ヲ攻撃スルコトヲ得

第三章　時效ノ中斷

（解）時效ハ其進行中ハ安穩ニ經過セザルベカラズトハ法律ノ原則ナリシ安穩ナラズシテ其進行ノ中途ニ於テ故障ヲ生ズルトキハ其利益タル經過シタル時間ハ中間ニ於テ斷絶セラルヽナリ而シテ其

（自然ノ中斷）トハ性質上ニ於ケル自然ノ結果ニヨル中斷ナリ百六條ノ規定ノ如シ

（法定ノ中斷）トハ法律ノ定メタル原因ニヨリテノ中斷ナリ

（共通）トハ双方ニ通ズルナリ

斷絶《だんぜつ》スルヤ前章ノ如ク拋棄《はうき》ニヨリテ自己ノ所爲《しよゐ》ヨリ生ズルヿアリ又他人ノ所爲《しよゐ》ヨリ生ズルヿモアルナリ本章ハ之ニ關《くわん》スル規定《きてい》ヲ掲《けい》載《さい》ス而シテ何レノ場合ニ於テモ中斷《ちうだん》ハ經過《けいくわ》シタル時間ノ利益《りゑき》ヲ打《うち》消《け》スモノニシテ更ニ中斷后《ちうだんご》新ニ期限《きげん》ヲ計算《けいさん》セザルベカラザルナリ

第百四條　經過《けいくわ》シタル時期ノ利益《りゑき》カ下ニ記シタル原因《げんいん》ノ一ニ由リテ消滅《せうめつ》スルトキハ時効ハ中斷《ちうだん》ス

中斷《ちうだん》シタル時効ハ中斷ノ原因ノ止《や》ミシ時ヨリ更ニ進行《しんこう》ス

第百五條　時効ノ中斷《ちうだん》ハ自然ノモノ有リ法定《はうてい》ノモノ有リ

自然《しぜん》ノ中斷ハ取得時效《しゆとくじかう》ニ關シテノミ生ス

法定《はうてい》ノ中斷ハ取得及ヒ免責《めんせき》ノ時效ニ共通《きやうつう》ナリ

第百六條　動産不動産《どうさんふどうさん》又ハ包括動産《はうくわつどうさん》ノ占有者《せんゆうしや》カ眞ノ所有者又ハ第三者ノ所爲ニ因リテ一个年以上其占有《せんゆう》ヲ奪《うば》ハレタルトキハ自然《しぜん》ノ中《ちう》斷《だん》アリ

(包括動產)トハ合有セラレタル動產ナリ例令バ不動產ニ付從スル草木庭石等ノ如キヲ云フ

(不可抗力)トハ人力ヲ以テ防グベカラザル事變ヲ云フナリ

(任意)トハ自由ノ意志ナリ即チ勝手ニテ自己ノ占有タルノ擧動ヲナサヾルコトナリ

占有《せんゆう》ヲ取戾《とりもど》シタルトキハ時效ハ更ニ進行《しんかう》ス

若シ不可抗力《ふかこうりよく》ニ因リテ占有《せんゆう》ヲ奪《うば》ハレタルトキハ自然ノ中斷ナシ

第百七條　自然ノ中斷ハ各利害關係人《りがいくわんけいにん》ノ爲メニ其效ヲ生ス

第百八條　占有者《せんゆうしや》カ或ル時間任意《にんい》ニテ其占有ヲ止《や》メシトキハ其占有《せんゆう》ノ不繼續《ふけいぞく》ノ效力ハ第百三十九條ニ於テ之ヲ規定《きてい》ス

第百九條　法定《はうてい》ノ中斷ハ左ノ諸件ヨリ生ス

第一　裁判《さいばん》上ノ請求《せいきう》

第二　勸解《くわんかい》上ノ召喚《せいくわん》又ハ任意出席《にんいしゆつせき》

第三　執行文提示《しつこうぶんていじ》又ハ催告《さいこく》

第四　差押《さしおさへ》

第五　任意《にんい》ノ追認《ついにん》

右ノ手續《てつゞき》又ハ追認《ついにん》ノ行爲《こうゐ》カ時效ノ爲メ害《がい》ヲ受クル者ノ權利《けんり》ニ明《あきら》カニ關係《くわんけい》スルコトヲ要ス

第百十條　法定《ほうてい》ノ中斷《ちうだん》ハ中斷ノ所爲《しよゐ》ヲ行ヒタル者及ヒ其承繼《しようけい》人ノ爲メニ非サレハ其效《かう》ヲ生セス

第百十一條　本訴《ほんそ》ト附帶《ふたい》訴ト反訴《はんそ》トヲ問ハス裁判上ノ請求《せいきう》ハ時效ヲ中斷ス但其請求カ方式《はうしき》ニ於テ無效タルトキ又ハ管轄違《くわんかつちがひ》ノ裁判所ニ之ヲ爲シタルトキモ亦同シ

然レトモ右但書ノ場合ニ於テ中斷ハ初ノ請求ヲ棄却《きゝやく》セシ判決《はんけつ》アリタル時ヨリ二ケ月内ニ更ニ合式《がうしき》ノ訴ヲ提起《ていき》セサルニ於テハ之ヲ不《ふ》成立《せいりつ》ト看做《みな》ス

第百十二條　中斷ハ左ノ場合ニ於テモ亦之ヲ不成立《ふせいりつ》ト看做ス

第一　請求カ其基本《きほん》ニ於テ棄却《きゝやく》セラレタルトキ

第二　原告《げんこく》カ取下《とりさげ》ヲ爲シタルトキ

第三　訴訟手續《そせうてつゞき》カ民事《みんじ》訴訟法《そせうはう》ニ定メタル時間《かん》休止《きうし》シテ無効《むかう》ト爲リタルトキ

(附帶訴)トハ本訴ニ附帶シテ起ス訴訟ナリ例令バ地所明渡ノ訴訟ニ從來ノ損害金高ヲ附帶トシテ訴フルカ如シ

(反訴)トハ一方ヨリ訴ヘラルヽニ當リ反對ニ原告ヲ訴フルヲ云フナリ

(基本)トハ方式又ハ枝葉ノ點ニアラズシテ重要ナル點ニ於テ棄却セラルヽヿヲ云フ

(取下)トハ從來ノ願下ノヿナリ

(提起)トハ訴訟ノ起リニシテ訴狀ヲ裁判所ニ出セシ𪜈ヲ云フ
(確定)トハ控訴又ハ上告ヲスベカラザルニ至リタル𪜈ヲ云フ
(任意出席)トハ時効ノ利益ヲ受クルモノガ自ラ裁判所ニ出席スルヲ云フ
(管轄違)トハ裁判所ノ管轄ヲ違ヘタル場合ナリ例ヘバ横濱裁判所ニ訴フベキヲ東京裁判所ニ訴フルガ如シ
(闕席)トハ裁判所ニ出ザルヿヲ云フ
(執行文)トハ裁判所ノ判決ヲ行フ處ノ文章ナリ
(差押)トハ敗訴者ノ財産ヲ使用運轉

第百十三條　裁判《さいばん》上ノ請求ヨリ生スル中斷ハ訴訟《そせう》ノ提起《ていき》ヨリ其判決ノ確定《かくてい》ト爲ルマテ繼續《けいぞく》ス

第百十四條　勸解《くわんかい》上ノ召喚《せうくわん》又ハ任意出席《にんいしゆつせき》ニ因ル時効ノ中斷ハ主タル請求ハ勿論《もちろん》其反對《はんたい》ノ請求ヨリモ生ス

召喚《せうくわん》ノ無効《むかう》ハ方式《はうしき》ノ瑕疵《かし》ニ因ルモ管轄違《くわんかつちがひ》ニ因ルモ中斷ヲ妨《さまた》ケス但初ノ召喚ノ無効ト爲リタルヨリ一个月内ニ更ニ合式《がうしき》ノ召喚ヲ爲スコトヲ要ス

合式《がうしき》ノ召喚ノ上勸解不調《くわんかいふてう》ノ場合及ヒ被告《ひこく》ノ闕席《けつせき》ノ場合ニ於テ中斷ハ一个月内ニ裁判上《さいばんじやう》ノ請求ヲ爲ササルトキハ之ヲ不成立《ふせいりつ》ト看做ス

第百十五條　執行文提示《しつかうぶんていし》ヨリ生スル中斷ハ一个年内ニ差押《さしおさへ》ヲ爲ササルトキハ之ヲ不成立ト看做ス

右ノ中斷ハ方式《はうしき》ノ瑕疵《かし》ニ因リテ其提示《ていじ》ノ無効ナルトキト雖𪜈尚ホ成立《せいりつ》ス但催告《さいこく》ヨリ生スル中斷《ちうだん》ノ爲メ下ニ定メタル條件《でうけん》ヲ履行《りかう》スル

コトヲ要ス

第百十六條　義務履行《ぎむりこう》ノ催告《さいこく》ハ義務ノ目的《もくてき》、原因《げんいん》及ヒ債務者ヲ明カニ指示《しじ》シ且六个月內ニ裁判上又ハ勸解《くわんかい》上ノ請求ヲ為シタルトキニ非サレハ時効《じかう》ヲ中斷セス

第百十七條　差押《さしおさへ》ヨリ生スル中斷《ちうだん》ハ其差押ノ手續《てつゞき》カ合式《がふしき》ニ終結《しうけつ》マテ繼續《けいぞく》シタルニ非サレハ其効力ヲ存續《ぞんぞく》セス
假差押《かりさしおさへ》ハ裁判所ノ定メタル期間《きかん》ニ裁判上ノ請求《せいきう》ヲ為シタルニ非サレハ時效ヲ中斷セス
時效《じかう》ノ利益ヲ受クル者ニ對シテ差押《さしおさへ》ヲ為ササルトキハ其差押ハ此者ニ告知《こくち》シタル後《のち》ニ非サレハ之ニ對《たい》シテ中斷ノ效力ヲ有セス

第百十八條　任意《にんい》ノ追認《ついにん》ヨリ生スル時效《じかう》ノ中斷ハ裁判《さいばん》上ヨリ又ハ口《こう》頭《とう》タルト書面《しよめん》タルトヲ問ハス裁判外《さいばんぐわい》ノ行為ヨリ生スルコトヲ得
裁判上ノ追認《ついにん》ハ自發《じはつ》ナルコト有リ又ハ判事ノ訊問《じんもん》ヨリ生スルコト

スルヲ禁スルナリ
（催告）トハ通常ノ催促ナリ但シ公ノ手續ニ從テ為スヲ要スルナリ即百十六條ニ示シタルモノヲ云フ
（合式ニ終結）トハ相當ノ方式ニ從テ最終マデ為スヲ云フ
（假差押）トハ正當ノ裁判々決ヲ得テ其効力ニヨリテ為ス差押ニアラズシテ訴訟中為ス處ノ差押ナリ
（任意ノ追認）トハ占有者ノ自由ノ意志ニテ其占有物ヲ自己ノ者タラスト云フニアリ

(明示)トハ口頭又ハ書面ニテ明ニ云フヿヲ云フナリ
(默示)トハ之レニ反シテ暗ニ所爲等ヲ以テ顯ハスヿヲ云フナリ
(承服)スルトハ看認ムルヿヲ云フ
(取得時効)トハ權利ヲ得ルノ時効ナリ
(免責時効)トハ義務ヲ免ルヽノ時効ナリ
(新時効)トハ是迄ノ利益ヲ棄テ新ナル時効期限ヲ云フ
(其以前ノ善意ノ利益)トハ前ノ占有ノ片ニ於ケル利益即チ惡意ニアラ

アリ

第百十九條　追認《ついにん》ハ明示《めいし》又ハ默示《もくし》ナルコトヲ得

占有者《せんゆうしや》カ占有物ニ關スル果實《くわじつ》又ハ賠償《ばいしやう》ノ要求ニ承服《しようふく》スルトキ又ハ之ニ反シテ占有者カ物《もの》ニ付キ爲シタル必要《ひつよう》若クハ有益ノ費用《ひよう》ノ爲メ賠償《ばいしやう》ヲ要求スルトキハ殊ニ取得時効《しゆとくじかう》ニ對スル默示《もくし》ノ追認《ついにん》アリトス

債務者カ利息又ハ債務《さいむ》ノ辨債《べんさい》ノ請求ニ承服《しようふく》スルトキ又ハ之ニ反シテ債務者カ提供《ていきやう》ヲ爲シ若クハ恩惠期限《おんけいきげん》ノ請求ヲ爲ストキハ殊ニ免《めん》責《せき》時効ニ對スル默示《もくし》ノ追認《ついにん》アリトス

第百二十條　眞ノ所有者ノ權利《けんり》ヲ追認《ついにん》シタル占有者《せんゆう》ハ其所有者及ヒ其承繼人《しようけいにん》ニ對シ新時効《しんじかう》ヲ再ヒ始《はじ》ムル權利《けんり》ヲ失《うしな》ハス然レトモ占有《せんゆう》者ハ最早《もはや》其以前ノ善意《ぜんい》ノ利益ヲ援用《ゑんよう》スルコトヲ得ス

若シ其占有者《せんゆうしや》カ容假《ようか》ノ占有者ト爲リタルトキハ將來《せうらい》ニ向ヒ何人ニ

ナシテ所有シタリトノヿハ時効ヲ初ムルニ必要ナルヲ以テ利益ヲ后ノ時効ヲ得ントスルヿニ對シテ云フナリ

(容假ノ占有者)トハ人ノ者ト信シテ所有スルモノナリ

(財産ヲ管理スル能力)トハ幼者有夫ノ婦禁治産者等ニアラザルモノヽ能力ヲ云フ

(婦)トハ人ノ妻タルモノヲ云フ

(無能力者)トハ幼者又ハ禁治産者等ヲ云フ

(後見人)トハ無能力者ノ財産全体ヲ支配スル人ナリ

對《たい》シテモ時効《じかう》ノ利益ヲ失フ但財産編《ざいさんへん》第百八十五條第二項及ヒ第三項ノ場合《ばあい》ノ適用《てきよう》ヲ妨ケス

第百二十一條　追認《ついにん》ニ因リテ中斷《ちうだん》シタル免責時効ハ即時更ニ進行《しんかう》ス

然レトモ其時効《そのじかう》ハ最初短期《たんき》ノモノタリシトキト雖モ將來《せうらい》ニ向ヒテハ長期時効ノ期間ニ從《したが》フ

第百二十二條　時効《じかう》ヲ中斷スル追認《ついにん》ハ自己ノ財産ヲ管理《くわんり》スル能力又ハ時効ニ罹《かゝ》ルコト有ル可キ財産《ざいさん》ヲ他人ノ爲メニ管理《くわんり》スル權力ヲ有スル者ニ於《おい》テ之ヲ爲《な》シタルトキハ有効ナリ

然レトモ婦《ふ》、無能力者又ハ委任者《いにんしや》ノ利益ニ於ケル不動産《ふどうさん》ノ取得時効《かう》ヲ中斷スル爲《た》メ夫、後見人又ハ代理人ノ爲シタル追認《ついにん》ハ不動産ノ請求ニ承服《しようふく》スル一般又ハ特別《とくべつ》ノ權力アルニ非サレハ有効《ゆうかう》ナラス

第百二十三條　時効ヲ中斷《ちうだん》スル追認ノ所爲《しよゐ》ニ付キ爭《あらそひ》アルトキハ通常《つうじやう》ノ證據《しやうこ》方法ヲ以テ之ヲ證《しやう》スルコトヲ得

（保證）トハ他人ノ義務ヲ債主ニ對シテ俗ニ云フ受合ヲナスヿナリ

（連帶）トハ數人ガ同一ノ債務ノ全体ヲ各自ニ負担スルヿヲ云フ故ニ何人ニ對シテモ其債權ノ全部ヲ要求スルヿヲ得ルナリ

（停止條件）トハ其

第百二十四條　保證《ほしやう》、連帶《れんたい》及ヒ不可分《ふかぶん》ノ場合ニ於テ各利害關係人《りがいくわんけいにん》ニ對スル追認《ついにん》其他ノ方法ニ因ル時効中斷《じかうちうだん》ノ効力ハ債權擔保編《さいけんたんぽへん》第二十七條、第六十一條、第八十一條及ヒ第八十九條ニ於テ之ヲ規定《きてい》ス

第四章　時效《じかう》ノ停止《ていし》

（解）時効《じかう》トハ元來權利者ノ懈怠《かいたい》若シクハ過失《くわしつ》等ニテ其權利《そのけんり》ヲ行ハザルニヨリ終ニ其占有者《そのせんゆう》ニ對シテ權利ヲ行フヲ得ザルニ至ルモノナレバ權利者《けんりしや》ニ於テ懈怠《かいたい》若クハ過失ニアラズシテ其權利《そのけんり》ヲ行フヿヲ知ラサリシカ又ハ貸借《たいしやく》等ニ於テ返濟期限ハ權利者《けんりしや》ノ定メ次第《したい》ナルヿ若クハ期限《きげん》不確定《ふかくてい》ナル時等ハ時効《じかう》ヲ生ズルヿヲ得サルナリ而シテ此停止《このていし》ト中斷トノ異《こと》ナル處ノ點ハ中斷ハ其時《そのとき》ヨリ期限ヲ新ニ計算《かいさん》シ始メサルヲ得ズ停止《ていし》ニ至リテハ其止マリタル間《かん》ヲ差引ノミニテ前ノ經過《けいくわ》シタル時間《じかん》ヲ通算《つうさん》スルヿヲ得ルナリ

第百二十五條　權利《けんり》ノ行使《こうし》カ權利上又ハ恩惠上《おんけい》ノ確定《かくてい》若クハ不確定《ふかくてい》

ノ期間《きかん》ニ服シ又ハ其發生《はつせい》カ停止《ていし》條件《でうけん》ニ繋《かゝ》ルトキハ其期間《きかん》ノ滿了《まんりやう》又ハ條件ノ成就《ぜうじゆ》ノ時ニ非サレハ時效ハ進行ヲ始メス

第百二十六條　時效ハ物權《ぶつけん》又ハ人權《じんけん》ニシテ其成立《せいりつ》、廣狹《くわうきやう》又ハ行使カ相續《さうぞく》ニ繋《かゝ》ルモノニ對《たい》シテハ又相續《さうぞく》後ニ非サレハ進行ヲ始メス

第百二十七條　遺言《いげん》又ハ前主《ぜんしゆ》ノ合意《がふい》ニ對シ相續人《さうぞくにん》ニ屬《ぞく》スル銷除訴權《しやうじよそけん》又ハ抗辯《かうべん》ノ時效ハ其遺言《いげん》又ハ合意《がふい》ヲ相續人ニ對《たい》シテ援用《ゑんよう》シ又ハ其相續人ヲ害《がい》スル權利行使ノ基礎《きそ》トシテ用ヰタル後ニ非サレハ進行《しんかう》ヲ始メス

第百二十八條　上《かみ》ノ塲合《ばあい》ニ於テ時效ハ第三所持者《しよぢしや》ニ對シテ停止《ていし》セス
但所有權ノ取得時效《しゆとくじかう》又ハ抵當《ていとう》ノ消滅《せうめつ》時效ヲ中斷セント欲スル利害《りがい》關係人《くわんけいにん》ニ於テ自己ノ未定《みてい》ノ權利《けんり》ノ追認證書《ついにんしやうしよ》ヲ得ント請求《せいきう》スルコト又ハ裁判《さいばん》上其權利《けんり》ヲ單《たん》ニ追認《ついにん》セシムルコトヲ妨ケス

第百二十九條　時效カ其進行中《しんかうちう》ニ停止《ていし》セラルヽトキハ既ニ經過《けいくわ》シタ

事件ノ發生シタル件ヨリ其効力ヲ停止スル處ノモノヲ云フ
（滿了）トハ全ク終リタル片ヲ云フ
（遺言）トハ死亡ノ際ニ云ヒ殘スモノヲ云フ
（前主）トハ前ノ權利者又ハ義務者ヲ云フ
（銷除訴權）トハ取消シノ權利ヲ云フ
（第三所持者）トハ占有者ヨリ得タル又占有者ヲ云フ

ル時間ハ其時効《じかう》ノ更ニ進行ヲ始ムル時ニ之ヲ通算《つうさん》ス

第百三十條　時効ハ法律《はうりつ》ニ定メタル人ノ利益《りえき》ニ於ケルニ非サレハ停《てい》止セス

第百三十一條　期間《きかん》五個年以下ノ時効ハ成年者《せいねんしや》ニ對スル如ク未成年《みせいねん》者《もの》及ヒ禁治産者《きんぢさんしや》ニ對シテ進行ス但後見人《こうけんにん》カ此等ノ者ノ權利《けんり》ヲ行フコトヲ怠《おこた》リ又ハ正當ノ原因ナクシテ此權利《けんり》ヲ覺知《かくち》セサル場合《ばあい》ニ於テハ此等ノ者ヨリ其後見人《こうけんにん》ニ對スル求償權《きうしやうけん》ヲ妨ケス

五個年ヲ超《こ》ユル時効ニ關《くわん》シテハ其期間《きかん》ハ成年ニ達《たつ》シタル未成年者《みせいねんしや》又ハ精神《せいしん》ヲ回復《くわいふく》シタル禁治産者《きんぢさんしや》ヲシテ常ニ其權利《けんり》ヲ行フ猶豫《ゆうよ》ヲ得セシムル爲メ最後《さいご》ノ一個年停止《ていし》ス

第百三十二條　時効ハ婦《ふ》ニ對《たい》シ第三者ノ利益ニ於テ進行《しんかう》ス但夫《ふ》カ婦《ふ》ノ爲メニ管理《くわんり》スル財産《ざいさん》ニ關《くわん》シ其夫《ふ》ノ方ニ懈怠《かいたい》アル場合ニ於テハ婦《ふ》ヨリ夫《ふ》ニ對《たい》スル求償權《きうしやうけん》ヲ妨ケス

（禁治産者）トハ自ラ産業ヲ治ムルヿヲ禁ゼラレタルモノヲ云フ而シテ此禁治産者ニハ民法上ノモノト刑法上ノモノトアリ

（求償權）トハ損害ヲ要求スル處ノ權利ナリ

（精神ノ回復シタル禁治産者）トハ瘋癲等ニテ治産ヲ禁ゼラレタルモノガ其病氣回復スルヲ云フ

（婚姻中）トハ夫婦トナリテアル間ヲ云フ

然レトモ法律《はうりつ》ニ規定《きてい》シタル場合ニ於テハ時効《ぢかう》ハ婦ノ爲メ最後《さいご》ノ一個年停止《ていし》ス

第百三十三條　前二條ノ規定《きてい》ハ無能力者自身《むのうりよくしやじしん》ニテ爲シタル行爲《かうゐ》ノ銷《せう》除訴《ぢよそ》權《けん》ノ時効停止《ていし》ニ關シ財産編《ざいさんへん》第五百四十五條及ヒ第五百四十六條ニ定メタルモノヲ妨《さまた》ケス

第百三十四條　配偶者《はいぐうしや》ノ一人ヨリ他ノ一人ニ對《たい》シテ行フ可キ權利《けんり》ニ關シテハ婚姻中《こんいんちう》ト雖モ時効ハ進行ス

然レトモ其時効《じかう》ハ最後《さいご》ノ一個年停止《ていし》ス又一個年以下ノ時効ニ關シテハ其最後《さいご》ノ半期《はんき》間停止《かんていし》ス

第百四十四條ノ場合《ばあい》ニ於テハ動産回復《どうさんくわいふく》ノ期間《きかん》ハ三個月トス

第百三十五條　時効ハ財産《ざいさん》ノ管理人《くわんり》ト其管理ヲ受《う》クル者トノ間ニ於テ其保存《ほぞん》スルコトヲ任《にん》セラレタル權利《けんり》ニ付テハ管理人《くわんり》ノ爲メニ停《てい》止《し》ス

（交通ノ塞ガル）トハ往來ノ止マルヿヲ云フ天災地變等ノ場合ニ於テ往々此事アリ
（地方ノ裁判事務ノ停止）トハ戰亂等ノ變事ノ場合若クハ巡回裁判等ノ場合ニ於ケルヿ等ナリ
（失權）トハ免責時效ノ場合ニ於テ權利ヲ失フヿヲ云フナト

時効《じこう》ハ管理カ止ミシ以後ニ非サレハ更ニ進行《しんかう》セス又第百四十四條ノ場合ニ於ケル動産《どうさん》ノ時効ニ關《くわん》シテ三個月ヲ以テスルニ非《あら》サレハ成就《じやうじゆ》セス

第百三十六條　上ニ定メサル場合《ばあひ》ニ於テ時効《じこう》ノ期間ノ滿了《まんれう》スル時ニ當リ有權者《ゆうけんしや》カ交通ノ塞《ふさ》カリタルニ因リ又ハ地方ノ裁判事務《さいばんじむ》ノ停止セラレタルニ因リテ其權利《そのけんり》ノ効用ヲ致サシメ又ハ時効《じこう》ヲ中斷スル爲メ手續《てつゞき》ヲ爲スコト能《あた》ハサリシ時ハ有權者《ゆうけんしや》其妨碍ノ止ム後直チニ請求《せいきう》ヲ爲スニ於テハ其失權《しつけん》ヲ免カルルコトヲ得

右ノ規定《きてい》ハ陸海軍人カ戰亂《せんらん》ノ時ニ於テ服役《ふくえき》ノ爲メ其權利《そのけんり》ヲ行フヿトヲ妨《さまた》ケラレタル場合ニ於テハ其利益《そのりえき》ノ爲メ之ヲ適用《てきよう》ス

第百三十七條　物權《ぶつけん》又ハ人權ノ不可分ヨリ生スル時効《じこう》ノ停止ハ財産《ざいさん》編《へん》第二百九十一條、第四百四十六條及ヒ債權擔保《さいけんたんぽ》編《へん》第八十九條第二項ニ於テ之ヲ規定《きてい》ス

(所有者ノ名義ニテ占有シ)トハ所有者トシテ占有スルコトヲ云フナリ(平穩)トハ所有者ニ取返サレタリ若クハ裁判ヘ訴ヘラ

第五章　不動產《ふどうさん》ノ取得時效《しうとくじこう》

(解)　時効ニハ義務ヲ免ル丶モノト權利《けんり》ヲ得ルモノトアリ而メ其權利ヲ得ルモノヲ取得時効《しゆとくじかう》ト云ヒリ本章ハ此取得時効中不動產《ふどうさん》ニ關スルモノヲ規定セリ蓋《けだ》シ不動產ナルモノハ動產物《どうさんぶつ》ト異ナリ容易ニ遷轉《せんてん》スルコ能ハザルモノナルヲ以テ之レヲ自己《じこ》ノ所有トシテ保有スルニ一般ニ公然《こうぜん》知ラシムルコ能《あた》ハザルモノナルヲ以テ眞正《しんせい》所有者ニ於テ其權利《そのけんり》ヲ使行シタルコモ亦容易《またようい》ニ證據立ルコ能ハザルナリ故ニ其時效《そのじかう》ノ期限ハ動產物《どうさんぶつ》ノ如ク短少ナル能《あた》ハザルナリ之レ不動產《ふどうさん》ニ關スル規定ヲ特別《とくべつ》ニ置ク所以《ゆゑん》ナリ

第百三十八條　不動產ノ取得時効《しゆとくじかう》ニ付テハ所有者ノ名義《めいぎ》ニテ占有シ其占有《せんゆう》ハ繼續《けいぞく》シテ中斷ナク且平穩《へいおん》公然ニシテ下ニ定メタル繼續期《けいぞくき》間《かん》アルコトヲ要ス

財產編《ざいさんへん》第百八十三條及ヒ第百八十五條ニ定《さだ》メタル如キ强暴《きやうばう》隱密又

又ハレ掛合ヲ受ケル等ノヿナキヲ要スルナリ
(公然)トハ隱シテ持ツニアラズシテ公ケニ持ツヿヲ云フ
(强暴)トハ腕力ヲ以テ所有者ヲ强迫シ占有スルヿヲ云フ
(容假)トハ他人ノ者ト信ジテ所持スルヲ云フ
(正權原)トハ其權利ヲ得タル原因ノ正當ナルヲ云フナリ

ハ容假《ようか》ノ占有ハ時効《じかう》ヲ生セス

第百三十九條　占有者《せんゆうしや》カ時効ニ因リテ取得セントスル物ニ付キ或ル長キ時間所有者《じかんしよゆうしや》ノ行爲ヲ爲スコトヲ任意《にんい》ニテ止メシトキハ其占有ハ不《ふ》繼續《けいぞく》ニシテ時効《じかう》ヲ生セス占有者《せんゆうしや》カ再ヒ所有者ノ行爲《かうゐ》ヲ爲ストキハ其以前ノ占有ノ時間《じかん》ハ占《せん》有者《ゆうしや》ノ爲メニ之ヲ算《さん》セス

第百四十條　占有カ上ニ定メタル條件《でうけん》ノ外財產編第百八十一條ニ記《き》載《さい》シタル如キ正權原《せいけんげん》ニ基因シ且財產編第百八十二條ニ從ヒテ善意《ぜんい》ナルトキハ占有者《せんゆうしや》ハ不《ぶ》動產《どうさん》ノ所在地ト時効《じかう》ノ爲メ害ヲ受クル者ノ住所又ハ居所《きよしよ》トノ間ノ距離《きより》ヲ區別《くべつ》セス十五個年ヲ以テ時効《じかう》ヲ取得ス占有者カ正權原《せいけんげん》ヲ證スルヿヲ得ス又ハ之ヲ證スルモ財產編第八十七條ニ規定《きてい》シタル如ク其惡意カ證《しやう》セラルヽトキハ取得時効ノ期《き》間《かん》ハ三十个年トス

(性質上登記ヲ為ス可キ者)トハ不動産ノ賣買讓與ヲ云フ

(包括若クハ特定ノ承繼人)トハ包括ノ承繼人ト數種ヲ併合シテハ繼スルモノナリ承定ノ承繼人トハ物品ヲ定メテ承ケ繼グヿヲ云フ

第百四十一條　性質《せいしつ》上登記ヲ為ス可キ正權原ニ基因《きいん》シタル時効ハ其證書《しやうしよ》ニ依リ登記《とうき》ヲ為シタル後ニ非サレハ之ヲ算《さん》セス

第百四十二條　方式上無効《むかう》タリ又ハ裁判上取消サレタル權原《けんげん》ハ時効ノ為《た》メニ有益《ゆうえき》ナラス

第百四十三條　前主ノ占有《せんゆう》ヲ其相續人及ヒ包括《はうくわつ》若クハ特定《とくてい》ノ承繼人ノ占有ニ併合シ又ハ繼續《けいぞく》スルコトハ財産編第百九十二條ニ於テ之ヲ規定《きてい》ス

第六章　動産《どうさん》ノ取得時效《しゆとくじかう》

(解)　動産《どうさん》ハ其遷轉授受ノ容易《やうゐ》ナル不動産ノ動《うご》スベカラザルトハ大ニ異ナルヲ以テ所有者ガ其權利《そのけんり》ヲ行フモ占有者ガ之レヲ所持《しよぢ》スルモ不動産ノ如ク不明瞭《ふめいりやう》ニアラザルナリ加之賣買《ばいばい》讓與スルニ當リテ其方法《そのはふはう》極メテ簡單ナルヲ以テ時日ノ經過《けいくわ》ト共ニ其占有ヲ得タルハ正當ナル手段《しゆだん》ニヨリタルモノナルヤ又不正ノ手段《しゆだん》ニ出タルヤ之

（背信ニ因リテ隱匿シ）トハ他人ノ自己ヲ信用セシヿニ反シテ物品ヲ匿スヿヲ云フ假令バ或物品ヲ寄托セラレタルニ其信用ニ反シテ之レヲ藏匿スルヿナリ

レガ證明《しやうめい》ヲナスニ甚ダ困難ナリ是ヲ以テ不動産《ふどうさん》ノ如ク時効ノ期限《きげん》ヲ長年月ニナス能《あた》ハザルナリ故ニ本章《ほんしやう》ハ特ニ動産ノ取得時効《しゆとくじかう》ヲ規定セルナリ

第百四十四條　正權原且善意《ぜんい》ニテ有體動産物ノ占有《せんゆう》ヲ取得スル者ハ即時《そくじ》ニ時効ノ利益《りえき》ヲ得但第百三十四條及ヒ第百三十五條ニ記載《きさい》シタルモノヲ妨ケス

此場合ニ於テ反對《はんたい》カ證セラレサルトキハ占有者《せんゆうしや》ハ正權原且善意《ぜんい》ニテ占有スルモノトノ推定《すいてい》ヲ受ク

第百四十五條　動産物《どうさんぶつ》ノ占有者カ正權原ヲ有シ且善意ナル場合ニ於テモ其物《そのもの》カ所有者ノ盜取《とうしゆ》セラレタルモノ又ハ遺失《いしつ》シタルモノナルトキハ其所有者ハ盜難又ハ遺失《いしつ》ノ時ヨリ二个年間ハ占有者ニ對シテ其物ノ回復《くわいふく》ヲ請求スルコトヲ得但占有者カ其物ヲ有償《ゆうしやう》ニテ受ケタルトキハ其讓渡人ニ對スル求償ヲ妨ケス

(此類ノ物ノ商人)トハ公商人ナリ相當ノ鑑札ヲ受ケテ道具屋等ヲナス處ノ商人ナリ

(無記名債權證書)トハ請取人ノ名前ヲ記セザルモノニテ何人ガ之レヲ持行クモ金ヲ受取ルヲ得ルモノナリ

(無權原)トハ正當ノ原因ニヨリテ占有ヲ得タルニアラザルヲ云フ

背信《はいしん》ニ因リテ隱匿《いんとく》シ又ハ詐欺ヲ以テ得タル物ニハ本條ヲ適用《てきよう》セスシテ前條ノ規定《きてい》ニ從フ

第百四十六條　盜取《とうしゆ》セラレ又ハ遺失シタル物ヲ競賣《きやうばい》又ハ公ニ市場《いちば》ニ於テ又ハ此類ノ物ノ商人若クハ古物商人ヨリ善意ニテ買受《かいう》ケタル者アルトキハ所有者ハ其買受《そのかいうけ》代價ヲ辨償《べんしやう》スルニ非サレハ回復《くわいふく》ヲ爲スコトヲ得ス

此場合《ばあひ》ニ於テハ右ノ代價ニ付キ所有者ハ賣主ニ對シ又賣主ハ讓渡《ゆづりわたし》人《にん》ニ對シテ求償權《きゆうしやうけん》ヲ有シ終ニ盜取者又ハ拾得者《じふとくしや》ニ遡ル

第百四十七條　無記名《むきめい》債權證書ヲ盜取《とうしゆ》セラレ又ハ遺失シタル場合ニ於テ其證書回復《くわいふく》ノ期間及ヒ條件ハ特別《とくべつ》ノ規則《きそく》ヲ以テ之ヲ定ム

第百四十八條　上ノ場合《ばあひ》ニ於テ回復者カ占有ノ無權原《むけんげん》タリ又ハ惡意《あくい》タルコトヲ證スルトキハ時効ハ三十个年ヲ經過《けいくわ》スルニ非サレハ成《じやう》就《じゆ》セス

(用方ニ因リテノ不動產)トハ障子疊等ヲ云フ是等ハ不動產ニ付着ナス𪜈ハ不動產トナリ之レヲ引離シテ障子又ハ疊ノミトナス𪜈ハ動產ナリ

第百四十九條　上ノ規定《きてい》ハ用方ニ因リテ不動產《ふどうさん》ト爲リタル動產カ其《その》附着《ふちやく》シタル不動產ヨリ分離《ぶんり》セラレタル場合ニ於テハ其動產《そのどうさん》ニ之ヲ適用ス

上ノ規定ハ財產編《ざいさんへん》第十二條ニ從ヒ用方ニ因ル動產《どうさん》ニ之ヲ適用《てきよう》セス但其物カ土地ヨリ分離《ぶんり》シタルトキハ此限《このかぎり》ニ在ラス

又上ノ規定ハ記名債權《きめいさいけん》ニモ包括動產ニモ之ヲ適用《てきよう》セス但此等ノ物ニ關《くわん》スル時効ノ期間《きかん》ノ第百三十八條以下ニ記載《きさい》シタル區別《くべつ》ニ從ヒ不動產ニ關《くわん》スルモ同一ナリ

第七章　免責時效《めんせきじこう》

(解)　時効ニ權利《けんり》ヲ得ルモノト義務《ぎむ》ヲ免ルヽモノトアルハ已ニ述《の》ベタル處ノ如シ而シテ其義務《そのぎむ》ヲ免ルヽモノヲ稱シテ免責時効《じかう》ト云ヘリ元來義務ニ關スルモノハ取得時効《しゆとくじかう》ノ如ク物品ヲ公然所持《しよぢ》スルモノニアラズシテ不爲ニ屬スルモノナルヲ以テ其進行《そのしんかう》ノ安全ナル

（元本）トハ元金ノヿヲ云フ年賦トハ年々ニ分チテ納ムルナリ

ハ素ヨリ必用《ひつよう》ナリト雖モ敢《あへ》テ公然ナルヲ要セザルナリ而シテ此時《こつじ》効《かう》ニ關《くわん》スルヿハ此民法ニテ新ニ判定《はんてい》セラレタルモノニアラズシテ吾人カ今日服從《ふくじゆう》シツヽアル處ノ出訴《しゆつそ》期限規則《きそく》ナルモノハ其名ニ於テハ異《こと》ナリト雖モ其實《そのじつ》ニ於テハ異《こと》ナル處ナキモノナリ

第百五十條　義務《ぎむ》ノ免責時効《めんせきじかう》ハ債權者カ其權理《けんり》ヲ行フコトヲ得ヘキ時ヨリ三十个年間之ヲ行ハサルニ因リテ成就《じやうじゆ》ス但法律上別段短《べつだんみじか》キ期間ヲ定メ又ハ債權ヲ時効《じかう》ニ罹《かゝ》ラサルモノト定メタルトキハ此限ニ在ラス

第百五十一條　債務《さいむ》ノ元本カ年賦《ねんぷ》ニテ辨濟《べんさい》ス可キモノタルトキハ利《り》息《そく》ヲ包含《はうがん》スルト否《いな》トヲ問ハス時効ハ各年賦ノ要求期《やうきうき》ニ達シタル時ヨリ各別ニ之ヲ算《さん》ス

第百五十二條　債權カ無期《むき》又ハ終身ノ年金權《けん》ナルトキト雖モ其時効《じかう》ハ證書《しやうしよ》ノ日附ヨリ三十个年ヲ以テ成就《じやうじゆ》ス

（動産質）トハ動産ノ質入ヲ云フ

然レトモ右ノ日附ヨリ廿八个年ノ後ニ至リ債權者《さいけんしや》ハ債務者《さいむ》ニ對シ時效ヲ中斷《ちうだん》スル爲メ雙方ノ費用《ひよう》チ以テ其權利ノ追認證書《ついにんしやうしよ》ヲ得ント要求スルコトヲ得

若シ債務者右ノ要求《やうきう》ヲ拒絶《きよぜつ》シ債權者裁判上自己《じこ》ノ權利ヲ追認《ついにん》セシムル必要アルトキハ其費用ハ全ク債務者ノ負擔《ふたん》タリ

第百五十三條　動産質《どうさんしち》又ハ不動産質《ふどうさんしち》ノ返還《へんくわん》ヲ得ル爲メノ對人訴權《たいにんそけん》ハ適法《てきはう》ナル方法ニ因リテ債務ノ消滅《せうめつ》シタル後ニ非サレハ時效ニ罹《かゝ》ラス

第八章　特別《とくべつ》ノ時效《じかう》

（解）前章マデニ規定《きてい》セラレタル處ノ取得時效《しゆとくじかう》及ビ免責時效ハ其人ノ何タルヲ問ハズ又其職業《しよくげふ》ノ如何ニヨラズ之レヲ適用スベキモノナリ然レ𪜈元來時效ハ証據湮滅ニヨリ立証ノ難《かた》キヲ慮リ規定《きてい》セラレタルモノナルヲ以テ職務《しよくむ》營業ノ異ナルニ從テ証據《しやうこ》ノ湮滅《いんめつ》ナシ

（包括權原」ノ受遺者）トハ一物二物ト定マラズシテ數種ヲ一括シテ遺贈セラレタルヲ受クルモノナリ

（年金權ノ年金）トハ年金權ニテ受取ルベキ年々ノ金額ナリ

易キモノト否ヲザルモノアルニヨリ其區別《そのくべつ》ニ從テ時効《じかう》ノ期限ニ長短ナキ能ハザルナリ之レ本章ニ特別時効《とくべつじかう》ナルモノヲ規定《きてい》シ其人ノ職務《しよくむ》ニヨリ又ハ營業ノ種類ノ異ナルニ從テ各別異《べつゐ》ノ時効ヲ適用《てきよう》スル所以ナリ

第百五十四條　人ノ身分《みぶん》ニ關スル訴權《そけん》ハ法律カ其行使《かうし》ヲ特別ノ期間《きかん》ニ繫《かゝ》ラシムル塲合ニ非サレハ時効ニ罹《かゝ》ラス

第百五十五條　相續《さうぞく》人又ハ包括權原《はうくわつけんげん》ノ受遺者《じゆいしや》若クハ受贈者《じゆぞう》ノ分限ヲシテ効用ヲ致サシムル爲メノ遺産請求《いさんせいきう》ノ訴權ハ相續人又ハ包括權原ノ受贈者《じゆぞうしや》若クハ受遺者《じゆい》ノ權原ニテ占有《せんゆう》スル者ニ對シテハ相續《さうぞく》ノ時ヨリ三十个年ヲ經過《けいくわ》スルニ非サレハ時効ニ罹ラス

第百五十六條　免責時効《めんせきじかう》ハ左ニ揭《かゝ》クル諸件ノ辨濟《べんさい》ノ訴權《そけん》ニ對シテハ五个年トス

第一　明確《めいかく》ナル金額ノ塡補《てんは》又ハ遲延《ちえん》ノ利息

（地均）トハ俗ニ云フ地ナラシナリ然レ𪜈開拓等ノ凡テヲ包含スルナリ

第二　無期《むき》又ハ終身ノ年金權ノ年金
第三　養料《やうりやう》又ハ恩給《おんきう》ノ一期ノ支拂金《しはらひきん》
第四　借家賃《しやくやちん》又ハ借地賃《しやくちちん》
第五　果實《くわじつ》又ハ日用品《にちようひん》ノ毎期《まいき》ノ給與額《きうよがく》
第六　教師《けうし》、番頭《ばんとう》、手代《てだい》、使用《しよう》人、乳母《うば》其他ノ雇人《やといにん》ノ謝金《しやきん》又ハ給料《きうれう》ニシテ一个年毎ニ定メラレタルモノ
此他一般ニ一个年毎ニ又ハ更ニ短《みじか》キ時期《じき》ヲ以テ定メタル金額又ハ有價物ニ係ル債務《さいむ》ニ付テモ亦同シ但其辨濟《べんさい》ノ方法如何ニ拘《かゝ》ハラス且下ニ規定《きてい》シタル場合ハ此限ニ在ラス

第百五十七條　時効ハ左ノ訴權《そけん》ニ對シテハ三个年トス
第一　醫師《いし》、産婆《さんば》、藥劑者《やくざいしや》、治術《ちじゆつ》、世話《せわ》及ヒ調劑《てうざい》ニ關《くわん》スル其訴權《そけん》」
第二　前條第六號ニ指定《してい》シタル教師《きやうし》、使用人其他ノ者《り》ノ謝金《しやきん》又ハ給料カ一个年ヨリ短《みじか》ク一ケ月ヨリ長《なが》キ時期ヲ以テ定メラレ

タル場合ニ於テハ其訴權《そけん》

第三　技師《ぎし》、工匠《こうしやう》、測量師《そくりやうし》、製圖師《せいづし》ノ經畫《けいくわく》、意見《いけん》及ヒ工事ニ關スル訴權

第四　不動產《ふどうさん》ニ關スル築造《ちくざう》、地均《ちならし》其他ノ工作《こうさく》ニ付テノ請負人《うけおひ》ノ訴權

第百五十八條　公證人《こうしやうにん》、辨護士《べんごし》、執達吏《しつたつり》其他ノ公吏《こうり》カ職務《しよくむ》ニ關シテ受ク可キモノニ付テノ其訴權《そけん》ニ對スル時效《じかう》ハ二个年トス

此場合ニ於テ時效ハ右各人ノ債權《さいけん》ヲ生セシメタル行爲《かうゐ》又ハ訴訟《そしやう》ノ終了後《しうりやうご》ニ非サレハ進行《しんかう》ヲ始メス

然レトモ終了《しうりやう》セサル事件ニ關シテハ右各人ハ五個年餘《よ》ニ遡《さかのぼ》ル行爲ノ爲メニ謝金《しやきん》ヲ要求スルコトヲ得ス

此規定《きてい》ハ右各人カ其職務《しよくむ》ノ爲メニ爲シタル立替金《たてかへきん》及ヒ支出金《ししゆつきん》ニ之ヲ適用《てきやう》ス

第百五十九條　時効ハ左ノ訴權《そけん》ニ對シテハ一个年トス

第一　非商人《ひしやうにん》ニ爲シタル供給《きやうきう》ニ關スル日用品《にちようひん》、衣服《いふく》其他動産物《どうさんぶつ》ノ卸賣商人《おろしうりしやうにん》又ハ小賣商人《こうりしやうにん》ノ訴權《そけん》但商人又ハ工業人《かうげうにん》ニ爲シタル供給ト雖モ其者ノ商業《しやうげう》又ハ工業《こうげう》ニ關セサル塲合ニ於テハ亦同シ

第二　右ノ區別《くべつ》ヲ以テ注文《ちうもん》者ノ材料《さいれう》又ハ動産物《どうさんぶつ》ニ付キ仕事《しごと》ヲ爲ス居職《いじよく》ノ職工又ハ製造人《せいざうにん》ノ訴權

第三　生徒《せいと》又ハ習業者《しうげうしや》ノ敎育《きやういく》、衣食《いしよく》及ヒ止宿《しゆく》ノ代料《だいれう》ニ關スル校《かう》長《ちやう》、塾主《じゆくしゆ》、師匠《しせう》又ハ親方《おやかた》ノ訴權

第百六十條　時効ハ左ノ訴權《そけん》ニ對シテハ六个月トス

第一　第百五十六條第六號及ヒ第百五十七條第二號ニ指定《してい》シタル敎師《きやうし》、使用人《しようにん》其他ノ者ノ謝金《しやきん》又ハ給料《きうれう》カ一个月又ハ更ニ短《みじか》キ時期《じき》ヲ以テ定メラレタル塲合ニ於テハ其訴權《そけん》

（辨護士）トハ民刑ニ關セス從來ノ代言人ヲ云

第二　旅店《りよてん》又ハ料理店《れうりてん》ノ主人ヨリ供給《きやうきう》シタル宿泊料《しゆくはくれう》、飲食料《いんしよくれう》及ヒ消費物《しやうひぶつ》ニ關スル其訴權

第三　日雇《ひやとひ》、月雇《つきやとひ》ノ職工《しよくこう》又ハ勞力者《らうりよくしや》ノ給料《きうれう》及ヒ其仕事《しごと》ニ際シ此等ノ者ノ爲シタル些少《させう》ノ供給ニ關スル其訴權

第百六十一條　前五條ニ規定《きてい》シタル時効《じかう》ハ現實ニ辨濟《べんさい》セサリシコトヲ自己シタル債務《さいむ》者之ヲ援用《ゑんよう》スルコトヲ得ス

第百六十二條　裁判所書記《さいばんしよしよき》、辨護士《べんごし》ハ裁判ノ時ヨリ公證人《こうしやうにん》ハ證書調《てう》製《せい》ノ時ヨリ執達《しつたつ》吏ハ其職務《しよくむ》執行ノ時ヨリ三个年ノ後ハ其職務《そのしよくむ》ノ事件ニ關《くわん》シテ交付《かうふ》セラレタル書類《しよるゐ》ニ付キ責任《せきにん》ヲ免カレ其書類返還《へんくわん》ノ證ヲ提示《ていし》スル義務《ぎむ》ヲ免除《めんじよ》セラル

第百六十三條　本章ニ規定《きてい》シタル時効《じかう》ハ當事者ノ間ニ明確《めいかく》ナル計算《けいさん》書《しよ》、數額ヲ記載《きさい》シタル債務《さいむ》ノ追認書《ついにんしよ》又ハ債務者《さいむしや》ニ對スル判決書《はんけつしよ》アルトキハ之ヲ適用《てきよう》スルコトヲ得ス此場合《このばあひ》ニ於テハ時効《じかう》ハ三十个年

（舊時効）トハ舊來ノ時効ナリ即チ現今行ハルヽ處ノ出訴期限ニ關スル規則ヲ云フナリ
（新時効）トハ本法ニ定メタルモノヲ云フ

トス

附　則

附則ハ一ニ移轉法《いてんはふ》トモ稱スルモノナリ之レ本法ノ原理《げんり》ニ關《くわん》スルモノニアラズシテ單ニ本法ヲ實施《じつし》スルニ付キ從來行ハルヽ處ノ法律《はふりつ》ヨリ引移ニ關スル準備《じゆんび》ヲナスモノナリ然レ𪜈之レ亦無要ノモノニアラズシテ時効《じかう》ニヨリテ取得《しゆとく》スルモノト免責《めんせき》セラルノモノトノ權《けん》利《り》ニ關スルヿ大ナルモノナリ只年月ノ久シキヲ經《へ》テ從來《じうらい》ノ法律トノ關係《くわんけい》ナキニ至レバ從テ此法律《このはふりつ》ノ効力《かうりよく》モナキニ至ルベキナリ

第百六十四條　本法實施《じつし》ノ當時ニ於テ進行《しんかう》中ナル時効《じかう》ハ上ニ定メタル條件《でうけん》、禁止《きんし》、中斷《ちうだん》及ヒ停止《ていし》ニ從フ
其期間《そのきかん》ニ關《くわん》シテハ舊時効カ新時効《しんじかう》ヨリ一層長キ期間《きかん》ヲ要スル場合《ばあひ》ニ於テハ占有者又ハ債務《さいむ》者ハ本法實施《じつし》ノ時ヨリ算シテ舊時効ノ經過スヘキ殘期《ざんき》カ新時効《しんじかう》ノ期間ヨリ短《みじか》キトキハ舊時効《じかう》ヲ利スルコト

ヲ得

新時効《しんじかう》ヨリ一層短《みじか》キ期間ノ舊時効《じかう》ニ關シテハ其期間《きかん》ハ本法ニ定《さだ》メタルモノニ等シキ期間《きかん》ニ達《たつ》スル樣之ヲ延長《えんちやう》ス可シ

民法證據篇終

明治二十三年五月六日印刷
明治二十三年五月七日出版

正價金三拾錢

編輯兼發行者　野口竹次郎
日本橋區本石町二丁目十八番地

印刷者　內藤祐
京橋區元數寄屋町一丁目一番地

發行所　博文館
東京日本橋區本石町三丁目十六番地

博文館發兌雜誌目録

● 政治經濟社會商業工業農業 富國（每月二回（一日十五日）發兌 每號政治家與業家石版肖像挿入）

● 日本之少年（每月二回（一日十五日）發兌 每號石版肖像密畫狂畫挿入）

● 日本之文華（每月二回（三日十八日）發兌 每號石版密畫二葉挿入）

定價（以上三種同額）壹冊金八錢○六冊前金四拾五錢○十二冊前金八拾五錢
○廿四冊前金壹圓六拾錢○郵便稅壹冊壹錢宛

● 日本之法律（每月一回（五日）發兌 每號法律大家石版肖像挿入）

● 日本大家論集（每月一回（十日）發兌 每號學術大家石版肖像挿入）

● 江戸會誌（每月一回）廿六日）發兌 每號德川時代之風俗密畫挿入）

● 東京五大法律學校聯合討論筆記（隔月一回（未定發兌）日本之法律號外トシテ發行）

定價（以上四種同額）○壹冊金拾錢○六冊前金五拾七錢○十二冊前金壹圓○八錢
○郵便稅壹冊壹錢五厘宛

大改良

（以上ノ各雜誌ハ廿三年一月ヲ以テ總テ第壹號トナシ大改良ヲ加ヘ誌上ノ面目ヲ一新シタリ為メニ江湖ノ賞賛ヲ博シ各雜誌共舊年ニ比スレバ其發刊高ヲ二三倍ニ急進セリ尚ホ一層改良ニ改良ヲ加ヘ發兌致候間倍舊ノ御注文希上候）

●壹ヶ年完成全書目錄

●政治學 經濟學 法律學 講習全書

定價壹冊金廿五錢〇三冊前金七拾五錢〇六冊前金壹圓四拾錢〇十二冊前金貳圓五拾錢〇全廿四冊前金五圓〇郵税壹冊貳錢五厘

全部貳拾四卷紙數壹萬頁
明治廿三年一月ヨリ十二月迄每月二回發兌一ヶ年間ニ全部完成ス

●萬國歷史全書

定價壹冊金三拾錢〇三冊前金八拾五錢〇六冊前金壹圓六拾錢〇全部十二冊前金三圓〇郵税壹冊三錢五厘

全部拾二卷紙數六千頁
明治廿二年九月ヨリ廿三年八月迄每月壹回發兌一ヶ年間ニ全部完成ス

●日本文學全書

定價壹冊金貳拾五錢〇三冊前金七拾貳錢〇六冊前金壹圓三拾貳錢〇全部拾二冊前金貳圓五拾錢〇郵税壹冊貳錢五厘

全部拾貳卷紙數五千頁
明治廿三年三月ヨリ廿四年二月迄每月壹回發兌一ヶ年間ニ全部完成ス

●東洋文藝全書

定價壹冊金貳拾錢〇三冊前金五拾七錢〇六冊前金壹圓拾錢〇全部拾貳冊前金貳圓〇郵税壹冊貳錢五厘

全部拾貳卷紙數四千頁
明治廿三年一月ヨリ十二月迄每月壹回發兌一ヶ年間ニ全部完成ス

●世界百傑傳

全部拾貳卷紙數四千頁
明治廿三年三月ヨリ廿四年二月迄每月壹回發兌一ヶ年間ニ全部完成ス

實地應用 技藝百科全書

定價壹冊金貳拾錢〇三冊前金五拾七錢〇六冊前金壹圓拾錢〇全部十二冊前金貳圓〇郵稅壹冊貳錢五厘

全部拾貳卷紙數五千頁
明治廿二年六月ヨリ三廿年五月迄毎月壹回發兌一ヶ年間ニ全部完成ス

家庭教育 通俗教育全書

定價壹冊金貳拾錢〇三冊前金五拾七錢〇六冊前金壹圓拾錢〇全部十二冊前金貳圓〇郵稅壹冊貳錢五厘

全部拾貳卷紙數二千頁
明治廿三年一月ヨリ十二月迄毎月一回發兌一ヶ年間ニ全部完成ス

定價壹冊金拾貳錢〇三冊前金三拾三錢〇六冊前金六拾錢〇郵稅壹冊壹錢五厘

博文館叢書

每卷讀切〇每月三回發兌
定價壹冊金廿五錢郵稅貳錢

少年學術共進會

每卷讀切〇每年六回發兌
定價壹冊金拾五錢郵稅貳錢

實用教育 新撰百科全書

全部貳拾四卷〇悉皆完成
定價壹冊拾五錢郵稅貳錢

●博文館出版書籍目録

牧老人廣澤安任翁序文　柴四朗君題詩　德富猪一郎君序文　莊田三平君跋
米國　エメルソン氏原著　佐藤重紀君譯

●文　明　論（新版）　全壹冊　洋裝美本　正價金拾貳錢　郵稅二錢

司法次官從三位箕作麟祥君題辭
司法省刑事局長河津祐之君　司法省刑事局員金子源治君纂著
仝　參事官　龜山貞義君校訂及序文　總クロス金字入上等製本

●疑義說明 適例參照　刑法實用大全（近刻）　全壹冊　紙數七百頁　正價壹圓五拾錢

內務省地理局員秦政治郎君著

●大　日　本　地　誌（近刻）　全壹冊　洋裝美本　正價

●萬國歷史全書　第八編　英　國　史（新版）　全壹冊　洋裝美本　正價三拾錢　郵稅三錢

元老院副議長楠本正隆君　題辭　文學士三宅雄次郎君序文　坪谷善四郎君著

●萬國歷史全書　第七編　佛　蘭　西　史　全壹冊　洋裝美本　正價三拾錢　郵稅三錢

文部大臣榎本武揚公題辭　文學士天野爲之君並ニ學堂尾崎行雄君序文　宮川鐵次郎君著

●萬國歷史全書　第六編　希　臘　羅　馬　史　全壹冊　洋裝美本　正價金三拾錢　郵稅三錢

遞信大臣後藤象二郎公題辭　小山正武君並ニ柴四朗君序文　北村三郎君著

●萬國歷史全書　第五編　土　耳　機　史（再版）　全壹冊　洋裝美本　正價金三拾錢　郵稅三錢

樞密顧問官鳥尾公並朝鮮名士朴泳孝氏題辭　小山正武君校閲並評　北村三郎君著
萬國歷史全書　第四編
印度史　（三版）全一冊　洋裝美本　正價金三拾錢　郵税三錢
樞密顧問官勝海舟公題辭　向山黃村先生題詩　大藏次官渡邊國武並田口鼎軒兩君序
學士會員栗本鋤雲先生評並閲　小山米峯先生評並跋　鈴木天眼子評　北村三郎君著
萬國歷史全書　第二三編
支那帝國史　（五版）全貳冊　洋裝美本　正價金六拾錢　郵税七錢
帝國文科大學教授內藤耻叟君校閲　松井廣吉君著　（品切）
萬國歷史全書　第壹編
日本帝國史　（八版）全壹冊　洋裝美本　正價金三拾錢　郵税三錢
尚古堂主人著
博文館叢書　第五編
江戸の花　（新版）全壹冊　洋裝美本　正價金三拾錢　郵税二錢五厘
愛花仙史三木貞一君閲　風月散史著　密畫數個挿入
博文館叢書　第四編
東京獨案內　（新版）全壹冊　洋裝美本　正價金三拾錢　郵税三錢
附　東京新繁昌記
飯島半十郎先生著
博文館叢書　第三編
家事經濟書　（新版）全壹冊　洋裝美本　正價金貳拾五錢　郵税二錢五厘
司法省參事官法學士城數馬君序文　日本之法律主筆宮川大壽君著
博文館叢書　第貳編
法律演說　全壹冊　洋裝美本　正價金二拾五錢　郵税二錢
第一高等中學校敎諭小中村義象先生序文　日本之少年主筆須永金三郎君著
博文館叢書　第壹編
學術演說　（再版）全一冊　洋裝美本　正價金貳拾五錢　郵税二錢

從一位公爵近衛忠凞公題辭　元老院議官男爵本田親雄君序文　佐々木信綱君纂輯

●東洋文藝全書 第三四編 **日本文範**（新版）全貳冊 洋裝美本　正價金四拾錢 郵稅五錢

岡本黃石翁題詩　朝鮮名士朴泳孝氏題辭　柏軒柏井廣吉君撰

●東洋文藝全書 第貳編 **和漢名家詩集** 全壹冊 洋裝美本　正價金貳拾錢 郵稅二錢五厘

樞密顧問官東久世通禧公題辭　御歌所長高崎正風君題咏　佐々木弘綱君撰

●東洋文藝全書 第壹編 **千代田歌集**（再版）全壹冊 洋裝美本　正價金貳拾錢 郵稅二錢五厘

高等女子師範學校々長文學博士中村正直君石版肖像入　谷口政德君著

●通俗敎育全書 第四編 **女學校**（新版）全壹冊 洋裝美本　正價金拾貳錢 郵稅壹錢五厘

文部次官辻新次君石版肖像入　大槻修二君序文　谷口政德君著

●通俗敎育全書 第三編 **高等小學校** 全壹冊 洋裝美本　正價金拾貳錢 郵稅二錢

文部大臣榎本武揚公石版肖像入　谷口政德君著

●通俗敎育全書 第二編 **尋常小學校** 全壹冊 洋裝美本　正價金拾貳錢 郵稅二錢

皇太子明宮嘉仁親王殿下石版肖像入　谷口政德君著

●通俗敎育全書 第壹編 **幼稚園**（再版）全壹冊 洋裝美本　正價金拾貳錢 郵稅二錢

米國商業博士フリードレー氏原著　天野文學士志賀農學士兩君序文　坂牧勇助君譯補

●**金**　正續 **合本**　一名 商家致富之要訣 青年立身之方針 家事經濟之寶典 立身出世之錦囊

●（六版）全壹冊洋裝美本　正價七拾錢郵稅八錢

柳原元老院議長吉田樞密顧問官兩公題辭　菊地法學博士斯波法學士兩君序文
添田文學士樋山法學士内藤文科大學教授三君校閲　坪谷善四郎君註釋

●大日本帝國憲法註釋（再版）

全壹冊　洋裝美本　正價金五拾錢　郵税拾貳錢

附　皇室典範。議院法。撰擧法。會計法。貴族院令。悉皆註釋
日本帝國憲法史。歐米四大國憲法

控訴院評定官法學士伊藤悌治君校閲　園田賚四郎君著

●大日本帝國憲法正解（三版）

全壹冊　洋裝美本　正價金八錢　郵税貳錢

文學士高田早苗先生序文　坪谷善四郎君著

●萬國憲法（再版）

全壹冊　洋裝美本　正價金三拾錢　郵税六錢

遞信次官前嶋密君題辭　法學士江木衷君序文　坪谷善四郎君著

●市町村議員必携（再版）

全壹冊　洋裝美本　正價金三拾錢　郵税六錢

法學士江木衷。伊藤悌治兩君校閲　坪谷善四郎君註釋

●市制町村制註釋（十版）

全壹冊　洋裝美本　正價金二拾錢　郵税六錢

法制局參事官中橋德五郎君序文　法學士山田喜之助君校閲　豐田錢次郎君著

●公証人規則實用

全壹冊　洋裝美本　正價金二拾錢　郵税六錢

日本民法正解　全　　　　別巻 1433

2024(令和6)年12月20日　　復刻版第1刷発行

著　者　宮　川　大　壽
発行者　今　井　　貴
発行所　信　山　社　出　版
〒113-0033　東京都文京区本郷6-2-9-102
モンテベルデ第2東大正門前
電　話　03（3818）1019
FAX　03（3818）0344
郵便振替　00140-2-367777（信山社販売）
Printed in Japan.

制作／(株)信山社，印刷・製本／松澤印刷・日進堂

ISBN 978-4-7972-4446-5 C3332

別巻　巻数順一覧【1349～1530巻】※網掛け巻数は、2021年11月以降刊行

巻数	書　名	編・著・訳者 等	ISBN	定　価	本体価格
1349	國際公法	W・E・ホール、北條元篤、熊谷直太	978-4-7972-8953-4	41,800円	38,000円
1350	民法代理論 完	石尾一郎助	978-4-7972-8954-1	46,200円	42,000円
1351	民法總則編物權編債權編實用詳解	清浦奎吾、梅謙次郎、自治館編輯局	978-4-7972-8955-8	93,500円	85,000円
1352	民法親族編相續編實用詳解	細川潤次郎、梅謙次郎、自治館編輯局	978-4-7972-8956-5	60,500円	55,000円
1353	登記法實用全書	前田孝階、自治館編輯局(新井正三郎)	978-4-7972-8958-9	60,500円	55,000円
1354	民事訴訟法精義	東久世通禧、自治館編輯局	978-4-7972-8959-6	59,400円	54,000円
1355	民事訴訟法釋義	梶原仲治	978-4-7972-8960-2	41,800円	38,000円
1356	人事訴訟手續法	大森洪太	978-4-7972-8961-9	40,700円	37,000円
1357	法學通論	牧兒馬太郎	978-4-7972-8962-6	33,000円	30,000円
1358	刑法原理	城數馬	978-4-7972-8963-3	63,800円	58,000円
1359	行政法講義・佛國裁判所構成大要・日本古代法 完	パテルノストロ、曲木如長、坪谷善四郎	978-4-7972-8964-0	36,300円	33,000円
1360	民事訴訟法講義〔第一分冊〕	本多康直、今村信行、深野達	978-4-7972-8965-7	46,200円	42,000円
1361	民事訴訟法講義〔第二分冊〕	本多康直、今村信行、深野達	978-4-7972-8966-4	61,600円	56,000円
1362	民事訴訟法講義〔第三分冊〕	本多康直、今村信行、深野達	978-4-7972-8967-1	36,300円	33,000円
1505	地方財政及税制の改革〔昭和12年初版〕	三好重夫	978-4-7972-7705-0	62,700円	57,000円
1506	改正 市制町村制〔昭和13年第7版〕	法曹閣	978-4-7972-7706-7	30,800円	28,000円
1507	市制町村制 及 関係法令〔昭和13年第5版〕	市町村雑誌社	978-4-7972-7707-4	40,700円	37,000円
1508	東京府市区町村便覧〔昭和14年初版〕	東京地方改良協会	978-4-7972-7708-1	26,400円	24,000円
1509	改正 市制町村制 附 施行細則・執務條規〔明治44年第4版〕	矢島誠進堂	978-4-7972-7709-8	33,000円	30,000円
1510	地方財政改革問題〔昭和14年初版〕	高砂恒三郎、山根守道	978-4-7972-7710-4	46,200円	42,000円
1511	市町村事務必携〔昭和4年再版〕第1分冊	大塚辰治	978-4-7972-7711-1	66,000円	60,000円
1512	市町村事務必携〔昭和4年再版〕第2分冊	大塚辰治	978-4-7972-7712-8	81,400円	74,000円
1513	市制町村制逐条示解〔昭和11年第64版〕第1分冊	五十嵐鑛三郎、松本角太郎、中村淑人	978-4-7972-7713-5	74,800円	68,000円
1514	市制町村制逐条示解〔昭和11年第64版〕第2分冊	五十嵐鑛三郎、松本角太郎、中村淑人	978-4-7972-7714-2	74,800円	68,000円
1515	新旧対照 市制町村制 及 理由〔明治44年初版〕	平田東助、荒川五郎	978-4-7972-7715-9	30,800円	28,000円
1516	地方制度講話〔昭和5年再版〕	安井英二	978-4-7972-7716-6	33,000円	30,000円
1517	郡制注釈 完〔明治30年再版〕	岩田德義	978-4-7972-7717-3	23,100円	21,000円
1518	改正 府県制郡制講義〔明治32年初版〕	樋山廣業	978-4-7972-7718-0	30,800円	28,000円
1519	改正 府県制郡制〔大正4年 訂正21版〕	山野金蔵	978-4-7972-7719-7	24,200円	22,000円
1520	改正 地方制度法典〔大正12第13版〕	自治研究会	978-4-7972-7720-3	52,800円	48,000円
1521	改正 市制町村制 及 附属法令〔大正2年第6版〕	市町村雑誌社	978-4-7972-7721-0	33,000円	30,000円
1522	実例判例 市制町村制釈義〔昭和9年改訂13版〕	梶康郎	978-4-7972-7722-7	52,800円	48,000円
1523	訂正 市制町村制 附 理由書〔明治33年第3版〕	明昇堂	978-4-7972-7723-4	30,800円	28,000円
1524	逐条解釈 改正 市町村財務規程〔昭和8年第9版〕	大塚辰治	978-4-7972-7724-1	59,400円	54,000円
1525	市制町村制 附 理由書〔明治21年初版〕	狩谷茂太郎	978-4-7972-7725-8	22,000円	20,000円
1526	改正 市制町村制〔大正10年第10版〕	井上圓三	978-4-7972-7726-5	24,200円	22,000円
1527	正文 市制町村制 並 選挙法規 附 陪審法〔昭和2年初版〕	法曹閣	978-4-7972-7727-2	30,800円	28,000円
1528	再版増訂 市制町村制註釈 附 市制町村制理由[明治21年増補再版]	坪谷善四郎	978-4-7972-7728-9	44,000円	40,000円
1529	五版 市町村制例規〔明治36年第5版〕	野元友三郎	978-4-7972-7729-6	30,800円	28,000円
1530	全国市町村便覧 附 全国学校名簿〔昭和10年初版〕第1分冊	藤谷崇文館	978-4-7972-7730-2	74,800円	68,000円

別巻　巻数順一覧【1309 ～ 1348 巻】※網掛け巻数は、2021 年 11 月以降刊行

巻数	書　名	編・著・訳者　等	ISBN	定　価	本体価格
1309	監獄學	谷野格	978-4-7972-7459-2	38,500 円	35,000 円
1310	警察學	宮國忠吉	978-4-7972-7460-8	38,500 円	35,000 円
1311	司法警察論	高井賢三	978-4-7972-7461-5	56,100 円	51,000 円
1312	增訂不動産登記法正解	三宅德業	978-4-7972-7462-2	132,000 円	120,000 円
1313	現行不動産登記法要義	松本修平	978-4-7972-7463-9	44,000 円	40,000 円
1314	改正民事訴訟法要義 全〔第一分冊〕	早川彌三郎	978-4-7972-7464-6	56,100 円	51,000 円
1315	改正民事訴訟法要義 全〔第二分冊〕	早川彌三郎	978-4-7972-7465-3	77,000 円	70,000 円
1316	改正強制執行法要義	早川彌三郎	978-4-7972-7467-7	41,800 円	38,000 円
1317	非訟事件手續法	横田五郎、三宅德業	978-4-7972-7468-4	49,500 円	45,000 円
1318	旧制對照改正官制全書	博文館編輯局	978-4-7972-7469-1	85,800 円	78,000 円
1319	日本政体史 完	秦政治郎	978-4-7972-7470-7	35,200 円	32,000 円
1320	萬國現行憲法比較	辰巳小二郎	978-4-7972-7471-4	33,000 円	30,000 円
1321	憲法要義 全	入江魁	978-4-7972-7472-1	37,400 円	34,000 円
1322	英國衆議院先例類集 卷之一・卷之二	ハッセル	978-4-7972-7473-8	71,500 円	65,000 円
1323	英國衆議院先例類集 卷之三	ハッセル	978-4-7972-7474-5	55,000 円	50,000 円
1324	會計法精義　全	三輪一夫、松岡萬次郎、木田川奎彦、石森憲治	978-4-7972-7476-9	77,000 円	70,000 円
1325	商法汎論	添田敬一郎	978-4-7972-7477-6	41,800 円	38,000 円
1326	商業登記法 全	新井正三郎	978-4-7972-7478-3	35,200 円	32,000 円
1327	商業登記法釋義	的場繁次郎	978-4-7972-7479-0	47,300 円	43,000 円
1328	株式及期米裁判例	繁田保吉	978-4-7972-7480-6	49,500 円	45,000 円
1329	刑事訴訟法論	溝淵孝雄	978-4-7972-7481-3	41,800 円	38,000 円
1330	修正刑事訴訟法義解 全	太田政弘、小濱松次郎、緒方惟一郎、前田兼寶、小田明次	978-4-7972-7482-0	44,000 円	40,000 円
1331	法律格言・法律格言義解	H・ブルーム、林健、鶴田忞	978-4-7972-7483-7	58,300 円	53,000 円
1332	法律名家纂論	氏家寅治	978-4-7972-7484-4	35,200 円	32,000 円
1333	歐米警察見聞録	松井茂	978-4-7972-7485-1	38,500 円	35,000 円
1334	各國警察制度・各國警察制度沿革史	松井茂	978-4-7972-7486-8	39,600 円	36,000 円
1335	新舊對照刑法蒐論	岸本辰雄、岡田朝太郎、山口慶一	978-4-7972-7487-5	82,500 円	75,000 円
1336	新刑法論	松原一雄	978-4-7972-7488-2	51,700 円	47,000 円
1337	日本刑法實用 完	千阪彦四郎、尾崎忠治、箕作麟祥、西周、宮城浩藏、菅生初雄	978-4-7972-7489-9	57,200 円	52,000 円
1338	刑法實用詳解〔第一分冊〕	西園寺公望、松田正久、自治館編輯局	978-4-7972-7490-5	56,100 円	51,000 円
1339	刑法實用詳解〔第二分冊〕	西園寺公望、松田正久、自治館編輯局	978-4-7972-7491-2	62,700 円	57,000 円
1340	日本商事會社法要論	堤定次郎	978-4-7972-7493-6	61,600 円	56,000 円
1341	手形法要論	山縣有朋、堤定次郎	978-4-7972-7494-3	42,900 円	39,000 円
1342	約束手形法義解 全	梅謙次郎、加古貞太郎	978-4-7972-7495-0	34,100 円	31,000 円
1343	戸籍法 全	島田鐵吉	978-4-7972-7496-7	41,800 円	38,000 円
1344	戸籍辭典	石渡敏一、自治館編輯局	978-4-7972-7497-4	66,000 円	60,000 円
1345	戸籍法實用大全	勝海舟、梅謙次郎、自治館編輯局	978-4-7972-7498-1	45,100 円	41,000 円
1346	戸籍法詳解〔第一分冊〕	大隈重信、自治館編輯局	978-4-7972-7499-8	62,700 円	57,000 円
1347	戸籍法詳解〔第二分冊〕	大隈重信、自治館編輯局	978-4-7972-8950-3	96,800 円	88,000 円
1348	戸籍法釋義 完	板垣不二男、岡村司	978-4-7972-8952-7	80,300 円	73,000 円

別巻　巻数順一覧【1265 ～ 1308 巻】

巻数	書　名	編・著・訳者　等	ISBN	定　価	本体価格
1265	行政裁判法論	小林魁郎	978-4-7972-7386-1	41,800 円	38,000 円
1266	奎堂餘唾	清浦奎吾、和田鍊太、平野貞次郎	978-4-7972-7387-8	36,300 円	33,000 円
1267	公證人規則述義 全	箕作麟祥、小松濟治、岸本辰雄、大野太衛	978-4-7972-7388-5	39,600 円	36,000 円
1268	登記法公證人規則詳解 全・大日本登記法公證人規則註解 全	鶴田皓、今村長善、中野省吾、奥山政敬、河原田新	978-4-7972-7389-2	44,000 円	40,000 円
1269	現行警察法規 全	内務省警保局	978-4-7972-7390-8	55,000 円	50,000 円
1270	警察法規研究	有光金兵衛	978-4-7972-7391-5	33,000 円	30,000 円
1271	日本帝國憲法論	田中次郎	978-4-7972-7392-2	44,000 円	40,000 円
1272	國家哲論	松本重敏	978-4-7972-7393-9	49,500 円	45,000 円
1273	農業倉庫業法制定理由・小作調停法原義	法律新聞社	978-4-7972-7394-6	52,800 円	48,000 円
1274	改正刑事訴訟法精義〔第一分冊〕	法律新聞社	978-4-7972-7395-3	77,000 円	70,000 円
1275	改正刑事訴訟法精義〔第二分冊〕	法律新聞社	978-4-7972-7396-0	71,500 円	65,000 円
1276	刑法論	島田鐵吉、宮城長五郎	978-4-7972-7398-4	38,500 円	35,000 円
1277	特別民事訴訟論	松岡義正	978-4-7972-7399-1	55,000 円	50,000 円
1278	民事訴訟法釋義 上巻	樋山廣業	978-4-7972-7400-4	55,000 円	50,000 円
1279	民事訴訟法釋義 下巻	樋山廣業	978-4-7972-7401-1	50,600 円	46,000 円
1280	商法研究 完	猪股淇清	978-4-7972-7403-5	66,000 円	60,000 円
1281	新會社法講義	猪股淇清	978-4-7972-7404-2	60,500 円	55,000 円
1282	商法原理 完	神崎東藏	978-4-7972-7405-9	55,000 円	50,000 円
1283	實用行政法	佐々野章邦	978-4-7972-7406-6	50,600 円	46,000 円
1284	行政法汎論 全	小原新三	978-4-7972-7407-3	49,500 円	45,000 円
1285	行政法各論 全	小原新三	978-4-7972-7408-0	46,200 円	42,000 円
1286	帝國商法釋義〔第一分冊〕	栗本勇之助	978-4-7972-7409-7	77,000 円	70,000 円
1287	帝國商法釋義〔第二分冊〕	栗本勇之助	978-4-7972-7410-3	79,200 円	72,000 円
1288	改正日本商法講義	樋山廣業	978-4-7972-7412-7	94,600 円	86,000 円
1289	海損法	秋野沆	978-4-7972-7413-4	35,200 円	32,000 円
1290	舩舶論 全	赤松梅吉	978-4-7972-7414-1	38,500 円	35,000 円
1291	法理學 完	石原健三	978-4-7972-7415-8	49,500 円	45,000 円
1292	民約論 全	J・J・ルソー、市村光恵、森口繁治	978-4-7972-7416-5	44,000 円	40,000 円
1293	日本警察法汎論	小原新三	978-4-7972-7417-2	35,200 円	32,000 円
1294	衛生行政法釈釋義 全	小原新三	978-4-7972-7418-9	82,500 円	75,000 円
1295	訴訟法原理 完	平島及平	978-4-7972-7443-1	50,600 円	46,000 円
1296	民事手続規準	山内確三郎、高橋一郎	978-4-7972-7444-8	101,200 円	92,000 円
1297	國際私法 完	伊藤悌治	978-4-7972-7445-5	38,500 円	35,000 円
1298	新舊比照 刑事訴訟法釋義 上巻	樋山廣業	978-4-7972-7446-2	33,000 円	30,000 円
1299	新舊比照 刑事訴訟法釋義 下巻	樋山廣業	978-4-7972-7447-9	33,000 円	30,000 円
1300	刑事訴訟法原理 完	上條慎藏	978-4-7972-7449-3	52,800 円	48,000 円
1301	國際公法 完	石川錦一郎	978-4-7972-7450-9	47,300 円	43,000 円
1302	國際私法	中村太郎	978-4-7972-7451-6	38,500 円	35,000 円
1303	登記法公證人規則註釋 完・登記法公證人規則交渉令達註釋 完	元田肇、澁谷慥爾、渡邊覺二郎	978-4-7972-7452-3	33,000 円	30,000 円
1304	登記提要 上編	木下哲三郎、伊東忍、緩鹿實彰	978-4-7972-7453-0	50,600 円	46,000 円
1305	登記提要 下編	木下哲三郎、伊東忍、緩鹿實彰	978-4-7972-7454-7	38,500 円	35,000 円
1306	日本會計法要論 完・選擧原理 完	阪谷芳郎、亀井英三郎	978-4-7972-7456-1	52,800 円	48,000 円
1307	國法學 完・憲法原理 完・主權論 完	橋爪金三郎、谷口留三郎、高槻純之助	978-4-7972-7457-8	60,500 円	55,000 円
1308	圀家學	南弘	978-4-7972-7458-5	38,500 円	35,000 円

巻数	書　名	編・著・訳者　等	ISBN	定　価	本体価格
1225	獄制研究資料　第一輯	谷田三郎	978-4-7972-7343-4	44,000円	40,000円
1226	歐米感化法		978-4-7972-7344-1	44,000円	40,000円
1227	改正商法實用 完　附 商業登記申請手續〔第一分冊 總則・會社〕	清浦奎吾、波多野敬直、梅謙次郎、古川五郎	978-4-7972-7345-8	60,500円	55,000円
1228	改正商法實用 完　附 商業登記申請手續〔第二分冊 商行為・手形〕	清浦奎吾、波多野敬直、梅謙次郎、古川五郎	978-4-7972-7346-5	66,000円	60,000円
1229	改正商法實用 完　附 商業登記申請手續〔第三分冊 海商・附録〕	清浦奎吾、波多野敬直、梅謙次郎、古川五郎	978-4-7972-7347-2	88,000円	80,000円
1230	日本手形法論 完	岸本辰雄、井本常治、町井鐵之介、毛戸勝元	978-4-7972-7349-6	55,000円	50,000円
1231	日本英米比較憲法論	川手忠義	978-4-7972-7350-2	38,500円	35,000円
1232	比較國法學 全	末岡精一	978-4-7972-7351-9	88,000円	80,000円
1233	國家學要論 完	トーマス・ラレー、土岐僙	978-4-7972-7352-6	38,500円	35,000円
1234	税關及倉庫論	岸﨑昌	978-4-7972-7353-3	38,500円	35,000円
1235	有價證券論	豐田多賀雄	978-4-7972-7354-0	60,500円	55,000円
1236	帝國憲法正解 全	建野郷三、水野正香	978-4-7972-7355-7	55,000円	50,000円
1237	權利競爭論・権利爭鬪論	イエーリング、レーロア、宇都宮五郎、三村立人	978-4-7972-7356-4	55,000円	50,000円
1238	帝國憲政と道義　附 日本官吏任用論 全	大津淳一郎、野口勝一	978-4-7972-7357-1	77,000円	70,000円
1239	國體擁護日本憲政本論	寺内正毅、二宮熊次郎、加藤弘之、加藤房藏	978-4-7972-7358-8	44,000円	40,000円
1240	國體論史	清原貞雄	978-4-7972-7359-5	52,800円	48,000円
1241	商法實論 附 破産法 商法施行法 供託法 競賣法 完	秋山源藏、井上八重吉、中島行藏	978-4-7972-7360-1	77,000円	70,000円
1242	判例要旨定義學説試驗問題准條適條對照 改正商法及理由	塚﨑直義	978-4-7972-7361-8	44,000円	40,000円
1243	辯護三十年	塚﨑直義	978-4-7972-7362-5	38,500円	35,000円
1244	水野博士論集	水野錬太郎	978-4-7972-7363-2	58,300円	53,000円
1245	強制執行法論 上卷	遠藤武治	978-4-7972-7364-9	44,000円	40,000円
1246	公証人法論綱	長谷川平次郎	978-4-7972-7365-6	71,500円	65,000円
1247	改正大日本六法類編 行政法上卷〔第一分冊〕	磯部四郎、矢代操、島巨邦	978-4-7972-7366-3	55,000円	50,000円
1248	改正大日本六法類編 行政法上卷〔第二分冊〕	磯部四郎、矢代操、島巨邦	978-4-7972-7367-0	68,200円	62,000円
1249	改正大日本六法類編 行政法上卷〔第三分冊〕	磯部四郎、矢代操、島巨邦	978-4-7972-7368-7	55,000円	50,000円
1250	改正大日本六法類編 行政法下卷〔第一分冊〕	磯部四郎、矢代操、島巨邦	978-4-7972-7369-4	66,000円	60,000円
1251	改正大日本六法類編 行政法下卷〔第二分冊〕	磯部四郎、矢代操、島巨邦	978-4-7972-7370-0	57,200円	52,000円
1252	改正大日本六法類編 行政法下卷〔第三分冊〕	磯部四郎、矢代操、島巨邦	978-4-7972-7371-7	60,500円	55,000円
1253	改正大日本六法類編 民法・商法・訴訟法	磯部四郎、矢代操、島巨邦	978-4-7972-7372-4	93,500円	85,000円
1254	改正大日本六法類編 刑法・治罪法	磯部四郎、矢代操、島巨邦	978-4-7972-7373-1	71,500円	65,000円
1255	刑事訴訟法案理由書〔大正十一年〕	法曹會	978-4-7972-7375-5	44,000円	40,000円
1256	刑法及刑事訴訟法精義	磯部四郎、竹内房治、尾山萬次郎	978-4-7972-7376-2	91,300円	83,000円
1257	未成年犯罪者ノ處遇 完	小河滋次郎	978-4-7972-7377-9	33,000円	30,000円
1258	增訂普通選挙法釋義〔第一分冊〕	濱口雄幸、江木翼、三宅正太郎、石原雅二郎、坂千秋	978-4-7972-7378-6	55,000円	50,000円
1259	增訂普通選挙法釋義〔第二分冊〕	濱口雄幸、江木翼、三宅正太郎、石原雅二郎、坂千秋	978-4-7972-7379-3	60,500円	55,000円
1260	會計法要義 全	山崎位	978-4-7972-7381-6	55,000円	50,000円
1261	會計法語彙	大石興	978-4-7972-7382-3	68,200円	62,000円
1262	實用憲法	佐々野章邦	978-4-7972-7383-0	33,000円	30,000円
1263	訂正增補日本行政法講義	坂千秋	978-4-7972-7384-7	64,900円	59,000円
1264	增訂臺灣行政法論	大島久滿次、持地六三郎、佐々木忠藏、髙橋武一郎	978-4-7972-7385-4	55,000円	50,000円

巻数	書　名	編・著・訳者　等	ISBN	定　価	本体価格
1185	改正衆議院議員選擧法正解	柳川勝二、小中公毅、潮道佐	978-4-7972-7300-7	71,500円	65,000円
1186	大審院判決例大審院検事局司法省質疑回答衆議院議員選擧罰則　附 選擧訴訟、當選訴訟判決例	司法省刑事局	978-4-7972-7301-4	55,000円	50,000円
1187	最近選擧事犯判決集　附 衆議院議員選擧法、同法施行令選擧運動ノ爲ニスル文書圖畫ニ關スル件	日本撿察學會	978-4-7972-7302-1	35,200円	32,000円
1188	民法問答全集 完	松本慶次郎、村瀬甲子吉	978-4-7972-7303-8	77,000円	70,000円
1189	民法評釋 親族編相續編	近衛篤麿、富田鐵之助、山田喜之助、加藤弘之、神鞭知常、小林里平	978-4-7972-7304-5	39,600円	36,000円
1190	國際私法	福原鐐二郎、平岡定太郎	978-4-7972-7305-2	60,500円	55,000円
1191	共同海損法	甲野荘平、リチャード・ローンデス	978-4-7972-7306-9	77,000円	70,000円
1192	海上保險法	秋野沆	978-4-7972-7307-6	38,500円	35,000円
1193	運送法	菅原大太郎	978-4-7972-7308-3	39,600円	36,000円
1194	倉庫證券論	フォン・コスタネッキー、住友倉庫本店、草鹿丁卯次郎	978-4-7972-7309-0	38,500円	35,000円
1195	大日本海上法規	遠藤可一	978-4-7972-7310-6	55,000円	50,000円
1196	米國海上法要略 全	ジクゾン、秋山源蔵、北畠秀雄	978-4-7972-7311-3	38,500円	35,000円
1197	國際私法要論	アッセル、リヴィエー、入江良之	978-4-7972-7312-0	44,000円	40,000円
1198	國際私法論 上巻	跡部定次郎	978-4-7972-7313-7	66,000円	60,000円
1199	國法學要義 完	小原新三	978-4-7972-7314-4	38,500円	35,000円
1200	平民政治 上巻〔第一分冊〕	ゼームス・ブライス、人見一太郎	978-4-7972-7315-1	88,000円	80,000円
1201	平民政治 上巻〔第二分冊〕	ゼームス・ブライス、人見一太郎	978-4-7972-7316-8	79,200円	72,000円
1202	平民政治 下巻〔第一分冊〕	ゼームス・ブライス、人見一太郎	978-4-7972-7317-5	88,000円	80,000円
1203	平民政治 下巻〔第二分冊〕	ゼームス・ブライス、人見一太郎	978-4-7972-7318-2	88,000円	80,000円
1204	國法學	岸崎昌、中村孝	978-4-7972-7320-5	38,500円	35,000円
1205	朝鮮行政法要論 總論	永野清、田口春二郎	978-4-7972-7321-2	39,600円	36,000円
1206	朝鮮行政法要論 各論	永野清、田口春二郎	978-4-7972-7322-9	44,000円	40,000円
1207	註釋刑事記録	潮道佐	978-4-7972-7324-3	57,200円	52,000円
1208	刑事訴訟法陪審法刑事補償法先例大鑑	潮道佐	978-4-7972-7325-0	61,600円	56,000円
1209	法理學	丸山長渡	978-4-7972-7326-7	39,600円	36,000円
1210	法理學講義 全	江木衷、和田經重、奥山十平、宮城政明、粟生誠太郎	978-4-7972-7327-4	74,800円	68,000円
1211	司法省訓令回答類纂 全	日下部りゅう	978-4-7972-7328-1	88,000円	80,000円
1212	改正商法義解 完	遠藤武治、横塚泰助	978-4-7972-7329-8	88,000円	80,000円
1213	改正新會社法釋義　附 新舊對照條文	美濃部俊明	978-4-7972-7330-4	55,000円	50,000円
1214	改正商法釋義 完	日本法律學校内法政學會	978-4-7972-7331-1	77,000円	70,000円
1215	日本國際私法	佐々野章邦	978-4-7972-7332-8	33,000円	30,000円
1216	國際私法	遠藤登喜夫	978-4-7972-7333-5	44,000円	40,000円
1217	國際私法及國際刑法論	L・フォン・バール、宮田四八	978-4-7972-7334-2	50,600円	46,000円
1218	民法問答講義	吉野寛	978-4-7972-7335-9	88,000円	80,000円
1219	民法財産取得編人事編註釋　附法例及諸法律	柿嵜欽吾、山田正賢	978-4-7972-7336-6	44,000円	40,000円
1220	改正日本民法問答正解　総則編物權編債權編	柿嵜欽吾、山田正賢	978-4-7972-7337-3	44,000円	40,000円
1221	改正日本民法問答正解　親族編相續編　附民法施行法問答正解	柿嵜欽吾、山田正賢	978-4-7972-7338-0	44,000円	40,000円
1222	會計法釋義	北島兼弘、石渡傳藏、德山銓一郎	978-4-7972-7340-3	41,800円	38,000円
1223	會計法辯義	若槻禮次郎、市來乙彦、松本重威、稲葉敏	978-4-7972-7341-0	77,000円	70,000円
1224	相續税法義解	會禰荒助、若槻禮次郎、菅原通敬、稲葉敏	978-4-7972-7342-7	49,500円	45,000円

巻数	書　名	編・著・訳者　等	ISBN	定　価	本体価格
1147	各國の政黨〔第一分冊〕	外務省欧米局	978-4-7972-7256-7	77,000 円	70,000 円
1148	各國の政黨〔第二分冊〕・各國の政黨 追録	外務省欧米局	978-4-7972-7257-4	66,000 円	60,000 円
1149	獨逸法	宮内國太郎	978-4-7972-7259-8	38,500 円	35,000 円
1150	支那法制史	淺井虎夫	978-4-7972-7260-4	49,500 円	45,000 円
1151	日本法制史	三浦菊太郎	978-4-7972-7261-1	44,000 円	40,000 円
1152	新刑法要説	彦阪秀	978-4-7972-7262-8	74,800 円	68,000 円
1153	改正新民法註釋 總則編・物權編	池田虎雄、岩崎通武、川原閑舟、池田撝卿	978-4-7972-7263-5	66,000 円	60,000 円
1154	改正新民法註釋 債權編	池田虎雄、岩崎通武、川原閑舟、池田撝卿	978-4-7972-7264-2	44,000 円	40,000 円
1155	改正新民法註釋 親族編・相續編・施行法	池田虎雄、岩崎通武、川原閑舟、池田撝卿	978-4-7972-7265-9	55,000 円	50,000 円
1156	民法総則編物權編釋義	丸尾昌雄	978-4-7972-7267-3	38,500 円	35,000 円
1157	民法債權編釋義	丸尾昌雄	978-4-7972-7268-0	41,800 円	38,000 円
1158	民法親族編相續編釋義	上田豊	978-4-7972-7269-7	38,500 円	35,000 円
1159	民法五百題	戸水寛人、植松金章、佐藤孝太郎	978-4-7972-7270-3	66,000 円	60,000 円
1160	實用土地建物の法律詳説 附 契約書式 登記手續	宮田四八、大日本新法典講習會	978-4-7972-7271-0	35,200 円	32,000 円
1161	釐頭伺指令内訓　現行類聚　大日本六法類編　行政法〔第一分冊〕	王乃世履、三島毅、加太邦憲、小松恒	978-4-7972-7272-7	77,000 円	70,000 円
1162	釐頭伺指令内訓 現行類聚　大日本六法類編　行政法〔第二分冊〕	王乃世履、三島毅、加太邦憲、小松恒	978-4-7972-7273-4	71,500 円	65,000 円
1163	釐頭伺指令内訓　現行類聚大日本六法類編 民法・商法・訴訟法	玉乃世履、三島毅、加太邦憲、小松恒	978-4-7972-7274-1	66,000 円	60,000 円
1164	釐頭伺指令内訓　現行類聚大日本六法類編 刑法・治罪法	玉乃世履、三島毅、加太邦憲、小松恒	978-4-7972-7275-8	71,500 円	65,000 円
1165	國家哲學	浮田和民、ウィロビー、ボサンケー	978-4-7972-7277-2	49,500 円	45,000 円
1166	王權論 自第一册至第五册	ロリュー、丸毛直利	978-4-7972-7278-9	55,000 円	50,000 円
1167	民法學説彙纂 總則編〔第一分冊〕	三藤久吉、須藤兵助	978-4-7972-7279-6	44,000 円	40,000 円
1168	民法學説彙纂 總則編〔第二分冊〕	三藤久吉、須藤兵助	978-4-7972-7280-2	66,000 円	60,000 円
1169	民法學説彙纂 物權編〔第一分冊〕	尾崎行雄、松波仁一郎、平沼騏一郎、三藤卓堂	978-4-7972-7281-9	93,500 円	85,000 円
1170	民法學説彙纂 物權編〔第二分冊〕	尾崎行雄、松波仁一郎、平沼騏一郎、三藤卓堂	978-4-7972-7282-6	55,000 円	50,000 円
1171	現行商法實用	平川橘太郎	978-4-7972-7284-0	44,000 円	40,000 円
1172	改正民法講義 總則編 物權編 債權編 親族編 相續編 施行法	細井重久	978-4-7972-7285-7	88,000 円	80,000 円
1173	民事訴訟法提要 全	齋藤孝治、緩鹿實彰	978-4-7972-7286-4	58,300 円	53,000 円
1174	民事問題全集	河村透	978-4-7972-7287-1	44,000 円	40,000 円
1175	舊令参照 罰則全書〔第一分冊〕	西岡逾明、土師經典、笹本栄蔵	978-4-7972-7288-8	66,000 円	60,000 円
1176	舊令参照 罰則全書〔第二分冊〕	西岡逾明、土師經典、笹本栄蔵	978-4-7972-7289-5	66,000 円	60,000 円
1177	司法警察官必携 罰則大全〔第一分冊〕	清浦奎吾、田邊輝實、福田正已	978-4-7972-7291-8	49,500 円	45,000 円
1178	司法警察官必携 罰則大全〔第二分冊〕	清浦奎吾、田邊輝實、福田正已	978-4-7972-7292-5	57,200 円	52,000 円
1179	佛郎西和蘭陀ノテール〔公証人〕規則 合巻	黒川誠一郎、松下直美、ヴェルベツキ、ラッパール、中村健三、杉村虎一	978-4-7972-7294-9	71,500 円	65,000 円
1180	公證人規則釋義・公證人規則釋義 全	箕作麟祥、石川惟安、岸本辰雄、井本常治	978-4-7972-7295-6	39,600 円	36,000 円
1181	犯罪論	甘糟勇雄	978-4-7972-7296-3	55,000 円	50,000 円
1182	改正刑法新論	小河滋次郎、藤澤茂十郎	978-4-7972-7297-0	88,000 円	80,000 円
1183	現行刑法對照改正刑法草案全説明書・改正草案刑法評論	辻泰城、矢野猪之八、關内兵吉、岡田朝太郎、藤澤茂十郎	978-4-7972-7298-7	61,600 円	56,000 円
1184	刑法修正理由 完	南雲庄之助	978-4-7972-7299-4	50,600 円	46,000 円

別巻　巻数順一覧【1106～1146巻】

巻数	書　名	編・著・訳者　等	ISBN	定　価	本体価格
1106	英米佛比較憲法論　全	ブートミー、ダイセイ、岡松參太郎	978-4-7972-7210-9	33,000円	30,000円
1107	日本古代法典(上)	小中村清矩、萩野由之、小中村義象、増田于信	978-4-7972-7211-6	47,300円	43,000円
1108	日本古代法典(下)	小中村清矩、萩野由之、小中村義象、増田于信	978-4-7972-7212-3	71,500円	65,000円
1109	刑政に關する緊急問題	江木衷、鵜澤總明、大場茂馬、原嘉道	978-4-7972-7214-7	39,600円	36,000円
1110	刑事訴訟法詳解	棚橋愛七、上野魁春	978-4-7972-7215-4	88,000円	80,000円
1111	羅馬法 全	渡邊安積	978-4-7972-7216-1	49,500円	45,000円
1112	羅馬法	田中遜	978-4-7972-7217-8	49,500円	45,000円
1113	國定教科書に於ける法制経済	尾﨑行雄、梅謙次郎、澤柳政太郎、島田俊雄、簗轍	978-4-7972-7218-5	71,500円	65,000円
1114	實用問答法學通論	後藤本馬	978-4-7972-7219-2	77,000円	70,000円
1115	法學通論	羽生慶三郎	978-4-7972-7220-8	44,000円	40,000円
1116	試驗須要 六法教科書	日本法律學校内法政學會	978-4-7972-7221-5	77,000円	70,000円
1117	試驗須要 民法商法教科書	日本法律學校内法政學會	978-4-7972-7222-2	77,000円	70,000円
1118	類聚罰則大全〔第一分冊〕	松村正信、伊藤貞亮	978-4-7972-7223-9	60,500円	55,000円
1119	類聚罰則大全〔第二分冊〕	松村正信、伊藤貞亮	978-4-7972-7224-6	55,000円	50,000円
1120	警務實用	髙﨑親章、山下秀實、奥田義人、佐野之信、和田銀三郎、岸本武雄、長兼備	978-4-7972-7226-0	66,000円	60,000円
1121	民法と社會主義・思想小史 全	岡村司	978-4-7972-7227-7	82,500円	75,000円
1122	親族法講義要領	岡村司	978-4-7972-7228-4	39,600円	36,000円
1123	改正民法正解 上卷・下卷	磯部四郎、林金次郎	978-4-7972-7229-1	55,000円	50,000円
1124	登記法正解	磯部四郎、林金次郎	978-4-7972-7230-7	44,000円	40,000円
1125	改正商法正解	磯部四郎、林金次郎	978-4-7972-7231-4	55,000円	50,000円
1126	新民法詳解 全	村田保、鳩山和夫、研法學會(小島藤八、大熊實三郎、光信壽吉)	978-4-7972-7232-1	88,000円	80,000円
1127	英吉利内閣制度論・議院法改正資料	H・ザフェルコウルス、I・ジェニングス、國政研究會	978-4-7972-7233-8	38,500円	35,000円
1128	第五版警察法規 全〔上篇〕	内務省警保局	978-4-7972-7234-5	55,000円	50,000円
1129	第五版警察法規 全〔下篇〕	内務省警保局	978-4-7972-7235-2	77,000円	70,000円
1130	警務要書 完	内務省警保局	978-4-7972-7237-6	121,000円	110,000円
1131	國家生理學 第一編・第二編	佛郎都、文部省編輯局	978-4-7972-7238-3	77,000円	70,000円
1132	日本刑法博議	林正太郎、水内喜治、平松福三郎、豊田鉦三郎	978-4-7972-7239-0	77,000円	70,000円
1133	刑法新論	北島傳四郎	978-4-7972-7240-6	55,000円	50,000円
1134	刑罰及犯罪豫防論 全	タラック、松尾音次郎	978-4-7972-7241-3	49,500円	45,000円
1135	刑法改正案批評 刑法ノ私法觀	岡松參太郎	978-4-7972-7242-0	39,600円	36,000円
1136	刑法合看 他之法律規則	前田良弼、蜂屋玄一郎	978-4-7972-7243-7	55,000円	50,000円
1137	現行罰則大全〔第一分冊〕	石渡敏一、堤一馬	978-4-7972-7244-4	88,000円	80,000円
1138	現行罰則大全〔第二分冊〕	石渡敏一、堤一馬	978-4-7972-7245-1	66,000円	60,000円
1139	現行民事刑事訴訟手續 完	小笠原美治	978-4-7972-7247-5	38,500円	35,000円
1140	日本訴訟法典 完	名村泰蔵、磯部四郎、黒岩鐵之助、後藤亮之助、脇屋義民、松井誠造	978-4-7972-7248-2	66,000円	60,000円
1141	採證學	ハンス・グロース、設楽勇雄、向軍治	978-4-7972-7249-9	77,000円	70,000円
1142	刑事訴訟法要義 全	山﨑恵純、西垣為吉	978-4-7972-7250-5	44,000円	40,000円
1143	日本監獄法	佐藤信安	978-4-7972-7251-2	38,500円	35,000円
1144	法律格言釋義	大日本新法典講習會	978-4-7972-7252-9	33,000円	30,000円
1145	各國ノ政黨〔第一分冊〕	外務省欧米局	978-4-7972-7253-6	77,000円	70,000円
1146	各國ノ政黨〔第二分冊〕	外務省欧米局	978-4-7972-7254-3	77,000円	70,000円